Revista de Direito Tributário

77

MALHEIROS EDITORES

Revista de Direito Tributário

Publicada sob os auspícios do

Instituto Geraldo Ataliba — IDEPE — Instituto Internacional de Direito Público e Empresarial e do
IBET — Instituto Brasileiro de Estudos Tributários

ISS 0102-7956

REVISTA DE DIREITO TRIBUTÁRIO
publicação trimestral de
MALHEIROS EDITORES LTDA.
Rua Paes de Araújo, 29, 17º andar - conj. 171
CEP: 04531-940 - São Paulo, SP
Tel. (0xx) 3842-9205
Fax. (0xx) 3849-2495
Diretor Responsável: Álvaro Malheiros
Diretora: Suzana Fleury Malheiros

Assinaturas e comercialização:
CATAVENTO DISTRIBUIDORA
DE LIVROS S.A.
Rua Conselheiro Ramalho, 928
CEP 01325-000 - São Paulo - SP
Tel. 289-0811 - Fax. 251-3756
Supervisão Gráfica: Vânia Lúcia Amato
Composição: *Scripta*
Impressão: Paym Gráfica e Editora Ltda.

SUMÁRIO

CADERNOS DE DIREITO TRIBUTÁRIO

CRÉDITO TRIBUTÁRIO E LANÇAMENTO
— Paulo de Barros Carvalho 7

RELACIONES ENTRE LOS PRINCIPIOS DE SEGURIDAD JURÍDICA Y LEGALIDAD
— Eusebio González 49

ÚNICA CONTRIBUIÇÃO SOCIAL DO EMPREGADOR
— Geraldo Ataliba e Aires F. Barreto 60

EL FRAUDE A LA LEY
— Manuel González Sanchez 72

VARIAÇÕES SOBRE UM TEMA RECORRENTE: AS FONTES DO DIREITO
— Tarcísio Burity 80

LE CONTRÔLE FISCAL EN FRANCE
— Francis Querol 88

A HIPÓTESE DE INCIDÊNCIA DO IMPOSTO SOBRE A RENDA CONSTRUÍDA A PARTIR DA CONSTITUIÇÃO
— Humberto Ávila 103

LEGITIMIDADE ATIVA PARA CONTROLE CONCENTRADO DE CONSTITUCIONALIDADE — IMUNIDADE TRIBUTÁRIA DAS ENTIDADES SINDICAIS
— Ives Gandra da Silva Martins 120

ESTUDOS E COMENTÁRIOS

PRESCRIÇÃO E DECADÊNCIA EM MATÉRIA TRIBUTÁRIA – Breve reflexão
— Márcio Severo Marques 137

DECADÊNCIA E PRESCRIÇÃO NOS CASOS DO CHAMADO “LANÇAMENTO POR HOMOLOGAÇÃO
— Roberta Fonseca Brasil 152

O PRINCÍPIO DO NÃO-CONFISCO COMO VALOR E COMO LIMITE OBJETIVO
— Fábio Brun Goldschmidt 170

UNA NUEVA CONSTITUCIÓN – ¿Una verdadera Reforma Tributaria?
— Eduardo Guevara C. e **Nathaly Albornoz** 188

ANOTAÇÕES SOBRE AS IMUNIDADES TRIBUTÁRIAS
— Carlos César Souza Cintra 220

A GARANTIA DO JUÍZO E O DIREITO DE ACESSO AO JUDICIÁRIO
— Rubens Miranda de Carvalho 234

OS TRATADOS INTERNACIONAIS E SEU REGIME JURÍDICO NO DIREITO TRIBUTÁRIO BRASILEIRO – O PROBLEMA DAS ISENÇÕES HETERÔNOMAS
— **Élcio Fonseca Reis** 240

CONSIDERAÇÕES SOBRE O PRINCÍPIO DA INTERPRETAÇÃO CONFORME À CONSTITUIÇÃO E SOBRE SUA APLICAÇÃO NA JURISPRUDÊNCIA DO STF EM MATÉRIA TRIBUTÁRIA
— **Fernando Osório de Almeida Júnior** 265

A TRIBUTAÇÃO DO "SOFTWARE"
— **Marcello Martins Motta Filho** 285

LAUDO ARBITRAL — 1º TRIBUNAL ARBITRAL "AD HOC" DO MERCOSUL 292

LAUDO DEL TRIBUNAL ARBITRAL "AD HOC" DEL MERCOSUR CONSTITUIDO PARA ENTENDER EN LA RECLAMACIÓN DE LA REPÚBLICA ARGENTINA AL BRASIL, SOBRE SUBSIDIOS A LA PROCUCCIÓN Y EXPORTACIÓN DE CARNE DE CERDO 313

Revista de Direito Tributário

CADERNOS DE DIREITO TRIBUTÁRIO

Fundador: Rubens Gomes de Souza (✝)

CADERNOS DE DIREITO TRIBUTÁRIO

CADERNOS DE DIREITO TRIBUTÁRIO

CRÉDITO TRIBUTÁRIO E LANÇAMENTO

PAULO DE BARROS CARVALHO
Titular de Direito Tributário da PUC/SP e da USP – Advogado

1. Enunciados e objetos da experiência. "Fato" como enunciado protocolar. A constituição jurídica do "fato". 2. O evento previsto em norma e a chamada "relação jurídica efectual". 3. O fato jurídico tributário e seu efeito peculiar: instaurar o vínculo obrigacional. 4. A natureza do crédito tributário. Crédito e obrigação. 5. O crédito tributário no Código Tributário Nacional. 6. Sobre a norma individual e concreta que documenta a incidência. 7. Os sujeitos credenciados a emitir a norma individual e concreta relativa à percussão tributária. 8. Lançamento tributário. O problema semântico. 9. Ato ou procedimento administrativo?. 10. Lançamento e a teoria dos atos administrativos. 11. Definição de lançamento tributário: 11.1 Ato jurídico administrativo – 11.2 ... da categoria dos simples, constitutivos ou modificativos e vinculados – 11.3 ... mediante o qual se insere na ordem jurídica brasileira uma norma individual e concreta – 11.4 ... que tem como antecedente o fato jurídico tributário – 11.5 ... e, como conseqüente, a formalização do vínculo obrigacional, pela individualização dos sujeitos ativo e passivo e pela determinação do objeto da prestação, formado pela base de calculo e alíquota correspondente – 11.6 ... bem como pelo estabelecimento dos termos espaço-temporais em que o crédito há de ser exigido. 12. As cláusulas da definição satisfazendo a estrutura do ato. 13. A norma jurídica do ato de lançamento e a norma que figura como seu conteúdo. 14. O velho problema da natureza declaratória ou constitutiva do lançamento tributário. 15. Sobre o conteúdo do ato de lançamento. 16. Os atributos do ato jurídico administrativo de lançamento. 17. Lançamento provisório e definitivo. 18. Lançamento e auto de infração. 19. Do erro de fato e do erro de direito no lançamento tributário. 20. Alterabilidade do lançamento no Direito Positivo Brasileiro. 21. Modalidades de lançamento. Crítica. 22. Aspectos do lançamento no Código Tributário Nacional. 23. A norma jurídico-tributária, individual e concreta, produzida pelo sujeito passivo. 24. A linguagem produtora da norma individual e concreta e o momento em que ingressa no sistema positivo.

1. Enunciados e objetos da experiência. "Fato" como enunciado protocolar. A constituição jurídica do "fato"

Jürgen Habermas[1] trabalha com a distinção entre fatos e objetos da experiência. Os fatos seriam os enunciados lingüísticos sobre as coisas e os acontecimentos, sobre as pessoas e suas manifestações. Os obje-

1. *Teoría de la Acción Comunicativa: Complementos y Estudios Previos*, p. 117.

tos da experiência são *aquilo acerca do que fazemos afirmações*, aquilo sobre que emitimos enunciados. Deriva dessas observações que o *status* dos fatos é diferente do *status* dos objetos a que se referem. "Con los objetos hago experiencias, los hechos los afirmo; no puedo experimentar hechos ni afirmar objetos (o experiencias con los objetos)." E Robert Alexy,[2] expondo a crítica de Habermas à teoria da verdade como correspondência, para afirmar a adoção da "verdade consensual", esclarece que a condição para a verdade das proposições é o acordo potencial de todos os demais, querendo significar que alguém poderá atribuir um predicado a um objeto se qualquer outro, que com esse alguém estabeleça diálogo, viesse a atribuir o mesmo predicado ao mesmo objeto.

Essa também é a perspectiva de Tércio Sampaio Ferraz Jr. com relação ao conceito de fato: "É preciso distinguir entre fato e evento. A travessia do Rubicão por César é um evento. Mas 'César atravessou o Rubicão' é um fato. Quando, pois, dizemos que 'é um fato que César atravessou o Rubicão' conferimos realidade ao evento. 'Fato' não é pois algo concreto, sensível, mas um elemento lingüístico capaz de organizar uma situação existencial como realidade".[3]

Ao mesmo tempo, é importante acrescentar, como faz este autor, que o elemento de linguagem "é fato que", constituindo, em realidade, o evento que ele atesta ter ocorrido, há de assumir as proporções de um enunciado verdadeiro, assim entendido aquele que expressa o uso competente da linguagem. Se o discurso de quem expede a oração manifestar-se de tal modo que alguém que domine o idioma também o faça, então o enunciado será considerado verdadeiro. Daí a conclusão de que a realidade constituída por um enunciado é função da verdade ou do uso competente do idioma. Tenhamos presente que a realidade, o mundo real, para Tércio, "não é um dado, mas uma articulação lingüística mais ou menos uniforme num contexto existencial".[4]

Não é qualquer função pragmática da linguagem que propicia a composição de um enunciado factual. Além da linguagem descritiva, indicativa ou declarativa, muito usada na comunicação diária e no discurso científico, torna-se possível emitir enunciados fáticos também em linguagem prescritiva e em linguagem operativa ou performativa. Obviamente que os valores lógicos de tais enunciados serão os inerentes ao uso empregado: verdadeiro e falso, para o descritivo; válido e não-válido, para o prescritivo; e eficaz e ineficaz, para o performativo. A despeito da função, porém, em todos eles haverá, necessariamente, um *quantum* de *referencialidade*, uma vez que são formações lingüísticas voltadas para o mundo fenomênico das coisas, projetando-se no domínio dos objetos da experiência. Na composição de tais enunciados, sobre as regras que orientam a boa formação sintática, hão de observar-se os usos do idioma, sem o quê o sentido daquelas estruturas não será apto para fins denotativos. E esses fins reclamam a identificação da ocorrência num intervalo de tempo e num ponto do espaço. Serão, portanto, necessariamente, *determinativos*. Por isso, o verbo há de estar no presente ou no passado, excluindo-se o futuro. Como salienta Tércio Sampaio Ferraz Jr.,[5] não teria cabimento afirmar-se como fato acontecimento futuro. Por outro lado, tal afirmação não significa a impossibilidade de construir conjuntos que possam receber, um a um, as ocorrências factuais que venham a suceder. É bom lembrar que se constrói uma classe ou conjunto enumerando os indivíduos que a compõem, ou indicando as notas ou nota que o indivíduo precisa ter para pertencer à classe ou conjunto. A primeira é a forma tabular; a segunda, forma-de-construção. A modalidade em que, quase sempre, se manifesta a proposição normativa geral e abstrata não é a forma tabular, mas a forma-de-constru-

2. *Teoría de la Argumentación Jurídica*, p. 111.
3. *Introdução ao Estudo do Direito*, p. 253.
4. Idem, p. 245.
5. Idem, p. 253.

ção. Nela se estatuem as notas (conotação) que os sujeitos ou as ações devem ter para pertencerem ao conjunto. A relação de pertinencialidade é determinada conotacionalmente. Este o modo mais freqüente no Direito Positivo. Seria infindável formar classes pela enumeração dos indivíduos ou ações, já que o real é irrepetível e a experiência é infinita e inesgotável. São assim as previsões hipotéticas: "dado que alguém realize operações relativas à circulação de mercadorias, no território do Estado de São Paulo, reputando-se acontecido o fato no momento em que as mercadorias deixarem o estabelecimento do contribuinte, então (...)". Cada enunciado que venha a ser formado, contendo os caracteres selecionados na composição típica da hipótese, subsumir-se-á naquele conjunto, que, dessa maneira, poderá receber um número infinito de ocorrências fáticas. É bom ter presente que a formação desses segmentos lingüísticos com sentido completo pressupõe um processo seletivo, com a eleição dos traços julgados mais relevantes para a identificação do objeto da experiência, refletindo não o real, mas um ponto de vista sobre o real, como salienta Samira Chalhub.[6]

A esta altura já podemos dizer que o enunciado factual é protocolar, surpreendendo uma alteração devidamente individualizada do mundo fenomênico, com a clara determinação das condições de espaço e de tempo em que se deu a ocorrência. Articulação de linguagem organizada assim, com esse teor de denotatividade, chamaremos de "fato", fato político, econômico, biológico, psicológico, histórico, jurídico etc. No Direito Positivo correspondem ao antecedente das normas individuais e concretas.

Nos enunciados que se projetem para o futuro, selecionando marcas, aspectos, pontos de vista, linhas, traços, caracteres, que não se refiram a um acontecimento isolado, mas que se prestem a um número indeterminado de situações, reconheceremos as previsões típicas que aparecem nos antecedentes normativos, de feição predominantemente *conotativa*. Chamá-los-emos "enunciados conotativos" e diremos que freqüentam as normas jurídicas gerais e abstratas. Vamos ter, então, enunciados denotativos ou fatos e enunciados conotativos ou classes formadas com os predicados que os enunciados factuais deverão conter. Convém advertir, portanto, que essas orações conotativas não abrigam propriamente fatos, mas elementos caracterizadores de eventuais ocorrências fáticas, pelo quê, em termos rigorosos, *não devemos dizer que o fato jurídico esteja contido na hipótese.*

Os enunciados das normas gerais e abstratas, por isso que lidam com uma acentuada carga de indeterminação (vaguidade), necessitam dos enunciados denotativos das normas individuais para atingirem a concretude da experiência social.

Pois bem. Tais reflexões, de fora parte as implicações que certamente provocam no âmbito da Teoria Geral do Conhecimento, adquirem uma importância enorme para fundamentar o ponto de vista deste trabalho, porquanto nossa proposta epistemológica descansa precisamente na circunstância de que há uma linguagem, que nominamos de social, constituidora da realidade que nos cerca. Sobre essa camada, a "linguagem do Direito Positivo", como discurso prescritivo de condutas, vai suscitar aquele plano que tratamos como sendo da "facticidade jurídica": fatos jurídicos não são simplesmente os fatos do mundo social, constituídos pela linguagem de que nos servimos no dia-a-dia. Antes, *são os enunciados proferidos na linguagem competente do Direito Positivo, articulados em consonância com a teoria das provas*. Quem quiser relatar com precisão os fatos jurídicos, nomeando-lhes os efeitos, que use a Teoria das Provas, responsável pelo estilo competente para referência aos acontecimentos do mundo do Direito.

Com efeito, se as mutações que se derem entre os objetos da experiência vierem

6. *Funções da Linguagem*, p. 14.

a ser contadas em linguagem social, teremos os fatos, no seu sentido mais largo e abrangente. Aquelas mutações, além de meros "eventos", assumem a condição de "fatos". Da mesma forma, *para o ponto de vista do Direito*, os fatos da chamada realidade social serão simples eventos enquanto não forem constituídos em linguagem jurídica própria. Pensemos num exemplo singelo: nasce uma criança. Isto é um evento. Os pais, entretanto, contam aos vizinhos, relatam os pormenores aos amigos e escrevem aos parentes de fora para dar-lhes a notícia. Aquele evento, por força dessas manifestações de linguagem, adquiriu também as proporções de um fato, num de seus aspectos, *fato social*. Mas não houve o fato jurídico correspondente. A ordem jurídica, até agora ao menos, não registrou o aparecimento de uma nova pessoa, centro de imputação de direitos e de deveres. A constituição jurídica desse fato vai ocorrer quando os pais ou responsáveis comparecerem ao cartório de registro civil e prestarem declarações. O oficial do cartório expedirá norma jurídica, em que o antecedente é o fato jurídico do nascimento, na conformidade das declarações prestadas, e o conseqüente é a prescrição de relações jurídicas em que o recém-nascido aparece como titular dos direitos subjetivos fundamentais (ao nome, à integridade física, à liberdade etc.), oponíveis a todos os demais da sociedade. Eis uma relação jurídica em que o sujeito ativo está determinado; e o passivo, em estado de indeterminação.

É que, muitas vezes, o Direito posto não se satisfaz com a linguagem ordinária que utilizamos em nossas comunicações corriqueiras: exige uma forma especial, fazendo adicionar declarações perante autoridades determinadas, requerendo a presença de testemunhas e outros requisitos mais. Justamente o que sucede no caso do nascimento. A linguagem do Direito não aceita as comunicações que os pais fazem aos vizinhos, amigos e parentes. Impõe, para que o fato se dê por ocorrido juridicamente, um procedimento específico. Eis a *linguagem do Direito Positivo* (LDP) incidindo sobre a *linguagem da realidade social* (LRS) para produzir uma unidade na linguagem da facticidade jurídica (LFJ).

2. *O evento previsto em norma e a chamada "relação jurídica efectual"*

Predomina a concepção segundo a qual a situação verificada no mundo físico-social, ocorrida em estrita conformidade com a previsão da lei, faria surgir, inapelavelmente, a relação jurídica, por força da imputação normativa. No campo dos tributos teríamos o "fato gerador" provocando o nascimento da obrigação tributária, independentemente de qualquer ato específico de reconhecimento de seus destinatários. Daí a tradicional distinção entre o fenômeno da incidência, fulminante e infalível, e o posterior ato de aplicação, confiado à competência dos vários agentes do Poder Público ou privado e mediante o qual os comandos prescritivos adquiririam eficácia social, cumprindo os objetivos últimos do Direito Positivo.

No âmbito do sistema de referência com que operamos, nem o evento – isto é, a singela ocorrência que envolve a presença direta ou indireta de sujeitos de direito, mas que, por qualquer motivo, não foi ainda relatada em linguagem competente –, nem a chamada "relação efectual", propagada por efeito daquele acontecimento, teriam significação jurídica, como entidades a serem estudadas pela Dogmática.

Poder-se-á objetar que o "fato" – vale dizer, o enunciado de linguagem produzido segundo os rigores da lei – reporta-se à data e às condições do evento; proposição que em parte é verdadeira, mas que não é suficiente para elevar aquela transformação do mundo social à condição de "fato jurídico". Realizadas as provas (que são também enunciados de linguagem) exigidas pelo ordenamento jurídico, dá-se o fato por existente, pronto para desencadear direitos e deveres correlatos, pouco importando se o evento ocorreu ou não ocorreu. É sabido que o juiz há de julgar pelas provas dos autos, desvinculando-se das ocorrências que, conquanto verificadas nos domínios da experiência social, não lograram ingressar na linguagem integrante do processo.

É preciso dizer que não se está predicando o abandono do "evento" e da correspondente "relação efectual". Tão-só advertindo para a circunstância de que o fato jurídico e a relação jurídica, na configuração plena de suas integridades constitutivas, como entidades do universo normativo, inserindo-se no processo de positivação do Direito para alterar as condutas intersubjetivas, vão comparecer como objetos de nossa indagação apenas quando revestirem a forma de linguagem, e linguagem competente significa referir aquela que o sistema prescritivo estabelecer como adequada ao relato do evento e do correlativo vínculo entre sujeitos. Pouco importa, desse modo, se o acontecimento se verificou efetivamente ou não. Havendo construção de linguagem própria, como o Direito preceitua, dar-se-á por juridicamente ocorrido. Por outro lado, não sendo possível relatá-lo, seja por não ter-se realizado concretamente, seja por inexistirem provas que a ordem positiva admite como válidas, nada aconteceu.

Para a metodologia de nossa análise faz-se necessário relegar o evento e sua relação efectual ao território dos meros objetos da experiência, ao menos até o momento em que, ingressando no grande processo de comunicação que é o Direito, tenham assumido a simbologia própria do jurídico. A partir desse marco falaremos, então, em fato jurídico e relação jurídica; "fato gerador" e obrigação tributária.

3. *O fato jurídico tributário e seu efeito peculiar: instaurar o vínculo obrigacional*

Concretizando-se o fato previsto no descritor da regra de incidência inaugura-se, como vimos, uma relação jurídica de conteúdo patrimonial, que conhecemos por "obrigação tributária". Tudo, evidentemente, nos termos dos instrumentos comunicacionais que o Direito estipula.

Na verdade, tanto é fato o enunciado protocolar que satisfaz as condições de pertinencialidade à classe do descritor da norma geral e abstrata, como é fato a relação jurídica que se compõe em decorrência (lógica, não cronológica) daquele acontecimento relatado em linguagem. Apenas, um é fato predicativo (o que está no tópico de antecedente da norma individual e concreta), ao passo que outro é fato relacional (o que se encontra na posição sintática de prescritor). Ambos, porém, são construídos a partir dos critérios da hipótese e da conseqüência da regra-matriz de incidência, que é norma geral e abstrata.

A composição interna do liame obrigacional já foi estudada, mas não custa recordar que é integrada pela presença de três elementos – sujeito ativo, sujeito passivo e objeto – que se entrelaçam num vínculo abstrato. Renovemos a representação.

Crédito   Débito

Sa ________ $ ________ Sp

________   ________

Direito subjetivo   Dever jurídico

O gráfico expõe a obrigação tributária na sua completude sintática. Todos os componentes que nele consignamos são elementos ínsitos, necessários e, portanto, imprescindíveis à existência da relação jurídica obrigacional. O objeto é o centro de convergência, para onde afluem as atenções e preocupações dos sujeitos. Diz-se que o sujeito ativo tem o direito subjetivo de exigir a prestação pecuniária. Em contranota, o sujeito passivo tem o dever jurídico de cumpri-la. Reproduzimos essa contraposição de interesses mediante dois vetores, de mesma intensidade, com a mesma direção, porém sentidos contrários, justamente para mostrar que, satisfeito o dever jurídico, desaparece o direito subjetivo, e vice-versa. Ao se anularem mutuamente, extingue-se a relação jurídica, que não pode subsistir, repetimos, à míngua de qualquer dessas entidades integrantes de sua estrutura.

Pois bem. Ao direito subjetivo de que está investido o sujeito ativo, de exigir o objeto, denominamos *crédito*. E ao dever jurídico (ou também dever subjetivo) que a ele se contrapõe, de prestar o objeto, designamos *débito*. Revela, por isso, inominável absurdo imaginar-se obrigação sem crédito. No domínio dos desatinos, equipara-se à concepção do vínculo obrigacional sem sujeito ativo, ou sem sujeito passivo, ou sem objeto. Todos, conjugados e coalescentes, mantendo, entre si, os nexos que salientamos, outorgam ao liame o porte e a dignidade categorial de obrigação.

Definimos *crédito tributário* como o direito subjetivo de que é portador o sujeito ativo de uma obrigação tributária e que lhe permite exigir o objeto prestacional, representado por uma importância em dinheiro.

É oportuno expressar, com o propósito de amarrar melhor os conceitos, que uma coisa é o objeto da obrigação: no caso, a conduta prestacional de entregar uma porção de moeda; outra, o objeto da prestação, representado, aqui, pelo valor pecuniário pago ao credor ou por ele exigido.

4. A natureza do crédito tributário. Crédito e obrigação

Nasce o crédito tributário no exato instante em que irrompe o laço obrigacional, isto é, ao acontecer, no espaço físico exterior em que se dão as condutas inter-humanas, aquele evento hipoteticamente descrito no suposto da regra-matriz de incidência tributária, mas desde que relatado em linguagem competente para identificá-lo.

O Direito Positivo Brasileiro, atrelado ao preconceito da chamada "verdade por correspondência", e crendo que o sistema normativo operasse por conta própria, detendo mecanismos que o fizessem incidir em situações concretas, independentemente da ação humana de aplicá-lo, utiliza signos diferentes, fazendo acreditar que a obrigação surgiria com a ocorrência do simples evento, mas que o crédito seria constituído pelo ato de lançamento, prerrogativa dos funcionários da Administração. Por esse modo, distingue o momento da incidência, na realização do evento, daquele da aplicação, em que o agente administrativo, tomando conhecimento da ocorrência, firmasse em linguagem específica os termos que presidiram o acontecimento, bem como os traços que identificam o laço obrigacional.

Talvez por ter trilhado esse caminho, teve que incorrer em outra impropriedade, qual seja, a de separar o crédito da obrigação, como se pudesse haver esse desnexo. Passou por alto pela indissociabilidade dessas figuras básicas do fenômeno jurídico, tratando-as isoladamente, como se fora isso possível. Sim, porque o crédito nada mais é que o direito subjetivo de que o sujeito ativo se vê investido de exigir a prestação; enquanto débito, seu contraponto, é o dever jurídico de cumprir aquela conduta. E não pode haver vínculo jurídico de cunho obrigacional se inexistir um sujeito de direito, na condição de credor, em face de outro sujeito de direito, na qualidade de devedor, de tal forma que subtrair o crédito da estrutura obrigacional significa pulverizá-la, fazê-la desaparecer, desmanchando a organização interna que toda relação jurídica há de exibir, como instrumento de direitos e deveres correlatos.

O crédito é elemento integrante da estrutura lógica da obrigação, de tal sorte que ostenta a relação de parte para com o todo. A natureza de ambas as entidades é, portanto, rigorosamente a mesma.

Agora, assunto de outra índole, pouco importando para a compreensão dessa matéria, é a circunstância de o titular do crédito vir a exigir aquilo a que tem direito, bem como a situação do devedor que se nega a cumprir a prestação devida. São problemas inerentes à eficácia social do direito, que muito interessam à Sociologia Jurídica, mas que não se incluem nos domínios da "Ciência do Direito em sentido estrito".

5. O crédito tributário no Código Tributário Nacional

A Lei 5.172, de 1966, contempla o crédito tributário no Título III, consagrando-lhe seis capítulos. Cuidaremos aqui das "Disposições Gerais" (Capítulo I), onde vêm firmados os conceitos que o legislador emprega no desenvolvimento disciplinar da matéria.

"O crédito tributário decorre da obrigação principal e tem a mesma natureza desta." Eis a redação do art. 139.

O dispositivo demonstra reconhecer a inerência de que falamos e imprime à dualidade *crédito/obrigação* um tom explicativo que pode até espertar alguma dúvida, pois, se o crédito decorre da obrigação, é possível supor que haja obrigação sem crédito, o que a Teoria Geral do Direito não concebe. Seja como for, a segunda afirmação prescritiva ("e tem a mesma natureza desta") ratifica a identidade essencial, conduzindo à ilação de que devem ser considerados numa relação de todo (obrigação) para parte (crédito).

O preceito não merece, em si, uma crítica mais acesa, se bem que nele já se note a inclinação reprovável de separar-se a obrigação do crédito, cristalizada em vários preceptivos que, a seu tempo, iremos examinando.

O art. 140 introduz a idéia – correta, a nosso ver – de que as mutações porventura experimentadas pelo crédito tributário, do seu nascimento à extinção, não afetam o vínculo que lhe deu origem. E, de fato, as circunstâncias modificadoras do crédito, no que toca à sua extensão, a seus efeitos, ou às garantias e privilégios a ele atribuídos, não chegam a abalar o laço obrigacional. Há um limite, contudo, que não poderia ser ultrapassado: a exclusão de sua exigibilidade, que equivale, ontologicamente, à extinção. Pecou nisso a proposição normativa que comentamos, porque a exclusão do crédito implica mutilar a obrigação tributária num ponto fundamental à sua existência como figura jurídica. De que modo imaginaríamos um liame em que o sujeito passivo é cometido do dever jurídico de cumprir a prestação mas o sujeito ativo não detém a titularidade do direito subjetivo de postular aquele mesmo comportamento? E a bilateralidade ingênita à relação jurídica obrigacional, que é, antes de tudo, um vínculo entre sujeitos – o pretensor e o devedor?

Excedeu-se a autoridade legislativa ao consignar que a exclusão da exigibilidade do crédito não mexe com a estrutura da obrigação. Mexe a ponto de desarmá-la, de destruí-la. Excluir o crédito quer dizer excluir o débito, com existências simultâneas, numa correlação antagônica. E modificação de tal vulto extingue a obrigação tributária. Mais para a frente retomaremos o fio desse raciocínio, uma vez que o Código Tributário Nacional, deploravelmente, enveredou por esse caminho que criticamos, erigindo a exclusão do crédito como instituto jurídico.

Vamos ao art. 141: "O crédito tributário regularmente constituído somente se modifica ou extingue, ou tem sua exigibilidade suspensa ou excluída, nos casos previstos nesta Lei, fora dos quais não podem ser dispensadas, sob pena de responsabilidade funcional na forma da lei, a sua efetivação ou as respectivas garantias".

Ao referir-se a "crédito regularmente constituído" o comando do art. 141 quis aludir ao crédito líquido, já devidamente determinado no seu *quantum*, estando, portanto, em condições de ser reclamado do devedor. Sempre que o legislador do Código menciona "constituir o crédito" reporta-se ao ato jurídico administrativo do lançamento, em que o agente público, aplicando a lei ao caso concreto, formaliza a obrigação tributária.

Desse modo, fica patente que as modificações verificadas no crédito já formalizado (única maneira em que nos parece possível cogitar de sua existência) hão de ser promovidas, exclusivamente, sob o manto da Lei 5.172, de 1966. O funcionário da Administração Tributária está impedido de dispensar a efetivação do crédito ou as respectivas garantias, sob pena de responsabilidade funcional, na forma da lei. Na implicitude dessa mensagem prescritiva vemos o magno princípio da indisponibilidade dos interesses públicos, um dos fundamentos do Direito Administrativo.

É bom enfatizar que a dispensa de créditos ou de suas garantias e privilégios não se inscreve apenas àqueles que tiverem sido formalizados pela via do ato de lançamento, como veremos mais adiante. Todavia, aquilo que o legislador pretendeu exprimir, nessa parte do dispositivo, é que à margem das autorizações expressas na legislação tributária o funcionário, em qualquer hipótese, não está autorizado a abrir mão da exigência.

Por defeito de estilo, a porção final do mandamento ficou obscura. A cláusula intercalada – "sob pena de responsabilidade funcional na forma da lei" – devia ter sido deixada para o fim, ganhando o período maior clareza e precisão. Além disso, foi esquecida a partícula reflexiva "se", anteposta ao verbo "extingue". Mantendo as palavras que o preceptivo contém, ficaria melhor desta maneira: "O crédito tributário regularmente constituído somente se modifica ou se extingue, ou tem sua exigibilidade suspensa ou excluída, nos casos previstos nesta Lei, fora dos quais não podem ser dispensadas a sua efetivação ou as respectivas garantias, sob pena de responsabilidade funcional, na forma da lei".

6. Sobre a norma individual e concreta que documenta a incidência

A mensagem deôntica, emitida em linguagem prescritiva de condutas, não chega a atingir, diretamente, os comportamentos interpessoais, já que partimos da premissa de que não se transita livremente do mundo do "dever-ser" ao do "ser". Interpõe-se entre esses dois universos a vontade livre da pessoa do destinatário, influindo decisivamente na orientação de sua conduta perante a regra do Direito. Além do mais, quaisquer que sejam a forma, a função e o tipo da linguagem utilizada no fenômeno comunicacional, nunca chega ela a tocar os objetos a que se refere, por força do princípio da auto-referencialidade da linguagem, que se retroalimenta, prescindindo dos dados exteriores da experiência. É a linha das teorias retóricas, em oposição às teses ontológicas sobre a linguagem, segundo as quais o discurso lingüístico manteria relação de correspondência com a realidade por ele mencionada.

Aquilo que está ao alcance do legislador é aproximar os comandos normativos, cada vez mais, estimulando de maneira crescente as consciências, para determinar as vontades na direção do cumprimento das condutas estipuladas. E isso se faz com o processo de positivação das normas jurídicas, numa trajetória que vai da mais ampla generalidade e abstração para chegar a níveis de individualidade e concreção.

Esse caminho, em que o Direito parte de concepções abrangentes, mas distantes, para se aproximar da região material das condutas intersubjetivas, ou, na terminologia própria, iniciando-se por normas jurídicas gerais e abstratas, para chegar às individuais e concretas, e que é conhecido por "processo de positivação", deve ser necessariamente percorrido, a fim de que o sistema alimente suas expectativas de regulação efetiva dos comportamentos sociais. E tudo se faz como um problema imediato de realização de normas e mediato de realização de valores, visto que estes é que funcionam como fundamentos daquelas, como agudamente nos alerta Lourival Villanova.[7]

Penso ser inevitável, porém, insistir num ponto que se me afigura vital para a compreensão do assunto: a norma geral e abstrata, para alcançar o inteiro teor de sua juridicidade, reivindica, incisivamente, a edição de norma individual e concreta. Uma ordem jurídica não se realiza de modo efetivo, motivando alterações no terreno da realidade social, sem que os comandos gerais e abstratos ganhem concreção em normas individuais.

O objetivo deste subcapítulo será a análise desse ato de aplicação da lei ao caso particular, com a expedição de uma norma

7. *O Problema do Objeto na Teoria Geral do Estado*, p. 202.

individual e concreta, no que concerne às condições em que deve ser concebida, os sujeitos que podem emiti-la, seus efeitos determinativos e toda a gama de conseqüências que seu aparecimento no hemisfério do Direito pode suscitar.

7. *Os sujeitos credenciados a emitir a norma individual e concreta relativa à percussão tributária*

Quando se fala em expedição de norma jurídica individual e concreta vem, desde logo, à nossa mente o desempenho de um órgão da Administração ou do Poder Judiciário. E, se passarmos apressadamente, sem refletir, essa idéia equivocada irá provocar um bloqueio, fixando o preconceito de que o administrado, na esfera de suas múltiplas possibilidades de participação social, reguladas pelo Direito, esteja impedido de produzir certas normas individuais e concretas. Mas não é assim no Direito Brasileiro. Basta soabrirmos os textos do ordenamento positivo no que concerne aos tributos para verificarmos esta realidade empírica indiscutível: o subsistema prescritivo das regras tributárias prevê a aplicação por intermédio do Poder Público, em algumas hipóteses, e em outras outorga esse exercício ao sujeito passivo, de quem se espera, também, o cumprimento da prestação pecuniária.

Diga-se de passagem, aliás, que tem havido crescimento significativo na participação dos súditos do Estado, instados a praticar uma série de expedientes para a produção de normas individuais e concretas nesse campo. A transferência de atividades relativas à apuração do débito tributário para a esfera dos deveres instrumentais ou formais do sujeito passivo, mediante severo controle da entidade tributante, tornou-se viva realidade dos nossos dias. A maior parte dos tributos, hoje, assim no Brasil que em outros países que seguem o modelo do Direito Continental Europeu, está cometida ao sujeito passivo da obrigação tributária, cabendo-lhe estabelecer em fatos os eventos tributados e relatar os dados componentes da relação jurídica.

Ramon Valdés Costa, examinando as tendências da doutrina latino-americana, quanto à admissibilidade de que o contribuinte efetue *la determinación*, acrescenta que: "Esa corriente parte de la base, indudablemente cierta, de que el cumplimiento de la obligación tributaria requiere necesariamente la aplicación de la norma general al caso concreto y que esa operación está confiada en muchos casos, en mayor o menor grado, al propio obligado".[8] Mas ressalva, logo adiante: "Son actos jurídicos de naturaleza y efectos diferentes y por lo tanto no se percibe la razón para darles la misma denominación".

Por sem dúvida que são atos diversos, porque praticados por sujeitos diferentes, debaixo de normas competenciais também distintas, e, desse modo, sotopondo-se a regimes jurídicos que não são exatamente os mesmos, o que legitima a imposição de nomes aptos para discerni-los. No fundo, porém, apesar das dessemelhanças, ambos os atos são ponentes de normas individuais e concretas no ordenamento do Direito Positivo – e disso não podemos nos esquecer.

Quando celebrado pelo Poder Público, mediante iniciativa que a lei prevê, seja de modo originário, seja em caráter substitutivo daquele que o contribuinte não fez em tempo hábil, como também a lei estabeleceu, utilizaremos o nome "lançamento", empregando "autolançamento" para as circunstâncias em que a expedição da norma individual e concreta fique por conta do sujeito passivo. E mais adiante discutiremos o lado semântico dessas atribuições terminológicas.

8. *Lançamento tributário. O problema semântico*

Na seqüência das idéias que venho expondo o problema semântico está sem-

8. *Estudios de Derecho Tributario Latinoamericano*, p. 152.

pre presente, e disso não poderia escapar o termo "lançamento". Passemos em revista as regras de uso desse vocábulo, para precisarmos melhor os conceitos que serão trabalhados, daqui para a frente.

Eurico Marcos Diniz de Santi[9] empreendeu esse estudo. Aproveitemos, portanto, suas conclusões:

"Assim, no uso técnico-comercial-contábil temos o emprego da expressão 'lançamento' como (i) ação ou (ii) efeito de escriturar uma verba em livros de escrituração comercial; (iii) a própria verba que se escritura; e (iv) efetuar o cálculo, conferir liquidez a um crédito ou débito.

"Em seu desenvolvimento, a legislação e a técnica dogmática incorporaram aos textos legais e à doutrina o termo 'lançamento', acrescentando, com estas novas aplicações, novo matiz de significados à plurivocidade de sentidos de que já gozava o vocábulo, empregando-o assim: (v) como procedimento administrativo da autoridade competente (art. 142 do CTN), processo, com o fim de constituir o crédito tributário mediante a postura de (vi) um ato-norma administrativo, norma individual e concreta (art. 145 do CTN, *caput*), produto daquele processo; (vii) como procedimento administrativo que se integra com o ato-norma administrativo de inscrição da dívida ativa; (viii) lançamento tributário como o ato-fato administrativo derradeiro da série em que se desenvolve um procedimento com o escopo de formalizar o crédito tributário; (ix) como atividade material do sujeito passivo de calcular o montante do tributo devido, juridicizada pela legislação tributária, da qual resulta uma (x) norma individual e concreta expedida pelo particular que constitui o crédito tributário no caso dos chamados 'lançamentos por homologação' (art. 150 do CTN e §§)."

Como são muitas as possibilidades de sentido, impõe-se, novamente, o processo de elucidação, que o CTN, no art. 142, em decisiva intervenção prescritiva, empregou, optando pela alternativa "(v)", para conceber a figura como procedimento administrativo e acrescentando, no parágrafo único, que a atividade administrativa de lançamento é vinculada e obrigatória, sob pena de responsabilidade funcional.

Entre as decisões tomadas pelo legislador brasileiro nesse campo releva acentuar o caráter privativo da realização do lançamento para as autoridades administrativas, o que implicaria admitir a impossibilidade de o particular desincumbir-se dessa tarefa. Intuindo, contudo, que isso não seria possível, porque a experiência jurídica efetiva revela o empenho dos administrados, editando, também, normas individuais e concretas no âmbito dos tributos, aquele mesmo legislador determinou que essa atividade do sujeito passivo bem como seu produto serão "lançamentos por homologação", uma vez que ficam sujeitos ao controle do poder tributante. E dar-se-ia esse controle por atos de homologação, expressa ou tácita, praticados por agentes investidos de competência específica. Veremos, logo mais, que esta solução não serve. A figura canhestra do "lançamento por homologação" é um mero disfarce que o Direito Positivo criou para atender ao capricho de não reconhecer na atividade do sujeito passivo o mesmo ato que costuma celebrar, de aplicação da norma geral e abstrata para o caso concreto. E pretendeu, com isso, ver superado o problema da dualidade aplicativa da regra-matriz de incidência.

Retomemos a mensagem do art. 142 do CTN, para lembrar que esse estatuto faz uma distinção – no meu entender, improcedente – entre crédito e obrigação, como se fora possível, à luz da Teoria Geral do Direito, separar essas duas entidades. A obrigação nasceria com o acontecimento do "fato gerador", mas surgiria sem crédito, que somente com o "procedimento de lançamento" viria a ser "constituído". Que obrigação seria essa em que o sujeito ativo nada tem por exigir (crédito) e o sujeito passivo não está compelido a qualquer conduta? O isolamento do crédito em face da obrigação é algo que atenta contra a integrida-

9. *Lançamento Tributário*, pp. 124-126.

de lógica da relação, condição mesma de sua existência jurídica. Agora, se o legislador pretendeu dizer que havia um direito subjetivo de exigir a prestação (crédito), mas que o implemento dessa pretensão ficava na dependência de procedimentos ulteriores, o que se pode afirmar é que não utilizou bem a linguagem, provocando dificuldades perfeitamente dispensáveis.

Ao estatuir, no parágrafo único, que "a atividade administrativa de lançamento é vinculada e obrigatória, sob pena de responsabilidade funcional", reitera nosso Código Tributário a opção pelo sentido procedimental do termo "lançamento", sobre fixar dois outros aspectos: um para referir-se ao caráter vinculado com que tal atividade deve ser conduzida; outro para firmar o relacionamento entre o órgão e o funcionário, como um dever jurídico que cumpre seja satisfeito por este último, numa relação de Direito Administrativo, de que o sujeito passivo da obrigação tributária não participa. Adviria daí o "dever-poder" do agente, ao realizar o lançamento, para aqueles que priorizam o aspecto interno (Fazenda/funcionário); e o "poder-dever" da Administração para atuar o lançamento, com ênfase na competência a ser exercida perante o administrado (Fazenda/contribuinte). Ambas as locuções ("dever-poder" e "poder-dever"), entretanto, não resistem a uma análise mais paciente. Sob o ponto de vista lógico, todo dever implica um poder: (Op É Pp), que se pode interpretar: "se uma conduta 'p' é obrigatória, então está permitido cumpri-la". Seja como for, retendo-se a conduta obrigatória, sua permissibilidade estará necessariamente implícita, sendo redundante a construção. Por outro lado, (Pp É Op), querendo afirmar que, "se uma conduta 'p' é permitida, então ela é obrigatória", não se sustenta, uma vez que da permissão não se extrai a obrigação.

Se tentarmos outro trajeto para imaginar o "poder-dever", chegaremos igualmente a soluções absurdas: (Pp Op) significaria uma conduta "p", simultaneamente, permitida e obrigatória. Como em toda obrigação está embutida a permissão, bastaria registrar a conduta obrigatória (Op), sendo despicienda a referência à permissão (Pp).

Não encontrando fundamentação lógica, as expressões supracitadas justificar-se-iam no plano semântico e pragmático. Todavia, não será esse o melhor caminho na construção de uma linguagem científica, que se quer forte nas instâncias sintática e semântica, para ter a potência de descrever o objeto que se propõe, com o máximo rigor possível.

A título de remate, aproveita-se aqui, por procedente, a sutil distinção lembrada pelo professor Walter Barbosa Correa[10] entre *poder de tributar* e *direito de tributar*, atividades em constante *tensão*, nesse setor da disciplina jurídica.

Se nem sempre andou bem o legislador do Código Tributário Nacional ao disciplinar a matéria tributária, não merece censuras ao apontar como vinculada a atividade de lançamento, e não o ato de lançamento. Vinculado é o *processo*, não o *produto*. É o ato-fato, não o ato-norma, que, uma vez expedido, ingressa no sistema como uma regra jurídica qualquer, apenas discriminada em função do instrumento que a introduziu no conjunto. O conceito de procedimento vinculado à lei vem experimentando acentuada degradação de ordem semântica. Os administrativistas discutem, procurando oferecer conteúdo seguro à expressão, sem que, até o momento, lograssem obter resultados positivos. Dá-nos conta dessa preocupação a professora Lucia Valle Figueiredo: "Verifica-se, portanto, que se encontra em crise, como brilhantemente afirma Satta, o próprio conceito de vinculação".[11]

Com as devidas reservas, continuo operando com a definição oferecida por Celso Antônio Bandeira de Mello, segundo a qual atos vinculados são "aqueles em

10. "Tensão entre direito de tributar e poder de tributar no Direito Tributário Brasileiro", in *Direito Tributário – Estudos em Homenagem ao Prof. Ruy Barbosa Nogueira*, pp. 203-218.

11. *Curso de Direito Administrativo*, p. 135.

que, por existir prévia e objetiva tipificação legal do único possível comportamento da Administração em face de situação igualmente prevista em termos de objetividade absoluta, a Administração ao expedi-los não interfere com apreciação subjetiva alguma".[12] Dentre as disponíveis na melhor doutrina, penso ser a mais bem-composta, e por isso dela me sirvo. Todavia, não concordo com a tendência ao absoluto que inspira essa definição. Parto de outras premissas, que não concedem garantias de unissignificação, a não ser para os termos das linguagens formalizadas (Lógica, Matemática etc.), entendendo que todos os vocábulos das linguagens de objetos não-ideais são vagos e, ao menos potencialmente, ambíguos. Para mais, não creio possa existir comportamento da Administração destituído de apreciação subjetiva. Tomo a liberdade, por conseguinte, de relaxar um pouco os termos dessa construção doutrinária, para poder mobilizá-la, adequadamente, no terreno dos tributos.

A vinculação do ato administrativo, que, no fundo, é a vinculação do procedimento aos termos estritos da lei, assume as proporções de um limite objetivo a que deverá estar atrelado o agente da Administração, mas que realiza, mediatamente, o valor da segurança jurídica. Se a vinculação não é, em si mesma, nesse hemisfério do Direito, um valor, persegue-o de perto, assumindo a feição bipolar característica dos valores. Na outra ponta está a discricionariedade, que – volto a repetir – nesse setor da disciplina jurídica aparece como um desvalor, algo indesejado nos procedimentos administrativos que lidam com tributos. Para imprimir teor de estabilidade nas relações do Estado-Administração com o contribuinte requer-se, nos tempos modernos, uma estreita aderência aos textos legais. E o sistema brasileiro adotou o princípio da reserva legal absoluta, que, no dizer de Yonne Dolácio de Oliveira, "implica reservar exclusivamente à lei a definição dos elementos ou notas características do tipo legal tributário".[13] E anota que, sendo assim, "obviamente esse tipo é cerrado, exige a subsunção do fato à norma legal, vez que a decisão do legislador é exaustiva e definitiva, vedando que o aplicador do Direito substitua o legislador, inclusive pelo emprego da analogia". Fique consignado que a autora citada usa "tipo" na acepção de "fato gerador", o que suscitou a crítica de Misabel Derzi,[14] ao ferir o tema do "tipo", no sentido impróprio de *Tatbenstand*, do seu aprofundado e valioso estudo sobre a matéria.

9. Ato ou procedimento administrativo?

Esse dilema, "ato ou procedimento", que pode se transformar num trilema – "ato ou procedimento, ou ambos" –, reflete uma dúvida sem a solução da qual uma pesquisa mais séria ficaria sensivelmente prejudicada. Perante a Dogmática do Direito Administrativo, sabemos, essas entidades são diferentes e os efeitos práticos a que dão ensejo também apontam para direções distintas. Vejamos um exemplo bem simples. Diante das proposições afirmativas (1) "lançamento é procedimento" e (2) "instaurou-se o procedimento de lançamento" poderíamos concluir: já que existe o procedimento, existe também o lançamento; e se o lançamento existe, vamos começar a contar o prazo que culmina com o fato da prescrição. O interlocutor certamente responderia: "sim, existe o procedimento, porque foi regularmente instalado, mas ainda não está concluído, devendo aguardar-se o termo final". Vê-se, então, que não basta haver procedimento administrativo de lançamento para que possamos falar em "lançamento". Em que instante, então, surgiria essa figura, no Direito Brasileiro? Quando a seqüência procedimental atingir seu objetivo, expresso pelo ato conclusivo, que é o "ato de lançamento". Ora, além do "pro-

12. *Curso de Direito Administrativo*, p. 203.

13. "Princípios da legalidade e da tipicidade", in *Curso de Direito Tributário*, p. 155.

14. *Direito Tributário, Direito Penal e Tipo*, p. 191.

cedimento de lançamento", temos, também, o "ato administrativo de lançamento". Pronto. O mal está diagnosticado: "lançamento" é palavra que padece do problema semântico da ambigüidade, do tipo "processo/produto", como tantas outras nos discursos prescritivo e descritivo do Direito. É lançamento o processo de determinação do sujeito passivo e apuração da dívida tributária, como é lançamento, também, a norma individual e concreta posta no sistema com a expedição do "ato de lançamento". Eis, novamente, a imperativa necessidade do esforço de elucidação, de tal modo que o jurista, ao empregar o vocábulo, possa indicar em qual dos dois sentidos ele o fez. Se pensarmos que "ato" e "procedimento" são signos distintos, com elaborações teóricas próprias, dentro do Direito Administrativo, importa muito conhecer esse aspecto para decidir qual a doutrina que vai ser aplicada às situações empíricas.

Por evidente que não convém esperar esses requintes de precisão por parte do legislador tributário, nem sempre afeito às necessidades da boa linguagem. Cabe aos cientistas do Direito exigi-los, na construção do rigor discursivo que o relato de seu objeto, o Direito Positivo, reclama.

A Lei 5.172, de 1966, no art. 142, inclinou-se decididamente pelo "processo", enunciando, com expressividade, que "lançamento" é o "procedimento administrativo tendente a verificar (...)". Mas a doutrina vacilou, versando a figura ora como ato, ora como procedimento, ora como ambos.

Animada pelas elaborações continentais européias, advindas da Alemanha, Itália e Espanha, que discutiam, calorosamente, acerca da eficácia declaratória ou constitutiva do lançamento, a doutrina brasileira ingressou no debate, inclinando-se, de modo entusiástico, pela primeira opção, o que importou relevar a plano secundário tema do mais elevado interesse científico, qual seja: o de determinar se o lançamento seria um mero ato jurídico administrativo ou, algo diferente, uma seqüência procedimental, formada pela combinação orgânica de uma série de atos e termos, voltados para a produção de objetivo específico. E breve revista na obra dos bons autores brasileiros vem por demonstrar, de maneira candente, que as preocupações foram polarizadas naquela querela fradesca, no dizer de Becker, razão determinante de haver prosperado entre nós a concepção procedimentalista do lançamento, plasmada no citado artigo do Código Tributário Nacional.

É curioso notar que os principais autores do Anteprojeto que se transformou na Lei 5.172, de 1966, haviam manifestado opinião diversa em trabalhos que antecederam a edição daquele diploma.

Rubens Gomes de Sousa,[15] ao pronunciar-se a respeito do conceito jurídico de lançamento em estudo publicado 16 anos antes da divulgação do Código, já encarecia, esforçado na doutrina de Seabra Fagundes, tratar-se de um ato. Algum tempo depois, porém, o notável jurista veio a admitir que a entidade tanto poderia ser representada por um ato como por uma série deles (procedimento).[16] Gilberto de Ulhôa Canto não destoava da primeira idéia ao exprimir-se, categoricamente, no sentido de que o lançamento era "o ato através do qual se procede à verificação da ocorrência do fato gerador do imposto, à respectiva avaliação e conseqüente criação do débito fiscal individualizado".[17]

Também Aliomar Baleeiro,[18] embora aceitasse a feição procedimental do lançamento, em seus *Comentários ao Código Tributário Nacional*, já expressara sua convicção, tempos atrás, segundo a qual "é ato administrativo de competência vinculada (...)".

Para Amílcar de Araújo Falcão[19] o lançamento é ato declaratório e, como tal,

15. *Estudos de Direito Tributário*, p. 228.
16. Rubens Gomes de Sousa, *Compêndio* ... pp. 63-64.
17. *Temas de Direito Tributário*, v. 1, p. 171.
18. *Direito Tributário Brasileiro*, p. 443.
19. *Fato Gerador da Obrigação Tributária*, p. 115.

não cria a obrigação tributária, no que é seguido por Geraldo Ataliba,[20] que o toma também por ato declaratório que conferiria liquidez ao crédito. E dessa orientação não divergiu José Souto Maior Borges[21] ao distinguir a norma individual, expedida com o ato de lançamento, do procedimento administrativo que prepara sua expedição. Já Alberto Xavier,[22] por seu turno, insiste na importância de tomar-se o lançamento como ato e no danoso engano de aceitá-lo como procedimento.

Do lado oposto temos o magistério de Alfredo Augusto Becker[23] e de Antônio Roberto Sampaio Dória,[24] que adotam a concepção de procedimento, e Ruy Barbosa Nogueira,[25] que, em monografia sobre o tema, igualmente defende a natureza procedimental, invocando os ensinamentos de Emílio Betti e o escólio de José Frederico Marques ao art. 168 do Anteprojeto do Código Tributário.

Agora, uma comprovação decisiva e que compromete a configuração do lançamento como procedimento pode ser recolhida no magistério dos próprios seguidores dessa fórmula.

É assim que Antônio Roberto Sampaio Dória, após oferecer seu conceito de lançamento como procedimento administrativo, e curando de especular em torno da lei aplicável à formalização do crédito tributário, não esconde o pequeno lapso de adotar, por um instante, a tese oposta: "A determinação do crédito tributário se baseia, pois, na lei material contemporânea ao fato tributado e toda a problemática do Direito transitório se cifra em torno dela e não *do lançamento, que é ato meramente formalizador de uma situação preexistente*"[26] (grifamos).

Ruy Barbosa Nogueira,[27] prosélito da mesma teoria, não se forra de cometer o mesmo engano ao discutir o problema da eficácia jurídica produzida pelo lançamento. São suas palavras:

"Aliás, *a concepção do lançamento como ato declaratório conforma-se perfeitamente com nosso Direito Positivo Tributário*, como já vimos do próprio art. 53 da Lei n. 4.320.

"Mas, desde logo, podemos acentuar a verdadeira natureza de ato declaratório do lançamento, tendo em vista (...).

"O *lançamento como ato declaratório*, uma vez concluído, permite a atuação administrativa para (...)" (grifado).

Decididamente, é insustentável a tese do lançamento como procedimento administrativo, lamentando-se que o legislador do Código haja inserido esse conceito no dispositivo do art. 142, agravando a incoerência com permitir que o agente público possa vir a propor a aplicação de penalidades nas hipóteses de descumprimento das prestações tributárias. Tal aspecto será examinado mais de espaço, ao verificarmos a natureza do *auto de infração*, depois de extrairmos as conclusões a propósito do perfil jurídico do lançamento.

Há, ainda, uma outra dificuldade. Tanto a legislação como a doutrina utilizam a voz "procedimento" em duas acepções bem distintas: 1) "procedimento" como conjunto ordenado de atos administrativos e termos que evoluem, unitariamente, para a consecução de um ato específico, que é sua finalidade (exemplos: procedimento administrativo tributário, procedimento de consulta, procedimento de licitação etc.); e 2) "procedimento" como qualquer atividade físico-material e intelectual para a produção de um ato jurídico administrativo (exemplo: o funcionário, verificando o qua-

20. *Apontamentos de Ciência das Finanças, Direito Financeiro e Tributário*, Ed. RT, 1969, p. 277.

21. *Lançamento tributário*, 2ª ed., Malheiros Editores, 2000, pp. 115 e ss..

22. *Conceito e Natureza do Acto Tributário*, Capítulo 1.

23. *Teoria Geral* ..., p. 325.

24. *Da Lei Tributária* ..., p. 321.

25. *Teoria do Lançamento Tributário*, pp. 32-33.

26. *Da Lei Tributária* ..., pp. 321-322.

27. *Teoria do Lançamento Tributário*, pp. 39-40.

dramento do fato à norma, redige breve autorização, num ato jurídico administrativo isolado).

Afirmei tratar-se de outra dificuldade porque há casos de lançamento em que inexiste "procedimento" como série de atos e termos, operando-se o ato numa atividade monádica de um único funcionário. Depreende-se, dessa breve reflexão, que "procedimento", no sentido de série regrada de atos e termos, não é algo imprescindível para a celebração do lançamento. Este ato pode verificar-se apenas com as providências físicas e mentais da autoridade competente, sem o concurso de qualquer outro ato administrativo.

Recomenda-se até, em obséquio ao rigor das construções científicas, que passemos a nos referir a "procedimento", pura e simplesmente, nessa acepção mais livre e descomprometida, e reservando para as circunstâncias em que se cogita de uma sucessão de atos e termos, associados para se obter um determinado resultado, o mesmo nome, mas acompanhado da especificação: "procedimento de fiscalização", "procedimento de inquérito administrativo", "procedimento de discussão do lançamento perante os órgãos da Administração", "procedimento de consulta" etc.

Para terminar este item do presente subcapítulo vale a pena mostrar uma indicação objetiva, no mundo da *praxis*, que a distinção entre ato e procedimento oferece: consoante ficou assinalado linhas acima, *a vinculação que se predica diz respeito ao procedimento, e não ao ato. O caráter de vinculado ou de discricionário mora na atividade procedimental, não no seu produto: o ato de lançamento*. Acaso nos deparássemos com dois documentos atestatórios de atos jurídicos administrativos, sendo um proveniente de atividade vinculada e outro oriundo de atividade discricionária, nenhum traço específico remanesceria para denunciar a vinculação ou discrição com que o expediente foi realizado – a não ser, é claro, que conheçamos as regras que presidiram sua celebração.

A solução estaria bem simplificada se "ato" não sofresse, também, da mesma enfermidade semântica. O signo "ato" tanto representa o processo, a atividade, como seu resultado, seu produto. Mesmo assim, dúvidas não tenho de que as separações de sentido, na medida em que forem cabíveis e procedentes, enriquecem o discurso, imprimindo-lhe maior potencialidade descritiva.

Como providência epistemológica de bom alcance, podemos tomar "procedimento" como atividade, como processo de preparação, e "ato" como o produto final, composto por enunciados de teor prescritivo, consubstanciados num documento que passa a integrar o sistema do Direito Positivo. A partir da leitura desses enunciados, reconstruindo a norma individual e concreta que os tem como suporte físico, receberemos a mensagem deôntica que representa a adequação da regra-matriz de incidência tributária a uma situação efetiva do mundo social. No ato, consoante a proposta semântica com que iremos trabalhar, não encontraremos mais do que as duas peças do enlace implicacional das normas jurídicas individuais e concretas: antecedente e conseqüente, com seus elementos constitutivos.

Não se exaure nessa polêmica (ato/procedimento) a tentativa da doutrina brasileira de conceituar o lançamento tributário. Alcides Jorge Costa,[28] aplaudido por Fábio Fanucchi,[29] cogita da entidade na condição de "ônus que a lei impõe ao Estado para que este possa exercitar o direito que lhe advém da relação de responsabilidade, que deriva, também ela, da ocorrência do fato gerador". Para o reputado autor o lançamento deve ser considerado como um elemento da relação jurídico-tributária, expresso por um ato administrativo.

Estamos em que, de lado o agudo raciocínio do ilustre professor e o manifesto teor atrativo das conclusões eduzidas, um

28. *Contribuição ao Estudo da Obrigação Tributária*, pp. 57 e 60.

29. *A Decadência e a Prescrição no Direito Tributário*, p. 33.

obstáculo difícil de ser transposto se entrepõe no curso dessa elaboração: a figura do ônus só tem cabimento na plataforma dos direitos disponíveis, e o lançamento é obrigatório e vinculado, sob pena de responsabilidade funcional do agente. Não vemos, portanto, em que medida se podem compaginar o cumprimento de um dever e a remoção de um óbice, representado pela existência de um ônus.

Não merece encômios de juridicidade, igualmente, a idéia de que o lançamento seria uma condição legal que submeteria o nascimento ou a eficácia da obrigação tributária. Condição legal, no caso, estaria justaposta à condição voluntária que subordina a eficácia de um negócio jurídico. Sem o implemento da condição estipulada pelas partes, como acontecimento futuro e incerto, não haverá irradiação de efeitos jurídicos e o negócio se vê inapto para fazer surdir, por força própria, os direitos e deveres que lhe são peculiares. Processar-se-ia o mesmo fenômeno na eventualidade de condição legal, apenas que a vontade das partes estaria substituída pela determinação da lei, ao fazer a previsão de um evento futuro e incerto para submeter a eficácia do fato jurídico. Dada a ocorrência factual, descrita no antecedente da regra-matriz, não surgiria o vínculo obrigacional até que se desse o implemento da *condicio juris* representada pelo lançamento.

Como a primeira, tal concepção tropeça em dificuldade fundamental. A condição ditada pela lei não é verdadeira *condicio*. Di-lo o art. 117 do CC Brasileiro, *in verbis*: "Não se considera condição a cláusula, que não derive exclusivamente da vontade das partes, mas decorra necessariamente da natureza do direito, a que acede".

E o estilo terso e elegante que presidiu a redação desse artigo não dá espaço a qualquer dúvida. A chamada condição legal define tão-somente os elementos que compõem o desenho descritivo do fato jurídico tributário. Sem eles o próprio evento não se constitui. E Pontes de Miranda explicita: "Se a circunstância incerta é elemento do chamado suporte fáctico 'legal', necessária é para que a eficácia se dê: a morte não é condição do testamento; é *condicio juris*; e as *condiciones juris*, segundo a técnica jurídica do art. 117, não são condições".[30]

Sendo assim, relatar o lançamento como condição legal que submete o nascimento da obrigação tributária poderia sugerir, se tal fosse o ânimo dos que a adotaram, uma intuição de que o próprio *factum* estaria por requerer a linguagem como elemento indispensável à sua constitutividade e, por via de conseqüência, a instalação mesma da obrigação tributária. Mas não foi exatamente essa a tônica da proposta doutrinária. Aquilo que se focalizou, em toda a extensão do debate, foi o evento e a chamada "relação jurídica efectual".

10. Lançamento e a teoria dos atos administrativos

Não tivesse havido tanta hesitação a propósito da identidade do lançamento (ato ou procedimento), e as investigações científicas sobre esse ente do Direito Positivo teriam experimentado, há muito tempo, sensível progresso. Isso porque a teoria dos atos administrativos, tradicionalmente discutida, acha-se estruturada em bases sólidas, a despeito das dissensões acadêmicas que as construções da doutrina acabam sempre suscitando. Aplicando-se as lições dogmáticas existentes sobre a organização e as potencialidades jurídicas do ato administrativo ao instituto do lançamento teremos condições de compreendê-lo em tópicos que se mantêm obscuros até hoje, justamente pela ausência de instrumental científico idôneo e eficiente. O instrumento a que nos referimos é a Teoria dos Atos Administrativos.

Com efeito, a visualização jurídica do lançamento como ato administrativo abre perspectivas riquíssimas à pesquisa do assunto, possibilitando admirável ingresso nas

30. *Tratado de Direito Privado*, t. 5, p. 112.

profundezas do instituto, campo em que o cientista descobrirá, certamente, caminhos novos para a solução das intermináveis testilhas acadêmicas que vêm afligindo tributaristas nacionais, impotentes ante a necessidade de narrar algumas das conseqüências práticas que o lançamento produz.

É o que nos propomos fazer: empregar a Teoria dos Atos Administrativos para surpreender a entidade "lançamento". Primeiro, colocá-lo-emos sob foco temático à luz da doutrina convencional, para, depois, em tom de exercício, examiná-lo segundo os auspícios de moderna contribuição científica ao estudo do tema.

Movidos pelo intuito de facilitar essa construção, que é de ordem teorética, mas de imediatas repercussões pragmáticas, partiremos da definição de "lançamento", elucidando suas cláusulas no Direito Positivo Brasileiro, pela aplicação das duas posturas dogmáticas, na ordem em que indicamos.

11. Definição de lançamento tributário

Lançamento tributário é o ato jurídico administrativo da categoria dos simples, constitutivos e vinculados, mediante o qual se insere na ordem jurídica brasileira uma norma individual e concreta, que tem como antecedente o fato jurídico tributário e, como conseqüente, a formalização do vínculo obrigacional, pela individualização dos sujeitos ativo e passivo, a determinação do objeto da prestação, formado pela base de cálculo e correspondente alíquota, bem como pelo estabelecimento dos termos espaço-temporais em que o crédito há de ser exigido.

11.1 Ato jurídico administrativo

Lançamento é ato jurídico, e não procedimento, como expressamente consigna o art. 142 do CTN. Consiste, muitas vezes, no resultado de um procedimento, mas com ele não se confunde. É preciso dizer que o procedimento não é imprescindível para o lançamento, que pode consubstanciar ato isolado, independente de qualquer outro. Quando muito, o procedimento antecede e prepara a formação do ato, não o integrando com seus pressupostos estruturais, que somente nele estarão contidos.

À margem do procedimento, e polarizando no ato administrativo o centro de suas indagações, Oswaldo Aranha Bandeira de Mello firma as características de essência da entidade, concebida no sentido material, ou objetivo, "como manifestação de vontade do Estado, enquanto Poder Público, individual, concreta, pessoal, na consecução do seu fim, de criação de utilidade pública, de modo direto e imediato, para produzir efeitos de direito".[31] São aqueles atos jurídicos praticados, segundo o Direito Administrativo, pelas pessoas administrativas, a que alude Ruy Cirne Lima,[32] adicionando ao conceito anterior a acepção orgânico-formal que Oswaldo Aranha Bandeira de Mello refere em definição apartada. De modo análogo, Caio Tácito[33] separa os atos administrativos formais – *todos aqueles praticados por um órgão administrativo* – dos materiais – *os que representam, substancialmente, o exercício da função administrativa do Estado, independentemente do órgão de sua execução.*

Mas, ao acolhermos o lançamento como ato jurídico administrativo, vem ao pensamento distinção de relevo, que M. Seabra Fagundes[34] expõe com muita nitidez, ao lembrar que os atos administrativos podem ser ou não jurídicos. Quando modificam situações jurídicas – como a nomeação de um funcionário, a expedição de um título de habilitação profissional, a imposição de multa etc. – são atos administrativos jurídicos ou atos administrativos com efeitos jurídicos. Quando, porém, o ato praticado no exercício da administração não cria,

31. *Princípios Gerais de Direito Administrativo*, v. 1, pp. 413-414.

32. *Princípios de Direito Administrativo*, p. 73.

33. *Direito Administrativo*, Saraiva, 1975, p. 55.

34. *O Controle dos Atos Administrativos pelo Poder Judiciário*, p. 37.

modifica ou extingue direitos, é destituído de efeito jurídico, no sentido preciso da expressão. Será um ato administrativo sem efeito jurídico. É o que se dá quando a declaração de vontade não visa a produzir determinados efeitos, ficando aqueles dependentes de ato ulterior.

A lição do preclaro jurista sugere o emprego cuidadoso da expressão "ato jurídico administrativo" para aludir aos atos jurídicos praticados pela Administração Pública, no exercício da função administrativa. É o caso do lançamento, com seus indiscutíveis efeitos de direito.

Assentadas essas posições, quais seriam, para a corrente convencional dos nossos autores, os traços de identificação do ato jurídico administrativo, mantendo-se a premissa de que o lançamento seria uma espécie dessa categoria?

No ato jurídico administrativo encontramos os requisitos de essência do gênero *atos jurídicos*, isto é, agente capaz, objeto lícito e forma prescrita ou não defesa em lei (CC, art. 82), além de elementos que lhe dão especificidade, quais sejam, os motivos e a finalidade do ato. Haverá, dessa forma, cinco elementos integrativos na estrutura interior de todo ato jurídico administrativo: a) motivo ou pressuposto; b) agente competente; c) forma prescrita em lei; d) objeto ou conteúdo; e e) finalidade.

Atente-se para que a capacidade do agente se presume em Direito Público, assumindo conotação específica, expressa na regra da *competência*, ou seja, o poder legal de realizar determinada parcela da função administrativa; e tal competência não adere à pessoa do agente, visto que é pertinente ao conteúdo da função pública.

Também quanto ao objeto não se pode adotar sem a devida reserva o requisito genérico dos atos jurídicos. Sobre a condição geral da licitude, deve o objeto, na conformidade do ensinamento de Caio Tácito,[35] estar relacionado com a competência especial da autoridade e com o grau de opção que lhe tenha sido atribuído. Nos atos vinculados o objeto estará determinado no preceito legal, enquanto nos atos de competência discricionária deverá quadrar-se nos limites legais da liberdade apreciativa outorgada à Administração.

Tornam-se imprescindíveis tais adaptações ao reconhecimento da intimidade estrutural dos atos jurídicos administrativos, que, além disso, reivindicam dois outros elementos para completar sua existência: motivo ou pressuposto e finalidade.

O *motivo* está atrelado aos fundamentos que ensejaram a celebração do ato. Pode vir expresso em lei ou ficar a critério do administrador. Tratar-se-á, então, de ato vinculado ou discricionário, segundo a hipótese. No primeiro caso terá o agente que houver de exará-lo que justificar a existência do motivo, sem o quê o ato será inválido ou, pelo menos, invalidável por ausência de motivação. Deixado ao talante do agente, no entanto, poderá ele expedi-lo sem motivação expressa; mas, caso venha a mencioná-la, ficará jungido aos motivos aduzidos.

A *finalidade* é o objetivo que se pretende com a celebração do ato ou o resultado prático que se procura alcançar pela modificação trazida à ordem jurídica. É o sentido teleológico do ato; é o fim jurídico a que se dirige, em última análise, a ação administrativa.

Simultaneamente agrupados os cinco elementos que lhe dão substância, estaremos diante de um ato jurídico administrativo, na sua completude existencial. Contudo, nem todo ato jurídico administrativo realiza a figura típica do lançamento tributário, porque outras estipulações singulares estão alojadas no seu conceito.

11.2 ... da categoria dos simples, constitutivos ou modificativos e vinculados

Atos jurídicos administrativos simples são aqueles que resultam da emanação de vontade de um único órgão ou, como pre-

35. *Direito Administrativo*, pp. 58-59.

fere Themístocles Brandão Cavalcanti, "os atos que se completam pela manifestação de uma só vontade, e produzem as suas conseqüências jurídicas independentemente da manifestação de outra vontade".[36] É também o pensamento de Oswaldo Aranha Bandeira de Mello,[37] para quem a categoria dos atos simples poderia ainda comportar a subdivisão em ato simples individual (ato jurídico da Presidência da República, lavrado pelo Presidente) e ato simples colegial, produzido por órgãos colegiais, isto é, constituídos por vários titulares, que atuam em conjunto e decidem em colégio. Nesse caso, a manifestação de vontade é a resultante das diversas vontades individuais. O ato jurídico administrativo do lançamento tributário estaria contido na primeira espécie: ato simples individual.

Tendo em vista o critério do fim imediato a que se preordenam os atos, Ruy Cirne Lima[38] os classifica em cinco grupos: constitutivos, assecuratórios, alienativos, modificativos e extintivos de direitos.

Os *constitutivos* carregam a premissa da criação de relações jurídicas novas, vale dizer, vínculos até então inexistentes e que passam, agora, a ligar pessoas, mediante o aparecimento de direitos subjetivos e deveres correlatos. E quando cabe ao Fisco, em caráter inaugural, montar a linguagem competente, será o ato constitutivo tanto do fato jurídico tributário como da obrigação que se irradia pelo liame lógico da imputação normativa ("causalidade jurídica", na terminologia de Lourival Vilanova).

Acontece, porém, que o lançamento é lavrado, muitas vezes, em substituição àquele ato de linguagem emitido com deficiência pelo sujeito passivo, no exercício de competência legal. Sempre que isso ocorrer, não havendo o traço inovador referido acima, apresentar-se-á como *ato modificativo*. Sim, porque a manifestação competencial do contribuinte já fizera nascer o crédito e seu correlativo débito. O ato administrativo celebrado pela Fazenda Pública terá apenas o condão de *modificar* o expediente inicialmente confiado ao sujeito passivo, que o produziu com defeito de fundo ou de forma.

A título de escólio, torna-se evidente que o *fim imediato* mencionado por Ruy Cirne Lima repousa no conteúdo do ato administrativo ou, por outros signos, na norma jurídica por ele introduzida no sistema de Direito posto. Tratando-se de ato de lançamento, recai sobre a norma individual e concreta que institui o fato jurídico tributário, associando-lhe o efeito de desencadear o vínculo obrigacional correspondente.

O tema do aspecto *constitutivo* ou *modificativo* de que se reveste o lançamento dá margem a uma série de comentários, uma vez que vem ocupando espaço significativo no corpo da doutrina especializada. Antes, contudo, de retornarmos ao assunto, até agora sem solução satisfatória, prossigamos na seqüência da matéria que vínhamos desenvolvendo, mais propriamente sobre a definição dessa entidade tão importante para a implantação dos tributos.

O ato jurídico administrativo do lançamento é *vinculado*, significando afirmar que se coloca entre aqueles para a celebração dos quais não atua o agente com qualquer grau de subjetividade. Há de ater-se ao único e objetivo caminho que o tipo legal prescreve, não lhe sendo outorgada qualquer porção de liberdade para sopesar, avaliativamente, os dados concretos de que dispõe, decidindo sobre a conveniência ou oportunidade da prática do ato. Pelo contrário, o representante do Poder Público, nos atos vinculados, há de pautar sua atuação nos estritos termos que a lei estipula, guardando-lhe plena e integral aderência. Exatamente assim o ato de lançamento tributário, onde não se permite atuação discricionária. Declara-o, prescritivamente, o art. 142 do CTN, e o sistema do Direito Positivo o confirma.

36. *Tratado de Direito Administrativo*, v. 1, p. 243.

37. *Princípios Gerais ...*, v. 1, p. 474.

38. *Princípios de Direito ...*, pp. 73-74.

11.3 ... mediante o qual se insere na ordem jurídica brasileira uma norma individual e concreta

Eis o conteúdo ou objeto do ato jurídico administrativo do lançamento tributário: introduzir no ordenamento positivo uma norma individual e concreta que guarde subsunção à regra-matriz de incidência, isto é, à norma geral e abstrata instituidora do gravame.

Com efeito, sem norma individual e concreta as prescrições gerais e abstratas não chegam às condutas intersubjetivas, e o Direito não atinge seus propósitos reguladores. Torna-se preciso, como vimos na teoria das fontes, que um veículo introdutor (ato jurídico-administrativo do lançamento, no caso) faça a inserção da regra no sistema. Significa dizer: unidade normativa alguma entra no ordenamento sem outra norma que a conduza. O preceito introduzido é a disciplina dos comportamentos inter-humanos pretendida pelo legislador, ao passo que a entidade introdutora é igualmente norma, porém concreta e geral. Lembremo-nos de que a regra incumbida de conduzir a prescrição para dentro da ordenação positiva é de fundamental importância para montar a hierarquia do conjunto.

Intuitivamente, os estudiosos não se esquivaram de identificar essa norma introduzida com a própria substância da norma introdutora, chamando-a de conteúdo ou objeto. Implica reconhecer que sem tal núcleo de significação o veículo introdutor fica oco, vazio, perdendo o sentido de sua existência.

11.4 ... que tem como antecedente o fato jurídico tributário

O ato jurídico administrativo de lançamento deve trazer alusão a um fato, equivale dizer a um enunciado protocolar, denotativo, referente a alteração do mundo econômico-social devidamente individualizada no espaço e no tempo, com o verbo no pretérito. E mais: que satisfaça os padrões do antecedente da regra-matriz de incidência tributária. Tal descrição fática terá de coincidir, à justa, com aquela previsão hipotética, qualificada por critérios e aberta para cobrir infinitos enunciados factuais.

A menção ao aspecto é algo imprescindível, dado que o enunciado empregado para relatar o evento é pressuposto do nascimento do nexo jurídico tributário e, por via de conseqüência, do direito subjetivo à percepção do tributo. Consubstancia o que os administrativistas chamam de *motivo* ou *pressuposto*, que no campo das competências vinculadas deverá vir sempre expresso para propiciar o cotejo de sua identidade com o tipo legal. Por isso mesmo, não há como dispensar a autoridade lançadora de registrar, na edição do ato, o motivo que lhe deu ensejo, corresponde a dizer, a referência objetiva do fato jurídico tributário, reportando-se, como já foi dito, às coordenadas de tempo e de espaço que o condicionaram no mundo da experiência físico-social.

11.5 ... e, como conseqüente, a formalização do vínculo obrigacional, pela individualização dos sujeitos ativo e passivo e pela determinação do objeto da prestação, formado pela base de cálculo e alíquota correspondente

Bem, constituído o fato-causa (fato tributário), a conseqüência será a instauração do fato-efeito (a obrigação tributária), por força da relação de causalidade jurídica (imputação normativa). Requer-se, porém, que o vínculo obrigacional apareça objetivado, vale dizer, seja posto em termos intersubjetivos, o que só é possível pela comunicação entre sujeitos, promovida pela linguagem. Mas não toda e qualquer linguagem: a linguagem competente, assim indicada pelo Direito Positivo em vigor.

Realmente, para que se dê por instalada a relação jurídica do tributo faz-se necessário utilizar as formas de linguagem previstas na legislação, indicando os sujeitos do vínculo (ativo e passivo), determinando a base de cálculo (grandeza apta para dimensionar as proporções jurídicas do fato), bem como apontando para a alíquota que há de conjugar-se com a matéria imponível, para compor o *quantum debeatur*. É claro que somente após esse empenho de formalização em linguagem própria é que o titular do direito subjetivo terá condições de exercitá-lo, reivindicando-o perante o sujeito passivo, já agora devidamente identificado no conseqüente da norma individual e concreta.

Quanto ao sujeito ativo, vem quase sempre na implicitude do texto legislado, como a pessoa política de Direito Constitucional Interno portadora da competência para editar as normas do tributo. Algumas vezes, no entanto, sempre que houver o fenômeno da parafiscalidade, o sujeito pretensor comparecerá explicitamente, como aquela pessoa jurídica de Direito Público ou Privado nomeada pelo titular da competência para fazer as vezes de credor. No que diz respeito ao sujeito passivo, todavia, a formalização do laço obrigacional compele a autoridade a identificá-lo com rigor, enunciando-lhe o nome (pessoa física ou jurídica), seu domicílio, assim como os dados de seu registro ou inscrição, segundo os controles do órgão fiscal.

Por outro lado, a determinação da base de cálculo e da alíquota aplicável são atividades jurídicas imprescindíveisà operação material que define a compostura numérica do crédito tributário. Mas por que tais determinações assumem aspecto de atividades jurídicas, ao mesmo tempo em que a definição do *quantum* devido consiste em operação material? Antes de responder à indagação cumpre advertir que "atividade jurídica" não está empregada na acepção de prática de ato jurídico. Significa, tão-somente, que o administrador público, a quem compete a realização do ato de lançamento, haverá de procurar, no contexto da lei adequada, os critérios para medir a intensidade do fato jurídico tributário – base de cálculo – e, em seguida, buscar também a alíquota correspondente, determinando-a.

Bem, se atinarmos à circunstância de que, até esse momento, a autoridade administrativa nada mais fez do que analisar o fato concreto, confrontando-o com os preceptivos legais, teremos de admitir a existência de uma atividade jurídica, de teor interpretativo, para efeito da aplicação do Direito posto às realidades que a ele se conformam. Contudo, não é suficiente a singela determinação da base de cálculo e da alíquota para a composição monetária do crédito. Atividades que tais são pressupostos de outra, que chamamos de material, mas que igualmente se desenvolve sob os ditames da lei: a operação matemática cujo resultado é obtido pela conjugação da base de cálculo e da alíquota. Esse resultado precisará a importância correspondente ao crédito tributário.

Resumimos, para deixar patente que o lançamento tributário é ato jurídico administrativo que põe no ordenamento uma norma individual e concreta: no antecedente, o relato do evento tributário, estabelecendo-o como fato; no conseqüente, a prescrição do vínculo que nasce unindo dois sujeitos em torno de uma prestação pecuniária. Visto na sua integridade, apresenta caráter declaratório do fato e constitutivo da relação, ainda que possamos rematar que o "declaratório do fato" representa sua própria composição no plano das objetividades, aparecendo exatamente assim para o conhecimento jurídico.

11.6 ... bem como pelo estabelecimento dos termos espaço-temporais em que o crédito há de ser exigido

Se, por acaso, não fossem imprescindíveis à configuração do crédito tributário a declaração do acontecimento factual, a identificação do sujeito passivo da obrigação correspondente e a determinação da base de cálculo e da alíquota aplicável, com a conseqüente formalização do crédito tributário, e diríamos, mesmo, que estipular os termos da exigibilidade seria a mais relevante função do ato de lançamento.

Por estranho que possa parecer, os conceitos de lançamento, quer o constante na fórmula verbal do art. 142 do CTN, quer os propostos pela doutrina brasileira especializada, não dão importância a esse aspecto fundamental.

De que serviria a formalização do crédito se o destinatário da notificação de lançamento não pudesse conhecer o momento ou o prazo em que deve fazer cumprir a prestação? Em que átimo reputar-se-ia descumprido o dever pecuniário? Em que instante surgiria para o sujeito ativo a possibilidade de invocar a prestação jurisdicional do Estado, para ver respeitado seu direito subjetivo? Essas questões, de indisputável cabimento teórico e prático, ficariam sem resposta se não inscrevêssemos nos quadros dos antessupostos necessários ao lançamento o período de tempo dentro do qual o sujeito passivo deverá cumprir a prestação que lhe é exigida. E o lapso de tempo vem demarcado pela menção aos *termos da exigibilidade*, isto é, ao termo inicial e ao termo final.

E tão grande é o teor de relevância dos *termos da exigibilidade* que o termo final é o marco a partir do qual se dá por descumprida a prestação, abrindo-se espaço à incidência dos dispositivos sancionatórios que as normas tributárias associam ao desrespeito de suas obrigações.

Se pensarmos que a demarcação dos termos em que a prestação será exigida é indissociável da fixação do próprio dever, veremos que o esquecimento de considerações como essa mostra o índice de superficialidade com que opinados juristas examinaram a realidade jurídica do lançamento. Agrava-se a omissão na medida em que basta deitarmos os olhos numa notificação de lançamento e lá estarão as datas-limites entre as quais a prestação pode ser efetuada em regime de licitude.

"Termo" é determinação temporal inexa, usando a terminologia sempre original de Pontes de Miranda. Os termos, juntamente com as condições, "inexam-se às manifestações de vontade, para que o efeito ou os efeitos dos atos jurídicos somente durem até que acontecimento futuro e certo se dê (termo final)".[39]

Essa determinação inexa não pode deixar de figurar no ato jurídico administrativo do lançamento – proposição que estimamos do maior interesse e sobre a qual vale insistir a cada passo.

12. As cláusulas da definição satisfazendo a estrutura do ato

A definição do conceito de lançamento, tal qual a expusemos, preenche inteiramente os elementos estruturais do ato jurídico administrativo, segundo a teoria tradicional. Vejamos:

a) O *motivo* ou *pressuposto* é a realização do *evento*, do qual tem notícia o agente da Administração. Não é ainda o "fato jurídico tributário", que vai surgir na forma de um enunciado lingüístico, integrado no conteúdo do ato. É aquele acontecimento do mundo que feriu a sensibilidade de um sujeito de direitos e está à espera da linguagem própria que lhe dê foros de objetividade.

b) O *agente competente* é o funcionário que a lei indicar para o exercício de tal função, dependendo de cada espécie legislada.

c) A *forma* é a organização de linguagem que a lei entendeu adequada para o tributo, variando, também, caso a caso.

d) *Conteúdo* ou *objeto* é a norma individual e concreta inserida no sistema pelo ato de lançamento.

e) E *finalidade* é o objetivo colimado pelo expediente, qual seja, o de, introduzindo a norma no ordenamento positivo, tornar juridicamente possível o exercício do direito subjetivo à prestação tributária.

Submetendo-se, agora, o ato que acabamos de definir às categorias do pensa-

39. Pontes de Miranda, *Tratado ...*, cit., t. 5, p. 97.

mento de Celso Antônio Bandeira de Mello, teremos, igualmente, quadramento satisfatório. Estuda esse autor os atos administrativos, esmiuçando-os no plano de sua existência estrutural e no que concerne a seus pressupostos. Para o publicista, compõem a intimidade do ato tão-somente dois elementos: conteúdo e forma.[40] Conteúdo é aquilo que o ato dispõe, isto é, o que o ato decide, enuncia, certifica, opina ou modifica na ordem jurídica. É a própria substância do ato. Já a forma é o modo como o ato se exterioriza, o revestimento externo da manifestação de vontade nele contida.

Além do conteúdo e da forma, elementos necessários à existência jurídica do ato, faz menção a seis pressupostos que permitem analisá-lo no âmbito de sua validade. São eles: a) o pressuposto objetivo – a razão de ser, o motivo que justifica a celebração do ato; b) o pressuposto subjetivo – qual o agente credenciado a expedi-lo; c) o pressuposto teleológico – a finalidade que o ato procura alcançar ou o bem jurídico colimado pelo Estado; d) o pressuposto procedimental – o conjunto de atos organicamente previsto para que possa surgir o ato final; e) o pressuposto causal – a causa, como correlação lógica entre o motivo e o conteúdo, em função da finalidade do ato; e, por derradeiro, f) o pressuposto formalístico, quer dizer, o modo específico estabelecido para sua exteriorização ou as singularidades formais que o ato deve revestir.

Observemos como o ato de lançamento tributário se encaixa nessas categorias. Comecemos pelos elementos intrínsecos. O *conteúdo* do lançamento é a norma individual e concreta que ele introduz no sistema; significa afirmar, o enunciado factual ("fato gerador"), no tópico de antecedente, e a relação jurídica tributária, com seus sujeitos e seu objeto (base de cálculo e alíquota), na posição sintática de conseqüente. A *forma* é a escrita, outro modo de referência à linguagem como instrumento da comunicação jurídica. Sem linguagem não haverá ato.

À busca de subsunção da figura do lançamento às lições do ilustre professor da PUC/SP, teríamos como pressupostos do lançamento:

a) *objetivo* – o motivo da celebração do ato é a ocorrência do evento descrito no suposto da regra-matriz. Somente quando souber acontecido o evento haverá razão para exarar-se o ato;

b) *subjetivo* – a autoridade lançadora cuja competência está definida em lei;

c) *teleológico* – a finalidade do ato de lançamento é, como se disse, tornar possível exigir, juridicamente, a prestação do tributo;

d) *procedimental* – se bem que não ocorra em alguns casos, deve ser observado sempre que a lei assim o dispuser. São aqueles atos chamados preparatórios, cometidos ao Poder Público ou ao próprio particular e tidos como necessários à lavratura do lançamento;

e) *causal* – na hipótese do lançamento é o nexo lógico que há de existir entre o suceder do evento jurídico (motivo), a atribuição desse evento a certa pessoa, bem como a mensuração do acontecimento típico (conteúdo), tudo em função da finalidade, qual seja, o exercício possível do direito do Estado de exigir o *quantum* do tributo;

f) *formalístico* – está devidamente consignado em cada uma das legislações dos diversos tributos. Cada qual tem suas particularidades, variando na consonância da espécie de exação (vinculada ou não-vinculada) e, ainda mais, em função de suas subespécies.

Em esforço de prova, procuramos justificar a proposição científica de que o lançamento é um ato jurídico administrativo, que pode ser visto tanto pela ótica tradicional como pela contribuição científica de Celso Antônio Bandeira de Mello. Ambas têm o condão de explicar todos os matizes da definição que expusemos, o que demonstra, sem outros argumentos, sua boa proce-

40. Celso Antônio Bandeira de Mello, *Curso* ..., pp. 177-178.

dência. Ao lado da sedimentação dos conceitos, pelo exercício do confronto e da adaptação, nosso objetivo voltou-se para afastar a idéia de procedimento, tão detrimentosa ao exame sério e aprofundado do instituto. Para mais, divisamos no enfoque do lançamento, como ato, o ponto de partida para uma série de soluções pragmáticas que, como dissemos, não encontraram encaminhamento adequado nas doutrinas até agora elaboradas.

13. A norma jurídica do ato de lançamento e a norma que figura como seu conteúdo

Numa visão exclusivamente normativa, façamos desde logo a distinção entre a norma consubstanciada pelo ato administrativo de lançamento tributário e aqueloutra posta como seu *conteúdo* ou *objeto*.

A norma que configura o ato ou a regra de conduta que o expediente visa a inserir no sistema têm feições internas diversas: enquanto a de lançamento é concreta e geral, a que reside em seu conteúdo é concreta mas individual. A primeira tem como suposto ou antecedente um acontecimento devidamente demarcado no espaço e no tempo, identificada a autoridade que a expediu. Muitas vezes vêm numeradas, como é o caso das leis, dos decretos, das portarias, ou referidas diretamente ao número do processo, do procedimento ou da atuosidade administrativa que lhe deu ensejo. A verdade é que a hipótese dessa norma alude a um fato efetivamente acontecido. Já o conseqüente revela o exercício de conduta autorizada a certo e determinado sujeito de direitos e que se pretende respeitada por todos os demais da comunidade. Nesse sentido, é geral.

Quando faço alusão ao conteúdo do ato estou me referindo àquilo que a conduta autorizada do sujeito ativo da primeira norma produziu, isto é, a norma ou as normas gerais e abstratas, individuais e concretas ou individuais e abstratas, inseridas no ordenamento por força da juridicidade da regra introdutora. Eis o campo onde residem a regra-matriz de incidência (norma geral e abstrata) e a norma individual e concreta, objeto do ato jurídico-administrativo do lançamento.

Vale a pena reiterar que os veículos introdutores de normas no sistema são, também, normas jurídicas, mas sempre gerais e concretas. Sua importância, em termos sistemáticos, aloja-se em dois pontos: a) são os instrumentos apropriados para inserir regras jurídicas no sistema positivo; e, além disso, b) funcionam como referencial para montar a hierarquia do conjunto. Afinal de contas, temos que ser coerentes com as premissas que declaramos. Se o Direito é tomado como conjunto de normas válidas num determinado território e num preciso momento do tempo histórico, tudo dentro dele serão normas, em homenagem ao princípio epistemológico da uniformidade do objeto. Daí por que as entidades "leis", "contratos", "atos administrativos", "desapropriação", "matrimônio", "tributo" etc., reduzidas à expressão mais simples, assumem a condição de normas jurídicas. E a prova está na circunstância segundo a qual a instituição, a modificação e a extinção dessas figuras se operam por regras de Direito.

14. O velho problema da natureza declaratória ou constitutiva do lançamento tributário

Não foram poucos os que deram por superada a testilha acadêmica sobre a natureza do lançamento, com a vitória contundente da tese declarativista. Mestre Valdés Costa, dedicando várias décadas ao estudo de temas tributários, no Direito Comparado, e grande autoridade na codificação da matéria, presta um depoimento eloqüente, depois de passar em revista os sistemas de todos os países latino-americanos: "En cuanto a la naturaleza declarativa o constitutiva todas las legislaciones consideradas se deciden por la primera solución".[41]

41. *Estudios de Derecho Tributario Latinoamericano*, p. 151.

Nada obstante, já deixamos assentado que tudo depende do sistema de referência, do modelo com que o cientista opera as categorias do Direito. As proposições teoréticas derivadas hão de guardar coerência com as premissas eleitas; e, deslocando-se o ângulo de análise, muitas vezes mexemos com as premissas, de tal modo que as proposições originárias poderão tornar-se diferentes, possibilitando uma revisão substanciosa nas conclusões até então obtidas. E é exatamente o que acontece com a temática que estamos versando.

Para uma reflexão mais detida sobre esse ponto, recuperemos algumas noções acerca do fato jurídico tributário, localizado no antecedente de uma norma individual e concreta, que tanto pode ser a do ato de lançamento como a do ato exarado pelo sujeito passivo a quem a lei outorgou a devida competência.

Pudemos verificar que o fato jurídico tributário é constituído por um enunciado protocolar, denotativo, relatando um evento pretérito que se consolidou numa unidade de tempo e num ponto do espaço social. Apesar da referencialidade direta ao acontecimento do mundo, guardando, portanto, forte similitude com as orações meramente descritivas de situações objetivas, fizemos questão de frisar, enfaticamente, que o fato jurídico tributário se apresentava como um enunciado de teor prescritivo e não cognoscente do real. Os valores lógicos a que está submetido, por isso mesmo, são os da Lógica Deôntico-Jurídica (válido ou não-válido), nunca os da Lógica Alética (verdadeiro ou falso).

Meditemos sobre a construção desse segmento de linguagem. Seu conteúdo semântico será o relato de um evento do passado, devidamente caracterizado no tempo e no espaço. Dizendo de outro modo, o enunciado de que tratamos declara ter ocorrido uma alteração no plano físico-social. Nesse sentido, vale dizer que o fato jurídico tributário tem caráter declaratório. Aí está o motivo pelo qual se aplica ao fato a legislação em vigor no momento em que o evento ocorreu. Entretanto, não podemos esquecer que o relato do acontecimento pretérito é exatamente o modo como se constitui o fato, como essa entidade aparece e é recebida no recinto do Direito, o que nos autoriza a proclamá-lo como constitutivo do evento que, sem esse relato, quedaria à margem do universo jurídico. Por outros torneios, o enunciado projeta-se para o passado, recolhe o evento e, ao descrevê-lo, constitui-se como fato jurídico tributário. Retenhamos esses dois aspectos: o enunciado do antecedente da norma individual e concreta que analisamos se *constitui* como fato ao *descrever* o evento.

Passemos, sem demora, ao conseqüente da mesma regra individual e concreta. Diferentemente do fato, que recua no tempo para surpreender o evento, o enunciado relacional institui uma relação jurídica de cunho patrimonial, perfeitamente individualizada quanto aos termos-sujeitos (ativo e passivo) e quanto à conduta-prestação, que é seu objeto. Temos aqui outro enunciado, de índole relacional, que se arma para o futuro, que se programa para a frente, constituindo, no hemisfério jurídico, um direito subjetivo e um dever jurídico que, até então, inexistiam.

Ora, sabemos que o conseqüente da norma individual e concreta é o efeito jurídico próprio do acontecimento fático previsto no antecedente. É a chamada eficácia jurídica do fato, instalando-se, automática e infalivelmente, tão-só aconteça o relato do evento, em linguagem competente. Não há intervalo qualquer entre o fato jurídico e a relação jurídica que, por virtude dele, se instaura. A sucessão não é cronológica; é simplesmente lógica. Disso advém uma conclusão importante: *todos os elementos utilizados para a composição do enunciado relacional são extraídos do fato e não do evento, que já se consumiu ao transformar-se no enunciado do antecedente normativo*. A montagem da relação jurídica não retroage ao instante da verificação do evento, para dele retirar os dados de que necessite, em ordem à qualificação dos sujeitos e à quantificação do débito tributário, pois tudo está no enunciado factual, e o que lá não estiver foi desprezado pelo editor da norma, ao selecionar as propriedades do evento, sendo, dessa maneira, irrelevantes juridicamente. Só numa formulação apressada poderíamos supor que o autor da regra volta ao passado para vasculhar a ocorrência e dela extrair ingredientes que venha a utilizar na relação obrigacional. Isso é mera aparência sugerida pelo exame do primeiro instante. *Todas as informações necessárias à compostura do liame obrigacional do conseqüente serão recolhidas ao lado, na linguagem do antecedente.* Se o sujeito que vai expedir a norma tem ao seu alcance todos os elementos que foram filtrados do evento para constituir o fato jurídico tributário, que contingência poderia compeli-lo a regressar àquela ocorrência? Não se pode menos do que concluir, de modo peremptório, que o conseqüente é, todo ele, constitutivo de um vínculo que passou a existir, para o Direito, com o correspondente enunciado relacional.

Façamos uma consideração. Tanto o antecedente como o conseqüente das normas jurídicas são igualmente importantes, porque sem eles não há regra de Direito. A decomposição é um imperativo da postura analítica de quem se propõe investigar com maior profundidade o fenômeno que observa. Entretanto, se priorizarmos o Direito pelo ângulo da regulação efetiva das condutas intersubjetivas, tendo em vista encaminhá-las para a realização de certos valores, é no conseqüente da norma que esse resultado pode ser obtido. O antecedente cumpriria a função de pretexto objetivo para, a contar dele, passar-se à disciplina dos comportamentos sociais. Sobre tais fundamentos, e com as ressalvas iniciais, é no conseqüente que estaria a tônica do Direito, já que é por meio dele que o Direito persegue suas finalidades precípuas.

Pensando assim, a natureza da norma individual e concreta veiculada pelo ato de lançamento tributário, ou pelo ato produzido pelo sujeito passivo para apurar seu débito, nos casos estabelecidos em lei, assumirá a feição significativa de *providência constitutiva de direitos e deveres subjetivos*.

Até porque, se pensarmos bem, que haveria anteriormente à edição dessas normas individuais e concretas? De quem exigiria o Estado-Administração o cumprimento da dívida tributária? Qual seria o montante do débito? Por que motivo haveria a cobrança? E em que condições o devedor poderia implementar sua "obrigação"? É sumamente curioso verificar que absolutamente nenhuma dessas perguntas encontrará resposta adequada que não seja esta: tudo dependerá da norma individual e concreta, seja ela praticada pelo Poder Público (lançamento), seja realizada pelo particular. Demais disso, em harmonia com os pressupostos fixados neste trabalho, as realidade jurídicas se manifestam, exclusivamente, em linguagem, mais propriamente na linguagem prescrita pelo sistema do Direito Positivo.

Amílcar de Araújo Falcão[42] expõe sete índices ("a", "b", "c", "d", "e", "f" e "g") "concludentes" da eficácia declaratória do lançamento. Todos eles mostrando a retrooperação à data do evento para efeito de pesquisa e determinação dos elementos com base nos quais serão fixados o *an*, o *si* e o *quantum debeatur*. O saudoso professor, como pode ser confirmado, parte de outros pressupostos, quais sejam, o da ocorrência do "fato gerador" e o do nascimento da relação jurídica tributária, para, depois, advir o ato de lançamento, declarando aqueles sucessos e, neles, buscando as informações necessárias à formalização do vínculo obrigacional. É a vertente da tradição, em perfeita coerência com seus pontos de partida.

Américo Lacombe[43] abraça a tese constitutiva, mas constitutiva da *obligatio*, pois adota a posição dualista da obrigação. Há mais de duas décadas, entretanto, vem trabalhando o lançamento como ato adminis-

42. *Fato Gerador ...*, pp. 115-117.
43. *Obrigação Tributária*, pp. 71-74.

trativo introdutor de norma individual e concreta, ao lado de José Souto Maior Borges. De minha parte, porém, fincado em outras premissas, como já ficou sobejamente esclarecido, não vejo como é possível dizer-se existente um fato jurídico, relacional ou não, sem manifestação adequada em linguagem competente. Tenho procurado, incessantemente, no plano da experiência jurídica brasileira, sem o menor sinal de sua existência. Seria o "fato gerador", enquanto evento, o único? Decididamente, não posso acreditar.

15. Sobre o conteúdo do ato de lançamento

O ato jurídico administrativo de lançamento é ponente de uma norma individual e concreta no sistema do Direito Positivo, funcionando como veículo introdutor. O conteúdo do ato é a própria norma, que, por sua vez, tem também seu conteúdo, que consiste em indicar o fato jurídico tributário, cujas notas se subsumem aos critérios da regra-matriz de incidência, bem como instituir a obrigação tributária, tomada, neste passo, como equivalente nominal de relação jurídica de caráter patrimonial.

O assunto terminaria por aqui, não fosse a orientação de outros sistemas positivos no sentido de considerar ato de lançamento tributário decisões administrativas ou judiciais que declaram a inocorrência do fato imponível e, como resultado, a inexistência de relação jurídica de tributo.

Os países que seguiram o Modelo de Código Tributário para a América Latina, entre eles o Uruguai, aceitam a declaração de inexistência como lançamento. Não é, todavia, o caso do Direito Brasileiro. Ato dessa natureza, dizendo exatamente que não aconteceu o evento, estaria constituindo, por oposição, a negativa do fato jurídico tributário, que, como é evidente, não poderia irradiar efeitos nesse campo. Há de valer como ato administrativo ou como ato jurisdicional, suscitando eficácia inclusive para desconstituir outras manifestações administrativas ou judiciais, contudo sem revestir as características jurídicas de lançamento tributário.

16. Os atributos do ato jurídico administrativo de lançamento

Quatro são os qualificativos tradicionalmente postos pelos administrativistas como predicados que podem acompanhar, isolada ou conjuntamente, a expedição dos atos administrativos pelo Poder Público: a) presunção de legitimidade; b) exigibilidade; c) imperatividade; e d) executoriedade.

Vejamos quais deles são atributos do ato de lançamento tributário.

a) A presunção de legitimidade está presente em todos os atos praticados pela Administração e, certamente, também qualifica o lançamento. Dado a conhecer ao sujeito passivo, será tido como autêntico e válido, até que se prove o contrário, operando em seu benefício a presunção *juris tantum*. Por mais absurda que se apresente a pretensão tributária nele contida, o ato se sustenta, esperando que outra decisão da própria autoridade ou de hierarquia superior o desconstitua, quer por iniciativa do sujeito passivo, quer por providência de ofício, nos sucessivos controles de legalidade a que os atos administrativos estão subordinados.

b) A exigibilidade é outro predicado inerente ao ato de lançamento tributário. Intimado o administrado do seu teor, o crédito nele formalizado passa a ser exigível em termos administrativos, nesse sentido diligenciando as autoridades fazendárias. Se o contribuinte não satisfizer a prestação, nos limites e nas condições estipuladas no próprio ato, investe-se a entidade tributante da competência para lavrar outro ato jurídico administrativo, de caráter sancionatório, exarando norma, também individual e concreta, que terá como antecedente a descrição da conduta delituosa (infração) e como conseqüente a estatuição de vínculo obrigacional, em que o sujeito ativo reivindica certo valor pecuniário, a título de multa.

Entretanto, se o lançamento desfruta das prerrogativas de presunção de legitimidade e de exigibilidade, o mesmo não acontece com as duas outras propriedades: imperatividade e executoriedade.

c) Entende-se por imperatividade a iniciativa do Poder Público de editar provimentos que, interferindo na esfera jurídica do particular, constituam obrigações, de modo unilateral. Essa virtude, entretanto, o lançamento não tem. Mesmo que o fato jurídico tributário seja constituído pelo antecedente da norma individual e concreta expedida pela Administração, ela assim o faz na conformidade de mandamentos gerais e abstratos, inscritos em normas de hierarquia superior, nunca para atender a deliberações de sua vontade, de tal arte que não se pode atribuir à autoridade lançadora o poder de gravar a conduta do administrado quando bem lhe aprouver. Sua atividade, nesse campo, sendo vinculada à lei, não deixa espaço a expedientes animados com esse tipo de imperatividade.

d) E menos ainda a executoriedade. Se o lançamento tributário fosse portador desse atributo, a Fazenda Pública, sobre exigir seu crédito, teria meios de promover a execução patrimonial do obrigado, com seus próprios recursos, compelindo-o materialmente. E o lançamento dista de ser ato dotado dessa qualidade constrangedora. Não satisfeita a prestação, em tempo hábil, a Administração aplicará a penalidade prevista em lei. Se vencido o prazo para recolhimento do tributo e da multa correspondente sem que o sujeito passivo compareça para solver o débito, a entidade tributante não terá outro caminho senão recorrer ao Poder Judiciário, para lá deduzir sua pretensão impositiva. Por determinação de princípios constitucionais expressos, é-lhe vedado, terminantemente, imitir-se na esfera patrimonial do devedor para sacar os valores que postula como seus.

17. Lançamento provisório e definitivo

Estamos diante de uma distinção que vem grassando na doutrina e na jurisprudência, mas que não suporta uma investigação mais detida. Lançamento provisório seria aquele suscetível de alterações, no seio da própria Administração, assim por iniciativa do sujeito passivo, na seqüência do procedimento administrativo tributário, como por diligência de ofício, nos controles de legalidade promovidos pela Fazenda Pública.

Breve observação denunciará logo a improcedência dessa dicotomia insustentável. Se o lançamento é ato administrativo, instrumento introdutório de norma individual e concreta no ordenamento positivo, desde que atinja os requisitos jurídicos para seu acabamento, dado a conhecer ao destinatário seu inteiro teor, ingressa no sistema, passando a integrá-lo. Outra coisa, porém, é a possibilidade de vir a ser modificado, consoante as técnicas previstas para esse fim. A suscetibilidade a impugnações é predicado de todos os atos administrativos, judiciais e legislativos, com exceção somente daqueles que se tornaram imutáveis por força de prescrições do próprio sistema do Direito Positivo, como é o caso da decisão administrativa irreformável e da decisão judicial transitada em julgado, não mais podendo ser atacada por ação rescisória. Entre os atos legislativos, bem o sabemos, existem enunciados constitucionais que não podem ser alterados, sequer por meio de emendas à Constituição. De fora parte esses casos, especialíssimos, todos os outros atos, administrativos, judiciais ou legislativos, estão prontos para receber contestações, podendo ser modificados.

Se tais argumentos tiverem procedência não haverá o menor cabimento em estabelecer a dualidade "provisório/definitivo" como critério de referência a tais atos. Quase tudo no Direito seria provisório. Os ministros de Estado, por exemplo, seriam provisórios, porquanto os respectivos atos de nomeação poderiam ser impugnados. Todas as sentenças seriam provisórias, uma vez que delas a parte vencida poderia recorrer. Os acórdãos dos tribunais também seriam provisórios, na medida em que pudessem suscitar novos apelos. E assim por diante. O Direito seria um corpo de manifestações interinas, meramente transitórias, com número reduzido de exceções.

Um ato administrativo tem-se por pronto e acabado quando, reunindo os elementos que a ordem jurídica prescrever como indispensáveis à sua compostura, vier a ser oficialmente comunicado ao destinatário. A contingência de estar aberto a refutações é algo que o próprio sistema prevê e disciplina, mas que não elide a definitividade da figura.

Se o ato de lançamento tem por fim intrometer no ordenamento positivo norma individual e concreta, cientificando-se o sujeito passivo desse provimento, assim que estejam satisfeitos seus requisitos competenciais e precedimentais, saturadas adequadamente as peças do juízo lógico de toda norma, antecedente e conseqüente, e sendo tal conteúdo transmitido ao destinatário, nada mais há que fazer. Esse lançamento assumiu foros de ato jurídico administrativo, com a definitividade que os traços de sua índole revelam, mesmo que no dia seguinte venha a ser alterado por quem de direito. Perfez, em suma, as cláusulas indicadas por Celso Antônio Bandeira de Mello para a configuração da espécie: "declaração do Estado (ou de quem lhe faça as vezes – como, por exemplo, um concessionário de serviço público), no exercício de prerrogativas públicas, manifestada mediante providências jurídicas complementares da lei a título de lhes dar cumprimento, e sujeitas a controle de legitimidade por órgão jurisdicional".[44] Apesar disso, entretanto, pondera bem J. A. Lima Gonçalves que "a legalidade e a indisponibilidade da coisa pública impõem a revisibilidade do ato de lançamento se e quando – (i) antes de operar-se a decadência e (ii) sem desvio de finalidade – demonstrar-se que ela é necessária para o atendimento cabal dos referidos princípios".[45]

Façamos justiça ao Código Tributário Nacional, que, nesse passo, não deu qualquer pretexto a essa esdrúxula construção doutrinária. Demonstrou-o, com argumentos irretorquíveis, o professor José Souto Maior Borges[46] no seu já clássico "Lançamento tributário".

18. Lançamento e auto de infração

Tomando-se o ato jurídico administrativo na sua intimidade estrutural, a distinção entre lançamento e auto de infração transparece logo no primeiro instante.

Vou empreender a distinção de ambos, fazendo-o por meio do exame da norma individual e concreta posta pelo ato de lançamento em face daquela introduzida pelo auto de infração. Os resultados obtidos exibem que a análise pela via normativa é mais fecunda, mais precisa e, portanto, cientificamente mais recomendável.

A regra jurídica individual e concreta veiculada pelo ato de lançamento vem sendo investigada no curso destes estudos, o que me permite dispensar, por enquanto, outras considerações. Mas é preciso dizer que por "auto de infração" se entende também um ato administrativo que consubstancia a aplicação de uma providência sancionatória a quem, tendo violado preceito de conduta obrigatória, realizou evento inscrito na lei como ilícito tributário. Trata-se, igualmente, de uma norma individual e concreta em que o antecedente constitui o fato de uma infração, pelo relato do evento em que certa conduta, exigida pelo sujeito pretensor, não foi satisfeita segundo as expectativas normativas. Por força da eficácia jurídica, que é propriedade de fatos, o conseqüente dessa norma, que poderemos nominar de "sancionatória", estabelecerá uma relação jurídica em que o sujeito ativo é a entidade tributante, o sujeito passivo é o autor do ilícito e a prestação, digamos, o pagamento de uma quantia em dinheiro, a título de penalidade.

Aquilo que permite distinguir a norma sancionatória em presença da regra tri-

44. *Curso ...*, p. 179.

45. *Faculdades da Administração no Lançamento Tributário*, p. 30.

46. "Lançamento tributário", v. 1 do *Tratado de Direito Tributário*, p. 542.

butária é precisamente o exame do suposto. Naquela, sancionatória, temos um fato delituoso, caracterizado pelo descumprimento de um dever estabelecido no conseqüente de norma tributária. Neste, um fato lícito, em que não encontraremos a violação de qualquer preceito, simplesmente uma alteração no mundo social a que o Direito atribui valoração positiva.

Consignemos que, entre os axiomas com que trabalham os modelos descritivos conhecidos, o binômio lícito/ilícito figura em todos eles. Mesmo em sistemas de referência de maior espectro, como o de Luhman, esse código binário comparece como fator identificativo do direito.

Com efeito, o fato da infração se apresenta, invariavelmente, com a seguinte compostura redacional: "dado que o contribuinte 'X' deixou de cumprir a obrigação prevista no conseqüente da norma N'". Vê-se que a matéria semântica do antecedente dessas regras alude a um evento caracterizado, sempre, pelo desatendimento de um dever. É o modelo iterativo dos antessupostos de normas sancionatórias. Daí mencionar-se o fato assim composto como "delito", "infração", "ilícito".

Faz-se necessário advertir que a única diferença perceptível, em termos analíticos, se dá no antecedente da estrutura normativa, porquanto no conseqüente tudo se processa da mesma maneira, servindo-se o autor da regra, inclusive, de alíquota e de base de cálculo para determinar o valor da multa (20% do valor do imposto não recolhido). Optando, porém, por sanção de caráter não-pecuniário, a prestação ficará semelhante a um dever instrumental ou formal. Entretanto, é óbvio que o regime a que se submete a relação jurídica do tributo está longe de ser o mesmo dos vínculos sancionatórios. Esta sorte de reflexão, todavia, é ulterior ao instante em que identificamos a figura. Somente após associarmos a relação jurídica patrimonial ao antecedente normativo, que qualifica um fato como delituoso, é que nos será dado pensar no regime jurídico a ser atribuído ao vínculo.

Em súmula, dois atos administrativos, ambos introdutores de norma individual e concreta no ordenamento positivo: um, de lançamento, produzindo regra cujo antecedente é fato lícito e o conseqüente uma relação jurídica de tributo; outro, o auto de infração, veiculando uma norma que tem no suposto a descrição de um delito, e no conseqüente a instituição de liame jurídico sancionatório, cujo conteúdo da prestação tanto pode ser um valor pecuniário (multa) como uma conduta de fazer ou de não-fazer.

Tudo seria mais simples, realmente, se o auto de infração apenas conduzisse para o ordenamento a mencionada regra individual e concreta que mencionei. Nem sempre é assim. Quê de vezes, sob a epígrafe "auto de infração", deparamo-nos com dois atos: um de lançamento, exigindo o tributo devido; outro de aplicação de penalidade, pela circunstância de o sujeito passivo não ter recolhido, em tempo hábil, a quantia pretendida pela Fazenda. Dá-se a conjunção, num único instrumento material, sugerindo até possibilidades híbridas. Mera aparência. Não deixam de ser duas normas jurídicas distintas postas por expedientes que, por motivos de comodidade administrativa, estão reunidos no mesmo suporte físico.

Pela freqüência com que ocorrem essas conjunções, falam, alguns, em "auto de infração" no sentido largo (dois atos no mesmo instrumento) e "auto de infração" *stricto sensu*, para denotar a peça portadora de norma individual e concreta de aplicação de penalidade a quem cometeu ilícito tributário.

19. Do erro de fato e do erro de direito no lançamento tributário

Entre os assuntos que tive a oportunidade de examinar no livro *Direito Tributário – Fundamentos Jurídicos da Incidência*,[47] alguns propiciaram uma tomada de posição firme, decisiva, abrindo espaço ao

47. 2ª ed., São Paulo, Saraiva, 1999.

seu aproveitamento na sistematização de outras matérias. Quero referir-me às concepções de erro de fato e de erro de direito aplicadas ao tema do lançamento. Lembremo-nos de que o erro de fato é um problema intranormativo, um desajuste interno na estrutura do enunciado, por insuficiência de dados lingüísticos informativos ou pelo uso indevido de construções de linguagem que fazem as vezes de prova. Esse vício na composição semântica do enunciado pode macular tanto a oração do fato jurídico tributário como aquela do conseqüente, em que se estabelece o vínculo relacional. Ambas residem no interior da norma e denunciam a presença do erro de fato.

Já o erro de direito é também um problema de ordem semântica, mas envolvendo enunciados de normas jurídicas diferentes, caracterizando-se como um descompasso de feição externa, *internormativa*.[48]

Ora, sendo o lançamento ato administrativo que introduz na ordem positiva uma norma individual e concreta, por sem dúvida que tanto o fato jurídico, fórmula enunciativa, como o fato relacional, que também se põe como segmento de linguagem, em ambos podem ocorrer desacertos lingüísticos, além do quê tais descontroles afetam, muitas vezes, os laços semânticos que entreligam antecedente e conseqüente, prejudicando, nas três hipóteses, a boa harmonia da mensagem legislada.

O erro do lançamento, entretanto, pode ser de direito. Quer os elementos do fato jurídico tributário, no antecedente, quer os elementos da relação obrigacional, no conseqüente, quer ambos podem, perfeitamente, estar em desalinho com os enunciados da hipótese ou da conseqüência da regra-matriz do tributo, acrescendo-se, naturalmente, a possibilidade de inadequação com outras normas gerais e abstratas, que não a regra-padrão de incidência.

Ilustremos o discurso com alguns exemplos de erro de fato: o evento, que ocorreu no território do Município *M*, é consignado como tendo acontecido no Município *M'*. Uma vez provado o engano, diremos que houve erro de fato localizado no elemento espacial. A operação foi tida como de prestação de serviços, mas novas averiguações indicaram que o tomador do serviço foi o próprio prestador: erro de fato quanto ao elemento material do antecedente. A base de cálculo, para efeito do IPTU, foi registrada como sendo o valor do imóvel vizinho: erro de fato verificado no elemento quantitativo do conseqüente da norma, mais precisamente no fator base de cálculo.

Alguns exemplos, agora, de erro de direito. A autoridade administrativa, ao invés de exigir o ITR do proprietário do imóvel rural, entende que o sujeito passivo pode ser o arrendatário: erro de direito apurado no cotejo do elemento subjetivo do enunciado factual com o critério subjetivo da regra-matriz de incidência. A contribuição social incide sobre o lucro, e no ato de lançamento o funcionário, mal-interpretando, elabora seus cálculos com base no faturamento da empresa: erro de direito, envolvendo o elemento material do fato com o critério material da hipótese normativa. A base de cálculo de certo imposto é o valor da operação, acrescido do frete, enquanto o agente, ao lavrar o ato de lançamento, registra apenas o valor da operação, por assim interpretar a previsão legal: erro de direito, pela dissonância entre o enunciado do conseqüente da norma individual e concreta (elemento quantitativo) e o enunciado do conseqüente da regra-matriz de incidência (critério quantitativo).

Posso oferecer algumas conclusões:

1. A linha divisória entre erro de fato e erro de direito fica bem nítida: se o desajuste de linguagem verificar-se no interior de uma única norma, seja no antecedente ou no conseqüente, teremos erro de fato.

2. Para que se trate de erro de fato essa norma tem que ser individual e concreta.

3. Quando os desacertos de linguagem envolverem duas ou mais normas, sendo

48. V. Paulo de Barros Carvalho, *Direito Tributário – Fundamentos Jurídicos da Incidência*, pp. 96-97.

uma delas, obrigatoriamente, regra individual e concreta, e outra, também necessariamente, geral e abstrata, teremos erro de direito.

4. Como particularidade das normas jurídicas tributárias, qualquer desalinho com relação à "alíquota" ou ao "sujeito ativo" será *sempre* erro de direito, porquanto são esses os únicos fatores compositivos da estrutura normativa que não podem ser encontrados na *contextura do fato jurídico tributário*. Sua consideração supõe, necessariamente, o trajeto que vai da norma geral e abstrata à norma individual e concreta.

20. Alterabilidade do lançamento no Direito Positivo Brasileiro

Coalescendo os dados imprescindíveis que lhe integram a estrutura e ingressando no processo comunicacional do Direito, ser-nos-á lícito asseverar que existe o ato jurídico administrativo de lançamento tributário, o que significa dizer que é válido no nosso sistema. Outra coisa, no entanto, é testar essa validade consoante os padrões estabelecidos pela ordenação em vigor. Nessa hora é tempo de confrontar o ato, cuja existência pudemos certificar, com o plexo de normas jurídicas que o disciplinam. Da comparação, percorridos os trâmites legais, resultará a validade ou invalidade do ato, mediante declaração prescritiva exarada por órgão do sistema. Com efeito, recebido pela ordem posta, será dado como válido até que se prove o contrário. Para tanto, não importa que o ato administrativo haja sido celebrado e que nele se conjuguem os elementos tidos como substanciais. Insta que seus requisitos estejam *conformados* às prescrições da lei. Da subsunção do ato ao feixe de regras, se houver adequação e harmonia, falaremos de validade, mas agora não simplesmente presumida, e sim experimentada segundo os canais competentes que o próprio sistema preconiza. A mera conjunção existencial dos elementos, em expediente recebido pela comunidade jurídica com a presunção de validade, já não basta para sustentar o ato que ingressa nesse intervalo de teste. Para ser confirmado, ratificando-se aquilo que somente fora tido por presumido, há de suportar o confronto decisivo. Caso contrário será juridicamente desconstituído ou modificado para atender às determinações que o subordinam.

O lançamento, como ato jurídico administrativo que é, pode ser tido por nulo ou anulável. Convém lembrar, porém, que a anulação não se confunde com a figura da revogação. A Súmula 473 do STF deixou isso bem claro: *a Administração revoga ou anula o seu próprio ato; o Judiciário somente anula o ato administrativo. Isso porque a revogação é o desfazimento do ato por motivo de conveniência ou oportunidade da Administração, ao passo que a anulação é a invalidação por motivo de ilegalidade do ato administrativo. Um ato inoportuno ou inconveniente só pode ser revogado pela própria Administração, mas um ato ilegal pode ser anulado, tanto pela Administração como pelo Judiciário.*

O ato administrativo de lançamento será declarado nulo, de pleno direito, se o motivo nele inscrito – a ocorrência de fato jurídico tributário, por exemplo – inexistiu. Nulo será, também, na hipótese de ser indicado sujeito passivo diferente daquele que deve integrar a obrigação tributária. Igualmente, nulo o lançamento de IR/Pessoa Física lavrado antes do termo final do prazo legalmente estabelecido para que o contribuinte apresente sua declaração de rendimentos e de bens.

Para a nulidade se requer vício profundo, que comprometa visceralmente o ato administrativo. Seus efeitos, em decorrência, são *ex tunc*, retroagindo, lingüisticamente, à data do correspondente evento. A anulação, por outro lado, pressupõe invalidade iminente, que necessita de comprovação, a qual se objetiva em procedimento contraditório. Seus efeitos são *ex nunc*, começando a contar do ato que declara a anulabilidade.

Desejam alguns que a nulidade absoluta se equipare à própria inexistência do ato, como se ele jamais tivera existido. Além de impedimentos teóricos, um entrave de ordem prática, contudo, tolhe esse raciocínio. Como se poderia pretender que a declaração da nulidade de um lançamento tributário proclamada, digamos, três meses depois da lavratura tivesse o condão de decretar sua cabal inexistência, se por causa dele uma série de outros direitos surgiram, como, para exemplificar, a faculdade de impugná-lo, predicando a própria nulidade? De que maneira declarar inexistentes os deveres funcionais dos agentes públicos que se manifestaram no curso do procedimento que culminou com a nulidade absoluta? A Ciência do Direito não tem recursos técnicos para apagar os fatos jurídicos e materiais que se consumaram por força de ato nulo.

Acerca do lançamento tributário conviria aduzir a classe dos atos irregulares, assim considerados aqueles eivados de pequenos vícios que, por irrelevantes, não justificariam a anulação do ato. O nome do contribuinte, ainda que permitindo a identificação, não está corretamente consignado. Nesses casos a ordem jurídica admite, em obséquio ao princípio da economia do procedimento, que a própria Administração os retifique, não havendo interferência entre ela e o administrado.

É necessário registrar pequena advertência a propósito da distinção contida na súmula do STF que mencionamos linhas acima. Para evitar perigosos equívocos, não convém falarmos em revogação de lançamento, visto que a revogação seria o desfazimento do ato por motivo de conveniência e oportunidade do Poder Público. Ora, se no plano das imposições tributárias, ao menos quanto ao ato de lançamento, estamos diante de atividade vinculada, e não discricionária, descabe qualquer alusão a critérios de conveniência ou oportunidade. Empreguemos, a bem da precisão da fraseologia jurídica, o termo "anulação", único compatível com o reconhecimento, pela Administração ou pelo Judiciário, da ilegalidade do ato.

Por alterabilidade do lançamento não devemos nos cingir tão-só às circunstâncias da nulidade absoluta ou da nulidade relativa (anulabilidade). Ocasiões há em que o lançamento sofre alterações que agravam a exigência anteriormente formalizada. No quadro das condições estipuladas, o Direito Positivo Brasileiro assegura ao interessado o direito de impugnar a pretensão tributária consubstanciada no ato de lançamento. E o Código Tributário Nacional contempla a matéria da alterabilidade, estatuindo, no art. 145, que "o lançamento regularmente notificado ao sujeito passivo só pode ser alterado em virtude de: I – impugnação do sujeito passivo; II – recurso de ofício; III – iniciativa de ofício da autoridade administrativa, nos casos previstos no art. 149". Os três incisos reportam-se à participação do sujeito passivo (I) e da Fazenda (II e III) na discussão sobre a validade do ato, prevendo ainda a iniciativa do Fisco quer para a efetivação de novos lançamentos, quer para a revisão daqueles já celebrados, ao remeter o leitor para o art. 149, que enumera os casos em que a iniciativa tem cabimento.

As hipóteses enunciadas no art. 149 são numerosas, mas vamos reproduzi-las.

"Era. 149. O lançamento é efetuado e revisto de ofício pela autoridade administrativa nos seguintes casos:

"I – quando a lei assim o determine;

"II – quando a declaração não seja prestada, por quem de direito, no prazo e na forma da legislação tributária;

"III – quando a pessoa legalmente obrigada, embora tenha prestado declaração nos termos do inciso anterior, deixe de atender, no prazo e na forma da legislação tributária, a pedido de esclarecimento formulado pela autoridade administrativa, recuse-se a prestá-lo ou não o preste satisfatoriamente, a juízo daquela autoridade;

"IV – quando se comprove falsidade, erro ou omissão quanto a qualquer elemento definido na legislação tributária como sendo de declaração obrigatória;

"V – quando se comprove omissão ou inexatidão, por parte da pessoa legalmente obrigada, no exercício da atividade a que se refere o artigo seguinte;

"VI – quando se comprove ação ou omissão do sujeito passivo, ou de terceiro legalmente obrigado, que dê lugar à aplicação de penalidade pecuniária;

"VII – quando se comprove que o sujeito passivo, ou terceiro em benefício daquele, agiu com dolo, fraude ou simulação;

"VIII – quando deva ser apreciado fato não conhecido ou não provado por ocasião do lançamento anterior;

"IX – quando se comprove que, no lançamento anterior, ocorreu fraude ou falta funcional da autoridade que o efetuou, ou omissão, pela mesma autoridade, de ato ou formalidade essencial."

O parágrafo único acrescenta que "a revisão do lançamento só pode ser iniciada enquanto não extinto o direito da Fazenda Pública", cujo prazo é de cinco anos, na conformidade das disposições sobre o instituto da decadência (art. 173, incisos e parágrafo único).

O rol do art. 149 é vasto, cobrindo, em boa parte, situações objetivas em que o Estado não pode ficar à mercê de providências que cabem, por lei, ao sujeito passivo. Realmente, não teria sentido comprometer o curso regular da atividade de gestão tributária, protegendo omissões do administrado, nem sempre interessado na eficiência do procedimento controlador que o Poder Público deve exercer com relação às suas prerrogativas. Abre-se, por isso, à Fazenda uma gama de possibilidades que a habilitam a procurar seus legítimos interesses, a despeito da falta de colaboração do sujeito passivo.

Em verdade, quando Administração e administrado discutem sobre o índice de procedência legal do lançamento efetuado o que de fato acontece é a instalação de um procedimento administrativo, que pretende ser contraditório, propiciando à Fazenda Pública o controle de legalidade de seus próprios atos. Assim, a decisão administrativa de primeiro grau proferida pelo Delegado de Julgamento da Receita Federal, tratando-se de tributos da União, é ato que exerce controle de legalidade sobre o ato de lançamento. Da mesma maneira, a deliberação do órgão colegial – Conselho de Contribuintes – controla a legalidade do ato exarado pelo Delegado de Julgamento. E o tema pode ser objeto de deliberação da Câmara Superior, que, por sua vez, controlará a legalidade do acórdão prolatado por uma das Câmaras do Conselho, encerrando-se aqui o estádio contraditório do procedimento, que continua, se for o caso, encaminhando-se para o derradeiro e importantíssimo ato de apuração e inscrição da dívida tributária, exercitado pela Procuradoria da Fazenda Nacional. E utilizamos o superlativo "importantíssimo" porque, além de ser a última oportunidade de verificação da legalidade do lançamento, é a única promovida por agentes de formação especializada no campo jurídico. Os procuradores são, obrigatoriamente, bacharéis em Direito. É lamentável que expediente de tamanha magnitude tenha sido relegado à condição de procedimento automático, destituído do caráter interpretativo que o momento de controle estaria por justificar.

Retomando o fio do raciocínio, o procedimento administrativo que a lei prevê para a discussão de assuntos tributários é, em última análise, uma cadeia de atos e termos que se destina, primordialmente, a sucessivos controles de legalidade dos atos praticados pela Administração.

Há um critério que vem sendo amplamente observado no que concerne aos limites da atividade modificadora dos atos de lançamento. A autoridade administrativa não está autorizada a majorar a pretensão tributária com base em mudança de critério jurídico. Pode fazê-lo, sim, provando haver erro de fato. Mas, como o Direito se presume conhecido por todos, a Fazenda não poderá alegar desconhecê-lo, formulando uma exigência segundo determinado critério e, posteriormente, rever a orientação, para efeito de modificá-la. A prática tem demonstrado a freqüência de tentativas da Administração no sentido de alterar lançamentos fundando-se em novas interpretações de dispositivos jurídico-tributários. A providência, entretanto, tem sido reiteradamente barrada nos tribunais judiciários, sobre o fundamento explícito no art. 146 do CTN: "A modificação introduzida, de ofício ou em conseqüência de decisão judicial, nos critérios jurídicos adotados pela autoridade administrativa no exercício do lançamento somente pode ser efetivada, em relação a um mesmo sujeito passivo, quanto a fato gerador ocorrido posteriormente à sua introdução".

Nem sempre é fácil distinguir o erro de fato do erro de direito, entrepondo-se uma região nebulosa, uma área cinzenta, que a Dogmática ainda não conseguiu suplantar. Isso não nos impede de aplicar a discriminação nos pontos que enxergamos nítidos. Figuremos um exemplo de erro de fato. O agente público, ao verificar o valor da operação, base de cálculo do imposto, toma-o a menor, promovendo a determinação da dívida em quantia inferior à que efetivamente é. Tempos depois – antes, naturalmente, que flua o prazo decadencial – procede a expediente de ofício, comunicando ao sujeito passivo a alteração havida no lançamento originário. Houve erro de fato, e, portanto, é regular a iniciativa modificadora da Fazenda Pública. Noutro quadro, funcionário competente promove o cálculo do tributo devido, mediante a aplicação de certa alíquota, digamos 17%, em virtude da classificação que entende correta, para determinado produto industrializado, na tabela do IPI. Posteriormente, sem apontar qualquer aspecto material novo do bem que analisara, muda de opinião, passando a classificá-lo numa posição mais gravosa da tabela, em que a alíquota é de 23%, alegando que esse é o percentual juridicamente mais adequado àquele produto industrializado. A alteração não pode prevalecer, fundada que está em mudança de critério jurídico. O agente não poderia, segundo o Direito, desconhecer a diretriz jurídica apropriada à escolha da alíquota. Houve erro de direito e o citado art. 146 só permite aplicar o novel critério para fatos jurídicos tributários subseqüentes àquele que ensejou a tributação.

21. Modalidades de lançamento. Crítica

Nos arts. 147 a 150 cuida a Lei 5.172, de 1966, das modalidades de lançamento. Acolheu três: a) lançamento direto, ou por ofício; b) misto, ou por declaração; e c) por homologação.

A fonte inspiradora da tricotomia reside no índice de colaboração do administrado com vistas à celebração do ato. Na primeira hipótese a participação seria inexistente, uma vez que todas as providências preparatórias são feitas nos cancelos da Administração. Na segunda colaboram ambas as partes, visando aos resultados finais do lançamento. Na última quase todo o trabalho é cometido ao súdito, limitando-se o Fisco a homologar os atos por ele praticados.

De ver está que, adotado o conceito de lançamento como ato jurídico administrativo, a citada classificação perde, totalmente, a correspondência com a realidade que pretende classificar. Se lançamento é ato jurídico administrativo, na acepção material e formal, consoante expusemos, não há cogitar-se das vicissitudes que o precederam, principalmente porque não integram a composição intrínseca do ato, nada dizendo com seus elementos estruturais. Sendo lançamento válido aquele que como tal foi recebido pelo sistema, nada acrescentam reflexões sobre as diligências que antecederam a formação do ato.

As modalidades de lançamento, estipuladas no Código Tributário Nacional, revelam, no fundo, singularidades procedimentais e, vimos de ver, o procedimento não é da essência do lançamento. É inteiramente possível haver lançamento sem qualquer procedimento que o anteceda, assim entendido o conjunto orgânico de atos jurídicos e materiais, unificados para expressar as finalidades desse documento. Desde que a autoridade lançadora tenha em mãos todos os dados relativos à ocorrência do fato jurídico tributário e à identificação do sujeito passivo, haverá condições suficientes para celebrar o ato jurídico administrativo de lançamento, independentemente de quaisquer outras providências suplementares. Além disso, mesmo nas conjunturas em que se desenvolve um procedimento, com o escopo de formalizar o crédito tributário, o lançamento será o derradeiro ato da série, com peculiaridades intrínsecas que o individualizam, razão pela qual as três espécies de que trata o Código são, na verdade, espécies de procedimento, e não de lançamento.

Mais uma vez nota-se que o legislador pouco se atém ao aspecto científico, remetendo a tarefa ao plano da Dogmática. Quisesse ele discriminar o lançamento em espécies, teria de consultar a tessitura jurídica do ato para, a partir dela, classificá-lo em função de seus elementos indispensáveis ou seus pressupostos de validade. Não o fez, escolhendo modalidades aceitas passivamente pela doutrina, mas longe de considerar tais aspectos.

De acordo com as espécies mencionadas, temos no Direito Brasileiro modelos de impostos que se situam nas três classes. O lançamento do IPTU é do tipo de lançamento de ofício; o do ITR é por declaração, como, aliás, sucedia com o IR/Pessoa Física. O IPI, o ICMS, o IR (atualmente, nos três regimes – jurídica, física e fonte), são tributos cujo lançamento é feito *por homologação* – tudo, reitero, consoante a classificação do Código.

22. Aspectos do lançamento no Código Tributário Nacional

Comentamos alguns aspectos da disciplina jurídica do lançamento, extraída da Lei 5.172, de 1966. Neste subcapítulo realçaremos outros, sobre os quais ainda não tivemos oportunidade de discorrer.

O art. 142, já mencionado, termina por dizer: "e, sendo caso, propor a aplicação da penalidade cabível". Tal disposição contribuiu decisivamente para sedimentar dois pontos prejudiciais à compreensão do instituto: um atinente a servir o lançamento como ato de aplicação da norma tributária (regra-matriz de incidência) e, ao mesmo tempo, como ato de aplicação do preceito sancionatório; outro alojado no verbo "propor". Analisemo-los.

O legislador não diversificou a atividade de aplicação da regra que prevê a incidência tributária e da que descreve a infração, cominando sanções. Operou a equiparação, contrariando o que prescrevera no art. 3º e, principalmente, a fenomenologia que o sistema consagra. Não há como aplicar duas normas de conteúdos diferentes num único ato administrativo que deve conter motivo, objeto e finalidades específicas.

Sobre o verbo "propor", sua inclusão no corpo redacional do artigo deu ansas a que a doutrina levantasse o argumento pelo qual o agente da Administração não impõe (no sentido de "aplica") a penalidade cabível, mas tão-somente *propõe*, a fim de que seu superior hierárquico a confirme. Estaríamos perante uma dualidade incompreensível. Aplica-se a norma relativa ao tributo, ao passo que no que toca à penalidade apenas se propõe seja ela aplicada. E a tese sustenta-se na premissa da possibilidade de contestação que o sujeito passivo pode acionar, com base no mandamento constitucional do devido processo legal (art. 5º, LV).

A posição é equivocada. O administrado que sofrer a imposição de sanções tem o mesmo direito a impugná-las que aquele alvo de exigências meramente tributárias. Aliás, as legislações dos tributos costumam atribuir até o mesmo prazo tanto para a impugnação da exigência do tributo como da imposição de penalidades.

O ato de imposição de sanções, enquanto atividade de aplicação do Direito ao caso concreto, reveste-se da mesma dinâmica do ato formalizador do crédito tributário. O agente público aplica uma e aplica a outra, embora o faça no âmbito do mesmo suporte material (auto de infração). Se não fosse desse modo a impugnação do sujeito passivo seria formulada ao superior hierárquico do funcionário autor da proposta *depois* que aquele a acolhesse, o que não ocorre.

Os arts. 143 e 144 dispõem que a conversão da moeda estrangeira (art. 143) e a legislação aplicável (art. 144) devem reportar-se à data do acontecimento tributário. É que, conforme discorremos anteriormente, por meio do lançamento relata-se um evento do passado, devidamente caracterizado no tempo e no espaço, constituindo-se o fato jurídico tributário.

Salientam os §§ 1º e 2º do art. 144 que a legislação que rege os critérios e métodos de fiscalização e apuração do crédito tributário, para fins de lançamento, pode ser posterior à ocorrência do evento tributário, excepcionando as regras que outorguem maiores garantias ou privilégios ao crédito, no que concerne à atribuição de responsabilidade a terceiros. Disso se dessume que, quanto ao contribuinte, devem ser observadas, mesmo que introduzidas no Direito Positivo em tempo posterior ao evento que fez surgir a obrigação, ao ser relatado em linguagem competente. Outra hipótese em que não se aplicam as regras novas, veiculadoras de modificações nos critérios de apuração e fiscalização dos tributos, ampliando os poderes de investigação das autoridades administrativas, é a dos impostos lançados por períodos certos de tempo, desde que a respectiva lei fixe expressamente a data em que o evento tributário se considere ocorrido.

O comando é salutar, na proporção em que preserva os impostos que incidem uma só vez, dentro de períodos determinados. A ressalva, entretanto, não se justifica. Toda lei tributária deve dizer o momento em que o evento típico se realiza, estipulando seu critério temporal. Se não o fizer, não terá descrito o evento que, ao ser relatado em linguagem competente, tem a força de fazer brotar a relação jurídica correspondente. Aquilo que muitas vezes se dá é o legislador chamar por outro nome o instante da ocorrência fática, como, por exemplo, no caso do ICMS, em que diz ser *a saída das mercadorias do estabelecimento*. Cremos que o entendimento correto do art. 144, § 2º, deve ser no sentido de excluir, pura e simplesmente, os impostos lançados por períodos certos de tempo.

A leitura do art. 150 e seus §§ sugere também dois temas que inspiram uma pequena digressão explicativa. Queremos nos referir ao § 1º e ao § 4º. Vamos pela ordem.

"§ 1º. O pagamento antecipado pelo obrigado nos termos deste artigo extingue o crédito, sob condição resolutória da ulterior homologação do lançamento."

O legislador do Código intrometeu a figura do lançamento por homologação, imprimindo-lhe o caráter de condição resolutória, que subordinaria a eficácia das relações jurídicas correspondentes a certos tributos. Não é esse o meio mais objetivo de descrever o fenômeno jurídico que ocorre. Cremo-lo bem mais simples. A Fazenda Pública, no exercício de sua função fiscalizadora, deve acompanhar de perto o comportamento dos seus administrados, zelando pela observância das obrigações a que estão submetidos. O Direito Positivo estabelece prazo definitivo para que a entidade tributante proceda à formalização dos créditos a que tem direito. Dentro desse período, e ao controlar a conduta dos seus supostos contribuintes, estará habilitada a formalizar as exigências que bem lhe aprouver, celebrando os respectivos atos de lançamento tributário. Então, o que de efetivo acontece no caso dos chamados lançamentos por homologação é que os agentes públicos visitam os possíveis contribuintes, fiscalizando-os. Na eventualidade de encontrarem prestações não-recolhidas ou irregularidade que implique falta de pagamento de tributos, havendo tempo (isto é, não tendo fluído o prazo de caducidade), constituem o crédito tributário e celebram o ato de aplicação da penalidade cabível em face do ilícito cometido. Pensamos que tal relato traduz a fórmula verbal utilizada no art. 150, § 1º.

Tem esta redação o enunciado do § 4º do art. 150: "Se a lei não fixar prazo à homologação, será ele de cinco anos, a contar da ocorrência do fato gerador; expirado esse prazo sem que a Fazenda Pública se tenha pronunciado, considera-se homologado o lançamento e definitivamente extinto o crédito, *salvo se comprovada a ocorrência de dolo, fraude ou simulação*".

Quanto à parte inicial, parece-nos clara, compreendida em sintonia com o que já expusera o pensamento legislativo esposado nesse estatuto. Vale dizer, cabe à lei correspondente a cada tributo estatuir prazo para que se promova a homologação. Silenciando acerca desse período, será ele de cinco anos, a partir do acontecimento factual. Uma vez exaurido, não poderá a Fazenda Pública reclamar seu direito subjetivo ao gravame, extinguindo-se o crédito tributário. Temos para nós que esse lapso de tempo termina com o fato jurídico da decadência, como defende grande parte da doutrina especializada. O problema, porém, não se demora aí, e sim na ressalva final: "salvo se comprovada a ocorrência de dolo, fraude ou simulação".

A realidade cotidiana nos mostra que numerosas situações de falta de recolhimento de tributos, em termos parciais ou globais, no quadro de impostos que se sotopõem a esse regime, abrigam dolo, fraude ou simulação, muito embora diversas outras causas possam motivar o mesmo efeito. Pois bem, que prazo teria o Poder Público para deduzir suas pretensões tributárias, tomando-se como pressuposto que a legislação em vigor se mantém silente, omitindo-se sobre a hipótese? A questão é tormentosa e as soluções encontradas pelos autores são divergentes. Teria cabimento lançar mão dos prazos estipulados pelo art. 173 do Código? A exigência se perpetuaria, à míngua da instituição de qualquer limite? Seria admissível aplicar-se, subsidiariamente, o art. 177 do CC, chegando-se ao período de 20 anos?

Para nós, diante da lacuna causada pela omissão do legislador ordinário em disciplinar esse prazo, entendemos que a regra que mais condiz com o espírito do sistema é a do art. 173, I, do CTN, isto é, havendo dolo, fraude ou simulação, adequadamente comprovados pelo Fisco, o tempo de que dispõe para efetuar o lançamento de ofício é de cinco anos, a contar do primeiro dia do exercício seguinte àquele em que poderia ter praticado o lançamento. São, portanto, duas situações diferentes: a) falta de recolhimento do tributo, em termos totais ou parciais, todavia sem dolo, fraude ou simulação – o intervalo temporal, para fins de lançamento, é de cinco anos, a partir do instante da ocorrência do evento tributário; e b) falta de recolhimento, integral ou parcial, de tributo cometida com dolo, fraude ou simulação – o trato de tempo para a formalização da exigência e para a aplicação de penalidades é de cinco anos, contados do primeiro dia do exercício seguinte àquele em que o lançamento poderia ter sido realizado.

23. *A norma jurídico-tributária, individual e concreta, produzida pelo sujeito passivo*

A experiência da realidade jurídica brasileira é farta em exemplos de normas jurídicas, individuais e concretas, produzidas pelo administrado, no campo dos tributos. Ninguém ousaria ignorar que legislações de impostos como o IPI e o ICMS, importantes fontes de receita para a União e para os Estados federados, respectivamente, registram muitos preceitos disciplinadores da atividade do sujeito passivo na construção dessas regras. Cabe-lhes individualizar o evento tributário, constituindo-o como fato jurídico, e estruturar, denotativamente, todos os elementos integrantes da relação jurídica do tributo. Em outras palavras, a lei dá competência ao contribuinte para constituir o fato jurídico e a obrigação tributária que dele decorre, pelo fenômeno da *causalidade jurídica* (Lourival Villanova).

É graças a esse procedimento do administrado que se torna possível o recolhimento do tributo devido, sem qualquer interferência do Estado-Administração.

Deixando entre parênteses as qualificações jurídicas inerentes à autoria, poderíamos mesmo dizer que, em substância, nenhuma diferença existe, *como atividade*, entre o ato praticado por agente do Poder Público e aquele empreendido pelo particular. Nas duas situações opera-se a descrição de um acontecimento do mundo físico-social, ocorrido em condições determinadas de espaço e de tempo, que guarda estreita consonância com os critérios estabelecidos na hipótese de norma geral e abstrata (regra-matriz de incidência). Por isso mesmo, a conseqüência desse enunciado será, por motivo de necessidade deôntica, o surgimento de outro enunciado protocolar, denotativo, com a particularidade de ser relacional, vale dizer, instituidor de uma relação entre dois ou mais sujeitos de direito. Este segundo enunciado, como seqüência lógica, *não cronológica*, há de manter-se, também, em rígida conformidade ao que for estabelecido nos critérios da conseqüência da norma geral e abstrata (regra-matriz).

Por sua extraordinária relevância, penso que não seria excessivo reiterar a insuficiência da norma geral e abstrata em termos de regulação concreta da conduta tipificada. Por mais prático e objetivo que seja o súdito do Estado, vivamente empenhado em cumprir a prestação tributária que lhe incumbe, não poderá fazê-lo simplesmente com procedimentos mentais, alimentados por sua boa vontade. Terá que, impreterivelmente, seguir os comandos da lei, implementando os deveres instrumentais previstos, com o preenchimento de formulários e documentos específicos, para, desse modo, estruturar a norma individual e concreta que lhe corresponda expedir. Somente assim poderá pagar aquilo que acredita ser devido ao Fisco, a título de tributo.

Pois bem. Tendo consciência de que esse quadro há de estar presente no dinamismo de várias figuras impositivas, sendo até uma tendência uniforme nos sistemas tributários dos países modernos, creio que nada custaria ao legislador brasileiro chamar a ambos os atos – o praticado pelo Fisco (lançamento) e o realizado pelo contribuinte – pelo mesmo nome. Estabeleceria uma paridade que se comprova, renovadamente, no plano das atividades concretas, sobre simplificar a compreensão da matéria, por si só já tão árida.

Não foi essa a opção do nosso sistema, que resolveu contornar o assunto, colocando num singelo ato de verificação (homologação) a força de selo confirmatório de que toda a atuosidade do particular se transformaria em ato jurídico administrativo. Caminho estranho e complexo, que somente se justifica na medida que dá a conhecer uma tendência ideológica: expandir as iniciativas do Poder Público, invadindo, desnecessariamente, setores privativos da atividade do administrado.

Enquanto a maioria do países latino-americanos, por exemplo, utiliza a *determinación* para o ato da Fazenda, e a *autodeterminación* para o ato de contribuinte, ou *liquidación* e *autoliquidación* (Espanha), nosso legislador chamou tudo à competência do Poder Público, aclamando o lançamento como "ato privativo e exclusivo" da Administração. Estevão Horvath, em lúcida intervenção, aduz: "La autoliquidación es el conjunto de operaciones mentales o intelectuales que el particular realiza en cumplimiento de un deber impuesto por la ley, y que reflejan el resultado de un proceso de interpretación del ordenamiento jurídico tributario y aplicación del mismo en el caso concreto, con el fin de obtener el *quantum* de una deuda de carácter tributario".[49]

Quero insistir na proposição segundo a qual o ato homologatório exercitado pela Fazenda, "extinguindo definitivamente o débito tributário", não passa de um ato de fiscalização, como tantos outros, em que o Estado, zelando pela integridade de seus interesses, verifica o procedimento do particular, manifestando-se expressa ou tacitamente sobre ele. Além disso, é bom lembrar que esse expediente se consubstancia num controle de legalidade, que o Fisco

49. *La Autoliquidación Tributaria*, p. 249.

pratica, iterativamente, também com relação a seus próprios atos. Os lançamentos celebrados pela Administração submetem-se, mesmo que o devedor não os impugne, a vários controles de legalidade, que nem por isso representariam novos lançamentos.

Mas a demonstração *ad rem* de que o ato de homologação não dá caráter de lançamento à atividade realizada pelo sujeito passivo está na circunstância de que, não reconhecendo adequados os atos praticados, os agentes do poder tributante instauram, imediatamente, o "procedimento de lançamento", isto é, elaboram um lançamento substitutivo daquele ("autolançamento", ou o nome que se queira dar) ato do contribuinte.

A Fazenda do Estado de São Paulo tem encaminhado para inscrição da dívida no livro de registro da Dívida Pública, para efeito de cobrança executiva, as declarações do contribuinte do ICMS em que o tributo correspondente não foi recolhido. É fácil perceber que o chamado "imposto declarado e não pago" consubstancia-se num documento veiculador de uma norma individual e concreta, constituindo o fato jurídico e a respectiva obrigação tributária. Tão carregado de suficiência é o documento, a juízo da própria Administração, que o texto "declarado" é sumariamente dirigido para as providências instauradoras da execução judicial. Ora, de ver está que, se alguma coisa faltasse, a indigitada declaração experimentaria outros trâmites, o que não acontece.

24. A linguagem produtora da norma individual e concreta e o momento em que ingressa no sistema positivo

O cumprimento dos deveres instrumentais ou formais cometidos ao sujeito passivo das imposições tributárias forma um tecido de linguagem que, na sua integridade, relata o acontecimento de eventos e a instalação de relações jurídicas obrigacionais. Poder-se-ia pensar, então, que o implemento desses deveres, já que se afiguram como linguagem competente em face da lei, bastaria para se dar por construída a norma individual e concreta.

Não é assim, contudo. A regra jurídica individual e concreta, quando ficar a cargo do contribuinte, há de constar de um documento especificamente determinado em cada legislação, e que consiste numa redução sumular, num resumo objetivo daquele tecido de linguagem, mais amplo e abrangente, constante dos talonários de notas fiscais, livros e outros efeitos jurídico-contábeis. O documento da norma há de ter, além da objetividade que mencionei, o predicado da unidade de sentido, uma vez que expressa enunciados prescritivos, a partir dos quais o intérprete fará emergir a norma individual e concreta.

Sobremais, recuperando a premissa de que *o Direito se realiza no contexto de um grandioso processo comunicacional*, impõe-se a necessidade premente de que o documento de que falamos seja oferecido ao conhecimento da entidade tributante, segundo a forma igualmente prevista no sistema positivo. De nada adiantaria ao contribuinte expedir o suporte físico que contém tais enunciados prescritivos sem que o órgão público, juridicamente credenciado, viesse a saber do expediente. *O átimo dessa ciência marca o instante preciso em que a norma individual e concreta, produzida pela sujeito passivo, ingressa no ordenamento do Direito posto.*

Bibliografia

ALEXY, Robert. *Teoría de la Argumentación Jurídica.* Madri, Centro de Estudios Constitucionales, 1989.

ATALIBA, Geraldo. *Apontamentos de Ciência das Finanças, Direito Financeiro e Tributário.* São Paulo, Ed. RT, 1969.

BALEEIRO, Aliomar. *Direito Tributário Brasileiro.* 10ª ed., 12ª tir., Rio de Janeiro, Forense, 1996.

BANDEIRA DE MELLO, Celso Antônio. *Curso de Direito Administrativo*. 4ª ed. São Paulo, Malheiros Editores, 1993.

BANDEIRA DE MELLO, Oswaldo Aranha. *Princípios Gerais de Direito Administrativo*. v. 1. Rio de Janeiro, Forense, 1969.

BECKER, Alfredo Augusto. *Teoria Geral do Direito Tributário*, São Paulo, Saraiva, 1963.

BORGES, José Souto Maior. "Lançamento tributário", v. 1 do *Tratado de Direito Tributário*, Rio de Janeiro, Forense, 1981; 2ª ed., São Paulo, Malheiros Editores, 1999.

CARVALHO, Paulo de Barros. *Direito Tributário – Fundamentos Jurídicos da Incidência*. 2ª ed. São Paulo, Saraiva, 1999.

CAVALCANTI, Themístocles Brandão. *Tratado de Direito Administrativo*. v. 1. Rio de Janeiro, Freitas Bastos, 1960.

CHALHUB, Samira. *Funções da Linguagem*. 5ª ed. São Paulo, Ática, 1991.

CIRNE LIMA, Ruy. *Princípios de Direito Administrativo*. 2ª ed. Porto Alegre, Globo.

CORREA, Walter Barbosa. "Tensão entre poder de tributar e direito de tributar no Direito Tributário Brasileiro". In: *Direito tributário – Estudos em Homenagem ao Prof. Ruy Barbosa Nogueira*. São Paulo, Saraiva, 1984.

COSTA, Alcides Jorge. *Contribuição ao Estudo da Obrigação Tributária*. Tese de Doutoramento – USP.

COSTA, Ramon Valdés. *Estudios de Derecho Tributario Latinoamericano*. Montevidéu, Editorial Amalio M. Fernandez, 1982.

DERZI, Misabel de Abreu Machado. *Direito Tributário, Direito Penal e Tipo*. São Paulo, Ed. RT, 1989.

DINIZ DE SANTI, Eurico Marcos. *Lançamento Tributário*. São Paulo, Max Limonad, 1996.

FALCÃO, Amílcar de Araújo. *Fato Gerador da Obrigação Tributária* . 6ª ed., Rio de Janeiro, Forense, 1994.

FANUCCHI, Fábio. *A Decadência e a Prescrição no Direito Tributário*. São Paulo, Resenha Tributária, 1976.

FERRAZ JR., Tércio Sampaio. *Introdução ao Estudo do Direito*. São Paulo, Atlas, 1991.

FIGUEIREDO, Lucia Valle. *Curso de Direito Administrativo*. São Paulo, Malheiros Editores, 1994.

GONÇALVES, José Artur Lima. *Faculdades da Administração no Lançamento Tributário*. XVIII Jornadas Latino-Americanas de Direito Tributário. Montevidéu, 1996.

HABERMAS, Jürgen. *Teoría de la Acción Comunicativa: Complementos y Estudios Previos*. Madri, Ediciones Cátedra, 1994.

HORVATH, Estevão. *La Autoliquidación Tributaria*. Tese de Doutoramento. Madri, Universidad Autónoma de Madrid, 1992.

LACOMBE, Américo Masset. *Obrigação Tributária*. São Paulo, Ed. RT, 1977.

NOGUEIRA, Ruy Barbosa. *Teoria do Lançamento Tributário*. São Paulo, Resenha Tributária, 1973.

OLIVEIRA, Yonne Dolácio de. "Princípios da legalidade e da tipicidade". In: *Curso de Direito Tributário*. Coord. de Ives Gandra da Silva Martins. 2ª ed. Belém, CEJUP, 1993.

PONTES DE MIRANDA, F. C. *Tratado de Direito Privado*. t. 5. Rio de Janeiro, Borsoi, 1960.

SEABRA FAGUNDES, M. *O Controle dos Atos Administrativos pelo Poder Judiciário*. 4ª ed. Rio de Janeiro, Forense, 1967.

SOUSA, Rubens Gomes de. *Compêndio de Legislação Tributária*. São Paulo, Resenha Tributária, 1975.

———. *Estudos de Direito Tributário*. São Paulo, Saraiva, 1950.

TÁCITO, Caio. *Direito Administrativo*. São Paulo, Saraiva, 1975.

ULHÔA CANTO, Gilberto de. *Temas de Direito Tributário*. v. 1. Alba, 1964.

VILLANOVA, Lourival. *O Problema do Objeto na Teoria Geral do Estado*. Tese para a cátedra de Teoria Geral do Estado. Recife, Universidade Federal de Pernambuco, 1953.

XAVIER, Alberto. *Conceito e Natureza do Acto Tributário*. Coimbra, Almedina, 1972.

CADERNOS DE DIREITO TRIBUTÁRIO

RELACIONES ENTRE LOS PRINCIPIOS DE SEGURIDAD JURÍDICA Y LEGALIDAD

EUSEBIO GONZÁLEZ

Catedrático de Derecho Tributario, Universidad de Salamanca

1. Introducción. 2. La idea de certeza. 3. La interdicción de la arbitrariedad. 4. Seguridad jurídica y potestades normativas del Gobierno: 4.1 El decreto-ley – 4.2 El decreto legislativo. 5. Seguridad jurídica y ejercicio de facultades interpretativas por la Administración a través de la respuesta a consultas.

1. Introducción

Hace aproximadamente 30 años, Sainz de Bujanda se pronunciaba en un brillante estudio sobre esta cuestión en los siguientes términos: "La seguridad jurídica, en su doble manifestación – certidumbre del Derecho y eliminación de la arbitrariedad –, ha de considerarse ineludiblemente en función de la legalidad y de la justicia. Esta última y la seguridad son valores que se fundamentan mútuamente y que, a su vez, necesitan de la legalidad para articularse de modo eficaz".[1] La íntima conexión entre estos dos principios, el supuesto conocimiento del ámbito propio de uno y otro – no siempre bien delimitado – y las múltiples derivaciones y quiebras modernas de cada uno de ellos nos han movido a reforzar el tema objeto de estudio con un breve análisis, en el que se pongan de manifiesto el significado y profundas relaciones que median entre los principios de legalidad y de seguridad jurídica; análisis que, pensamos, adquiere un mayor interés a la vista del reiterativo y amalgamado § 3º del art. 9º de la Constitución Española.

El reconocimiento del principio de seguridad jurídica entre "los derechos naturales e imprescriptibles del hombre" por parte de la Declaración de Derechos del Hombre y del Ciudadano ha tenido como lógica consecuencia conectar desde

1. "Reflexiones sobre un sistema de Derecho Tributario Español", en *Hacienda Y Derecho*, v. III, Madri, 1963, p. 330. El pensamiento del autor, en el sentido que aquí nos interesa, puede completarse consultando: S.Bartholini, *Il Principio di Legalità dei Tributi in Materia di Imposte*, Padova, CEDAM, 1957, pp. 75 y ss.; J. L. Pérez de Ayala, "Sugerencias para una reforma de las bases legales de la Administración Tributaria en materia de gestión, revisión y recaudación", *Rev. Der. Fin. Hda. Pub.*, 1978; D. Jesch, *Ley y Administración*, Madrid, 1978, pp. 38 y ss.; A. Xavier, *Os Princípios da Legalidade e da Ttributação*, São Paulo, 1978, pp. 43 y ss.; A. Serrano, *La Función de la Seguridad Jurídica en la Doctrina del Tribunal Constitucional*, Lib. Hom. Villar Palasí, 1989, p. 1.243; R. Asorey, "El principio de seguridad jurídica en el Derecho Tributario", *Rev. Esp. Der. Fin.*, 1990.

antiguo su estudio al nacimiento del Estado Liberal de Derecho y, por añadidura, al conjunto de principios filosóficos, políticos y económicos que con base en el movimiento ilustrado conforman dicha concepción del Estado. Entre estos principios, interesa destacar, desde un punto de vista jurídico, el relevante papel que se concede a la ley (tanto en su concepción de voluntad general, como de razón ordenadora) como instrumento garantizador de un trato igual (objetivo) de todos ante la ley, frente a las frecuentes arbitrariedades y abusos del antiguo régimen. Lo que equivale a afirmar, desde un punto de vista positivo, la importancia de la ley como vehículo generador de certeza (aspecto positivo del principio de seguridad jurídica); y desde un punto de vista negativo el papel de la ley como mecanismo de defensa frente a las posibles arbitrariedades de los órganos del Estado (aspecto negativo del principio de seguridad jurídica). De donde se infiere la íntima relación existente entre los principios de legalidad y de seguridad jurídica.[2]

Aunque la Constitución Española vigente no contenga un precepto expreso en el que se recoja con la claridad deseable el contenido y manifestaciones del principio de seguridad jurídica, es claro que del conjunto de preceptos consagrados al principio de legalidad y, en particular, de los arts. 9º.3 y 103.1 de la Constitución, se desprenden las dos ideas básicas que, al margen de la vinculación esencial existente entre los principios de legalidad y seguridad jurídica, dan contenido a éste último. Nos referimos a las ideas de certeza e interdicción de la arbitrariedad, considerada ésta última en su aspecto normativo y aplicativo, jugando en ambos casos un papel esencial el respeto al principio de la jerarquía normativa (también recogido expresa y diferenciadamente por el art. 9º.3 de la Constitución Española).

2. V., por todos, L. Legaz, "El Derecho, la justicia y la seguridad", en *Humanismo, Estado y Derecho*, Barcelona, 1960; y, del mismo autor, *Filosofía del Derecho*, Barcelona, 1963, pp. 583 y ss. Cf. Sentencia Trib. Const. 16.7.1987.

Somos conscientes de que la certeza del Derecho y la interdicción de la arbitrariedad, como aspectos o manifestaciones del principio de seguridad jurídica, no son siempre fácilmente diferenciables en el mundo del Derecho e incluso puede reconocerse su tratamiento conjunto en estudios valiosos sobre el tema, no obstante hemos optado por ofrecer su exposición de forma separada, distinguiendo dentro de la interdicción de la arbitrariedad su proyección en la esfera normativa y en la esfera aplicativa.

2. *La idea de certeza*

No cabe duda de que, se encuentre o no expresamente recogida en los distintos ordenamientos, la idea de certeza sobre el Derecho es una exigencia primaria del principio de seguridad jurídica. Dada la amplitud del principio, es obvio que él mismo puede ser estudiado desde muy distintos puntos de vista: la doctrina alemana ha solido prestar una mayor atención a sus aspectos formales, centrándose en la estabilidad del Derecho que dicho principio reclama; la doctrina italiana tiende más bien a considerar los aspectos basilares de la certeza, como fundamento del principio de legalidad. La doctrina española, quizá por influencia de las anteriores, ha valorado ambos aspectos, poniendo además especial énfasis en el estudio de las manifestaciones concretas en que dicho principio se plasma. Este será también el punto de vista adoptado por nosotros, que al analizar el contenido y exigencias de la idea de certeza sobre el Derecho nos detendremos a examinar sus manifestaciones o aspectos más relevantes. En este sentido entendemos que dichas manifestaciones son fundamentalmente las siguientes: en primer lugar, la estabilidad del Derecho; en segundo término, el suficiente desarrollo normativo dentro de la jerarquía de las fuentes; finalmente, la certidumbre sobre los remedios jurídicos a disposición del contribuyente caso de incumplirse las previsiones del ordenamiento. A continuación pasamos a examinar brevemente cada uno de estos aspectos.

La estabilidad del Derecho, que como afirma un importante sector de la doctrina alemana constituye el contenido formal del principio de seguridad jurídica, es un elemento fundamental de la certeza jurídica. Pero dentro del Derecho Tributario adquiere, si cabe, una trascendencia mayor, debido, de una parte, a la mayor complejidad que día a día presentan las relaciones económicas en el mundo moderno; y de otra, a la mayor participación, en extensión y profundidad, que dentro de las distintas economías nacionales asume el sector público, obligándole a una continua adaptación del sistema tributario a las nuevas circunstancias económicas, y ello muchas veces no sólo por razones recaudatorias, sino también por exigencias derivadas de la propia estructura económica del país en cuestión.

Pero ese continuado proceso de acomodación legislativa, no siempre exigido – ciertamente – por la adecuación del sistema tributario a la realidad económica, sino motivado muchas veces por la imprevisión, experimentación, afán de novedades u otras razones menos confesables, hace del Derecho Tributario un campo especialmente sensible a las exigencias derivadas de este aspecto de la idea de certeza. Así, en efecto, no resulta fácil primero saber en un momento dado cuál es el Derecho vigente sobre una materia determinada y, en segundo término, disponer de un texto normativo asequible donde se encuentre actualizada la legislación vigente sobre un determinado tributo. A la primera cuestión (certidumbre sobre las vigencias) ha prestado particular atención el legislador español,[3] exigiendo que cada proyecto de nueva disposición vaya acompañado de la correspondiente tabla de disposiciones derrogadas (art. 129 de la Ley de Procedimiento Administrativo) y que toda modificación de leyes o reglamentos tributarios contenga una redacción completa de las normas afectadas (art. 16 de la Ley General Tributaria) – disposición que, obviamente, es vinculante para la Administración en el ejercicio de su potestad reglamentaria (arts. 9º, 97 y 103 de la Constitución). A la segunda, intimamente ligada al esfuerzo por codificar el Derecho Tributario, se ha respondido en dos frentes: uno, tendente a la sistematización formal de los conceptos tributarios fundamentales, ha cristalizado en la elaboración de la Ley General Tributaria (1963);[4] el otro, dirigido a la coordinación y actualización de las normas que regulan cada impuesto en un sólo texto legal, se ha plasmado en la sucesiva publicación de los correspondientes textos refundidos (1966-1977).

En sentido contrario a la causa de incertidumbre previamente señalada, aunque produciendo análogos resultados, opera el insuficiente desarrollo de las normas de rango superior por las correspondientes de rango inferior. El efecto que este fenómeno puede tener sobre la certeza del Derecho es patente, si se considera que, en ocasiones, preceptos de rango constitucional e incluso de ley permanecen largos años inaplicados por falta del necesario desarrollo legislativo o reglamentario. Entre las causas que suelen citarse como productoras del fenómeno que nos ocupa cabe mencionar, junto a la apatía o inercia de la Administración, que es causa común a todas ellas, el desinterés del Gobierno frente a iniciativas ajenas al mismo, la falta de previsión, el cómodo recurso a textos anteriores más o menos conocidos y perfectos etc. Finalmente, debe mencionarse que si, por sus efectos, esta causa de inseguridad atenta contra la certeza del Derecho, no será difí-

3. Cf. art.129 de la Ley de Procedimiento Administrativo y art. 16 de la Ley General Tributaria, desgraciadamente no siempre y en todo caso cumplidos. Cf. Sentencia Trib. Const. 30.11.1982.

4. El desarrollo completo de este punto obliga a aludir al importantísimo papel que la claridad y la precisión terminológica desempeñan como elementos auxiliares de la certeza dentro de un sistema tributario. Pero, de una parte, es evidente que en un estudio de este tipo no podemos tocar todos los temas que guardan relación con el principio de seguridad jurídica; de otra, por afectar en buena parte estas cuestiones a los problemas que suscita la interpretación de las normas, remitimos a las consideraciones que hacemos más adelante a propósito de la interdicción de la arbitrariedad en la fase de aplicación de las normas.

cil descubrir, en su génesis, un comportamiento arbitrario por parte de la Administración en su esfera de actuación normativa. Lo que, una vez más, evidencia la íntima relación existente entre estos dos aspectos del principio de seguridad jurídica.

Para concluir este apartado, una breve referencia a la necesidad que, en aras de la certeza, el contribuyente tiene de conocer todos los remedios jurídicos puestos a su alcance por el ordenamiento, a efectos de instar la revisión de los actos presuntamente nulos o anulables.[5] A este propósito, el art. 79.2 de la Ley de Procedimiento Administrativo, en perfecta conexión de espíritu con el art. 106.1 de la Constitución, exige a la Administración la precisa notificación a los administrados de los remedios jurídicos a utilizar en cada caso contra el acto administrativo objeto de notificación.

3. *La interdicción de la arbitrariedad*

Tradicionalmente se viene considerando el rechazo de la arbitrariedad como el aspecto o manifestación negativa del principio de seguridad en el ámbito jurídico. De suerte que, aun lamentando su falta de mención expresa en la vigente Constitución Española, puede considerarse incluido tanto dentro del principio de seguridad jurídica como, más específicamente, en el de jerarquía normativa (art. 9º.3 de la Constitución), ya que éste último constituye, desde un punto de vista formal, el instrumento técnico más apropiado para garantizar la seguridad jurídica y simultáneamente impedir la arbitrariedad de los órganos del Estado, tanto en el desarrollo de funciones normativas como cuando se dirigen a aplicar el Derecho vigente. Con todo, y aun reconociendo las mayores posibilidades que por facilidad de aprehensión y efectividad siempre ofrecen, en general, los instrumentos de carácter formal, cual es el principio de jerarquía normativa, en la defensa de los valores jurídicos, no debe perderse de vista que, pese a su carácter más abstracto y por ello mismo más controvertido, son los aspectos sustantivos los que, en último término, dan vida a las instituciones jurídicas. En este sentido, el mayor relieve que en este estudio otorgamos a los mecanismos de carácter formal en la lucha contra la arbitrariedad, y en particular el respeto al principio de la jerarquía entre las fuentes normativas, no debe llevar a pensar que desconocemos o marginamos el papel que en esta lucha corresponde a los principios generales del Derecho, tanto cuando los mismos estan positivizados (en cuyo caso nos encontramos en el supuesto anterior), como cuando extienden su acción de bóveda protectora e informadora del ordenamiento jurídico (F. de Castro).

El orden jerárquico de las normas – dice con precisión Sainz de Bujanda[6] – constituye, a la vez, una exigencia constitucional del principio de legalidad y un resorte técnico ineludible del de seguridad. De suerte que pudiendo extenderse la arbitrariedad de los órganos del Estado tanto a la esfera de creación como a la de aplicación del Derecho, es lógico que contemplemos la acción del principio de jerarquía normativa como mecanismo generador de seguridad y, simultaneamente, limitativo de la posible arbitrariedad de los órganos del Estado, en uno y otro ámbitos.

En la esfera creadora de normas jurídicas el principio de jerarquía normativa impone una gradación o escala que, por referirse a todos los órganos del Estado, obliga, en primer lugar, a la sumisión de las leyes orgánicas y ordinarias a la Constitución y, consiguientemente, a la coordinación de las disposiciones normativas dictadas por las Comunidades Autónomas

5. V. E. González, "I ricorsi amministrativi e giudiziari", en *Trattato di Diritto Tributario*, v. III, Padova, CEDAM, 1994. Cf. Sentencias Trib. Const. 23.2.1984 y 26.11.1985.

6. "Reflexiones sobre un sistema de Derecho Tributario Español", en *Hacienda y Derecho*, v. III, p. 320. En parecidos términos se expresa J. M. Martín Oviedo, "El principio de seguridad jurídica en el Derecho Fiscal", *Rev. Der. Priv.*,1970. Cf. Sentencia Trib. Const. 20.7.1981.

a las leyes ordinarias y orgánicas. El control de la constitucionalidad de las leyes está encomendado, en todo caso, al Tribunal Constitucional (arts. 153.a y 161.1-a de la Constitución). Cabe asímismo deducir de la letra del art. 161.2 que el Tribunal Constitucional puede conocer los conflictos planteados entre la legislación estatal y la legislación de las Comunidades Autónomas.

Por lo que se refiere a la necesaria subordinación de las disposiciones de carácter reglamentario a las leyes, es un principio que ya estaba recogido con profusión en la legislación ordinaria anterior a la Constitución (Ley de Régimen Jurídico y Ley General Tributaria), regulándose incluso un recurso directo contra los Reglamentos (Ley de la Jurisdicción Contencioso-Administrativa). En este terreno, como tendremos ocasión de ver más adelante, las mayores dificultades han surgido al tratar de controlar el ejercicio de las facultades legislativas conferidas por las Cortes al Gobierno.

En la esfera aplicativa de las normas jurídicas la posible arbitrariedad de los órganos administrativos y jurisdiccionales ha de producirse con ocasión de las distintas interpretaciones ofrecidas de los preceptos a aplicar en cada caso. Es cierto que en muchas ocasiones esas interpretaciones vienen favorecidas por una defectuosa redacción de las normas a interpretar, pero otras veces la interpretación arbitraria se gesta en los propios órganos obligados a aplicar el Derecho.

En el caso de que la interpretación arbitraria proceda de un órgano jurisdiccional, al particular no le queda otra vía que agotar las sucesivas instancias o apelaciones que el ordenamiento jurídico le conceda en cada situación, hasta llegar al Tribunal Supremo y, en su caso, la utilización del recurso de amparo.

En el caso más frecuente, de que la interpretación arbitraria proceda de un órgano administrativo, no basta con argumentar, de un lado, que la facultad de dictar disposiciones interpretativas o aclaratorias en materia tributaria corresponde al Ministro de Hacienda (art. 18 de la LGT), pues es bien sabido que esa facultad no siempre se ejercita mediante la publicación de la correspondiente orden ministerial, como prescribe el art. 18 de la Ley General Tributaria, sino mediante simples órdenes comunicadas o circulares, siendo sobradamente conocido, primero, el gran valor que las circulares administrativas tienen en la praxis tributaria y, segundo, la existencia de circulares que contienen no sólo interpretaciones de preceptos, sino aunténticas disposiciones reglamentarias. En segundo término, conviene recordar que las interpretaciones y resoluciones de carácter particular de la Administración Tributaria, como cualquier otro acto administrativo, están sometidas, de una parte, a la específica sanción de nulidad establecida por el art. 19 de la Ley General Tributaria para el caso de que vulneren lo establecido en una disposición de carácter general; de otra, también rige para ellas la sanción general de invalidez, en sus diversos grados, prevista para los actos que incurran en cualquier infracción del ordenamiento jurídico, que podrá ser declarada, como es bien sabido, de oficio, en los casos taxativamente previstos por los arts. 153 a 156 de la Ley General Tributaria, y por la vía ordinaria de recurso en todos los supuestos.

4. Seguridad jurídica y potestades normativas del Gobierno

Las frecuentes fricciones entre el principio de seguridad jurídica y el ejercicio de facultades normativas por parte del Poder Ejecutivo ha dado lugar a la adopción de particulares prevenciones en el ordenamiento jurídico español, tanto a nivel constitucional, que es el propio, como a nivel de legislación ordinaria. Tratando en uno y otro caso de evitar los posibles abusos que llegaran a producirse. Manifestación de esta tendencia es la rigurosa regulación de la emanación de los decretos-leyes y decretos legislativos, que someramente pasamos a exponer a continuación.

4.1 El decreto-ley

Es bien conocido el decidido carácter restrictivo con que, antes la doctrina y ahora el art. 86 de la Constitución Española, se pronuncian ante la proliferación del decreto-ley como instrumento ordenador del Derecho Tributario. Este rigor podría haber sido llevado tan lejos por el precepto citado, que una interpretación literal del mismo conduciría a rechazar la posibilidad de utilizar esta fuente productora de Derecho en el ámbito tributario. Sin embargo, una interpretación más flexible aconseja reducir el rigor literal del precepto a la creación de nuevas figuras tributarias, a la determinación de sus elementos esenciales y al establecimiento o supresión de exenciones y bonificaciones, es decir, al ámbito amparado por la reserva de ley.

El problema de fondo está en el choque frontal entre el carácter terminante del art. 86.1 de la Constitución Española, que utiliza expresiones tan claras y contundentes como que el decreto-ley "no podrá afectar a los derechos, deberes y libertades de los ciudadanos regulados en el Título I" (dentro del cual está el art. 31, referido a los deberes tributarios), y la apoteosis teórica y práctica del decreto-ley en nuestros días. Que esa apoteosis esté más justificada en el seno de un Estado Democrático de Derecho, dado el carácter representativo del Gobierno, parece, cuando menos, discutible, mientras el fin primordial del Estado Democrático de Derecho sea garantizar el libre ejercicio de los derechos y limitar los excesos de poder. En cualquier caso, lo que parece evidente es: 1º) el decidido propósito de la Constitución Española de limitar la utilización y rodear de las debidas garantías el recurso al decreto-ley como fuente normativa; 2º) que dentro de esas limitaciones y garantías se encuentra, desde luego, la utilización del decreto-ley en materia tributaria; oscilando las diversas opiniones en presencia desde la práctica proscripción (J. Salas), hasta su admisión generalizada (Pérez Royo), pasando por posiciones más matizadas, que limitan su aplicación a las zonas no amparadas por la reserva de ley (Martín Queralt), o a aquellos casos en que el peso relativo de la urgencia supere el respeto debido a las garantías individuales afectadas (C. Palao); 3º) que, no obstante lo anterior, el decreto-ley se ha utilizado con generosidad para regular materias tributarias, que quedan tanto dentro como fuera de la reseva de ley; y 4º) que, a la vista de la situación descrita, un sector de la más calificada doctrina y el Tribunal Constitucional (sin decirlo expresamente) han intentado trazar un puente entre el precepto constitucional (imposible, o simplemente dificil de cumplir) y la política del Gobierno, que va por otros caminos.[7]

4.2 El decreto legislativo

El problema de las delegaciones legislativas en el Derecho Español[8] está regulado por la Ley de Régimen Jurídico de la Administración del Estado (arts. 10 y 26), por el art. 11 de la Ley General Tributaria y por los arts. 82 a 85 de la Constitución, que introducen precisiones importantes en el planteamiento constitucional del tema.[9]

7. V. Sentencias Trib. Const. 31.5.1982 (comentada por A. Blasco, en *Rev. Esp. Der. Adm.*, 1983), 4.2, 18.5 y 14.6.1983. En la doctrina: F. Pérez Royo, "Las fuentes del Derecho Tributario en el nuevo ordenamiento constitucional", en *Hacienda y Constitución*, Madrid, 1979; J. Salas, *Los Decretos-Leyes en la Constitución Española de 1978*, Madrid, 1979; C. Palao, "La disminución retroactiva de bonificaciones fiscales y los decretos-leyes en materia tributaria", *Cron. Trib.*, 1983; J. Martín Queralt, "La doctrina del Tribunal Constitucional acerca de la admisibilidad del decreto-ley en materia tributaria", en *Jurisprudencia Financiera y Tributaria del Tribunal Constitucional*, Madrid, 1984.

8. V.: J. M. Martín Oviedo, "Significado y valor de los textos refundidos" y "Control por el Poder Legislativo de la legislación delegada y de los textos refundidos", ambos en *Rev. Der. Fin.*, 1969; R. Calvo, "Consideraciones sobre la delegación legislativa en materia de impuestos directos", ibidem; I. Bayon, "La legislación delegada en el Derecho Tributario", en *XIX Sem. Est. Der. Fin.*, 1972; J. A. Antón, "Comentario al art.11 LGT", en *Comentarios a la Leyes Tributarias y Financieras*, de Edersa; y los estudios de E. Angulo y R. Nuñez en *La Constitución Española y las Fuentes del Derecho*, Madrid, 1979.

9. Interesa destacar que, a tenor del art.82.1 de la Constitución, quedan excluidas del ámbito de la delegación las materias amparadas por una reserva de ley orgánica.

Antes de la promulgación de la Ley General Tributaria, se admitía en la Ley de Régimen Jurídico de la Administración del Estado que las Cortes podían autorizar no sólo al Gobierno sino tambien al Ministro de Hacienda a establecer o regular tasas o exacciones, incluso mediante orden, instrucción o circular (art. 27), en términos, como se ve, muy amplios y vagos. Este modo de concebir la delegación del ejercicio del poder legislativo en materia tributaria era censurable. Suponía una relajación del régimen general establecido en el art. 10 de la Ley de Régimen Jurídico de la Administración del Estado, que exigía que las delegaciones habrían de concederse a favor del Gobierno (no a un Ministro),[10] y no de forma genérica, sino para cada caso (adicionalmente se requería que la disposición que el Gobierno preparase en uso de la delegación efectuada a su favor fuera previamente dictaminada por el Consejo dc Estado y, en la mecánica del art. 10.4 LRJAE, debía adoptar la forma de decreto).[11]

Tras la promulgación de la Ley General Trbutaria, esta anómala situación en materia tributaria ha cambiado, con ventaja para el principio de seguridad jurídica. La delegación legislativa deberá ser expresa y, además, habrán de establecerse los criterios y directrices a los que ha de ajustarse el Poder Ejecutivo. En suma, se señalan los límites dentro de los cuales habrán de desenvolverse tanto la delegación legislativa como la legislación delegada. Despues de ejercitar el Gobierno la facultad de legislación delegada, deberá dar cuenta a las Cortes de las disposiciones dictadas. Además, debe entenderse que despues de la Ley General Tributaria no pueden hacerse delegaciones al Ministro de Hacienda, sino al Gobierno. Esta conclusión es la procedente dentro de una interpretación técnica de la ley,[12] y es la que fundamentalmente recoge el art. 82 de la Constitución Española.

En materia tributaria la delegación legislativa opera típicamente en dos supuestos: las leyes de bases y los textos refundidos.[13] Las primeras son reglamentaciones que opera el Poder Legislativo y en las que se contiene una habilitación al Gobierno para que las bases en cuestión sean desarrolladas más detalladamente en un texto articulado con valor de ley formal. En el segundo caso, el texto refundido es fruto de una facultad otorgada en una ley al Gobierno, para reunir en un texto único diversas disposiciones preexistentes. Se discute en la doctrina si el texto refundido también tiene valor de ley o sólo el mismo de las disposiciones que refunde.[14] La jurisprudencia española se pronuncia en el primer sentido.[15]

10. V., no obstante, J. L. Villar Palasi, *Curso de Derecho Administrativo*, t. I, Madrid, 1972, p. 248.

11. V., no obstante, J. L. Villar Palasi, idem, t. I, p. 249.

12. Para un estudio de estos problemas, antes y despues de la Ley General Tributaria, v., respectivamente, N. Amoros, *Derecho Tributario*, Madrid, 1963, pp.147 y ss.; y J. García Año-Veros, "Las fuentes del Derecho en la Ley General Tributaria", *Rev. Der. Fin.*, 1964, pp. 309 y ss.

13. En contra J. M. Martín Oviedo ("Significado y valor de los textos refundidos", en *Rev. Der. Fin.*, 1969, pp. 88 y ss.), que estima debe desvincularse el problema de los textos refundidos del ámbito de la legislación delegada, para llevarlo al de las autorizaciones legislativas. Obsérvese la trascendencia de esta afirmación, si se conecta con la opinión de un sector de la doctrina que considera las autorizaciones legislativas como un típico instrumento deslegalizador. V. R. Calvo, "Consideraciones sobre la delegación legislativa en materia de impuestos directos", en *Rev. Der. Fin.*, 1969, pp. 250-256. En el ámbito de las Haciendas locales, v. J. D'Ocon, "Legalidad de ordenanzas derivadas de las normas provisionales de ingresos locales", *Rev. Econ. Hda. Loc.*, 1977.

14. Sobre este punto, v. las encontradas opiniones de J. M. Martín Oviedo ("Significado y valor de los textos refundidos", en *Rev. Der. Fin.*, 1969, pp. 95-97 y 113 y ss.) e I. Bayon ("La legislación delegada en el Derecho Tributario", en *XIX Sem. Est. Der. Fin.*, 1972, pp. 117 y ss.). Con todo, téngase presente el límite establecido por el art. 11.3 de la LGT.

15. Una exposición crítica de esta jurisprudencia puede verse en J. M. Martín Oviedo, "Significado y valor de los textos refundidos" y "Control por el Poder Legislativo de la legislación delegada y de los textos refundidos", ambos en *Rev. Der. Fin.*, 1969, pp. 89-92 y 650 y ss.

Supuesto diferente de las figuras anteriores lo constituye el caso de la llamada "deslegalización". Mediante ella no se faculta al Poder Ejecutivo a dictar normas con fuerza de ley formal, sino simplemente se le autoriza por ley para regular mediante decreto una serie de cuestiones en materia previamente reservada a la ley formal.[16]

Es obvio que la deslegalización no es admisible dentro del ámbito del art. 31 de la Constitución Española. Sin embargo, se discute en la doctrina si cabe la posibilidad de que la Administración, contando con la pertinente autorización legislativa, regule mediante normas reglamentarias la materia amparada por el principio de preferencia de ley del art. 10 de la LGT.[17] El tema, claro en teoría, pues es sabido que las normas emanadas al amparo de una autorización legislativa sólo tienen valor reglamentario y no legislativo, adquirió visos de insolubilidad práctica en la legislación anterior, primero por la pertinaz confusión de los términos "autorización" y "delegación" en la legislación española (con su secuela en la difuminación de diferencias y equiparación de efectos) y, segundo, por la frecuente yuxtaposición, agudizada con ocasión de la aprobación de los textos refundidos, de funciones legislativas al lado de las estrictamente reglamentarias. En este sentido, el art. 82.5 de la Constitución, que intenta establecer un principio de claridad, al exigir que en la delegación se especifique si con la refundición se trata simplemente de "formular un texto único" o ha de extenderse a "regularizar, aclarar y armonizar los textos legales refundidos", parece arrojar alguna luz adicional sobre el problema, pues, de una parte, exige un mayor rigor en la concesión de la pertinente delegación legislativa al Gobierno, al tiempo que, de otra, designa a la disposición resultante con el título de "decreto legislativo".

5. *Seguridad jurídica y ejercicio de facultades interpretativas por la Administración a través de la respuesta a consultas*

La lectura del art. 107 de la Ley General Tributaria obliga a replantear aquí, siquiera sea brevemente, el contenido y alcance de dicho precepto, sobre el que, de otra parte, existe una amplia y atenta bibliografía, que ha ido siguiendo paso a paso las sucesivas redacciones dadas al mismo.[18]

Destaca esa bibliografía, en lo referente a la naturaleza de la consulta tributaria, la conexión y específica diferenciación que media entre la simple función informativa y la consulta regulada en el art. 107 de la LGT.

16. V. la Sentencia Trib. Const. 16.11.1981 y el comentario que a ella consagra J. Martín Queralt, en *Jurisprudencia Financiera y Tributaria del Tribunal Constitucional*, Madrid, 1984, pp. 132 y ss.

17. V. las encontradas opiniones al respecto de M. Cortes (*Ordenamiento Tributario Español*, Madrid, 1968, pp. 74-76), R. Calvo ("Consideraciones sobre la delegación legislativa en materia de impuestos directos", en *Rev. Der. Fin.*, 1969, pp. 250-256 y 262 y ss.) e I. Bayon ("La legislación delegada en el Derecho Tributario", en *XIX Sem. Est. Der. Fin.*, 1972, pp. 167-169 y 187-188). Comparando la redacción de los arts. 41.1 y 51 de la LOE con el art. 82.1 y 5 de la Constitución vigente, se advierte, no obstante, un claro progreso a favor de este último texto legal. De suerte que preceptos como el art. 11 de la LGT y, sobre todo, como el art. 26 de la LRJAE no se acomodan bien a la nueva situación legislativa.

18. Por orden de aparición en el tiempo, merecen ser destacadas las obras siguientes: J. Basanta, "Consulta previa a las autoridades fiscales por los contribuyentes", *Mem. Asoc. Esp. Der. Fin.*, 1965; J. R. Recuero, "Las consultas a la Administración en materia tributaria", *Cron.Trib.*, 1976; A. Mantero, "La consulta vinculante", *Rev. Der. Fin.*, 1976; J. Mexía, "Las consultas tributarias", en *Estudios de Derechos Financiero*, v. II, Madrid, 1979; J. A. Pueyo, "Comentario art. 107 Ley General Tributaria", en *Comentarios a las Leyes Tributarias y Financieras*, de Edersa, ts. II e II-a; J. Zornoza, "Interpretación administrativa y consulta tributaria", *Rev. Esp. Der. Fin.*, 1985, y "Las consultas a la Administración en la Ley General Tributaria", en *Comentarios a la Ley General Tributaria y Líneas para su Reforma*, v. II, Madrid, 1991; G. Casado, "La consulta tributaria", en *Cuestiones Tributarias*, Madrid, 1990.

En el Derecho Comparado v., respecto al Derecho Alemán, el excelente comentario de W. Schick a los arts. 204-207 AO en Hübschmann-Hepp-Spitaler, *Kommentar zur Abgabenordnung und Finanzgerichtordnung*, Köln, 1977.

Esas diferencias, que en la primitiva redacción del art. 107 de la LGT eran más tenues, pues el precepto aludía sin más al "carácter de mera información" de la contestación, han sido bien vistas por la doctrina previamente citada, al señalar: 1º) que los informes se solicitan por los administrados o por el órgano decisorio, en tanto que la consulta tributaria ha de plantearse por quienes sean o vayan a ser sujetos pasivos de deberes u obligaciones tributarias; 2º) que el órgano encargado de resolver las informaciones solicitadas no es la oficina gestora correspondiente, sino los órganos directivos que tengan atribuidas facultades reglamentarias o interpretativas;[19] y 3º) que los informes se destinan a ilustrar a los contribuyentes o funcionarios solicitantes, mientras que la respuesta a las consultas planteadas puede afectar en los supuestos taxativamente previstos (previsión legal e inversiones extranjeras) no sólo al sujeto pasivo solicitante, sino también al órgano decisorio, que queda obligado a aplicar los criterios reflejados en la contestación a la consulta.

Las anteriores consideraciones ilustran pero no salvan la dificultad que entraña el encuadre jurídico de la institución que nos ocupa. Desde su conexión al derecho de petición (Recuero) y a las circulares administrativas (Banacloche), hasta su consideración como acto administrativo (Mexía) o procedimiento consultivo peculiar (Pueyo), existe una variada gama de posiciones doctrinales, cuando menos, parcialmente acertadas, en función del punto de vista previamente aceptado. De todas ellas, mostramos nuestra preferencia por la construcción de J. A. Pueyo, que, junto al apoyo normativo que pueda prestarle el Decreto de 23.12.1971, es también, sin duda, la opción menos comprometida.

Pueden plantear consultas los sujetos pasivos de deberes y obligaciones tributarias, a los que la Administración está obligada a responder. La contestación facilitada, según el Derecho Positivo Español, no tiene el carácter de acto administrativo, pero de no mediar falsedad u omisión en los datos proporcionados, liberará de responsabilidad al particular que conformase su actuación a las instrucciones recibidas.

Sobre la base de los conceptos anteriores, el precepto reitera que las "informaciones" facilitadas no podrán ser objeto de impugnación; y regula un procedimiento extraordinariamente simple para solicitar y evacuar la consulta requerida: la simple presentación presupone que ésta será respondida.

A partir de las necesidades que la consulta tributaria satisface, no resulta difícil seguir su régimen jurídico. En efecto, sea a través de éste u otro mecanismo análogo, al contribuyente le interesa conocer cuál es el punto de vista de la Administración respecto a la aplicación de la normativa vigente a un supuesto concreto, pues, sobre todo tratándose de preceptos oscuros, dudosos o complejos, es probable que ese punto de vista administrativo sea decisivo en la futura decisión sobre la organización de sus negocios por parte del contribuyente solicitante de información.

Para cumplir los propósitos anteriormente mencionados, el ejercicio de la pertinente consulta deberá regularse de tal modo que: 1º) todos los contribuyentes tengan el derecho y la posibilidad de plantear consultas a la Administración; 2º) el órgano consultado disponga de los elementos de juicio suficientes para emitir su opiniόm; 3º) el alcance de la opinión emitida circunscriba sus efectos a los supuestos fácticos y datos normativos conocidos en

19. Sobre la distinción entre el ejercicio de facultades reglamentarias e interpretativas v.: A. Martínez, "La potestad reglamentaria de los ministros", *Rev. Esp. Der. Fin.*, 1979; E. González, "Comentario al art. 6 de la Ley General Tributaria", en *Comentarios a las Leyes Tributarias y Financieras*, de Edersa, t. I.; E. Giménez-Reyna, "Las potestades reglamentaria e interpretativa en la Ley General Tributaria", *Cron. Trib.*, 1984; y J. Zornoza, "Interpretación administrativa y consulta tributaria", *Rev. Esp. Der. Fin.*, 1985, y "Las consultas a la Administración en la Ley General Tributaria", en *Comentarios a la Ley General Tributaria y Líneas para su Reforma*, v. II (pp. 465 y ss.).

el momento de dar el parecer solicitado; 4º) suponiendo la buena-fe de quien formula la consulta, si el particular sigue las orientaciones contenidas en la respuesta a su petición, ha de quedar exonerado de futuras responsabilidades; y 5º) se arbitre algún mecanismo de unificación de criterios, para que no pueda darse el caso de que a una misma consulta se responda de modo diferente. Sin embargo, no parece que el elemento de la vinculación a la opinión emitida tenga que ser un aspecto forzosamente presente en la regulación del régimen jurídico de la consulta previa en materia tributaria.[20]

Siguiendo los pasos lógicos expuestos más arriba, la regulación positiva de la consulta previa en materia tributaria presenta las características siguientes:

a) *¿Quienes pueden consultar?* La actual redacción del art. 107 de la LGT amplía esta facultad a los sujetos pasivos y demás obligados tributarios. Con lo que queda claro que el precepto no sólo se refiere a los sujetos pasivos de la obligación tributaria (opinión defendible sobre la base de la anterior redacción), sino también a los sujetos pasivos de la relación jurídica tributaria, dando así entrada junto a los sujetos pasivos de la obligación tributaria material (deuda tributaria), a los sujetos pasivos obligados al cumplimiento de los deberes tributarios, que normalmente acompañan o preceden al nacimiento y satisfacción de la deuda tributaria (art. 35 de la LGT). Esta nueva redacción del art. 107 de la LGT, sin duda preferible por razones lógicas y de buena técnica jurídica, enlaza con la tradición de nuestro Derecho Positivo en materia de consultas, que no siempre ha exigido la cualidad de contribuyente para ejercer este derecho, armoniza mejor con otros preceptos de la propia Ley General Tributaria (arts. 37, 43 y 46) y ajenos a la misma (Decreto de 23.12.1971) y, sobre todo, evita la contradicción que se originaba dentro del propio art. 107 de la LGT, cuando su apartado 4-c permitía que se formulasen consultas antes de producirse el hecho imponible.

b) *¿Quién debe responder?* La poco clara referencia del art. 107 de la LGT a los órganos directivos de la Administración, que la doctrina ha entendido referida al Centro Gestor (Ministro o Director-General, por delegación) y que la Resolución de 18.3.1980 "subdelegó" en los Subdirectores-Generales correspondientes,[21] debe servir dentro del ámbito de estudio que nos ocupa para aportar, al menos, dos conclusiones: 1º) que el art. 107 de la LGT ha pretendido seguir en este punto lo dispuesto por los arts. 6.2 y 18 del mismo texto legal, esto es, que el órgano al que se encomienda la función aplicativa (gestión tributaria) ostenta también la facultad de dictar disposiciones interpretativas y, consiguientemente, responde a las consultas formuladas; 2º) que la competencia subjetiva para responder consultas prevista en el art. 107 de la LGT sólo con cierta dosis de buena voluntad puede extenderse al ámbito de los tributos locales. Cobra por ello pleno sentido la afirmación del art. 13 de la Ley Reguladora de las Haciendas Locales, al disponer que, en relación con la aplicación de los tributos locales, la competencia para evacuar consultas debe corresponder a la entidad que ejerza la función gestora.

c) *Objeto de la consulta.* Dados los términos extraordinariamente amplios en que está contemplado el objeto de la consulta por el art. 107 de la LGT, es difícil imaginar un supuesto de aplicación de tributos que no esté incluido. Y esto es precisamente lo que el precepto parece pretender, excluyendo sólo de su ámbito las cuestiones meramente teóricas o de aplicabilidad general.

d) *Carácter de la respuesta.* Aunque el art. 107 de la LGT nada dice respecto a la lógica obligatoriedad del órgano consultado a emitir la oportuna respuesta, cabe

20. V. J. J. Zornoza, "Significado y funciones de las consultas a la Administración en materia tributaria", *Cron. Trib.*, 1984.

21. Cf. art.22 de la Ley Reg. Jur. Adm. Est.; y, en la doctrina, J. A. Pueyo, "Comentario art. 107 Ley General Tributaria", en *Comentarios a las Leyes Tributarias y Financieras*, de Edersa, ts. II e II-a, pp. 189-190.

suponer que, siempre que se cumplan los requisitos legalmente establecidos al formular la consulta, el órgano consultado, por imperativo de las normas generales del Derecho Administrativo, está obligado a responder. En este sentido, los arts. 39 de la Ley Reg. Jur. Adm. Est. y 70 de la Ley Proc. Adm. (redacción 1963) establecen el deber de los órganos consultados de resolver las consultas planteadas, pero sin hacer la menor referencia al plazo dentro del que deberá producirse dicha respuesta; lo cual reduce considerablemente el valor de la afirmación.[22]

Una vez emitida la respuesta a la consulta por el órgano competente para dictarla y cumplidos los demás requisitos exigidos por el art. 107 de la LGT (fundamentalmente, completa exposición de los hechos y no alteración de las circunstancias), los órganos de gestión de la entidad consultada sólo quedarán obligados a aplicar los criterios reflejados en la contestación a la consulta en los supuestos taxativamente previstos: disposición legal expresa e inversiones extranjeras. Y, en aplicación del mismo principio, no existirá tal vinculación por parte de la Administración gestora al parecer reflejado en la contestación a la consulta en los restantes supuestos.

e) *Efectos de la respuesta.* Al hilo de las consideraciones avanzadas en la epígrafe inmediato anterior, no resulta difícil apuntar los efectos más destacables de la contestación a las consultas. Estos son, en primer lugar, el carácter no-vinculante para los órganos gestores de los criterios contenidos en la respuesta a una consulta correctamente planteada; y, en segundo término, la inimpugnabilidad de la respuesta, sin perjuicio de los recursos que ulteriormente puedan plantearse contra el acto administrativo dictado en aplicación de los criterios contenidos en la misma. Recursos que, óbviamente, no se apartan en este supuesto de la normativa general sobre mecanismos revisores existentes en el Derecho Español; es decir, podrá plantearse, en su caso, la vía tasada propia de la revisión de oficio (arts. 153-156 de la LGT), o la general y revisora por excelencia, via recurso, prevista en el Reglamento de Procedimiento Económico-Administrativo y en la Ley de la Jurisdicción Contencioso-Administrativa.

Finalmente, es claro que de no mediar falsedad u omisiones relevantes en los datos proporcionados, la actuación del particular acomodada a la respuesta de la consulta planteada le exime, por principio, de toda responsabilidad.

22. En este punto era mucho más concreto y expeditivo el art. 278 del Reglamento de Haciendas Locales de 1952, que establecía el perentorio plazo de ocho días para evacuar la respuesta.

CADERNOS DE DIREITO TRIBUTÁRIO

ÚNICA CONTRIBUIÇÃO SOCIAL DO EMPREGADOR (Art. 195, I, da CF de 1988)

Proposta para pacificar a problemática do financiamento à Seguridade Social

GERALDO ATALIBA E AIRES F. BARRETO

Objetivos. I – Colocação geral do tema: 1. Contribuição não é imposto, nem taxa – 2. O produto da sua arrecadação tem destinação específica – 3. Contribuição tem base de cálculo peculiar: A) Seguridade e previdência – B) Vinculação do contribuinte ao serviço previdenciário – C) Contribuição social e base de cálculo. II – Contribuição social na Constituição de 1988: 1. Normas constitucionais – 2. Indicações exegéticas – 3. Bases de cálculo do art. 195, I – 4. Oneração do faturamento é repugnante à isonomia – 5. Outras bases isoladas – 6. É rejeitável interpretação que atribui ilogicidade à norma – [Primeira Conclusão] – 7. Igualdade de tratamento das contribuições – [Segunda Conclusão]. III – Uma (só) contribuição exigível ao empregador: 1. Base de cálculo – 2. Conjugação harmônica. IV – A Constituição de 1988 ordenou racionalmente as contribuições: O novo sistema (Constituição de 1988). V – Síntese conclusiva. VI – Recomendação prática.

OBJETIVOS

1. Eliminar discussões judiciais, adotando legislação evidentemente consentânea com a Constituição.

2. Simplificar as obrigações e os procedimentos de lançamento, controle, fiscalização e documentação da arrecadação.

3. Superar a resistência psicológica dos contribuintes.

4. Inverter o desestímulo à criação e manutenção do emprego formal.

I – COLOCAÇÃO GERAL DO TEMA

1. Contribuição não é imposto, nem taxa

Rubens Gomes de Sousa – com sua imensa autoridade de doutrinador escrupuloso – já assentara que *contribuição não é imposto, nem taxa* (*RDP* 24/215), secundando caudalosa doutrina italiana.

Logo, é *tertium genus* – quer dizer, não tem hipótese de incidência de um (imposto), nem de outra (taxa). Tem, sim, hipótese de incidência própria, peculiar e característica, que a singulariza diante das demais espécies tributarias: ostenta, necessariamente, na materialidade de sua hipótese de incidência, uma *atividade da entidade tributante, indiretamente relativa ao contribuinte*.

2. O produto da sua arrecadação tem destinação específica

Como o custeio dessa atividade pública é a razão jurídica justificadora da instituição da contribuição, o *produto de sua arrecadação deve convergir para esse fim*. Daí integrar o seu regime jurídico constitucional (do qual a legislação não se pode afastar) a destinação predeterminada do arrecadado.

3. Contribuição tem base de cálculo peculiar

Sua base de cálculo é distinta: na taxa será uma medida (peso, tamanho, volume ou custo) da atividade estatal; na contribuição, uma "combinação" da atividade estatal justificadora da contribuição e a circunstância intermediária entre esta (atividade) e o contribuinte (v. Aires Barreto, *Base de Cálculo, Alíquota e Princípios Constitucionais*, São Paulo, Ed. RT, pp. 73-79).

Com a Constituição de 1988 a classificação dos tributos fica mais nítida e, sobretudo, as contribuições ficam melhor sublinhadas, com contornos mais claros. Sob tal aspecto, o Texto Magno atual é mais elaborado, mais lógico e mais próximo das elaborações científicas universais. Daí a plena aplicabilidade das conclusões das elaborações teóricas e a oportunidade de um aprimoramento da racionalidade encampada pela Constituição.

É propedêutico que a problemática básica está na eqüitativa repartição dos encargos com o custeio do Estado; tem-se presente que o principio máximo do Estado de Direito é a igualdade, então tudo o mais – inclusive e principalmente a classificação dos tributos – resulta mero desdobramento, conseqüência ou implicação da isonomia e da eqüidade.

Vista a contribuição como instrumento de eficácia do princípio da igualdade, nesse plano fica fácil, intuitivo até, perceber seus contornos, linhas mestras, princípios informadores, estrutura típica e, conseqüentemente, seu regime jurídico.

A) Seguridade e previdência

São oportunas as considerações de Wagner Balera: "(...) a primitiva idéia do seguro social vinculava a proteção à contribuição. *Só tinha direito aos benefícios e serviços aquele que para tanto contribuía*. A mais moderna concepção da seguridade social – expressa no princípio da universalidade da cobertura e do atendimento (art. 194, parágrafo único, I) – compreende a proteção para todos os *residentes no país*. O modelo brasileiro de *seguridade social ainda está em evolução*. As ações de *saúde e de assistência social estarão à disposição de todos os necessitados*. Já os *planos de previdência dependem de custeio específico, por intermédio das contribuições sociais*" (*RDT* 49/115).

Isto fica mais evidente se se considerar as radicais diferenças entre a problemática do custeio de serviços públicos específicos e divisíveis (art. 145, II) e a do financiamento das despesas gerais do Estado (art. 145, I).

Não foi sem razão que os economistas, primeiramente, e os juristas, pouco depois, convenceram-se da necessidade de reconhecer um *tertium genus* entre os tributos, para corresponder a tão peculiares situações, em tudo e por tudo tão diversas das que justificam quer o imposto, quer a taxa. Isto é bem acentuado pelo professor Wagner Balera:

"De outra parte, o ideário do seguro social não pode ser deixado de lado. Pretende-se que haja – e o Direito há de ser para isso instrumento – uma *solidariedade entre as gerações e dentro da própria geração que está sendo coberta pelos planos de seguridade social.*

"Desta sorte, quando cada um contribui, o *montante que paga não tem relação direta com o valor do benefício ou serviço que irá receber* – pois a tanto equivaleria um regime de capitalização, que, em nosso Direito, só vigora na esfera da previdência privada. *A contribuição de cada um serve (diria melhor, custeia) os benefícios que estão sendo pagos e os serviços que estão sendo prestados aos que hoje se enquadram nas situações de risco previstas em lei*" (*RDT* 49/115).

Considerando, assim, o sistema híbrido adotado pela Constituição de 1988 – que mescla previdência com seguridade –, fica evidente que, mesmo depois da sua promulgação, permanece inalterada a necessidade de existir relação, ainda que indireta e constitucionalmente presumida, entre o sujeito passivo (contribuinte) e o serviço prestado pelo Estado (de previdência) para que possa ter lugar a cobrança de contribuição previdenciária (agora designada contribuição social, porque também destinada à atividade estatal de seguridade).

B) Vinculação do contribuinte ao serviço previdenciário

A consideração sistemática do texto constitucional – mormente levando-se em conta a própria evolução legislativa – parece autorizar afirmação no sentido de que a Constituição adotou e acolheu, pelo menos, certas indicações básicas da doutrina universal das contribuições, como aquela no sentido de que *a contribuição é uma prestação pecuniária exigida de pessoas que causam despesa especial ou recebem benefício especial de uma atuação estatal* (A. D. Giannini, Renato Alessi, G. A. Micheli, Sainz de Bujanda).

O sujeito passivo será, assim, (a) o beneficiário de algum efeito da ação estatal ou (b) seu provocador, porque a solicita, ou porque, de algum modo, desenvolve atividade que a exige, requer ou provoca. Nossa legislação tem exemplos típicos, harmônicos com a nova Constituição – nisso, tal legislação foi reputada "recepcionada" –, cuja rememoração é ilustrativa: contribuem para o IAA os produtores de cana, açúcar e álcool; para o IBC, os produtores e comercializadores de café; para os sindicatos, os integrantes da categoria; para a OAB os advogados; para o CREA, os engenheiros; para o SENAI, os industriais; para o SENAC, os comerciantes – e assim por diante (v. nosso *Hipótese de Incidência Tributária*, 4ª ed., pp. 195 e ss.).

Por imperativo do princípio constitucional de isonomia, é preciso que haja uma correlação lógica entre os beneficiários dos recursos e os contribuintes, até porque é princípio expresso o da "eqüidade na participação no custeio" (art. 194, V). O sujeito passivo da contribuição ou é beneficiário da ação por ela custeada, ou de qualquer modo desempenha atividade que a requer – supõe, exige, provoca etc. –, embora imensurável o (i) benefício que ele extrai ou (ii) a medida em que, individualmente, a exige.

C) Contribuição social e base de cálculo

Da necessária relação entre o sujeito passivo da contribuição e a atividade pública que a justifica decorre a fixação válida da sua base de cálculo, sempre que a significação financeira do tributo reflita uma e outra. Oportuna é a lição de Aires Barreto (*Base de Cálculo, Alíquota e Princípios Constitucionais*, São Paulo, Ed. RT, p. 77):

"Já vimos que a hipótese de incidência das contribuições é o somatório de atuação estatal e circunstância intermediária que é o dado de conexão com o obrigado. O liame entre atuação estatal e obrigado só se dá com o engaste, com o elo da circunstância que entre eles se interpõe. Dissemos, também, que não podemos cogitar da hipótese de incidência de contribuição se ausente estiver uma ou outra (circunstância ou atuação estatal). Dissemos, por fim, que ambas haverão de ter o mesmo relevo. Ambas coexistem, mas uma não subsiste sem a outra; é que, isolada, a circunstância, em si mesma, é (formalmente) hipótese de incidência de imposto; a atuação estatal, em si mesma, hipótese de incidência de taxa.

"Ora, se correto esse raciocínio, não seria possível concluir que o núcleo da hipótese de incidência (o seu critério dimensível) restringir-se-ia à mensuração da circunstância, porque essa medição da base de cálculo, conferidora, conforme Becker, da natureza jurídica do tributo, da sua especificidade, é representativa de medida de imposto. Não se quer dizer, com isso, que essa perspectiva estará na atuação estatal, porque aí estaríamos em face de hipótese de incidência de taxa.

"Se a consistência da hipótese de incidência das contribuições, se o seu aspecto material, resulta do somatório (*circunstância* mais atuação estatal), se é fruto de ambas, a perspectiva mensurável haverá de conjugar esses dois fatos, um particular, outro público."

Aplicada a lição ao art. 195, I, vê-se que estão aí conjugados o custo da atividade estatal com a dimensão financeira da atividade dos contribuintes (empregadores) que dela se beneficiam, embora de modo indireto, mediato.

Confirma essa colocação a consideração de Wagner Balera, quando estrema a contribuição exigível ao empregado, das taxas: "E a *ausência da relação entre o montante pago pelo trabalhador e aquilo que lhe é devido* – se e quando o mesmo vier a enquadrar-se em qualquer das contingências cobertas pela seguridade social – é mais um *argumento em favor da distinta natureza das contribuições quando cotejadas com o tributo denominado taxa*".

II – CONTRIBUIÇÃO SOCIAL NA CONSTITUIÇÃO DE 1988

1. Normas constitucionais

Dispõe a Constituição:

"Art. 195. A seguridade social será financiada por toda a sociedade, de forma direta e indireta, nos temos da lei, mediante recursos provenientes dos orçamentos da União, dos Estados, do Distrito Federal e dos Municípios e das seguintes contribuições sociais:

"I – dos empregadores, incidente sobre a folha de salários, o faturamento e o lucro;

"II – dos trabalhadores;

"III – sobre a receita de concursos de prognósticos."

Mais adiante, no § 4º do mesmo art. 195 está disposto que: "§ 4º. A lei poderá instituir outras fontes destinadas a garantir a manutenção ou expansão da seguridade social, obedecido o disposto no art. 154, I".

O referido art. 154 dispõe, por sua vez, que: "A União poderá instituir: I – mediante lei complementar, impostos não previstos no artigo anterior, desde que sejam não-cumulativos e não tenham fato gerador ou base de cálculo próprios dos discriminados nesta Constituição; (...)".

2. Indicações exegéticas

Partindo dessas premissas, é forçoso concluir que os tributos criados com pretenso fundamento no art. 195, I, da CF, mas considerando isoladamente cada conceito (folha de salários, faturamento e lucro), não revestem quer a natureza de taxa, quer a de contribuição. *Não são, assim, tributos vinculados*. Possuem, nitidamente, a natureza de impostos, como definido pelo art. 16 do CTN: sua *hipótese de incidência* não consiste em nenhuma atuação estatal, mas, pelo contrário, em fatos inteiramente desvinculados, distantes e inconfundíveis com qualquer atuação do Poder Público.

Deveras, "ter lucro", "pagar salário" ou "faturar" são fatos que não consistem em nenhuma atuação do Poder Público referida ao obrigado (o contribuinte). São fatos absolutamente independentes, desligados, desvinculados, de qualquer atividade do Poder Público. São fatos do particular, produzidos segundo o Direito Privado.

O STF disse, de modo categórico, que o Decreto-lei 1.940 cria um imposto (*RTJ* 116/1138) empregando o mesmo raciocínio. Pelos mesmos argumentos devemos entender que as atuais chamadas "contribuições sociais" têm idêntica natureza, porque a materialidade de suas hipóteses de incidência é fato de particulares, alheio a qualquer ação estatal. São também impostos.

É imperioso aprimorar-se essa legislação, para tornar verdadeira (e fiel à Constituição) a contribuição do empregador.

Parece claro que o texto constitucional outorga competência à União para instituir *uma* contribuição dos empregadores, assim como *uma* contribuição dos trabalhadores e *uma* sobre a receita de concursos de prognósticos, exigível de quem os promove (qualquer acréscimo estará fora do art. 195, I a III; portanto, filiar-se-á ao § 4º do art. 195, que enseja exigência de imposto – e já não mais contribuição – para reforçar financiamento da seguridade).

Não parece próprio concluir que a União detém competência para instituir cinco contribuições (!): *uma* (1) sobre a folha de salários, *outra* (2) sobre o lucro, *outra* (3) sobre o faturamento, *outra* (4) sobre salários e *outra* (5) sobre concursos de prognósticos. Não faz sentido – infringe a sistemática constitucional – amontoarem-se três impostos (art. 195, I) e dar-lhes designação de contribuição.

Convém notar a circunstância – relevante, no caso, porque confirma a interpretação dogmático-jurídica e sistemática – de que o texto constitucional utiliza, no *caput* do art. 195, o vocábulo "contribuições" (*no plural*), pois que nos *seus três incisos*, *deveras*, arrola *mais de uma* contribuição (mais exatamente, três: I, II e III).

Já no seu inciso I utiliza o termo "incidente" (*no singular*), implicando *um sujeito igualmente, obrigatoriamente, singular.*

É equivocada a conclusão de que a Constituição prevê três distintas "contribuições" dos empregadores; isto refletiria leitura apressada e desconhecimento da sistemática jurídica. A interpretação jurídico-sistemática da Constituição desautoriza – por razões jurídicas – similar entendimento. Diga-se mesmo que sua admissão importaria afirmar-se inexistir um sistema tributário constitucional; implicaria negar a existência de um conjunto de normas constitucionais coordenadas entre si, de modo a formar um *sistema* coerente, consistente, harmônico e não-contraditório.

3. Bases de cálculo do art. 195, I

O "faturamento", a "folha de salários" (montante global dos salários devidos pelos empregadores) e o "lucro" são – *isoladamente considerados* – fatos próprios, típicos, da materialidade de hipótese de incidência de *imposto*.

São – *cada um desses fatos*, *per se* – fatos lícitos, meramente expressivos de capacidade contributiva, não vinculados a nenhuma atuação estatal. O tributo que tome *um ou outro* deles como hipótese de incidência será tributo não-vinculado, é dizer, da espécie imposto (art. 16 do CTN).

E mais, equivalerá a imposto sobre, por exemplo, a atividade econômica a que corresponde o "faturamento" – e, nesse caso, *terá identidade com um dos impostos cuja competência a Constituição atribuiu aos Estados ou aos Municípios. Deveras, se, "v.g.", for incidente sobre o faturamento das "vendas de mercadorias" será ICMS; se incidente sobre o faturamento de "venda" de serviços será, conforme a natureza destes, ISS ou ICMS etc. etc. (infringindo as competências privativas dos Estados ou Municípios, cf. arts. 155 e 156).*

Parece claro que a sistemática constitucional repele a interpretação que leva a admitir um tributo isolado sobre o faturamento, em virtude da implicação apontada.

4. Oneração do faturamento é repugnante à isonomia

Tributo que onera isoladamente o "faturamento" não satisfaz as exigências sistemáticas concernentes à contribuição, além de violar a isonomia. Dois contribuintes com faturamentos iguais (e, portanto, com igual carga tributária, à luz dessa legislação) podem, nisso, revelar aptidões econômicas absolutamente opostas, variando entre 100% e 0,5%. Base de cálculo assim ampla e "complacente" é arbitrária e, pois, inconstitucional. Cabe demonstrá-lo.

O faturamento, em si mesmo, isoladamente considerado, não é critério confiável para fins tributários. Não pode ser, por si só, base de cálculo de nenhum tributo, por violar o art. 150, II. É que ele nada diz sobre a intimidade, perfil ou estrutura da materialidade da hipótese de incidência tributária. É sumamente grave e comprometedor de sua idoneidade – como base de cálculo – o não ensejar tributar desigualmente situações desiguais, como o exige o preceito do inciso II do art. 150.

Uma entidade pode converter em receita 100% do seu *faturamento* (exemplo: escritório de consultoria econômica) e outra pode só realizar como receita 0,5% do *faturamento* (exemplo: posto de gasolina). Tais são as arbitrárias, desiguais e aleatórias possibilidades, com uma base tão ampla, tão escancarada e tão insignificativa. Não é insólito haver *faturamento* e não haver lucro (mas, sim, prejuízo); na verdade, o vulto do faturamento nada tem a ver com a real situação econômica do contribuinte, nem guarda relação com a atividade estatal (no caso, seguridade) que vai custear; nem mesmo remotamente dá sugestão da repercussão da atividade do contribuinte com a (atividade) estatal.

Nenhum tributo – no estrito sistema constitucional brasileiro – pode ter por base de cálculo o *faturamento*, seja entendido como soma periódica de faturas, seja como conjunto de vendas, seja como "movimento" econômico-financeiro etc.

Contribuição deve obedecer ao preceito do art. 150, II; e imposto, no sistema brasileiro, não pode ter *faturamento* como base de cálculo, por infringência dos princípios dos arts. 145, § 1º, e 150, II. Contribuição social deve, além de tudo, rigorosa obediência ao prescrito no art. 195, V, da CF.

Na verdade, até mesmo em matéria de contribuição (que não é informada pelo princípio da capacidade contributiva, que se restringe aos impostos, conforme o § 1º do art. 145) o faturamento somente pode servir de parâmetro se conjugado com lucro e folha de salários, para, harmonizados, comporem, *em conjunto*, a base da verdadeira (essa, sim) "contribuição" a que se refere o art. 195, I.

Entretanto, não é essa a única característica do *faturamento* que o torna inidôneo como base de qualquer tributo no exigente e estrito sistema constitucional tributário brasileiro.

Aliás, tributo sobre *faturamento* – como demonstrado – configura imposto. E impostos destinados a custear seguridade só poderiam caber na competência residual (art. 154, I), que não admite que eles "tenham fato gerador ou base de cálculo próprios dos discriminados nesta Constituição". Aí, também, harmonizam-se, sistematicamente, os arts. 195, I, e 154, I, da CF.

5. Outras bases isoladas

Se o tributo for incidente sobre o "lucro" ter-se-á, inequivocamente, imposto sobre a renda do empregador, e não "contribuição social". É, deveras, impossível construir um conceito legal de *lucro* alheio aos princípios e regras constitucionais que servem de base à legislação informadora do imposto sobre a renda.

Finalmente, tributo sobre a "folha de salários" será, pelos mesmos fundamentos, imposto sobre montante de salários devidos pelos empregadores.

6. *É rejeitável interpretação que atribui ilogicidade à norma*

Esta consideração reforça a repugnância pela inteligência segundo a qual a Constituição possa ter previsto três distintas "contribuições" dos empregadores (o que refletiria, simplesmente, má "interpretação literal"), com desprezo pela sistemática constitucional.

A interpretação jurídico-sistemática da Constituição desautoriza – pelas razões jurídicas expostas – similar inteligência. Diga-se mesmo que sua admissão importaria afirmar inexistir um sistema tributário constitucional; implicaria negar a existência de um conjunto de normas constitucionais coordenadas entre si, de modo a formar um sistema coerente, consistente, harmônico e não-contraditório.

Se fosse admitida a leitura segundo a qual o inciso I do art. 195 prevê três bases (e três impostos), os tributos criados incorreriam em *todas a vedações que decorrem claramente da sistemática constitucional: (a) repartição de competência impositiva, (b) pertinência entre materialidade da hipótese de incidência e base de cálculo (cf. arts. 145, § 2º, e 154, I, da CF), (c) exigência de tratamento isonômico dos contribuintes (arts. 5º, I, e 152, II) e (d) eqüidade na repartição dos encargos com a seguridade (art. 194, V).*

A Constituição pode prever duplicações, sobreposições e conter outros defeitos de redação ou mesmo conceituais. Não é interpretação "inteligente", porém – como o postula Maximiliano –, a que aponta a tal conclusão sem, antes, pelo menos tentar outras fórmulas, principalmente se – como ocorre com a interpretação proposta – houver modo natural, lógico e objetivo de coadunar-se a exegese com as exigências sistemáticas, melhor revelando a harmonia e sistematicidade do texto. A frase "a lei é mais sábia que o legislador" sublinha que o jurista busca e pesquisa – aí o lugar da ciência hermenêutica, culminância da ciência jurídica – a mais razoável e orgânica das soluções.

PRIMEIRA CONCLUSÃO

A "contribuição social" incidente sobre *apenas* algum desses fatos (faturamento, folha de salários, lucro) teria como base de cálculo grandezas que – isoladamente consideradas –, por serem próprias de imposto, seriam inaptas para medir a "especial vantagem" que constitui a justificação jurídica da espécie tributária "contribuição".

7. *Igualdade de tratamento das contribuições*

A tumultuária legislação atual – baseada na premissa de que podem ser três as contribuições exigíveis aos empregadores – está dando ensejo a díspares situações, *relativas* aos obrigados (empregadores), em ofensa ao princípio da isonomia (arts. 5º, I e 150, II) e ao princípio específico de eqüidade na forma de participar no custeio (art. 194, V), pois há os que têm (a) folha de salários muito alta, (b) expressivo faturamento, mas lucro reduzido; quanto a outros, poderão ter (a) folha de salários baixa, (b) faturamento expressivo e (c) lucros altos; outros mais terão (a) folha de salários alta, (b) faturamento expressivo e (c) lucros altos – e, assim por diante, tantas quantas forem as combinações possíveis.

De tal modo que tomar uma dessas grandezas – isoladamente considerada –

como *base de cálculo* de "contribuição social" importa, inexoravelmente, tributar *desigualmente* situações *iguais*, vale dizer, impor tratamento tributário arbitrário, utilizando critério de discriminação que não guarda relação de pertinência lógica com a situação tributada (cf. Celso Antônio Bandeira de Mello, *O Conteúdo Jurídico do Princípio da Igualdade*, São Paulo, Ed. RT). Deveras, se puderem ser simplistamente manipuladas, mediante mera justaposição aleatória, essas *três* bases, haverá arbitrária e desigual tributação, sem guardar relação com a natureza de contribuição (*tertium genus*) do tributo.

Tal interpretação supõe, primária e confusamente, que – na sistemática constitucional – contribuição pode ser a indiscriminada mistura de três figuras de imposto.

Ora, a teoria das contribuições – claramente prestigiada pela nova Constituição – induz a combinação harmônica dos três critérios para formação de uma só base, de modo a mensurar (ainda que só indiretamente e de modo presuntivo) o benefício que o sujeito passivo extrai da ação previdenciária estatal e/ou a despesa que ele causa, com concomitante preservação absoluta das peremptórias exigências da isonomia (conforme não só o art. 5º, *caput* e seu inciso I, como o art. 150, II, e o art. 194, V).

SEGUNDA CONCLUSÃO

Em síntese, por todas essas agressões a *princípios constitucionais basilares informadores do regime tributário*, já se vê quão absurda, incoerente, inconsistente, contraditória – injurídica, enfim –, é a inteligência que pretende sustentar ter a própria Constituição destruído o sistema que construiu, permitindo que a União possa instituir três espécies de "contribuições sociais" do empregador (que, na verdade, são três impostos, além do mais agressivos da isonomia, se arbitrariamente justapostos).

III – UMA (SÓ) CONTRIBUIÇÃO EXIGÍVEL AO EMPREGADOR

1. Base de cálculo

O jurista reconhecerá que a Constituição, no art. 195, I – interpretado sistematicamente, à luz dos princípios e normas constitucionais concernentes à exigência de tributos –, outorga competência à União para instituir *uma* (e não mais do que uma) *contribuição social do empregador*, tomando como base de cálculo, conjugadamente, a folha de salários, o faturamento e o lucro (Aires Barreto).

Só com a conjugação desses três fatores ter-se-á atendido ao preceito constitucional do art. 195, I, e às demais exigências constitucionais. *Só a combinação dessas grandezas* (correspondentes à folha de salários, faturamento e lucro) *é capaz de espelhar a especial vantagem (constitucionalmente presumida)* que, *para o obrigado*, advém dos benefícios proporcionados pela previdência social e/ou a especial despesa que a sua atuação provoca, com rigorosa eqüidade.

A contribuição social – instituída e exigida, insista-se, sob o pressuposto constitucionalmente previsto de proporcionar a prestação dos benefícios da seguridade social – é *tributo vinculado a uma atuação estatal*: a prestação, pelo Estado, desses benefícios, no desempenho das atividades previdenciárias e de seguridade social, como sublinha Aires Barreto (ob. cit.).

A contribuição, assim, há de ter – por exigência impostergável da própria Constituição – como base de cálculo grandeza capaz de medir (mensurar) a especial vantagem que, para o obrigado (no caso, o empregador), advém de atuação estatal que é seu pressuposto (tal como constitucionalmente previsto, de modo expresso).

O benefício (vantagem) do empregador – reconhece-o a doutrina universal – está na segurança e tranqüilidade de seus empregados, que, assim (com a garantia da existência da atividade previdenciária estatal), poderão dedicar-se inteiramente ao trabalho, à produção, na empresa. Tal é a razão-matriz de, em todo o mundo ocidental, a previdência ser financiada por tributo da espécie contribuição (Wagner Balera).

2. *Conjugação harmônica*

Nenhum dos três fatores (folha de salários, faturamento, lucro), isoladamente considerado, mede (mensura) de forma equânime essa especial vantagem; só sua conjugação é apta para tanto. Daí que a contribuição social – para ser instituída na conformidade da Constituição – deva ter por base de cálculo, sempre e só, a harmônica conjunção dos três fatores constitucionalmente apontados (folha de salários, faturamento e lucro), impondo ao legislador combiná-los para criação de uma única base de cálculo (Aires Barreto).

A interpretação sistemática postula a consideração de todas as normas e princípios (contidos no Capítulo I, "Do Sistema Tributário Nacional", do Título V da Constituição) que – *vedando* a instituição de "contribuição" com hipótese de incidência e base de cálculo próprias dos impostos – impõem a repulsa a tal figura tributária híbrida, disforme e não-isonômica.

A exegese sistemática do texto constitucional impõe a harmonização da competência contida no inciso I do art. 195 com o preceito do § 4º do mesmo art. 195. Aí, a Constituição – ao admitir a instituição de outras fontes tributárias, para cobrir essa finalidade – cuidou de explicitar que sua criação se vincula à observância do art. 154, I, *verbis*: "Art. 154. A União poderá instituir: I – mediante lei complementar, impostos não previstos no artigo anterior, desde que sejam não-cumulativos e *não tenham fato gerador ou base de cálculo próprios dos discriminados nesta Constituição*; (...)".

Mas, ainda que – *ad argumentandum* – fosse possível entender o contrário, a base da contribuição prevista no art. 195, I, só pode ser uma *combinação da medida de três fatos, não podendo estar em qualquer deles isoladamente considerado*. A Constituição faz presumir que da combinação dos três fatores quantitativos emerge *uma* adequada medida, ainda que indireta, do benefício que o empregador tem com a existência da atividade previdenciária. Aliás, esta colocação é a que de modo mais completo dá eficácia ao princípio da igualdade tributária (art. 150, II) e, pois, satisfaz as exigências da isonomia (arts. 5º, I, e 150, II) e eqüidade nos encargos do custeio (art. 194, parágrafo único, V).

É, assim, das opções postas ao intérprete, a que deve prevalecer, porque melhor e mais completamente dá eficácia, harmonicamente, a todos os princípios constitucionais em jogo, especialmente o da "eqüidade na forma de participação no custeio" (art. 194, parágrafo único, V), claro e explícito objetivo constitucional, condicionador da interpretação do preceito do inciso I do art. 195.

IV – A CONSTITUIÇÃO DE 1988 ORDENOU RACIONALMENTE AS CONTRIBUIÇÕES

Diante do caos e arbitrariedade do sistema anterior (quanto à oneração do empregador, nessa matéria), o Constituinte reorganizou e deu sistematicidade e rigorosa organicidade aos tributos exigíveis do empregador em matéria de seguridade.

Reuniu numa só contribuição todos os tributos exigíveis ao empregador. O preceito do art. 195, I, efetivamente, veio sistematizar com rigor o custeio da seguridade social, dispondo, peremptoriamente, (a) que haverá *um só* tributo a cargo do empregador e que (b) esse tributo será verdadeira contribuição (não será imposto e não será taxa).

Fora dessa hipótese – e só para o caso de ser insuficiente essa fonte de custeio –, previu o § 4º do art. 195 "outras fontes" (que poderão ser verdadeiras contribuições ou impostos). Este preceito é excepcional. Foge ao padrão do inciso I do art. 195; e tem regime especial estrito (art. 154, I).

Não é possível tratar a sério do conteúdo do art. 195, I – entendido contextualmente como parte integrante essencial do sistema de normas concernentes à seguridade social, e seu financiamento –, a partir da consideração isolada de preceitos legais avulsos, "pinçados" de legislação esparsa, tumultuária, fruto de erráticas incursões legislativas em episódicos momentos de queda de receita. Agride a Constituição o método, que vem sendo adotado, de pretender compreender a Constituição a partir da lei. Tanto mais grave é isso quando essa legislação é mera prorrogação, extensão ou continuidade das mazelas, aberrações, superposições e arbítrios que informaram o clima normativo anteriormente vigente, a que o texto de 1988 veio pôr termo e paradeiro.

Esta postura – inadvertida (e impensada) – implica desvalorizar as novas disposições constitucionais, ignorar a peremptória disposição ordenadora do novo texto.

Persistir na mesma postura exegética seria prosseguir e manter a balbúrdia que caracterizou a aplicação do sistema anterior. Pior; seria manter o mesmo clima já no sistema atual, ignorando o notável avanço representando pela organização harmônica e lógica que veio ordenar – repudiando o caos, gerador de insegurança – essa delicada matéria, de modo radicalmente inovador (Wagner Balera).

Manter o intérprete a mesma atitude, diante da legislação (nova ou velha) com a mesma inspiração, seria prorrogar – além do desígnio constituinte, e contra sua lógica – o limitado e específico espírito do art. 56 do ADCT, preceito de transição, que, *provisoriamente*, permitiu a sobrevivência precária do descalabro anterior, só "até que" o legislador viesse a dispor de modo a dar eficácia ao novo sistema (caracterizado por simplicidade, objetividade, sistematicidade e "eqüidade na forma de participação no custeio" – cf. art. 194, V), substituindo a multiplicidade de impostos arbitrários por uma verdadeira e legítima contribuição.

O novo sistema (Constituição de 1988)

Veja-se, rapidamente, como foi disposta a matéria. Impõe-se detida consideração do novo sistema e seus princípios, porque tudo o mais é sua decorrência. Se ele – na sua singeleza – for entendido, tudo o mais passa a ficar claro.

O art. 195 – cuidando do financiamento da seguridade – classifica suas "formas" em diretas e indiretas. *Diretas* são as contribuições (incisos I a III); *indiretas*, as provenientes dos Tesouros Públicos (que se alimentam dos orçamentos públicos, nutridos pelos impostos previstos nos arts. 153 a 156).

Nesta seção do Capítulo II ("Da Seguridade Social") do Título VIII ("Da Ordem Social") da Constituição cuida-se das formas diretas, que são as contribuições sociais. Neste estudo só cuidaremos da contribuição do empregador (art. 195, I).

Somente com a *conjugação* dos três fatores (faturamento, lucro e folha de salários) ter-se-á atendido ao preceito constitucional do art. 195, I, concomitantemente com as demais exigências constitucionais. Só a *combinação* destas grandezas é capaz de espelhar (ainda que indiretamente e de modo presuntivo) a especial vantagem que, para o obrigado, advém dos *benefícios* proporcionados pela previdência social (W. Balera, cit., *RDT* 49/115) ou a especial *despesa* que a sua atuação provoca, com a rigorosa eqüidade e isonomia exigidas pela Constituição (art. 194, I; art. 5º, I; art. 150, II; e art. 194, V).

É desafiadora e delicada a tarefa atribuída pelo texto constitucional ao legislador: estruturar essa contribuição, sem agravos às exigências da isonomia e obediente, concomitantemente, a tantos imperativos constitucionais, dentre os quais avultam as vedações a que se crie superposições violadoras dos campos materiais cobertos pelos arts, 153, 155 e 156 da própria CF.

Entretanto, o desafio maior está na categórica exigência de se observar o perfil da espécie "contribuição" e, concomitantemente, atender às categóricas exigências da isonomia e da eqüidade, que – além de informarem todo o sistema – são especificamente instantes no que concerne aos encargos tributários para a seguridade (art. 194, V).

Por todas essas razões sistemáticas, só se terá implementado o art. 195, I, com a criação de uma única contribuição a cargo do empregador.

V – SÍNTESE CONCLUSIVA

Estamos convictos de que as considerações anteriores permitem ratificar as afirmações inaugurais para concluir, incisivamente, que:

I – Contribuição é tributo.

II – Mas não da espécie taxa, nem da espécie imposto.

II.1 – Não é imposto, porque a sua hipótese de incidência. não é simplesmente um fato qualquer, da esfera jurídica do contribuinte.

II.2 – Não é taxa, porque a sua hipótese de incidência não é simplesmente uma atividade estatal diretamente referida ao contribuinte.

III – É *tertium genus*, porque sua hipótese de incidência é uma atividade estatal conjugada com sua conseqüência ou causa.

III.1 – Daí que sua *base de cálculo* não seja nem só ação estatal, nem só sua causa ou conseqüência, mas, sim, a *combinação* (conjugação) de ambas.

IV – Sujeitos passivos serão, destarte, os integrantes de um círculo *especial* de pessoas que têm conexão com a causa ou efeito (que estabelecem a relação entre a ação estatal e cada integrante desse círculo).

V – O produto da arrecadação é antecipadamente destinado a custear a atuação pública que justificou juridicamente a contribuição (seguridade social).

VI – A contribuição social – prevista no art. 195, I, da CF – deve ter por base de cálculo, sempre e só, a harmônica *conjunção* dos três fatores constitucionalmente apontados (folha de salários, faturamento e lucro).

VI.1 – Impõe-se ao legislador combinar esses três fatores para a criação de uma única base de cálculo.

VI.2 – Só assim se assegura o custeio *equânime* da seguridade social (art. 194, V, da CF), a exata medida da "vantagem especial" e a isonomia (art. 150, II).

VII – A criação de plurais impostos sobre cada um desses fatos (faturamento, folha de salários, lucro), avulsamente considerados, implica adoção – como base de cálculo – de grandezas que (isoladas) são inaptas para medir o *benefício especial*.

VIII – Vislumbrar três impostos – ao invés de uma contribuição – afronta o claro desígnio do art. 195, I.

VIII.1 – Viola o princípio da igualdade de tratamento de situações iguais (art. 150, II). E:

VIII.2 – Subtrai toda significação à estrita disciplina prevista no seu § 4º (que faz remissão ao art. 154, I).

IX – Só com a *conjugação* desses três fatores (faturamento, lucro e folha de salários) ter-se-á atendido ao preceito constitucional do art. 195, I, concomitantemente com as demais exigências constitucionais.

IX.1 – Só a *combinação* destas grandezas é capaz de espelhar (ainda que indiretamente e de modo presuntivo) a especial vantagem que, para o obrigado, advém dos *benefícios* proporcionados pela previdência social ou a especial *despesa* que a sua atuação provoca, com a rigorosa eqüidade e isonomia exigidas pela Constituição (art. 194, I; art. 5º, I; art. 150, II; e art. 194, V).

X – Em suma, só com a criação de *uma* única contribuição a cargo do empregador se terá implementado o art. 195, I.

VI – RECOMENDAÇÃO PRÁTICA

O Governo Federal, valendo-se de suas assessorias técnicas (atuariais e econômicas), deve proceder a pesquisas que:

a) mostrem as desigualdades de carga tributária para as diversas espécies de contribuintes;

b) levantem dados numéricos que demonstrem as mais variadas hipóteses de combinação de dados, com seus efeitos financeiros, na arrecadação e no tratamento dos contribuintes.

CADERNOS DE DIREITO TRIBUTÁRIO

EL FRAUDE A LA LEY

MANUEL GONZÁLEZ SÁNCHEZ
Professor Catedrático de Direito Tributário na Espanha

1. Consideraciones generales: 1.1 Planteamiento general – 1.2 Proyección jurídica del tema – 1.3 Perspectiva básica. 2. Conceptuación y tratamiento del fraude: 2.1 Consideraciones iniciales – 2.2 Concepto de fraude a la ley – 2.3 Ilicitud – 2.4 Medios de lucha contra el fraude a la ley. 3. Procedimiento para la declaración del fraude a la ley: 3.1 Ideas previas – 3.2 Ubicación del expediente del fraude a la ley – 3.3 Estructura del expediente – 3.4 Efectos del expediente.

1. Consideraciones generales

1.1 Planteamiento general

La determinación del fraude a la o fraude de ley y su posible tratamiento y efectos jurídicos ha de tener una orientación esencialmente jurídica.

Por lo tanto no vamos a actuar en el seno de una ciencia exacta sino de una ciencia especulativa, lo cual no quiere decir que no se parta de datos o elementos empíricos, pues es necesario tener en cuenta cualquier dato, aunque no podemos quedarnos en el ámbito de su estricto significado y contenido, ya que éstos y otros han de ser combinados y superados sobre la base de una ordenación u organización.

La ordenación jurídica como ciencia se incluye dentro de las ciencias sociales, las cuales en un sentido muy amplio tienen por objeto el hombre y su mundo de creaciones. Se preocupan fundamentalmente de la organización de la vida colectiva. También se incluye al Derecho en el marco de las ciencias del espíritu (Dilthey), cuyo objeto es la realidad histórico-social humana. Dentro de las ciencias sociales el Derecho pertenece a aquellas que se ocupan de la organización externa de la sociedad. En una aproximación al concepto de Derecho se puede decir que es el conjunto de normas presididas por la idea y por el presentimiento de justicia que tenga la sociedad y cuya finalidad es la de prevenir y resolver los conflictos sociales.

Todo tratamiento científico ha de servirse de un vehículo que constituye el medio orientado al descubrimiento de la verdad y a su aplicación, es decir, hay que operar con un método. En las ciencias sociales el método adquiere una complejidad y complicación, porque su mundo ofrece una variabilidad constante y su alcance es en ocasiones imprevisible y el progreso en estas ciencias ha de forjarse a través de la competencia de hipótesis (A. Ryan). Dentro del ámbito jurídico hay que tener en cuenta las diversas corrientes, presupuestos, instrumentos y criterios metodológicos y sobre esta base creemos oportuno proponer una cierta discriminación metodológica y defender la necesidad de un sincretismo metodológico, diferenciando según se trate de la elaboración o de la aplicación de las normas.[1]

1.2 Proyección jurídica del tema

El Derecho presenta manifestaciones que permiten considerarlo como ciencia y como arte. Una ciencia basada en datos empíricos y de los cuales se deben extraer experiencias y plasmarlas en normas jurídicas para poder ordenar conductas y también dirigir las tendencias sociales en determinados sentidos. Como arte el Derecho atrae la atención de teóricos y les permite manejar los instrumentos e instituciones jurídicas con cierta ilusión y elegancia, unas veces guiados por la idea de lo bueno y de lo lícito y otras con la intención de perseguir algo atractivo de dudosa licitud e incluso de manifesta ilicitud o sencillamente se busca directa y manifiestamente la ilicitud.

Si las normas jurídicas están informadas por la más elemental idea de justicia, deben distinguir cualquier tipo de conducta del sujeto con el fin de darle el tratamiento adecuado, porque no se pueden equiparar situaciones diferentes, ya que así lo exige el principio de igualdad entendido en lo más simple de sus significados y orientado por la más mínima idea de justicia.

En base a un sano criterio de concreción el Derecho debe ofrecer una clara delimitación de las instituciones, figuras, categorías e instrumentos jurídicos para que el sujeto pueda ordenar su conducta, sabiendo cuales van a ser sus efectos y consecuencias.

La normativa jurídica debe ofrecer la adecuada flexibilidad para evitar que una excesiva rigidez pueda privarla de la necesaria racionalidad, evitándose así conductas desorbitadas capaces de originar resultados atípicos, antisociales y antijurídicos. El Derecho nunca debe provocar situaciones irracionales ni antisociales, sino que ha de procurar encauzar conductas en el mejor orden y corregir las irregularidades de cualquier tipo que pudieran surgir.

El ordenamiento jurídico tiene que presentar un marco de actuación al sujeto que le permita conocer cual es la línea de conducta a seguir. Por ello sus normas deben ofrecer la mejor barrera de distinción entre conductas aceptadas plenamente y otras que requieren una adaptación a lo previsto en los preceptos jurídicos y de comportamientos que exigen una corrección por parte del ordenamiento jurídico con efectos indemnizatorios y/o represivos. Este y no otro debe ser el marco de actución dentro de la ciencia jurídica, cuestión no siempre difícil, ya que el Derecho se interrelaciona con diversas ciencias y principalmente con las ciencias de su género, esto es las ciencias sociales, pero esto no puede llevar a un politicismo, economicismo, sociologismo, etc, jurídico.

1.3 Perspectiva básica

Anteriormente se ha indicado la necesidad de distintuir figuras, categorías, instrumentos e instituciones jurídicas que permitan al sujeto orientar adecuadamente su conducta en orden a una licitud o ilicitud. Pués bien, en el ámbito de la realidad práctica los comportamientos tributarios pueden ser muy variados, de suerte que unos son correctos (elusión y economía de opción), otros ofrecen cierta iregularidad (fraude de ley) y finalmente los hay claramente ilíci-

1. Para la detectación de los problemas y de los supuestos hemos de partir de la observación real, con apoyo en los antecedentes y en la perspectiva de la jurisprudencia existente. En el ámbito de la elaboración y aplicación de las normas se debe operar con métodos lógico-abstractos sobre las bases de reflexión inductivas y deductivas que permitan conducir a soluciones sistemáticas apoyadas en principios jurídicos. En todo caso hay que tener en cuenta los criterios doctrinales y jurisprudenciales más elaborados, con el objeto de poder manejar los elementos metodológicos más y mejor utilizados.

tos (evasión o fraude en general, negocios simulados, negocios indirectos, abuso del derecho etc.). Ello sin perjucio de opiniones doctrinales diferentes.

A cada uno de los comportamientos se debe ofrecer el tratamiento más adecuado (no exacción de tributo, aplicación de la norma defraudada, medidas indemnizatorias, imposición de sanciones etc.).

Para un análisis completo de lo indicado se requiere tratar en profundidad tanto los aspectos sustanciales o materiales como los formales.

Las conductas de los particulares varían muy rapidamente y por ello el Derecho – y más concretamente el Derecho Tributario – debe responder al reto que presenta la constante y rápida renovación de las formas y situaciones jurídicas y a la necesidad de intensificar la recaudación de los ingresos públicos con el fin de satisfacer las crecientes necesidades públicas.

A la luz de lo indicado, nuestro objeto es analizar el fraude a la ley en materia tributaria en sus diversos aspectos objetivos, subjetivos y formales.

Como reflexión previa también indicar que el fraude a la ley ha venido teniendo diversas orientaciones doctrinales y jurisprudenciales en relación con su licitud e ilicitud y consiguientes reacciones jurídicas. Como más adelante tendremos ocasión de analizar, tales orientaciones se incardinan en tres grupos, los que defienden su licitud, aquellos que consideran que es un tema de aplicación de las normas y finalmente quienes opinan que hay que incluirlo en el ámbito de las infracciones.

Nuestro tratamiento se va a orientar en el segundo grupo, pues pensamos que el fraude a la ley supone una irregularidad jurídica, que debe corregirse, pero no se puede encajar de forma general en las infracciones, porque estas deben ser tipificadas y pueden suceder dos cosas si un supuesto de fraude es tipificado como infracción, su tratamiento ha de ser el previsto, sin perjuicio de su crítica o propuesta de corrección, pero si no está tipificado no puede calificarse de infracción y todavía sigue siendo necesaria su corrección jurídica.

2. Conceptuación y tratamiento del fraude a la ley

2.1 Consideraciones iniciales

La obligación de pagar tributos en general e impuesto en particular está presidida en la Constitución de cada país por el interés general[2] y por ello se obliga a contribuir a los gastos públicos de acuerdo con la capacidad económica (disponibilidad económica y obtención de rentas, posesión de patrimonio y realización de gastos, principalmente).

El ciudadano siente el peso de contribuir e intenta aligerarlo o eliminarlo de varias formas, ocultando bienes y datos (fraude en general), realizando unos negocios por otros (fraude de ley), intentado aparentar un negocio cuando ha efectuado otro (simulación), realizando algo correcto pero que después se tornaría en perjuicio (abuso de derecho), efectuando actos o contratos no previstos en la ley (elusión), eligiendo entre las formas correctas legalmente la menos gravosa (economía de opción).

Teniendo en cuenta la intención del sujeto, su operatividad y los efectos conseguidos, cada una de las operaciones o actos tiene significado diferente y por ello jurídicamente deben ser tratados de forma distinta. En este sentido nos encontramos que unas conductas se pueden calificar de infracción abierta a la ley (sólo lo tipificado en la ley puede calificarse de infracción, según la Constitución), otras de una aplicación incorrecta de la norma, pero sin apariencias y efectos tendenciosos (vulgarmente encajarían mas en el concepto de burla que en el de malicia: fraude de ley, negocio indirecto, simulación) y finalmente estarián las que se consideran correctas (elusión y

2 Se suele distinguir el interés general así entendido del interés público designando como tal al que manifiesta un ente público como organización, esto es su interés preferente por recaudar.

economía de opción), por citar las más corrientes.

Cuando existe infracción el Derecho tiene que restablecer el equilibrio mediante la imposición de sanciones, cuando nos encontramos con un retorcimiento de la ley en provecho de un sujeto y en contra del interés general debe impedirse tal retorcimiento técnico y hacer que se aplique la norma que proceda según el fin más directo y no la que intentó utilizar el sujeto, pues de la intención, transparencia y efectos producidos resulta que no parece correcto la aplicación de sanciones.[3]

2.2 Concepto de fraude a la ley

Consiste esta figura en intentar pagar menor tributo mediante la realización de actos que se intentan apoyar en una norma (cobertura) para evitar la aplicación de otra (defraudada), más adecuada al caso por la causa y finalidad económica y jurídica de lo realizado, resultando del conjunto una actuación contraria o prohibida por el ordenamiento jurídico.

Para que exista el fraude a la ley se requiere el concurso de los elementos subjetivo (intención o propósito), objetivo (actos o documentos) y causal (relación directa entre el medio empleado y el efecto conseguido, esto es resultado jurídico y económico equivalente al acto cuya correcta forma no se utilizó y con ello un ahorro de impuesto). Así por ejemplo para conseguir la transmisión de un bien se constituye una sociedad (un socio aporta un bien y el otro el dinero equivalente), después se disuelve (adjudicando el dinero al que aportó el bien y el bien al que aprotó el dinero), en lugar de realizar una compraventa porque ésta está más gravada que la constitución y disolución de sociedad (juntas).

Este tipo de conductas suele ser corregido por el legislador mediante presunciones y ficciones que vienen a dar por realizado el acto o negocio más conforme a la causa pretendida y no el que parece formalmente realizado por el sujeto. Sin embargo, esta forma de lucha contra el fraude presenta inconvenientes, tales como que el legislador siempre va detrás de la realidad, que no pueden tipificar todos los supuestos, que a veces en la tipificación el legislador resulta ser el cazador cazado, ya que la tipificación de algún supuesto y la solución puede ser más favorable que la aplicación de otras figuras. Por ello se requiere de una fórmula general de corrección del fraude en los supuestos no previstos o, en su caso, en los contradictorios. Tal formula se suele recoger en los códigos y en las leyes generales (ordenanza tributaria alemana, § 42, Ley General Tributaria española, art. 24, Ley General Tributaria portuguesa, art. 39, etc.).[4] También se suelen concretar las consecuencias, así que se destine lo previamente pagado a lo que realmente corresponda pagar, que se exija la oportuna indemnización (interés de demora), que no se impongan sanciones, por no estar tipi-

3. No debe olvidarse que la Constitución es un entretejido de derechos y deberes de los ciudadanos y por ello lograr un equilibrio es una obra de relojería suiza y de ingeniería técnica. Piénsese en lo fino que hay que hilar entre respetar derechos como la propiedad privada, la sucesión, la libertad de empresa (garantizados en la Constitución) y exigir el pago de tributos (privación de rentas, bienes, límites de uso y de disfrute), que pretenden atender las necesidades públicas, redistribuir o repartir rentas o bienes, procurar un desarrollo armónico y equilibrado etc. Y a la vista de todo ello comparen la resistencia de los ciudadanos más dotados económicamente y la necesidad de los menos favorecidos con la cooperación de todos a la constitución de la comunidad económica, sin poder precisar exactamente en muchos casos cual es la medida real, final y última para lograr una equitativa respuesta.

A la luz de lo indicado se puede comprender la labor de ingeniería técnico-jurídica desarollada unas veces por intuición de los ciudadanos, otras por pericia de técnicos y algunas por azar, lo que ha dado lugar a diversas figuras controvertidas.

4. Disponiendo que la norma tributaria no podrá ser eludida mediante el abuso de formas jurídicas, imponiendo la aplicación de la norma eludida, exigiendo la tributación sobre el negocio real etc.

Algo así como que en el ejemplo anterior se exija el tributo con arreglo a la compraventa (transmisión onerosa) y no como constitución y disolución de sociedad, tal y como pretendía el contribuyente.

ficadas, salvo que con ocasión del fraude se cometa alguna, que no afecta a la validez del negocio en otras ramas jurídicas.[5]

Tal vez debemos señalar que el fraude de ley no es en la actualidad el cierre jurídico a situaciones anómalas, porque se ha venido concretando, pasando tal cierre a la simulación de los negocios (así art. 25 LGT española o art. 39 LGT portuguesa) o a otras situaciones jurídicas que el legislador considera más indeterminadas, lo que no siempre está en consonancia con la realidad jurídica de cada país.[6]

2.3 Ilicitud

Respecto de la ilicitud del fraude existen varias opiniones doctrinales e igualmente distintas posiciones jurisprudenciales y normativas.

Algun autor ha venido defendiendo la licitud del fraude a la ley sobre la base de que las normas tributarias son gravosas y el contribuyente debe buscar las fisuras para librarse de ellas (C. Rosier). Esta es una concepción ya superada.

No obstante, por la actuación sofisticada que presenta y por que pretende conseguir una menor tributación, el fraude ofrece una ilicitud (E. Blumenstein). Pero tal ilicitud no es defendida a nivel de infracción tributaria por no violar abiertamente una norma, sino a nivel de un comportamiento no plenamente adaptado a la norma adecuada, tratando de esquivarla y sirviéndose para ello de otra pensada por el legislador con distinta finalidad. Es decir, más en la línea de incorrecta aplicación de las normas, tal y como, por otra parte, se suele caracterizar por varios códigos civiles.

También existe quien opina que se trata de una infracción encubierta (J. L. Perez de Ayala, E. González García). Todavía existen opiniones más acentuadas en el sentido de incluirlo en tipología penal como una estafa o algo parecido.

A nuestro juicio la más correcta sería la segunda postura por las siguientes razones:

1ª. Porque así viene siendo concebido por el ordenamiento jurídico en general y precisamente por la teoría general cimentada normativamente en las disposiciones preliminares de los códigos civiles. Una concepción diferente acercaría más al Derecho Tributario a una rama excepcional.

2ª. La consideración como infracción, conforme ya se ha indicado, dependerá de su tipificación. Si una conducta de fraude no está tipificada como infracción no podría calificarse como tal según dictados dogmáticos y normativos, principalmente por los textos constitucionales.

3ª. El fraude a la ley no opera como un truco engañoso sino como una realidad fáctica, eligiendo un camino que conduce a una menor tributación, pero con unas consecuencias y unos efectos jurídicos y económicos. Por otra parte pueden darse fraudes a la ley negativos, esto es de que no se origina ahorro tributario sino todo lo contrario e incluso se pueden utilizar formas jurídicas poco usuales no por una menor tributación, aunque de hecho se produzca, sino por obtener concretos efectos civiles,

5. Siempre se debe tener en cuenta que la corrección se produce en el ámbito tributario, pero quedan intactos la formalización y efectos en otros campos del Derecho, si la ley no dispone otra cosa, es decir a nivel general, sin perjuicio de lo que se disponga específicamente.

6. La simulación no es nada nuevo, ya ha sido delimitada conceptualmente y a nivel de efectos tanto por la doctrina como por la jurisprudencia y también en cierta medida por la normativa. Todo en el ámbito jurídico, pués lo económico ha pasado a ser un simple instrumento en el proceder jurídico, es decir no algo con eficacia directa sino indirecta, esto es a través de la criba jurídica.

Respecto del concepto de simulación no hay que buscar tres pies al gato y significa lo que vulgarmente se entiende (representar una cosa, fingiendo o imitando lo que no es), traducido al lenguaje jurídico. En el entender jurídico la simulación se produce cuando hay un negocio aparente y tras de él se oculta el que quieren las partes, en otras palabras en la simulación existe una apariencia jurídica simulada para encubrir la verdadera realidad disimulada.

En el supuesto de simulación tributaria se grava la realidad disimulada y se exigirán interés de demora y sanciones (al ser fácil que coincida con alguna infracción tipificada) si proceden y en su caso, recargo de apremio u otros.

así en los casos de sustituciones fideicomisarias, utilización de censos, cargas etc., así como sustitutivos de la titularidad del dominio directo y consiguiendo sus efectos.

2.4 Medios de lucha contra el fraude a la ley

Son varios los medios que se han venido utilizando en la lucha contra el fraude a la ley y que nosotros trataremos de distinguir según la formula utilizada.

1º. Un sistema propuesto consiste en que el legislador hipotiza y tipifica supuestos de fraude a la ley que han tenido una repetición fáctica. En este caso la norma determina que tal conducta se realiza en fraude a la ley y concreta la operación que se entiende realizada, precisando la norma a aplicar. Así cuando se constituye una sociedad a la que se aporta un bien por un socio y dinero por otro y después se disuelve adjudicando el bien al socio que portó el dinero y viceversa, la norma, luego de califcar tal conducta como de fraude a la ley, precisa que se entiende realizada una compraventa del bien y que se aplique la norma tributaria que la grava. Esto supondría la tipificación de distintos casos y su solución.

2º. También se ha acudido a la interpretación funcional de las normas, es decir a interpretar la norma atendiendo esencialmente a elementos causales de distinto contenido (económico, político, sociológico etc.), de valor simplemente metajurídico, al margen del adecuado significado jurídico (algo parecido se pretendía con el derogado art. 25 de la LGT española). Interpretación cuestionada por desconocer la teoría general del negocio y de la causa (V. M. Romanegli Grimaldi) y porque no se queda en la concreción del significado de la norma sino que puede llegar a sustituirla creando otra, fundamentalmente ampliando la hipótesis y modificando la tesis, es decir sustituyendo al legislador, algo que sería impropio de por sí, pero mucho más en una materia como la tributaria tan esencialmente informada por el principio de reserva de ley.

3º. Se ha considerado que el fraude a la ley se debe evitar mediante la aplicación analógica de la norma que se ha tratado de eludir (C. Palao Taboada, anterior art. 24 de la LGT española). Postura que debe rechazarse porque no existe vacío normativo sino todo lo contrario, pues para que exista fraude a la ley se requiere la concurrencia de una norma de cobertura y otra defraudada.

4º. Evitando el abuso de formas jurídicas (ordenaza tributaria alemana). Para ello se requiere: 1) que se hayan elegido formas o negocios insólitos, es decir no adecuados a los hechos o relaciones económicas efectuadas con el fin eludir el impuesto; 2) que las partes obtengan sustancialmente desde el punto de vista económico el mismo resultado que habrían obtenido si hubiesen adoptado la forma jurídica correspondiente a las correctas relaciones económicas; 3) que las desventajas jurídicas que la vía adoptada lleva consigo no tengan en realidad ninguna importancia o tengan sólo una importancia mínima. Pero las formas civiles no tienen en sí nada abusivo, sino que su posible uso abusivo comienza cuando con ellas se persiguen fines que no responden a su causa, persiguiendo finalidades económicas distintas a las que por su naturaleza el Derecho le atribuye (Bühler y Hensel Stickrodt). Con tal medio de lucha se pretende sustituir las formas desusadas por las que se entiende deberían utilizarse. Sin embrago semejante procedimiento debe ser criticado por lo indicado anteriormente y porque hay formas en desuso que conducen a fines legítimos (así que los bienes llegen a la descendencia querida, que se pueda conseguir la explotación de un bien de forma socialmente adecuada sin tener que recurrir necesariamente a la propiedad, etc.) y ello con independencia de la mayor o menor tributación.

5º. Mediante la consideración de infración a los supuestos de fraude a la ley. Pero ello sólo sería posible a través de la correspondiente tipificación legislativa y que por otra parte no respondería a la esencia de las infracciones por no darse una violación abierta y frontal de la norma. Si no hay tipificación no hay infracción, conforme se ha indicado. Además siempre quedarían supuestos no tipificados, existirían otros no correctamente tipificados y finalmente la inviable corrección de los no tipificados como infración.

Existen otras formas de combatir el fraude a la ley, pero por razón de su menor importancia, estar de alguna forma comprendidas en lo indicado y de la limitación del tiempo y del espacio vamos a omitir su análisis específico.

De todo lo indicado nos parece oportuno proponer como medio de lucha contra el fraude a la ley en un sentido específico la primera medida indicada y después para evitar la inviable corrección de lo no tipificado una fórmula general en la línea de permitir su calificación en cada caso y establecer que se aplique la norma que se ha tratado de esquivar.

Entre los efectos del fraude a la ley y de su adecuada corrección habría que señalar los siguientes: 1) la declaración de fraude a la ley tributaria no alteraría la situación o relación creada a efectos de otras normas jurídicas, que sería plenamente válida. Quedaría inalterada por la aplicación de la norma defraudada; 2) la obligación tributaria se considera nacida en el momento de la realización de los hechos; 3). el fraude a la ley no implicaría aplicación de sanción, salvo que con ocasión de él se pueda cometer alguna específica, pero sí se exigirán las prestaciones de carácter indemnizatorio; 4) de haber mediado pago de tributo con ocasión de la aplicación de la norma de cobertura, tal pago se traería a colación de lo que corresponda abonar al aplicar la norma defraudada; 5) la prescripción y otras formas extintivas operarían a tenor de cuando se consideren realizados los hechos y la viabilidad de los derechos.

3. Procedimiento para la declaración del fraude a la ley

3.1 Ideas previas

El aspecto procedimental es algo que ha venido preocupando a la doctrina y al legislador en lo referente al fraude de ley.

Varias alternativas se ofrecen, primeramente y habida cuenta de las características del fraude a la ley se defiende la necesidad de un expediente previo, en el que se dé audiencia al interesado y se concreten los hechos y se determinen las normas de cobertura y la defraudada (J. Herrero Maradiaga, J. J. Ferreiro Lapatza, Palao Taboada), también se entiende que ello se puede hacer dentro del procedimiento de gestión sin expediente especial e incluso se señala que es algo que escapa a la apreciación de la Administración Tributaria, al igual que la calificación de los negocios respecto a su nulidad o anulabilidad, y por ello su declaración debería ser *a posteriori* por vía de resolución administrativa y/o judicial y a propuesta del órgano competente (C. Albiñana García-Quintana).

A nuestro entender parece más justificada la apertura de un expediente especial que permita precisar la postura del contribuyente y la de la Administración respecto de la existencia de los elementos objetivo, subjetivo y causal, su valoración, la calificación del fraude y la norma a aplicar.

3.2 Ubicación del expediente del fraude a la ley

Dualidad de situaciones: 1º) que no haya mediado liquidación; 2º) que se descubra después de la liquidación definitiva.

En la primera el expediente tendría su encaje en el procedimiento de gestión.

Para nosotros el procedimiento de gestión tendría tres fases – iniciación, tramitación y resolución. La correcta incardinación sería en la fase de tramitación, correspondiendo a los órganos de inspección y a las oficinas de gestión, según su competencia, el descubrimiento, determinación y corrección del fraude. No obstante, por varias razones (racionalidad, flexibilidad, neutralidad y eficacia) nos inclinamos por la creación de unos órganos de gestión que cerrasen de forma más racional y técnica el procedimiento denominado de gestión. De apostar por tal solución el tratamiento del fraude correspondería a tales órganos.

Si el fraude se descubre después de mediar liquidación definitiva habrá que acudir a un procedimiento de revisión (por infracción de norma o por aportación de nuevas pruebas que acrediten hechos o situaciones nuevas. Así algo semejante al previsto en el art. 154 de la LGT española). En cuyo caso conocería el oportuno órgano competente.

3.3 Estructura del expediente

De carácter sumarísimo, debería constar de las fases siguientes:

1ª. *Iniciación*: descubierta una conducta de fraude a la ley se ordenará la apertura del expediente, debiendo acreditarse los indicios racionales del fraude, es decir aplicación de una norma de cobertura (anomalía no en el medio en sí sino en el fin), con indicación de la norma defraudada (resultado económico diferente al normal del acto jurídico utilizado), circunstancias indicadoras de una conducta querida o al menos pretendida.

La iniciación del expediente de fraude sería de oficio y se comunicaría al órgano superior competente.

2ª. *Tramitación*: hecha la propuesta inicial del expediente, se notificará a los interesados para alegaciones en breves días (8 o 10). A la vista de las alegaciones, si se solicita o existe razón para ello, se abriría un período de prueba y de informes no superior a un plazo reducido (15 días). Valoradas las pruebas y tenidas en cuenta las alegaciones e informes se procedería a la resolución en un término tambien corto (15 días).

3ª. *Terminación*: la resolución que habrá de ser razonada y motivada puede ser positiva o negativa. Si es positiva, declarando el fraude, continuará el procedimiento de gestión en la línea de corregirlo y de aplicar la norma adecuada. De no existir fraude o no poder acreditase la resolución será negativa y el procedimiento de gestión continuará como si el expediente no hubiera existido.

La resolución, que deberá ser notificada a los interesado en un plazo breve (ocho días), no será reclamable o recurrible directamente, aunque si podrá serlo con ocasión del acto que dé por concluido el procedimiento de gestión.

3.4 Efectos del expediente

Los efectos o consecuencias del expediente de fraude más importantes serían:

1º. Su objeto será descubrir y corregir el fraude de ley, conseguir la aplicaión de la norma más adecuada a la situación producida.

2º. Evitar cualquier economía de tributo para quien lo utilice (fraude positivo) o, en su caso, eliminar un perjuicio no deseado e improcedente (fraude negativo).

3º. No interrumpir el procedimiento de gestión, pudiendo proseguir las actuaciones propias de la fase (tramitación) donde debería resolverse.

4º. No proceder a aplicación de sanción. Por ello no se abriría el procedimiento sancionatorio, en los países en que se prevea como procedimiento separado del de gestión tributaria.

5º. Se exigirían prestaciones indemnizatorias desde la declaración del fraude (actuación administrativa necesaria) o desde la liquidación. Con la consiguiente decisión en tal sentido.

6º. No alteraría los resultados y efectos jurídicos en otras ramas del Derecho.

VARIAÇÕES SOBRE UM TEMA RECORRENTE: AS FONTES DO DIREITO

TARCÍSIO BURITY

O objetivo principal de uma Teoria das Fontes do Direito consiste, como sabemos, em analisar e descrever os vários procedimentos através dos quais se opera a criação do Direito. A grande dificuldade consiste em estabelecer um critério rigoroso, cientificamente falando, a partir do qual seja possível distinguir, com precisão lógica, o que é o Direito daquilo que não é o Direito. Basta lembrar as teses do chamado "Direito Alternativo", talvez uma versão, com nova roupagem, da antiga "Doutrina do Direito Livre", para melhor aquilatarmos a importância da sempre renovada Teoria das Fontes do Direito.

O conceito de *criação* das normas jurídicas é, portanto, fundamental para o estudo de suas fontes. Na verdade, para que o Direito não seja apenas a expressão da vontade do mais forte faz-se necessário que a norma de conduta resulte da vontade de alguém que tenha *legitimidade* para tal, vale dizer, da vontade de uma *autoridade* que recebeu o *poder de criar normas jurídicas*. Portanto, tem-se condição de criar o Direito quando se tem *autoridade* ou *poder* de fazê-lo.

Já podemos observar que existe uma estreita relação entre o conceito de *poder jurídico* e o de *criação jurídica*. E possui *autoridade jurídica* – isto é, poder de criar normas jurídicas – apenas aquele que recebeu tal autoridade mediante um *ato de atribuição de poder* pela Constituição, na hipótese de um ordenamento jurídico estatal (ordenamento centralizado), ou pelo poder difuso da sociedade, dentro de um ordenamento absolutamente *descentralizado*, como é o caso do ordenamento jurídico internacional.

Entretanto, a temática das fontes parece não ser tão simples.

Na verdade, para se fazer qualquer análise acerca do Direito precisa-se, antes, ter um *conceito* de Direito. Ora, é justamente a propósito desse *conceito* que as opiniões divergem, a ponto de assumirem posições diametralmente opostas, refletindo a implícita convicção filosófica de seus autores. Refiro-me, por exemplo, ao egologismo de Carlos Cossio, que afirma ser o Direito apenas *conduta*, e não um sistema normativo; ou à posição marxista, ao *assegurar* que o Direito não passa de um agregado das relações econômicas. Essa Teoria do Direito, já se sabe, está vinculada à sua Teoria do Estado. Baseia-se, conseqüentemente, na suposição de que a produção econômica e as relações sociais constituídas por ela determinam "o *surgimento* tanto quanto o *desaparecimento* do Estado e do Direito. Nessa linha de pensamento, tanto o Estado quanto a sua ordem jurídica existem apenas sob condições econômicas definidas, isto é, quando os meios de produção estão à disposição exclusiva de uma minoria que usa ou abusa deste privilégio com o fim de explorar a imensa maioria. Configura-se, desta maneira, a classe dos exploradores, proprietários dos meios de produção, e a classe dos trabalhadores explorados. Mas tanto o Estado quanto a sua ordem jurídica não constituem elementos essenciais à sociedade humana".

Além de levar em conta as profundas divergências mencionadas, faz-se necessário também estabelecer um conceito de Direito que se aplique a todas as suas manifestações, inclusive à ordem jurídica internacional, que é uma ordem jurídica, por natureza, descentralizada, relativamente à *criação* e à *aplicação* do Direito. Não podemos elaborar um conceito de Direito compatível apenas com a ordem jurídica interna de cada estrutura estatal vigente.

Esse conceito de Direito só poderá ser fornecido mediante reflexão científica. E o conhecimento científico, para oferecer um caráter de certeza, deve elevar-se à consideração do *universal*. A abstração é da própria natureza da atividade intelectual humana. "Do ponto de vista lógico, a ciência é uma construção conceitual" – escreve o professor Lourival Villanova em livro intitulado *Sobre o Conceito de Direito*, que está a merecer urgente reedição. "A missão do pensamento é refletir exatamente os diversos territórios de objetos em que o ser se oferece. Cada território específico de objetos exige uma ciência específica. O conceito fundamental nada mais significa que a categoria corresponde a esse território, que o configura frente às demais regiões do ser." E, mais adiante (p. 114): "A experiência jurídica, como toda experiência, implica pressupostos. Um dos pressupostos da experiência jurídica é o conceito fundamental do Direito. E um pressuposto, do ponto de vista lógico, é anterior à experiência. Logicamente, o conceito de Direito é um *a priori*. O conhecimento jurídico implica-o como categoria". E, por fim, à p. 123: "O conceito de Direito tem por correlato objetivo o Direito. O conceito de Direito é uma síntese lógica dos elementos necessários do objeto jurídico. Nisso reside o valor objetivo do conceito. O conceito fixa a essência do fato jurídico. O fato jurídico, como toda essência, é apreendida, num ato de intuição".

Pois bem, observando o Direito tal como ele se nos apresenta intuitivamente, lançando um olhar sobre o que ele possui de geral, e colocando "entre parênteses" tudo o que aparecer de particular, acidental, provisório, para não ver senão o essencial, a fim de surpreender o seu ser específico, é possível afirmar-se que o Direito constitui, antes de tudo, um *sistema de normas*, cuja natureza é sempre um *dever-ser*, as quais ordenam, de forma *coercitiva*, a *conduta* dos seres humanos na sociedade.

Encarado, pois, do ponto de vista lógico, "o dever-ser é a forma peculiar em que se revela o jurídico". Ninguém mais do que Hans Kelsen analisou de maneira exaustiva esse assunto. Vale, portanto, observar os caminhos que desvendou, enriquecendo a Ciência Jurídica de notável contribuição.

A doutrina tradicional, sensível aos aspectos sociológicos e metafísicos do Direito, procurou apontar a conhecida distinção entre fontes *formais* e fontes *materiais*.

Partindo-se da natureza essencialmente *normativa* do mundo jurídico, percebe-se facilmente as dificuldades em que incide tal classificação, pois dentro das chamadas fontes *materiais* incluem-se elementos *não-jurídicos*, a saber, fatores sociológicos, psicológicos, históricos, econômicos, ecológicos etc. Sem rigorosa fundamentação filosófica e usando de *sincretismo metodológico* logicamente incoerente, confundem mais do que esclarecem o fato cultural da criação do Direito.

A esse respeito, Kelsen inicia suas reflexões preferindo usar as expressões "métodos de criação do Direito", em vez de "fontes do Direito", por uma questão de precisão de linguagem (*Methoden der Recht-*

serzeugung). Considerando que o *dever-ser* é a forma peculiar em que se revela o jurídico e que *ser* e *dever-ser* constituem, do ponto de vista lógico, *elementos irredutíveis*, não havendo passagem ou dedução conclusiva de um elemento para outro, para ele o critério cientificamente seguro com vistas a distinguir o que é o Direito daquilo que não é o Direito consiste no *modo de sua criação*, não sendo necessária qualquer referência ao *conteúdo* da norma, mas tão-somente aos *procedimentos* através dos quais as normas nascem e morrem. Por isso também a "validade de uma norma não pode ter outro fundamento senão a validade de outra norma" ("Der Geltungsgrund einer Norm kann nur die Geltung einer anderen Norm sein", in *Reine* ...., p. 196).

E, assim, o Direito apresenta a particularidade de regular sua própria criação e sua própria aplicação ("Denn es ist eine höchst bedeutsame Eigentümlichkeit des Rechts, daß es seine eigene Erzeugung und Anwendung regelt", in *Reine* ..., p. 73).

Vale a pena relembrar, ainda, que para Kelsen essa diferença entre *ser* e *dever-ser* não tem possibilidade de ser explicada, porque se trata de algo que é dado à nossa consciência de forma imediata ("Der Unterschied zwischen Sein und Sollen kann nicht näher erklärt werden. Er ist Bewusstsein unmittelbar gegeben", in *Reine* ..., p. 5).

Estabelecidos esses pressupostos, ele identifica como "método de criação de Direito" não apenas a legislação e o costume, mas também o negócio jurídico, a atividade administrativa, as decisões judiciais. Mais ainda: partindo da idéia de *estrutura escalonada* das normas que compõem o ordenamento jurídico, estende o conceito de fonte do Direito a toda norma *superior* em relação à norma *inferior*, cuja produção ela *regula*. Neste sentido, a Constituição aparece como a fonte das normas jurídicas gerais criadas por via de legislação ou por intermédio do costume; por sua vez, uma norma jurídica geral torna-se fonte da decisão jurisdicional que aplica essa norma geral criando uma norma individual; e a decisão jurisdicional podendo ser também considerada como a fonte das obrigações e dos direitos estabelecidos por ela no que tange às partes litigantes, ou como a fonte de poder do órgão que deve executar materialmente essa decisão. O negócio jurídico e a atividade administrativa são também aplicações das normas jurídicas *gerais*, e, por isso, se constituem em fontes do Direito.

Em virtude de uma conseqüência natural e lógica, pode-se entender por fonte do Direito, igualmente, o próprio *fundamento da validade do ordenamento como um todo*, o seu fundamento último, que só pode ser uma norma *pressuposta*, a qual não possui caráter de norma *positiva*, mas que é apenas *pressuposta*, quando se conhece um caráter objetivo de *fato criador de normas* seja ao costume, através do qual uma Constituição é estabelecida, seja ao ato criador da Constituição conscientemente praticado pelos membros de uma comunidade. Trata-se, como sabemos, da chamada *norma fundamental*, condição lógico-transcendental de todo o ordenamento jurídico. Este processo, pelo qual o Direito se cria incessantemente, vai do geral ao individual, do abstrato ao concreto. Trata-se de um processo de *individuação* e de *concretização* da norma jurídica. Todo ato jurídico é, portanto, ao mesmo tempo, *aplicação* de uma norma superior e *criação*, regulamentada por esta norma, de uma norma em escala inferior. Abstração feita dos casos-limites, a saber, a pressuposição da *norma fundamental* (máximo de abstração) e a execução dos *atos de coerção* (máximo de concretização), toda *aplicação* do Direito é também *criação* do Direito.

Desta maneira, Kelsen fecha o sistema jurídico, conforme a concepção de seu formalismo normativista de inspiração kantiana, procurando "purificar" o mundo do Direito dos elementos não-jurídicos. Daí a sua conclusão fundamental: "Relativamente à Teoria do Direito, apenas o Direito pode ser fonte do Direito" ("In einem positivrechtlichen Sinn Quelle des Rechts nur Recht sein", in *Reine* ..., p. 239).

A propósito do conceito de norma fundamental é interessante recordar que Hans Kelsen em 1963, portanto antes da publicação do livro Allgemeine Theorie der Normen – o qual data de 1979 –, já expunha o seu novo pensamento, demostrando aguda responsabilidade intelectual, ao escrever, na Revista Austríaca de Direito Público: "Todo o meu ensinamento acerca da norma fundamental consistiu em apresentá-la como sendo uma norma que não é o sentido de um ato de vontade, mas uma norma puramente pensada. Agora lamento que tenho de admitir, meus senhores, que eu já não posso manter essa teoria, e que tive de abandoná-la. Os senhores podem acreditar que, em absoluto, não foi fácil para mim renunciar a um ensinamento que havia defendido durante décadas. Recusei-o por ter percebido que um dever tem de ser um correlato de um querer". E conclui: "Minha norma fundamental é uma norma fictícia que pressupõe um ato fictício de vontade, que põe essa norma. É a ficção de que alguma autoridade quer que aquilo deva ser" ("Meine ganze Lehre von der Grundnorm habe ich dargestellt als eine Norm, die nicht der Sinn eines Willensaktes ist, sondern die im Denken vorausgesetzt wird. Nun muß ich Ihnen leider gestehen, meine Herren, daß ich diese Lehre nicht mehr aufrechterhalten kann, daß ich diese Lehre aufgeben mußte. Sie können mir glauben, daß es mir durchaus nicht leicht war, eine Lehre aufzugeben, die ich durch Jahrzehnte vertreten habe. Ich habe sie aufgegeben in der Erkenntnis, daß ein Sollen das Korrelat eines Wollens sein muß. Meine Grundnorm ist eine fiktive Norm, die einen fiktiven Willensakt voraussetzt, der diese Norm setzt. Es ist die Fiktion, daß irgendeine Autorität will, daß dies sein soll", in *Osterreichische Zeitschrift Für Offentliches Recht*, 1963, pp. 119-120).

Na publicação da *Allgemeine Theorie der Normen*, em 1979, Kelsen esclarece o sentido em que toma o vocábulo "fictício". Afirma: "Observe-se, portanto, que a norma fundamental, no sentido da filosofia do 'como se' de Vaihinger, não é uma *hipótese*, como eu mesmo ocasionalmente defini; ao contrário, é uma *ficção* que se distingue de uma *hipótese* pelo fato de que é acompanhada ou que deve ser acompanhada pela consciência de que ela não corresponde à realidade" ("Daher ist zu beachten, daß die Grundnorm im Sinne der Vaihingerschen Als-Ob-Philosophie keine Hypothese ist – als was ich selbst sie gelegentlich gekennzeichnet habe – sondern eine Fiktion, die sich von einer Hypothese dadurch unterscheidet, daß sie von dem Bewußtsein begleitet wird oder doch begleitet werden soll, daß ihr die Wirklichkeit nicht entspricht", in *Allgemeine Theorie der Normen*, Viena, 1979, p. 207).

É conhecida a crítica de Alf Ross, em seu livro *Lógica de las Normas*, ao dizer que "as ficções nada significam no conhecimento" e que, portanto, é necessário "ir até o final: deve-se abandonar a doutrina da norma básica" (trad. de José S. P. Hiero, Madri, Tecnos, 1971, p. 147).

Não acredito que essa nova posição de Hans Kelsen tenha comprometido a sua visão dos fundamentos últimos do Direito, forçando-o a escorregar para o lado de um positivismo psicologista ou mesmo sociologista, que tanto combateu, na linha de um rigor científico absoluto. Mais do que uma semelhança com o ficcionalismo de Vaihinger, vejo-o aproximar-se de suas fontes kantianas. Kelsen, ao afirmar que a *norma fundamental* é uma norma fictícia que pressupõe um ato fictício de vontade, que põe essa norma, *que é a ficção de que alguma autoridade quer que aquilo deva ser*, partiu da conclusão de que todo *dever* é correlato de um *querer*. Em outras palavras: toda norma origina-se de um ato de vontade, *embora não se possa confundir o ato de vontade com a norma, que é a sua significação. O pensamento normativo "é independente do ato subjetivo de pensá-lo"*.

Se toda norma é fruto de um ato de vontade, a *norma fundamental* não pode ser norma puramente pensada. Essa norma fundamental deverá também ser a significação de um ato de vontade, mesmo que seja um ato fictício de vontade. Tem-se que pensar numa situação *como se* houvesse uma vontade que põe essa norma fundamental. A correspondência com o pensamento kantiano, no que diz respeito à função das "idéias", relativamente à unidade sistemática do uso empírico da razão, é adequada. Escreve, assim, o pensador alemão: "Em tal caso, diz-se, por exemplo, que as coisas do mundo têm de ser consideradas *como se* derivassem a sua existência de uma inteligência superior. Deste modo, a idéia é, em verdade, somente um conceito *heurístico* e não um conceito ostensivo e indica não como é constituído um objeto, mas como, sob a sua orientação, devemos *procurar* a constituição e ligação dos objetos da experiência em geral". "As idéias, portanto, não são princípios *constitutivos* da ampliação do nosso conhecimento, mas princípios *reguladores* da unidade sistemática do diverso do conhecimento empírico em geral, que desse modo melhor se corrige e consolida nos seus limites próprios, do que sem essas idéias e pelo simples uso dos princípios do entendimentos."

"Alsdenn heißt es z. B. die Dinge der Welt müssen so betrachtet werden, als ob sie von einer höchsten Intelligenz ihr Dasein hätten. Auf solche Weise ist die Idee eigentlich nur ein heuristischer und nicht ostensiver Begriff, und zeigt an, nicht wie ein Gegenstand beschaffen ist, sondern wie wir, unter der Leitung desselben, die Beschaffenheit und Verknüpfung der Gegenstände der Erfahrung überhaupt suchen sollen.

"Und dieses ist die transzendentale Deduktion aller Ideen der spekulativen Vernunft, nicht als konstitutiver Prinzipien der Erweiterung unserer Erkenntnis über mehr Gegenstände, als Erfahrung geben kann, sondern als regulativer Prinzipien der systematischen Einheit des Mannigfaltigen der empirischen Erkenntnis überhaupt, welche dadurch in ihren eigenen Grenzen mehr angebauet und berichtigt wird, als es ohne solche Ideen durch den bloßen Gebrauch der Verstandesgrundsätze geschehen könnte" (*Kritik der reinen Vernunft*, A 671, B 699).

Acusa-se Hans Kelsen de ter formalizado exageradamente o jurídico, a ponto de tê-lo transformado em algo talvez puramente de caráter lógico.

Não penso assim, sobretudo lendo-se a última versão de sua *Teoria Pura*, ao lado de inúmeras conferências ou artigos publicados em diversas revistas jurídicas e filosóficas. Para mim, o elemento *factum*, seja ele de natureza psicológica ou sociológica, bem como o *valor*, está claramente presente em suas meditações, sobretudo no que se refere ao ato de *criação* do Direito, bem como de sua *aplicação*, ou ainda no que tange à sua concepção de organização estatal, de regimes de governo e de defesa da Democracia, como o regime de organização do poder político mais compatível com uma visão científica da sociedade. Apenas, ele procura corretamente distinguir a *norma jurídica*, fruto de um ato criativo de uma *autoridade jurídica*, da chamada *proposição jurídica*, linguagem do cientista do Direito, que tão-somente procura *descrever* a norma jurídica. A norma jurídica *prescreve*; a proposição jurídica apenas *descreve*. A ciência possui apenas função de *conhecimento* e de *descrição*; ela não tem função de *vontade* e de *prescrição*. A *proposição* jurídica, portanto, não se confunde com a *norma* jurídica. Mais: a norma jurídica estabelece valores, cujo respeito é estabelecido por ela a indivíduos existencialmente situados, em certo tempo e em certo espaço. São *valores* para serem vivenciados no *factum* de uma sociedade bem determinada.

Entretanto, o *cientista* do Direito, ao descrever as normas jurídicas e os valores por ela postos, pratica uma descrição de seu objeto, *isenta de qualquer apreciação de valor*. A descrição é feita sem qualquer referência a valor metajurídico, e sem que fatores emocionais de aprovação ou desaprovação exerçam alguma função.

Em síntese, para Hans Kelsen:

a) pode criar normas jurídicas aquele que possui autoridade jurídica para tal função;

b) o poder de criação dessas normas origina-se de um ato de atribuição desse poder pela primeira Constituição existente, ou pelo poder difuso da sociedade, dentro do ordenamento descentralizado da ordem jurídica internacional;

c) toda autoridade jurídica expressa uma estrutura de poder;

d) por isso, *a doutrina não pode ser considerada fonte do Direito*. Ela é apenas uma metalinguagem jurídica;

e) temos, assim, como *métodos de criação do Direito*: o costume, o processo legislativo, a decisão judicial, o negocio jurídico, o ato administrativo;

f) todos esses processos encontram unidade sistemática numa pressuposição de uma norma fundamental fictícia, fruto de uma vontade fictícia, que confere *validade* (e apenas validade) ao ato de elaboração da primeira Constituição histórica, ou ao costume, como processo de criação jurídica.

No plano do ordenamento jurídico internacional o modelo kelseniano, próprio para descrever cientificamente a norma jurídica, aplica-se com absoluta conveniência. Com efeito, "existe apenas uma unidade cognoscitiva de todo o Direito, o que significa que podemos conceber o conjunto formado pelo Direito Internacional e as ordens jurídicas nacionais como um sistema unitário de normas, justamente como estamos acostumados a considerar como unidade a ordem jurídica do Estado singular". "E o Direito Internacional só existirá, isto é, suas normas só poderão ser consideradas como normas propriamente jurídicas, se for possível, em princípio, interpretar o emprego da força por um Estado contra o outro seja como uma *sanção* ou como um *ato ilícito*". E, na verdade, a Ciência Jurídica tem identificado as normas internacionais como normas que formam um sistema coercitivo disciplinador das relações internacionais. Embora sumamente descentralizado, seja quanto à *criação* ou *aplicação* das normas, o ordenamento internacional apresenta a mesma tipologia de hierarquização entre essas normas. Assim, por exemplo, as resoluções do Conselho de Segurança da ONU, ou as decisões da Corte Internacional de Justiça, ou ainda as dos tribunais de arbitragem, encontram as razões de sua validade jurídica por força dos tratados que criaram aqueles órgãos; e esses tratados, por sua vez, sendo válidos em virtude da norma do Direito Internacional geral, de caráter consuetudinário; a norma *pacta sunt servanda* e as normas consuetudinárias encontrando o fundamento de sua *validade* (e apenas de sua *validade*) em uma *norma fundamental*, a qual confere ao *costume*, existente entre os Estados, a qualidade de *fato criador de normas jurídicas*. Analisar, pois, a formação do costume internacional como um dos métodos de criação do Direito Internacional é discutir cientificamente os próprios fundamentos do ordenamento jurídico internacional.

O primeiro problema que se põe refere-se ao chamado elemento psicológico na formação da norma consuetudinária (a *opinio juris*). Ora, os obstáculos em determinar a natureza da *opinio juris* são inúmeros. Com efeito, a *opinio juris* consiste na convicção de que determinado *uso* corresponde à execução de uma obrigação jurídica, isto é, de que exprime uma *regra de Direito*. Entretanto, a aplicação da norma consuetudinária supõe logicamente a *anterioridade* da mencionada regra em relação aos atos de sua aplicação. Ora, a norma costumeira não pode ser anterior aos atos constantes e efetivos que lhe formam o elemento material, pelo simples fato de que é desses atos que ela nasce. Em outros termos: a convicção de que certos atos constantes respeitam determinada regra *anterior* a eles exclui a hipótese de que esses atos sejam os primeiros a estabelecê-la como uma norma jurídica. A própria Corte Internacional de Justiça parece não ter sido feliz ao definir, no art. 38 do seu Regimento: "A Corte, cuja função é de decidir de acordo com o Direito Internacional as controvérsias que lhe foram submetidas aplicará:

(...) b) o costume internacional, como prova de uma prática geral aceita como sendo o Direito". Ora – diz Kelsen –, o costume não pode ser a prova de uma prática geral porque o costume já é uma prática geral; e uma prática não pode ser aceita como o Direito, porque o Direito é uma norma e a prática é um puro *factum*, situado no mundo do *ser*. É impossível a prova de existência do elemento psicológico (a *opinio juris*) do costume. Isso equivale a renunciar à existência desse elemento psicológico como necessário à formação da norma consuetudinária. Isso, em princípio, significa que o órgão competente para aplicar uma regra de Direito Internacional Consuetudinário encontra-se absolutamente *livre* para considerar o fato da repetição prolongada e constante dos mesmos atos exteriores como suficiente ou não para constituir um costume criador de Direito.

Isto posto, acredito caberem, a respeito desse assunto, algumas reflexões acerca da importância do que procuro denominar de *critério da efetividade*.

Na verdade, o "critério da efetividade" permeia todas as manifestações jurídicas das relações internacionais, por força da própria natureza do Direito Internacional, que ainda se manifesta como um Direito primitivo e embrionário, com um ordenamento jurídico acentuadamente *descentralizado*, tanto em relação à *elaboração* de suas normas quanto à sua *aplicação*. O "critério de efetividade" está presente, por exemplo, na formação das normas jurídicas consuetudinárias, no campo da validade da competência estatal, das competências territoriais e governamentais, na fundação da validade de títulos jurídicos, na própria validade de certos tratados concluídos sob violência. Está presente, também, como elemento de prova da vontade das partes na aplicação de tratados, na proteção diplomática dos indivíduos, das sociedades e de acionistas etc.

Vejamos, agora, a parte que nos interessa mais de perto: a formação do Direito Internacional Costumeiro. Comecemos, primeiro, por uma descrição de seus elementos constitutivos para, em seguida, analisarmos a natureza desse procedimento.

Como sabemos, o costume internacional forma-se espontaneamente, mediante a repetição *constante e generalizada* de certos atos, ao lado da convicção de que esses atos correspondem à execução de uma obrigação jurídica. Não podemos compreender, pois, o fenômeno costumeiro sem a repetição dos mesmos atos no tempo. Entretanto, é preciso ressaltar que o fator "tempo" não é, *em si mesmo*, essencial para a constituição da norma costumeira, pois ora uma prática longa, ora uma prática relativamente curta, é suficiente para transformar um *uso* facultativo em regra juridicamente obrigatória. O importante é que a prática em questão se manifeste de maneira *constante* e *efetiva*. Além disso, não é necessário que a repetição seja constituída de atos *idênticos*, mas tão-somente de atos que, embora distintos, *tendam a uma mesma finalidade*. O essencial é que se possa deduzir deles, de maneira clara e inconfundível, uma norma determinada de conduta. Essa idéia de que *o tempo não cria a efetividade* do uso, mas apenas assinala que esse uso existe de modo *intenso*, *constante* e *estável*, já foi apreciada pela antiga Corte Permanente de Justiça Internacional e pela atual Corte de Justiça Internacional, em várias de suas decisões.

Isso abre, aliás, uma interessante perspectiva para uma análise acerca do *tempo no Direito*. Nesse caso da efetividade, trata-se do "tempo concreto da experiência jurídica", do tempo concebido como um "concreto processo de vigências significativas" (Miguel Reale).

Vale salientar que a efetividade não se confunde com a pura força ou o arbítrio, porquanto o seu poder objetivante "alberga uma destinação racional". A *efetividade da norma costumeira já é índice de sua valiosidade*, expressando o "horizonte de valores" predominante no meio social em que nasceu a norma costumeira.

Mas qual seria a natureza profunda da *efetividade*? Um puro *factum* situado no mundo do *ser*? Ou já um princípio, uma norma *positiva* gerada pelo próprio costume internacional?

Kelsen, um dos primeiros a se ocupar do assunto, ora emprega "efetividade" no sentido de puro *factum* (mundo do *Sein*), ora como princípio jurídico ou norma positiva de Direito Internacional Consuetudinário ("Denn auch der Akt, mit dem eine positive Rechtsnorm gesetzt wird, ist – so wie die Wirksamkeit der Rechtsnorm – eine Seinstatsache", in *Reine* ..., p. 215).

Em outras passagens ele se refere a um "*princípio* de efetividade". Por exemplo, quando fala sobre o princípio de legitimidade, assegura que este princípio é limitado pelo "*princípio* de efetividade" ("Das Prinzip der Legitimität ist durch das Prinzip der Effektivität eingeschränkt", in *Reine* ... p. 215).

No seu livro *Princípios de Direito Internacional Público*, também escreve: "O *princípio geral de efetividade*, norma positiva de Direito Internacional, é aquele que, aplicado a uma determinada ordem jurídica nacional, cria (provê) a *norma básica* (a norma fundamental) desta ordem jurídica nacional" (trad. do original inglês pelos professores argentinos Hugo Caminos e Ernesto C. Hermida, p. 354).

As dificuldades relativamente à formação do costume jurídico internacional nascem a propósito da análise do chamado "elemento psicológico", como vimos. Insistamos: a convicção de que determinado uso corresponde à execução de uma obrigação jurídica (a *opinio juris*) é impossível de ser provada. A convicção de que certos atos constantes respeitam determinada regra *anterior* a eles exclui a hipótese de que esses atos sejam os primeiros a estabelecê-la como norma jurídica. Seria cair na contradição lógica de afirmar que a norma costumeira é *preexistente* aos atos mesmos que constituem a sua própria razão de ser. A solução, a meu ver, encontra-se na verificação de que o costume resulta de *duas práticas*, que convergem uma em direção à outra, a saber: de um lado, a prática constituída da *repetição constante de certos atos* e, do outro, a que é constituída da *coação* efetiva, cada vez que a primeira prática é violada. O costume jurídico internacional resulta, pois, de um uso cuja força obrigatória se consolida espontânea e progressivamente, à medida que a efetividade da coação se materializa, numa intensidade crescente, cada vez que esse uso é violado. A prova de que há o *fato objetivo* da reciprocidade na observância de uma prática determinada, de tal maneira que sua violação traz como resultado atos de coação, é perfeitamente *suficiente* para mostrar o caráter especificamente jurídico da prática em questão, isto é, de sua força obrigatória.

O critério da efetividade, portanto, é essencial para a formação do costume internacional. Aliás, a vida jurídica internacional, apesar de seu caráter *descentralizado* relativamente à formação de suas normas, não pode prescindir de um mínimo de *certeza e segurança.* E a efetividade, como critério definidor da *juridicidade* da norma consuetudinária, oferece as condições dessa *certeza* e dessa *segurança*, valores tão essenciais no mundo do Direito.

Diria que a *efetividade* não é um *puro fato*, situado no mundo do *ser* (*Sein*). Constitui, *ab initio*, um *factum juridicum*, algo já de "qualificado", de "construído"; vale dizer, um fato de estrutura *categorial* ou *significativa*, integração dialética de *ser* e *dever-ser*, um fato *cultural*, enfim. Do mesmo modo que a efetividade não se confunde com o puro *arbítrio*, como foi anteriormente visto, assim também ela não se confunde com o conceito de pura *realizabilidade do Direito*.

O modelo da efetividade do costume jurídico internacional apresenta-se como um *modo* da essencial realizabilidade do Direito, expressa a integração normativa de *ser* e *dever-ser*, isto é, a concretude de um *ser-como-o-sentido-axiológico-da-norma*, como um *Sosein*, segundo o "horizonte axiológico" do meio social em que se formou.

Pelo exposto, poderemos talvez assegurar que o *fundamento de validade* do costume jurídico internacional é sua própria *efetividade*, a norma jurídica consuetudinária tendo força obrigatória porque é *efetiva* e *na medida em que é efetiva*.

CADERNOS DE DIREITO TRIBUTÁRIO

LE CONTRÔLE FISCAL EN FRANCE

Francis Querol

Maître de Conférences de Droit Public Université des Sciences Sociales de Toulouse,
Institut de Recherche Européenne de Droit Economique
(Les Rencontres de la Manufacture – Université de Toulouse I)

1. Le déroulement du contrôle fiscal: 1.1 Les pouvoirs de l'Administration Fiscale: 1.1.1 Les demandes d'éclaircissements ou de justifications – 1.1.2 Le droit de communication – 1.1.3 Le droit de visite et de saisie – 1.1.4 La consultation des fichiers de sécurité sociale – 1.2 Les garanties des contribuables: 1.2.1 Les garanties temporelles – 1.2.2 Les garanties procédurales: 1.2.2.1 La vérification de comptabilité – 1.2.2.2 L'ESFP. 2. Les resultats du controle fiscal: 2.1 Le redressement: 2.1.1 La procédure de redressement contradictoire: 2.1.1.1 Le déroulement de la procédure contradictoire – 2.1.1.2 L'intervention de la commission départementale – 2.1.2 Les autres procédures de redressement – 2.2 Les sanctions. 3. Abréviations. 4. Eléments de bibliographie.

Nul citoyen n'est dispensé de l'honorable obligation de contribuer aux charges publiques. *(art. 101 de la Constitution Française du 24.6.1793)*

L'efficacité d'un État peut être jugée à la lumière de multiples indicateurs (juridiques, politiques, sociaux) mais l'évaluation de son efficience dépend, d'abord, de sa prédisposition à faire entrer le produit des impositions dans les caisses publiques et, par voie de conséquence, à veiller à ce que les citoyens n'éludent pas leurs "honorables" obligations fiscales. Pour cela, il s'est doté d'un instrument: le contrôle fiscal. Celui-ci présente un triple aspect.

Le contrôle fiscal est, avant tout, un concept juridique. Il se définit alors comme le pouvoir reconnu à l'Administration Fiscale de réparer les omissions, les insuffisances ou les erreurs d'imposition commises par les contribuables. Ce pouvoir est d'autant plus remarquable, qu'en France, il possède une valeur constitutionnelle:[1]

1. Le fondement constitutionnel du contrôle fiscal repose sur deux piliers. D'une part, les arts. 13 et 14 de la Déclaration des Droits de l'Homme et du Citoyen (26.8.1789), dont on sait qu'ils constituent une partie du "Préambule" de l'actuelle Constitution Française du 4.10.1958 et qu'ils possèdent une valeur constitutionnelle, invoquent, respectivement, "la contribution commune (...) indispensable" et la "nécessité de la contribution publique". Ces dispositions renvoient implicitement au contrôle fiscal. D'autre part, le Conseil Constitutionnel a expressément admis que la base du contrôle fiscal résidait

l'Etat a donc, constitutionnellement, l'obligation de vérifier que les administrés ne fraudent pas l'impôt. Toute la question reste celle de savoir jusqu'où peut aller l'Administration Fiscale, car la Constitution protège, également, les droits individuels des êtres humains. Dès lors le débat se cristallise sur l'opposition entre deux principes de valeur constitutionnelle aux conséquences antinomiques: la protection de la liberté des individus et le contrôle fiscal en raison des atteintes potentielles aux droits fondamentaux des administrés. Subtil équilibre en perspective que ne perçoit toujours pas le non initié au Droit Fiscal!

Par convenance de langage, on dit, communément, que le contrôle fiscal est le fait du "Fisc". En réalité, cette appellation générique regroupe les interventions de deux services dépendant du Ministère de l'Economie et des Finances: la Direction Générale des Impôts (DGI) en ce qui concerne la plupart des impôts directs et indirects (impôt sur le revenu, TVA, taxes directes locales ...), et la Direction Générale des Douanes et des Droits Indirects (DGDDI) pour les accises (les contributions indirectes). Au sein de ces mêmes Administrations, il existe une répartition des compétences bien précises entre les services centraux et les services déconcentrés. Mais pour l'essentiel, les deux Administrations utilisent les mêmes procédures, celles du Code Général des Impôts (CGI) et, plus particulièrement, du Livre des Procédures Fiscales (LPF).[2]

De la même façon, l'expression "contrôle fiscal" laisserait supposer que la vérification ne revêt qu'une forme unique. Il n'en est, bien évidemment, rien. Classiquement, on distingue le contrôle sur pièces et le contrôle sur place. Le premier est un contrôle relativement succinct dont l'objet est permettre aux agents de l'Administration de s'assurer que les déclarations fiscales ne présentent pas d'incohérence notoire. Le contrôle sur pièces devrait porter sur toutes les déclarations fiscales souscrites. En réalité, le nombre de celles-ci est tel que l'Administration est obligée de trier les déclarations: 6% des dossiers des particuliers et 15% de ceux des entreprises ont été réellement contrôlés en 1997.[3] Le second est un contrôle approfondi. Il porte le nom de vérification de comptabilité lorsqu'il concerne les entreprises et d'examen contradictoire de la situation fiscale personnelle lorsque est en cause le revenu global des particuliers (ESFP en jargon fiscal).[4] Le contrôle approfondi soulève, lui aussi, la question du choix des dossiers à contrôler. L'Administration Fiscale s'appuie alors sur une multitudes de téchniques. La dénonciation comme origine du contrôle fiscal est officiellement admise par l'Administration Fiscale, son caractère anecdotique, ne doit pas retenir l'attention davantage que cela. Le plus souvent, cependant, le contrôle des contribuables est motivé les investigations informatiques mettant en lumière certaines anomalies (différences de revenus suspecte entre les revenus déclarés par le contribuable et ceux déclarés par un tiers par exemple). Enfin, les services locaux de contrôle bénéficient dune marge de manoeuvre dans la mise en place d'une politique de contrôle fiscal qui leur laisse toute latitude dans le choix des dossiers à vérifier.

Le contrôle fiscal est aussi un fait de société. En France, ne qualifie-t-on pas la fraude fiscale de sport national. Pourtant, il est difficile d'évaluer ce phénomène qu'il ne faut pas confondre, au demeurant, avec l'évasion fiscale laquelle s'entend comme l'utilisation de moyens légaux par le contribuable pour atténuer sa cotisation d'impôt. Quoi qu'il en soit, l'Administration Fiscale a, ces dernières années, particulièrement accentué son effort en matière de répression de la fraude fiscale. C'est ainsi que, si en 1993, le montant des droits simples[5] rappelés par la DGI à la suite d'un

dans lesdits arts. 13 et 14 (Décision 83-164 DC du 29.12.1983, *Recueil* p. 67; Décision 84-184 DC du 29.12.1984, *Recueil* p. 94).

2. Le LPF constitue une partie du CGI.

3. Source: *Rapport d'Activité de la DGI, Contrôle Fiscal*, 1997.

4. Cf., *infra*, 1.2.2.

5. Sans qu'il soit tenu compte des pénalités.

contrôle fiscal atteint 46 milliards de francs (7 milliards d'euro), il s'élève à 76 milliards en 1997 (11,5 milliards d'euro). On constate le même phénomène de croissance s'agissant du nombre de contrôles approfondis réalisés: on en dénombre 43.000 en 1993 et 52.000 en 1997.[6]

Le contrôle fiscal possède, enfin, une dimension humaine qu'il ne faut pas négliger. Malgré, les efforts consentis par l'Administration Fiscale pour lutter contre la fraude, force est d'avouer que les contrôles fiscaux épargnent de très nombreux contribuables. Mais, c'est également un fait avéré, le contribuable contrôlé vit mal la vérification dont il est l'objet. Les principales doléances des contribuables insistent sur les tracasseries administratives, la suspicion qui les entoure,[7] et le sentiment d'impuissance face aux certitudes de l'Administration. Il faut pourtant démystifier le contrôle fiscal: le contribuable n'est pas totalement démuni face à la machine administrative. Bien plus, il possède des droits opposables à l'Administration Fiscale et ce, à tous les stades du contrôle fiscal, tant dans le déroulement des opérations (1) que dans les résultats auquel il peut aboutir (2).

1. Le déroulement du controle fiscal

L'Administration ayant l'initiative du contrôle fiscal, elle met en oeuvre, tout au long de celui-ci, des pouvoirs remarquables. Ceux-ci sont, cependant, partiellement contrebalancés par les garanties offertes aux contribuables contrôlés.

1.1 Les pouvoirs de l'Administration Fiscale

Il est impossible dans le cadre de cette étude d'envisager l'intégralité des pouvoirs reconnus par les textes à l'Administration. On peut cependant retenir les quatre principales prérogatives, en insistant sur la gradation dans la contrainte qu'elles représentent pour le contribuable.

1.1.1 Les demandes d'éclaircissements ou de justifications

Le LPF, dans son art. L 16, autorise l'Administration, en matière d'impôt sur le revenu, à adresser au contribuable une demande d'éclaircissements ou de justifications.

Il existe une différence notable entre les deux catégories de demandes. Alors que par la demande d'éclaircissements, l'Administration s'adresse au contribuable en vue de réclamer des précisions sur sa situation fiscale, la demande de justifications présente un degré de contrainte plus élevé puisqu'elle impose, à ce dernier, l'apport d'éléments de preuve. Le législateur a sans doute été sensible à cet élément et a circonscrit la demande de justification dans des cas très précis.[8]

Pour être différentes dans leur nature, les demandes d'éclaircissements ou de justifications ne possèdent pas moins de régime juridique uniforme. En particulier, l'Administration doit accorder au contribuable un délai de réponse qui ne peut pas être inférieur à deux mois.[9] Ce délai doit permettre au contribuable de pouvoir répondre de façon pertinente aux demandes de l'Administration Fiscale.

6. Source: *Rapport d'Activité de la DGI, Contrôle Fiscal*, 1997.

7. On prête souvent, à tort ou à raison, à l'Administration Fiscale cette opinion sur le contribuable: tout contribuable est un fraudeur en puissance.

8. D'après l'art. L 16 du LPF, la demande de justification ne peut intervenir que dans quatre hypothèses: situation ou charge de famille; charges retranchées du revenu net global ou ouvrant à une réduction d'impôt sur le revenu; avoirs ou revenus d'avoirs à l'étranger; l'Administration a réuni des éléments lui permettant d'établir que le contribuable a bénéficié de revenus plus importants que ceux déclarés. En réalité, dans ce dernier ces, le Droit Positif retient "la règle du double": la demande de justifications ne sera, juridiquement fondée, que si l'Administration a établi que le contribuable avait bénéficié des revenus excédant le double du montant déclaré par le contribuable (CE, 5.3.1999, Bancarel, DF 1999 n. 716 concl. Loloum).

9. Art. L 16-A du LPF.

La grande question que posent ces types de demandes est celle de savoir si le contribuable a intérêt à répondre. La réponse est bien évidemment positive. La pire des solutions consisterait pour lui à ne pas se manifester et à compter sur un quelconque oubli de la part de l'Administration. Car, devant l'absence de réponse de la part du contribuable, l'Administration est autorisée à procéder à la taxation d'office. Celle-ci consiste en une détermination unilatérale des bases d'imposition.[10] Or, en cas de contentieux motivé par une exagération des bases retenues par l'Administration, la charge de la preuve pèse sur le contribuable. En cas de réponse jugée insuffisante par l'Administration, le contribuable est mis en demeure, dans un délai de 30 jours de compléter sa réponse et à défaut encourt la taxation d'office.

1.1.2 Le droit de communication

Il est expressément prévu dans les arts. L 81 et ss. du LPF. Ledit art. L 81 dispose qu'il "permet aux agents de l'Administration, pour l'établissement de l'assiette[11] et le contrôle des impôts, d'avoir connaissance des documents et des renseignements". Le champ d'application du droit de communication se trouve, en outre, élargi par le fait que ce droit s'exerce quel que soit le support utilisé pour la conservation des documents, y compris magnétique. Quant à savoir ce que sont les documents en question, il s'agit de tous ceux qui attestent d'un versement de revenus ou de la réalisation de transactions, source d'enrichissement pour le bénéficiaire (documents comptables en particulier).

On pourrait croire, à première vue, que ce droit ne concerne que les documents détenus par le contribuable lui-même. En réalité il n'en est rien. Le droit de communication autorise les agents de l'Administration Fiscale à recueillir des informations détenues par des tiers. Ce type de contrôle est d'autant plus efficace que, quelquefois, les tiers ont intérêt à communiquer des informations et des documents sur la situation fiscale du contribuable dans la mesure où cela peut influer sur leur propre situation fiscale et atténuer leur cotisation d'impôt. Par contre, le droit de communication ne s'exerce pas spontanément au sens où il appartient aux agents de l'Administration d'informer les tiers des renseignements auxquels elle souhaite accéder. Il appartient donc aux vérificateurs de se rendre sur place et de prendre, éventuellement, copie des documents aux frais de l'Administration.

Le LPF arrête une liste des tiers, assez fournie au demeurant, soumis à l'obligation de communication. Parmi les principaux cas, il est loisible de citer les employeurs, les organismes de sécurité sociale, les établissements bancaires et les intermédiaires professionnels des bourses de valeur, les membres des professions libérales qui se livrent à des prestations de services (avocat, comptables, huissiers ...). Le LPF va même jusqu'à inclure les tribunaux (autorité judiciaire et Ministère Public) dans la liste des autorités soumises au droit de communication.

Les tiers visés par le droit de communication ont-ils l'obligation de présenter les documents à l'Administration Fiscale? Ne seraient-ils pas en droit d'opposer le secret professionnel au agents de l'Administration? Ces deux interrogations appellent des réponses négatives. Les tiers en question ont l'obligation de fournir les documents à l'Administration. Par contre, l'obligation de secret professionnel pèse sur les agents qui se livrent aux opérations de vérification dans les conditions fixées par le Droit Administratif. La non-communication des documents par ces tiers entraîne des sanctions fiscales[12] et même dans certains cas

10. Art. L 69 du LPF. V., *infra*, 2.1.2, "Les autres procédures de redressement"

11. La détermination de la base d'imposition.

12. Le montant de l'amende est de 10.000 francs (1.524 euro); mais il peut même atteindre 20.000 francs (3.048 euro) en cas d'absence de communication, dans un délai de 30 jours, après mise en demeure.

des peines de prison peuvent être prononcées à l'encontre des tiers défaillants.[13] Les documents concernés par le droit de communication doivent être conservés pendant six ans à compter de la date de la dernière opération mentionnée ou de la date à laquelle les documents et pièces ont été établis.[14]

1.1.3 Le droit de visite et de saisie

C'est sans doute l'une des prérogatives les plus exorbitantes qui aient été consenties à l'Administration, à tel point que d'aucuns parlent à son endroit de droit de perquisition fiscale. En effet, l'art. L 16-B du LPF autorise les agents de l'Administration, en matière d'impôt sur le revenu, d'impôt sur les sociétés ou de TVA, à se rendre sur place et à saisir certains documents. Ce droit de visite et de saisie ne peut être mis en oeuvre que s'il existe une suspicion d'agissements frauduleux de la part du contribuable (achat et vente sans facture, délivrance d'une facture ne correspondant à aucune opération réelle ...). C'est dire que le droit de visite et de saisie ne concerne, normalement, pas le contribuable moyen, celui qui n'entend pas spécialement frauder l'impôt.

Le droit de visite et de saisie à fait l'objet d'une attention particulière du Conseil Constitutionnel en 1983 et 1984.[15] Le juge constitutionnel a, en effet, admis la constitutionnalité des prérogatives ainsi accordées à l'Administration dans la mesure où le juge judiciaire, garant des libertés individuelles, était associé à son exercice. De fait, le droit de communication s'applique avec l'autorisation, sous l'autorité et le contrôle du Président du Tribunal de Grande Instance (TGI). Concrètement, le Président du TGI délivre une ordonnance motivée précisant l'adresse des lieux à visiter, l'identité du fonctionnaire habilité, et désignant l'officier de police judiciaire qui participera à la visite et à la saisie et informera des conditions de celle-ci. Le Président du TGI peut se transporter sur les lieux et ordonner l'arrêt de la visite.

L'agent qui procède à la visite possède au moins le grade d'inspecteur. La visite se déroule entre 6h et 21h; elle peut avoir lieu, non seulement, dans les locaux professionnels, mais également, dans les locaux privés du contribuable si ceux-ci sont susceptibles d'abriter les agissements frauduleux, et même dans des locaux appartenant à des tiers qui sont en relation professionnelle avec le contribuable (expert-comptable, par exemple).

La visite s'effectue selon une procédure contradictoire. Le contribuable doit donc être à même de pouvoir présenter des observations et faire valoir sa défense durant le contrôle. Si le respect de cette condition est absolument nécessaire, il ne faut pas l'interpréter comme rendant, indispensable, la présence physique du contribuable. Car dans le cas contraire l'absence (*a fortiori* volontaire) du contribuable paralyserait la procédure du contrôle. Aussi bien l'officier de police judiciaire est-il habilité à désigner deux témoins qui représentent le contribuable pour satisfaire à l'obligation du respect du caractère contradictoire du contrôle. Les documents saisis doivent être restitués dans un délai de six mois après la visite.

1.1.4 La consultation des fichiers de sécurité sociale

Ce pouvoir n'est venu que récemment compléter l'arsenal de lutte contre la fraude fiscale, puisqu'il a été instauré par l'art. 107 de la Loi de Finances de 1999. Bien que cette prérogative soit limitée à l'impôt sur le revenu, son étude n'en demeure pas moins fort intéressante.

En effet, avant l'instauration du droit autorisant la consultation des fichiers de la

13. On considère alors, en effet, que l'attitude du tiers est constitutive d'une opposition à contrôle fiscal (art. 1.746-1 du CGI).

14. Art. L 102-B du LPF. Ce délai est spécifique au Droit Fiscal. Le Code de Commerce impose cependant un délai de 10 ans pour la conservation des documents comptables (art. 16).

15. Cf. *supra*, note 1.

sécurité sociale, l'Administration Fiscale estimait que sur 130 millions de bulletins de salaire, 1 million restaient orphelins. Il faut entendre par là que l'Administration ne parvenait pas à identifier précisément leur bénéficiaire. Le législateur a donc eu l'idée de permettre à l'Administration de consulter le répertoire national de l'INSEE[16] des personnes physiques. L'Administration pourra désormais rattacher tous les revenus versés à une personne physique dont l'identification aura été rendue possible grâce à son numéro de sécurité sociale.

Cette mesure n'aurait pu être qu'une anecdote si sa finalité n'avait été autre que celle d'accroître les pouvoirs de contrôle de l'Administration Fiscale. En réalité, cette mesure constitue un prélude à une réforme de fond de l'impôt sur le revenu en France, du moins en ce qui concerne le régime des salariés, des pensionnés et des rentiers. Dans le système actuel, le contribuable déclare le revenu (*a priori*) et l'Administration l'admet et/ou le contrôle (*a posteriori*). Que changera la réforme de 1999? Elle rompt avec la logique fiscale classique telle que nous la connaissons aujourd'hui. Dès l'instant, en effet, où l'Administration connaît, très exactement, les revenus des contribuables, grâce au fichier de la sécurité sociale, elle peut, pratiquement, se passer de la déclaration du contribuable. Elle élimine ainsi les risques de fraude inhérents à une insuffisance de déclaration, toujours possible. En réalité, comme il n'est pas souhaitable d'évincer totalement le contribuable de l'opération de détermination de la base imposable, le Ministère de l'Economie et des Finances envisage, en 2001, d'instaurer un nouveau système dans lequel l'Administration fera connaître le montant de revenu qui doit être imputé au contribuable (*a priori*) à qui il appartiendra de le confirmer ou de le corriger (*a posteriori*) et éventuellement de le contester.

16. L'Institut National de la Statistique et des Etudes Economiques. Cet organisme n'est qu'un service administratif du Ministère de l'Economie et des Finances.

Cette réforme pourrait, fort bien, préfigurer l'instauration d'un système de retenue à la source pour certaines catégories de contribuables assujettis à l'impôt sur le revenu (traitements, salaires, pensions et rentes viagères). La rupture serait totale avec le système actuel dans lequel le revenu du foyer fiscal, perçu au cours de l'année N, est déclaré et payé lors de l'année N+1.

1.2 Les garanties des contribuables

Elles sont accordées en vue de contrebalancer les prérogatives accordées à l'Administration Fiscale. Les garanties des contribuables s'inscrivent dans deux catégories: temporelles et procédurales.

1.2.1 Les garanties temporelles

Elles proviennent du fait que le droit de contrôle de l'Administration Fiscale est limité dans le temps: l'Administration ne peut pas indéfiniment remettre en cause la situation fiscale du contribuable. En effet, le droit de contrôle se traduit, sur le plan juridique, par l'octroi, à l'Administration, d'un droit de reprise.[17] Celui-ci s'entend comme la compétence de réparer les erreurs, les inexactitudes ou les omissions entachant la détermination de l'assiette ou la liquidation d'une imposition.

Or le droit de reprise est limité dans le temps. Son absence de mise en oeuvre entraîne donc la prescription du droit de l'Administration. Celle-ci joue en faveur du contribuable qui ne pourra plus se voir réclamer par l'Administration une quelconque cotisation d'impôt pour la période prescrite. Il serait, cependant, illusoire de croire que les solutions retenues défavorisent, à l'excès, l'Administration. La limitation temporelle du droit de reprise établit un équilibre assez respectueux des intérêts des citoyens et de la Puissance Publique. La durée du délai de prescription est somme

17. On l'appelle également le droit de répétition.

toute raisonnable lorsque le contribuable n'a pas entendu se soustraire à l'impôt; elle autorise l'Administration à rechercher et à réparer, avec efficacité, les situations frauduleuses. Le Droit Fiscal, hélas, n'a pas fait dans la simplicité. Aussi n'existe-t-il pas de délai de prescription unique opposable au droit de reprise. Quelques exemples en témoignent parfaitement.

S'agissant de la plupart des impôts directs d'Etat (impôt sur le revenu, impôt sur les sociétés), de la TVA et des droits d'enregistrement, le délai de reprise se prescrit par trois ans. Il faut entendre par là que l'impôt sur le revenu de l'année N autorise l'Administration à réparer les erreurs constatées dans l'assiette ou la liquidation jusqu'au 31 décembre de l'année N+3.[18] Ce délai de trois ans doit donc être considéré comme le délai de droit commun.

Quelquefois, le délai de reprise excède largement le délai de droit commun. En matière de droit d'enregistrement et d'impôt sur la fortune, bien que le délai de reprise normalement applicable soit, également, le délai de 3 ans, le délai est porté à 10 ans dans certaines hypothèses particulières comme l'absence de déclaration ou l'absence d'acte présenté à la formalité.[19] De même en matière d'impôt sur le revenu et de TVA, le délai de reprise expire-t-il à la fin de la sixième année qui suit celle au titre de laquelle l'imposition est due, lorsque le contribuable s'est livré à des activités occultes (absence de souscription des déclarations, absence de déclaration d'activité auprès du greffe du tribunal de commerce ou du centre de formalités des entreprises).[20] De même encore, lorsque le contribuable se livre à des agissements frauduleux et que l'Administration Fiscale a déposé plainte contre lui, des contrôles au titre de deux années supplémentaires peuvent être réalisés. Enfin, lorsque l'Administration demande, dans le cadre de l'assistance administrative, des renseignements à des administrations étrangères, le délai de reprise expire le 31 décembre de la cinquième année.[21] Ces deux dernières solutions sont, d'ailleurs, d'application générale: elles concernent tous les impôts.

Rares sont les hypothèses dans lesquelles le délai de reprise est inférieur à trois ans. Cependant, si l'on s'en tient aux principaux cas de figure, il convient de citer la prescription annale en matière d'impôts directs locaux,[22] à l'exception de la taxe professionnelle,[23] et de contributions indirectes.[24]

Comme tous les délais, ces délais sont susceptibles d'être interrompus par la survenance de certains actes bien déterminés.[25]

1.2.2 Les garanties procédurales

Ces garanties procédurales accordées aux contribuables ne concernent que les contrôles sur place (au fond). En pratique, sans doute présentent-elles pour le contribuable plus d'intérêt que les précédentes dans la mesure où il prend une part plus active aux opérations de contrôle. Elles interviennent uniquement lorsque l'Administration met en oeuvre une vérification de comptabilité ou l'examen contradictoire de la situation fiscale personnelle.

1.2.2.1 *La vérification de comptabilité* – La vérification de comptabilité est mise en oeuvre lorsque les bases d'imposition sont établies à partir des documents comptables détenus par le contribuable.[26] Con-

18. Il importe peu comme nous le savons que le revenu de l'année N donne lieu à déclaration et à perception de l'impôt lors de l'année N+1.

19. Arts. L 180 et L 181 du LPF.

20. Arts. L 173 et L 176 du LPF.

21. Art. L 188-A du LPF.

22. C'est à dire taxe d'habitation, taxe foncière sur les propriétés bâties et taxe foncière sur les propriétés non-bâties (art. L 173 du LPF).

23. Pour laquelle le délai de prescription est de trois ans (art. L 174 du LPF).

24. Art. L 178 du LPF.

25. Comme par exemple la notification de redressement. Plus généralement tous les actes interruptifs de droit commun (citation en Justice) interrompent le délai de prescription du droit de reprise (art. L 189 du LPF).

26. Art. L 13 du LPF.

crètement la vérification de comptabilité intéresse l'imposition au titre de l'impôt sur les sociétés, la TVA et les revenus professionnels au titre de l'impôt sur le revenu.[27] Le contribuable possède alors des garanties avant, pendant et après la vérification de comptabilité.

• Avant que ne débute, à proprement parler, la vérification de comptabilité l'Administration informe, préalablement, l'entreprise du contrôle dont elle est l'objet.[28] Elle envoie donc un avis de vérification de comptabilité[29] et la charte du contribuable.

L'avis de vérification de comptabilité mentionne, explicitement, les impôts et les périodes soumis au contrôle, ainsi que le jour auquel débute la vérification. En outre, elle informe expressément le contribuable de la faculté d'être assisté par un conseil de son choix (principe du contradictoire). Ces exigences sont primordiales dans la mesure où le contribuable est associé au contrôle dont il est l'objet.

Bien que les textes n'imposent aucun délai entre l'envoi de l'avis de vérification de comptabilité et le début du contrôle, l'Administration recommande à ses agents de respecter un délai de 15 jours. La jurisprudence, saisie de cette question, a posé une règle qui pour être empreinte de bon sens peut se retourner contre le contribuable négligeant. En fait, pour le juge, le délai séparant l'envoi de l'avis de vérification du début du contrôle est conditionné par la complexité de l'affaire. C'est ainsi qu'un délai de quelques jours sera toléré ici, alors que là le juge sera beaucoup plus rigoureux. En réalité, le juge apprécie, concrètement, si le laps de temps séparant l'envoi de l'avis de la vérification de comptabilité du début, matériel, du contrôle laisse au contribuable la possibilité de se préparer aux opérations dę vérification, notamment en faisant appel à un conseil de son choix. La question du contrôle inopiné (sans envoi d'avis de vérification de comptabilité) a également été tranchée. Paradoxalement, la vérification de comptabilité peut intervenir sans information préalable du contribuable. Cependant, les compétences de l'Administration se limitent alors à de simples constatations matérielles: existence d'une comptabilité, état des stocks par exemple. En réalité, le contrôle opiné est considéré comme une phase préalable au contrôle puisque, d'une part, l'avis de vérification doit être remis au contribuable et, d'autre part, la vérification ne peut, réellement, débuter que dans un délai raisonnable permettant à l'entreprise de se faire assister par un conseil de son choix.

La charte du contribuable se présente comme un document établi par les services de la DGI résumant, succinctement, les droits et obligations de l'Administration et du contribuable contrôlé. Ce document insiste à plusieurs reprises sur la possibilité pour le contribuable d'être assisté par un conseil de son choix. Sur le plan juridique, la charte du contribuable possède une valeur contraignante puisque son contenu forme une part de la doctrine administrative[30] et, en particulier, l'Administration ne peut redresser une imposition établie conformément à une doctrine administrative en vigueur au moment où il en a été fait application.[31]

• Le contrôle se déroule normalement dans les locaux de l'entreprise (siège). Mais, il peut également avoir pour cadre les locaux du vérificateur ou même le cabinet du comptable de l'entreprise. Pen-

27. Les artisans et les commerçants tirent des profits s'inscrivant dans la catégorie des Bénéfices Industriels et Commerciaux (BIC); les Bénéfices Non-Commerciaux (BNC) concernent les revenus des professions libérales et les Bénéfices Agricoles (BA), ceux mis à la disposition des exploitants agricoles. Cependant, le fait pour un contribuable de l'une de ces catégories de ne pas relever d'un régime réel d'imposition n'empêche pas l'Administration Fiscale de se livrer à une vérification de comptabilité.

28. Art. L 47 du LPF.

29. Par lettre recommandée avec accusé de réception.

30. Pour simplifier, on peut affirmer qu'il s'agit de l'ensemble des interprétations, d'origine administrative, des différents textes fiscaux.

31. Art. L 80-A du LPF.

dant toute la durée de celui-ci, le contribuable a droit à un débat oral et contradictoire.[32] La force de cette exigence se retrouve dans le fait que sa méconnaissance entache la procédure de contrôle d'irrégularité.

Sur quels éléments porte le contrôle? La vérification de comptabilité concerne, en premier lieu, les pièces comptables de l'entreprise (livre-journal, inventaire ...). Mais, de façon plus générale, la vérification autorise l'Administration à prendre connaissance de toutes les pièces de nature à éclairer l'agent vérificateur sur les modalités de l'activité professionnelle du contribuable:[33] statuts de la société, organigramme du personnel, titres de participation ... . Le vérificateur se livre alors à une appréciation critique des choix comptables et fiscaux faits par l'entreprise contrôlée.[34] Le vérificateur, sur un plan fiscal, rectifiera les irrégularités affectant les écritures comptables et même rejettera celles-ci lorsqu'il est permis de douter de leur sincérité et sont entachées d'erreurs graves et répétées. C'est sur le fondement des bases fiscales ainsi rectifiées que l'Administration procédera, ultérieurement à des redressements.[35] Le vérificateur ne peut emporter de documents comptables que sur demande du contribuable. Cette règle ne tombe pas aisément sous le coup de l'entendement: quel est l'intérêt pour le contribuable de demander au vérificateur d'emporter des documents? En réalité, l'emport de documents doit permettre au vérificateur d'examiner plus attentivement, que s'il ne le faisait sur place, les indications qu'ils contiennent, ce qui est, normalement, de nature à justifier les décisions fiscales du contribuable. Certains documents possèdent le caractère de comptes "mixtes" en ce qu'ils contiennent des informations de caractère privé et professionnel. L'examen de ceux-ci par l'Administration est absolument régulier et cela ne peut en aucun cas constituer un début d'ESPF.

Le contribuable a la faculté de s'entourer d'un conseil de son choix. Cette garantie est d'ailleurs mentionnée dans l'avis de vérification de comptabilité. Le contribuable a, concrètement, intérêt à faire usage de cette faculté ne serait-ce que pour ne pas être totalement absent du débat dont la technicité exige des compétences fiscales et comptables que ne possèdent, généralement, pas les citoyens moyens.

La vérification est, pour les entreprises dont le chiffres d'affaires n'excède pas les limites du régime réel simplifié d'imposition,[36] limitée à trois mois.[37] Pour les autres (grandes entreprises), les textes n'imposent

32. Le Conseil d'Etat a rendu, récemment, trois arrêts qui délimitent la portée de cette exigence (13.11.1996, Ministre c/SARL "Au Cheval Blanc", *Revue de Jurisprudence Fiscale* 1997 n. 54; 13.11.1996, Gaignerot, *Revue de Jurisprudence Fiscale* 1997 n. 57; 17.2.1997, Ministre c/Soc. Commerciale "Paul Brunetti", *Revue de Jurisprudence Fiscale* 1997 n. 238).

33. CE, 6.6.1984, n. 42.802 à n. 42.805, *Revue de Jurisprudence Fiscale* 1984 n. 1.014, concl. Fouquet.

34. C'est ainsi qu'en matière d'imposition sur les bénéfices, le Droit Fiscal établit plusieurs distinctions. Il oppose, d'abord, les actes de gestion normaux (décision prise en toute liberté par l'entreprise sans que celle-ci soit motivée par des considérations commerciales: financement d'un investissement par l'emprunt générant des charges fiscales plutôt que par des fonds propres qui n'en génèrent pas, par exemple) aux actes de gestion anormaux (décisions qui lèsent l'entreprise sans être justifiées par l'intérêt de l'exploitation commerciale: cession de biens à des associés pour un prix inférieur à leur valeur réelle ...). Les premiers sont insusceptibles d'être critiqués par l'Administration Fiscale (principe de non-immixion), alors que les seconds fondent un redressement. Il confronte ensuite les décisions de gestion (choix opéré par l'entreprise lorsque les textes fiscaux lui en laissent l'opportunité) (choix du mode d'amortissement par exemple) qui ne peuvent donner lieu à rectification ni à l'initiative de l'Administration, ni à celle du contribuable, aux erreurs de gestion traduisant une violation d'une obligation fiscale (omissions en comptabilité d'éléments d'actifs ou passifs ...) qui peuvent être réparées soit à l'initiative de l'Administration, soit du contribuable.

35. Cf., *infra*, 2.1, "Le redressement".

36. Actuellement sont concernées les entreprises dont le chiffre d'affaires hors taxe n'excède pas 5.000.000 francs (762.245 euro) pour les entreprises de vente; 1.500.000 francs (228.673 euro) pour les prestataires de services et 1.800.000 francs (274.408 euro) pour les entreprises agricoles.

37. Art. L 52 du LPF.

aucune limitation de durée. La vérification peut, également, faire l'objet d'une mesure de suspension, pour une durée de 45 jours, à l'initiative du contribuable. Mais elle implique alors que l'Etat soit lui-même débiteur de l'entreprise.[38]

• A la fin du contrôle, le contribuable est informé du résultat des investigations de l'agent vérificateur.[39] Le contribuable peut demander l'extension du contrôle[40] de façon à bénéficier des conséquences d'un éventuel redressement.[41] La vérification, une fois achevée, ne peut être recommencée pour le même impôt et pour une période similaire.[42] Par contre, rein n'empêche l'Administration de contrôler au titre d'un autre impôt pour la même période, ou au titre du même impôt pour une période non atteinte par la prescription.

1.2.2.2 *L'ESFP* – L'ESFP concerne le contrôle de la sincérité de la déclaration d'ensemble des revenus d'un contribuable, qu'il possède son domicile fiscal en France ou non,[43] dès lors qui est assujetti à des obligations au titre de l'impôt sur le revenu.[44] Bien que ce type de contrôle relève de la catégorie du contrôle sur place, il se déroule, normalement, dans les locaux de l'Administration, laquelle vérifie, alors, la cohérence, entre d'une part, les revenus déclarés et, d'autre part, la situation patrimoniale, la situation de trésorerie et les éléments du train de vie des membres du foyer fiscal.[45] Autrement dit, le vérificateur établit une balance de trésorerie et cherche à savoir si les recettes déclarées justifient les dépenses. Assurément, le contribuable peut prouver que son train de vie ne s'explique pas seulement par les revenus mis à sa disposition, mais que d'autres sources (emprunts, héritage ...) doivent être prises en considération.

Le Droit Fiscal distinguant clairement l'ESFP de la vérification de comptabilité, le contrôle au titre de l'une ne doit pas empiéter sur le domaine réservé à l'autre. Car, estime-t-on, admettre une confusion entre les deux types de vérifications pourrait exonérer l'Administration du respect de certaines obligations protégeant le contribuable. L'intérêt du contribuable justifie donc la dichotomie juridique. Pour être légitime sur un plan théorique, cette exigence n'en est pas moins difficile à respecter sur un plan pratique, surtout lorsque sont en cause des comptes mixtes. Aussi bien cette règle admet-elle des tempéraments. Le législateur a ainsi admis des passerelles entre les deux types de contrôles en cas d'activité occulte;[46] la jurisprudence, elle même, pourtant prompte à dénoncer les confusions entre vérification de comptabilité et ESFP,[47] tolère qu'un ESPF fonde un redressement en matière de droits d'enregistrements.[48]

Si les deux types de contrôles sont distincts, leur régime juridique est relativement homogène. Cela signifie que la plupart des garanties accordées au contribuable contrôlé dans le cadre d'une vérification de comptabilité valent dans celui d'un ESPF. C'est ainsi qu'il appartient à l'Administration d'informer, au préalable le contribuable de la vérification dont il est l'objet par l'envoi d'un avis de vérification portant examen contradictoire de la situa-

38. Par exemple dans le cadre d'un marché public.

39. Art. L 49 du LPF.

40. Arts. L 79 et ss. du LPF.

41. Un contrôle et un redressement au titre de la TVA peut se traduire par une baisse des bénéfices de l'entreprise par rapport aux bases initialement retenues et donc par une cotisation d'impôt réellement due, inférieure à ce qui a été acquitté.

42. Sauf dans des cas tout à fait particulier comme par exemple activité frauduleuse (art. L 51 du LPF).

43. Dans ce cas, les recherches menées par le vérificateur peuvent être longues et minutieuses.

44. Art. L 12 du LPF.

45. Le foyer fiscal se définit comme l'ensemble des revenus de toute nature mis à la disposition d'une personne ou d'un ensemble de personnes, dans ce dernier cas, unies le plus souvent, mais pas exclusivement, par un lien de parenté, résidant habituellement dans un même domicile.

46. Art. L 47-C du LPF.

47. Cf., par exemple, CE, 16.2.1994, Tramier.

48. Cour de Cassation, Chambre Commerciale, 15.4.1986, *Bulletin Officiel de la DGI* 13 L 4-86.

tion fiscale personnelle.[49] Le contribuable reçoit la charte du contribuable. L'opération de vérification se déroule selon une procédure contradictoire et le contribuable peut être assisté du conseil de son choix. De même l'Administration doit-elle informer le contribuable du résultat de ses investigations. Enfin, l'ESFP ne peut pas être recommencé au titre du même impôt et de la même période, sauf en cas d'agissements frauduleux (renseignements incomplets ou inexacts) ou lorsque l'Administration recourt à l'assistance administrative (internationale).[50]

Finalement, la seule différence notable réside dans la durée de l'ESFP. Celui-ci ne peut, en principe, excéder un an.[51] Cette période s'entend depuis la date de réception de l'avis de vérification, jusqu'à l'envoi de la notification de redressement.[52] Ce délai est porté à deux ans en cas d'activité occulte, et il peut faire l'objet d'une prorogation.[53]

2. *Les resultats du controle fiscal*

Il ne peut jamais y avoir que deux résultats. Soit, le contribuable s'est acquitté régulièrement de toutes les obligations juridiques qui lui incombaient, soit il les a méconnu, à un titre ou à un autre. Dans le premier cas l'Administration l'en informera par un avis d'absence de redressement; dans le second, elle lui transmettra une notification de redressement. Or seule cette deuxième hypothèse mérite une réflexion.

L'Administration dispose d'un droit de redressement qui s'inscrit dans le prolongement du droit de reprise. En effet, le redressement s'entend comme le pouvoir conféré à l'Administration d'ajouter ou de suppléer à ce qui a été ou ce qui aurait dû être déclaré, par le contribuable, de façon que cela se traduise par une majoration immédiate ou différée de sa cotisation d'impôt.[54] Le redressement s'accompagne nécessairement de sanctions pour le contribuable.

2.1 Le redressement

Il existe plusieurs procédures de redressement. Il est, cependant, possible de les distinguer en fonction du caractère contradictoire ou non qu'elles revêtent.

2.1.1 La procédure de redressement contradictoire

Pour être la procédure de droit commun, la procédure de redressement contradictoire ne s'applique cependant pas à toutes les impositions. Notamment, les contributions directes locales et les contributions indirectes échappent à son champ d'application.[55]

Nonobstant, son étude présente un double intérêt fondé d'une part sur le déroulement de sa procédure, et, d'autre part sur la possible intervention d'une commission départementale.

2.1.1.1 *Le déroulement de la procédure contradictoire* – La procédure contradictoire suit trois étapes.

L'Administration adresse, au contribuable, en général par lettre recommandée avec avis de réception, une notification de redressement motivée. Celle-ci indique clairement le montant des droits rappelés, ainsi que les pénalités en résultant. La motivation présente un grand intérêt pour le contribuable qui pourra ainsi mieux discuter les bases retenues par l'Administra-

49. Cet avis est transmis par lettre recommandée avec avis de réception.

50. Art. L 50 du LPF.

51. Trois mois en matière de vérification de comptabilité lorsque le chiffre d'affaires de l'entreprise n'excède pas les limites du régime réel d'imposition.

52. Art. L 12 du LPF.

53. Par exemple lorsque l'Administration a adressé une demande d'éclaircissements ou de justifications.

54. Art. L 55 du LPF. On rappelle que le montant des redressements a atteint, en 1997, 76 milliards de francs (11,5 milliards d'euro) (source: *Rapport d'Activité de la DGI, Contrôle Fiscal*, 1997).

55. Art. L 56 du LPF.

tion. Le contribuable peut être assisté par un conseil de son choix. La notification de redressement interrompt la prescription du droit de reprise.

Le contribuable dispose alors d'un délai de trente jours pour accepter ou refuser la proposition contenue dans la notification.[56] Car, il faut le savoir, la notification de redressement ne constitue jamais, sur un plan juridique, qu'une simple proposition de redressement adressée par l'Administration Fiscale. Le contribuable peut, d'abord, accepter le redressement proposé. L'acceptation sera le fait d'une réponse dans ce sens formulée par le contribuable à l'Administration; mais l'acceptation peut également résulter du défaut de réponse du contribuable dans le délai de 30 jours. En effet, le silence vaut acceptation implicite de la proposition de redressement. En cas d'acceptation, le supplément d'impôt est calculé conformément aux bases indiquées dans la notification de redressement. Si plus tard, le contribuable se ravisait et portait l'affaire devant le juge compétent, il lui appartiendrait de supporter la charge de la preuve, ce qui peut être, pour lourd de conséquences dans la décision rendue par l'instance contentieuse et rarement à l'avantage de ce dernier. Mais le contribuable peut, également, refuser et présenter par écrit, dans le délai de 30 jours, des observations à l'Administration.

Avec le refus du contribuable s'ouvre la troisième étape. Elle prend la forme d'un dialogue dont les locuteurs sont le contribuable et l'Administration. Plusieurs solutions sont, ici encore, envisageables. Si les arguments du contribuable sont reconnus fondés par l'Administration, elle renoncera (en totalité ou en partie) aux redressements envisagés. Dans le cas contraire, l'Administration informera le contribuable par lettre motivée. Mais la situation du contribuable est, alors, bien meilleure que dans le cas précédent. En effet, en cas de contestation portée devant la juridiction compétente, la charge de la preuve pèsera sur l'Administration. Concrètement, elle devra apporter des éléments confirmant que les bases d'imposition retenues appréhendent correctement la situation fiscale du contribuable. Mais lorsque le désaccord persiste, une commission départementale peut être saisie.

2.1.1.2 *L'intervention de la commission départementale* – De fait, deux commissions départementales sont susceptibles d'intervenir:[57] la Commission Départementale des Impôts Directs et Taxes sur le Chiffre d'Affaires et la Commission Départementale de Conciliation.

• La Commission Départementale des Impôts Directs et des Taxes sur le Chiffre d'Affaires doit être saisie[58] dans un délai de 30 jours à compter de la décision de l'Administration rejetant les observations du contribuable s'opposant à la proposition de redressement. La procédure suivi devant celle-ci est contradictoire: en particulier, le contribuable est entendu par la Commission. La compétence de cette Commission doit être précisée.

D'abord, la Commission est saisie pour avis. Juridiquement donc, l'Administration est entièrement libre de s'y conformer ou pas. Pourtant, en pratique, l'Administration suit l'avis émis par la Commission. Il est vrai que celui-ci conditionne la charge de la preuve. Si, en principe, la charge de la preuve incombe à l'Administration elle pèsera dans trois cas sur le contribuable: comptabilité affectée d'irrégularités graves et imposition établie conformément à l'avis de la Commission; absence de comptabilité (quelque soit l'avis de la Commission); contribuable taxé d'office pour défaut de réponse à une demande d'éclaircissements ou de justifications formulée à la suite d'un ESPF.

La Commission ne se prononce que sur des questions de fait et pas de droit.[59] Sa

56. Art. R 57-1 du LPF.

57. Arts. L 59, L 59-A et L 59-B du LPF.

58. Soit par l'Administration, soit par le contribuable.

59. Par exemple, elle prendra position sur le caractère probant ou pas d'une comptabilité, de mê-

compétence est réservée à certains impôts: TVA, impôt sur les sociétés, bénéfices professionnels en matière d'impôt sur le revenu.[60]

Enfin, la Commission ne peut être saisie en cas d'imposition établie d'office, sauf en cas de taxation d'office pour défaut de réponse à une demande d'éclaircissements ou de justifications intervenue dans le cadre d'un ESFP. L'idée prévalant alors est que l'absence de loyauté du contribuable le prive de certaines garanties.

La Commission est présidée par un membre du corps des tribunaux administratifs ou des cours administratives d'appel. Elle comprend, en outre, des membres de l'Administration Fiscale et des représentants des contribuables dont le nombre et la qualité varient en fonction des affaires dont elle a à connaître. Enfin, depuis 1999, les représentants du monde associatif sont également membres de cette Commission.

• La Commission Départementale de Conciliation intervient lorsque le désaccord persiste sur le prix ou l'évaluation de biens ayant donné lieu à paiement des droits d'enregistrement, de la taxe de publicité foncière ou d'impôt sur la fortune.[61] Elle peut être saisie dans un délai de 30 jours à l'initiative du contribuable ou de l'Administration.

Cette Commission est présidée par un magistrat de l'ordre judiciaire et comprend huit membres dont un notaire et trois représentants des contribuables. La procédure suivie devant elle est contradictoire et elle rend un avis motivé.

Seul les règles relatives à la charge de la preuve divergent de celles posées lors de l'intervention de la Commission Départementale des Impôts Directs et Taxes sur le Chiffre d'Affaires: l'intervention de la Commission Départementale de Conciliation est sans incidence sur la charge de la preuve qui pèse sur l'Administration.

2.1.2 Les autres procédures de redressement

Elles sont multiples. Tout d'abord, les textes donnent à l'Administration le pouvoir d'imposer d'office le contribuable.[62] L'imposition d'office pénalise doublement le contribuable. D'une part, la base d'imposition est établie par l'Administration sans discussion aucune; d'autre part, la charge de la preuve, en cas de contestation portée devant le juge, pèse, dans tous les cas, sur le contribuable. Deux procédures sont prévues sans qu'il soit nécessaire d'attacher une conséquence quelconque à la différence terminologique: la taxation d'office ou l'évaluation d'office. La procédure d'imposition d'office interviendra soit en cas de défaut ou de retard dans la souscription de certaines déclarations, soit en cas d'absence de réponse à une demande d'éclaircissements ou de justifications, soit en cas d'opposition à contrôle fiscal, soit en cas de défaut de désignation en France d'un représentant pour un contribuable non résident.

Ensuite, il existe une procédure de règlement particulière[63] applicable aux entreprises dont le chiffre d'affaires ne dépasse pas les limites du régime réel normal d'imposition.[64] Lorsqu'une vérification de comptabilité a fait apparaître des erreurs, des inexactitudes ou des omissions l'entreprise peut, à sa demande expresse, bénéficier d'un régime de faveur (*de simple rappel*). Le contribuable, concrètement, ne paiera, en sus du complément d'impôt, qu'un simple intérêt de retard de 0,75 % par mois de retard. Cependant, l'application de cette procédure est triplement conditionnée: le contribuable doit être de bonne foi, il doit souscrire les déclarations rectificatives résultant de la vérification de comptabilité, il

me appréciera-t-elle le caractère anormal ou pas d'une rémunération. Par contre elle ne se prononcera pas sur la question de savoir dans quelle catégorie juridique il convient de classer tel revenu ou bénéfice.

60. BIC, BNC, BA.

61. Art. L 59-B du LPF.

62. Arts. L 65 à L 74 du LPF.

63. Art. L 62 du LPF.

64. V., *supra*, note 12.

doit payer le supplément d'impôt dans un délai de deux mois.

La procédure de répression des abus de doit constitue une curiosité du Droit Fiscal Français.[65] Elle consiste pour l'Administration Fiscale à prononcer la déqualification d'une opération juridiquement régulière en raison du caractère fictif de celle-ci, ou du fait qu'elle ne poursuit qu'un but précis, celui d'éluder l'impôt.[66] Par contre, l'abus de droit ne saurait être retenu lorsque la possibilité de choix est offerte au contribuable et qu'il opte pour la solution la plus avantageuse sur le plan fiscal. La distinction entre ce qui est autorisé et ce qui est dénoncé sur la base de l'abus de droit n'est guère aisée à établir. Le champ d'application de l'abus de droit s'étend aux impôts frappant les bénéfices ou les revenus, aux taxes sur le chiffre d'affaires, à l'impôt sur la fortune et aux droits d'enregistrement. La procédure de l'abus de droit se singularise sur plusieurs points. L'Administration dénonce l'opération litigieuse en procédant à un redressement notifié au contribuable qui a la faculté de présenter des observations. En cas de rejet, par l'Administration, le contribuable dispose d'un délai de 30 jours pour lui demander de soumettre le litige au Comité Consultatif pour la Répression des Abus de Droit. Ledit Comité se compose de quatre membres[67] et il rend un avis. Sa saisine conditionne la charge de la preuve: l'Administration supporte le fardeau de la preuve si le Comité n'est pas saisi ou si, bien qu'étant saisi, elle ne suit pas son avis; dans le cas contraire elle pèsera sur le contribuable. Le contribuable peut cependant se prémunir contre la procédure de l'abus de droit s'il a au préalable porté à la connaissance de l'Administration la construction juridique qu'il envisageait et que celle-ci s'est abstenue de répondre dans un délai de six mois.[68]

Enfin, il est loisible de mentionner la procédure spéciale de l'art. 168 du CGI au terme de laquelle lorsque l'Administration constate une disproportion marquée entre le train de vie d'un contribuable et ses revenus, elle peut modifier la base d'imposition en se fondant sur certains éléments de son train de vie.[69]

2.2 *Les sanctions*

Les sanctions sont triples: fiscales, pénales et spéciales; et elles se cumulent sans contrevenir à la règle *non bis in idem*.[70]

Les sanctions fiscales doivent être motivées et elle prennent deux aspects. En premier lieu, le contribuable s'expose à un intérêt de retard.[71] Ensuite, il encourt une majoration d'impôt dont le taux varie, en fonction des impôts incriminés et des circonstances, entre 5 et 150%!

Les sanctions pénales sanctionnent un délit de fraude fiscale et elles sont prononcées par un juge.[72] Les auteurs des infractions fiscales, ainsi que leurs complices sont, essentiellement, passibles d'amendes, dont le montant est fixé par les textes, et de peines de prison.[73]

Enfin des sanctions particulières, qui n'en sont pas moins néfastes pour le contribuable, complètent l'arsenal répressif. D'une part, il appartient au juge, à titre complémentaire, de prononcer des interdictions et

65. Arts. L 64 et ss. du LPF.

66. Comme par exemple une vente déguisée d'un bien immobilier entre parents qui cache en réalité une donation.

67. Le directeur de la DGI, un conseiller d'État (Président), un conseiller à la Cour de Cassation et un professeur de Droit.

68. Art. L 64-B du LPF. C'est ce que l'on appelle la procédure du rescrit.

69. En prenant en compte certains éléments et en leur affectant un revenu fictif (résidence principale, résidence secondaire, employés de maisons, yachts ou bateaux de plaisance ...).

70. Cf. Cour de Cassation, Chambre Criminelle, 6.11.1997, Pini, DF 1998 n. 521.

71. Qui est invariablement de 0,75% par mois de retard.

72. En l'occurrence le Tribunal Correctionnel.

73. En 1996, 264 peines de prison (ferme ou avec *sursis*) ont été prononcées en tant que sanction de la fraude fiscale.

des suspensions.[74] D'autre part, des textes spéciaux privent le contribuable de certains droits.[75]

Le contrôle fiscal, tel le dieu Janus, constitue une réalité à deux faces: l'Administration possède des prérogatives importantes lui permettant de mettre fin et de corriger les irrégularités fiscales; le contribuable pour peu qu'il prépare la vérification, et coopère avec l'Administration, peut lui opposer des droits certains et efficaces. L'équilibre n'est certes pas parfait, il n'en demeure pas moins acceptable.

Par contre, que le contribuable essaie de se soustraire, frauduleusement, à des obligations fiscales précisément identifiées, ou qu'il néglige d'apporter son concours aux opérations de contrôle, même si sa bonne foi ne saurait être mise en cause, et il a alors beaucoup, sinon tout, à perdre. C'est le prix payé pour assurer la primauté de la souveraineté fiscale de l'Etat!

3. *Abréviations*

BA – Bénéfice agricole (impôt sur le revenu)

BIC – Bénéfice Industriel et Commercial (impôt sur le revenu)

BNC – Bénéfice Non-Commercial (impôt sur le revenu)

CE – Conseil d'Etat

cf. – confer

CGI – Code Général des Impôts

concl. – Conclusions du Commissaire du Gouvernement

DF – *Droit Fiscal* (revue hebdomadaire)

DGDDI – Direction Générale des Douanes et des Droits Indirects

DGI – Direction Générale des Impôts

ESFP – Examen Contradictoire de la Situation Fiscale Personnelle

INSEE – Institut National des Statistiques et des Études Economiques

LPF – Livre des Procédures Fiscales

TGI – Tribunal de Grande Instance

TVA – Taxe sur la Valeur Ajoutée

4. *Eléments de bibliographie*

Code Général des Impôts et Livre des Procédures Fiscales.

Lamy Fiscal 1999. 2 vs. Paris.

Mémento Fiscal 1999. Levallois, Francis Lefebvre.

74 . Comme l'interdiction d'exercer une activité commerciale, industrielle ou libérale; ou prononcer la suspension du ... permis de conduire.

75. L'art. 49 du Code des Marchés Publics prévoit ainsi l'éviction temporaire des entreprises dont les dirigeants ont été condamnés pour fraude fiscale de toute procédure de passation des marchés publics.

A HIPÓTESE DE INCIDÊNCIA DO IMPOSTO SOBRE A RENDA CONSTRUÍDA A PARTIR DA CONSTITUIÇÃO

HUMBERTO ÁVILA

Professor da PUC/RS (Graduação e Mestrado) e da Escola Superior da Magistratura/RS – Especialista em Finanças das Empresas na Faculdade de Ciências Econômicas e Mestre em Direito Público na Faculdade de Direito da UFRS – Doutorando em Direito, pelo CNPq, na Universidade de Munique, Alemanha – Advogado e Parecerista em Porto Alegre

1. Introdução. 2. Construção do conceito constitucional de renda: 2.1 Delimitação das normas aplicáveis – 2.2 Delimitação por meio de princípios e postulados: 2.2.1 Princípios materiais: 2.2.1.1 Dignidade humana – 2.2.1.2 Proteção da propriedade e da liberdade – 2.2.2 Deveres de medida: 2.2.2.1 Princípio da igualdade – 2.2.2.2 Postulado da proporcionalidade – 2.3 Quadro ilustrativo dos limites fundamentais à tributação – 2.4 Delimitação por meio de regras de competência: 2.4.1 Delimitação positiva – 2.4.2 Delimitação negativa – 2.5 Conceito constitucional de renda – 2.6 Concretização do conceito constitucional de renda pelo Código Tributário Nacional. 3. Questão polêmica: 3.1 Indenizações e o imposto sobre a renda: 3.1.1 Introdução – 3.1.2 Indenização e imposto de renda na doutrina: 3.1.2.1 Indenização por dano patrimonial – 3.1.2.2 Indenização por dano moral: 3.1.2.2.1 Conceito de indenização por dano moral – 3.1.2.2.2 Indenização por dano moral e imposto de renda.

1. Introdução

Estudos sobre a definição da hipótese de incidência do imposto sobre a renda existem numerosos, e de consistência. Pode-se mesmo afirmar que as etapas da evolução (epistemológica e metodológica) dos estudos tributários brasileiros tornam-se patentes pela análise do desenvolvimento progressivo da concepção doutrinária de renda: primeiro econômica, depois legalista, constitucional no fim. Com efeito, vence-se, primeiro, o problema epistemológico dos estudos tributários com a transição de uma concepção meramente econômica de renda, baseada no exame de teorias econômicas e fiscais, para uma compreensão jurídica ainda fundada na pesquisa de dispositivos legais imediatamente relativos ao conceito de renda. Depois, alarga-se o objeto-de-conhecimento, para passar a analisar o conceito de renda com base no ordenamento jurídico, enfrentando-se, então, o problema metodológico da pesquisa, adequando-a ao conteúdo semântico dos princípios e das regras constitucionais aplicáveis.

Como em qualquer evolução humana, o avanço doutrinário terminou por construir um saber incapaz de compreender certas experiências. De fato, centrando-se nos princípios constitucionais, os estudos doutrinários acerca do conceito de renda têm de enfrentar a *maior indeterminação* e a *múltipla função* das normas que passam a manipular, no que nem sempre logram consistência. Ao mesmo tempo que explica os limites fornecidos pelos princípios constitucionais e pela regras de competência à conceituação de renda, a doutrina ainda não discerne, precisamente, nem o *campo de aplicação* de cada princípio, nem mesmo a sua função relativamente aos demais, fazendo, por exemplo, derivar da igualdade limites verdadeiramente decorrentes do campo de aplicação de outras normas. Problemas específicos são também facilmente detectáveis: os estudos tributários não descrevem os contornos a serem observados na instituição de ficções e presunções pela legislação infraconstitucional, nem tampouco elucidam as razões da não-incidência do imposto sobre a renda no caso de indenizações, por exemplo.

A finalidade do presente estudo é, pois, construir a hipótese de incidência do imposto sobre a renda a partir das normas constitucionais. Com isso, pretende-se demonstrar que várias questões, antes de ficarem ao livre arbítrio do legislador ou mesmo da Administração, devem ser resolvidas apenas com base na Constituição.

2. *Construção do conceito constitucional de renda*

2.1 *Delimitação das normas aplicáveis*

O primeiro obstáculo à adequada conceituação da hipótese de incidência do imposto sobre a renda reside na identificação entre *dispositivo* e *norma*. Norma não é o texto nem o conjunto deles, mas o conteúdo de sentido construído a partir da interpretação sistemática baseada em textos normativos.[1] A trivialidade dessa constatação esconde a importância da sua correta compreensão. É que o conceito constitucional de renda não será fornecido pelo exame *isolado* dos dispositivos que *expressa* e *imediatamente* digam respeito à *matéria tributária*, em especial ao imposto sobre a renda. Barros Carvalho já o antevira ao afirmar que o Direito Tributário não pode ser focalizado segundo um critério *ratione materiae*.[2] Bem analisada a questão, o critério aglutinador deve ser outro.

O conjunto de normas pertencentes ao Direito Tributário será fornecido, outrossim, pela compreensão *sistemática* dos dispositivos que *expressa* ou *implicitamente*, *imediata* ou *mediatamente*, entrem em contato com os *bens jurídicos* restringidos na concretização da *relação obrigacional tributária* (que envolva o imposto sobre a renda). Essa constatação é de importância capital para o desenvolvimento de qualquer estudo tributário.

Bem de ver que a manipulação dessas normas que restringem, sobretudo, os direitos de liberdade e de propriedade dos contribuintes é limitada pelo próprio sistema no qual elas estão inseridas. Calha analisar, pois, as duas características principais do Sistema Constitucional Tributário. Em primeiro lugar, a *rigidez*, decorrente da previsão constitucional das normas estruturantes da tributação, como as regras de competência, as hipóteses de incidência de cada um dos tributos, os princípios fundamentais e gerais aplicáveis à tributação.[3] A Constituição exige, até mesmo, um procedimento específico para a instituição de outros tributos, que não podem possuir fato gerador ou base de cálculo próprios daqueles por ela discriminados (art. 154, I). A qualificação de *rígida* provém não só do procedimento parlamentar específico exigido para que essas normas possam ser modificadas, diverso daquele aplicável às leis

1. Riccardo Guastini, *Teoria e Dogmatica delle Fonti*, Milão, Giuffrè, 1998, p. 16.

2. *Teoria da Norma Tributária*, São Paulo, LAEL, 1974, p. 74. Idem, *Direito Tributário: Fundamentos Jurídicos da Incidência*, São Paulo, Saraiva, 1998, p. 77.

3. Geraldo Ataliba, *Sistema Constitucional Tributário*, São Paulo, Ed. RT, 1968, pp. 7, 20 e 36.

ordinárias; ela decorre, também, da proibição mesma de modificação daquelas normas que consubstanciam garantias (art. 60, § 4º). Em segundo lugar, a *abertura*, no sentido de que o Sistema Tributário Nacional não se esgota no sistema previsto nos arts. 145 a 162 da CF, também qualificado de *sistema externo*, senão que também inclui outras garantias asseguradas ao contribuinte (art. 150, *caput*), quer aquelas expressamente disciplinadas, quer aquelas decorrentes dos princípios fundamentais adotados pela Constituição (art. 5º, § 2º). Todas as normas que expressa ou implicitamente, imediata ou mediatamente, entrem em contato com os bens jurídicos restringidos na concretização da relação obrigacional tributária consubstanciam o *sistema tributário interno*.[4]

Em face dessas considerações, resulta absolutamente claro que a definição de renda deve ser construída não apenas por meio do exame do inciso III do art. 153 da CF. Ela pressupõe, outrossim, a análise das seguintes normas constitucionais: dos princípios constitucionais fundamentais e gerais; das regras de competência, quer aquelas que habilitam a União a instituir o imposto sobre a renda, quer aqueloutras que facultam a qualquer entidade política de Direito Interno instituir impostos sobre outras bases, das quais a renda, *per exclusio*, haverá de ser estremada; das normas que delimitam a hipótese material de incidência do imposto sobre a renda.

O postulado da *unidade* (e da *coerência*) do ordenamento jurídico implica a necessária relação entre *parte* e *conjunto*, de tal sorte que a interpretação da norma pressupõe a do sistema do qual ela faz parte, e vice-versa.[5] Mais do que isso: a unidade do ordenamento jurídico implica sincronia na interpretação das normas, devendo-se interpretar uma norma ao mesmo tempo que se analisa as demais.

A concretização da relação obrigacional tributária (que tem por objeto o pagamento do imposto sobre a renda) provoca, necessariamente, a *incidência* de determinadas normas jurídicas: de um lado, das normas, princípios e regras que protegem os *bens jurídicos* cuja realização é por ela restringida, a seguir designadas de *normas materiais*, como as que garantem a realização da dignidade humana, da propriedade e da liberdade, quer como direitos, quer como fins; de outro, das normas e postulados que estabelecem como devem ser repartidos aqueles bens protegidos ou realizadas aquelas finalidades devidas, a seguir chamados de *deveres de medida*, como os que instituem os deveres de igualdade e de proporcionalidade.

2.2 *Delimitação por meio de princípios e postulados*

2.2.1 Princípios materiais

2.2.1.1 *Dignidade humana* – A concretização da relação obrigacional tributária que tem por objeto o pagamento do imposto sobre a renda restringe a esfera jurídica do homem, afetando-lhe indiretamente sua dignidade (art. 1º, III) e a manutenção da sua família (art. 226). É justamente esse fim de garantir condições de possibilidade de desenvolvimento da dignidade humana que o Estado, exatamente por tê-lo de preservar, não poderá excessivamente restringir por meio da tributação. Com efeito, ao passo que a Constituição estabelece regras de competência para a instituição de impostos, ela também assegura a inviolabilidade da dignidade humana, e estabelece a função social do Estado (arts. 3º, III, e 6º).[6] E, quando o faz, cria uma *rela-*

4. Quanto ao conceito de sistema jurídico interno, v.: Claus-Wilhelm Canaris, *Systemdenken und Systembegriff in der Jurisprudenz*, 2ª ed., Berlim, Duncker und Humblot, 1982, pp. 19, 35 e 40; Franz Bydlinski, *System und Prinzipien des Privatrechts*, Springer/Viena/Nova York, 1996, p. 16.

5. Robert Alexy, "Juristische Interpretation", in *Recht, Vernunft, Diskurs*, Frankfurt am Main: Suhrkamp, 1995, p. 76.

6. Volker Neumann, "Menschenwürde und Existenzmininum", in *Neue Zeitschrift für Verwaltungsrecht*, v. 5, 1995, p. 426.

ção de tensão entre *finalidades dialeticamente implicadas*: enquanto a instituição de impostos serve para preservar a dignidade humana, não podendo, por isso mesmo, ser excessivamente restringida, ela deverá sujeitar-se a um mínimo de restrição por meio da tributação, igualmente assegurada. Dentre as alternativas de interpretação deverá ser escolhida aquela que privilegie o homem como fim, nunca como meio, atribuindo à sua dignidade a maior eficácia possível.[7]

Daí derivam conseqüências práticas. Somente a renda *disponível* da atividade desempenhada pode ser tributada. Despesas indispensáveis à manutenção da dignidade humana e da família devem ser excluídas da tributação. Preservar a dignidade humana e a existência da família *implica* não as destruir por meio da tributação.[8]

2.2.1.2 *Proteção da propriedade e da liberdade* – A concretização da relação obrigacional tributária que tem por objeto o pagamento do imposto sobre a renda restringe também a disponibilidade jurídica acerca do direito de propriedade (art. 5º, XXII). Enquanto a Constituição estabelece regras de competência para a instituição de impostos, ela assegura a inviolabilidade do direito de propriedade. Ao fazê-lo, cria igual tensão: enquanto a instituição de impostos deve preservar a inviolabilidade do direito de propriedade (art. 150, IV), essa deve atender à sua função social via tributação (art. 5º, XXIII).

A concretização da relação obrigacional tributária que tem por objeto o pagamento do imposto sobre a renda restringe, da mesma forma, a disponibilidade jurídica acerca do direito de liberdade (arts. 5º, *caput*, e 170). De novo: enquanto a Constituição estabelece regras de competência para a instituição de impostos, ela assegura a inviolabilidade do direito de liberdade. A relação de tensão tem igual natureza: enquanto a instituição de impostos deve preservar a inviolabilidade do direito de liberdade, esse pode ser restringido via tributação.

Segue daí que as despesas necessárias ao livre exercício de atividades empresariais e para a manutenção da fonte geradora da renda devem ficar livres da tributação.[9] Isso deve ocorrer tanto no caso das pessoas físicas, por meio da dedução ou isenção das despesas necessárias à existência digna da pessoa e de sua família, quanto no caso de pessoas jurídicas, caso em que as despesas necessárias ao seu funcionamento e mais a parcela destinada à reposição do capital deverão ser deduzidas da hipótese de incidência do imposto sobre a renda.[10] Ora, preservar a liberdade empresarial *implica* não a destruir por meio da tributação. Entendimento contrário faria com que o imposto incidisse sobre entradas; não sobre rendas ou proventos. O conceito constitucional de renda compreende apenas o resultado líquido disponível da atividade do sujeito.[11]

Ainda que a ponderação entre aqueles fins só se complete no plano concreto, mediante a criação de regras de prevalência, a *pretensão de eficácia* de cada norma implica a proibição de restrição de sua eficácia mínima. É dizer: a instituição de impos-

7. Christoph Enders, *Die Menschenwürde in der Verfassungsordnung*, Tübingen, Mohr Siebeck, 1997, p. 99 e 101.

8. Stefan Homburg, "Zur Steuerfreiheit des Existenzminimums: Grundfreibeitrag oder Abzug von der Bemessungsgrundlage?", in *Finanzarchiv* 52/182-195 (p. 194), 1995.

9. Misabel de Abreu Machado Derzi, "Notas" a Aliomar Baleeiro, *Direito Tributário Brasileiro*, 11ª ed., Rio de Janeiro, Forense, 1998, p. 318.

10. Gisele Lemke, *Imposto de Renda: os Conceitos de Renda e de Disponibilidade Econômica e Jurídica*, São Paulo, Dialética, 1998, p. 51.

11. Cf.: Roque Antônio Carrazza, *Curso de Direito Constitucional Tributário*, 11ª ed., São Paulo, Malheiros Editores, 1998, p. 80; Misabel de Abreu Machado Derzi, "Notas" a Aliomar Baleeiro, *Limitações Constitucionais ao Poder de Tributar*, Rio de Janeiro, Forense, 1997, p. 693; Roberto Quiroga Mosqueira, *Renda e Proventos de Qualquer Natureza: o Imposto e o Conceito Constitucional*, São Paulo, Dialética, 1996, pp. 79, 81 e ss. e 117. No Direito alemão: Tipke/Lang, *Steuerrecht*, 15ª ed., Köln, Otto Schmidt, 1996, p. 235.

tos não pode prejudicar os limites mínimos de eficácia do direito de propriedade e de liberdade. Cada norma constitucional pressupõe a existência de bens – situações, objetos ou estados –, que devem ficar à disposição dos sujeitos, de modo a permitir sua eficácia.[12] Confiscar significa, pois, aniquilar a eficácia mínima do princípio da proteção da propriedade e da liberdade em favor da tributação.[13]

Sendo assim, é da igual pretensão de eficácia das normas constitucionais que decorre a *proibição de excesso* (*Übermassverbot*), segundo a qual a realização de um fim não pode comprometer a realização mínima de outro.

O decisivo, aqui, é que ficam estabelecidos limites, máximo e mínimo, ao poder de tributar: de um lado, um *limite vertical superior ou máximo*, na medida em que a tributação não poderá ser excessivamente alta a ponto de comprometer a eficácia mínima dos direitos fundamentais de propriedade e de liberdade; de outro, um *limite vertical inferior ou mínimo*, já que a tributação não poderá ser excessivamente alta a ponto de comprometer a eficácia mínima do direito fundamental à dignidade humana.[14] Esses limites não são diretamente decorrentes da igualdade segundo a capacidade contributiva. Eles resultam da incidência das normas constitucionais que protegem determinados bens jurídicos. Somente dentro desses limites é que existe capacidade contributiva, fora dos quais ela deixa, sim, de estar presente.

A existência desses limites traz duas conseqüências. Primeira: a tributação só pode atingir a esfera de disponibilidade além da qual a propriedade e a liberdade possuem uma mínima eficácia. Caso contrário haverá violação da proibição de confisco (art. 150, IV). Segunda: a tributação só pode atingir a esfera de disponibilidade acima daquela necessária à existência digna do cidadão, além da qual a sua capacidade contributiva manifesta-se. De outro modo haverá violação do mínimo vital (art. 1º, III).

Analisado o âmbito em que pode recair a tributação, cumpre analisar como deve ela ser repartida. São os deveres de medida que o dizem.

2.2.2 Deveres de medida

2.2.2.1 *Princípio da igualdade* – O princípio da igualdade exige igualdade de tratamento àqueles que se encontram na mesma situação (art. 5º, *caput*). Trata-se de um *direito fundamental* ao tratamento isonômico.

A igualdade implica *generalidade* e *abstração*: nenhum tratamento igual sem normas que se dirijam a um número *indeterminado de pessoas* e a um *número indeterminado* de situações.[15] Nenhuma igualdade sem lei abstrata e geral. Daí a *essencial unidade* entre legalidade e igualdade, bem qualificada por Souto Maior Borges como *legalidade isonômica*.[16] A igualdade por meio da generalidade e da abstração só se viabiliza por meio da regulação dos casos normais. "Regra", aliás, vem do Latim *regula*, cujo significado é padrão ou modelo.[17] Assim também "norma", aplicável aos casos "normais".[18] É dizer o mesmo: a norma geral e abstrata pode vir a ser insuficiente para a regulação de casos ex-

12. Michael Marx, *Zur Definition des Begriffs "Rechtsgut": Prolegomena einer materialen Verbrechenslehre*, Köln, Carl Heymanns, 1971, p. 68.

13. Humberto Bergmann Ávila, "A distinção entre princípios e regras e a redefinição do dever de proporcionalidade", *RDA* 215/151-179 (p. 175), Rio de Janeiro, Renovar, janeiro-março/99.

14. De modo similar: Gisele Lemke, *Imposto de Renda: os Conceitos de Renda e de Disponibilidade Econômica e Jurídica*, São Paulo, Dialética, 1998, pp. 51 e 52.

15. Lerke Osterloh, *Gesetzesbindung und Typisierungsspielräume bei der Anwendung der Steuergesetze*, Baden-Baden, Nomos, 1992.

16. "A isonomia tributária na Constituição Federal de 1988", *RDT* 64/8-19 (p. 13).

17. Similar: José Souto Maior Borges, *O Contraditório no Processo Judicial: uma Visão Dialética*, São Paulo, Malheiros Editores, 1996, p. 92.

18. Hans Kelsen, *Allgemeine Theorie der Normen*, Viena, Manz Verlag, 1990, p. 3.

cepcionais, em cujas hipóteses o *postulado da razoabilidade* irá medir a aplicação por meio da análise de elementos concreto-individuais (*Zumutabarkeitsgrundsatz*).[19] Ora, a aplicação da regra geral deve manter-se dentro dos casos-padrão, não se orientando àqueles atípicos.[20]

A pretensão de eficácia do princípio da igualdade exige que todas as manifestações relevantes dos contribuintes sejam atingidas. Daí a exigência de *universalidade*.

A concretização do princípio da igualdade depende do critério-medida objeto de diferenciação. Isso porque o princípio da igualdade, ele próprio, nada diz quanto aos bens ou aos fins de que se serve a igualdade para diferenciar ou igualar as pessoas. As pessoas ou situações são iguais ou desiguais em função de um critério diferenciador. Duas pessoas são formalmente iguais ou diferentes em razão da idade, do sexo ou da capacidade econômica. Essa diferenciação somente adquire relevo *material* na medida em que se lhe agrega uma finalidade, de tal sorte que as pessoas passam a ser iguais ou diferentes de acordo com um mesmo critério, dependendo da finalidade a que ele serve. Duas pessoas podem ser iguais ou diferentes segundo o *critério da idade*: deverão ser tratadas de modo diferente para votar em alguma eleição, se uma tiver atingido a maioridade não alcançada pela outra; deverão ser tratadas igualmente para pagar impostos, porque a concretização dessa finalidade é indiferente à idade. Duas pessoas podem ser consideradas iguais ou diferentes segundo o *critério do sexo*: deverão ser havidas como diferentes para obter licença-maternidade se somente uma delas for do sexo feminino; deverão ser tratadas igualmente para votar ou pagar impostos, porque a concretização dessas finalidades é indiferente ao sexo. Do mesmo modo, duas pessoas podem ser compreendidas como iguais ou diferentes segundo o *critério da capacidade econômica*: deverão ser vistas como diferentes para pagar impostos se uma delas tiver maior capacidade contributiva; serão tratadas igualmente para votar e para a obtenção de licença-maternidade, porque a capacidade econômica é neutra relativamente à concretização dessas finalidades.[21]

Vale dizer: a aplicação da igualdade depende de um *critério diferenciador* e de um *fim* a ser alcançado. Dessa constatação surge uma conclusão tão importante quanto menosprezada: fins diversos levam à utilização de critérios distintos, pela singela razão de que alguns critérios são adequados à realização de determinados fins; outros, não. Mais do que isso: fins diversos – como será demonstrado – conduzem a medidas diferentes de controle. Há fins e *fins* no Direito.[22]

As normas tributárias dirigem-se à concretização de diversos fins. E, ao fazê-lo, restringem bens jurídicos distintos. Lembre-se: não se está, aqui, a falar na *causa* extrajurídica que levou o legislador a instituir esse ou aquele tributo. Não. Ao contrário: investiga-se o fundamento de validade ou justificativa jurídica utilizada para a distinção entre os sujeitos e a finalidade que a distinção busca alcançar. Lá, uma questão metajurídica; aqui, um problema eminentemente jurídico, apesar de relegado pela doutrina ao olvívio. É que, sendo diferentes a justificação e a finalidade da distinção, serão diversos os bens jurídicos, afetos aos sujeitos, que serão restringidos,

19. Humberto Bergmann Ávila, "A distinção entre princípios e regras e a redefinição do dever de proporcionalidade", *RDA* 215/151-179 (p. 173), Rio de Janeiro, Renovar, janeiro-março/99.

20. Lerke Osterloh, *Gesetzesbindung und Typisierungsspielräume bei der Anwendung der Steuergesetze*, Baden-Baden, Nomos, 1992, p. 80.

21. Paul Kirchhof, *Die Verschiedenheit der Menschen und die Gleichheit vor dem Gesetz*, Munique, Siemens Stiftung, 1996, pp. 8 e ss.

22. Vogel/Waldhoff, *Bonner Kommentar zum Grundgesetz*, 81 Lfg. 1997, p. 388; Dieter Birk, *Steuerrecht I, Allgemeines Steuerrecht*, 2ª ed., Munique, Beck, 1994, pp. 10 e 11; Stefan Huster, *Rechte und Ziele: Zur Dogmatik des allgemeinen Gleichheitssatzes*, Berlim, Duncker und Humblot, 1993, pp. 149, 166-167 e 210.

e, por implicação, também diferentes as regras e os princípios que os irão resguardar.

Quando os impostos tiverem uma justificação e uma finalidade fiscal, enquanto instituídos com o fim preponderante de obter receitas dos particulares, o *princípio da capacidade contributiva* será a medida de diferenciação entre os contribuintes.[23] O § 1º do art. 145 da CF determina que os impostos "terão caráter pessoal e serão graduados segundo a capacidade econômica do contribuinte". Importa dizer: o critério de aplicação da igualdade entre os contribuintes com a finalidade de pagar impostos é a sua própria capacidade econômica. Como a distinção entre os contribuintes é feita com base em elementos residentes neles próprios, e a finalidade da tributação é o próprio tratamento igualitário, critério e finalidade, antes de se afastarem, aproximam-se, para consubstanciar uma só equação: *a imposição deve corresponder à capacidade contributiva*. Fala-se, por isso, em *fim interno*.[24]

O dever de observância da capacidade contributiva traz duas conseqüências. Primeira: se os impostos deverão ser graduados segundo a *capacidade econômica* é porque o *substrato econômico* na hipótese de cada imposto é *pressuposto* pela própria Constituição. Só atividades relacionadas à renda, patrimônio ou consumo indicativas de expressão econômica podem ser tributadas (capacidade econômica absoluta, *Prinzip der Ist-Einkommenbesteuerung*). A capacidade produtiva não deve ser tributada, mas somente a riqueza efetivamente percebida. Nesse sentido, afastam-se tanto a tributação de rendimentos meramente nominais decorrentes da inflação quanto a tributação de riquezas meramente prováveis por meio de ficções e presunções absolutas.

No caso da renda isso traz a seguinte conseqüência: elemento objetivo da hipótese de incidência do imposto sobre a renda é a riqueza efetivamente obtida mediante participação no mercado econômico.[25] A renda ou acréscimo patrimonial será tributado se *avaliável* economicamente, vale dizer, trocável por bens ou serviços.

Além disso, se os impostos deverão ser graduados segundo a capacidade econômica, *instrumento* adequado a essa escala é a *progressividade*, de modo que, quanto maior a capacidade contributiva, maior deve ser a alíquota. Como qualquer norma jurídica, aquela que prescreve o dever de obediência à capacidade contributiva depende da *reserva do possível*: incidirá apenas nos casos em que a hipótese material de incidência permitir a consideração da capacidade econômica do contribuinte.[26] Tem-se, aqui, o chamado *princípio da pessoalidade dos impostos*. Aplicável no caso do imposto sobre a renda, portanto.

O decisivo é que o poder de tributar é limitado pelo princípio da capacidade contributiva: a instituição de impostos "pessoais" é inconstitucional quando não obedecer à capacidade econômica dos contribuintes.

2.2.2.2 *Postulado da proporcionalidade* – Quando os impostos tiverem uma justificação e uma finalidade extrafiscais, enquanto instituídos com o propósito prevalente de atingir fins econômicos ou sociais, já não mais será o princípio da capacidade contributiva a medida de diferenciação entre os contribuintes. Recorde-se: justificações diversas levam à utilização de critérios distintos. Ora bem: ao Estado cumpre não só garantir e estimular a realização dos princípios fundamentais (arts. 1º-5º) ou gerais da tributação (arts. 145-149); ao

23. Pedro M. Herrera Molina, *Capacidad Económica y Sistema Fiscal*, Madri, Marcial Pons, 1998, p. 73; F. Moschetti, "La capacità contributiva", *Tratatto di Diritto Tributario*, v. I, t. 1, Pádua, CEDAM, 1994, p. 230.

24. Stefan Huster, *Rechte und Ziele: Zur Dogmatik des allgemeinen Gleichheitssatzes*, Berlim, Duncker und Humblot, 1993, p. 149.

25. No Direito alemão, v. Joachim Lang, *Die Bemessungsgrundlage der Einkommensteuer. Rechtssystematische Grundlagen steuerlicher Leistungsfähigkeit im deutschen Einkommensteuerrecht*, Köln, Otto Schmitt, 1988, p. 237.

26. Regina Helena Costa, *Princípio da Capacidade Contributiva*, 2ª ed., São Paulo, Malheiros Editores, 1996, p. 87.

Estado incumbe também estimular e realizar os princípios gerais da atividade econômica (arts. 170 e ss.), bem como zelar pela concretização de outros tantos fins, como a manutenção do Estado Federativo (art. 18), a preservação da eficiência administrativa (art. 37), a garantia da segurança pública (art. 144), a implementação da política urbana (arts. 182 e 183), a garantia da função social da propriedade (arts. 184-191), a preservação da ordem social (arts. 193-231), a evolução da Ciência e da Tecnologia (arts. 218-224), a proteção do meio ambiente (art. 225) e da família (arts. 231 e 232), a fiscalização e o controle sobre o comércio exterior (art. 237).

O que importa é que todos esses fins (ou tarefas) podem justificar o modo de instituição de impostos. E – eis o decisivo – ao justificar a instituição de um imposto em algum fim estatal o legislador afastar-se-á do direito fundamental à igualdade segundo a capacidade econômica dos contribuintes. Quando o Poder Legislativo estabelece limites à dedução de despesas com educação ou saúde, ou cria ficções ou presunções legais, ele se afasta da capacidade contributiva individual em nome da eficiência administrativa. Quando o Poder Legislativo (ou Executivo) estabelece alíquotas diferenciadas do imposto de importação ou de exportação ele se distancia da capacidade econômica do particular, porque tem a finalidade de fiscalizar e controlar o comércio exterior.

Nesses exemplos o direito fundamental à igualdade segundo a capacidade contributiva (arts. 5º e 145, § 1º), justamente porque deixa tanto de ser a medida de repartição da carga tributária quanto de constituir a finalidade da tributação, é restringido em função de um fim estatal estranho às características pessoais dos contribuintes (arts. 37 e 239). Importa dizer: o critério de aplicação da igualdade entre os contribuintes com a finalidade de pagar impostos deixa de ser sua própria capacidade contributiva. Como a distinção entre os contribuintes é feita com base em elementos a eles exteriores, e a tributação baseia-se numa finalidade estranha ao próprio tratamento igualitário, critério e finalidade afastam-se para consubstanciar duas realidades empiricamente discerníveis: o critério diferenciador deve ser adequado à concretização do fim estatal. Fala-se, por isso, em *fim externo*. Como tal, o fim externo é aquele perceptível fora do âmbito jurídico.[27]

Ainda que o Poder Legislativo – ou, excepcionalmente, o Poder Executivo – erija outra finalidade como justificativa da medida adotada, ainda assim permanece o dever de preservar, ao máximo, a capacidade contributiva dos cidadãos. Se assim o é, o único meio de preservar ambas as finalidades ao máximo é atender ao dever de proporcionalidade.

Com efeito, o poder de tributar deixa de centrar-se no princípio da capacidade contributiva para ser confinado por meio do postulado na proporcionalidade: a medida adotada deverá ser *adequada* à consecução do fim justificativo da tributação; *necessária*, pois deve ser a menos restritiva dentre as concretamente adequadas; e *proporcional*, enquanto não excessivamente restritiva ao direito fundamental à igualdade segundo a capacidade contributiva. Nessa última hipótese, a finalidade de tratar os contribuintes segundo sua capacidade contributiva deverá ser ponderada com a finalidade extrafiscal erigida como justificadora da medida. É justamente porque o legislador irá afastar-se do princípio geral da igualdade segundo a capacidade contributiva, o fim justificador deverá ficar perfeitamente delimitado, sob pena de arbítrio.[28] Além do mais, o grau de distanciamento do direito fundamental de igualdade não poderá ser incompatível com a hierarquia sintática da igualdade na Constituição vigente.

27. Klaus Vogel, "Die Abschichtung von Rechtsfolgen im Steuerrecht", in *Der offene Finanz - und Steuerstaat*, Heidelberg, Müller, p. 542.

28. De modo similar: Gisele Lemke, *Imposto de Renda: os Conceitos de Renda e de Disponibilidade Econômica e Jurídica*, São Paulo, Dialética, 1998, p. 54.

Importa notar que o dever de observância da capacidade contributiva ainda permanece, não mais como finalidade da repartição do encargo, mas como *ponto de referência* da ponderação a ser feita: a realização da finalidade extrafiscal não poderá restringir o direito fundamental à igualdade segundo a capacidade contributiva de forma excessiva. O princípio da capacidade contributiva deixa de ser finalidade para ser *contraponto* e *parâmetro* do processo de ponderação entre finalidades e bens dialeticamente implicados. Mesmo havendo outra finalidade, a igualdade ainda funcionará como instrumento de controle da realização isonômica daquela finalidade.

Da ponderação entre o dever de observância da capacidade contributiva e a finalidade extrafiscal resultam alguns deveres abstratos mínimos: a finalidade extrafiscal só justifica o tratamento desigual se atingir casos excepcionais ou muitos casos mas com intensidade mínima.

Há instrumentos utilizados pelo legislador que se afastam do dever constitucional de consideração da capacidade contributiva efetiva dos contribuintes. Esse fenômeno por meio do qual alguns elementos da realidade são escolhidos em detrimento de outros é o que se denomina de *tipificação*. Tipificação é avaliação limitada da realidade; é avaliação defeituosa da situação de fato.[29] Em decorrência dela a aplicação não se efetiva de acordo com as circunstâncias individuais do caso. Ao contrário, apenas alguns dados reais passam a ser relevantes, sendo outros desconsiderados. No caso de *tipificação material ou categórica* a aplicação opera com uma ficção de uma situação de fato não concretizada, independente de prova em contrário. Ocorrida a situação tida como típica, deve ser dada a conseqüência. Na hipótese de *tipificação formal ou hipotética* a aplicação trabalha com dados de fato, cuja ocorrência ou não-ocorrência podem ser demonstradas.[30] Sendo assim, as ficções transformam-se em questões constitucionais: elas restringem bens jurídicos protegidos por princípios *prima facie*. É preciso, então, descobrir em que medida é permitido afastar-se do dever de consideração da capacidade contributiva e quais circunstâncias devem ser consideradas como essenciais.

As ficções e presunções legais afastam-se do dever constitucional de observância da igualdade segundo a capacidade contributiva em função de uma finalidade extrafiscal qualquer, normalmente econômica ou social. Abstêm-se da busca dos efetivos elementos de fato, em face da dificuldade de fazê-lo. Esse afastamento dá-se de várias formas. Não podendo verificar concretamente a situação individual dos contribuintes com a finalidade de descobrir a sua capacidade contributiva efetiva, o legislador cria determinadas verdades jurídicas. De um lado, mediante a *assunção* de determinadas realidades, porventura inexistentes, por meio de ficções ou presunções absolutas.[31] De outro lado, mediante a criação de *padrões legais*, que espelhariam os casos normais.

O importante é que, em ambos os casos, o legislador afasta-se da capacidade contributiva *efetiva* em função de uma finalidade extrafiscal: em função da eficiência administrativa, inatingível acaso necessária a verificação individual das despesas dos contribuintes, o legislador arbitra o limite de dedução, por considerá-lo adequado para comensurar o mínimo indispensável ao desenvolvimento de uma vida digna e familiar; com a mesma finalidade, também arbitra o limite mínimo a partir do qual os contribuintes apresentam capacidade contributiva. Ao fazê-lo, o legislador (ou administrador, em alguns casos) distancia-se do princípio fundamental da igualdade. Essa atividade deve, no entanto, ser controlada de três formas. Em primeiro lugar, por meio de um *controle argumentativo*, já que um distanciamento do dever de obser-

29. Lerke Osterloh, *Gesetzesbindung und Typisierungsspielräume bei der Anwendung der Steuergesetze*, Baden-Baden, Nomos, 1992, p. 56.

30. Idem, ibidem, p. 27.

31. Alfredo Augusto Becker, *Teoria Geral do Direito Tributário*, São Paulo, Saraiva, 1963, p. 464.

vância ao direito fundamental à igualdade exige a demonstração e fundamentação das razões justificadoras (ônus de argumentação).[32] Em segundo lugar, mediante um *controle externo à medida*, em razão do qual deverá ser demonstrado que a medida escolhida é adequada, necessária e proporcional à sua finalidade justificativa (dever de proporcionalidade). Em terceiro lugar, por meio de um *controle interno à medida*, que deverá obedecer aos critérios da gravidade, precisão e concordância.[33]

No caso da eficiência, a medida adotada pelo legislador deverá ser idônea, no sentido de que o preceito simplificador permita um controle que de outro modo resultaria impossível; necessário, no sentido de que o controle administrativo não seria igualmente eficaz com outra medida menos restritiva; não-excessiva, na medida em que a capacidade contributiva seja atendida na maioria dos casos e que em nenhum caso previsível pelo legislador haja ofensa à capacidade contributiva.[34]

Como visto, as normas constitucionais anteriormente referidas estabelecem os limites normativos fora dos quais a tributação da renda é inconstitucional. A zona dentro da qual é permitida a tributação da renda situa-se entre o limite vertical inferior (garantia de existência mínima) e o limite vertical superior (proibição de confisco). Nesse espaço, a tributação obedece a limites decorrentes do princípio da igualdade segundo a capacidade contributiva, caso tenha por finalidade prevalente a obtenção de receita dos particulares, ou decorrentes do postulado da proporcionalidade, na hipótese de finalidade preponderantemente extrafiscal. Vistas a zona de capacidade contributiva e as medidas de seu controle, é preciso verificar as normas constitucionais que delimitam, positiva ou negativamente, o conceito constitucional de renda.

2.3 *Quadro ilustrativo dos limites fundamentais à tributação*

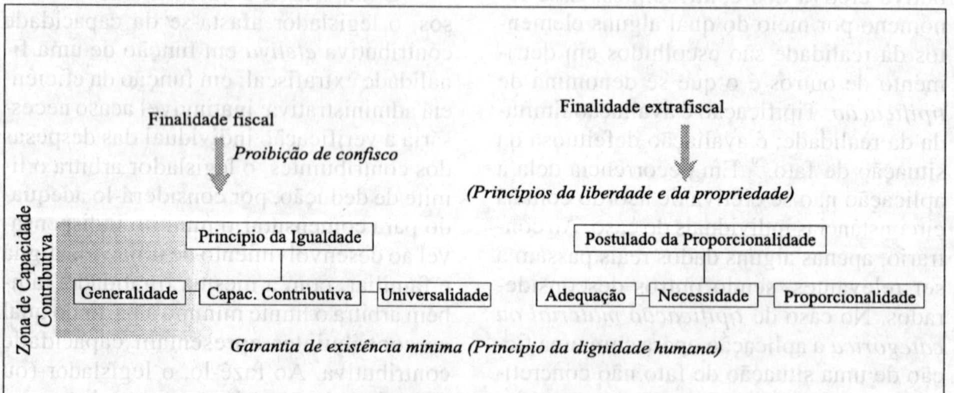

32. Sobre o assunto, importante: Robert Alexy, "Individuelle Rechte und Kollective Güter", in *Recht, Vernunft, Diskurs*, Frankfurt am Main, Suhrkamp, 1995, p. 261.

33. Leonardo Sperb de Paola, *Presunções e Ficções no Direito Tributário*, Belo Horizonte, Del Rey, 1997, pp. 73 e ss.

34. Pedro M. Herrera Molina, *Capacidad Económica y Sistema Fiscal*, Madri, Marcial Pons, 1998, p. 162.

2.4 Delimitação por meio de regras de competência

2.4.1 Delimitação positiva

Segundo o art. 153, III, da CF, compete à União instituir imposto sobre "renda e proventos de qualquer natureza". O § 2º do mesmo artigo determina que o referido imposto "será informado pelos critérios da generalidade, da universalidade e da progressividade".

A Constituição adotou expressamente um conceito amplo de renda, no qual estão abrangidos também os proventos. O CTN, em seu art. 43, concretizou esses limites apresentados pela Constituição, prescrevendo a renda como o "produto do capital, do trabalho ou da combinação de ambos" e os proventos de qualquer natureza como "os acréscimos patrimoniais não compreendidos no inciso anterior".

O conceito de renda pressupõe uma *fonte produtiva*. Ora, somente uma atividade organizada para o ganho é que pode perceber "renda". *Elemento subjetivo* da hipótese de incidência do imposto sobre a renda é a finalidade de auferi-la.[35] Disso estão excluídas as mais-valias.[36]

O conceito de proventos de qualquer natureza compreende todos os acréscimos patrimoniais não incluídos na noção de renda. Tudo aquilo que foi acrescido ao conjunto de direitos e obrigações de um sujeito considera-se acréscimo patrimonial. Nesse patrimônio incluem-se, em função do princípio da capacidade contributiva, apenas os direitos avaliáveis economicamente que são acrescidos ao patrimônio. Nessa hipótese estão incluídas as mais-valias, somente existentes quando efetivadas, e se houver acréscimo patrimonial decorrente da comparação entre o valor originário do bem e aquele pelo qual ele pode ser trocado no mercado.

2.4.2 Delimitação negativa

O conceito de renda pode ser extraído da Constituição também por meio da sua distinção relativamente a outras hipóteses de incidência que a própria Constituição estabelece. Novamente: é o postulado da unidade da Constituição que exige a atribuição de um significado próprio a cada norma.

A Constituição prevê outras hipóteses de incidência que devem ser confrontadas, por diferenciação, com a hipótese do imposto sobre a renda:[37]

– *patrimônio* (arts. 5º, XLV e LXXIII; 23, I; 24, VII, etc., esp. arts. 145, § 1º; 150, VI, "a" e "c", e §§ 2º, 3º e 4º; 156, § 2º, I), como uma situação estática;

– *capital* (arts. 156, § 2º, I; 165, §§ 1º, 2º e 5º; 167, III, 170, IX; 192, III; 222, §§ 1º e 2º), no sentido de investimento permanente, sem pertinência à sua dinâmica;

– *faturamento* (art. 195, I), o qual exprime todas as entradas decorrentes de venda e/ou serviços, sem relação a ganhos;

– *lucros* (arts. 7º, XI; 172; 173, § 4º; 195, I), no sentido de resultado positivo de uma atividade empresarial; resultado (arts. 7º, XI; 20, § 1º; 71, VII; 77 etc.), com o significado de ponto final de um procedimento, sem referência à capacidade contributiva.

Sendo assim, renda não pode ser nem patrimônio, nem capital, nem lucro, nem faturamento.

Daí resulta que a expressão "renda e proventos de qualquer natureza" só pode significar o *resultado positivo* entre receitas e despesas de acordo com a capacidade contributiva. Não se faz possível, no entanto, medir o que foi acrescentado ao patrimônio sem que exista um período de tempo que

35. No Direito alemão, v. Joachim Lang, *Die Bemessungsgrundlage der Einkommensteuer. Rechtssystematische Grundlagen steuerlicher Leistungsfähigkeit im deutschen Einkommensteuerrecht*, Köln, Otto Schmitt, 1988, p. 264.

36. Gisele Lemke, *Imposto de Renda: os Conceitos de Renda e de Disponibilidade Econômica e Jurídica*, São Paulo, Dialética, 1998, p. 63.

37. José Artur Lima Gonçalves, *Imposto sobre a Renda: Pressupostos Constitucionais*, São Paulo, Malheiros Editores, 1997, p. 185.

sirva de parâmetro, ao fim do qual possa ser averiguado o saldo dos elementos positivos e negativos. Como bem lembra Gisele Lemke: "A vinculação do conceito de renda a um período é, portanto, decorrência lógica da teoria do acréscimo patrimonial".[38] Esse período não pode ser tão reduzido a ponto de não permitir uma avaliação de entradas e saídas adequada à mensuração da capacidade contributiva do sujeito passivo. Um período muito curto poderia levar à tributação do patrimônio, em vez da renda. Mais do que isso: um período muito curto poderia conduzir à tributação isolada de determinados rendimentos, mesmo quando, após confrontados com outros elementos, eles não implicassem a aquisição de riqueza nova em determinado período.

Esse período é implicitamente instituído pela Constituição como sendo um ano (arts. 150, II, "b"; 165, I, e §§ 1º-9º; 166, §§ 1º, I, e 5º; etc.).[39]

2.5 *Conceito constitucional de renda*

Após essas considerações, pode-se conceituar a hipótese de incidência do imposto sobre a renda: produto líquido (receitas menos as despesas necessárias à manutenção da fonte produtora ou da existência digna do contribuinte) durante o período de um ano.

2.6 *Concretização do conceito constitucional de renda pelo Código Tributário Nacional*

O Código Tributário Nacional delimita os elementos da hipótese constitucional de incidência do imposto sobre a renda. Ao fazê-lo, implementa uma *concretização definitória* da hipótese de incidência prevista na Constituição.[40]

Com efeito, o Código Tributário Nacional determina que o imposto sobre a renda incidirá sobre a *aquisição da disponibilidade econômica ou jurídica de renda ou proventos de qualquer natureza*. Fala-se em disponibilidade jurídica sobre a renda quando o sujeito passivo adquire o direito incondicional de perceber a renda e de sobre ela dispor livremente, embora não a tenha recebido. Quando isso ocorrer, e ele efetivamente dispuser do rendimento, haverá disponibilidade econômica, qualificada justamente pela possibilidade de trocar livremente um direito no mercado.[41]

3. *Questão polêmica*

3.1 *Indenizações e o imposto sobre a renda*

3.1.1 Introdução

O direito à indenização por dano moral foi sendo paulatinamente reconhecido pela jurisprudência até ser, ao lado da indenização por dano material, expressamente garantido pelos preceitos contidos nos incisos V e X do art. 5º da CF/88.

O recebimento de valores destinados a reparar danos patrimoniais não está sujeito ao pagamento de imposto sobre a renda. Assim dispõe a legislação, entende a jurisprudência e aceita a própria Receita Federal.

A Lei 9.430/96, ao disciplinar os casos especiais de tributação, dispõe que a multa ou qualquer outra vantagem paga ou creditada por pessoa jurídica, ainda que a título de indenização, a pessoa física, em virtude

38. *Imposto de Renda: os Conceitos de Renda e de Disponibilidade Econômica e Jurídica*, São Paulo, Dialética, 1998, p. 79. V. também Pedro M. Herrera Molina, *Capacidad Económica y Sistema Fiscal*, Madri, Marcial Pons, 1998, p. 118.

39. Misabel de Abreu Machado Derzi, "Notas" a Aliomar Baleeiro, *Limitações Constitucionais ao Poder de Tributar*, Rio de Janeiro, Forense, 1997, p. 165.

40. Peter Lerche, "Facetten der 'Konkretisierung' von Verfassungsrecht", in *Einheit und Folgerichtigkeit im juristischen Denken*, Symposion zu Ehren von Claus-Wilhelm Canaris, Munique, Beck, 1998, p. 16.

41. Gisele Lemke, *Imposto de Renda: os Conceitos de Renda e de Disponibilidade Econômica e Jurídica*, São Paulo, Dialética, 1998, p. 120.

de rescisão de contrato, sujeita-se ao recolhimento do imposto de renda na fonte, *com exceção das indenizações destinadas a reparar danos patrimoniais* (art. 70, § 5º).

A jurisprudência do STJ tem entendido que o montante destinado a reparar férias não-gozadas, por não constituir espécie de remuneração, mas mera reparação do dano econômico sofrido, pago com a finalidade de restabelecer a integridade patrimonial desfalcada pelo dano, não induz acréscimo patrimonial ou renda tributável (REsp 39.532, rel. Min. Demócrito Reinaldo, *DJU* 23.5.1994). O mesmo entendimento tem sido esposado nos casos de quantias recebidas pelo empregado em face de rescisão contratual incentivada, na medida em que a indenização tem a dupla finalidade de ressarcir o dano causado e propiciar meios para que o empregado enfrente as dificuldades dos primeiros momentos de desemprego. Nesses casos não há incidência de imposto sobre a renda (por exemplo: REsp 128.994, rel. Min. Demócrito Reinaldo, *DJU* 24.11.1997; REsp 173.316, rel. Min. Aldir Passarinho Júnior, *DJU* 15.10.1998).

A Receita Federal tem editado instrumentos normativos secundários com a finalidade de declarar permitida a exclusão, do montante do imposto de renda a pagar, dos valores destinados a reparar danos variados: indenização por danos físicos, invalidez ou morte ou por bem material danificado ou destruído, em decorrência de acidente de trânsito (Ato Declaratório 20, de 21.8.1989, *DOU* 23.8.1989); indenização paga por pessoa jurídica ao proprietário do imóvel por ocasião do término do contrato de locação (Decisão 56, de 5.6.1997, *DOU* 27.6.1997); indenização a título reparatório por desaparecimento (Ato Declaratório 22, de 30.4.1997, *DOU* 5.5.1997); indenização paga em decorrência de acordo judicial firmado nos autos de ação ordinária de indenização que vise à reposição do que efetivamente se perdeu, não se aplicando àquilo que se deixou de lucrar (Decisão 373, de 15.10.1997).

Nesse contexto, pergunta-se se as indenizações destinadas a reparar danos morais estão sujeitas ao pagamento do imposto sobre a renda. A jurisprudência a respeito é inexpressiva, quando não inexistente. Não há qualquer dúvida de que o montante recebido a título de indenização não se enquadra no conceito de renda, na medida em que o valor recebido não resulta, em hipótese alguma, de uma fonte explorada economicamente pelo seu titular. A dúvida circunscreve-se à inclusão desse valor no conceito de proventos de qualquer natureza (acréscimos patrimoniais).

Para responder a essa indagação é preciso analisar o regime jurídico (tributário) dos danos patrimoniais e dos danos morais, com a finalidade de verificar se o Direito atribui efeitos jurídicos diversos ao recebimento das duas espécies de indenização.

3.1.2 Indenização e imposto de renda na doutrina

3.1.2.1 *Indenização por dano patrimonial* – Alguns entendem que o recebimento de indenização não constitui fato gerador do imposto sobre a renda somente quando a indenização destina-se a *recompor* um dano patrimonial. Em virtude de um fato jurídico qualquer surge a obrigação de alguém reparar o dano causado. O dano será patrimonial se os bens jurídicos lesados *estiverem relacionados* a bens materiais. O dano causado a bem patrimonial afeta a *esfera jurídica patrimonial*, que deve ser reparada. Não é, portanto, a coisa que será, ou não, reparada, mas um conjunto de direitos (sobre bens materiais) que deve ser recomposto.

A indenização, nesse caso, tem caráter reconstitutivo (não do bem material, mas) da *esfera jurídica patrimonial*, na medida em que *visa a* recompor o patrimônio lesado. A hipótese do imposto sobre renda não incidiria porque um dos elementos do conceito constitucional de renda – ganho – não estaria presente, já que a indenização não acresce coisa alguma ao patrimônio (= conjunto de direitos *sobre* bens materiais, não os próprios bens materiais[42]); antes, visa a recompô-lo. Assim, no caso de *danos emergentes* – correspondentes àquilo que efetivamente foi diminuído no patrimônio – a indenização é apenas ressarcitória, não se enquadrando no conceito de renda ou proventos de qualquer natureza. Ela visa a recompor o que, antes do dano, existia. Não há acréscimo, portanto.

No caso de recebimento de indenização destinada a reparar lucros cessantes – correspondente àquilo que se deixou de *ganhar* – a situação é diversa. O recebimento destina-se a reparar a expectativa de ganho ou acréscimo, isto é, a ressarcir o direito ao ganho. Não visa simplesmente a recompor o conjunto de direitos anteriormente existente, mas a indenizar o que seria, acaso inexistente o dano, acrescido a esse conjunto de direitos. E "ganho" se enquadra no conceito de renda e proventos de qualquer natureza.[43] Os resultados da atividade, frustrados que sejam, que servem de fundamento para a indenização são justamente os resultados cujo conceito se enquadraria no conceito de imposto sobre a renda. Enquanto o montante de seguro destinado à reparação por dano causado em automóvel durante um passeio não sofre incidência do imposto sobre a renda porque a mera condução de automóvel não é atividade econômica tributável, o montante de seguro destinado à reparação por dano causado ao direito de usufruir o automóvel como objeto do trabalho sofre incidência do imposto sobre a renda, porque receber proveito pela utilização econômica de automóvel é atividade tributável.

O que deve restar claro é o seguinte: a indenização monetária destinada a reparar um dano patrimonial não visa a reparar uma coisa material, mas um conjunto de direitos sobre ela. O valor da indenização será equivalente ao valor econômico pelo qual o bem pode ser *trocado* no mercado.[44] A indenização corresponde, portanto, ao equivalente em dinheiro na impossibilidade de voltar ao passado e restituir, *in natura*, o próprio bem. Se a indenização será utilizada para consertar o estrago provocado na coisa, é juridicamente irrelevante. O que possui importância jurídica é simplesmente o seguinte: um direito lesado deve ser reparado, e a única forma encontrada pelo Direito é a entrega de um montante avaliado, *por um juízo de valor*, como *equivalente* ao conjunto de direitos lesado. E justamente porque o que existia antes do dano será reparado com o equivalente, nada é acrescido, não havendo, então, enriquecimento.

3.1.2.2 *Indenização por dano moral* – Como os direitos patrimoniais consistem num conjunto de direitos sobre coisas corpóreas, entendia-se que a indenização destinada à reparação de danos causados ao patrimônio poderia recompô-lo, na medida em que a própria coisa corpórea poderia voltar ao estado anterior. Por isso que se demorou até que a indenização por dano a objetos naturais psíquicos (morais) fosse reconhecida. É que não só havia dificuldade em estimá-lo, como também repugnância em admitir-se que o pagamento de uma soma pudesse desfazer o prejuízo causado à honra de um indivíduo.[45] Ao contrário de um dano causado a um (direito sobre um) bem de natureza material (coisa), com cuja indenização monetária poderia ser reemendado, recomposto, reconstituído (não o interesse jurídico, mas o bem concreto), o objeto natural psíquico (moral) não poderia jamais retornar ao *statu quo ante*. A idéia de que um direito sobre uma coisa pode ser reparado *porque a coisa pode ser recom-*

42. Orlando Gomes, *Introdução ao Direito Civil*, 7ª ed., Rio de Janeiro, Forense, 1983, p. 177.

43. José Artur Lima Gonçalves, *Imposto sobre a Renda: Pressupostos Constitucionais*, São Paulo, Malheiros Editores, 1997, p. 182; Gisele Lemke, *Imposto sobre a Renda: os Conceitos de Renda e de Disponibilidade Econômica e Jurídica*, São Paulo, Dialética, 1998, p. 75.

44. Gisele Lemke, *Imposto sobre a renda: os Conceitos de Renda e de Disponibilidade Econômica e Jurídica*, São Paulo, Dialética, 1998, p. 68.

45. Clóvis do Couto e Silva, "O conceito de dano no Direito Brasileiro e Comparado", *RT* 667/14, 1991.

posta e um direito sobre um bem de natureza psíquica não pode ser reparado porque um *bem moral não pode ser recomposto* padece do equívoco de considerar que o que se repara é o próprio bem (físico ou psíquico), e não o conjunto de direitos *sobre o bem*. Em qualquer hipótese – eis o cerne da questão —, a reparação não pode ser fisicamente verificável, pois o que se visa a reparar com a indenização é o direito sobre um bem, e não o bem. Nesse caso, o importante é simplesmente o seguinte: um direito lesado deve ser reparado, e a única forma encontrada pelo Direito é a entrega de um montante avaliado, *por um juízo de valor*, como *equivalente* ao conjunto de direitos lesado. E justamente porque o que existia antes do dano será reparado com o equivalente, nada é acrescido, não havendo, então, enriquecimento. Dano, qualquer que seja o bem relacionado à esfera jurídica violada, é necessariamente diminuição, a ser reparada mediante o pagamento de indenização. Não fosse assim, a reparação do dano moral seria enriquecimento, e não indenização. Assim, o STJ:

"Direito Civil – Dano moral – Indenização – Valor – Fixação – Enunciado 7 da Súmula/STJ – Agravo desprovido.

"I – É de repudiar-se a pretensão dos que postulam exorbitâncias inadmissíveis com arrimo no dano moral, *que não tem por escopo favorecer o enriquecimento indevido*" (Ag. 108.923, rel. Min. Sálvio de Figueiredo Teixeira, *DJU* 29.10.1996, p. 41.666).

"Dano moral – Reparabilidade – Cumulabilidade. Se existem dano material e dano moral, ambos ensejando indenização, esta será devida cumulativamente com o *ressarcimento de cada um deles*, ainda que oriundos do mesmo fato" (REsp 1.604, rel. Min. Athos Carneiro, *DJU* 11.11.1991, p. 16.147).

Foi justamente essa questão que restou superada pela jurisprudência, muito antes mesmo de ser expressamente previsto pela Constituição de 1988 o direito à reparação por dano moral. É que se abandonou a *concepção naturalista* de dano e de sua reparação, segundo a qual só haveria dano quando houvesse *objetos concretos* destruídos, os quais seriam reparados segundo uma avaliação puramente *física* do dano.[46] Essa concepção naturalista de dano foi superada por uma *concepção normativa* de dano e de sua reparação, segundo a qual haveria dano também quando houvesse *objetos psíquicos lesados* (interesses individuais ou coletivos ou bens imateriais), os quais seriam *reparados* segundo uma avaliação jurídica, e não física, do dano, em manifesto seguimento ao entendimento de que, embora relacionadas a coisas, as relações jurídicas são sempre entre esferas de direitos. Daí a aceitação da indenização de danos causados à intimidade, à vida, à honra, a interesses variados, como a chance de concretizar direitos.

Em todos esses casos, ainda que o estrago não seja fisicamente verificável pelo tato ou pela visão, ele causa, sim, lesão a *interesses* protegidos juridicamente. E a lesão (a esses direitos) deve ser *recomposta*. Isso demonstra que, no mundo jurídico, a valoração *independe* da *concretude* dos bens aos quais os direitos se relacionam, como se só aquilo que pudesse ser constatado pela visão ou pelo tato pudesse ter relevância jurídica. Há bens e interesses igualmente relevantes juridicamente, embora façam referência a bens que não podem ser vistos ou tocados. O erro consiste em pensar que o real seja apenas aquilo que é tangível. Tão real quanto objetos de natureza material (coisas) são os objetos naturais psíquicos ou ideais.[47] E ambas as espécies de bens possuem relevância jurídica, afetando, igualmente, esferas de direitos valorizados pelo ordenamento jurídico. Os danos causados à esfera moral, assim como aqueles que influam no âmbito patrimonial, devem ser reparados.

46. Clóvis do Couto e Silva, "O conceito de dano no Direito Brasileiro e Comparado", *RT* 667/8, 1991.

47. Miguel Reale, *Lições Preliminares de Direito*, 23ª ed., São Paulo, Saraiva, 1996, p. 232.

A doutrina divide-se quanto à incidência do imposto sobre a renda no caso de recebimento de indenização destinada a reparar danos morais.

Isso porque os valores relativos à indenização destinada a reparar o dano moral (honra, intimidade etc.) "não vêm recompor o patrimônio, mas somente compensar ou minorar o sofrimento da pessoa 'indenizada'. Se assim não fosse, estar-se-ia diante de indenização por dano material".[48] Esse entendimento parte do pressuposto de que os valores recebidos não existiam antes de provocado o dano, daí por que constituiriam acréscimo tributável pelo imposto sobre a renda e proventos de qualquer natureza. Como o direito violado refere-se a um objeto material, e a indenização pode ser destinada a reemendar, recompor o mesmo objeto material, tem-se a idéia – equivocada, como se verá – de que só nesse caso não há acréscimo.

3.1.2.2.1 Conceito de indenização por dano moral: a indenização, no Direito Brasileiro, tem a finalidade de ressarcimento. Discute-se se a indenização por dano patrimonial e a indenização por dano moral têm finalidades diversas. A indenização por dano patrimonial teria a função de recompor o patrimônio; a moral, de compensar o lesado pelo sofrimento havido.[49] O qualificativo de "moral" ou "extrapatrimonial" ao dano decorre da impossibilidade de o bem lesado (honra, sentimento, nome etc.) ser medido monetariamente, já que não tem dimensão econômica ou patrimonial.[50] De qualquer forma, a indenização por dano moral não tem o propósito de *enriquecer* o ofendido, mas de atribuir-lhe aquilo que, no seu estado, seja necessário para proporcionar-lhe apenas a obtenção de equivalentes ao que perdeu.[51]

Nesse contexto surgem duas interessantes questões, ambas ligadas aos elementos integrantes do conceito constitucional de renda. Primeira: pode a *compensação* pelo sofrimento moral da vítima estabelecida sem o propósito de *enriquecimento* gerar *renda* ou *proventos*? Segundo: pode uma lesão sem dimensão econômica ser indicativa de capacidade econômica?

3.1.2.2.2 Indenização por dano moral e imposto de renda: as respostas às questões precedentes são negativas. A *compensação* pelo sofrimento moral da vítima estabelecida sem o propósito de *enriquecê-la* não se enquadra na hipótese de incidência do imposto sobre a *renda* ou *proventos* de qualquer natureza, porque não é indicativa de *capacidade econômica.*

Não é renda, porque não há participação no mercado econômico com enriquecimento mensurável economicamente. Daí resulta que a hipótese de incidência do imposto sobre a renda envolve o nexo causal entre *atividade* econômica exercida e o recebimento de *resultados positivos* auferidos. Há incidência do imposto sobre a renda porque a atividade que lhe serve de suposto é atividade econômica tributável.

Também não é acréscimo patrimonial, pois, mesmo que seja em virtude de um dano a um bem imaterial, há indenização resultante de uma diminuição da esfera jurídica do sujeito, avaliada economicamente por *norma individual*. Dano é necessariamente diminuição. Dano imaterial é desvalorização moral. E a esfera moral, assim como a patrimonial, é resguardada pelo Direito. Por isso mesmo, indenizável.

No caso da indenização por dano moral há nexo causal entre um *dano provocado independentemente da atividade da víti-*

48. Gisele Lemke, *Imposto sobre a renda: os Conceitos de Renda e de Disponibilidade Econômica e Jurídica*, São Paulo, Dialética, 1998, p. 75.

49. Carlos Alberto Bittar, "Danos morais: critérios para a sua fixação", *Repertório IOB de Jurisprudência* 15/292, 1993.

50. Humberto Theodoro Júnior, "Responsabilidade civil – Danos morais e patrimoniais – Acidente de trabalho – Ato de preposto", *RT* 731/99, 1996.

51. Mazeaud e Mazeaud, *apud* Humberto Theodoro Júnior, "Responsabilidade civil – Danos morais e patrimoniais – Acidente de trabalho – Ato de preposto", *RT* 731/100, 1996.

ma e o recebimento de uma indenização para o seu ressarcimento. A atividade que lhe serve de suposto não é atividade econômica tributável: não existe atividade econômica de auferir indenizações por dano moral.

Ora, se a compensação não tem o propósito de enriquecer o lesado, senão que o de reparar, ela não se soma ao existente, mas o recompõe. O dano moral, justamente porque é indenizável, deve ser recomposto. Só que a recomposição é feita pelo valor monetário correspondente. Não há ligação entre reparação e patrimônio, no sentido de que só o patrimônio sofre diminuição motivadora de sua recomposição. A questão relativa à valoração jurídica de bens imateriais já foi solucionada com a introdução da indenização por dano moral. Dano moral, segundo a Constituição de 1988, é indenizável. Vale dizer: também deve ser recomposto. E, como honra não se recompõe com honra, nem sofrimento com entrega de felicidade, a recomposição é compensada por indenização em dinheiro. Isso não lhe retira o caráter reparatório. É verdade que bens imateriais não são avaliáveis economicamente no plano abstrato. Não podem ser trocados no mercado econômico. Mas, caso sejam violados, são avaliados economicamente no plano concreto-individual por decisão judicial: a norma individual avalia a perda, e o valor adequado a recompô-la.

Entendimento contrário, no sentido de que o montante destinado a ressarcir dano a um bem patrimonial (um automóvel, por exemplo) não se sujeita ao pagamento de imposto sobre a renda e proventos de qualquer natureza e o montante destinado a ressarcir dano a um bem extrapatrimonial (a honra, por exemplo) se sujeita ao pagamento de imposto sobre a renda e proventos de qualquer natureza, implica estabelecer uma diferença de regime jurídico entre dano patrimonial e moral. E, também, atribuir mais valor ao bem patrimonial do que ao moral. A Constituição de 1988, no entanto, igualou ambos os bens quando, *indistintamente*, os declarou invioláveis e, *indistintamente*, os declarou indenizáveis.

CADERNOS DE DIREITO TRIBUTÁRIO

LEGITIMIDADE ATIVA PARA CONTROLE CONCENTRADO DE CONSTITUCIONALIDADE – IMUNIDADE TRIBUTÁRIA DAS ENTIDADES SINDICAIS

IVES GANDRA DA SILVA MARTINS
Professor Emérito da Universidade Mackenzie

CONSULTA

Formula-me a Consulente a seguinte consulta: "Em aditamento ao nosso ofício 202/99-GP, de 14.4.1999, reiterando seus dizeres, queremos confirmar a V. Sa. estarmos de acordo com a elaboração do trabalho exposto em sua carta de 26.3.1999, qual seja, o de dar parecer sobre a legitimidade desta Associação para propor ação direta de inconstitucionalidade ou mandado de segurança, para assegurar-nos a imunidade do art. 150, VI, "c", da CF".

PARECER

Enfrento, de início, a questão mais procelosa da consulta, qual seja, o direito de propor ação direta de inconstitucionalidade junto ao STF.[1]

De início, é de se ressaltar que a jurisprudência da Suprema Corte não é favorável à pretensão da consulente de ostentar legitimidade ativa, como, a título apenas exemplificativo, enumero:

1. STF, ADIn/MC 77, j. 19.3.1992: "*Ementa*: Ação direta de inconstitucionalidade – Legitimação ativa – Entidade nacional de classe – *Critérios de identificação*.

"1. Considera-se entidade nacional de classe, legitimada para a ação direta (CF, art. 103, IX), a associação brasileira da indústria de artigos e equipamentos médicos, odontológicos, hospitalares e de laboratórios, uma vez que (1) a especificidade do ramo industrial a que se dedicam as empresas congregadas permite a identificação de uma categoria econômica diferenciada e (2) suas associadas têm sede em mais de nove unidades federadas, de modo a comprovar, segundo o critério do *art. 12 da Lei Orgânica dos Partidos Políticos*, aplicável por analogia, o seu *caráter nacional*.

1. No livro que coordenei com Gilmar Ferreira Mendes, intitulado *Ação Declaratória de Constitucionalidade* (1ª ed., 3ª tir., São Paulo, Saraiva, 1996), abordaram seus autores a questão, ainda a depender de legislação processual, sobre a legitimidade ativa das entidades de classe de âmbito nacional. Escreveram para a obra: Ana Maria Scartezzini, Arnoldo Wald, Celso Ribeiro Bastos, Edvaldo Brito, Fátima Fernandes de Souza Garcia, Gilmar Ferreira Mendes, Hugo de Brito Machado, Ives Gandra da Silva Martins, José Rogério Cruz e Tucci, Marcelo Figueiredo.

"2. Declara-se parte ilegítima para a mesma ação direta a associação brasileira de consultores tributários: ainda que se devessem reputar os seus associados como integrantes de uma mesma categoria profissional, a entidade não demonstrou o seu efetivo caráter nacional; por outro lado, não se comprovando que entre eles figure qualquer pessoa jurídica, falta o nexo de pertinência entre a entidade e o tema das normas legais impugnadas (imposto sobre a renda de pessoas jurídicas), necessária a legitimação ativa na hipótese do art. 103, IX, da CF (cf. ADIn 305, 22.5.1991).

"II – Ação direta de inconstitucionalidade: descabimento, segundo a orientação do STF, para aferir da compatibilidade do Direito ordinário anterior em face da Constituição superveniente (cf. ADIn 2, 6.2.1992, Brossard). Ressalva da opinião contrária do Relator desta.

"III – Ação direta de inconstitucionalidade: medida cautelar. A orientação do STF é que, em princípio – e sobretudo em matéria tributária, onde o *periculum in mora* é, de regra, bilateral –, não se defere a suspensão liminar de preceitos que já vigem há diversos anos."[2]

2. Ação direta de inconstitucionalidade, questão de ordem: "*Ementa*: Ação direta de inconstitucionalidade – Controle normativo abstrato – Legitimidade ativa *ad causam* – Entidade de classe – Não configuração – Carência de ação.

"O controle jurisdicional *in abstracto* da constitucionalidade das leis e atos normativos federais ou estaduais, perante o STF, suscita, dentre as múltiplas questões existentes, a análise do tema concernente a quem pode ativar, mediante ação direta, a jurisdição constitucional concentrada desta Corte.

"Entre a legitimidade exclusiva e a legitimidade universal, optou o constituinte pela tese da legitimidade restrita e concorrente, partilhando entre diversos órgãos, agentes ou instituições a qualidade para agir em sede jurisdicional concentrada (v. CF/88, art. 103).

"Dentre as pessoas ativamente legitimadas *ad causam* para o ajuizamento da ação direta de inconstitucionalidade estão as entidades de classe de âmbito nacional (CF, art. 103, IX).

"O *STF* tem salientado, em sucessivos pronunciamentos a propósito do tema, que *não se qualificam como entidades de classe aquelas que, congregando pessoas jurídicas, apresentam-se como verdadeiras associações de associações*. Em tais hipóteses, tem-se-lhes negado a qualidade reclamada pelo texto constitucional, pois pessoas jurídicas, ainda que coletivamente representativas de categorias profissionais ou econômicas, não formam classe alguma. Precedentes."[3]

3. STF, Ação Direta de Inconstitucionalidade, Questão de Ordem 61, j. 29.8. 1990: "*Ementa*: 1. Ação direta de inconstitucionalidade – Legitimação – Entidade nacional de classe: conceito.

"*Não constitui entidade de classe*, para legitimar-se à ação direta de inconstitucionalidade (CF, art. 103, IX), *associação civil* (Associação Brasileira de Defesa do Cidadão), *voltada a finalidade altruísta* de promoção e defesa de aspirações cívicas de toda a cidadania.

"2. Ação direta de inconstitucionalidade: lei revogada sob a vigência da Constituição anterior.

"Não cabe ação direta para questionar da validade de lei revogada na vigência do regime constitucional anterior, quando se terão exaurido os seus efeitos concretos."[4]

4. STF, ADIn 42, j. 24.9.1992: "*Ementa*: Ação direta de inconstitucionalidade – Legitimidade ativa – Entidade de classe de

2. *JUIS – Jurisprudência Informatizada Saraiva*, Legislação Federal, ano 1988, art. 103, inciso 9.

3. N. 108. Acórdão no mesmo sentido: n. 79, ano 1992, DF, TP, Min. 155, *DJU* 5.6.1992, p. 8.426, *Ement.* 1.664/1, j. 13.4.1992.

4. *JUIS – Jurisprudência Informatizada Saraiva*, Legislação Federal, CF/88, art. 103, inciso 9.

âmbito nacional – Caracterização – Art. 103, IX, da CF.

"*Associação que reúne empresas, sociedades de companhias abertas, pessoas jurídicas de direito privado, não caracteriza entidade de classe de âmbito nacional legitimada para ajuizar ação direta de inconstitucionalidade*. Necessidade de unidade, em caráter permanente, de interesse daqueles que empreendem atividade profissional idêntica. Ação não conhecida. Ilegitimidade ativa *ad causam*."[5]

5. ADIn/MC 1.486, j. 12.9.1996: "*Ementa*: Ação direta de inconstitucionalidade – Lei Complementar 70/91 – Pedido de liminar – *Falta de legitimidade ativa* – Ademais, no caso, só é cabível o controle difuso de constitucionalidade.

"Trata-se de uma *associação que não congrega as empresas jornalísticas em geral, mas apenas uma fração delas*, ou seja, as situadas em Município do Interior dos Estados-membros.

"Ora, esta Corte, em casos análogos, tem entendido que há entidade de classe quando a associação abarca uma categoria profissional ou econômica no seu todo, e não quando apenas abrange, ainda que tenha âmbito nacional, uma fração de uma dessas categorias (assim, a título exemplificativo, nas ADIn 846 e 1.297, com referência a entidade que abarcava fração de categoria funcional, e na ADIn 1.295, relativa à associação de concessionárias ligadas pelo interesse contingente de terem concessão comercial de um produtor de veículos automotores).

"Ademais, não se atacando dispositivo da lei complementar em causa que tenha determinado expressamente a sua aplicação a operações relativas a jornais, mas, sim, a aplicação concreta dessa lei a tais operações, o controle de constitucionalidade cabível é apenas o difuso.

"Ação direta de inconstitucionalidade não conhecida, ficando prejudicado o pedido de liminar."[6]

6. ADIn/MC 1.427, j. 17.5.1996: "*Ementa*: Ação direta de inconstitucionalidade –Confederação dos Servidores Públicos do Brasil. 2. Não se enquadra a autora no âmbito do art. 103, IX, da CF, por não se tratar de confederação sindical, nem de associação de classe de âmbito nacional, de acordo com a noção que desta última assentou a jurisprudência do STF. 3. Precedentes do Tribunal não reconhecendo à autora legitimidade ativa *ad causam*, para a ação direta de inconstitucionalidade prevista no art. 102, I, "a", da CF (ADIn 444, *RTJ* 137/82, e 324-DF, *RTJ* 154/6). 4. Entidade caracterizada por hibridismo em sua composição, na linha da compreensão dada a associações de tal natureza na ADIn 353 (*RTJ* 147/401). 5. Ação direta de inconstitucionalidade de que não se conhece, por ilegitimidade ativa *ad causam* da autora".[7]

7. AgRg em ADIn 1.161, j. 15.2.1995: "*Ementa*: Ação direta de inconstitucionalidade – Legitimação – Entidade de classe de âmbito nacional – Inteligência.

"Para fins de legitimar-se à propositura da ação direta de inconstitucionalidade, não se reputa 'entidade de classe de âmbito nacional' a associação de empregados de uma mesma e única empresa, de atividade econômica não monopolística, *malgrado abrangente de todo o país* (precedentes: ADIn 34, Gallotti, *RTJ* 128/481; ADIn 987, Galvão)" (grifos meus).[8]

8. ADIn/MC 398, j. 1.2.1991: "*Ementa*: Ação direta de inconstitucionalidade – Federação nacional – Ilegitimidade ativa –

5. *JUIS – Jurisprudência Informatizada Saraiva*, CF/88, art. 5, inciso 70, letra "b", inciso 71, § 1; art. 34, inciso 7; art. 60, parágrafo 4; art. 103.

6. *JUIS – Jurisprudência Informatizada Saraiva*, Legislação Federal, LCP 70, ano 1991, v.u., não conhecida, v. ADIn/MC 846, *RTJ* 150/719.

7. *JUIS – Jurisprudência Informatizada Saraiva*, Legislação Federal, ano 1988, art. 102, inciso 1, letra "a"; art. 103, inciso 9.

8. *JUIS – Jurisprudência Informatizada Saraiva*, Legislação Federal, CF/88, art. 5, inciso 24, inciso 70.

Art. 103, inciso IX, da CF. Sendo a autora uma associação sindical (federação nacional que reúne sindicatos de 5 Estados), e não uma confederação sindical, como exige o inciso IX do art. 103 da CF, não tem legitimidade para propor ação direta de inconstitucionalidade. Ação não conhecida".[9]

9. ADIn/MC 976, j. 9.12.1993: "*Ementa*: Constitucional – Ação direta de inconstitucionalidade – Legitimidade ativa – Associação dos Engenheiros da PETROBRÁS/AEPET – CF, art. 103, IX.

"I – Associação de empregados de determinada empresa não tem legitimidade para aforar ação direta de inconstitucionalidade. Tem-se, em caso assim, fração de determinada categoria funcional.

"II – Precedentes do STF: ADIn 34, rel. Min. Octávio Gallotti; ADIn 353, rel. Min. Celso de Mello.

"III – Ação direta de inconstitucionalidade não conhecida."[10]

10. ADIn/MC 139, j. 21.9.1990: "*Ementa*: Ação direta de inconstitucionalidade – Associação dos Magistrados Brasileiros.

"É de admitir-se, em face mesmo do decidido em precedente sobre hipótese símile (ADIn 138-RJ), que a Associação dos Magistrados Brasileiros possui legitimidade ativa para propor ação direta de inconstitucionalidade em que trata de impugnar vinculações ou equiparações de vencimentos ou proventos de integrantes de categorias funcionais aos vencimentos ou proventos dos magistrados.

"A medida cautelar, para suspensão dos efeitos do art. 82 do ADCT da nova Constituição do Estado do Rio de Janeiro, não é de ser concedida, se não se tem, de pronto, como relevantes os fundamentos de direito (*fumus boni iuris*), nem foram fornecidos quaisquer dados que levem a que se tenha como caracterizado o *periculum in mora*, tendo havido, a respeito, apenas vaga alegação de prejuízo para o Erário do Estado."[11]

Nada obstante tal entendimento da Suprema Corte, considero que os principais argumentos para justificar ou não a legitimidade ativa de uma entidade de classe de âmbito nacional não foram, ainda, inteiramente examinados pelo Pretório Excelso.

A meu ver, a Consulente tem legitimidade ativa para propor ação direta de inconstitucionalidade, por força dos argumentos que abaixo passo a descrever.

A ação direta de inconstitucionalidade é uma ação que permite ao STF decidir, abstratamente, se uma norma é ou não constitucional. Se a decisão for contrária à constitucionalidade, o Tribunal suspende a eficácia da norma provisoriamente, desde que a decisão seja tomada em processo cautelar, ou definitivamente, sempre que se tratar de julgamento final. No primeiro caso, quase sempre a eficácia do decidido é *ex nunc*; no segundo caso, quase sempre sua eficácia é *ex tunc*, por não se limitar a suspender a eficácia da lei, mas retirá-la do universo jurídico do país.[12]

9. *JUIS – Jurisprudência Informatizada Saraiva*, Legislação Federal, CF/88, art. 103, inciso 9.

10. *JUIS – Jurisprudência Informatizada Saraiva*, Legislação Federal, CF/88.

11. *JUIS – Jurisprudência Informatizada Saraiva*, Legislação Federal, CF/88, art. 37, inciso 13; art. 40, § 3; art. 40, § 4.

12. Escrevi:

"O primeiro diz respeito à liminar concedida no processo cautelar da ação direta de inconstitucionalidade. Por ser da natureza dessa medida garantir os efeitos definitivos da ação –visto que no processo cautelar garante a liminar a utilidade do provimento decorrente de prestação jurisdicional principal, ao contrário da liminar em mandado de segurança, que garante o próprio direito lesado ou ameaçado –, tem o STF entendido, desde a Repr. 1.391/CE, que os efeitos da liminar são *ex nunc* e não *ex tunc*.

"A primeira vista, poder-se-ia admitir, numa aproximação menos avisada, que tais efeitos permitiriam a existência de uma dupla interpretação, semelhante ao Direito alemão, isto é, de que a norma seria constitucional e inconstitucional, sendo constitucional até a decretação de sua suspensão e inconstitucional a partir dela. Seria uma espécie de norma material hermafrodita, com duplo e simultâneo perfil de constitucionalidade e inconstitucionalidade, durante a vigência da liminar.

À falta de lei processual regulamentadora dos arts. 102, I, e 103 da CF, tem prevalecido a conformação regulamentar que a Suprema Corte lhe ofertou, ou seja, de que as liminares devem ser concedidas pelo Plenário em provimentos cautelares, a não ser que a urgência obrigue um ministro a decidir, levando, todavia, a questão à apreciação de seus pares na primeira sessão do Tribunal, a fim de que possa ser confirmada ou não a decisão monocrática que adotou.

Em outras palavras, no controle concentrado, à falta de lei processual ainda não elaborada pelo Legislativo, o Supremo tem conformado sua orientação à luz do tratamento que dera, no passado, às representações do Ministério Público sobre a discussão, em tese, da constitucionalidade ou não de ato legislativo, por ser a Suprema Corte a guardiã da Constituição.[13]

"Em outras palavras, numa visão mais apressada, aquela decisão tem sido interpretada *como se a norma material* – não a processual – fosse constitucional e inconstitucional no tempo, valendo sua constitucionalidade anterior na plenitude até a declaração de sua inconstitucionalidade.

"Meridianamente, não foi isto que a Suprema Corte decidiu naquela ocasião.

"O que tem decidido a Suprema Corte, nas liminares concedidas contra o Poder Público no processo cautelar de ações diretas, é que a liminar suspende a eficácia e a vigência da norma, mas não desconstitui ainda as relações jurídicas *constituídas e completadas*. Em outras palavras, as relações jurídicas já constituídas, à luz de um Direito tido por constitucional, não serão desconstituídas por força da medida liminar, mas apenas pela decisão definitiva ou pela discussão em sede de controle difuso.

"Se a mera suspensão da vigência e eficácia da norma com efeitos *ex nunc* exteriorizasse a constitucionalização desta norma no tempo pretérito, atingido estaria o próprio direito à discussão da relação jurídica conformada pela norma, via controle difuso, visto que ao declarar, o STF, a norma constitucional, para o futuro, *consolidaria sua constitucionalização* para o tempo pretérito, aberração inadmissível no Direito pátrio.

"E, à nitidez, fosse correta esta exegese, a eficácia *ex nunc* e o efeito vinculante teriam, de forma absoluta, assegurado a inconstitucionalidade futura, vedando ao Poder atuar de acordo com a norma, e garantindo ao Poder Público a constitucionalidade pretérita, sem qualquer direito do cidadão, seja via controle difuso, seja pela negativa de cumprimento de lei ou ato não-constitucional, de opor-se à norma tida por violadora da Lei Suprema.

"Nada seria tão ilógico quanto ofertar esta visão de hermafroditismo jurídico, com dupla conformação da norma, a de ser e não ser constitucional no tempo.

"Há, portanto, que distinguir os dois efeitos da liminar, ou seja, o primeiro de suspender a vigência e eficácia da norma a partir daquele momento, e o segundo, o de considerar aquela norma inconstitucional desde o início, não se admitindo existência ou não do vício, à luz do enfoque temporal.

"E, à nitidez, se há suspensão da eficácia e vigência *ex nunc*, a desconstituição de situações definitivas só se dará após a decisão definitiva na ação principal.

"O que em nenhum momento, em face dos elementos atrás apresentados, pode-se admitir é a complementação de relação ainda não definitivamente constituída ou completada, após o julgamento da medida cautelar em sentido contrário.

"Neste ponto, há de se considerar uma dupla face do mesmo assunto.

"Se, à luz do Direito tido por constitucional, tiver sido relação jurídica constituída e completada, nem por isto, em sede de controle difuso de constitucionalidade, estará o prejudicado pela constituição impedido de contestar tal situação, correndo o processo judicial seu caminho normal para que se manifeste o Poder Judiciário sobre a materialidade do direito, para o quê há de se levar em consideração – sem ainda estar obrigado de forma vinculada – a sinalização da Suprema Corte.

"Se, todavia, a relação jurídica não tiver sido definitivamente constituída e completada, à evidência, não poderá o Poder Público tentar completá-la sob a alegação de que a eficácia medida vale para o futuro, e que a norma que lastreou seu pedido seria constitucional para o passado" (*Aspectos Práticos da Teoria da Imposição Tributária*, Nova Alvorada Edições, 1996, pp. 203-209).

13. O art. 102 da CF principia com a seguinte dicção: "Compete ao Supremo Tribunal Federal, precipuamente, a guarda da Constituição, cabendo-lhe: (...)" – tendo Celso Bastos assim comentado: "A Constituição de 1988 manteve a estrutura básica e a composição do STF, porém inovou no âmbito de sua jurisdição, ampliando o seu poder dentro do sistema constitucional brasileiro. Foi criada a competência para apreciar os casos de omissão inconstitucional através de dois institutos distintos: o da inconstitucionalidade por omissão e o mandado de injunção. Outra inovação foi a criação da ação declaratória de constitucionalidade de lei ou ato normativo federal, cuja competência originária foi deferida ao STF, conforme consta no § 1º do art. 102, ao conferir competência para apreciar argüição de descumprimento de preceito fundamental decorrente da Constituição. Ambas as hipóteses foram criadas pela EC 3, de 17.3.1993" (*Comentários à Constituição do Brasil*, 4º v., t. III, São Paulo, Saraiva, 1997, p. 123).

Parece-me, todavia, que a interpretação restritiva da "legitimidade ativa", que a Suprema Corte tem ofertado ao texto constitucional, não é aquela que o Constituinte intentou, ou seja, a de legitimar dois tipos de entidades: as confederações e as entidades de classe de âmbito nacional. Com efeito, apenas as confederações sindicais patronais e de empregados têm sido aceitas como autorizadas a propor ação direta, e, assim mesmo, nem todas.

O raciocínio que passo a expor é aquele que me parece mais adequado ao espírito da Constituinte e ao texto resultante – algo que me foi possível apreender nestes últimos 11 anos, ao comentar com Celso Bastos, pela Editora Saraiva, em 15 volumes e mais de 10 mil páginas, o texto vigente.

O art. 103 decorre do tipo de ação elencada no art. 102, I, "a", da CF, estando ambos assim redigidos:

"Art. 102. Compete ao Supremo Tribunal Federal, precipuamente, a guarda da Constituição, cabendo-lhe: I – processar e julgar, originariamente: a) a ação direta de inconstitucionalidade de lei ou ato normativo federal ou estadual; (...)";

"Art. 103. Podem propor a ação de inconstitucionalidade: (...); IX – confederação sindical ou entidade de classe de âmbito nacional".

A dicção do primeiro se inicia com a afirmação de que à Suprema Corte compete, *precipuamente* – e o advérbio tem relevância –, a guarda da Constituição. É, pois, sua mais importante missão. Nem tanto a missão de fazer Justiça, que é própria das instâncias inferiores – principalmente, dos juízes de primeira instância e dos tribunais que reexaminam suas decisões –, mas aquela missão maior de preservar a Constituição, as instituições, o Estado de Direito.

Por esta razão, o advérbio utilizado foi "precipuamente", o que vale dizer: é sua missão maior a preservação da Constituição.[14]

E é por esta razão que a primeira enumeração cuida exatamente do controle concentrado de constitucionalidade, isto é, da mais importante função do Supremo. Muitos juristas entendem, inclusive, que a Suprema Corte deveria ser apenas uma Corte constitucional.

Ora, o controle concentrado de constitucionalidade é exercido sobre "lei ou ato normativo federal ou estadual".

Em outras palavras, sobre a lei federal e estadual ou o ato do Poder Executivo de conteúdo normativo federal ou estadual deve, quando solicitado, o STF se pronunciar.[15]

14. Pinto Ferreira escreve:

"O STF exerce a função de guarda da Constituição. O nosso regime político-constitucional admitiu a orientação de atribuir a missão de guarda ao STF, não a órgãos políticos. A expressão 'guarda' da Constituição procede de Carl Schmitt em seu livro intitulado *Der Hueter der Verfassung*.

"Há dois modelos principais de guarda ou de defesa da Constituição: o modelo de controle da constitucionalidade das leis por um órgão político e o do controle por órgão jurisdicional.

"O STF tem no Brasil, como órgão jurisdicional, uma tríplice competência originária, recursal ordinária e recursal extraordinária" (*Comentários à Constituição Brasileira*, 4º v., São Paulo, Saraiva, p. 90).

15. Manoel Gonçalves Ferreira Filho esclarece:

"No Direito pátrio era desconhecido até a promulgação da Constituição de 1946 o controle de constitucionalidade sobre lei ou ato em tese e por via de ação. A inovação foi consagrada no art. 8º, parágrafo único, o qual condicionava a intervenção federal pela violação de princípios constitucionais sensíveis à declaração da inconstitucionalidade do ato pelo STF em representação apresentada pelo Procurador-Geral da República (cf. Buzaid, *Da Ação Direta de Declaração de Inconstitucionalidade no Direito Brasileiro*, cit., pp. 95 e ss.). Somente nesse caso, porém, e para essa finalidade era admitido controle de constitucionalidade por via de ação.

"A EC 16, de 1965, deu ao controle por via de ação a amplitude que tem, hoje, na Constituição. De fato, foi ela que deu ao STF a competência para declarar a inconstitucionalidade de lei ou de ato de natureza normativa, não só estadual, mas também federal, em ação direta, proposta pelo Procurador-Geral da República, ação essa cujo objeto é a declaração de tal inconstitucionalidade em tese, independentemente de lesão a direito individual. Veio a reconhecer, portanto, que a mera vigência de ato inconstitucional fere a ordem jurídica e reclama um remédio drástico" (*Comentários à Constituição Brasileira de 1988*, v. 2, São Paulo, Saraiva, 1992, p. 217).

Ocorre que o Constituinte houve por bem ofertar legitimidade ativa a nove proponentes diversos, deixando claro, todavia, que tais proponentes poderiam ser entidades ou pessoas atuando na esfera federal ou estadual, vale dizer, pessoas ou instituições representativas das duas entidades federativas cuja elaboração legislativa está sujeita ao controle concentrado: a União e os Estados.

Assim é que os Chefes dos Executivos Federal e Estadual foram legitimados, como as Mesas do Legislativo Federal e Estadual, além dos partidos políticos, desde que com representação no Congresso Nacional, a fim de evitar que partidos sem expressão e criados por uma legislação eleitoral elástica, quase sempre com interesses pouco claros, pudessem, apesar de sua inexpressividade, ingressar com ações deste tipo perante a Suprema Corte.

Abriu o Constituinte, todavia, exceção a quatro instituições não-políticas. Ao Ministério Público Federal, por seu Procurador-Geral, ao Conselho Federal da OAB, às confederações sindicais e às entidades de classe de âmbito nacional.[16]

Ao Conselho Federal da OAB e ao Ministério Público a razão é inequívoca, pois a Advocacia e o *Parquet* são órgãos essenciais à administração da Justiça, por exercerem funções consideradas, pela própria Constituição, como fundamentais.

E, à evidência, ao outorgar às confederações sindicais e às entidade de classe de âmbito nacional o direito de acionar a Suprema Corte, deflagrando o exercício de seu controle concentrado de constitucionalidade, o Constituinte o fez para que o povo – ou seja, a sociedade – pudesse pleitear diretamente a validade ou não de norma emanada de seus representantes sempre que não se sentisse seguro quanto à norma conformada por sua representação política.

Em outras palavras, o Constituinte outorgou legitimidade ativa não só às confederações sindicais, patronais e de trabalhadores ou servidores, mas às entidades de classe de âmbito nacional, para que o povo, a sociedade, os cidadãos não ficassem dependentes de seus representantes técnicos (OAB e Ministério Público) ou políticos (Executivo e Legislativo) para a deflagração do controle concentrado, na medida em que nem sempre seus representantes representam-no como deveriam.[17]

16. José Cretella Júnior assim comenta o art. 163: "A regra jurídica constitucional enumera taxativamente, no art. 103, I a IX, o rol daqueles que têm *legitimatio ad causam*, ou seja, as entidades dotadas de aptidão ou idoneidade para figurar, nessa lide, como sujeitos processuais ativos, a fim de propor a ação de inconstitucionalidade: a) o Presidente da República; b) a Mesa do Senado Federal; c) a Mesa da Câmara dos Deputados; d) a Mesa da Assembléia Legislativa; e) o Governador de Estado; f) o Procurador-Geral da República; g) o Conselho Federal da OAB; h) partido político com representação no Congresso Nacional; i) confederação sindical; ou j) entidade de classe de âmbito nacional. Todo aquele que não estiver mencionado nessa lista não poderá ingressar em juízo para solicitar do Poder Judiciário competente a anulação de lei ou ato normativo com eiva de inconstitucionalidade. Se o fizer, o Poder Judiciário o declarará carecedor de ação, porque, embora possa ter capacidade processual genérica, não reúne os pressupostos do real titular do 'interesse de agir' nessa lide, que é precisamente o de ter direito à prestação jurisdicional declaratória. As entidades enumeradas no texto são partes legítimas, porque têm direito a obter do órgão judicial decisão sobre o mérito da causa, favorável ou desfavorável. Trata-se aqui de idoneidade *ad hoc*, para este tipo de causa, figurando as entidades enunciadas como sujeitos processuais, com vistas à obtenção da relação de direito material. Nenhum particular, pessoa física ou jurídica, esta última representada por pessoa física, na relação processual, tem *legitimatio ad causam* para a propositura da ação de inconstitucionalidade, do mesmo modo que não a tem o Plenário do Congresso Nacional, quer o da Câmara, quer o do Senado. Também o Governador do Distrito Federal e os prefeitos dos Municípios não têm *legitimatio ad causam* para a propositura da ação de inconstitucionalidade. Nem os dirigentes de entidades autárquicas (v. comentário 96)" (*Comentários à Constituição de 1988*, 1ª ed., v. VI, Rio de Janeiro, Forense Universitária, 1992, pp. 3.106 e 3.107).

17. Wolgran Junqueira Ferreira, ao comentar o art. 103 explicita:

"Considera-se parte legítima, genericamente, toda aquela que revela interesse moral ou econômico, qualidade e capacidade para agir em juízo.

"Portanto, são partes legítimas para propor ação de inconstitucionalidade as referidas no texto do artigo.

Ora, é neste sentido que me parece contrária ao Texto Supremo a interpretação da Suprema Corte ao reduzir a representação da sociedade apenas às confederações, não permitindo que associações de classe de âmbito nacional, que são "entidades de classe", tenham legitimidade ativa.

De rigor, a Suprema Corte assegurou ao Poder e às instituições essenciais à Justiça a legitimidade ativa, mas não garantiu à sociedade, que sustenta o poder, com seus tributos, a representação através das associações de classe de âmbito nacional, apesar da expressa previsão constante do texto constitucional.

Parece-me que esta visão elitista e aristocrática de garantir mais o Poder que a sociedade só foi possível em face de não se ter analisado a intenção do Constituinte. Ao contrário da lei, que é mais inteligente do que o legislador, pois deve ser inserida no sistema que lhe permitiu nascer, a Constituição não pode ser mais inteligente que o Constituinte, pois é este o único antecedente imediato da norma suprema.[18]

É que não foi levado à apreciação da Corte Máxima que a elasticidade assegurada pelo Constituinte não poderia ser compactada, sob pena de o Judiciário passar a servir mais ao Poder do que à sociedade, numa visão "hobbeniana" do Estado.[19]

A intenção do Constituinte foi, nitidamente, ofertar às entidades de âmbito nacional e às confederações sindicais – estas, diferentes daquelas – o direito a pleitear junto à Suprema Corte a declaração de inconstitucionalidade de lei ou ato normativo federal ou estadual.

E o que se deve entender por *entidades de classe de âmbito nacional*? Aquelas que representam, em todo o território nacional, uma determinada categoria, seja ela estadual ou federal.

Os servidores do Estado de São Paulo não servem ao Estado de São Paulo apenas no seu território. Servem-no em todo o país. Em todo o país há representação do Estado, seus procuradores devendo estar lotados em Brasília para acompanhar as questões que chegam aos Tribunais Superiores, e outros servidores, atuando na defesa dos interesses do Estado, no país inteiro.

É, portanto, a Consulente uma entidade de âmbito nacional, representante da classe dos servidores do Estado de São Paulo. Tem, a meu ver, representatividade, na linha do raciocínio até aqui exposto, para atuar junto ao Supremo em ações de controle concentrado de constitucionalidade.[20]

"Melhorou muito a ação de inconstitucionalidade na atual Constituição. Anteriormente, ficava praticamente ao arbítrio do Procurador-Geral da República. Hoje, não mais. Outras pessoas e entidades poderão argüir perante o STF a inconstitucionalidade das leis. Mas, a Constituição *de lege ferenda* poderia outorgar a qualquer cidadão o direito de argüir ao STF ao menos a inconstitucionalidade das emendas à Constituição" (*Comentários à Constituição de 1988*, v. 2, Julex Livros, 1989, pp. 741 e 742).

18. Escrevemos, Celso Bastos e eu: "Conscientes de que a realidade fenomênica constitucional difere, nas técnicas exegéticas, das demais realidades dela decorrentes, entendemos fosse necessária uma amplitude maior em seu exame, posto que sua conformação jurídica surge pela apreensão de todos os elementos sociais que pertinem às demais ciências relacionadas ao homem vivendo em sociedade, sendo, pois, o perfil técnico o último estágio desta interação de realidades não-jurídicas e o primeiro estágio de toda a realidade mandamental que dela decorrerá" (*Comentários à Constituição do Brasil*, 1º v., São Paulo, Saraiva, 1988, "Apresentação", p. VII).

19. Carlos Maximiliano ensina como interpretar a Constituição: "O grau menos adiantado de elaboração científica do Direito Público, a amplitude do seu conteúdo, que menos se presta a ser enfeixado num texto, a grande instabilidade dos elementos de que se cerca, determinam uma técnica especial na feitura das leis que compreende. Por isso, necessita o hermeneuta de maior habilidade, competência e cuidado do que no Direito Privado, de mais antiga gênese, uso mais freqüente, modificações e retoques mais fáceis, aplicabilidade menos variável de país a país, do que resulta evolução mais completa, opulência maior de materiais científicos, de elementos de certeza, caracteres fundamentais melhor definidos, relativamente precisos. Basta lembrar como variam no Direito Público até mesmo as concepções básicas: relativas à idéia de Estado, Soberania, Divisão de Poderes etc." (*Hermenêutica e Aplicação do Direito*, Rio de Janeiro, Forense, 1979, p. 304).

20. Reconheço que não é a interpretação da Suprema Corte, mas é de se lembrar que a Suprema Corte entende que as confederações sindicais e as

A classe que representa é a dos servidores do Estado de São Paulo, que têm regime próprio de serviço diferente daquele das demais unidades federativas, o que é, de resto, coerente com a autonomia administrativa que a Lei Maior outorga às suas entidades federativas. Repito, pois: a classe dos servidores públicos do Estado de São Paulo tem regime próprio e peculiarmente diverso, em muitos pontos, dos regimes dos demais servidores das demais entidades.

E é entidade de âmbito nacional, pois abrange e atende a todos os servidores do Estado de São Paulo que atuam no Brasil, em suas representações junto aos demais Estados, Distrito Federal e União.

Preenche, pois, a meu ver, o requisito de entidade de classe (servidores do Estado de São Paulo) de âmbito nacional (abrange os servidores lotados em todas as unidades federativas do país).

Apesar de não ser a tese dominante na Suprema Corte, estou absolutamente convencido de ter sido esta a intenção do Constituinte ao elencar no art. 103, IX, não só as confederações sindicais patronais e de trabalhadores e servidores, mas as entidades de classe de âmbito nacional.

Nada obstante minha convicção, entendo que, para discutir a validade de ato coator de autoridade executora de lei inconstitucional, menos procelosa se mostra a utilização de mandado de segurança coletivo.[21]

O remédio processual está na Constituição, sendo, portanto, daqueles veículos de defesa do cidadão e da coletividade que a lei ordinária não pode abolir.

Assim está redigido o inciso LXX do art. 5º da Lei Suprema: "O mandado de segurança coletivo pode ser impetrado por: (...); b) organização sindical, entidade de classe ou associação legalmente constituída e em funcionamento há pelo menos um

entidades de classe de âmbito nacional têm idêntico perfil, o que não posso admitir, no plano jurídico, até como uma homenagem à inteligência dos Constituintes, que separaram as duas entidades representativas. Leia-se, entretanto, em sentido contrário:

"*Ementa*: Constitucional – Ação direta – Ilegitimidade ativa – Entidade nacional de classe – Economiários – Caixa Econômica Federal.

"A Federação Nacional das Associações Economiárias, que não tem caráter sindical, não é entidade nacional de classe, na acepção consagrada pelo STF, já que constitui associação de associações, sem representar diretamente pessoas físicas.

"Ainda que assim não fosse, os economiários não se destacariam como uma classe específica, pois, como revela a legislação trabalhista, enquadram-se na categoria dos bancários.

"Hipótese em que a entidade, congregando apenas parcela de categoria profissional, tem como fator de coesão apenas a identidade do empregador – a Caixa Econômica Federal –, o que não basta para conferir-lhe legitimidade à luz do art. 103, IX, da CF e dos precedentes desta Corte (ADIn 34 e 976).

"Ação direta extinta por ilegitimidade da autora" (STF, ADIn 987-7-DF, Plenário, rel. Min. Ilmar Galvão, j. 26.5.1994, *DJU*-1 9.9.1994, p. 23.439) (in *A Constituição na Visão dos Tribunais, TRF-1ª Região, 1997*, v. 2, São Paulo, Saraiva, p. 787).

21. Rogério Lauria Tucci e José Rogério Tucci explicam o mandado de segurança coletivo:

"Trata-se, induvidosamente, de relevante inovação, conferindo-se, já agora, também, a impetração de *mandamus* a 'diversas pessoas que se encontram na mesma situação jurídica' que a enseja. E que diz de perto com a *legitimação extraordinária* para o uso do *writ*, como por nós ressaltado, e, por igual, corretamente anotado pelo Corpo Técnico-Jurídico do CEPAM, *verbis*: 'Confere-se, aqui, legitimidade aos partidos políticos com representação na Câmara dos Deputados ou no Senado, organização sindical, entidade de classe ou associação em funcionamento há pelo menos um ano – em defesa dos interesses de seus membros ou associados. Isto amplia sobremodo o instituto, tornando-o mais flexível no âmbito da defesa das comunidades, por via das organizações partidárias, das entidades sindicais e associações legalmente constituídas, abrindo, ainda, perspectivas de dinamização da Justiça e desafogo das atividades forenses, normalmente congestionadas por pedidos redundantes, versantes sobre o tema da proteção requerida'.

"Basta, outrossim, para tanto, que o interesse em pauta seja coletivo, isto é, pertinente 'aos fins institucionais de determinada associação, corporação ou grupo intermédio, decorrendo necessariamente de um prévio vínculo jurídico que une os associados, sujeitando-os a regime jurídico próprio'; e de sorte a gerar a *true class action* (na qual, obviamente, o direito dos membros integrantes da categoria representada deve ser *joint* ou *common*" (*Constituição de 1988 e Processo*, Ed. São Paulo, Saraiva, 1989, p. 146).

ano, em defesa dos interesses de seus membros ou associados; (...)".[22]

Ora, o requisito de pelo menos um ano de existência é sobejamente preenchido pela Consulente, fundada em 5 de novembro de 1931, e desde esta data a verdadeira entidade de defesa de seus associados e dos servidores em geral.

À evidência, o mandado de segurança coletivo, a favor de seus associados, deve ser impetrado contra a autoridade coatora, isto é, contra aquela autoridade que aplique a lei, e não contra aquela de quem a lei emanou. Em outras palavras, o mandado de segurança não é uma ação contra a entidade federativa que age na ilegalidade ou inconstitucionalidade – embora muitos autores defendam esta tese –, mas contra a autoridade que a representa e exerce a coação sobre o cidadão. E a entidade representativa dos cidadãos pode afastar a coação através de veículo processual criado pela Constituição de 1988.[23]

Ad cautelam, sugiro que seja previamente realizada assembléia para que os associados aprovem a propositura da medida processual extrema, a fim de afastar qualquer exigência inconstitucional a seus associados ou à entidade.[24]

Por fim, resta responder à questão sobre se seria, ou não, a Consulente imune de impostos. Entendo que sim.

Reza o art. 150, VI, "c", da Lei Suprema o seguinte: "Sem prejuízo de outras garantias asseguradas ao contribuinte, é vedado à União, aos Estados, ao Distrito Federal e aos Municípios: (...); VI – instituir impostos sobre: (...); c) patrimônio, renda ou serviços dos partidos políticos, inclusive suas fundações sindicais dos trabalhadores, das instituições de educação e de

22. Celso Agrícola Barbi lembra que:

"O item LXIX, apesar de ter redação diferente da que consta na Constituição anterior, não trouxe modificação no conteúdo.

"Mas o item LXX, ao ampliar a legitimação, ao usar a expressão 'mandado de segurança coletivo', e ao se referir a 'interesses de membros e associados', traz inovações importantíssimas e ricas de conseqüências, cuja extensão somente a prática do dia-a-dia permitirá avaliar" (*Mandados de Segurança e de Injunção*, São Paulo, Saraiva, 1990, p. 68).

23. Sérgio Ferraz ensina: "A primeira observação a fazer-se diz respeito à natureza da atuação da pessoa jurídica nesses casos. Na hipótese do inciso XXI do mesmo art. 5º, a entidade representa seus associados, em seu nome agindo; e, por isso, era taxativa a exigência de autorização expressa. Aqui, no inciso LXX, não: a entidade comparece não em representação, mas em defesa dos interesses ou direitos de seus filiados. Há, pois, legitimação direta, não intermediada, para agir. Por isso, aqui não há de cogitar de autorização expressa, mandato etc. Em suma, no inciso LXX não há caso de substituição processual, eis que a entidade age em nome próprio em defesa dos direitos e interesses que também lhe são próprios, refletindo sua atuação na esfera de direitos e interesses dos filiados. E esse nos parece ser substancial traço diacrítico entre o mandado de segurança coletivo e o singular deflagrado por entidades (inciso XXI): por agir em nome próprio, atuando direitos e interesses próprios (pois assim se apresenta a prerrogativa de defesa dos interesses dos filiados e da categoria), a entidade, na hipótese do mandado de segurança coletivo, prescinde de autorizações específicas para agir. Dela só se exige que seja constituída como previsto em lei e que funcione há pelo menos um ano. Cremos importante enfatizar: a) o prazo de um ano não se aplica à hipótese do inciso XXI, eis que o quociente de representatividade, por ele visado, é atendido pela necessidade de autorização expressa; b) no caso de mandado de segurança coletivo, somente será necessário perquirir da autorização para agir caso o ato constitutivo da entidade não lhe atribua, de pronto, permissão para representar os filiados em juízo" (*Mandado de Segurança (Individual e Coletivo) Aspectos Polêmicos*, São Paulo, Malheiros Editores, 1992, p. 38).

24. Leia-se (AgRg em RE 225.965-3-DF, rel. Min. Carlos Velloso, agte.: ANFIP/Associação Nacional dos Fiscais de Contribuições Previdenciárias, advs.: Antônio Torreão Braz Filho e outros, agdo.: INSS, adv.: Maria Alice Enes de Melo):

"*Ementa*: Constitucional – Processual civil – Ação ordinária coletiva – Legitimação: entidade de classe – Autorização expressa – CF, art. 5º, XXI.

"I – Porque a recorrente é entidade ou associação de classe, e porque tem-se, no caso, ação ordinária coletiva, é aplicável a regra do art. 5º, XXI, da CF: exigência de autorização expressa dos filiados.

"II – Agravo não provido.

"*Acórdão* – Vistos, relatados e discutidos estes autos: Acordam os Ministros do Supremo Tribunal Federal, em 2ª Turma, na conformidade da ata do julgamento e das notas taquigráficas, por decisão unânime, negar provimento ao agravo regimental.

"Brasília, 15 de dezembro de 1998 – *Néri da Silveira*, presidente – *Carlos Velloso*, relator."

assistência social, sem fins lucrativos, atendidos os requisitos da lei".

Toda a questão reside em saber se as associações de classe são entidades sindicais, visto que a Consulente é uma associação civil.

Na mesma linha de raciocínio desenvolvido no início do presente parecer, entendo que a expressão "entidades sindicais" é mais ampla que a de "sindicatos", visto que abrange todas as entidades de trabalhadores reunidos em uma entidade de defesa de seus interesses.

É de se lembrar que o art. 8º da CF principia com a informação de que *é livre* ***a associação profissional ou sindical***, colocando no mesmo nível de liberdade de adesão e de representação as associações e os sindicatos representantes dos trabalhadores.[25]

Por esta razão, estou convencido de que a imunidade do art. 150, VI, "c", refere-se aos dois tipos de associações, a saber, a sindical e a profissional; lembrando-se que o inciso II do art. 8º proíbe a criação de mais de uma organização sindical para cada categoria – com o quê se justifica a formação de associações profissionais, com mais liberdade de representação.[26]

Assim é que o Estatuto da própria Consulente, fundada antes da criação da Consolidação das Leis do Trabalho e dos sindicatos do moderno Direito Do Trabalho, declara, em seu art. 2º, que é a "entidade representativa" da categoria, até hoje permanecendo nesta condição.[27]

Preenche, pois, todos os requisitos de "entidade sindical", embora não seja um sindicato, podendo gozar da imunidade a que faz menção a letra "c" do inciso VI do art. 150 da CF.

É de se lembrar que, ao contrário das isenções, em que a interpretação é restrita (art. 111 do CTN), a imunidade permite uma interpretação extensiva, quase sempre sendo esta a técnica de que os exegetas se utilizam para compreender o intento do Constituinte.

Em outras palavras: por ser a imunidade uma vedação constitucional ao poder de tributar, não pode ficar ao alvedrio do legislador infraconstitucional a determinação dos limites em que se deva dar, visto que os crônicos "déficits públicos" das diversas esferas de governo poderiam levar à

25. Amauri Mascaro Nascimento ensina:

"Segundo a Constituição, a lei não obrigará ninguém a filiar-se a um sindicato ou a manter a sua filiação, com o quê assegura a liberdade sindical individual, que consiste exatamente na faculdade de filiação ou desfiliação de um sindicato.

"A liberdade sindical individual é princípio declarado pela Convenção 87 da Organização Internacional do Trabalho (art. 1º), ao dispor que os trabalhadores e os empregadores têm o direito de filiar-se às organizações que estimarem convenientes, com a única condição de observar-lhes os estatutos.

"Essa faculdade compreende o direito de ingressar, de desenvolver atividades sindicais e de deixar as entidades em que se inscreveram, num sentido amplo, uma vez que sua plena realização pressupõe mecanismos de apoio suficientes para que cada pessoa possa exercer uma ação coerente com a sua condição de associada de um sindicato" (*Direito do Trabalho na Constituição de 1988*, São Paulo, Saraiva, 1989, p. 238).

26. O art. 8º, *caput* e inciso II, da CF estão assim redigidos: "Art. 8º. É livre a associação profissional ou sindical, observado o seguinte: (...); II – é vedada a criação de mais de uma organização sindical, em qualquer grau, representativa de categoria profissional ou econômica, na mesma base territorial, que será definida pelos trabalhadores ou empregadores interessados, não podendo ser inferior à área de um Município".

27. Estão assim redigidos os arts. 1º e 2º do Estatuto da Consulente:

"Título I – Da Constituição da Sociedade

"Capítulo Único – Constituição, sede e duração

"Art. 1º. A Associação dos Funcionários Públicos do Estado de São Paulo, que adota a sigla AFPESP, fundada em 5 de novembro de 1931, reconhecida de utilidade pública pelo Decreto Federal 6.969, de 14 de março de 1941; pela Lei Estadual de São Paulo 1.704, de 25 de agosto de 1952; pelo Decreto do Município de São Paulo 9.118, de 7 de novembro de 1970, é uma sociedade civil, sem fins lucrativos, com sede, administração e foro na Capital do Estado de São Paulo.

"Art. 2º. A AFPESP, entidade representativa da categoria, constitui-se de funcionários e servidores públicos civis dos três Poderes do Estado de São Paulo, de seus Municípios e respectivas autarquias, ativos ou aposentados, inscritos no Quadro Social."

redução da imunidade a expressão quase nenhuma.[28]

Por esta razão, a interpretação que oferto está na linha de uma interpretação mais abrangente, até porque não teria sentido que os sindicatos gozassem de imunidades e as entidades representativas dos trabalhadores não, quando a intenção nítida do Constituinte foi a de fortalecer a união de trabalhadores, concedendo a liberdade de associação.[29]

E, no caso da Consulente, com muito mais razão, na medida em que é mais antiga que a própria lei sindical, visto que a Consolidação das Leis do Trabalho é que criou o regime jurídico dos sindicatos no país.

E, à evidência, a lei a que se refere o artigo é a lei complementar – no caso, o CTN, em seu art. 14, assim redigido:

"Art. 14. O disposto na alínea 'c' do inciso IV do art. 9º é subordinado à observância dos seguintes requisitos pelas entidades nele referidas:

"I – não distribuírem qualquer parcela de seu patrimônio ou de suas rendas, a título de lucro ou participação no seu resultado;

"II – aplicarem integralmente, no país, os seus recursos na manutenção dos seus objetivos institucionais;

"III – manterem escrituração de suas receitas e despesas em livros revestidos de formalidades capazes de assegurar sua exatidão.

"§ 1º. Na falta de cumprimento do disposto neste artigo, ou no § 1º do art. 9º, a autoridade competente pode suspender a aplicação do benefício.

"§ 2º. Os serviços a que se refere a alínea 'c' do inciso IV do art. 9º são, exclusivamente, os diretamente relacionados com os objetivos institucionais das entidades de que trata este artigo, previstos nos respectivos estatutos ou atos constitutivos."[30]

Já a Suprema Corte declarou que a lei que determina as condições de gozo da imunidade é a lei complementar, cabendo à lei ordinária apenas cuidar de aspectos formais não condicionantes. Assim se manifestou o Min. Sepúlveda Pertence, na ADIn 1.802/98:

"Nela, para o gozo da imunidade, impõe-se à instituição: 'f) recolher tributos sobre os rendimentos por ela pagos ou creditados e a contribuição para a Seguridade Social relativa aos empregados, bem assim cumprir as obrigações acessórias daí decorrentes'.

"Cuida-se de norma sancionatória de responsabilidade e obrigações tributárias, principais e acessórias, das entidades imu-

28. Na linha da interpretação ampla das imunidades, leia-se a ementa do REO 80.603-SP (*DJU* 25.5.1979, p. 4.090): "Papel de imprensa – Ato inexistente – Interpretação literal. Não são as dimensões (variáveis segundo o método industrial adotado) que caracterizam o papel para impressão. *Ao contrário da isenção tributária, cujas regras se interpretam literalmente, a imunidade tributária admite ampla inteligência*" (os grifos são meus).

29. O art. 5º, XVII, determina: "XVII – é plena a liberdade de associação para fins lícitos, vedada a de caráter paramilitar".

30. Rogério Vidal Gandra da Silva Martins e José Ruben Marone escreveram:

"O art. 9º, cumprindo a função de norma estabilizadora (lei complementar), explicita o dispositivo constitucional supracitado, ressaltando a imunidade constitucional, desde que 'observados os requisitos fixados na Seção deste Capítulo' (art. 9º, IV, 'c').

"Percebe-se, assim, que a imunidade de tais instituições já está condicionada ao atendimento de determinados requisitos por disposição da própria Constituição. Se a Constituição não impusesse tais limites, em nosso entender, o Código Tributário Nacional, mesmo com força de lei complementar, não poderia restringir um benefício que a Constituição não restringiu. Isto porque a única gênese normativa possível de imunidade tributária é a Lei Suprema. O *Codex*, neste caso, apenas explicita, mas não cria a imunidade tributária.

"Cumprindo a determinação constitucional, o art. 14 elenca os requisitos a serem preenchidos pelos partidos políticos e suas fundações, entidades sindicais dos trabalhadores e instituições de educação e assistência social" (*Comentários ao Código Tributário Nacional*, Rio de Janeiro, Forense, 1997, p. 60).

nes de imposto e que nada tem a ver com os limites objetivos da imunidade – *de regulamentação, aliás, só permitida à lei complementar* –, nem com a sua identificação como instituições de educação ou assistência social sem fins lucrativos, a que se *reduz o âmbito material dos requisitos subjetivos do gozo da imunidade cuja fixação se remeteu à lei ordinária.*

"Creio mesmo que, tratando-se de imunidade constitucional, *não há que falar propriamente em suspensão. Ou estão reunidos, em determinado momento, os seus pressupostos objetivos e subjetivos, ou não se aplica a regra de imunidade. Mas, até onde a regra de imunidade alcançar, a sua suspensão não pode ser usada como sanção de coisa alguma.*

"Na mesma linha, parecem extravasar da esfera de competência da lei questionada os arts. 13, *caput*, e 14, *verbis* – fls. 5 e 6:

'Art. 13. Sem prejuízo das demais penalidades previstas na lei, a Secretaria da Receita Federal suspenderá o gozo da imunidade a que se refere o artigo anterior, relativamente aos anos-calendário em que a pessoa jurídica houver praticado ou, por qualquer forma, houver contribuído para a prática do ato que constitua infração a dispositivo da legislação tributária, especialmente no caso de informar ou declarar falsamente, omitir ou simular o recebimento de doações em bens ou em dinheiro, ou de qualquer forma cooperar para que terceiro sonegue ou pratique ilícitos fiscais.

'Art. 14. À suspensão do gozo da imunidade aplica-se o disposto no art. 32 da Lei 9.430, de 1996.'

"Essa Lei 9.430/96 prevê a suspensão da imunidade tributária por falta de observância dos requisitos dos arts. 9º, § 1º, e 14 do CTN, claramente enquadráveis no campo que vimos considerando facultado até à lei ordinária.

"*A norma agora impugnada, contudo, uma vez mais, instrumentaliza a suspensão da imunidade tributária como sanção dos ilícitos fiscais que não dizem com os pressupostos do benefício constitucional*" (grifos meus).

E acrescenta:

"Resta o § 1º do art. 12 – fls. 4:

'Art. 12. (...).

"§ 1º. Não estão abrangidos pela imunidade os rendimentos e ganhos de capital auferidos em aplicações financeiras de renda fixa ou de renda variável.'

"Aqui, afigura-se-me chapada a inconstitucionalidade formal e material da exclusão questionada.

"Inconstitucionalidade formal, porque a norma atinente à delimitação do objeto da imunidade supera a alçada da lei ordinária e se reserva – segundo o parâmetro do precedente acolhido – à lei complementar.

"*Mas, ao primeiro exame, há também inconstitucionalidade material: 'rendimentos e ganhos de capital auferidos em aplicações financeiras' são renda, alcançados, pois, pela imunidade constitucional, quando beneficiária dela a instituição imune, e, portanto, não subtraíveis, sequer por lei complementar, do âmbito da vedação constitucional de tributar.*

"Uma das informações prestadas questiona se as aplicações no mercado financeiro são atividades próprias de instituição beneficente sem finalidade lucrativa. *Como antes ficou dito, o que descaracteriza, para o fim da imunidade, a instituição de fins não lucrativos não é que ela possa ter resultados financeiros positivos, mas, sim, que se destine a distribuir esses resultados como lucros aos seus associados*"[31] (grifos meus).

Condições só podem ser definidas por lei complementar. Formalidades aplicacionais não-restritivas podem ser definidas por lei ordinária.

Goza, pois, a entidade, a meu ver, da imunidade a que se refere o art. 150, VI, "c", lembrando-se que, nos Estatutos Sociais, a alínea "d" do art. 7º – assim redigida:

31. *Informativo do STF* 129, de 26-30 de outubro, data 4.11.1998 (transcrições).

"No cumprimento de seu programa de atividade, a AFPESP propõe-se a, dentro de suas possibilidades financeiras, por intermédio de seus órgãos especializados e obedecido o Regulamento Geral: (...); d) incentivar a cultura intelectual, artística, física e o aprimoramento profissional dos associados, seus dependentes e familiares; (...)" – permite também o enquadramento como entidade de assistência social, à luz do disposto no art. 203, III, assim redigido: "A assistência social será prestada a quem dela necessitar, independentemente de contribuição à Seguridade Social, e tem por objetivos: (...); III – a promoção da integração ao mercado de trabalho; (...)".[32]

À evidência, a formação cultural dos dependentes dos funcionários objetiva a integração deles no mercado de trabalho futuro, estando, portanto, a exercer também funções de entidade de assistência social.

Nada obstante o Decreto 3.039/99 e a Lei 9.732/98 terem procurado restringir o conceito de *entidade social*, para efeitos de gozo da imunidade do art. 195, § 7º, estou convencido de que não só aqueles diplomas são inconstitucionais, como não podem atingir entidade que atue na assistência social, à luz do que dispõe a Constituição Federal.[33]

Para concluir, considero que na expressão "entidades sindicais" é de se compreender entidades profissionais e os sindicatos – entidades, estas, consideradas com os direitos a que se refere o art. 8º da CF. E a Consulente é uma entidade profissional representativa dos servidores públicos do Estado de São Paulo em todo o país.

É, pois, a Consulente, s. m. j., entidade de natureza sindical e representativa de categoria. Embora não seja um sindicato, goza da imunidade a que se refere o art. 150, VI, "c", da *Lex Magna*.

S. m. j.

São Paulo, 10 de junho de 1999.

32. Wagner Balera assim comenta o dispositivo: "Promover a integração de alguém no mercado de trabalho significa adaptá-lo, treiná-lo, instruí-lo... Formar mão-de-obra, mediante programas regionais e locais de treinamento. Em suma: igualdade de oportunidades para quantos estejam fisicamente habilitados ao trabalho.

"Considerada a oitava potência do Universo, a economia brasileira deve criar, a cada ano, mais de um milhão e meio de novos empregos. Estímulos e incentivos deve fornecer o Estado para que haja esse desenvolvimento mínimo do mercado de trabalho, que corresponda à exigência de integração, ofereça resposta a todos quantos busquem inserir-se no processo produtivo, através de ocupações compatíveis com suas aptidões" (*A Seguridade Social na Constituição de 1988*, São Paulo, Ed. RT, 1989, p. 121).

33. O art. 1º do Decreto 3.039/99, que tenho por inconstitucional, tem a seguinte dicção, em seu início:

"Art. 1º. Os arts. 30 a 33 do Regulamento da Organização e do Custeio da Seguridade Social, aprovada pelo Decreto 2.173, de 5 de março de 1997, passam a vigorar com a seguinte redação:

"'Art. 30. Fica isenta das contribuições de que tratam os arts. 22 e 23 da Lei 8.212, de 24 de julho de 1991, a pessoa jurídica de direito privado beneficente de assistência social que atenda, cumulativamente, aos seguintes requisitos:

"'I – seja reconhecida como de utilidade pública federal;

"'II – seja reconhecida como de utilidade pública pelo respectivo Estado, Distrito Federal ou Município onde se encontrar a sua sede;

"'III – seja portadora do Registro e do Certificado de Entidade de Fins Filantrópicos fornecido pelo Conselho Nacional de Assistência Social, renovado a cada três anos;

"'IV – promova, gratuitamente e em caráter exclusivo, a assistência social beneficente a pessoas carentes, em especial a crianças, adolescentes, idosos e portadores de deficiência;

"'V – aplique integralmente o eventual resultado operacional na manutenção e desenvolvimento de seus objetivos institucionais, apresentando, anualmente, relatório circunstanciado de suas atividades ao Instituto Nacional de Seguro Social; e

"'VI – não percebam seus diretores, conselheiros, sócios, instituidores, benfeitores, ou equivalentes, remuneração, vantagens ou benefícios, por qualquer forma ou título, em razão das competências, funções ou atividades que lhe são atribuídas pelo respectivo estatuto social.

"'§ 1º. Para os fins deste artigo, entende-se por assistência social beneficente a prestação gratuita de benefícios e serviços a quem destes necessitar.'

"'(...).'"

ESTUDOS & COMENTÁRIOS

ESTUDOS & COMENTÁRIOS

PRESCRIÇÃO E DECADÊNCIA EM MATÉRIA TRIBUTÁRIA

Breve reflexão

MÁRCIO SEVERO MARQUES

Mestre em Direito Tributário pela Universidade Católica de São Paulo – Auxiliar de Ensino da Universidade Católica de São Paulo – Advogado em São Paulo

1. Introdução. 2. Decadência e prescrição. 3. O crédito tributário. 4. Competência para dispor sobre a matéria. 5. Constituição do crédito tributário e decadência. 6. Prescrição do direito de ação para a cobrança do crédito tributário. 7. Restituição do indébito tributário.

1. Introdução

O Estado de Direito não se compadece com a instabilidade das relações jurídicas. O ordenamento positivo não admite a perpetuação de uma situação de incerteza, em razão da insegurança que pode vir a causar sobre as relações jurídicas que pretende ver reguladas. Deveras, dentre outros valores fundamentais, o sistema jurídico prestigia os direitos de liberdade e de propriedade, e não há como fazê-lo senão delimitando o tempo de instabilidade que possa ser admitido em relação a uma eventual controvérsia e/ou incerteza que os envolva. A segurança jurídica reclama a estabilidade das relações no Direito.

O professor Paulo de Barros Carvalho, em sua obra *Direito Tributário – Fundamentos Jurídicos da Incidência*, aborda a questão nos seguintes termos: "Vimos lidando com o Direito posto, na condição de instrumento de ação social concebido para ordenar as condutas intersubjetvas, orientando-as para os valores que a sociedade quer ver realizados. De ver está que a organização desse teor não pode compadecer-se com a indeterminação, com a incerteza, com a permanência de conflitos irresolvíveis, com o perdurarem no tempo, sem definição jurídica adequada, questões que envolvam controvérsias entre sujeitos (...). Enquanto sistema, a ordem jurídica aparece como forma de superar conflitos de interesses, estabelecendo, coercitivamente, a direção que a conduta há de seguir, em nome do bem-estar social".

E, em seguida, conclui: "Ora, sempre que o fluxo do tempo ameaçar, de algum modo, a obtenção daquele almejado equilíbrio, que se reflete no princípio da firmeza ou da certeza jurídica, prevê o sistema a ocorrência de fatos extintivos, que têm o condão de definir, drasticamente, a situação, determinando direitos e deveres subjetivos correlatos".[1]

Deveras, o Direito Positivo outorga direitos; e para a tutela jurisdicional destes direitos estabelece as respectivas vias processuais. A todo direito corresponde uma ação. Mas, para conforto e prestígio da segurança jurídica que o sistema positivo pretende realizar, ele mesmo impõe limites à permanência de uma situação de incerteza ou controvérsia envolvendo direitos cuja tutela jurisdicional seja por ele assegurada. E, nessa medida, estabelece prazos para o exercício de determinados direitos, assim como para o ajuizamento de determinadas ações.

2. Decadência e prescrição

Daí por que, em razão do decurso de prazo por inércia de seu titular em relação ao seu exercício, o sistema positivo estabelece prazos de decadência e de prescrição, de direitos materiais e de direitos de ação. De fato, justamente porque no tempo certo (legalmente fixado) não foram exercidos para solucionar o conflito de interesses, a controvérsia ou a incerteza que os envolvia é que perecem esses direitos. Tudo sob o influxo da segurança jurídica, que repudia a incerteza e prestigia a estabilidade das relações jurídicas.

Já se vê, daí, que duas condições se fazem necessárias para que se dêem por caracterizados os fatos jurídicos da prescrição e da decadência. Primeiro, que tenha decorrido determinado lapso de tempo; e segundo, que durante esse lapso de tempo o titular de determinado direito tenha permanecido inerte, seja em relação ao seu exercício (decadência), seja em relação ao exercício do direito de ação para sua tutela jurisdicional (prescrição). Ou seja, não exerceu o direito material ou não exerceu o direito de ação no prazo que lhe foi estabelecido pela lei para tanto. Decaiu do direito material, perdeu o direito de ação, pereceram os direitos.

Essas lições aplicam-se no âmbito do Direito Tributário. Nessa esfera a decadência e a prescrição também representam formas de extinção de direitos materiais (direito à constituição do crédito tributário e direito à restituição do indébito tributário) e de direitos de ação (para cobrança do crédito tributário e para a repetição do indébito), respectivamente.

Analisaremos inicialmente a decadência e a prescrição do crédito tributário do ponto de vista da Fazenda Pública, para verificarmos o prazo que lhe é legalmente conferido para a sua constituição (dele, o crédito tributário), e, outrossim, para sua cobrança coativa, pela via judicial. Em seguida analisaremos o fenômeno normativo sob a perspectiva do contribuinte, em relação ao indébito tributário e ao direito subjetivo à sua restituição.

3. O crédito tributário

Relembremos sinteticamente a estrutura lógica da norma jurídica: compõe-se de *um antecedente*, que descreve uma situação fática de possível ocorrência no mundo fenomênico, e *um conseqüente*, que prescreve um dado comportamento em face da realização concreta daquela situação fática. Esta é a primeira parte da estrutura lógica da norma jurídica, a endonorma. Primeira porque a norma se completa, estruturalmente, mediante a previsão de uma sanção para a hipótese de descumprimento do comportamento prescrito (perinorma). E então novamente temos *um antecedente*, que corresponde ao comportamento de não observar a conduta prescrita pela endonorma, e *um conseqüente*, que veicula a prescrição da sanção.

Em matéria tributária a norma impositiva deve ser integralmente estabelecida pelo Poder Legislativo, ou seja, todos os aspectos dos *antecedentes* e *conseqüentes*

1. *Direito Tributário – Fundamentos Jurídicos da Incidência*, São Paulo, Saraiva, 1998, p. 191.

normativos (endonorma e perinorma) devem ser explícita ou implicitamente indicados pela lei. Eis o postulado da legalidade.

E estabelecendo, a lei, os aspectos ou critérios da norma jurídica de tributação, sempre que tais critérios possam ser identificados em uma dada situação concreta, do mundo fenomênico, tem-se por ocorrido o fato imponível, nascendo a obrigação tributária, objeto da relação jurídica que se instaura entre Estado e contribuinte.

A obrigação tributária surge em razão da ocorrência do fato imponível (subsunção do conceito do fato ao conceito da norma). Portanto, é a partir desta data que nasce para o Estado o direito ao crédito tributário.

Sob esse aspecto, é bom que se esclareça que o crédito tributário pode ou não ser entendido como expressão sinônima de obrigação tributária, dependendo do ponto de vista do intérprete, do sistema de referência adotado.

Para alguns a obrigação tributária nasce com a ocorrência do fato imponível, juntamente com o crédito a que corresponde, embora só se constitua formalmente por meio do ato de lançamento; para outros, todavia, o crédito tributário só nasce com o ato de lançamento.

Para nosso estudo sobre prescrição e decadência, porém, é suficiente considerar que, para efeito de cobrança do crédito tributário (seja na esfera administrativa, seja na judicial), impõe-se prévia e necessariamente que ele seja formalmente constituído (ou formalizado, se se preferir), mediante o ato de lançamento. Portanto, se antes disso já existia crédito tributário, ou se só existia a obrigação, é questão de somenos importância (ao menos no momento), porque não interfere na contagem do prazo de decadência do direito da Fazenda Pública de constituir formalmente o crédito tributário, que só se opera por meio do lançamento.[2]

2. Não distinguimos nesse estudo, portanto, *crédito* de *obrigação* tributária.

4. Competência para dispor sobre a matéria

No sistema constitucional brasileiro a competência para dispor sobre decadência e prescrição em matéria tributária foi outorgada à legislação complementar, nos termos do art. 146 da CF, cuja redação transcrevemos, para facilitar a fluência do raciocínio: "Art. 146. Cabe a lei complementar: (...) III – estabelecer normas gerais em matéria de legislação tributária, especialmente sobre: (...) b) obrigação, lançamento, crédito, *prescrição* e *decadência* tributários; (...)".

Sabemos quão acirrada é a discussão a respeito da função da lei complementar relativamente às normas gerais em matéria de legislação tributária. Se, por um lado, há quem entenda que essas normas gerais devem limitar-se a dispor sobre conflitos de competência – em matéria tributária – entre as pessoas políticas de Direito Público Interno e a regular as denominadas limitações constitucionais ao poder de tributar, por outro lado, há quem amplie a extensão dessa competência, sustentando que outras matérias também podem e devem ser objeto de normas gerais, veiculadas por lei complementar.

Do nosso ponto de vista, entendemos que a matéria – prescrição e decadência – deve ser disciplinada por meio de normas gerais sobre legislação tributária, de forma que uma mesma regra deva ser observada por todas as pessoas políticas de Direito Público Interno assim como pelas demais pessoas que eventualmente venham a figurar no pólo ativo de relação jurídica tributária. O sistema constitucional positivo é rígido em matéria de tributação, exigindo a fixação de normas gerais para a disciplina jurídica dessas formas de extinção da obrigação tributária, atribuição peculiar da lei complementar (mesmo porque assim determina expressamente a Constituição).

E disciplinando a lei complementar a decadência e a prescrição, formas de extinção da obrigação tributária, as normas assim estabelecidas devem alcançar, indistintamente, todos os sujeitos ativos de obrigações tributárias.

No Direito Positivo vigente a matéria é disciplinada pelo Código Tributário Nacional, que, nesse particular, foi recepcionado pela Constituição de 1967 assim como pela de 1988 com força de lei complementar.

5. *Constituição do crédito tributário e decadência*

Antes de analisarmos a prescrição e a decadência como formas de extinção do crédito tributário impõe-se verificar as disposições legais que disciplinam sua *constituição formal*, e que, nessa medida, reportam-se ao lançamento tributário.

O art. 142 do CTN define o lançamento como "o procedimento administrativo tendente a verificar a ocorrência do fato gerador da obrigação correspondente, determinar a matéria tributável, calcular o montante do tributo devido, identificar o sujeito passivo e, sendo caso, propor a aplicação da penalidade cabível".

E a partir do art. 147 o CTN traz as denominadas "modalidades de lançamento", que, em síntese, são três: o lançamento por declaração (art. 147), o lançamento de ofício (art. 149) e, finalmente, o lançamento por homologação (art. 150).

No primeiro caso o contribuinte apresenta declaração informando os dados necessários para que a autoridade administrativa efetue o lançamento do tributo, constituindo-o formalmente. No segundo caso a autoridade administrativa prescinde da declaração do sujeito passivo, efetuando o lançamento de ofício (pois já detém os dados necessários para a constituição formal do crédito tributário). E no terceiro caso o sujeito passivo antecipa o pagamento do tributo, independentemente de lançamento, remanescendo à autoridade administrativa a tarefa de confirmar a extinção do crédito tributário, mediante ato administrativo de homologação (ou proceder ao lançamento, deixando, então, de homologar).

Daqui já se pode verificar que – no que importa ao presente estudo – o lançamento de ofício e o lançamento por declaração diferem radicalmente do denominado lançamento por homologação. É que quanto a este último não existe, rigorosamente, a figura do lançamento tributário, porque o sujeito passivo se antecipa à ação da autoridade administrativa e recolhe previamente o valor do tributo, mediante a simples aplicação das disposições da legislação de regência. E o ato administrativo de homologação não se confunde com o ato de lançamento, porque seus efeitos jurídicos são manifestamente antitéticos: enquanto o lançamento constitui formalmente o crédito tributário, a homologação confirma sua extinção, que se dá com o pagamento antecipado.

Deveras, (i) se o lançamento é atividade "vinculada e obrigatória", inclusive "sob pena de responsabilidade funcional"; (ii) se na hipótese do art. 150 o CTN determina que o contribuinte calcule o valor do tributo e o recolha antecipadamente, *sem prévia verificação da autoridade administrativa*; e (iii) se no ato de homologação a autoridade administrativa apenas reconhece a regularidade fiscal do contribuinte, confirmando a extinção do crédito tributário, não entendemos como vislumbrar neste ato de homologação qualquer lançamento, pois, conforme pensamos, seus efeitos se projetam em direções opostas.

Para nós, portanto, a expressão referida pelo Código Tributário Nacional como "lançamento por homologação", na verdade, não representa uma terceira hipótese de lançamento, mas sim um terceiro procedimento adotado para o cumprimento da obrigação tributária, atribuído ao próprio sujeito passivo. E neste procedimento não há lançamento, pois com o ato de homologação a autoridade administrativa não constitui o crédito tributário, mas apenas verifica e confirma que o mesmo foi – no passado, portanto – regularmente satisfeito pelo contribuinte, homologando seu procedimento e ratificando a extinção da relação jurídica outrora estabelecida com o Estado.

O ato de homologação, portanto, diz respeito à confirmação da regularidade do procedimento adotado para o cumprimento da obrigação tributária, porque de acordo com as determinações legais.

E, nos termos do § 4º desse mesmo art. 150 do CTN, "se a lei não fixar prazo à homologação, será ele de 5 (cinco anos) a contar da data do fato gerador; expirado esse prazo sem que a Fazenda Pública tenha se pronunciado, considera-se homologado o lançamento e definitivamente extinto o crédito", excetuadas as hipóteses de dolo, fraude ou simulação.

Assim, da leitura dessa disposição legal inferimos que a autoridade administrativa tem o prazo de cinco anos, a contar da data da ocorrência do fato imponível (ou fato gerador, na linguagem do Código Tributário Nacional), para verificar a regularidade do procedimento adotado pelo contribuinte em relação ao dever de antecipar o pagamento do tributo na hipótese de ocorrência do fato imponível. Após este prazo considera-se tacitamente praticado o ato administrativo de homologação, confirmando-se a extinção do crédito tributário.

Mas, e se o pagamento antecipado não estiver de acordo com o montante do crédito tributário devido? Então, a autoridade administrativa, dentro do prazo para homologação, deve efetuar o lançamento do valor complementar, implementando, assim, a condição resolutória prevista pelo § 1º do art. 150 do CTN, revertendo os efeitos do pagamento antecipado em relação à extinção da totalidade do crédito tributário. Voltaremos ao assunto adiante.

A hipótese é diversa quando o contribuinte não declara e nem recolhe valor algum a título de tributo na data do seu vencimento, isto é, quando não efetua o pagamento antecipado sujeito à homologação, seja porque entende não ter realizado o fato imponível, seja por falta de disponibilidade de caixa, seja, ainda, em razão de dolo, fraude ou simulação.

É que nestes casos não há o que ser homologado pela autoridade competente, justamente porque não houve qualquer procedimento ou pagamento antecipado do tributo. A Administração Tributária, então, caso verifique a ocorrência do fato imponível, deverá constituir formalmente o crédito tributário por meio de lançamento de ofício. E neste hipótese (não-realização do pagamento antecipado) deve atender ao prazo previsto pelo art. 173, I, do CTN, que assim dispõe:

"Art. 173. O direito da Fazenda Pública constituir o crédito tributário extingue-se após 5 (cinco) anos, contados:

"I – do primeiro do dia do exercício seguinte àquele em que o lançamento poderia ter sido efetuado;

"II – da data em que se tornar definitiva a decisão que houver anulado, por vício formal, o lançamento anteriormente efetuado.

"Parágrafo único. O direito a que se refere este artigo extingue-se definitivamente com o decurso de prazo nele previsto, contado da data em que tenha sido iniciada a constituição do crédito tributário pela notificação, ao sujeito passivo, de qualquer medida preparatória indispensável ao lançamento."

Com efeito, não se tratando de reforma de decisão administrativa que tenha anulado, por vício formal, o lançamento anteriormente efetuado (hipótese do inciso II do art. 173), o prazo para se proceder ao lançamento de ofício do tributo será de cinco anos, contados do primeiro dia do exercício seguinte àquele em que o lançamento poderia ter sido efetuado. E tratando-se de tributo cuja legislação atribua ao sujeito passivo o dever de antecipar o pagamento sem prévio exame da autoridade administrativa, caso não haja pagamento antecipado o lançamento pode ser efetuado a partir da data do vencimento da obrigação tributária, quando se caracterizou a omissão do sujeito passivo (em relação ao pagamento antecipado).

Neste último caso, então, a Fazenda Pública tem o prazo de cinco anos, contados do primeiro dia do exercício seguinte ao da data de vencimento da obrigação tributária, para efetuar o lançamento do valor do tributo que deixou de ser recolhido antecipadamente pelo sujeito passivo.

Vê-se, pois, que (i) o prazo de decadência do direito de lançar o tributo, quando não há pagamento antecipado, é superior ao (ii) daquele em que tal pagamento antecipado tenha sido efetuado, pois nesta última hipótese a Administração Tributária está obrigada a proceder ao lançamento de ofício (caso o pagamento antecipado não esteja conforme a legislação) dentro do prazo previsto para homologação (cinco anos, contados da data do fato imponível), diferentemente do primeiro caso (omissão quanto ao pagamento antecipado), em que este prazo é contado do primeiro dia do exercício seguinte ao da data de vencimento da obrigação tributária (data a partir da qual o lançamento poderia ter sido efetuado).

Prevê o Código Tributário Nacional, ainda, prazo de cinco anos para a decadência do direito à constituição formal do crédito tributário, contados da data em que se tornar definitiva a decisão que houver anulado, por vício formal, o lançamento anteriormente efetuado, conforme dispõe seu art. 173, II.

Temos que supor que, nessa hipótese, o lançamento objeto da decisão que o anulou por vício formal foi efetuado dentro do prazo de decadência estabelecido pelo inciso I do mesmo art. 173, pois do contrário o crédito tributário obrigatoriamente já teria sido extinto, alcançado pela decadência.

Diversa parece-nos a hipótese em que dentro do prazo legal (inciso I do art. 173) a Fazenda Pública efetua o lançamento do crédito tributário, e este enseja impugnação por parte do contribuinte ou revisão pela própria autoridade administrativa, instaurando-se contraditório na primeira hipótese, pois a decisão sobre o lançamento anteriormente efetuado estabelece novo prazo de decadência para a constituição do crédito tributário, que é contado a partir desta data (ou, melhor, da data em que intimada a Administração Tributária desta decisão).

Por fim, o parágrafo único do art. 173 do CTN estabelece que "o direito a que se refere este artigo extingue-se definitivamente com o decurso do prazo nele previsto, contado da data em que tenha sido iniciada a constituição do crédito tributário pela notificação, ao sujeito passivo, de qualquer medida preparatória indispensável ao lançamento".

O dispositivo é de difícil intelecção, pois se, de um lado, "o direito extingue-se definitivamente com o decurso do prazo nele previsto" – que na hipótese do inciso I é de cinco anos, contados da data em que o lançamento poderia ter sido efetuado –, como, então, este prazo seria "contado da data em que tenha sido iniciada a constituição do crédito tributário pela notificação, ao sujeito passivo, de qualquer medida preparatória indispensável ao lançamento"?

Deveras, se a notificação diz respeito a "qualquer medida preparatória indispensável ao lançamento", significa que o crédito tributário ainda não poderia ter sido formalmente constituído (justamente porque pendente medida preparatória indispensável – e, portanto, prévia – ao lançamento). E se ainda não poderia ter sido formalmente constituído, não poderia o lançamento ter sido efetuado, condição legal necessária para a fluência do prazo de decadência do direito da Fazenda Pública de constituir o crédito tributário, prevista pelo inciso I do art. 173 em questão ("cinco anos, contados: I – do primeiro dia do exercício seguinte àquele em que o lançamento poderia ter sido efetuado").

Por outro lado, se restringirmos a aplicação do parágrafo único do art. 173 do CTN à hipótese do seu inciso II, da mesma sorte o dispositivo seria ininteligível, pois se neste segundo caso o prazo de decadência é de cinco anos contados da data da decisão que houver anulado, por vício formal, o lançamento anteriormente efetuado, e se a notificação é anterior ao lançamento (porque diz respeito a medida preparatória indispensável), então, das duas, uma: ou prevalece o prazo previsto pelo parágrafo único, e após cinco anos contados da medida preparatória indispensável ao lançamento extingue-se o direito da Fazenda Pública à constituição do crédito tributário; ou prevalece o prazo previsto pelo inciso II do art. 173 e, nessa medida, a decisão que anular por vício formal o lançamento anteriormente efetuado deve ser proferida antes do prazo de cinco anos previsto pelo inciso I deste dispositivo legal, pois do contrário o crédito tributário já terá sido extinto, alcançado pela decadência.

Buscando formular proposições descritivas coerentes a partir destas disposições da legislação complementar, temos, em síntese, que a decadência do direito da Fazenda Pública à constituição formal do crédito tributário opera-se (por meio do ato administrativo de lançamento) nos seguintes prazos:

(i) tratando-se de tributo sujeito a lançamento de ofício ou por declaração: cinco anos contados do primeiro dia do exercício seguinte àquele em que o lançamento poderia ter sido efetuado;

(ii) tratando-se de tributo cuja lei atribua ao sujeito passivo o dever de antecipar o pagamento sem prévio exame da autoridade administrativa (atecnicamente referido pelo Código Tributário Nacional como "lançamento por homologação"), (ii-a) se o sujeito passivo observa o procedimento previsto em lei e antecipa o pagamento do tributo, ainda que este pagamento seja apenas parcial: cinco anos contados da data da ocorrência do fato imponível; e (ii-b) se o sujeito passivo não recolhe valor algum a título de tributo, seja porque não entendeu ocorrido o fato imponível, seja por falta de disponibilidade de caixa, seja, ainda, por dolo, fraude ou simulação: cinco anos contados do primeiro dia do exercício seguinte àquele em que o lançamento poderia ter sido efetuado;

(iii) na hipótese de nulidade, por vício formal, de lançamento anterior, independentemente da modalidade de constituição do crédito tributário (de ofício ou por declaração): cinco anos contados da data em que se tornar definitiva a decisão que o houver anulado.

6. *Prescrição do direito de ação para a cobrança do crédito tributário*

Com relação ao prazo de prescrição para a cobrança do crédito tributário pela Fazenda Pública, o art. 174 do CTN determina que "a ação para cobrança do crédito tributário prescreve em 5 (cinco) anos, contados da data da sua constituição definitiva", estabelecendo em seu parágrafo único as hipóteses de interrupção desse prazo.

Aqui, a questão que se põe é no sentido de se determinar quando o crédito tributário deve ser considerado definitivamente constituído. E a resposta depende da hipótese de que se trate.

É que se o lançamento, regularmente notificado ao sujeito passivo, não for por ele impugnado, nem for revisto de ofício pela autoridade administrativa, então não poderá ser alterado; e desde logo será considerado "definitivamente constituído". Assim determina o art. 145 do CTN: "O lançamento regularmente notificado ao sujeito passivo só pode ser alterado em virtude de: I – impugnação do sujeito passivo; II – recurso de ofício; III – iniciativa da autoridade administrativa, nos casos previstos no art. 149" (que trata das hipóteses de revisão de lançamento).

Salvo essas três hipóteses, o lançamento não pode ser alterado; e, portanto, regularmente notificado o sujeito passivo, considera-se-o "definitivamente constituído", fluindo, desde então, o prazo de prescrição para cobrança judicial do tributo.

A situação só é diversa nas hipóteses em que haja impugnação do sujeito passivo ou revisão pela autoridade administrativa (inclusive em razão de recurso de ofício), quando, então, o lançamento pode ser alterado e não mais será considerado "definitivamente constituído" (justamente porque passível de alteração). Nesses casos, apenas com a decisão final do processo administrativo é que o lançamento será considerado "definitivamente constituído", dando-se início ao prazo de prescrição do direito de ação para sua cobrança.

Então, temos que, (a) não havendo impugnação nem revisão, com a notificação do sujeito passivo o crédito tributário considera-se "definitivamente constituído"; e, (b) havendo impugnação ou revisão, só será considerado "definitivamente constituído" após a decisão final do processo administrativo. A partir destas datas flui o prazo de prescrição para cobrança judicial do tributo.

7. *Restituição do indébito tributário*

O direito à restituição do indébito tributário nasce para o contribuinte em decorrência do pagamento indevido, por ele efetuado, a título de tributo.

Iniciaremos o exame da matéria pela análise das disposições do Código Tributário Nacional, para em seguida verificarmos o tratamento jurídico aplicável às hipóteses de pagamento indevido decorrentes de exação inconstitucional, que entendemos não tenham sido contempladas pelo art. 165 da legislação complementar.

O referido dispositivo legal assim estabelece:

"Art. 165. O sujeito passivo tem direito, independentemente de prévio protesto, à restituição total ou parcial do tributo, seja qual for a modalidade do seu pagamento, ressalvado o disposto no § 4º do art. 162, nos seguintes casos:

"I – cobrança ou pagamento espontâneo de tributo indevido ou maior do que o devido em face da legislação tributária aplicável, ou da natureza ou circunstâncias materiais do fato gerador efetivamente ocorrido;

"II – erro na edificação *(sic)* do sujeito passivo, na determinação da alíquota, no cálculo do montante do débito ou na elaboração ou conferência de qualquer documento relativo ao pagamento;

"III – reforma, anulação, revogação ou rescisão de decisão condenatória."

O inciso III do transcrito art. 165 do CTN não enseja grandes dificuldades: havendo reforma, anulação, revogação ou rescisão de decisão condenatória assiste ao contribuinte o direito à restituição do indébito.

Os incisos I e II, todavia, confundem-se, parecendo mais complementarem-se do que estabelecerem hipóteses distintas que autorizem a restituição do tributo indevido.

É que o "erro na edificação *(identificação)* do sujeito passivo, na determinação da alíquota, no cálculo do montante do débito ou na elaboração ou conferência de qualquer documento relativo ao pagamento", se não acarretar recolhimento a menor do valor do tributo devido, fatalmente resultará na "cobrança ou pagamento espontâneo de tributo indevido ou maior do que o devido em face da legislação tributária aplicável, ou da natureza ou circunstâncias materiais do fato gerador efetivamente ocorrido".

De fato (abstraindo a hipótese de recolhimento a menor do tributo devido, porque, obviamente, não autorizaria a repetição do indébito), se for recolhido tributo em montante superior ao devido em face da legislação tributária aplicável, das duas, uma: ou foi porque a Administração Tributária constituiu o crédito tributário em desconformidade com as disposições da legislação de regência (e o contribuinte recolheu ao Erário o valor do crédito tributário equivocadamente lançado), ou foi porque o contribuinte, obrigado a antecipar o pagamento do tributo, recolheu-o em montante superior ao que seria efetivamente devido segundo a legislação aplicável.

E, nestes casos, a Administração Tributária ou o próprio contribuinte terá aplicado, equivocadamente, a legislação tributária, por erro na identificação "do sujeito passivo, na determinação da alíquota, no cálculo do montante do débito ou na elaboração ou conferência de qualquer documento relativo ao pagamento"; e, em decorrência deste equívoco, terá sido cobrada e/ou recolhida ao Erário importância que não era efetivamente devida a título de tributo (repita-se, segundo a "legislação tributária aplicável"), autorizando-se a restituição do indébito.

O art. 168 do CTN, por sua vez, dispõe o seguinte:

"Art. 168. O direito de pleitear a restituição extingue-se com o decurso do prazo de 5 (cinco) anos, contados:

"I – nas hipóteses dos incisos I e II do art. 165, da data da extinção do crédito tributário;

"II – na hipótese do inciso III do art. 165, da data em que se tornar definitiva a decisão administrativa ou passar em julgado a decisão judicial que tenha reformado, anulado, revogado ou rescindido a decisão condenatória."[3]

Analisemos primeiro o inciso I. Segundo esse dispositivo o prazo de cinco anos para propositura da ação de repetição do indébito deve ser contado, nas hipóteses dos incisos I e II do art. 165 ("I – cobrança ou pagamento espontâneo de tributo indevido ou maior do que o devido em face da legislação tributária aplicável, ou da natureza ou circunstâncias materiais do fato gerador efetivamente ocorrido; II – erro na edificação do sujeito passivo, na determinação da alíquota, no cálculo do montante do débito ou na elaboração ou conferência de qualquer documento relativo ao pagamento"), da data da extinção do crédito tributário.

E, nos termos do art. 156 do CTN, extinguem o crédito tributário (i) "I – o pagamento", assim como (ii) "VII – o pagamento antecipado e a homologação do lançamento nos termos do disposto no art. 150 e seus §§ 1º e 4º".

O Código Tributário Nacional refere-se duas vezes ao pagamento (no inciso I e no inciso VII do art. 156) como modalidade de extinção do crédito tributário, em razão das distintas modalidades de lançamento por ele estabelecidas.

Como vimos, são três as hipóteses de lançamento previstas pelo Código Tributário Nacional: de ofício, por declaração e por homologação. O inciso I do art. 156 alcança os dois primeiros casos, enquanto o inciso VII refere-se à última modalidade, também apelidada de "autolançamento".

O denominado lançamento por homologação foi disciplinado pelo art. 150 (que, inclusive, é expressamente referido pelo inciso VII do art. 156), cuja redação transcrevemos:

"Art. 150. O lançamento por homologação, que ocorre quanto aos tributos cuja legislação atribua ao sujeito passivo o dever de antecipar o pagamento sem prévio exame da autoridade administrativa, opera-se pelo ato em que a referida autoridade, tomando conhecimento da atividade assim exercida pelo obrigado, expressamente a homologa.

"§ 1º. O pagamento antecipado pelo obrigado nos termos deste artigo extingue o crédito tributário, sob condição resolutória da ulterior homologação do lançamento.

"(...).

"§ 4º. Se a lei não fixar prazo à homologação, será ele de 5 (cinco) anos, a contar da ocorrência do fato gerador; expirado esse prazo sem que a Fazenda Pública se tenha pronunciado, considera-se homologado o lançamento e definitivamente extinto o crédito tributário, salvo se comprovada a ocorrência de dolo, fraude ou simulação."

Segundo o art. 156, VII, do CTN, tratando-se de tributo sujeito a lançamento por homologação extinguem o crédito tributário "o pagamento antecipado e a homologação do lançamento nos termos do disposto no art. 150, §§ 1º e 4º".

E, nos termos do referido art. 150, §§ 1º e 4º, do CTN, o pagamento antecipado pelo contribuinte extingue o crédito tribu-

3. O dispositivo não deixa claro se trata da hipótese de (i) prescrição do direito de ação para pleitear a restituição do pagamento indevido ou de (ii) decadência do próprio direito material à restituição do indébito. Embora em texto anterior tenhamos nos referido a este prazo como sendo de decadência, parece-nos que também é prazo de prescrição, simultaneamente.

tário "sob condição resolutória de ulterior homologação do lançamento", no prazo de cinco anos, "a contar da ocorrência do fato gerador", considerando-se-a tacitamente realizada se não houver manifestação da Administração Tributária dentro deste prazo.

O dispositivo legal refere a expressão "condição resolutória", que, segundo pensamos, corresponde à *condição resolutiva* prevista pelo Código Civil, o qual estabelece, em seu art. 114, o conceito de condição: "Art. 114. Considera-se condição a cláusula que subordina o ato jurídico a evento futuro e incerto".

E sobre as condições suspensiva e resolutiva os arts. 118 e 119 do CC assim dispõem:

"Art. 118. Subordinando-se a eficácia do ato a condição suspensiva, enquanto esta não se verificar, não se terá adquirido o direito, a que ele visa.

"Art. 119. Se for resolutiva a condição, enquanto esta se não realizar, vigorará o ato jurídico, podendo exercer-se desde o momento deste o direito por ele estabelecido; mas, verificada a condição, para todos os efeitos, se extingue o direito a que ela se opõe."

São duas as modalidades de condição – assim entendida a cláusula que subordina o efeito do ato jurídico a evento futuro e incerto – estabelecidas pela legislação civil: a primeira, suspensiva, que condiciona a eficácia do ato jurídico a evento futuro e incerto; e a última, resolutiva, que autoriza a imediata produção dos efeitos jurídicos do ato, até que o evento futuro e incerto sobrevenha, quando, então, se considera extinto o direito que a ela – condição – se opõe.

Essa segunda modalidade de condição prevista pela legislação civil (resolutiva) é que nos parece tenha sido encampada pelo Código Tributário Nacional, pois, embora possa haver distinção entre o que é resolutório (Código Tributário Nacional) e o que é resolutivo (Código Civil), ambas essas expressões convergem para um mesmo sentido.

Analisamos a questão em estudo anterior. Com o professor J. A. Lima Gonçalves, escrevemos:

"'Resolução' provém do Latim (*resolutio*; *resolutionem*) e corresponde a ação ou efeito de resolver, que em uma de suas acepções tem – segundo o léxico – a conotação de 'desaparecer, extinguir-se'. 'Resolutório' é aquilo que é 'próprio para resolver', e 'resolutivo' é 'que resolve'.

"Embora não sejam, portanto, sinônimas as expressões 'resolutiva' (utilizada pelo Código Civil) e 'resolutória' (adotada pelo Código Tributário Nacional), ambas estariam qualificando a condição que autoriza a produção imediata dos efeitos do ato jurídico, até que o evento futuro e incerto sobrevenha.

"E, nessa medida, a *condição resolutiva* da legislação civil identifica-se com a *condição resolutória* prevista pelo Código Tributário Nacional, permitindo-nos concluir que o pagamento antecipado extingue desde logo o crédito tributário a ele correspondente, ressalvada a ocorrência de ato administrativo de revisão de lançamento; e a eventual revisão de lançamento pela autoridade administrativa competente representaria a tal *condição* (*resolutória* ou *resolutiva*), que determinaria que o crédito tributário relativo ao tal pagamento não seria mais considerado extinto (justamente porque não houve a homologação – expressa ou tácita – do pagamento antecipado, mas sim revisão do lançamento, que a lei considera condição resolutória)."[4]

Sobre o art. 150 do CTN, lemos em Alberto Xavier: "O fato de ter enveredado pela técnica da 'homologação' conduziu, assim, o legislador a uma sucessão de artifícios doutrinários para descrever uma situação jurídica, na realidade, bem simples. Na verdade, à idéia de 'homologação' assimilou o conceito de 'condição', de tal modo que concebeu o pagamento 'anteci-

4. "O direito à restituição do indébito tributário", in *Repetição do Indébito e Compensação no Direito Tributário*, São Paulo, Dialética, 1999, p. 224.

pado' como efetuado sob 'condição resolutiva de ulterior homologação do lançamento' e fixou um prazo de cinco anos a contar da data do fato gerador para a prática de homologação, findo o qual o lançamento se considera tacitamente homologado e, em conseqüência, definitivamente extinto o crédito (art. 150, § 1º e § 4º)".

E, prosseguindo, concluiu, de forma peremptória: "(...). O pagamento, em tais casos, é desde logo válido e eficaz, extinguindo a obrigação tributária, não dependendo de qualquer requisito suplementar. Se o controle eventualmente realizado concluir pela legalidade do pagamento, não há que falar num pretenso ato administrativo posterior, de homologação, pois o que na realidade se verifica é apenas a inércia do Fisco, que não deve praticar qualquer ato novo, designadamente um lançamento suplementar. Por sua vez, também consideramos ficciosa a imagem de uma homologação tácita. É certo que o Fisco dispõe de um prazo de decadência para o exercício dos seus poderes de controle, de tal sorte que estes se extinguem, por decadência, com o respectivo decurso; mas isso não significa a existência de um ato jurídico (ainda que tácito), mas tão-somente a inexistência de ato jurídico e a conseqüente preclusão dos correlatos poderes".[5]

Concordamos com a posição do professor Alberto Xavier no sentido de que, tratando-se de "lançamento por homologação", o pagamento antecipado é válido e eficaz desde o momento de sua efetivação. E isto porque, conforme nossa leitura do art. 150 do CTN, esse pagamento antecipado extingue o crédito tributário sob condição resolutória (ou resolutiva), de forma que é a partir da data de sua efetivação (dele, o pagamento antecipado) que deve ser contado o prazo para o exercício do direito de ação de repetição do indébito.

Mas esse entendimento não é pacífico na doutrina.

O professor Paulo de Barros Carvalho, em parecer sobre crédito do IPI, manifestou-se no sentido de que nas hipóteses de pagamento antecipado o crédito tributário só se considera extinto com a homologação expressa ou tácita. E sobre a "condição resolutória" referida pelo art. 150, § 1º, do CTN averbou: "O assunto parece adquirir maior complexidade ao atinarmos com a redação do § 1º do art. 150 do mencionado estatuto, mais precisamente ao proclamar que 'o pagamento antecipado extingue o crédito sob condição resolutória da ulterior homologação'. Em que sentido devemos entender essa condição resolutória? Entre as cláusulas que submetem a eficácia dos atos jurídicos estão as condições suspensivas e resolutivas. Nas primeiras a eficácia do ato fica subordinada ao advento do fato-condição, com efeito *ex nunc*; nas últimas o ato irradia desde logo os efeitos que lhe são próprios até que o fato-condição ocorra, fazendo perecer o direito então existente. Fala-se, aqui, em efeitos *ex tunc*. Transportadas essas noções para o caso do 'pagamento antecipado', se admitirmos que a eficácia se verifica, por força dos efeitos *ex tunc*, a partir do momento em que o recolhimento foi realizado, o ato homologatório nada representará de mais importante no contexto jurídico da situação, porquanto os resultados seriam exatamente os mesmos. Se refletirmos que o ato de homologação, no fundo, advém de um procedimento fiscalizatório, de uma atividade de controle e verificação por parte da Fazenda Pública, fica fácil perceber que tanto no 'pagamento puro e simples' como no 'antecipado' esse provimento se realiza da mesma maneira, dado o sistemático controle que a lei exige do poder tributante com relação aos atos que pratica. Os próprios atos do Estado-Administração ficam, forçosamente, submetidos a controle de validade, a ser exercido pelo vários órgãos que compõem sua estrutura hierárquica. Não haveria por que distinguir o 'pagamento puro e simples' do 'pagamento antecipado', como faz o Código Tributário Nacional".

5. Alberto Xavier, *Do Lançamento no Direito Tributário Brasileiro*, São Paulo, Resenha Tributária, 1977, p. 78.

Dessa forma, conclui o professor Paulo de Barros Carvalho, "e para dar sentido à distinção entre as duas modalidades de pagamento, concebidas em procedimentos jurídicos distintos, penso que devemos restringir o alcance do 'condição resolutiva' a que alude o Código, prestigiando o conteúdo de significação do inciso VII do art. 156, em detrimento da mensagem exarada no § 1º do art. 150". E, nessa medida, a extinção do crédito tributário operar-se-ia apenas com a homologação – tácita ou expressa – do pagamento antecipado, no prazo de cinco anos, contados da ocorrência do fato imponível. E apenas a partir desta data – da homologação – é que começaria a fluir o prazo da ação de repetição de indébito nos casos dos tributos sujeitos ao denominado lançamento por homologação. Esse entendimento chegou a ser acolhido pelo STJ.[6]

Inclinamo-nos, todavia, no sentido de considerar como termo inicial para a contagem do prazo de repetição de indébito no caso dos tributos sujeitos ao denominado "lançamento por homologação" a data do pagamento antecipado (e não a data da homologação deste pagamento), quando, a nosso ver, a legislação tributária considera "extinto o crédito tributário".

É distinto o prazo, todavia, quando pagamento indevido que autoriza a restituição do indébito decorre de exação constitucional, como tal reconhecida pelo STF, pois, conforme referimos, neste caso a matéria não foi disciplinada pelo art. 165 do CTN. Analisamos a questão em outra oportunidade, no texto citado, em parceria com o professor J. A. Lima Gonçalves:

"Observe-se que nessas hipóteses, previstas pelo art. 165 do CTN, não se cogita da inconstitucionalidade do tributo que ensejou o recolhimento indevido por parte do contribuinte, autorizando-se a restituição do indébito com base em circunstâncias alheias a uma tal inconstitucionalidade, que não é alcançada pelo referido dispositivo legal.

"Diversa é a hipótese em que a restituição do indébito decorre de exação inconstitucional, porque neste caso efetivamente *não terá sido espontâneo* o pagamento indevido, já que até o reconhecimento judicial[7] da inconstitucionalidade de tal exação a prestação terá sido compulsória; e justamente por ser compulsória e não se adequar às disposições do sistema tributário positivo vigente é que será inconstitucional.

"Em outras palavras, tratando-se de exação inconstitucional não será hipótese de *pagamento espontâneo* de *tributo indevido* ou *maior do que o devido em face da legislação tributária aplicável*, pois segundo a legislação aplicável o tributo era devido, de forma que o pagamento foi compulsório até o reconhecimento judicial da inconstitucionalidade dessa legislação, cuja aplicação resultou no pagamento indevido.

"Daí por que entendemos não serem aplicáveis no caso de tributo inconstitucional (que tecnicamente não é tributo) as disposições do Código Tributário Nacional para efeito de disciplinar o regime jurídico da restituição do indébito (porque não será o caso de *pagamento espontâneo de tributo indevido em face da legislação tributária aplicável*).

6. EDiv em REsp 55.603-0-CE, rel. Min. Humberto Gomes de Barros: "Tributário – Empréstimo compulsório – Consumo de combustível – Repetição do indébito – Decadência – Prescrição – Inocorrência. O tributo arrecadado a título de empréstimo compulsório sobre o consumo de combustíveis é daqueles sujeitos a lançamento por homologação. Em não havendo tal homologação, faz-se impossível cogitar em extinção do crédito tributário. À falta de homologação, a decadência do direito de repetir o indébito tributário somente ocorre decorridos cinco anos, desde a ocorrência do fato gerador, acrescidos de outros cinco anos, contados do termo final do prazo deferido ao Fisco para apuração do tributo devido".

7. Ainda que provisório, no caso de concessão de medida liminar ou outra decisão de efeitos análogos. O fato é que a norma que prevê o pagamento de tributo inconstitucional só deixa de ser coercitivamente oponível ao sujeito passivo respectivo depois de decisão judicial que reconheça sua inconstitucionalidade.

"Nossa convicção fica ainda mais reforçada quando observamos que o Código Tributário Nacional não se refere às normas constitucionais ao definir o conceito de 'legislação tributária', para efeito de aplicação de suas disposições. É a seguinte a redação do seu art. 96: 'A expressão 'legislação tributária' compreende as leis, os tratados e as convenções internacionais, os decretos e as normas complementares que versem, no todo ou em parte, sobre tributos e relações jurídicas a eles pertinentes'.

"Assim, se o próprio Código Tributário Nacional não considera as disposições constitucionais como normas da *legislação tributária*, resulta evidente que as hipóteses de restituição do indébito por ele – Código Tributário Nacional – disciplinadas (art. 165) não alcançam os casos de pagamento indevido decorrente de cobrança de tributo inconstitucional, mas sim apenas os casos de tributos indevidamente recolhidos ao Erário 'em face da *legislação tributária* aplicável' (na qual não estão compreendidas – pelo próprio CTN em seu art. 96 – as normas constitucionais).

"Não há que se confundir e fundir, portanto, (i) as hipóteses de pagamento indevido referidas pelo art. 165 do CTN com (ii) a hipótese de pagamento indevido resultante de exação inconstitucional, que não está sujeita ao regime jurídico estabelecido pelo referido dispositivo legal e artigos seguintes daquela legislação complementar."[8]

Recentemente, para nosso gáudio, vimos esse entendimento ser acolhido pelo eminente professor Marco Aurélio Greco em artigo publicado na *Revista Dialética de Direito Tributário* 52, sobre a repetição do indébito no caso da contribuição devida ao INSS sobre a remuneração de administradores e autônomos. São suas as palavras:

"Sublinhe-se, também, que a sistemática contida no Código Tributário Nacional versando a repetição do indébito não foi formulada considerando a possibilidade de uma lei tributária inconstitucional. A inconstitucionalidade não foi considerada na disciplina dessa matéria. O Código, em seu conjunto, parte da premissa de que deve regular os institutos e relações que se instauram a partir das leis (válidas).

"Realmente, as hipóteses de repetição enumeradas no art. 165 do CTN supõem a existência de legislação válida. Seu inciso I prevê a cobrança ou pagamento espontâneo de tributo indevido ou maior que o devido 'em face da legislação tributária aplicável' (sendo que seu art. 96, ao explicitar o alcance de 'legislação tributária', não inclui a Constituição); o inciso II, ao se referir a erro na identificação do sujeito passivo, na determinação da alíquota etc., está se referindo à atividade administrativa de lançamento (art. 142), que também supõe a existência de lei válida; e seu inciso III prevê vicissitudes da decisão condenatória, o que também supõe a divergência quanto à aplicação de uma legislação (...).

"Essa observação é relevante, pois a inconstitucionalidade é vício de maior gravidade que atinge a lei como um todo e, portanto, não corresponde a hipótese de mera inadequação das práticas administrativas ou dos critérios de lançamento, mas de verdadeiro ato do Poder Público que atinge o patrimônio individual sem guarida constitucional. Por esta razão, por exemplo, é que tem sido admitida uma forma de contagem do prazo de prescrição na repetição que não aquele do art. 168."[9]

Nesses casos a jurisprudência mais recente tem-se posicionado no sentido de reconhecer esse prazo como sendo de cinco anos, contados da declaração de inconstitucionalidade, pelo STF, da norma que ensejou o pagamento indevido objeto da restituição – entendimento que também tem

8. "O direito à restituição do indébito tributário", in *Repetição do Indébito e Compensação no Direito Tributário*, pp. 203-204.

9. Marco Aurélio Greco, "Repetição de indébito: contribuição ao INSS sobre pagamentos a administradores, autônomos e avulsos", *Revista Dialética de Direito Tributário* 52/92-93, janeiro de 2000.

sido aplicado nos casos de compensação, cujo prazo também não foi disciplinado pelo Código Tributário Nacional. Verifique-se, a propósito, as seguintes decisões do STJ:

REsp 143.354-PR (rel. Min. Mílton Pereira):

"Tributário – PIS – Compensação – Prazo prescricional – Art. 168, I, do CTN.

"1. O prazo prescricional só começa a fluir após o decurso de cinco anos da ocorrência do fato gerador, somados mais cinco anos, tendo como termo inicial a data em que o STF declarou inconstitucional a lei em que se fundamentou o gravame (...)."

REsp 137.367-RS (rel. Min. Garcia Vieira):

"Contribuição previdenciária – Prescrição – Termo inicial – Cobrança – Compensação ou restituição de remuneração dos administradores, avulsos e autônomos.

"O termo inicial da prescrição da cobrança ou compensação do crédito de contribuições previdenciárias, recolhidas indevidamente, conta-se a partir da decisão do STF. (...)."

No STF encontramos a decisão no *RE 136.883-7* (rel. Min. Sepúlveda Pertence): "Empréstimo compulsório (Decreto-lei n. 2.288/86, art. 10) – Incidência na aquisição de automóveis, com resgate em quotas do Fundo Nacional de Desenvolvimento – Inconstitucionalidae não apenas de sua cobrança no ano da lei que a criou, mas também da sua própria instituição, já declarada pelo STF (RE n. 121.336, Plen., 11.10.1990, Pertence) – Direito do contribuinte à repetição do indébito, independentemente do exercício em que se deu o pagamento indevido".

Não encontramos nessas decisões, todavia, a devida fundamentação para tal entendimento, nem tampouco qualquer menção à via processual adotada para o exercício do controle jurisdicional de constitucionalidade da lei, se difusa ou concentrada. Não obstante, tais decisões permitem inferir que o entendimento desses Tribunais é no sentido de que, tratando-se de inconstitucionalidade de lei, não devem ser aplicadas as disposições do Código Tributário Nacional a respeito do prazo para repetição do indébito.

Parece-nos, aqui, que duas questões devem ser enfrentadas. A primeira concerne ao fundamento legal para o prazo de cinco anos, que deve ser contado da data da declaração de inconstitucionalidade da lei pelo STF (já que não se trata do prazo de cinco anos previsto pelo art. 168 do CTN). E a segunda diz respeito à via processual adotada na ação em que o STF declara a inconstitucionalidade da lei.

No que tange à primeira questão encontramos o Decreto 20.910, de 1932, que em seu art. 1º dispõe o seguinte: "As dívidas passivas da União, dos Estados e dos Municípios, bem assim todo e *qualquer direito ou ação* contra a Fazenda Federal, estadual ou municipal, *seja qual for a sua natureza, prescrevem em cinco anos, contados da data do ato ou fato do qual se originaram*".

Como nos casos de restituição (ou compensação) de pagamento indevido decorrente de tributo inconstitucional não se aplicam as disposições do Código Tributário Nacional, para fundamentar o prazo de cinco anos em questão impor-se-ia aplicar as disposições do transcrito art. 1º do Decreto 20.910, de 1932, hipótese em que o "ato ou fato do qual se originaram" as dívidas passivas da Fazenda Pública (correspondentes ao crédito do contribuinte decorrente do pagamento indevido) estaria relacionado ao julgamento do STF que declarou a inconstitucionalidade do tributo. E partir da data deste fato iniciar-se-ia a contagem do prazo para pleitear a repetição do indébito.

Mas esse "ato" ou "fato" do qual se originaram as dívidas passivas da Fazenda Pública varia de acordo com a via processual por meio da qual foi declarada a inconstitucionalidade da lei que estabelecia o tributo, se difusa ou concentrada.

Mais uma vez reportamo-nos ao nosso estudo anterior, em parceria com o professor J. A. Lima Gonçalves, quando aduzimos que:

"No sistema positivo brasileiro, o controle jurisdicional de constitucionalidade pode ser exercido (i) de forma concentrada, diretamente pelo órgão de cúpula do Poder Judiciário, o STF, ou (ii) de forma difusa, inclusive por juízos de instâncias inferiores, relativamente a um dado caso concreto. Na primeira hipótese os efeitos da decisão alcançam todos os jurisdicionados, ou seja, a decisão produz efeitos *erga omnes*; e no segundo caso, apenas *inter partes*.

"Neste último caso, então, prevê o art. 52, X, o seguinte: 'Compete privativamente ao Senado Federal: (...) X – suspender a execução, no todo ou em parte, de lei declarada inconstitucional por decisão definitiva do Supremo Tribunal Federal'.

"Como a decisão proferida pelo STF em ação direta de inconstitucionalidade produz efeitos *erga omnes*, por óbvio não depende de ato do Senado Federal para que tenha sua execução suspensa, razão por que entendemos que o referido inciso X do art. 52 da Constituição diz respeito apenas às hipóteses de controle difuso de constitucionalidade, justamente para que os efeitos da decisão proferida no caso concreto produzam efeitos jurídicos *erga omnes*, em face da suspensão da execução do ato normativo declarado inconstitucional.

"Além disso, conforme salienta o professor José Afonso da Silva, 'se esse dispositivo fala em 'lei declarada inconstitucional por decisão *definitiva* do STF', parece, pelo 'definitiva', que se trata de conclusão de uma série de decisões, o que é característica de decisão num processo concreto'."

Realmente, parecem-nos distintas as hipóteses de controle difuso e concentrado de lei, inclusive porque são diversos os efeitos jurídicos daí decorrentes em relação às partes alcançadas pelo provimento jurisdicional concedido. Assim, de acordo com a via processual de controle de constitucionalidade adotada, distinto seria o termo inicial do prazo para repetição do indébito, sempre considerando-se os cinco anos contados do "ato ou fato do qual se originaram as dívidas passivas da Fazenda Pública", conforme prevê o Decreto 20.910, de 1932, que seriam diferentes nas duas hipóteses.

Teríamos, assim, os seguintes prazos para a repetição de indébito na hipótese de tributo inconstitucional declarado pelo STF: (i) no controle concentrado, cinco anos (Decreto 20.910, de 1932), contados a partir da publicação da decisão proferida pelo STF (porque opera efeitos *erga omnes*); e (ii) no controle difuso, cinco anos (Decreto 20.910, de 1932), contados a partir da suspensão, pelo Senado Federal, da execução do ato normativo declarado inconstitucional pelo STF.

Obviamente que a matéria abordada comporta estudo mais aprofundado, mas que por certo não se adequaria aos propósitos do presente, resultado de reflexão menos pretensiosa.

DECADÊNCIA E PRESCRIÇÃO NOS CASOS DO CHAMADO "LANÇAMENTO POR HOMOLOGAÇÃO"

ROBERTA FONSECA BRASIL

Mestre em Direito Tributário pela PUC/SP – Professora Assistente do Curso de Especialização em Direito Tributário do IBET-IBDT – Advogada em São Paulo

1. Palavras introdutórias. 2. O equívoco da expressão "lançamento por homologação". 3. Decadência tributária: 3.1 Decadência no caso de não constituição do crédito pelo sujeito passivo e não recolhimento do tributo – 3.2 Decadência no caso de constituição do crédito pelo sujeito passivo e não recolhimento do tributo – 3.3 Decadência no caso de fiel constituição do crédito tributário e recolhimento do tributo a menor – 3.4 Decadência no caso de infiel constituição do crédito tributário e recolhimento do tributo a menor – 3.5 Impossibilidade de decadência no caso de pagamento regular do tributo. 4. Prescrição tributária. 5. Conclusões.

1. Palavras introdutórias

Acreditamos que o tema "decadência e prescrição" é um dos assuntos mais intrincados no Direito Tributário e, principalmente, no que tange ao "lançamento por homologação", tão repleto de detalhes. Estudo, aliás, de fundamental relevância, considerando-se que é relacionado ao *nascimento* e à *morte* da obrigação tributária e que, hoje em dia, a maioria esmagadora dos tributos se sujeita ao "lançamento por homologação", ficando de fora apenas duas espécies: o IPTU e o IPVA.

Dentro de tal investigação, inevitavelmente, discute-se (i) se com a decadência realmente ocorre a extinção do crédito tributário, tal qual prescreve o Código Tributário Nacional (art. 156, V); (ii) se o lançamento tributário é algo da essência de todos os tributos; (iii) se o termo inicial para a contagem do prazo decadencial nos casos de "lançamento por homologação" é sempre fundamentado no art. 150, § 4º, do Código; (iv) se há que falar em "lançamento por homologação" quando o particular não entrega a declaração de sua dívida tributária e, por conseguinte, não paga o tributo; (v) se podemos cogitar de contagem de prazo decadencial na hipótese de pagamento regular do tributo; (vi) qual a distinção entre *suspensão do prazo prescricional* e *suspensão da exigibilidade do crédito tributário*; (vii) se o termo inicial para a contagem do prazo prescricional é a partir da entrega da declaração tributária do sujeito passivo; (viii) se há prazo para conclusão do processo administrativo, para os fins de contagem do prazo prescricional.

Assim, envoltos em tantas indagações e conscientes de que as conclusões quanto à contagem dos prazos decadenciais e prescricionais nos casos do "lançamento por homologação" dependerão, pontualmente, das premissas eleitas, iniciaremos o estudo do tema em busca de conceitos fundamentais e afirmativas gerais em torno da figura do "lançamento por homologação" para, posteriormente, desvencilharmos as minúcias que envolvem a contagem de tais prazos – aspectos de grande interesse prático para todos que militam no dia-a-dia com o Direito Tributário.

2. *O equívoco da expressão "lançamento por homologação"*

Existe grande embaraço na doutrina pátria em torno da figura do "lançamento por homologação". E motivos não faltam. Discute-se se é uma espécie de lançamento; quando se inicia a contagem do prazo decadencial; se se homologa o pagamento ou o lançamento; quem o realiza, o particular ou o Fisco – dentre outros pontos controvertidos. Iniciemos sua investigação esclarecendo os seguintes aspectos: se se trata de um tipo de lançamento e quem é responsável pela sua realização – o agente fiscal ou o particular.

Como quase todas as palavras, o termo "lançamento" sofre de ambigüidade[1] que não passou despercebida a Eurico Marcos Diniz de Santi.[2] O jovem e engenhoso autor enumera 10 diferentes acepções em que o vocábulo pode ser encontrado.

No uso técnico-comercial-contábil encontramos o emprego da expressão "lançamento" como:

(i) ação;

(ii) efeito de escriturar uma verba em livros de escrituração comercial;

(iii) a própria verba que se escritura; e

(iv) efetuar o cálculo, conferir liquidez a um crédito ou débito.

Já na linguagem prescritiva do Direito Positivo e na descritiva da Ciência do Direito encontramos "lançamento" como:

(v) procedimento administrativo da autoridade competente (art. 142 do CTN), isto é, o processo com o fim de constituir o crédito tributário mediante a emissão de um ato-norma administrativo;

(vi) o próprio ato-norma administrativo, norma individual e concreta (art. 145 do CTN, *caput*) produto daquele processo;

(vii) como procedimento administrativo que se integra com o ato-norma administrativo de inscrição da Dívida Ativa;

(viii) como ato-fato administrativo derradeiro da série em que se desenvolve o procedimento com o escopo de constituir o crédito tributário;

(ix) como atividade material do sujeito passivo de calcular o montante do tributo devido, juridicizada pela legislação tributária, da qual resulta;

(x) como uma norma individual e concreta expedida pelo particular a qual constitui o crédito tributário no caso dos chamados "lançamentos por homologação" (art. 150 do CTN e §§).

Assim, diante de tantas acepções,[3] identifiquemos em que sentido encontramos "lançamento" em duas importantes apari-

1. Alf Ross, *Sobre el Derecho y la Justicia*, 5ª ed., Buenos Aires, Eudeba, 1994, p. 130: "Debe recordarse, en particular; que la mayor parte de las palavras son ambiguas, y que todas las palavras son vagas, esto es, que su campo de referencia es indefinido, pues consiste en un núcleo o zona central y un nebuloso círculo exterior de incertitumbre; y que el significado preciso de una palavra en situación específica está siempre en función de la unidad total o entidad: la expresión como tal, el contexto y la situación".

2. *Lançamento Tributário*, 2ª ed., São Paulo, Max Limonad, 1999, pp. 145-146.

3. Souto Maior Borges também admite a pluralidade de significados da palavra "lançamento", decorrente da maneira como o Código Tributário Nacional estruturou essa categoria: "Essa ambigüidade que enferma a noção de lançamento é, em grande parte, responsável por inúmeras dificuldades que sua problemática suscita e que, por isso mesmo, não encontraram solução adequada por parte da doutrina tradicional do Direito Tributário. Ao contrário do que geralmente se pensa, a contagem dos prazos relativos à decadência e prescrição não é, em Direito Brasileiro, como um marco: antes dele somente flui o prazo de decadência (CTN, art. 173); depois dele, o prazo será de prescrição (CTN, art. 174)" (*Lançamento Tributário*, 2ª ed., São Paulo, Malheiros Editores, 1999, p. 100).

ções no Direito Positivo, as quais servirão de suporte à nossa análise: arts. 142 e 150 do CTN.

"Art. 142. Compete privativamente à autoridade administrativa constituir o crédito tributário pelo lançamento, assim entendido o procedimento administrativo tendente a verificar a ocorrência do fato gerador da obrigação correspondente, determinar a matéria tributável, calcular o montante do tributo devido, identificar o sujeito passivo e, sendo o caso, propor a aplicação da penalidade cabível.

"Parágrafo único. A atividade administrativa de lançamento é vinculada e obrigatória, sob pena de responsabilidade funcional."

"Art. 150. O lançamento por homologação, que ocorre quanto aos tributos cuja legislação atribua ao sujeito passivo o dever de antecipar o pagamento do tributo sem prévio exame da autoridade administrativa, opera-se pelo ato em que a referida autoridade, tomando conhecimento da atividade assim exercida pelo obrigado, expressamente a homologa."

Enquadrando esses artigos nas acepções acima citadas, observa-se que no *caput* do art. 142 do Código o legislador usa "lançamento" no sentido de *(v) procedimento administrativo da autoridade competente*, deixando bem claro tratar-se de algo privativo da Administração Pública, afastando a possibilidade de o particular praticá-lo. Todavia, no art. 150 do mesmo diploma legal entendemos "lançamento" na acepção de *(x) norma individual e concreta expedida pelo particular que constitui o crédito tributário no caso dos chamados "lançamentos por homologação"*. Eis a primeira questão a ser resolvida: podemos falar em "lançamento" sem a participação de agente fiscal competente?

Se considerarmos "lançamento tributário"[4] como um *ato administrativo privativo da Administração Pública*, entendemos que não. Apesar de não negarmos o fato de que o particular inúmeras vezes é encarregado por lei de emitir a norma individual e concreta que faz nascer a obrigação tributária, tal atividade não se consubstancia em um ato administrativo e, além do mais, é uma diligência realizada, primordialmente, em relação aos tributos criados para não precisarem do lançamento tributário.

Preferimos não chamar de lançamento a norma individual e concreta emitida pelo particular nos casos dos tributos sujeitos ao "lançamento por homologação".[5] Não se pode negar que nas duas situações ocorre praticamente o mesmo: a descrição de um evento ocorrido no mundo social (fato jurídico tributário), em tempo e espaço localizados, que fora previsto no antecedente de uma norma geral e abstrata (regra-matriz de incidência tributária) e que, por força da causalidade jurídica, fez nascer, necessariamente, a relação jurídica tributária entre dois ou mais sujeitos de direito. Apenas entendemos que são duas figuras diversas, sujeitas a re-

4. Consideramos o *lançamento tributário* como um ato, e não um procedimento administrativo, já que inúmeras vezes ele é realizado numa única atividade monádica de um único funcionário, sem que ocorra aquela série de atos.

5. Diz Alberto Xavier:

"Uma das questões essenciais para a construção jurídica do lançamento reside em saber se é indispensável, na dinâmica da obrigação tributária, a existência de um ato jurídico autônomo de aplicação da norma material.

"O problema levanta-se precisamente porque na nossa ordem jurídica certos tipos de tributos *(aliás, hoje, a generalidade deles)* não prevêem necessariamente, antes do pagamento do tributo, a realização, por parte de um órgão da Administração, de um ato que em concreto fixe a existência e o quantitativo da prestação tributária devida" (*Do Lançamento: Teoria Geral do Ato, do Procedimento e do Processo Tributário*, 2ª ed., Rio de Janeiro, Forense, 1997, pp. 72-73).

O citado autor entende que a elaboração dos documentos como GIA e DIRF, por exemplo, realizada "de harmonia com a lei fiscal, bem como a indicação neles do imposto correspondente ao valor da transação, constitui, porém, não a forma de um ato jurídico de aplicação da norma tributária material, anterior ao pagamento, mas simples realização de um *dever tributário acessório*, imposto por lei para meros efeitos de fiscalização ou controle da legalidade dos pagamentos efetuados" (idem, pp. 82-83).

gimes jurídicos que não se confundem, praticadas por sujeitos distintos e fruto de normas competenciais diferentes.

Sendo o lançamento um ato privativo da autoridade administrativa, pois assim prescreveu o legislador do Código Tributário Nacional (art. 142), seria uma *contradictio in terminis* chamar o ato jurídico realizado pelo sujeito passivo pelo mesmo nome.[6]

Apesar de o objeto deste trabalho ser o "lançamento por homologação", para delimitá-lo acabamos sendo obrigados a desrespeitar o *princípio da pureza kelseniano*, pela necessidade de olhar o objeto investigado de fora, não ficando apenas dentro dele. Por isso, será inevitável, vez ou outra, compará-lo ao lançamento tributário, até mesmo para definirmos suas características. Sendo assim, considerando que lançamento tributário é um ato administrativo e sabendo que o particular não tem competência para praticar atos administrativos, já percebemos a contradição de dizer que o particular pratica o "lançamento por homologação".

Entretanto, essa não foi a direção tomada pelo Código Tributário Nacional, que elegeu o lançamento tributário como algo da essência de todos os tipos de tributo, chegando a chamar de lançamento atos que com ele nada têm que ver.[7] Em impostos como IPI, ICMS e ISS, por exemplo, o lançamento, quando aparece, é um tanto inesperado. Nesses impostos, ocorrido o evento previsto na norma tributária geral e abstrata, o sujeito passivo tem competência e todas as informações prescritas em lei para o cumprimento da obrigação tributária. O Fisco ficará apenas no papel de vigilante, caso o particular não desempenhe corretamente suas funções. Apenas nesse momento, na posição de entidade fiscalizadora da atividade do particular, a Administração Pública deve interferir.

Com efeito, não consideramos o "lançamento por homologação" como uma espécie de lançamento. Os tributos a ele sujeitos, insistimos, são aqueles criados para não necessitarem de lançamento. São espécies de tributos em que o legislador põe a cargo do contribuinte todos os atos envolvidos com a apuração e prestação da dívida, com o objetivo maior de facilitar a arrecadação dos tributos aos cofres públicos.

Pensamos que um dos equívocos realizados pelo legislador se deve ao fato de a expressão "lançamento por homologação" tratar de duas atividades distantes: uma realizada pelo agente fiscal e outra pelo particular.

Se nos casos de "lançamento por homologação" o legislador põe a cargo do sujeito passivo todos os atos relativos à apuração do débito tributário e cumprimento da obrigação, nessa hipótese tudo deve ocorrer diferentemente do procedimento[8]

6. Estevão Horvath, *Lançamento Tributário e "Autolançamento"*, São Paulo, Dialética, 1997, p. 113.

7. "A figura canhestra do 'lançamento por homologação' é um mero disfarce que o Direito Positivo criou para atender ao capricho de não reconhecer, na atividade do sujeito passivo, o mesmo ato que costuma celebrar, de aplicação da norma geral e abstrata ao caso concreto. E pretendeu, com isso, ver superado o problema da dualidade aplicativa da regra-matriz de incidência" (in Paulo de Barros Carvalho, *Direito Tributário – Fundamentos Jurídicos da Incidência*, 2ª ed., São Paulo, Saraiva, 1999, p. 226). Também nesse sentido: José Eduardo Soares de Mello, *Curso de Direito Tributário*, São Paulo, Dialética, 1997, pp. 208-212; Alberto Xavier, *Do Lançamento: Teoria Geral do Ato, do Procedimento e do Processo Tributário*, pp. 75-77 e 89-90.

8. Segundo Paulo de Barros Carvalho, "'procedimento' é uma palavra que pode ser encontrada, tanto na doutrina como na legislação, em duas acepções: (1) 'procedimento' como um conjunto ordenado de atos administrativos e termos que evoluem, unitariamente, para a consecução de um ato específico, que é sua finalidade (exemplos: procedimento administrativo tributário, procedimento de consulta, procedimento de licitação etc.); e (2) 'procedimento' como qualquer atividade físico-material e intelectual para a produção de um ato jurídico administrativo (exemplo: o funcionário, verificando o quadramento do fato à norma, redige breve autorização, num ato jurídico administrativo isolado)" (*Direito Tributário – Fundamentos Jurídicos da Incidência*, pp. 231-232). Cabe esclarecermos, portanto, que usamos "procedimento" na segunda acepção.

usado nos tributos sujeitos ao lançamento de ofício. Se alguém adquire um imóvel, por exemplo, fica aguardando que chegue a seu conhecimento o lançamento direto e a notificação para que pague o IPTU. O munícipe não tem obrigação de ir à Fazenda Pública, declarar que comprou um imóvel e pagar o tributo devido antecipadamente ao exame da Administração. Totalmente diferente é a situação relativa a tributos como o ICMS, em que a norma tributária elegeu o contribuinte como responsável pela constituição da dívida; ele é quem deve declarar que realizou o fato jurídico tributário e, então, tem o dever jurídico de pagar uma certa quantia a título de tributo.

Por outro lado, ainda encontramos outra atividade diversa das duas anteriores: a que deve ser realizada pelo agente fiscal quando a constituição da obrigação tributária é dever do particular. No caso, o agente deve apenas fiscalizar, já que, a princípio, não possui competência para lançar. Na verdade, nessas situações só haverá lançamento se a Administração Pública observar que o contribuinte não emitiu corretamente a norma individual e concreta que constitui a obrigação tributária ou, se o fez, não cumpriu a obrigação, ou seja, não pagou o tributo. Note-se que é algo ocasional; o que se espera é que o contribuinte desempenhe a sua função perfeitamente, para que *o agente fiscal homologue o pagamento* do tributo.

Vejamos. Uma coisa é a constituição da obrigação tributária e pagamento do tributo, *atividades de responsabilidade do particular*; outra coisa é a homologação do pagamento, *ato administrativo de competência do agente fiscal*, que, como seu próprio nome diz, fiscaliza a atividade do contribuinte.

É preciso salientar que, para nós, o ato homologatório não dá o caráter de lançamento à norma individual e concreta emitida pelo particular, como também em nada se parece com o lançamento tributário, ato administrativo privativo da Administração Pública que faz nascer a obrigação tributária.[9] Parece-nos que o legislador procurou uma forma de contornar o problema denominando simples procedimentos de fiscalização de "lançamento por homologação", achando que dessa forma não feriria o princípio implícito de que a cada tributo, necessariamente, corresponde um ato de lançamento.[10]

Nesse sentido, calha a citação literal do professor Paulo de Barros Carvalho: "A homologação, assim expressa que tácita, é um ato de fiscalização do poder administrativo, e ele o exerce sobre as atividades do contribuinte, como em relação às suas próprias, mediante os procedimentos de controle de legalidade a que se submetem os atos praticados por seus agentes, dos quais se originam, muitas vezes, provimentos de retificação, conhecidos por 'retificação de ofício'".[11] Chama a atenção a que o ato homologatório "é um ato jurídico administrativo de natureza confirmatória em que o agente público, verificado o exato implemento das prestações tributárias de determinado contribuinte, declara, de modo expresso, que obrigações houve, mas que se encontram devidamente quitadas até aquela data, na estrita consonância dos termos da lei".[12]

9. No mesmo sentido Alberto Xavier, *Do Lançamento: Teoria Geral do Ato, do Procedimento e do Processo Tributário*, p. 86: "Ainda que se entenda que 'homologação' se refere ao pagamento (e não ao lançamento), a verdade é que uma *homologação expressa* não constitui em si mesmo um lançamento em sentido técnico, pois este consiste numa exigência de prestação tributária, enquanto da constatação da legalidade de um pagamento prévio não resulta, por definição, exigência alguma. De duas, uma: ou se constata que o pagamento efetuado pelo contribuinte é insuficiente – e nesse caso não há homologação, mas lançamento de ofício no que concerne ao montante em falta; ou se constata que o pagamento se realizou conforme a lei – e nesse caso não há lançamento, mas ato administrativo confirmativo da legalidade do pagamento, com valor jurídico de quitação".

10. Paulo de Barros Carvalho, *Curso de Direito Tributário*, 11ª ed., São Paulo, Saraiva, 1999, p. 286.

11. *Direito Tributário – Fundamentos Jurídicos da Incidência*, p. 209.

12. *Curso de Direito Tributário*, p. 286.

A natureza do ato homologatório difere frontalmente da do lançamento tributário. Enquanto aquele declara a *extinção* da obrigação tributária, este *constitui* a obrigação tributária. Valendo para tanto a analogia, como sempre muito procedente, de Paulo de Barros Carvalho,[13] em que o *lançamento é a certidão de nascimento da obrigação tributária, ao passo que a homologação é a certidão de óbito*.

A incompatibilidade entre o ato homologatório realizado pelo agente fiscal e o lançamento tributário é inegável. O primeiro só pode ser realizado quando não se pode praticar o segundo, e vice-versa; isto é: quando temos o ato administrativo homologatório não podemos ter o ato administrativo de lançamento, e quando temos o lançamento tributário é porque não houve a homologação do pagamento.[14]

Assim, regressemos ao ponto de partida, resgatando as duas indagações no início formuladas: se o "lançamento por homologação" é um tipo de lançamento e quem é responsável pela sua realização, o agente fiscal ou o particular. Diremos que o chamado *"lançamento por homologação" não é um tipo de lançamento*,[15] pois é relativo a tributos criados para não precisarem do lançamento. E quanto à segunda questão, trata-se de um problema semântico, pois na expressão "lançamento por homologação" detectamos dois atos inconfundíveis: um do particular, quando da constituição e cumprimento da obrigação; e outro do Fisco, quando da homologação do pagamento realizado pelo particular (extinção da obrigação). Sendo assim, para esclarecermos a questão diremos que o administrado é o competente para promover o nascimento da obrigação tributária, enquanto o agente fiscal é o competente para declarar a sua extinção; duas atividades distintas, prescritas por lei e tratadas pelo legislador dentro de um mesmo nome: "lançamento por homologação".

Nesse passo, entendemos ter chegado o momento de realizarmos mais um ajuste semântico em nosso trabalho. Se falamos que a expressão "lançamento por homologação", encontrada nos textos de Direito Positivo, se refere àquelas duas atuações extremas, é preciso que se diga quando estaremos nos referindo a uma ou a outra. Esclarecemos, então, que, a partir de agora, quando nos referirmos ao "lançamento por homologação" estaremos falando da norma individual e concreta emitida pelo administrado que faz nascer a obrigação tributária; já quando falarmos apenas em "homologação" tratar-se-á da atuação de controle do Fisco.

Poderíamos ter optado por dar um outro nome à norma individual e concreta emitida pelo particular, já que ela não é, como observamos, um ato administrativo – o mínimo que poderíamos exigir para considerá-la um lançamento. Mas preferimos continuar chamando-a de "lançamento por homologação", dentro das aspas que já indicam nossa insatisfação. Apesar de admitirmos que duas realidades distintas devem receber dois nomes também distintos, continuaremos usando a expressão "lançamento por homologação", que já se encontra demasiadamente enraizada no uso corrente da linguagem jurídica.

Quadra esclarecer, por fim, que não compactuamos, também, com o nome "autolançamento", por tropeçar quase que nos

13. Idem, ibidem.

14. Na verdade, existe uma exceção a essa regra. Pode ocorrer pagamento antecipado a menor e, nesse caso, dada a fiscalização, deve-ser a homologação do pagamento irregular e lançamento de ofício de crédito não constituído pelo particular.

15. Nesse mesmo sentido entende Alberto Xavier, *Do Lançamento: Teoria Geral do Ato, do Procedimento e do Processo Tributário*, pp. 89-90: "Em conclusão do que se expôs verifica-se que nunca há lugar a um verdadeiro lançamento na figura do 'lançamento por homologação': não há lançamento no 'autolançamento' pretensamente efetuado pelo contribuinte, como pressuposto do pagamento, pois não existe um ato administrativo; não há lançamento na 'homologação expressa', pois esta nada exige, apenas confirma a legalidade de um pagamento efetuado, a título de quitação; e não há lançamento na 'homologação tácita', que também não é um ato administrativo, mas um simples silêncio ou inércia produtor de efeitos preclusivos".

mesmos equívocos do conceito "lançamento por homologação".[16] Consoante o Direito Positivo Brasileiro a expressão "autolançamento" não possui aplicabilidade, pois, se o lançamento tributário é ato privativo da autoridade administrativa (art. 142, *caput*), como admitirmos o contribuinte "autolançando"?[17] Diz Souto Maior Borges, de modo rigoroso: "a junção do prefixo 'auto' (do grego *autos* – elemento de composição que exprime a idéia de 'próprio', de 'si mesmo') ao substantivo 'lançamento', implicando uma ação reflexa do sujeito passivo do tributo, não introduz clareza no estudo dessa pretensa modalidade de lançamento".[18]

Assim, após essas breves considerações, imprescindíveis para o estudo do tema, iniciemos o estudo da decadência e prescrição tributárias quando estivermos diante do chamado "lançamento por homologação".

3. *Decadência tributária*

Da mesma forma que o Direito busca, por intermédio de normas jurídicas, regular as condutas das pessoas umas com as outras, implantando valores que a sociedade almeja ver realizados, procura também um meio de assegurar a certeza e a segurança das relações jurídicas, evitando a permanência de conflitos sem solução. A decadência ou caducidade são exemplos dessas espécies de normas, previstas no ordenamento jurídico, em que o legislador busca garantir a segurança das relações jurídicas, fazendo com que não permaneçam indefinidamente.

Realmente, todas as vezes que o tempo ameaçar o princípio da certeza jurídica, o qual busca garantir a "justiça" – valor maior do sistema jurídico em nossa opinião –, encontramos a *norma decadencial geral e abstrata* prescrevendo que se um certo direito não for exercido em determinado limite temporal ocorre seu perecimento. Ou seja, é uma norma que possui como *hipótese* o não-exercício de um direito num determinado lapso temporal e como *conseqüente* a extinção desse direito.

Trazendo para o Direito Tributário,[19] podemos concluir, simplificadamente, que a *norma decadencial geral e abstrata* possui como antecedente as notas ou características de um acontecimento de possível ocorrência: *a inércia da Administração Pública em produzir o ato administrativo de lançamento durante um prazo de cinco anos*; como conseqüente, as pistas de uma relação jurídica extintiva: *deve-ser a desconstituição desse direito de que a Administração Pública estava investida*. Porém, sabemos que essa norma jurídica, em razão de seu grau de abstração e generalidade – isto é, por se encontrar ainda no topo do processo de positivação –, ainda não possui o condão de regular as condutas das pessoas, constituindo, modificando ou extinguindo relações jurídicas.

Agora, ocorrido no mundo real o acontecimento previsto em sua hipótese, fato social (ainda) que se dá no tempo histórico e espaço geográfico e relatado pela linguagem jurídica de uma *norma decadencial indivi-*

16. Luciano Amaro também critica as expressões "lançamento por homologação" e "autolançamento" (*Direito Tributário Brasileiro*, 3ª ed., São Paulo, Saraiva, 1999, p. 342): "Já que o Código Tributário Nacional não quis falar em 'autolançamento' (expressão de resto imprópria, como anteriormente sublinhamos), teria sido melhor dizer que, nessas hipóteses, o lançamento só seria necessário se o sujeito passivo se omitisse no seu dever legal de recolher corretamente o valor legalmente exigido".

17. Também nesse sentido entende Souto Maior Borges: "Não é exato, portanto, que o lançamento seja momento lógico insuprimível em toda e qualquer relação tributária, porque há relações tributárias nas quais entre a realização do suposto do fato e a extinção de débito não se insere qualquer ato que se possa configurar como lançamento. (...) não cabe aplicar ao Direito Positivo Brasileiro a categoria doutrinária do autolançamento. E não cabe porque o lançamento é ato privativo da autoridade administrativa" (*Lançamento Tributário*, pp. 369 e 373).

18. *Lançamento Tributário*, p. 369.

19. Sobre as distinções e semelhanças do instituto da decadência no Direito Tributário e no Direito Civil v. Fábio Fanucchi, *A Decadência e a Prescrição em Direito Tributário*, 2ª ed., São Paulo, Resenha Tributária, 1982.

dual e concreta, teremos o *fato jurídico decadencial* e os seus efeitos extintivos.

Paulo de Barros Carvalho enumera as várias acepções em que o termo jurídico "decadência" pode ser encontrado: "a) 'decadência' como norma geral e abstrata; b) como hipótese dessa norma, descrevendo o termo final de um lapso de tempo; c) como conseqüente da norma geral e abstrata, tipificando o efeito extintivo; d) como norma individual e concreta que institui o fato de haver decorrido o nexo de tempo referido na regra geral e abstrata, no mesmo instante em que determina, no conseqüente, o efeito fulminante de desconstituir uma relação jurídica existente; e) como o antecedente desta última norma individual e concreta; e f) tão-só como o conseqüente, também desta última regra".[20]

De qualquer forma, analisando o conseqüente da *norma decadencial individual e concreta*, na qual se encontra o direito por excelência, isto é, a regulação efetiva das condutas dos indivíduos, percebe-se que podemos encontrar duas espécies de efeitos distintos. Note-se, entretanto, que o Código Tributário Nacional trata da decadência apenas como modalidade de extinção da obrigação, art. 156, V: "Extinguem o crédito tributário: (...) V – a prescrição e a decadência; (...)":

a) *Extinção da obrigação tributária*: apenas no caso de impugnação de lançamento tributário em que o administrado pleiteie o reconhecimento do fato decadencial, e sendo a decadência admitida numa norma individual e concreta, entendemos poder falar em caso de extinção da obrigação tributária. Explicitemos o porquê.

Certos de que a obrigação tributária é uma "unidade irredutível" formada por cinco elementos imprescindíveis (sujeito passivo; sujeito ativo; objeto; crédito tributário; débito tributário), basta o fato jurídico de extinção de qualquer um deles para que ocorra sua desaparição. Ou seja: constituída a obrigação tributária, e, portanto, introduzida no sistema jurídico, só poderemos considerar a sua extinção quando uma outra norma jurídica entre no ordenamento e a desconstitua.

Bem de ver, realizado o lançamento tributário, independentemente de vir a ser invalidado posteriormente, houve o nascimento de uma obrigação tributária. Porém, dados os efeitos do reconhecimento do fato decadencial numa norma individual e concreta, obteremos a sua extinção. Dizendo melhor, houve o surgimento da obrigação tributária com o lançamento tributário, o qual não sobreviveu no sistema jurídico por muito tempo, pois ocorreu seu "falecimento" com a introdução da *norma decadencial individual e concreta* no sistema.

b) *Extinção do direito da Fazenda Pública de realizar o lançamento tributário*: já no caso de não ter havido lançamento tributário, quer dizer, não se ter chegado a constituir o laço obrigacional, reconhecida a decadência, deparamo-nos com o sumiço do *crédito tributário*, na acepção de *direito da Fazenda Pública de exercer sua competência para realizar o ato administrativo de lançamento tributário*. Ou seja, com o fato decadencial declara-se a impossibilidade de o agente fiscal lavrar o lançamento tributário que constituiria a obrigação tributária (efeitos). Sem dúvida, nesse caso, a obrigação tributária nem chegou a nascer.[21]

Ademais, é mister firmarmos que, diferentemente da decadência no Direito Privado, observamos que o art. 173, II, do CTN prevê hipótese de interrupção da decadência. A declaração de nulidade de lançamento tributário por vício formal interrompe o decurso do prazo decadencial, que reinicia a contagem a partir da decisão administrativa final.[22] Já o parágrafo único do

20. *Direito Tributário – Fundamentos Jurídicos da Incidência*, pp. 202-203.

21. Nesse sentido: Paulo de Barros Carvalho, *Direito Tributário – Fundamentos Jurídicos da Incidência*, pp. 203-204; Luciano Amaro, *Direito Tributário Brasileiro*, p. 381.

22. Luciano Amaro entende que esse inciso trata, na verdade, de hipótese de interrupção e suspensão do prazo decadencial ao mesmo tempo (v. *Direito Tributário Brasileiro*, p. 383).

mesmo dispositivo dispõe sobre antecipação do termo inicial do prazo decadencial. Sobre o tema manifesta-se, com propriedade, o professor José Eduardo Soares de Melo: "Este preceito concerne a atos administrativos realizados com o objetivo de apurar as operações, negócios e atos dos sujeitos passivos que possam irradiar fatos geradores de tributos, ou situações afetas a deveres secundários. *Constituem medidas preparatórias indispensáveis ao lançamento*, fixando-se a notificação como marco inicial para a contagem do prazo decadencial. Este ato administrativo, que deve ser específico e veiculado formalmente, antecipa o termo inicial do referido lapso de tempo (...)"[23] (o destaque é nosso).

E para finalizar este raciocínio, que já vai longe, registremos a importância do posicionamento sobre o lançamento tributário como ato ou procedimento administrativo para as contagens dos prazos de decadência e de prescrição. O tema, ao contrário do que possa parecer, não se simplifica com a afirmação de que antes do lançamento temos a contagem do prazo decadencial, e depois o início do prazo prescricional. Souto Maior Borges, em notável livro, assim se manifesta: "Se o lançamento for caracterizado não só como um ato administrativo, mas também como um procedimento, tornar-se-á, teórica e praticamente, penoso, à luz dos critérios fornecidos pelo Direito Positivo, determinar, para esse efeito específico, o momento em que se aperfeiçoam e integram os seus elementos estruturais".[24]

3.1 Decadência no caso de não constituição do crédito pelo sujeito passivo e não recolhimento do tributo

Cabe advertimos que nos tributos sujeitos ao "lançamento por homologação", hoje em maioria esmagadora, apenas excepcionalmente encontramos o lançamento de ofício, atividade administrativa vinculada e privativa da Administração Pública (art. 142 do CTN). Quando temos sua lavratura provavelmente o administrado não tenha realizado seus deveres instrumentais regularmente, nem recolhido uma quantia a título de tributo.

Seja como for, não realizado o pagamento e não apresentada a declaração fiscal pelo contribuinte, e passados os cinco anos referentes ao prazo decadencial, desaparece o direito de o agente fiscal realizar o lançamento tributário. Isto é, o Fisco perde sua competência para constituir o crédito tributário no caso específico. A matéria, entretanto, é muito complexa e, sem dúvida, ainda se encontra longe de se tornar pacífica.

A contagem do prazo decadencial para a Administração realizar o ato de lançamento vem tratada, especificamente, no art. 173 do Código:

"Art. 173. O direito de a Fazenda Pública constituir o crédito tributário extingue-se após cinco anos, contados:

"I – do primeiro dia do exercício seguinte àquele em que o lançamento poderia ter sido efetuado;

"II – da data em que se tornar definitiva a decisão que houver anulado, por vício formal, o lançamento anteriormente efetuado.

"Parágrafo único. O direito a que se refere este artigo extingue-se definitivamente com o decurso do prazo nele previsto, contado da data em que tenha sido iniciada a constituição do crédito tributário pela notificação, ao sujeito passivo, de qualquer medida preparatória indispensável ao lançamento."

Muita discussão existe em torno do marco inicial para contagem do prazo decadencial, principalmente quando estamos diante dos tributos sujeitos ao chamado "lançamento por homologação".

Por mais que o legislador do Código não admita, entendemos que os tributos em sua grande maioria não necessitam da lavratura de lançamento para que se tornem

23. *Curso de Direito Tributário*, p. 234.
24. *Lançamento Tributário*, p. 100.

exigíveis. Pelo contrário, nos dias de hoje apenas o IPTU e o IPVA são lançados de ofício necessariamente, permanecendo o contribuinte à espera da notificação para que, posteriormente, possa cumprir a obrigação.

Todavia, isso não quer dizer que somente em raras ocasiões teremos o lançamento de ofício, pois todas as vezes em que o contribuinte não constituir o crédito tributário ou não pagar o tributo corretamente, e a Fiscalização administrativa detectar essa irregularidade, deverá lançar de ofício. Ou seja, na verdade, o lançamento de ofício é resultado de uma atividade que pode ocorrer em toda e qualquer espécie de tributo sempre que o administrado não cumprir a obrigação tributária.

Se o lançamento de ofício é algo que pode ocorrer em todas as espécies tributárias, se temos na legislação pátria artigo específico sobre a decadência do direito da Fazenda de lançar de ofício (art. 173 do CTN), por que não usá-lo quando o contribuinte, apesar de legalmente investido da competência para fazer nascer a obrigação, não o fizer, já que, nesses casos, a competência para a constituição do crédito tributário passa para a Administração Pública?

Não compactuamos com a idéia de que quando se tratar de tributos sujeitos ao "lançamento por homologação" deve-se usar sempre o art. 150, § 4º, do CTN para contagem do prazo decadencial. Pois em nosso entendimento tal § 4º refere-se ao prazo de homologação de pagamento, e, evidentemente, se obtivemos pagamento é porque o crédito foi constituído; se o crédito foi constituído, não há que se falar em decadência do direito da Administração Pública de constituí-lo.

Esses argumentos são decisivos para concluirmos que no caso de não cumprimento dos deveres instrumentais pelo sujeito passivo, ou seja, não emissão e entrega do documento fiscal exigido para que ocorra o nascimento da obrigação tributária, se inicia a contagem do prazo decadencial para a Administração Pública realizar o ato administrativo de lançamento tributário, contado do primeiro dia do exercício seguinte ao em que o administrado poderia ter constituído o crédito tributário: art. 173, I, do CTN. Ora, se não obtivemos nenhum ato do complexo procedimento que o legislador chama de "lançamento por homologação", o crédito deve ser constituído *ex officio* por intermédio de atividade administrativa plenamente vinculada, e para essa modalidade de lançamento a Lei 5.172, de 1966, prescreveu prazo específico no art. 173.[25]

Tal proposta interpretativa é também adotada pelo talento de Tércio Sampaio Ferraz Jr., ao entender que, nos tributos sujeitos ao chamado "lançamento por homologação", "se não houver o devido procedimento, isto é, o recolhimento antecipado não ocorrer (...) não poderá ter havido homologação, nem expressa nem ficta, por falta de um pressuposto essencial, *não se aplicando essa modalidade de lançamento*. Nesse caso, o lançamento possível terá de ser o de ofício (art. 149, V). Sendo outra a modalidade, no caso, o lançamento de ofício, a ele será aplicado o prazo decadencial do art. 173, que se contará do primeiro dia do exercício seguinte àquele em que o lançamento (de ofício) poderia ter sido efetuado".[26]

Luciano Amaro, no mesmo sentido, entende que não tendo havido pagamento

25. Dessa maneira, aliás, tem sido o entendimento das duas Turmas do STJ em recentes decisões: "*Ementa*: Tributário – Decadência – *Lançamento por homologação*. Nos tributos sujeitos ao regime do *lançamento por homologação* a decadência do direito de constituir o crédito tributário se rege pelo art. 150, § 4º, do CTN, de modo que o prazo para esse efeito será de cinco anos a contar da ocorrência do fato gerador (a incidência de regra supõe, evidentemente, hipótese típica de *lançamento por homologação*, aquela em que ocorre pagamento antecipado do tributo). Se o pagamento do tributo não for antecipado, já não será o caso de *lançamento por homologação*, situação do disposto no art. 173, inciso I, do CTN. Recurso especial conhecido e improvido" (REsp 199.560-SP, 2ª T., 98/0098482-8, rel. Min. Ari Pargendler, *DJU* 26.4.1999, p. 87).

26. "Sobre a decadência do crédito tributário", *RDTributário* 71/81.

antecipado não há o que se homologar, pois a homologação não pode operar no vazio: "Tendo em vista que o art. 150 não regulou a hipótese, e o art. 149 diz que apenas cabe lançamento de ofício (inciso V), enquanto, obviamente, não extinto o direito do Fisco, o prazo a ser aplicado para a hipótese deve seguir a regra do art. 173, ou seja, cinco anos contados do primeiro dia do exercício seguinte àquele em que (à vista da omissão do sujeito passivo) o lançamento de ofício poderia ser efetuado".[27]

Sacha Calmon Navarro Coêlho, da mesma forma, entende que, se não houver pagamento algum, não havendo o que homologar, "o prazo de cinco anos a contar do fato gerador da obrigação não faz sentido. Novamente somos remetidos ao art. 173, I, ou ao seu parágrafo único, dependendo da situação".[28]

3.2 Decadência no caso de constituição do crédito pelo sujeito passivo e não recolhimento do tributo

Dispensável dizer que sendo a competência para a constituição do crédito tributário nos tributos sujeitos ao "lançamento por homologação" cumprida pelo sujeito passivo não há que falar em decadência do direito do Fisco de realizar o lançamento tributário.

Ora, se o particular descreveu o fato jurídico tributário (elemento material) em tempo e espaço determinados (elementos temporal e espacial), quantificou sua dívida (elemento quantitativo) e assumiu fazer parte de uma relação jurídica tributária em que tem o dever jurídico de entregar ao sujeito ativo aquela quantia a título de tributo, tudo conforme indica a legislação tributária, para quê necessitaríamos de um lançamento tributário? A entrega da declaração realizada pelo contribuinte à entidade competente, entendemos, marca o momento do nascimento da obrigação tributária, e, por isso, sem razão seria a lavratura do lançamento de ofício.

Sintetizemos. Caso tenha sido a obrigação tributária constituída pelo particular, não há mais que falar em prazo decadencial para a Fazenda Pública realizar o ato administrativo de lançamento tributário, e sim termo inicial do prazo prescricional para que o crédito constituído e, portanto, declarado pelo sujeito passivo seja cobrado.

Antes, entretanto, a constituição do crédito realizada pelo contribuinte será submetida à avaliação da Administração, que sobre ele realizará atos de controle.[29] Apenas posteriormente a esse prazo haverá o início da contagem do prazo prescricional.

3.3 Decadência no caso de fiel constituição do crédito tributário e recolhimento do tributo a menor

Aqui, observamos uma hipótese de declaração fiscal regular da dívida tributária, em que o contribuinte constituiu a obrigação tributária corretamente, porém não recolheu o tributo em sua totalidade.

Em nossa opinião não há mais que falar em prazo decadencial, da mesma forma que na hipótese anterior; resta ao agente fiscal enviar as declarações do contribuinte para inscrição na Dívida Ativa, após a realização dos devidos atos de controle sobre a constituição do crédito realizada pelo sujeito passivo, para a cobrança da diferença não paga.

27. *Direito Tributário Brasileiro*, p. 384.

28. *Curso de Direito Tributário Brasileiro (Comentários à Constituição e ao Código Tributário Nacional, artigo por artigo)*, 3ª ed., Rio de Janeiro, Forense, 1999, p. 672.

29. Para cada espécie tributária existe um prazo para a Fazenda Pública realizar os atos de controle sobre as declarações do particular. No caso do ICMS, por exemplo, de acordo com o art. 106 do Regulamento do ICMS, na legislação paulista, introduzido pelo art. 1º do Decreto 41.654, de 20.3.1997, o Fisco possui 30 dias, contados da entrega da GIA, para discordar das declarações do sujeito passivo.

3.4 Decadência no caso de infiel constituição do crédito tributário e recolhimento do tributo a menor

Em posição antagônica a todas as demais hipóteses já relatadas vemos o caso de o contribuinte ter lançado erroneamente e, por conseguinte, recolhido tributo a menor.

Ocorrido o evento previsto na regra-matriz de incidência de um tributo que o Código classifica dentre os sujeitos à modalidade "lançamento por homologação", inicia-se o prazo de cinco anos para o contribuinte realizar os deveres instrumentais, que serão responsáveis pela constituição do crédito tributário, e pagar o tributo. Imagine-se, porém, que com a fiscalização atestou-se que o contribuinte constituiu sua dívida irregularmente e, por isso, o pagamento não foi efetivado em sua totalidade. Será que esse pagamento irregular pode ser homologado? E, por outro lado, deve-se falar em início de prazo decadencial, conforme o art. 173, I, para que seja lançada de ofício a diferença não paga e não constituída, junto com as medidas sancionatórias?

Para nós, apenas nesse caso o prazo decadencial possui o mesmo termo inicial que o prazo para a homologação. Desvendemos o porquê. Firmemos que no caso de pagamento efetivado a menor, realizada a fiscalização e detectada a irregularidade, o Fisco possui o dever funcional de lançar a diferença não paga e não constituída, junto com as medidas sancionatórias, quando teríamos num mesmo documento fiscal (a) um ato homologatório do valor pago, (b) o lançamento do que não foi pago e constituído e (c) um ato sancionatório imputando multa, juros etc.

Pois bem. Na primeira hipótese analisada (*3.1 Decadência no caso de não constituição do crédito pelo sujeito passivo e não recolhimento do tributo*) dissemos que, independentemente da espécie tributária, dada a não constituição da dívida pelo sujeito competente, sempre teremos lugar para o lançamento de ofício. E, se encontramos na legislação tributária um prazo específico para a realização dessa atividade administrativa plenamente vinculada, não vemos motivo para a aplicação do prazo prescrito no art. 150, § 4º, do CTN, o qual se refere, em nossa opinião, apenas ao limite temporal de homologação do pagamento antecipado à fiscalização administrativa. Ou seja, se não obtivemos pagamento, não há por que aplicar o prazo para homologação.

Nada obstante, na hipótese ora examinada, houve pagamento, todavia não suficiente para o total cumprimento da obrigação tributária (já que a mesma não foi regularmente constituída), o que nos *levaria* à contagem de dois prazos: um para a homologação e outro para o lançamento da diferença não paga e não constituída pelo administrado.

Aqui, sim, bem adequada se nos afigura a realização de uma interpretação sistemática dos arts. 150, § 4º, e 173, I, do Código, pois obtivemos pagamento, e, portanto, iniciou-se o prazo do art. 150, § 4º, para sua homologação; e, também, como a constituição da obrigação foi insuficiente, temos o prazo para que seja lançado de ofício o restante do débito, junto com as penalidades cabíveis.

Acreditamos que a exegese dotada de maior razoabilidade para essa hipótese é aquela em que o termo inicial para contagem do prazo decadencial seja o mesmo utilizado para a homologação do pagamento, ou seja, do evento que fora tributado (art. 150, § 4º, do CTN), pelo seguinte raciocínio:

1. Obtivemos constituição do crédito pelo sujeito passivo e pagamento antecipado, ou seja, atividades concernentes ao chamado "lançamento por homologação". Quer dizer, temos o *pressuposto essencial*, como salienta Tércio Sampaio Ferraz Jr., para concluirmos que se trata da "modalidade lançamento por homologação".

2. Para que o pagamento produza seus efeitos extintivos exigiu o legislador que a ele seja somada a homologação (art. 156, VII, do CTN). Para isso estipulou um prazo de cinco anos contados da ocorrência no mundo real do evento previsto na regra-

matriz de incidência tributária (no multicitado § 4º do art. 150 do CTN).

3. Entretanto, como a dívida foi irregularmente constituída, e, por conseguinte, o pagamento foi realizado a menor, temos também o início do prazo decadencial para que a Fazenda lance a diferença. Porém, o Código estipula um outro marco inicial para esse prazo, no art. 173, I.

4. Todavia, como estamos diante de crédito constituído e pagamento realizado pelo sujeito passivo, por uma questão de economia processual e por intermédio de uma interpretação sistemática (dos artigos do Código que versam sobre a decadência tributária e sobre o "lançamento por homologação"), não haveria sentido em dizermos que a Administração possui cinco anos contados do evento para homologar o pagamento realizado; e cinco anos contados do primeiro exercício seguinte ao em que a constituição da obrigação poderia ter sido realizada para lançar a diferença.

5. Portanto, realizada a fiscalização no prazo do art. 150, § 4º, do Código, já que houve pagamento, a Fazenda tem o dever funcional de lançar a diferença não paga, identificada durante sua atuação fiscal, dentro do prazo de cinco anos contados do evento tributado.

Traço sumamente relevante para compreensão desse raciocínio é o prazo do art. 173, I, para a Fazenda Pública lançar de ofício, em nossa opinião, iniciar-se quando não tenha sido realizada a constituição do crédito pelo sujeito passivo e muito menos o pagamento antecipado do tributo (o que o legislador do Código chama de "lançamento por homologação"). E já o prazo do art. 150, § 4º, iniciar-se porque houve pagamento antecipado à fiscalização, independentemente de ter sido regular ou não.

Queremos assentar que nos tributos sujeitos ao "lançamento por homologação", quando houver a atuação do sujeito passivo acompanhada do respectivo pagamento (seja total ou parcial), temos um verdadeiro "lançamento", perfeito, acabado e definitivo, mas sempre sujeito a atos de controle por parte do Fisco, que, no caso, tem o prazo de cinco anos para fiscalizar, contados a partir do evento tributado. Detectado qualquer tipo de irregularidade nesse limite temporal, o agente fiscal encontra-se obrigado a agir, sob pena de responsabilidade funcional. Assim sendo, não há por que iniciar a contagem do prazo decadencial do primeiro dia do exercício seguinte ao em que a constituição poderia ter sido realizada, como prescreve o art. 173, I, simplesmente porque houve constituição do crédito e pagamento do tributo, o que entendemos como a melhor opção interpretativa.

Sacha Calmon Navarro Coêlho, também no mesmo sentido, salienta que: "Nos impostos sujeitos ao 'lançamento por homologação', contudo – *desde que haja pagamento, ainda que insuficiente para pagar todo o crédito tributário* –, o dia inicial da decadência é o da ocorrência do fato gerador da correspectiva obrigação, a teor do § 4º do art. 150, retrotranscrito"[30] (destacamos).

3.5 Impossibilidade de decadência no caso de pagamento regular do tributo

Cabe ainda advertir que não há que se falar em decadência quando houver pagamento total da dívida tributária. Aqui, mais uma vez, chamamos a atenção para a distinção existente entre o prazo para homologação do pagamento do tributo (art. 150, § 4º) e o prazo para a realização do lançamento de ofício (art. 173, I), ambos prescritos no Código Tributário Nacional.

30. Justifica o ilustre tributarista: "É que a Fazenda tem cinco anos para verificar se o pagamento é suficiente para exaurir o objeto da obrigação tributária, isto é, o crédito tributário. Mantendo-se inerte, o Código considera esta inércia como homologação tácita, *perdendo a Fazenda a oportunidade de operar lançamentos suplementares em caso de insuficiência de pagamento* (preclusão)" (o destaque é nosso – "Prescrição e decadência no Direito Tributário Brasileiro", *RDTributário* 71/85).

Se houve pagamento regular do débito tributário aduzimos que existe para a Fazenda Pública um prazo de cinco anos, contados do evento tributado (consoante o art. 150, § 4º), para que seja realizada a homologação expressa do pagamento. Caso a Administração silencie temos a chamada "homologação tácita".

Ocorre que em tais hipóteses tudo relativo à apuração da dívida foi realizado pelo particular quando entregou o documento fiscal e pagou o tributo. Até mesmo porque se não houvesse declaração não haveria como fazer o pagamento. Estamos convictos de que ninguém pode chegar perante a entidade arrecadadora com uma certa quantia em dinheiro e despejá-la, alegando tratar-se de pagamento de tributo. Uma série de perguntas lhe serão dirigidas, das mais simples às mais complexas. Apenas com essa linguagem pode haver tanto a constituição como a desconstituição da dívida tributária. Ora, e qual seria a função do lançamento de ofício, no caso, se o crédito já foi devidamente constituído e, diga-se de passagem, até pago em sua totalidade?

Uma afirmativa final encerra este raciocínio: quando temos o total cumprimento da obrigação tributária apenas há lugar para a *homologação do pagamento*, pois nada resta para a Administração *lançar*.

4. Prescrição tributária

Da mesma forma que a palavra "decadência", "prescrição" também pode assumir várias acepções, dependendo do contexto em que for empregada.

No processo de positivação do Direito Tributário, por exemplo, tanto pode encontrar-se como (i) uma norma geral e abstrata: *dado o fato do não exercício do direito de ação para cobrança da dívida tributária durante cinco anos contados da constituição do crédito tributário* (seja ela realizada pelo Fisco ou pelo sujeito passivo)*, deve-ser a extinção desse direito*, como (ii) uma norma individual e concreta, quando o aplicador do Direito recolhe do mundo dos fatos sociais um fato-tempo, ou, melhor, descreve a inércia da Administração Pública durante cinco anos, constituindo o fato jurídico prescricional; por exemplo: *dado o fato de o Fisco não ter exercitado o seu direito de ação para a cobrança da dívida tributária durante cinco anos contados do dia "x" em que o crédito foi constituído, deve-ser a perda desse direito para cobrança do débito tributário.*

No sistema tributário nacional o termo inicial para a contagem do prazo prescricional vem prescrito no *caput* do art. 174 da Lei 5.172, de 1966, e no parágrafo único encontram-se as hipóteses para que ocorra a sua interrupção:

"Art. 174. A ação para cobrança do crédito tributário prescreve em cinco anos, contados da data da sua constituição definitiva.

"Parágrafo único. A prescrição se interrompe:

"I – pela citação pessoal feita ao devedor;

"II – pelo protesto judicial;

"III – por qualquer ato judicial que constitua em mora o devedor;

"IV – por qualquer ato inequívoco, ainda que extrajudicial, que importe em reconhecimento do débito pelo devedor."

Um detalhe importante, que uma análise mais apressada poderia não perceber, diz respeito à distinção entre *suspensão do prazo prescricional* e *suspensão da exigibilidade do crédito tributário* (art. 151 do CTN[31]), as quais podem coincidir ou não. Lembremos que, lavrado o ato de lançamento tributário e devidamente notificado o sujeito passivo, este tem 30 dias para impugná-lo ou interpor recurso administrativo. Entendemos que apenas após 30 dias temos o iní-

31. Prescreve o Código Tributário Nacional: "Suspendem a exigibilidade do crédito tributário: I – moratória; II – o depósito do seu montante integral; III – as reclamações e recursos, nos termos das leis reguladoras do processo tributário administrativo; IV – a concessão de medida liminar em mandado de segurança".

cio da contagem do prazo prescricional, evidentemente se o lançamento não tiver sido impugnado. Não é correto, portanto, dizer que durante os 30 dias após a notificação do lançamento a Fazenda Pública se encontre inerte, já que ainda não é titular do direito subjetivo da ação de cobrança.

No mesmo sentido assevera Paulo de Barros Carvalho: "Se o suposto devedor impugnar a exigência, de acordo com as fórmulas do procedimento administrativo específico, a exigibilidade ficará suspensa, *mas o prazo de prescrição não terá sequer iniciado seu percurso*. Falar-se-á, com propriedade, em suspensão do prazo prescricional, em qualquer das hipóteses aventadas, somente quando a suspensão da exigibilidade do crédito venha a ser posterior ao momento em que o sujeito ativo da prestação tributária teve condições de acesso à ação judicial de cobrança"[32] (o destaque não consta no original).

Portanto, para nós, o termo inicial do prazo prescricional deve ser deslocado para após os 30 dias subseqüentes à notificação do lançamento tributário, quando o Poder Público passa a ser titular do direito de ação de cobrança do débito tributário. Em outras palavras, inicia-se o prazo prescricional quando a constituição do crédito tributário não possa mais ser objeto de recurso pelo sujeito passivo ou de revisão por parte da Administração Pública.[33]

32. *Direito Tributário – Fundamentos Jurídicos da Incidência*, p. 206.

33. Detalhe relevante é salientado por Mary Elbe Gomes Queiroz Maia: "está clara a existência de duas atividades administrativas: aquela exercida pelo órgão administrativo competente para efetuar o lançamento e aquela em que é feito o seu posterior controle, jamais podendo considerar-se como lançamento a decisão quer de primeira ou segunda instância que julga o processo administrativo tributário, pois elas decorrem de uma atividade posterior de reexame ou controle do lançamento já consumado, como, ainda, igualmente, não se poderá confundir o ato de lançamento com o da sua posterior revisão de ofício, mesmo quando esta seja executada pelo próprio lançador" (*Do Lançamento Tributário – Execução e Controle*, São Paulo, Dialética, 1999, p. 40).

Da mesma forma, quando estamos diante de tributos em que o lançamento tributário não é uma atividade característica, ou seja, quando tudo com relação à apuração da dívida e constituição do crédito fica a cargo do sujeito passivo, o qual regularmente tenha cumprido os chamados *deveres instrumentais ou formais que constituem a obrigação tributária*, e uma vez emitido e entregue o documento fiscal constituidor da obrigação tributária à entidade competente, inicia-se o prazo prescricional de cinco anos para que a dívida constituída – e, no caso, não paga – seja cobrada.

Entretanto, o termo inicial para a contagem desse prazo, em situação parecida com a que ocorre com o lançamento de ofício, dá-se após o término do prazo para a Administração Pública realizar os atos de controle sobre a constituição da dívida realizada pelo sujeito passivo. Assim, ensina José Eduardo Soares de Melo, "torna-se necessário promover o lançamento (direto ou de ofício), e aguardar transcurso de prazo para o sujeito passivo apresentar defesa; ou, caso esta tenha sido oferecida, esperar decisão administrativa definitiva que mantenha a exigência tributária. *Também a declaração de débito tributário por parte do sujeito passivo implicará o mesmo efeito jurídico. Somente após verificadas as situações apontadas é que a Fazenda estará apta para reclamar judicialmente o crédito tributário*" (os destaques não estão no texto original).

Como exemplo citamos a redação do art. 106, sobre a entrega da GIA do ICMS da legislação paulista, introduzida pelo art. 1º do Decreto 41.654, de 20.3.1997:

"Art. 106. Dentro do prazo de 30 dias, contados da data a que se refere o art. 100, o imposto apurado e declarado nos termos do art. 226, bem como o transcrito pelo Fisco na forma do art. 231, poderá ser recolhido independentemente de autorização fiscal, com atualização monetária e acréscimos legais (Lei n. 6.374, de 1989, art. 62, § 1º).

"Parágrafo único. No prazo de que trata o *caput* e até o trigésimo dia seguinte, poderá o Fisco intentar cobrança amigável e, não havendo o recolhimento do débito, adotar medidas assecuratórias do êxito da execução fiscal a ser proposta.

"Art. 107. Não sendo pago no prazo de que trata o artigo anterior o débito fiscal será inscrito na Dívida Ativa." Vide: Lei n. 6.374, de 1.3.1989, art. 62.

"Art. 62. O imposto devido, declarado e não pago, deve ser inscrito na Dívida Ativa, após 30 dias contados do vencimento.

"§ 1º. No decurso desse prazo de 30 dias, o imposto pode ser recolhido independentemente de autorização fiscal."

"(...)."

Ora, como podemos ver, se durante os 30 dias após a entrega da GIA o contribuinte ainda pode até mesmo recolher o tributo não pago sem autorização é porque ainda não se iniciou o prazo para ação de execução fiscal. A Administração Pública ainda não está investida do direito de iniciar a cobrança do seu crédito. Prescreve a lei que apenas após os 30 dias contados da entrega da declaração pode haver envio para inscrição na Dívida Ativa.

Outro detalhe interessante e delicado relacionado ao tema é a existência ou não de prazo para a conclusão do processo administrativo.

Em que pese à bem-urdida argumentação de Marco Aurélio Greco[34] ao versar sobre o tema, munido de outras premissas como "crédito provisoriamente constituído" e "lançamento como procedimento e não como ato administrativo", não concordamos que no art. 173, parágrafo único, do Código teríamos o prazo de perempção do direito de constituir o crédito tributário, mas sim antecipação do marco inicial para contagem do prazo decadencial, como já frisamos linhas acima.[35]

Para finalizar, registremos que a Lei federal 6.830, de 22.9.1980, que trata sobre cobrança judicial da Dívida Ativa, prescreveu que: a) a inscrição da dívida suspenderá a prescrição, para todos os efeitos de direito, por 180 dias ou até a distribuição da execução fiscal (art. 2º, § 3º); e b) o despacho do juiz que ordenar a citação interrompe a prescrição (art. 8º, § 2º). Note-se, porém, que se trata de lei ordinária anterior à Constituição de 1988, a qual exigiu lei complementar para dispor sobre prescrição (art. 146, III, "b", da CF).[36]

5. *Conclusões*

5.1 Não vemos com simpatia a divisão das modalidades de lançamento realizada pelo Código Tributário Nacional em: a) lançamento de ofício; b) lançamento por declaração; e c) lançamento por homologação. Primeiro porque considera as vicissitudes que precederam a elaboração do ato de lançamento (levando em conta o processo, e não o produto "lançamento"), as quais não integram a sua essência. Segundo porque, se o gênero "lançamento" é um ato administrativo (art. 142 do CTN), e no lançamento por homologação não há participação do Poder Público no que concerne à constituição da obrigação, descarta-se de antemão a hipótese de se tratar de um ato administrativo, e, portanto, de ser espécie de lançamento.

5.2 Tomando como critério o veículo que introduz a norma individual e concreta responsável pela constituição do crédito tributário, diremos que este pode ser de duas espécies: a) um *ato administrativo* pratica-

34. V. "Perempção no lançamento tributário", in *Estudos em Homenagem Gilberto de Ulhôa Canto: Princípios Tributários no Direito Brasileiro e Comparado*, pp. 502-517.

35. Sobre o parágrafo único do art. 173 do Código como antecipação do marco inicial para contagem do prazo decadencial v.: José Eduardo Soares de Melo, *Curso de Direito Tributário*, p. 234; Luciano Amaro, *Direito Tributário Brasileiro*, pp. 383-384.

36. V. José Eduardo Soares de Melo, *Curso de Direito Tributário*, p. 238.

do pelo auditor fiscal; e b) um *ato jurídico* praticado pelo particular nas hipóteses de "lançamento por homologação".

5.3 A expressão "lançamento por homologação" é equívoca, porque: a) sendo o lançamento um *ato administrativo* privativo da autoridade fiscal (art. 142 do CTN), é uma *contradictio in terminis* chamar o ato jurídico realizado pelo particular pelo mesmo nome; b) o "lançamento por homologação" é uma atividade criada, pontualmente, para que não seja necessária a lavratura do lançamento direto; c) na expressão "lançamento por homologação" detectamos dois atos inconfundíveis: um do particular, quando da constituição e cumprimento da obrigação; outro do Fisco, quando da homologação do pagamento realizado pelo particular (extinção da obrigação).

5.4 Nos dias de hoje nota-se uma superação do pensamento de que cabe sempre à Fazenda realizar o nascimento do crédito tributário. O ato administrativo privativo que antes constituía a obrigação dá lugar a um ato extintivo da mesma obrigação ou sancionatório, quando destinado a corrigir um ilícito.

5.5 A decadência tributária tanto pode ser forma extintiva da obrigação tributária, tal qual preceitua o art. 156, V, do CTN, como não. No primeiro caso houve o nascimento da obrigação tributária pelo lançamento de ofício e posterior reconhecimento do fato decadencial numa norma individual e concreta. No segundo caso a obrigação tributária nem chegou a ser constituída; por isso, descabe falarmos em forma extintiva, quando houve apenas a extinção do direito da Fazenda Pública de realizar o lançamento tributário.

5.6 A *norma decadencial geral e abstrata*, como toda e qualquer norma, necessita que o fato jurídico decadencial seja descrito numa norma individual e concreta para que seus efeitos se realizem.

5.7 Termos iniciais para a contagem do prazo decadencial nos tributos sujeitos ao "lançamento por homologação":

a) *crédito não constituído pelo particular e não pago*: o Fisco tem cinco anos para lançar de ofício, constituindo o crédito tributário, iniciados no primeiro dia do exercício seguinte ao em que o crédito poderia ter sido constituído pelo particular. Prazo para o exercício do direito da Fazenda Pública de constituir o crédito tributário, ou seja, prazo para o lançamento de ofício, art. 173, I, do CTN;

b) *crédito constituído pelo particular e não pago*: inicia-se o prazo prescricional, e não o decadencial, já que a obrigação tributária fora constituída pelo contribuinte. Logo, a Fazenda Pública tem o prazo de cinco anos, contados do termo final para a realização dos atos de controle da constituição do crédito pelo contribuinte (geralmente 30 dias, exemplo: GIA), para promover a ação de execução fiscal cabível;

c) *crédito constituído regularmente pelo particular e pago a menor*: como na hipótese anterior, inicia-se o prazo prescricional para a execução do débito tributário após findo o prazo para realização dos atos de controle da Administração sobre o crédito constituído pelo particular;

d) *crédito constituído irregularmente pelo particular e não pago*: também como na hipótese anterior, se a autoridade fazendária não concordar com a constituição do crédito realizada pelo sujeito passivo tem o prazo de 30 dias (em geral) para realizar atos de controle sobre a constituição do crédito efetuada pelo contribuinte. Não há que falar em prazo decadencial, pois o crédito já fora constituído pelo contribuinte, sujeito competente para tal;

e) *crédito constituído irregularmente pelo particular e pago a menor*: inicia-se o prazo de cinco anos contados a partir do "fato gerador", simples acontecimento do mundo real que fora descrito e dessa forma introduziu o fato jurídico tributário e seus efeitos no sistema. Ou seja, inicia-se o prazo para homologação do pagamento prescrito no art. 150, § 4º, do Código. Todavia, realizada a fiscalização e atestada a irregularidade, deve o agente fiscal lançar de ofício a diferença não constituída e não paga dentro do prazo do art. 150, § 4º. Aqui não se aplica o art. 173, I, porque houve pagamento antecipado, e, portanto, estamos diante da chamada modalidade "lançamento por homologação";

f) *dolo, fraude ou simulação*: nos impostos sujeitos ao "lançamento por homologação", no caso de dolo, fraude ou simulação, devidamente comprovados pela Fazenda Pública, independentemente de ter havido pagamento artificioso ou não ter havido pagamento (levando em consideração o prescrito no § 4º do art. 150 do Código, *in fine*: "salvo se comprovada a ocorrência de dolo, fraude ou simulação"), entendemos que, por intermédio de uma interpretação sistemática, o prazo também é o do art. 173, I, tendo como termo inicial o primeiro dia do exercício seguinte às respectivas ocorrências, para que seja realizado o lançamento de ofício.

5.8 Termos iniciais para contagem do prazo prescricional nos tributos sujeitos ao lançamento por homologação:

a) *crédito constituído pelo particular e não pago*: inicia-se o prazo prescricional, e não o decadencial, já que a obrigação tributária foi constituída pelo contribuinte. Logo, a Fazenda Pública tem o prazo de cinco anos contados do termo final para a realização dos atos de controle da constituição do crédito pelo contribuinte (em geral 30 dias), para promover a ação de execução fiscal cabível;

b) *crédito constituído pelo particular e pago a menor*: como no item anterior, inicia-se o prazo prescricional para a execução do débito tributário, após findo o prazo para realização dos atos de controle da Administração sobre o crédito constituído pelo particular (em geral 30 dias).

O PRINCÍPIO DO NÃO-CONFISCO COMO VALOR E COMO LIMITE OBJETIVO

FÁBIO BRUN GOLDSCHMIDT

Mestrando em Direito pela USP – Advogado em Porto Alegre

1. Introdução. 2. Valor: 2.1 Características dos valores – 2.2 Critérios de classificação. 3. Limites objetivos. 4. Princípios. 5. O princípio do não-confisco. 6. O princípio do não-confisco como valor ou como limite objetivo. 7. Conclusões.

1. Introdução

A Filosofia sempre auxiliou na compreensão das mais tormentosas questões enfrentadas pela Ciência do Direito. Ao longo do tempo, a assim chamada *ciência dos primeiros princípios* vem fornecendo a crítica necessária dos pressupostos do conhecimento jurídico, auxiliando na sua reestruturação e permitindo o desbravar de temas fundamentais como a concepção de justiça, de igualdade ou ainda de ética. A Filosofia, neste sentido, tem outorgado às bases do conhecimento jurídico a consistência necessária para a edificação das regras hierarquicamente ordenadas do sistema.

É especificamente no seio da Axiologia ou Teoria dos Valores, tida por muitos como ponto nuclear da Filosofia, que encontramos esmiuçadas e entrelaçadas as idéias de fim,[1] interesse e valor, capitais quando se trata de buscar o aprofundamento do estudo da conduta humana e das normas que a orientam. A noção de valor, assim, assume máxima importância, guiando a tarefa do legislador, que seleciona valores a serem positivados, e do hermeneuta, cuja missão de construir normas a partir do sistema do Direito Positivo está indissociavelmente impregnada com a identificação dos valores delas extraídos.

A concepção de limites objetivos, por sua vez, revela-se igualmente importante para o Direito, pois tais instrumentos têm a função de explicitar a vontade do legislador e facilitar a empresa do intérprete, conduzindo de forma mais nítida a realização dos valores do ordenamento. Emprestando maior grau de precisão às regras, os limites objetivos permitem um controle mais eficaz de sua aplicação e, assim, assumem papel determinante na consecução dos fins do Direito, outorgando maior grau de segurança às relações jurídicas.

Valores e limites objetivos, contudo, não se confundem, muito embora sua iden-

1. Explique-se que toda teleologia tem como pressuposto uma teoria dos valores. Miguel Reale, Miguel, *Filosofia do Direito*, 2ª ed., v. 1º, São Paulo, Saraiva, 1969, p. 335.

tificação nem sempre seja tarefa simples. Toda Constituição carrega uma série de princípios, que podem assumir a condição de valores ou de limites objetivos, cada qual com traços característicos. Sua identificação é imprescindível àqueles que se propõem a fazer uma análise rigorosamente científica do texto da lei.

No presente trabalho procuraremos estudar o enquadramento do princípio tributário da vedação ao efeito de confisco[2] dentro destas premissas, verificando se assume a condição de valor ou de limite objetivo e, ainda, se esta classificação é estanque ou admite migrações de acordo com o ordenamento em que o princípio venha positivado ou, ainda, de acordo com os critérios que a dinâmica da linguagem venha a outorgar à letra da lei. Para tanto, examinaremos os conceitos de princípio, valor, limite objetivo e, ainda, especificamente, o princípio do não-confisco, para ao final caracterizarmos sua natureza e maleabilidade conforme os contornos que o Direito lhe confira.

2. *Valor*

"Valor (...) quanto se tem dito e escrito sobre ele! A que tratos vem sendo submetida esta pequenina palavra! Entretanto, como é claro e simples o seu sentido natural."[3]

O tema "valor" poderia, sem muito esforço, render um tratado inteiro, tamanha a sua importância. Há tantos estudos sobre o assunto que preferimos restringir o presente a algumas considerações fundamentais acerca de sua definição e função no Direito, atentando para as divergências doutrinárias básicas na compreensão do tema.

2. Tomaremos as expressões "princípio do não-confisco" e "princípio da vedação à tributação com efeito de confisco" como sinônimas e utilizaremos uma e outra, ao longo do presente trabalho, indiferentemente, dado não vislumbrarmos qualquer prejuízo em termos de precisão na compreensão da mensagem na opção por qualquer uma delas.

3. Goffredo Telles Jr., *Filosofia do Direito*, t. I, São Paulo, Max Limonad, s/d, p. 195.

Mas o que é "valor", afinal? Por paradoxal que possa parecer, há juristas que, embora dissertem longamente sobre o assunto, consideram o termo *indefinível*, por se tratar de uma *categoria fundamental*, tal qual ocorre com o *ser*. É o caso de Miguel Reale, que ensina haver impossibilidade de definirmos valor "segundo as exigências lógico-formais de gênero próximo e de diferença específica. Neste sentido, legítimo que fosse o propósito de uma definição rigorosa, diríamos com Lotze que do valor se pode dizer apenas que vale. O seu 'ser' é o 'valer'. Da mesma forma que dizemos que 'ser é o que é', temos que dizer que 'valor é o que vale'. Por que isto? Porque *ser* e *valer* são duas categorias fundamentais, duas posições primordiais do espírito perante a realidade. Ou vemos as coisas enquanto elas *são*, ou as vemos enquanto elas *valem*; e, porque valem, *devem-ser*. Não existe terceira posição equivalente. Todas as colocações possíveis são redutíveis àquelas duas, ou por elas se ordenam. Quando dizemos por exemplo que as coisas 'evoluem', o 'evoluir' não é senão um desdobramento da modalidade de 'ser': é o ser se desenrolando no tempo"[4] (grifos do original).

Não hesitaríamos em corroborar o entendimento do autor, não fosse a necessidade de consignarmos uma definição que nos permita firmar uma noção mais nítida do tema, para prosseguir na presente investigação. Apresentamos, neste sentido, a definição de Goffredo Telles Jr, que ensina que "valor de uma coisa é aquilo em que ela importa. É o *quantum* disto ou daquilo a que ela corresponde. É o preço da coisa, tomando-se a palavra 'preço' em seu sentido amplo, como na proposição: 'o preço da liberdade é a eterna vigilância'. Preço designa a importância atribuída a uma coisa como resultado da *apreciação*. Valor de uma coisa é a *importância* dela entre as outras coisas. É o mais, ou o menos ou a eqüipolência (equivalência) de uma coisa

4. *Filosofia do Direito*, v. 1º, p. 170.

em relação a outra ou a outras. É o grau de 'merecimento', o mérito da coisa comparada com outras. É a medida da coisa"[5] (grifos do original).

Já neste ponto, verificamos que começam a florescer as divergências doutrinárias. Enquanto Miguel Reale pretende dividir o mundo entre as coisas que *são* e as coisas que *valem*, Goffredo Telles Jr. prefere sustentar que as coisas simplesmente existem; e que a algumas das coisas que existem o homem atribuiu valor. Para este professor não há, portanto, dois mundos distintos, dos *entes* e dos *valentes*, mas um único mundo, ontológico, do qual o tal *mundo axiológico* seria apenas parte. Parte não essencial, vale dizer, de modo que nada há no valor que se lhe outorgue a condição de categoria fundamental.[6]

A dualidade de posições dos professores Miguel Reale e Goffredo Telles Jr. acerca da aceitação ou não dos *valentes* como posição primordial do espírito perante a realidade marca com nitidez as influências que sofreram das duas grandes correntes que orientam e dividem o estudo do Axiologismo – vale dizer: a *Teoria Objetiva* e a *Teoria Subjetiva*. Isto porque, segundo a Teoria Objetiva, que teve seus maiores expoentes em Max Scheler e Nicolai Hartmann, os valores existem em si e por si; há existência autônoma de valor nos objetos independentemente de ato humano de estimação ou conhecimento.

Para os defensores desta doutrina é admissível a idéia de relação entre o sujeito que valora e o objeto a que o juízo se refere. Mas não se pode dizer, contudo, que o valor exista somente em virtude desta relação. Para os *objetivistas* há qualidades de ordem material cuja existência independe das possíveis formas de manifestação. "El valor de una persona puede ser intuido sin que sepamos exactamente en qué consiste tal valor. Por ejemplo: un hombre nos resulta agradable o antipático aun antes de que estemos en condiciones de descubrir las causas de nuestro agrado o nuestra antipatía."[7]

José Corts Grau corrobora este entendimento, ensinando que: "Los valores son algo objetivo. Valorar no es inventar ni otorgar, sino *reconocer*. Aunque, lo mismo que en el conocimiento, en toda valoración hay aspectos subjetivos y, como hay sensibilidades y entendimientos más finos que otros, hay estimativas más finas que otras, e incluso valores cuya apreciación requiere una educación personal previa, sin embargo el valor tiene un ser, que nosotros en tanto descubrimos y aquilatamos en cuanto ya existía"[8] (grifo do original).

A corrente subjetivista, por seu turno, afirma que as coisas não são, em si mesmas, valiosas. Todo valor tem origem em uma valoração prévia, que consiste na outorga de méritos e deméritos pelo sujeito segundo as coisas lhes causem prazer ou desprazer.[9] Tal doutrina é resumida por

5. *Filosofia do Direito*, t. I, pp. 195-196.

6. São palavras do autor:

"Não se deve pensar que o universo se divide num mundo de *coisas que simplesmente existem* e num mundo de *coisas que simplesmente valem*. Não há *um mundo de valores separado de um mundo de seres*. O que existe, certamente, é o *mundo de seres*. E, no mundo dos seres, certos seres têm valor, outros não.

"Não se fale, pois, em mundo da *existência* e mundo da *valência*, em mundo dos *entes* e mundo dos *valentes*. Não há um mundo axiológico distinto. O que chamamos de *mundo axiológico* (mundo dos valores) ou é o próprio *mundo ontológico* (mundo dos seres) ou é nada no mundo. O que chamamos de mundo axiológico é a parte do mundo ontológico a que o homem atribuiu valor" (grifos do original – *Filosofia do Direito*, t. I, pp. 202-203).

7. Eduardo García Maynez, *Filosofía del Derecho*, México, Editorial Porrúa, 1974, p. 424.

8. *Filosofía del Derecho*, Madri, Ediciones Escorial, 1941, p. 220.

9. O subjetivismo dos valores pode ser bem retratado nas opiniões do polêmico jornalista americano Henry Louis Mencken, cujas frases só vêm a ratificar a idéia de que os valores nada têm de objetivo. Se não, vejamos 1) "Digam o que quiserem sobre os 10 mandamentos, devemos nos dar por felizes por eles não passarem de 10"; 2) "A Democracia é a arte e a ciência de administrar o circo a partir da jaula dos macacos". Como se vê, a apreciação de valores comumente aceitos feita por Mencken denota que dificilmente encontraremos algo cujo valor seja pacificamente aceito positiva ou negativamen-

Ortega e Gasset da seguinte forma: "Las cosas no son por sí valiosas. Todo valor se origina en una valorización previa, y ésta consiste en una concesión de dignidad y rango que hace el sujeto a las cosas según el placer o el enojo que le causan".[10] Desta maneira, no subjetivismo axiológico verificamos que o valor não é qualidade da própria coisa, de modo que não há existência autônoma dos valores. Estes derivam da relação do objeto com o sujeito cognoscente, conforme sua reação de sensibilidade diante do mesmo. O valor seria fruto de uma reação sentimental.

Em que pese às divergências, o que devemos ter presente é que, independente de adotarmos esta ou aquela posição, verificamos que o *ser* e o *valer*, embora facilmente discerníveis conceitualmente, são, não raro, de árdua separação na prática. Bastante comuns são as situações em que há verdadeira impossibilidade de definirmos determinadas coisas senão pelo que elas representam, ou pelo uso que damos às mesmas. Radbruch exemplifica tal caso com clareza singular, dizendo que: "Uma mesa pode, sem dúvida, definir-se como uma prancha assente sobre quatro pernas. E, contudo, se dermos esta definição de mesa, logo surgirá a seguinte dificuldade: há mesas que não têm quatro pernas, mas têm três, duas, uma perna só, e há-as até sem pernas, como as dobradiças, por forma que só vem a final a constituir elemento essencial do conceito de mesa a idéia de prancha. Esta, porém, também não se distingue de qualquer outra tábua, ou grupo de tábuas reunidas, a não ser pela sua finalidade. E assim chegaremos à conclusão de que o respectivo conceito, o conceito de mesa, por último só pode definir-se dizendo que mesa é um móvel para sobre ele se colocarem quaisquer objetos destinados às pessoas que em torno dele podem sentar-se. Não pode portanto haver uma justa visão de qualquer obra ou produto humano abstraindo-se do fim para que serve e do seu valor. Uma consideração cega aos fins, ou cega aos valores, é pois, aqui, inadmissível e assim também a respeito do Direito ou de qualquer fenômeno jurídico".[11]

Como bem refere o mestre Radbruch, quando se considera o *Direito* ou, genericamente, o *fenômeno jurídico* não há como se pretender afastar a valoração, pois esta lhes é inerente. O Direito, assim como a mesa de que se utilizou didaticamente o autor, somente se revela compreensível por meio de uma análise axiológica, que sopese os valores contidos nas regras do ordenamento. Note-se que não se trata, aqui, do subjetivismo axiológico *individualista* de que tratamos acima, mas de uma concepção *social* do subjetivismo axiológico. Isto porque na concepção individualista os juízos de valor são tomados como reações sentimentais de caráter *individual*, ao passo que na forma *social* sustenta-se que o valioso é o socialmente valioso, ou, em outras palavras, o que a sociedade considera como tal. Tratar-se-ia, no caso das normas de Direito, de um sentimento geral, ou supra-individual, tão disseminado entre os membros da sociedade a ponto de alguns autores considerarem esta variação do subjetivismo como verdadeira teoria objetivista.[12]

Todas as regras jurídicas ou, ainda, todo o comando legal vêm carregados de algum valor socialmente aceito. É categórica a afirmação de Pontes de Miranda: "Tudo evidencia que para ter direito é preciso valer, questão de fato e não de idéias

te. Em Shakespeare, da mesma forma, verificamos igual tendência ao subjetivismo, como se vê nas seguintes passagens: "Nenhuma ação em perspectiva pode ser elogiada no presente; não qualifiquemos o valor antes do seu nascimento" (*Tróilo e Cressida*, 1601-1602, Ato III – Cena II: Tróilo); ou, ainda: "Adeus, valor. Enferruja-te espada. Cala-te tambor" (*Trabalhos de Amor Perdidos*, 1594-1595, Ato I – Cena II: Armado) – o que demonstra que os valores "nascem" e "morrem", o que por si só já depõe contra a idéia de que sejam passíveis de medição objetiva.

10. *Apud* Eduardo García Maynez, *Filosofía del Derecho*, pp. 419-420.

11. *Filosofia do Direito*, São Paulo, Saraiva, 1934, p. 12.

12. Eduardo García Maynez, *Filosofía del Derecho*, p. 422.

ou de princípios".[13] Normas e valores são indissociáveis. É verdadeiramente impossível pretendermos cogitar de uma disposição legal que não tenha por fim proteger alguma espécie de valor consagrado no seio da respectiva sociedade.[14] Quando se fala em "bem jurídico protegido" há nítida referência a uma valoração; bem é o que vale, seja econômica, jurídica, moral ou religiosamente.

Como explica Kelsen, quando uma norma fixa uma conduta como devida ou proibida ela fixa um valor positivo ou negativo. Desse modo, a conduta que corresponde à norma é valorada positivamente, enquanto a conduta que a contraria possui um valor negativo. A norma considerada objetivamente válida funciona como *medida de valor relativamente à conduta real*. Correspondendo à norma a conduta é boa; contrariando-a, é má ou, ainda, desvaliosa.[15-16]

O Direito existe para a consagração de determinados valores que a sociedade priorizou. O homem é um ser *teleológico*, e se cria um sistema de regras de conduta é porque pretende atingir determinados *fins*. Assim, a justiça, a segurança e o bem comum,[17] basicamente, são valores sem os quais não se poderia falar em Direito,[18] representando, por isso mesmo, *fins* de todo Direito que se possa conceber.

Um sistema jurídico, qualquer um, assenta-se em valores que condicionam a realização de determinados fins que o ordenamento pretende realizar. A noção de "fim" é decorrência da noção de "valor"; o fim é o valor enquanto racionalmente pode

13. *Sciência Positiva do Direito*, v. I, Rio de Janeiro, Jacinto Ribeiro dos Santos Editor, 1922, p. 196.

14. É a conhecida tridimensionalidade do Direito, exemplarmente exposta por Miguel Reale: "Onde quer que haja um fenômeno jurídico, há, sempre e necessariamente, um fato subjacente (fato econômico, geográfico, demográfico, de ordem técnica etc.); um valor, que confere determinada significação a esse fato, inclinando ou determinando a ação dos homens no sentido de atingir ou preservar certa finalidade ou objetivo; e, finalmente, uma regra ou norma, que representa a relação ou medida que integra um daqueles elementos ao outro, o fato ao valor" (*Lições Preliminares de Direito*, 20ª ed., São Paulo, Saraiva, 1993, p. 65).

15. Adverte o autor, contudo, da distinção que se deve ter presente entre os juízos de valor e os juízos de realidade: "Os juízos de valor segundo os quais uma conduta real corresponde a uma norma considerada objetivamente válida e, neste sentido, é boa, isto é, valiosa, ou contraria tal norma e, neste sentido, é má, isto é, desvaliosa, devem ser distinguidos dos juízos de realidade, que, sem referência a uma norma considerada objetivamente válida – o que, em última análise, quer dizer: sem referência a uma norma fundamental pressuposta –, enunciam que algo é ou como algo é" (Kelsen, *Teoria Pura do Direito*, 2ª ed. brasileira, São Paulo, Martins Fontes, 1987, p. 18).

16. Desnecessário lembrar que o ato de valoração não se encontra tão-somente na criação da lei, mas está igualmente presente na sua aplicação. Neste sentido esclarece Lourival Villanova que "os dados-de-fato, os valores e os atos de valoração compõem a integridade do ato judicial. (...). O que impele o juiz a buscar ou elaborar a premissa maior não é ato puramente lógico. É tomada-de-posição valorativa: das premissas aplicáveis, escolhe a mais justa, mais conveniente e oportuna para o caso concreto. Há valoração das normas a aplicar, de vez que um dado caso entra em diversas hipóteses" (*As Estruturas Lógicas e o Sistema do Direito Positivo*, São Paulo, Max Limonad, 1997, p. 239).

17. François Rigaux ensina que os valores subdividem-se em valores formais e materiais, conforme revelem-se estáticos ou dinâmicos/prospectivos: "D'après la doctrine juridique traditionelle, trois valeurs seraint primordiales: l'ordre, la paix, la securité juridique. Elles ont un caractère formel et, par conséquent, statique (...). Les valeurs matérielles que le Droit devrait poursuivre son l'égalité et la justice. (...). Ces valeurs ne doivent pas être purement formelles (ordre, paix, sécurité juridique) mais transformer le Droit en un projet de société future, qui tende à l'égalité (c'est-à-dire à la liberté pour tous) et à la justice" (*Introduction a la Science du Droit*, Bruxelas, Éditions Vie Ouvrière, 1974, pp. 371-372 e 373).

18. Isto fica evidente quando observamos as definições de Direito dos mais variados autores. Observe-se, *v.g.*, como Luís Legaz y Lacambra converge com a noção que acabamos de firmar: "Ya sabemos que sin la justicia no es posible definir el Derecho. La justicia es un horizonte en el paisaje del Derecho, horizonte que pertenece al paisaje mismo; pero el paisaje no sólo tiene horizonte, sino que está en el horizonte, sin confundirse, empero, con él: el horizonte es límite para el paisaje y gracias al horizonte podemos, propiamente, hablar del paisaje, distinguir los objetos y establecer las perspectivas" (*Filosofía del Derecho*, Barcelona, Bosch Casa Editorial, 1953, p. 443).

ser captado e reconhecido como motivo do agir (Reale).[19] "Fim" não é senão um momento do valor abrangido por nossa racionalidade limitada. Valores e fins, portanto, não se confundem. Doutrina com precisão Eduardo García Maynez quando lembra que "toda actividad voluntaria encierra un sentido teleológico, es decir, ineludiblemente se dirige hacia la consecución de ciertas finalidades. Mas como el hombre sólo convierte en meta de su obrar lo que es o le parece *valioso*, la actividad que se orienta hacia un fin presupone, en el sujeto de la misma, un juicio positivo sobre la *valiosidad* de aquello a que se aspira. De este modo descubrimos la relación entre *fines* y *valores*; los segundos condicionan a los primeros, no a la inversa. En el caso del Derecho habrá que decir, por consiguiente: los valores jurídicos sirven de fundamento a los *fines* que aquél tiene la misión de realizar. Hacer que la justicia reine es y debe ser aspiración de los creadores, aplicadores y destinatarios de sus normas, porque la justicia es valiosa, y lo valioso debe-ser".[20]

Mas não é só. A relação entre valor e fim não é completa se deixarmos de considerar os *interesses*. Se o Direito pressupõe fins, e estes pressupõem valores, impende notar que os valores denotam a existência de interesse. As três categorias – fim, valor e interesse – entrelaçam-se de forma muito interessante no estudo da conduta humana. O homem *valora* porque se *interessa*, e se *interessa* porque pretende alcançar determinados *fins*. Os valores estão sempre em função de um interesse. Julgar que alguma coisa é valiosa ou desvaliosa implica dizer que alguém se interessa ou não pela mesma, que existe uma disposição positiva ou negativa em face do objeto. Kelsen, no livro *Qué es Justicia?*, demonstra que "cualquier valor está en función de un interés, entendiendo 'interés' como actitud movilizadora del afecto. Por ejemplo, los deseos y actos de voluntad son casos de lo que es el interés en este sentido general. Según esta teoría, juzgar que algo es valorable en sentido positivo o negativo significa que alguién se interesa por este objeto en sentido positivo o negativo, que alguién siente una disposición positiva o negativa hacia él. Un valor existe cuando existe un interés, es decir, un hecho psíquico; deja de existir cuando este hecho psíquico se desvanece o cambia".[21]

Feitas estas ponderações, que consideramos imprescindíveis para que se tenha a real dimensão do tema e de sua importância, cumpre frisarmos que, para os fins do presente trabalho, o termo "valor" deve ser compreendido em acepção mais restrita. É certo, como vimos, que toda norma encerra um valor, e que os valores são inerentes ao próprio fenômeno jurídico, como demonstrou Radbruch; mas para efeito de distinguirmos os conceitos de valor e limites objetivos tomaremos o termo exclusivamente no sentido material preconizado por François Rigaux linhas acima (v. nota de rodapé 17). Isto é, o signo será analisado exclusivamente enquanto diretriz, ou seja, como indicação geral conducente a um determinado rumo, ou ainda um plano legislativamente traçado para a consecução de fins valiosos.

Tomaremos "valor", aqui, como *standards* normativamente vinculantes, calcados na idéia de Justiça ou de Direito, posicionados em diplomas hierarquicamente privilegiados e dotados de elevado grau de abstração, que denotem função retórica mas, ao mesmo tempo, normogenética (Canotilho), ou seja, cujo conteúdo, apesar do baixo grau de determinabilidade, seja fundante de outras regras que lhes sejam subordinadas.

2.1 Características dos valores

Miguel Reale, com a perspicácia que lhe é peculiar, elencou as características que identificam os valores, a saber: bipolari-

19. *Filosofia do Direito*, v. 1º, p. 335.
20. *Filosofía del Derecho*, p. 414.
21. Barcelona, Ariel, 1992, p. 128.

dade, implicação, referibilidade, preferibilidade, incomensurabilidade, graduação hierárquica, realizabilidade, objetividade, historicidade e inexauribilidade.[22]

O valor é sempre *bipolar*. A todo valor contrapõe-se um desvalor. A *implicação* decorre do fato de que nenhum valor se realiza sem influir, direta ou indiretamente, na realização dos demais. Toda valoração implica necessariamente a tomada de posição do homem perante o mesmo; tudo o que vale, vale em determinado sentido e para alguém, daí sua *referibilidade*. E, por envolver uma orientação do ser cognoscente, podemos atribuir-lhe a nota de *preferibilidade*, dado que todo valor aponta para um fim; trata-se de entidade vetorial.

A *incomensurabilidade* decorre da impossibilidade absoluta de mensuração dos valores. "Não se enumera, não se quantifica o valioso. Às vezes nós o medimos, por processos indiretos, empíricos e pragmáticos, como acontece, por exemplo, quando exprimimos em termos de preço a 'utilidade' dos bens econômicos, mas são meras referências para a vida prática, pois os valores como tais são imensuráveis, insuscetíveis de serem comparados segundo uma unidade ou denominador comum."[23] Todavia, os valores são passíveis de *ordenação hierárquica*, sendo extremamente comum referirmo-nos a valores mais ou menos elevados.[24] O traço da objetividade decorre da inafastável referência a objetos da experiência.

A característica da *historicidade* revela-se na "impossibilidade de compreender-se o problema do valor fora do âmbito da História, entendida esta como realização de valores ou como projeção do espírito sobre a natureza, visto dever-se procurar a universalidade do ideal ético com base na experiência histórica e não com abstração ideal".[25] Finalmente, a *inexauribilidade* diz com o fato de os valores invariavelmente excederem os bens a que se referem. Como explica Paulo de Barros Carvalho: "Ainda que o belo esteja presente numa obra de arte, sobrará este valor estético para muitos outros objetos do mundo. Esta transcendência é própria às estimativas, de tal modo que o objeto em que o valor se manifesta não consegue contê-lo, aprisioná-lo, evitando sua expansão para os múltiplos setores da vida social".[26]

Prossegue o autor citado dizendo que: "O deparar-se com valores leva o intérprete, necessariamente, a esse mundo de subjetividades, mesmo porque eles se entrelaçam formando redes cada vez mais complexas, que dificultam a percepção da hierarquia e tornam a análise uma função das ideologias dos sujeitos cognoscentes".[27]

2.2 Critérios de classificação

No núcleo da Ontologia, isto é, na seara da *Teoria dos Objetos*, procura-se determinar a natureza daquilo que é suscetível de ser posto como objeto do conhecimento. Segundo Miguel Reale é possível distinguir duas ordens de objetos: naturais, que se subdividem em físicos (passíveis de situação no espaço e tempo, e caracterizados pela *extensão* – como, *v.g.*, uma pedra), psíquicos (que só se situam no tempo, sem dimensão espacial – tal como o sentimento de ira) e ideais, que são compostos por entidades abstratas, como na Lógica ou na Matemática, entidades, estas, aespaciais e atemporais. Para o autor ambos os objetos naturais e ideais possuem um *ser*.[28]

22. *Filosofia do Direito*, v. 1º, pp. 171 e ss.

23. Miguel Reale, *Filosofia do Direito*, v. 1º, p. 170.

24. Como ensina Giorgio Del Vecchio: "Mas a análise filosófica vai mais além, e mostra igualmente que por cima das inumeráveis determinações jurídicas, positivas ou não-positivas, realmente e logicamente possíveis, tem lugar uma escala de valores, baseada no valor supremo, constituída pelo puro ideal da justiça" (*A Justiça*, São Paulo, Saraiva, 1960, p. 228).

25. Miguel Reale, *Filosofia do Direito*, v. 1º, p. 186.

26. "Isenções tributárias do IPI em face do princípio da não-cumulatividade", *Revista Dialética de Direito Tributário* 33/155, São Paulo, 1998.

27. Idem, ibidem.

28. *Filosofia do Direito*, v. 1º, pp. 159 e ss.

Alguns autores classificam os valores como *entidades ideais*. É o caso de Werner Goldschmidt: "Los valores, a su vez, son entes ideales (...). Los entes ideales abarcan aquella parte de la realidad que es sólo asequible a la razón, a diferencia de la realidad material, que además de la razón requiere el auxilio de los sentidos, y de la sique propia, que igualmente además de la razón necesita la intervenición de la introspección".[29] Miguel Reale, contudo, prefere colocar os valores em uma terceira categoria, a par da região ôntica, em que se situam os objetos naturais e ideais, incluindo-os no campo da Deontologia. Isto porque, em que pese a que sejam igualmente aespaciais e atemporais, "os valores só se concebem em função de algo existente, ou seja, das *coisas* valiosas",[30] e, da mesma forma, os valores não admitem qualquer possibilidade de quantificação, ao contrário dos entes ideais, que são quantificáveis e dispensam referências a *coisas*.

Situam-se, segundo este último autor, os valores no campo do dever-ser justamente porque colocam-se, ao lado do *ser*, como categorias fundamentais.[31] "Ou vemos as coisas enquanto elas são, ou enquanto elas *valem*, e, porque valem, *devem-ser*"[32] (grifos do original). Note-se, por fim, que se adotarmos a posição de Miguel Reale haveremos de considerar os valores como entes inseridos em um sistema proposicional[33] nomoempírico (formado por linguagem e com referência a objetos da experiência), ao passo que se nos voltarmos para a doutrina de Goldschmidt colocaremos os valores dentro de sistemas proposicionais nomológicos (formados por linguagem e com referência a objetos ideais).

3. Limites objetivos

Os limites objetivos, embora não se constituam em valores na acepção em que tomamos o termo, visam à realização de determinados valores, que são os *fins*. "Os 'limites objetivos' são postos para atingir certas metas, certos fins. Estes, sim, assumem o porte de valores. Aqueles limites não são valores, se os considerarmos em si mesmos, mas voltam-se para realizar valores, de forma indireta, mediata."[34] "O fim é valor enquanto racionalmente pode ser captado e reconhecido como motivo do agir."[35] O seu grande diferencial (dos limites objetivos) está no fato de se afastarem do manto de subjetividade que envolve a noção de valor, colocando-se como barreiras nítidas e objetivas que impedem a transgressão da regra. Os limites objetivos são instrumentos práticos, e não meras diretrizes.

O reconhecimento dos limites objetivos é simples e direto. Poder-se-ia falar, sem exagero, que os limites objetivos são de reconhecimento imediato. A alusão a alguns exemplos revela a facilidade de trato destas categorias. Assim, podemos afirmar que a *anterioridade* é indubitavelmente um limite objetivo. "Basta exibir o documento oficial relativo ao veículo que introduziu normas jurídicas no sistema do Direito Positivo, com a comprovação do momento em que se tornou de conhecimento público, e poderemos saber, imediatamente, se houve ou não respeito ao princípio da anterioridade."[36] A *legalidade*, por seu turno, é

29. *Introducción Filosófica al Derecho*, 6ª ed., Buenos Aires, Depalma, 1987, p. 369.

30. *Filosofia do Direito*, v. 1º, p. 169.

31. V. referência supra à (in)definição de valor de Miguel Reale.

32. Miguel Reale, *Filosofia do Direito*, v. 1º, p. 170.

33. Falamos em sistemas proposicionais porque os valores pressupõem linguagem. Não são dotados de *extensão*, como os integrantes dos sistemas reais. A classificação supra-referida é de Marcelo Neves e encontra-se bem sintetizada no livro *Direito Tributário – Fundamentos Jurídicos da Incidência*, de Paulo de Barros Carvalho (São Paulo, Saraiva, 1998).

34. Paulo de Barros Carvalho, "Isenções tributárias do IPI em face do princípio da não-cumulatividade", *Revista Dialética de Direito Tributário* 33/156.

35. Miguel Reale, *Filosofia do Direito*, v. 1º, p. 335

36. Paulo de Barros Carvalho, "Isenções tributárias do IPI em face do princípio da não-cumulatividade", *Revista Dialética de Direito Tributário* 33/156.

igualmente um limite objetivo, pois, "se o tributo foi introduzido por ato infralegal, o que se prova com facilidade, ficaremos seguros de que o princípio foi violado".[37]

Um recurso utilíssimo para a definição do objeto de conhecimento consiste na sua *comparação*, que se apresenta como método de determinação do gênero próximo e diferença específica. Na obra de Canotilho[38] encontramos a distinção e comparação entre *regras* e *princípios*, e é interessante notar que muitas das ponderações feitas pelo autor na análise destes dois signos revelam-se plenamente aplicáveis no aclaramento da distinção entre valores e limites objetivos. Tomemos, assim, as observações que o jurista luso faz quando trata de *regras*, para ajudar na nossa definição do que sejam *limites objetivos*, e tomemos as considerações que o autor faz relativamente aos *princípios*, para aclarar nossa definição de *valores*, tendo sempre o cuidado de efetuar as adaptações que tal sorte de recurso exige. Iniciemos, portanto, o trabalho de comparação pelo rol de características diferenciais que Canotilho apresenta para os dois conceitos e que são aplicáveis à nossa investigação:

a) *grau de abstração*: os *princípios* são normas com um grau de abstração relativamente elevado; de modo diverso, as *regras* possuem uma abstração relativamente reduzida;

b) *grau de determinabilidade* na aplicação do caso concreto: os princípios, por serem vagos e indeterminados, carecem de mediações concretizadoras (do legislador?, do juiz?), enquanto as regras são susceptíveis de aplicação direta;

c) proximidade da idéia de Direito: os princípios são *standards* juridicamente vinculantes radicados nas exigências de "justiça" (Dworkin) ou na "idéia de Direito" (Larenz); as regras podem ser normas vinculativas com um conteúdo meramente funcional;

37. Idem, ibidem.

38. *Direito Constitucional*, 5ª ed., Coimbra, Almedina, 1991, pp. 172 e ss.

d) natureza normogenética: os princípios são fundamentos de regras, isto é, são normas que estão na base ou constituem a *ratio* de regras jurídicas, desempenhando, por isso, uma função normogenética fundamentante.

Como se pode ver, muitos dos contornos que Canotilho dá aos princípios repetem ou explicitam as características que referimos acima quando tratamos dos valores: seu grau de abstração, sua natureza fundante, sua baixa determinabilidade e sua maior proximidade da idéia de Direito, na medida que se constituem em valores socialmente aceitos. Por outro lado, vislumbramos a *objetividade* que ostentam as *regras* (no caso, limites objetivos), sua possibilidade de pronta aplicação, sua proximidade do concreto e sua nota de funcionalidade no atendimento dos valores do ordenamento, que revelam o caráter instrumental acentuado que as mesmas possuem.

Canotilho salienta, ainda, que os *princípios* (e aqui continuamos tomando a expressão no sentido que demos aos valores) são impositivos de uma otimização, sendo compatíveis com vários graus de concretização, ao passo que as *regras* prescrevem imperativamente uma exigência. Os *princípios*, tal qual os valores, coexistem pacificamente, ao contrário das *regras* antinômicas, que, como os limites objetivos em contradição, excluem-se. Nos *princípios* há espaço para sopesarem-se interesses ou ideologias, havendo espaço para indagações sobre sua importância, peso ou valia; nas *regras*, exatamente como se verifica com os limites objetivos, ou elas têm validade, devendo ser cumpridas nos seus exatos termos, ou não têm validade (lógica do "tudo ou nada").

É imperativo marcarmos, como fez o ilustre jurista luso, que todo sistema jurídico requer, para o seu correto funcionamento, a coexistência de regras e princípios, sem os quais incide-se em perigosos erros. Assim, "um modelo ou sistema constituído exclusivamente por regras conduzir-nos-ia a um sistema jurídico de limitada racionalidade prática. Exigiria uma disciplina legislativa exaustiva e completa – legalismo – do mundo e da vida, fixando, em termos definitivos, as premissas e os resultados das regras jurídicas".[39] Seria uma sistema "seguro", todavia insubsistente; o sistema se sufocaria. Por outro lado, "o modelo ou sistema baseado exclusivamente em princípios (Alexy, *Prinzipien-Modell des Rechtssystems*) levar-nos-ia a conseqüências também inaceitáveis. A indeterminação, a inexistência de regras precisas, a coexistência de princípios conflitantes, a dependência do 'possível' fático e jurídico, só poderiam conduzir a um sistema falho de segurança jurídica e tendencialmente incapaz de reduzir a complexidade do próprio sistema".[40]

Faz-se necessário, portanto, balancear a adoção de valores e de limites objetivos no ordenamento. A escolha entre um e outro instrumento de realização do Direito deve descansar na sabedoria do legislador, que deverá saber sopesar quais as matérias que comportam o estabelecimento de diretrizes básicas a serem desenvolvidas com maior grau de discrição, e quais as que exigem um regramento intenso e objetivo, que afaste a mais mínima possibilidade de insegurança ou abuso.

4. Princípios

Ao observarmos a obra dos tantos autores que dissertam sobre os mais diversos princípios do Direito, surpreende notar como são poucos os que definem, previamente, o que entendem por "princípio", quanto mais quando o termo comporta a mais ampla gama de significados. A palavra "princípio", assim como todo o termo de que nos utilizamos sem explicitação da acepção em que o tomamos, abre extensa margem à incompreensão da mensagem que se pretende transmitir. E se isto é admissível na linguagem vulgar, é imperativo que seja evitado com unhas e dentes em um discurso que se proponha a ser verdadeiramente científico.

Rafael Bielsa, com o rigor que marca a qualidade de sua obra, já advertia, no início de um estudo denominado *Los Conceptos Jurídicos y su Terminología*, que: "La acepción propia y exclusiva de una palabra referida a una institución, a un precepto de Derecho o a una noción jurídica, evita discusiones, ambiguedades y dudas. No pocos pleitos han tenido su origen en una irreducible discrepancia sobre un concepto jurídico y su cuestionable denominación, o sobre el sentido y alcance de la expresión literal de la ley, es decir, su significación legal".[41-42]

A busca da definição do que sejam "princípios" pode começar pela lição do professor Paulo de Barros Carvalho, que, em reflexão semântica, vislumbra quatro usos possíveis para o termo. São eles a) como norma jurídica de posição privilegiada e portadora de valor expressivo; b) como norma jurídica de posição privilegiada que estipula limites objetivos; c) como os valores insertos em regras jurídicas de posição privilegiada, mas considerados independentemente das estruturas normativas; e d) como o limite objetivo estipulado em regra de forte hierarquia, tomado, porém, sem levar em conta a estrutura da norma. Esclarece o autor que nos dois primeiros casos a expressão é tomada no sentido de "norma", e nos dois últimos no sentido de "valor" e "critério objetivo", respectivamente.[43]

39. Canotilho, *Direito Constitucional*, pp. 174-175.

40. Idem, p. 175.

41. 2ª ed., Buenos Aires, Depalma, 1954, "Advertencia", p. VII.

42. Werner Goldschmidt já teve a oportunidade de dizer que "casi todos los vocabulos son multívocos, lo que quiere decir que designan no uno, sino varios objetos. La única excepción la hacen los nombres propios, si realmente llegan a ser tal cosa; pero normalmente no lo son, como nos demuestra una ojada echada sobre la guía de teléfonos en la que figuran muchas veces diferentes individuos con el mismo nombre y apellido" (*Introducción Filosófica al Derecho*, p. 1).

43. *Curso de Direito Tributário*, 10ª ed., São Paulo, Saraiva, 1998, p. 104.

No secular *Corpus Juris* encontramos a seguinte definição de "princípio", que inicia justamente pela advertência de sua plurivocidade: "An equivocal term; it may denote either the radical elementary truths of a science, or those consequential axioms wich are founded on radical truths, but wich are used as fundamental truths by those who do not find it expedient to have recourse to first principles. It has been defined as the cause, source, origin of anything; foundation; a fundamental truth; a general truth; ground; a law comprehending many subordinate truths; as the principles of morality, of law, of government etc.; it also has been defined as a motive; an original cause; that from wich a thing proceeds, as the principle of motion, the principles of action; that wich supports any assertion, an action, or a series of actions or of reasonings".[44]

Miguel Reale, utilizando a expressão em sua conotação meramente lógica, demonstra que todo o conhecimento filosófico ou científico implica a existência de princípios, isto é, "de certos enunciados lógicos admitidos como condição ou base de validade das demais asserções que compõem dado campo do saber".[45] O autor, portanto, toma a expressão como *ponto de partida*, ou ainda como *verdade fundante* sobre a qual se edifica o conhecimento – científico, no caso. Vale notar que tal afirmação apenas reitera a idéia de que todo o estudo pressupõe um corte metodológico arbitrariamente eleito, que delimita o *início* da investigação. O corte metodológico eleito para a estruturação de uma ciência é, na realidade, um princípio. Assim, para que uma investigação se estabeleça sobre bases sólidas impende fixe seu ponto inicial em alguma *verdade fundante*, "admitidas por serem evidentes ou por terem sido comprovadas, mas também por motivos de ordem prática de caráter operacional, isto é, como pressupostos exigidos pelas necessidades da pesquisa e da *praxis*".[46]

Neste sentido, impossível não vislumbrarmos a norma hipotética fundamental de Kelsen como um princípio. Isto porque a mesma se apresenta justamente como verdade fundante do sistema; "é uma proposição axiomática, que se toma sem discussão de sua origem genética, para que seja possível edificar o conhecimento científico de determinado Direito Positivo. Ela dá legitimidade à Constituição, não cabendo cogitações de fatos que a antecedam. Com ela se inicia o processo derivativo e nela se esgota o procedimento de fundamentação. É fruto de um artifício do pensamento humano, e a Filosofia do Direito a tem como pressuposto gnosiológico do conhecimento jurídico-científico".[47]

E prossegue o professor frisando que: "Não deve causar espécie a circunstância da Ciência do Direito precisar de um axioma, enunciado que se dá por verdadeiro sem demonstração, para fincar a raiz de seu sistema. Tal acontece em todo o saber científico: a Geometria, a Matemática, a Biologia, a Sociologia e as demais ciências partem sempre de proposições escolhidas arbitrariamente ou de evidência imediata, não comprováveis ou demonstráveis, e sobre elas desdobra a organização descritiva dos respectivos objetos".[48]

Há, portanto, uma multiplicidade de acepções da palavra "princípios". Certo é, contudo, que na maior parte delas o termo é tomado como base ou fundamento para a edificação do conhecimento, servindo de chão para a construção do saber, na medida que a eles se subordinam diversos outros postulados de inferior hierarquia. Daí sua incontrastável importância. Seja quando tomados como norma, como valor, como limite objetivo ou ainda como axioma ou verdade fundante, o fato é que os princípios orientam os rumos de uma ciência, jurídica ou não, e sua incompreensão pode acarretar funestas conseqüências, a ponto de com-

44. T. 50, Nova York, The American Law Book Co., 1930, pp. 321-322.
45. *Lições Preliminares de Direito*, p. 299.
46. Miguel Reale, idem, ibidem.
47. Paulo de Barros Carvalho, *Direito Tributário – Fundamentos Jurídicos da Incidência*, p. 47.
48. Idem, ibidem.

prometer toda funcionalidade e racionalidade do sistema.

Para os fins da presente investigação não iremos tão longe a ponto de restringir o termo às *verdades elementares*, mas preferiremos tomá-lo como os axiomas *conseqüentes* (*Corpus Juris*), fundados nas verdades radicais (de raiz), e que foram positivados em diploma de superior hierarquia para orientar a estruturação do sistema. Na dicção de Gustavo J. Naveira de Casanova, "aquellos valores normativos de carácter organizador aceptados, recogidos o estipulados por la Constitución y que han de inspirar al ordenamiento jurídico, siendo ideas que puedem no exteriorisarse como las normas, salvedad hecha de su expresión positiva en los textos constitucionales".[49-50]

5. *O princípio do não-confisco*

O princípio do não-confisco é norma de posição privilegiada, tendo sede na Carta Constitucional, art. 150, IV. Tomamos, portanto, a expressão nos dois primeiros sentidos elencados por Paulo de Barros Carvalho na citação acima referida.

A letra da Constituição, quando veda a utilização de tributos *com efeito de confisco*, poderia sugerir ao intérprete desavisado alguma proximidade entre os dois conceitos (tributo e confisco). Mas tal idéia deve ser prontamente afastada. Procurando esclarecer o sentido do princípio do não-confisco inscrito no art. 150, IV, da CF de 1988, Mizabel Derzi (em nota às *Limitações Constitucionais ao Poder de Tributar* de Aliomar Baleeiro) ensina: "Tecnicamente, tributo e confisco não se confundem, mas o que no art. 150, IV, se veda é que a lei regule o tributo de modo que ele gere os mesmos efeitos econômicos que o confisco geraria".[51] O confisco é a perda mesma da propriedade, é ato de adjudicação de bens ao patrimônio do Estado,[52] e o que o Constituinte procurou evitar é que a tributação possa justamente implicar essa perda, por demasiado gravosa. Não se trata, portanto, de reconhecer semelhança entre os institutos – que divergem pela nota de punição que normalmente acompanha o ato confiscatório –, mas de alusão a um possível *efeito destruidor* que a tributação desarrazoada possa acarretar.

Na mesma esteira, importante destacar a distinção entre o confisco e a expropriação, pois ambos os institutos têm por característica a perda da propriedade particular em prol do Estado. O diferencial, aqui, reside no fato de que na expropriação a perda da propriedade é recompensada pelo pagamento do preço. E, ainda, a marca de arbitrariedade que ostenta o confisco quando não se trata de punição. Consoante a lição de Rafael Bielsa: "Estos dos conceptos tienen de común sus efectos, pues en ambos casos se le quita a alguno lo que es de su propiedad (ex-propio). Pero la expropiación tiene un sentido jurídico ya definido por las leyes: hay expropiación cuando se priva a alguno de lo que le es propio, *pero se le paga el valor*. En la confiscación se quita el bien para aplicarlo al Fisco, y por eso en general tiene un sentido de arbitrariedad, de rapacidad, a menos que implique pena. El sentido peyorativo de Fisco explica también que se llamase *confiscarius* al delator ante el Fisco. Recuerdese que a los enemigos políticos de César se los denunciaba por estos de *confiscarius*, que era gente por la peor ralea, y que recibían una parte del valor de lo confiscado"[53] (grifos do original).

49. *El Principio de No-Confiscatoriedad en España y Argentina*, Madrid: McGraw-Hill, 1997, pp. 2-3.

50. O autor citado ainda demonstra que são duas as posições que podem ser tomadas a respeito dos princípios: uma de cunho jusnaturalista, que os toma como categorias anteriores às normas, e outra de caráter mais positivista, segundo a qual os princípios se deduzem das normas (*El Principio de No-Confiscatoriedad en España y Argentina*, p. 3).

51. 7ª ed., Rio de Janeiro, Forense, 1997, p. 573.

52. De Plácido e Silva, *Vocabulário Jurídico*, 12ª ed., v. 1, Rio de Janeiro, Forense, 1993, p. 505.

53. *Los Conceptos Jurídicos y su Terminología*, p. 116.

Há diversos institutos limitadores do direito constitucional de propriedade. O sistema tributário, igualmente, pode ser entendido como um limite, em sentido estrito, a este direito.[54] E o princípio da vedação ao efeito de confisco tem a função precípua de estabelecer um marco às limitações do direito de propriedade. Funciona ele não como um valor em si, mas como um *instrumento* de que se utilizou o Constituinte para proteger um *valor*, consubstanciado no direito de propriedade.

A propriedade é pilar de sustentação do sistema capitalista, existindo uma relação de dependência recíproca entre este direito e o dever de contribuir ao sustento do Estado mediante o sistema tributário, principalmente em razão do fato de a quase-totalidade dos meios de produção se encontrar em mãos privadas. "No hay tributación sin reconocimiento del derecho de propiedad, lo cual es una verdad demostrada por la definición, cualquiera sea, de lo que se entiende por tributación, en tanto detracción de manos de los particulares hacia manos estatales. Y no podría haber reconocimiento y protección de este derecho sin un Estado que viva alimentado por los tributos, recaudados, recortados, obtenidos merced al fruto de la vigencia efectiva de ese derecho a nivel individual."[55]

Mas não só o direito de propriedade está resguardado pelo art. 150, IV, da Carta Magna. Como bem demonstra Aires Barreto, o princípio visa ainda a proteger a liberdade de iniciativa, de trabalho, ofício ou profissão, que também podem ser inibidos por uma tributação excessiva. Embora a propriedade se apresente como foco primordial, uma vez que o confisco incide justamente sobre este direito, à regra deve ser dado um entendimento mais amplo que permita atender ao espírito da lei, qual seja, o de evitar a tributação destrutiva (da propriedade, da iniciativa, da atividade econômica ou do que for).

É pertinente observarmos que Aires Barreto divide a conceituação do princípio do não-confisco em dois planos, como que identificando, inconscientemente, que o princípio pudesse ser tratado como valor ou como limite objetivo. Diz o jurista: "Convém estabelecer, desde logo, que a questão pode ser examinada em dois planos: sem qualquer quantificação, ou com o registro de números relativos. Da primeira perspectiva, poder-se-á dizer que há confisco sempre que houver afronta aos princípios da liberdade de iniciativa, ou de trabalho, ofício ou profissão, bem assim quando ocorrer absorção, pelo Estado, de valor equivalente ao da propriedade imóvel ou quando o tributo acarretar a impossibilidade de exploração de atividades econômicas. (...). Do segundo prisma, a aferição do confisco assume contornos ainda mais nebulosos".[56-57]

O sentimento transmitido por Aires Barreto, de dificuldade de estabelecimento de limites à tributação confiscatória, é bastante comum na doutrina e na jurisprudência, por mais frustrante que isso possa ser ao contribuinte. Pouquíssimas são as ocasiões em que nos deparamos com uma fixação objetiva de limites, pois a maioria dos autores prefere relegar o princípio à imprecisão dos valores, reservando sua invocação aos casos teratológicos de agressão aos direitos do contribuinte. O problema – anota Paulo de Barros Carvalho – residiria "na definição do conceito, na delimitação da idéia, como *limite* a partir do qual incide a vedação do art. 150, IV, da CF (...) por ser intrincado e embaraçoso o

54. Gustavo J. Naveira de Casanova, *El Principio de No-Confiscatoriedad en España y Argentina*, p. 84.

55. Gustavo J. Naveira de Casanova, *El Principio de No-Confiscatoriedad en España y Argentina*, p. 32.

56. *Base de Cálculo, Alíquota e Princípios Constitucionais*, São Paulo, Ed. RT, 1987, p. 110.

57. Aires Barreto é um dos poucos que se arriscam a traçar alguns limites objetivos ao princípio, como, por exemplo, quando conclui que na contribuição de melhoria toda a alíquota que for inferior a 100% da valorização do imóvel não poderá ser taxada de confiscatória (*Base de Cálculo, Alíquota e Princípios Constitucionais*, p. 111).

objeto da regulação do referido art. 150, IV, da CF, que acaba por oferecer unicamente um rumo *axiológico*, tênue e confuso, cuja nota principal repousa na simples advertência ao legislador dos tributos, no sentido de comunicar-lhe que existe um limite para a carga tributária. Somente isso"[58-59] (grifos nossos).

6. *O princípio do não-confisco como valor ou como limite objetivo*

É precipuamente na distinção entre valor e limite objetivo que residem as maiores dificuldades no conceituar e aplicar o princípio do não-confisco. Conceituá-lo como um valor implica necessariamente adentrarmos a seara da Axiologia, com as subjetividades a ela inerentes. Sugerirmos seja um limite objetivo impõe inexoravelmente a arbitrariedade da fixação de limites.

Verifiquemos, de início, o texto da Lei Maior: "Sem prejuízo de outras garantias asseguradas ao contribuinte, é vedado à União, aos Estados, ao Distrito Federal e aos Municípios: (...) IV – utilizar tributos com efeitos de confisco".

Cumpre notar, desde logo, que o princípio encontra-se inserto na Seção II do Capítulo I do Título VI da Carta, denominado "Das *Limitações* do Poder de Tributar". O termo "limitações" chama a atenção, e, embora evidentemente não permita uma análise conclusiva, deve ser considerado por quem se propõe a investigar a natureza do instituto. "Limitar" é, na dicção precisa de *Caldas Aulete*: "Demarcar, lindar, estremar (...). Restringir (...). Servir de limite (...). Fixar, estipular, marcar (...). Seguir estritamente certas prescrições".[60]

Entra pelos olhos de um cego que nenhum dos vocábulos usado pelo autor sugere qualquer sorte de subjetivismos. Pelo contrário, pedem objetivação.

Neste diapasão, é muito interessante observar um a um dos *companheiros* do princípio do não-confisco no rol do art. 150 da CF, indagando acerca de sua natureza como valor ou limite objetivo. São eles: a estrita legalidade (inciso I), a vedação de tratamento desigual a contribuintes que se encontrem em situação equivalente (inciso II), a irretroatividade (inciso III, "a"), a anterioridade (inciso III, "b"), a imunidade a impostos de determinados bens ou entidades (inciso VI). Ainda no art. 151, também debaixo do mesmo título "limitações", encontramos a vedação de tributo da União que não seja uniforme em todo o país (inciso I), a vedação à tributação da renda das obrigações da dívida pública dos Estados, Distrito Federal e Municípios, bem como a remuneração e os proventos dos respectivos agentes públicos em níveis superiores aos que fixar para as suas obrigações e seus agentes (inciso II) e a vedação à instituição, pela União, de isenções de tributos de que não sejam de sua competência.

Devemos, aqui, perquirir: há em qualquer um destes princípios contidos no título "Limitações do Poder de Tributar" algum indício, por menor que seja, que os afaste do enquadramento como limites objetivos?

A resposta é de clareza solar: não. Nem com o mais ingente esforço poderíamos deixar de rotular qualquer um destes princípios como limites objetivos. A objetividade destes comandos constitucionais é ululante.

Seria, então, o princípio do não-confisco o único *valor* em meio a todas as outras *limitações*? Classificá-lo como valor estaria em consonância com a qualidade de *limitação* que lhe outorga o texto constitucional?

Parece-nos que as indagações acima exigem um duplo *não* como resposta. A

58. *Curso de Direito Tributário*, pp. 117-118.

59. Não podemos deixar de reparar na obra do professor a referência aos dois signos objeto do presente estudo, quais sejam, *limite* e *valor* (no texto consta o termo "axiológico"). Embora o texto não aborde especificamente a classificação valor/limite objetivo, parece-nos que o princípio é entendido pelo autor como um valor, exigindo, contudo, sua futura precisão como um limite rígido.

60. 2ª ed., v. 3, Rio de Janeiro, Delta, 1970.

mens legis é claramente no sentido da objetivação do conceito; a análise sistemática dos dispositivos que circundam o inciso IV indica com hialina clareza que a intenção é *fixar limites objetivos*, e não entregar o preceito constitucional à sua própria sorte, condenando-o a uma triste subjetividade, com cores de retórica política populista.

Da mesma forma, importa atentar, como fizemos linhas acima, para o fato de que os limites objetivos existem para consagrar determinados valores, atingir determinados fins. São instrumentos que objetivizam a consecução de valores, que visam a outorgar maior eficácia a uma dada diretriz. O Constituinte, no caso dos limites objetivos, ao invés de simplesmente *apontar o ponto de chegada*, como ocorre com os valores, decide levar os que estão subordinados à Constituição[61] *pela mão*, para facilitar e garantir a consecução dos fins. É exatamente o que ocorre com o princípio do não-confisco, que não se afigura como um valor em si, mas como uma forma de assegurar o direito de propriedade, entre outros.

O fato é que, em que pese a todas estas evidências que apontam para o enquadramento do princípio da vedação ao efeito de confisco como um limite objetivo, há um fator fundamental que demonstra que, tal como ele se apresenta hoje no texto constitucional, deve ser classificado como *valor*: o princípio do não-confisco é de dificílima identificação, como se pôde comprovar pelo exame das definições que a doutrina até o presente momento deu ao mesmo. O texto constitucional não oferece qualquer auxílio na penosa situação dos limites da tributação confiscatória, e nem os juristas, nem o Legislativo, nem o Judiciário lograram até agora fornecer subsídios objetivos na sua identificação (salvo casos isolados). O traço de imediatidade de verificação, cerne da distinção entre valores e limites objetivos, naufraga diante do raso desenvolvimento deste princípio na *praxis*.

61. Isto é, o Legislativo, o Judiciário, o Executivo e os particulares.

A nossa conclusão, inafastável, é a de que *no estágio atual de maturação do princípio do não-confisco*, e considerando a literalidade do art. 150, IV, da CF, devemos, assim como fez a doutrina em geral – ainda que muitos o fizessem inconscientemente –, classificar o princípio do não-confisco como *valor*. A determinação de um tributo como confiscatório ainda está longe de ser objetiva, ingressando em um campo de análises turvas e brumosas conclusões, cambiantes ao sabor da ideologia do intérprete e indefectivelmente cediças quando confrontadas com regras impositivas. Apenas hipóteses gritantes de tributos excessivamente onerosos ensejariam a pronta e unânime aplicação do princípio.

A prova mais patente de que o princípio da vedação à tributação com efeito de confisco reside ainda em todos nós como um *valor* é que, praticamente, inexistem decisões judiciais ou mesmo pareceres que fundamentem a inconstitucionalidade de um tributo *única e exclusivamente* no princípio do não-confisco, o que *não* ocorre quando se invoca um limite objetivo, como a legalidade, irretroatividade, anterioridade etc., que são auto-sustentáveis. A invocação do princípio, hoje, tem muito mais um sentido retórico de reprovação, assim como quando se taxa determinada situação de *injusta* ou *imoral*, do que de transgressão pontual da ordem jurídica.

Konrad Hesse, em sua obra *Força Normativa da Constituição*, contudo, não hesita em afirmar que a eficácia da Constituição está em grande parte em atos de vontade humana. Os princípios constitucionais, nesta ordem de idéias, não devem ser abandonados à ação da realidade, cabendo aos administrados dar conformação à vida do Estado. Diz o autor:

"Mas a força normativa da Constituição não reside, tão-somente, na adaptação inteligente a uma dada realidade. A Constituição converte-se, ela mesma, em força ativa, que se assenta na natureza singular do presente (*individuelle Beschaffenheit der Gegenwart*). Embora a Constituição não possa, por si só, realizar nada, ela pode impor tarefas. A Constituição transforma-se em força ativa se essas tarefas forem efetivamente realizadas, se existir a disposição de orientar a própria conduta segundo a ordem nela estabelecida, se, a despeito de todos os questionamentos e reservas provenientes dos juízos de conveniência, se puder identificar a vontade de concretizar esta ordem. Concluindo, pode-se afirmar que a Constituição converter-se-á em força ativa se fizerem-se presentes, na consciência geral – particularmente, na consciência dos principais responsáveis pela ordem constitucional –, não só a *vontade de poder* (*Wille zur Macht*), mas também a *vontade de Constituição*.

"Essa vontade de Constituição origina-se de três vertentes diversas. Baseia-se na compreensão da necessidade e do valor de uma ordem normativa inquebrantável, que proteja o Estado contra o arbítrio desmedido e disforme. Reside, igualmente, na compreensão de que essa ordem constitucional é mais do que uma ordem legitimada pelos fatos (e que, por isso, necessita de estar em constante processo de legitimação). Assenta-se também na consciência de que, ao contrário do que se dá com uma lei do pensamento, essa ordem não logra ser eficaz sem o concurso da vontade humana. Essa ordem adquire e mantém sua vigência através de atos de vontade"[62] (grifos do original).

O concurso da vontade humana que legitima e torna eficaz a Constituição pode ser examinado à luz da concepção semiótica, que, pensamos, explica o fenômeno da mutabilidade e da conversão do texto positivado em força ativa com maior precisão, identificando os planos de linguagem em que se operam as alterações. Explica Paulo de Barros Carvalho que: "É curioso notar que o Direito Positivo, sendo, como é, um subsistema do sistema social total, mesmo que paralisado no campo da produção legislativa, equivale dizer, ainda que suas normas gerais e abstratas permaneçam imutáveis, sem qualquer alteração de forma, continua em movimentação, alterando-se, no tempo, o quadro de suas significações. O fenômeno se explica por força, principalmente, da maleabilidade dos planos semântico e pragmático da linguagem. A dimensão sintática, mais rígida e, portanto, resistente a mutações, mostra-se morosa e tardia. Modifica-se, mas somente pela dinâmica incessante dos outros dois ângulos da concepção semiótica. (...). O ordenamento é fechado, em termos sintáticos, mas aberto nos níveis semântico e pragmático (...)".[63]

Firmados estes conceitos, temos elementos para afirmar que, se hodiernamente tem-se tomado o princípio do não-confisco como um *valor*, em face do teor da Constituição, é fácil perceber que a intenção do Constituinte foi nítida no sentido de vê-lo consagrado como uma limitação objetiva, de pronta identificação, assim como todas as outras constantes dos arts. 150 e 151 da CF, pois do contrário não teria incluído o princípio naquele capítulo específico e teria se restringido à garantia genérica do direito de propriedade, sem a indicação das ferramentas para a conformação deste *valor*.

É claro que, quando se trata do princípio do não-confisco, torná-lo um limite objetivo implica necessariamente a fixação *arbitrária* de qual seja este limite. Embora seja certo que cada tributo deva ser analisado de acordo com suas peculiaridades na busca de uma *alíquota-teto*, o certo é que, sempre que definirmos um número, este número terá sido arbitrariamente eleito, por mais que ele esteja fundado nas mais variadas razões de ordem política ou econômica.

O fato de ser arbitrário, contudo, pensamos não implicar qualquer sorte de prejuízo. Trata-se de uma exigência de ordem prática, utilíssima na garantia da segurança nas relações jurídicas, como tantas outras encontradas no ordenamento. Basta lem-

62. Porto Alegre, Sérgio Antônio Fabris Editor, 1991, p. 20.

63. *Fundamentos Jurídicos da Incidência*, p. 101.

brarmos, a título exemplificativo, que o Código Civil elegeu as idades de 16 e 21 anos como marcos na transição para a maioridade; os 18 anos como a idade que capacita o homem a se casar; e assim por diante. Por mais que existam justificativas para o estabelecimento destes *limites*, isto não lhes retira o estigma da arbitrariedade; e tal se comprova pelo simples fato de que o Projeto de Código Civil, ora em tramitação no Congresso Nacional, modifica muitos destes marcos e institui outros.

Dir-se-á que a questão da maioridade, por exemplo, gira em torno de tais e tais idades, 16, 18, 21, 25 anos, por exemplo, e as eventuais modificações jamais iriam além destas fronteiras, para estabelecê-la, *v.g.*, aos 40 ou 50 anos de idade. No entanto, tal argumento apenas reforça a idéia de que existe, igualmente, uma área mais ou menos demarcada em cada tributo, em que todos concordamos que o efeito da tributação passa a ser confiscatório; a questão reside apenas em tomar consciência da necessidade de fixação objetiva destes limites, para facilitar o trânsito jurídico.

Assim, em que pese ao fechamento do *plano sintático* do dispositivo constitucional que positiva o princípio do não-confisco, impende desenvolvê-lo nos *planos abertos da Semântica e Pragmática*, que oferecem a possibilidade de outorgarmos ao preceito do art. 150, IV, as qualidades de um limite objetivo, como quis o Constituinte. A Carta Fundamental deve ser lida à luz dos três planos semióticos, e ignorar qualquer deles, como muitos têm feito, redunda em inaceitável pecado de hermenêutica.

Os planos semântico e pragmático caminham no sentido de se firmar o princípio do não-confisco como uma limitação objetiva, tal qual já aconteceu em outros países, como, *v.g.*, na Espanha e Argentina.[64] Outorgar força ativa à Constituição exige empreendamos na plena realização do valor básico propriedade por meio da instalação eficaz desta limitação constitucional ao poder de tributar.

A luta pela fixação de um limite objetivo – é necessário frisar – não contém, de forma alguma, uma posição legalista que pretenda afastar da Constituição e do sistema toda a sorte de valores, pretendendo regular exaustivamente a tudo e a todos. Como vimos em Canotilho linhas acima, um sistema impregnado de limitações objetivas não respira e não se sustenta. Mas, por outro lado, um sistema fundado unicamente sobre valores abre as portas ao arbítrio e compromete um dos mais nobres fins do Direito, que é a segurança jurídica. A convivência de valores e limites objetivos não só é positiva como é fundamental para a funcionalidade do sistema.

Ocorre que no âmbito do Direito Fiscal, é sabido, onde a obrigação de pagar tributo decorre, em última análise, do *jus imperium*, da soberania do Estado, e considerando que o próprio Direito Fiscal foi criado como uma reação aos atropelos ocorridos na tributação desordenada, é de máxima importância a fixação de garantias claras e tangíveis, consubstanciadas em limites objetivos, para que os direitos dos contribuintes não quedem devassados e o axioma de Edimburgo de 1833, *leave them as you find them*[65] – importantíssimo na fixação da noção de efeito confiscatório –, não venha a ser de uma vez por todas relegado à condição de reles peça do museu do liberalismo financeiro. A fome do Fisco exige o estabelecimento de barreiras intransponíveis.

Na *Teoria Geral das Normas* Kelsen faz uso de um provérbio popular segundo o qual "o galo chama as galinhas através de seu canto", para demonstrar que é o can-

64. Sobre isso, consultar a excelente monografia de Gustavo J. Naveira de Casanova, já cit. acima (*El Principio de No-Confiscatoriedad en España y Argentina*).

65. A regra de Edimburgo decorre de um artigo publicado na *Edinburg Review* em 1833 e expõe com clareza a doutrina ricardiana (David Ricardo) de que os impostos devem deixar a cada um na mesma situação relativa de renda e patrimônio em que se encontravam.

tar do galo de um modo *mui* especial que faz as galinhas obedecerem ao comando. O mesmo galo cantando de tantas outras formas não causa o acudir das galinhas. Observa o autor, paralelamente, que na conduta humana as coisas se passam de maneira diversa, pois há um sem-número de sons que podemos emitir num enunciado para que se faça o interlocutor *compreender* a mensagem.[66]

Façamos, portanto, relativamente ao princípio do não-confisco, não como as galinhas, que só se motivam diante de um específico e insubstituível comando, mas procuremos compreender o *sentido* da mensagem deôntica positivada na Constituição, para que possamos dar cabal cumprimento à mesma, consagrando os valores que o Constituinte prestigiou.

7. Conclusões

7.1 Valores e limites objetivos não se confundem, e sua distinção é importantíssima na análise e compreensão dos princípios constitucionais, revelando-se expediente de grande aplicação prática no estudo da natureza e identificação dos mais diversos institutos.

7.2 O traço fundamental na distinção entre valores e limites objetivos reside na imprecisão e subjetivismo dos valores, contrastados com a imediata verificação dos limites objetivos.

7.3 A existência de valores é imprescindível no seio de uma Constituição, funcionando como diretrizes para o desenvolvimento e evolução do sistema.

7.4 A existência de limites objetivos imprime maior segurança às relações jurídicas, na medida em que os mesmos se revelam como instrumentos poderosos na realização de valores.

7.5 O princípio do não-confisco, tal como se apresenta hoje no Brasil, é indubitavelmente um valor.

7.6 O exame atento da Constituição, contudo, revela a clara intenção do Constituinte de vê-lo firmado como uma limitação objetiva ao poder de tributar, como se passa com os demais princípios dos arts. 150 e 151.

7.7 Os planos semântico e pragmático da linguagem positivada oportunizam a adequada implementação da vontade do Constituinte pela sociedade, para que esta outorgue força ativa ao preceito e implemente a mensagem deôntica do art. 150, IV, como regra impositiva intransponível.

66. Diz o jurista que quando um pai chama seus filhos que brincam no jardim da casa para a refeição "ele o pode fazer com o pronunciar as palavras: 'vinde para a refeição' ou, simplesmente: 'hora de comer!'. Isto linguisticamente pode ter também o sentido de enunciado: 'agora é hora de refeição'. As crianças entendem-no, porém como ordem de irem para a casa, do mesmo modo com as palavras: 'vinde para a refeição', e, conseqüentemente, obedecem (...) o pai expressa com isto o sentido de sua *vontade* de que as crianças devem vir, sons estes que as crianças não somente *ouvem*, como também entendem, e precisamente compreendem como comando de vir" (grifos do original) (Porto Alegre, Sérgio Antônio Fabris Editor, 1986, pp. 52-54).

UNA NUEVA CONSTITUCIÓN: ¿Una verdadera Reforma Tributaria?

EDUARDO GUEVARA C.
Doctorando Derecho Financiero y Tributario, Universidad de Barcelona
E
NATHALY ALBORNOZ
DESS. Administración Fiscal, París II

I – A modo de presentación. II – Antecedentes: 1. Previo – 2. Los objetivos: 2.1 Mayor neutralidad – 2.2 Aumento de la recaudación y de la justicia tributaria – 2.3 Descentralización y corresponsabilidad fiscal – 3. El resultado: 3.1 Disminución de la cantidad de tributos – 3.2 Modificación de algunas contribuciones. III – El plan tributario: 1. República: 1.1 Imposición directa: 1.1.1 Impuesto al patrimonio – 1.1.2 Impuesto a los activos empresariales, impuesto sobre la renta. Fusión – 1.1.3 Impuesto a la renta personal. Eliminación de determinaciones voluntarias en gastos – 1.2 Imposición indirecta: 1.2.1 Impuesto al valor agregado. Impuesto a los licores y cigarrillos – 1.2.2 Impuesto al tráfico documental – 1.2.3 Ley sobre contribución a los servicios del Estado – 2. Estados y Municipios: 2.1 Estados: 2.1.1 Transferencias. Situado constitucional – 2.1.2 Compensación financiera. División del situado – 2.1.3 Ingresos al valor agregado. Distribución – 2.1.4 Ingresos impositivos: 2.1.4.1 Impuestos a las transmisiones lucrativas y no-lucrativas. Participación – 2.1.4.2 Financiación de servicios públicos – 2.2 Municipios: 2.2.1 Patente de industria y comercio. Modificación – 2.2.2 Armonización fiscal. IV – Consecuencias constitucionales: 1. Tributarias: 1.1 Legislativas: 1.1.1 Poder originario y derivado – 1.1.2 Organización competencial – 1.2 Ejecutiva. Nuevos poderes – 2. Financiero: 2.1 La unidad del ingreso y el FIDES. V – Conclusiones. VI – Epílogo (a modo de conclusión): 1. Filosofía fiscal del Estado del siglo XXI – 2. El resto de la reforma.

I – A modo de presentación

Para el momento de la redacción de estas notas, uno de los temas que genera más incertidumbre política es la Reforma Constitucional, un hecho de una indudable importancia capital en nuestro futuro como pueblo, y que desde ya conllevará el planteamiento de diversas posiciones que se puedan adoptar en torno a un modelo de país. Desde luego, que dentro de los diferentes niveles de polémica en los que se puede desarrollar esta discusión, nuestra contribución como venezolanos debe darse en el campo de nuestra formación jurídica especializada.

Es este un momento propicio de revisar e incluso *destapar* juicios temporalmente olvidados, pero señalados sobre muchas de las normas debidas al campo tributario y financiero, las cuales, a lo largo de esta prolongada vigencia de una Constitución – y para muchas personas la más prolongada de Latinoamérica –, esperan precisamente de un juicio que enhorabuena se merece el sistema tributario y financiero venezolano, necesitado de aires, actores y de ideas nuevas.

Sin embargo debemos realizar una acotación previa, que seguro restará algunos lectores que se dejan llevar por los títulos provocativos de los trabajos insertos en estas revistas especializadas. No vamos a realizar un *excursus* exclusivo en el campo del Derecho Constitucional y partiendo de ella. No, vamos a formular una propuesta de un nuevo sistema tributario sustancial sobre la tributación no-petrolera, con prescindencia de la realidad constitucional, y luego que lo hayamos hecho esta vez sí, y sólo luego de ello, veremos las consecuencias que estas acciones tendrán sobre nuestra Carta Magna.

En otras palabras, lo que nos proponemos presentar es una nueva visión de los tributos que deben regir en el país, para después revisar las normas constitucionales que hay que cambiar de acuerdo al proyecto planteado, con lo cual quedarán sin estudiar algunas normas que tocan el tema tributario y financiero. Una metodología que nos conducirá primero a desarrollar las figuras tributarias; y al final resolver el problema en nuestra Carta Fundamental.

Esta metodología la hemos enriquecido con la visión traída de la Ciencia Fiscal, la lupa más útil para dar un real y crudo diagnóstico de la visión que proponemos. La Ciencia Fiscal, a su vez nutrida por la colaboración de la Economía, la Sociología y la Psicología aplicadas, nos da entonces el sentido estratégico suficiente para el análisis de corte inductivo. Rogamos entonces a nuestros colegas de la Ciencia Jurídica nos entiendan en nuestros propósitos, al añadir a la simple lectura legalista unas líneas de fiscalidad motivadas en la urgencia de ver nuestro sistema de abajo hacia arriba, o sea, de identificar nuestras debilidades y amenazas reales, y luego pasar a la labor propia del diseñador fiscal.

Por supuesto que al ser nuestra principal área y finalidad la de reformar un cuerpo normativo como es la preceptiva constitucional, todo irá fatalmente destinado a precisar su reforma, y por consiguiente de comentarios esenciales sobre situaciones *de iure* en concreto, como los poderes tributarios ejecutivos, la ordenación legislativa necesaria para dar firmeza y durabilidad al nuevo proyecto; así como asuntos atinentes a materia no-tributaria pero dentro del mundo financiero, como es el estudio de las excepciones al principio presupuestario de la unidad al ingreso.

Lo que destacará, repetimos, es la nueva pintura del sistema tributario venezolano sobre el lienzo de la Constitución de 1961, aprovechando la coyuntura de su reforma, para así plantear dispositivos que hagan de nuestro país un verdadero sistema; es decir, un todo ordenado de tributos bajo un mismo *telos* homogéneo, armonizador, coherente, no la realidad algo desconectada que hoy subsiste.

Dejemos ahora el espacio a nuestra propuesta constitucional, quedan atrás los propósitos. Quedemos a merced de la crítica, fatal destino necesario de toda idea originadora de Estado, que pretende imponerse en pos del desarrollo de nuestra tierra venezolana, hambrienta de iniciativas perfectibles y de gente con voluntad para ejecutarlas.

II – Antecedentes

1. Previo

Este resumen pretende visualizar algunas propuestas generales de acción de carácter imprescindible para reformar la composición cualitativa del sistema sustantivo tributario venezolano, que comprenda las contribuciones en particular de nivel nacional y de fuente no-petrolera. En este orden de ideas, debemos puntualizar la extensión y límites de este análisis.

Este plan deja por fuera toda la materia procedimental que se utiliza en este campo, para concentrarse así en el plano meramente sustantivo, tema en el que más incide el asunto fiscal sobre la economía. Llamamos la atención igualmente por el hecho de tocar en este desarrollo todo lo referente a la financiación descentralizada de orden estatal (sub-nacional) y municipal (local), sin perder la perspectiva nacional en la que se desenvuelven los niveles regional y local.

Hay que destacar, del mismo modo, que por tratarse de una revisión del sistema desde una óptica exclusivamente jurídica no se incluirá la determinación de tipos impositivos o alguna forma de cuantificación del aspecto fiscal, pues este tema debe ser el resultado de estudios econométricos que consideren la carga fiscal y otros elementos de política fiscal, que tienen más que ver con el aspecto numérico de los tributos. Esta precisión justifica la metodología del plan que acabamos de exponer, es decir, que para asignar cantidades definidas a las exacciones debemos primero identificar la forma de gravamen, por lo cual se comprende el carácter principal que el aspecto juega en el diseño del sistema.

Advertimos no obstante que al final daremos una posición de Estado que, sin especificar montos o cantidades concretas a recaudar, definirá al menos algunas líneas-maestras de proporciones *grosses* a las que debe ajustarse cada modalidad de impuesto presentada en este análisis.

Como nuestra visión parte de la descentralización político-territorial, y la metodología es un análisis jurídico que revisa el orden legal de las normas que contemplan las principales contribuciones públicas, comenzaremos por el nivel más importante y en el que se concentra el objeto central de nuestro discurso: el nivel nacional, representado en la República. Pasaremos luego a los Estados o nivel sub-nacional para finalizar con el nivel municipal o local.

Ahora bien, para llevar a cabo nuestros propósitos debemos realizar una operación previa: concretar las necesidades de nuestra política hacendística, la cual nos ubica en la teoría de la imposición, y más especialmente dentro de los principios impositivos. Son ríos de tinta los que en este tema se han escrito, por lo cual luce inútil volver a realizar un esfuerzo que otros ya han efectuado, con mejores resultados. Lo que ahora planteamos es destacar los principios entre todos los señalados por la doctrina especializada, y sobre todo a la vista y observación de la realidad sociológica venezolana.

2. *Los objetivos*

De entre los principales objetivos de los descritos en la teoría hacendística, que resaltan concretamente en nuestro país para dar un enfoque correcto al estudio, son en orden de importancia los siguientes.[1]

2.1 Mayor neutralidad

Mayor neutralidad, a través de una política fiscal coherente y clara, que haga que la incidencia tributaria antes que desacelerar o detener los procesos productivos, o proteger intereses intrascendentes al común, tenga un tratamiento igualitario que propenda la libertad de inversión en el campo económico, dejando que los agentes económicos desarrollen su actividad con el menor acoso posible del Estado.

En este epígrafe nuestro papel como juristas tiene mucho que ver con la investigación con vista a disminuir la cantidad y complejidad de los tributos, y definir una correcta configuración técnica de los mismos sobre las riquezas gravadas, conseguir

1. Fritz Neumark (*Principios de la Imposición*, Madrid, IEF, 1994) es a nuestro juicio quien mejor resume todas las distintas ramas que inciden sobre los principios impositivos. Como se verá más adelante, la neutralidad corresponde a un área básicamente económica; la recaudación, a una estrictamente tributaria; la justicia, a una jurídica y la corresponsabilidad a un rasgo psicológico.

una incidencia formal sobre éstas, que fuera del exacto importe de la exacción permitirá por sí sola aclarar el universo económico sobre el que a la postre influirá el instrumento fiscal, así como la aplicación de la imposición elegida sin desviaciones.

De todas formas, no se limita el presente introductorio, el aproximar un concepto como es la neutralidad y dejarlo allí, como si se tratara del simple revelado de una fotografía. Debemos demostrar que la imagen aprendida sirve para retratar otras realidades, y aplicar los modos de visualización para los cuales han sido diseñados los principios impositivos.

En el caso venezolano está demostrada la alta resistencia fiscal expresada por los sectores industriales y de producción de bienes y productos para el consumo, comprensible por la alta carga fiscal a soportar, que resulta de sumar tributos que impiden el flujo libre de inversiones, como es el caso del impuesto a los activos empresariales, con otros impuestos de carácter local, como la llamada patente de industria y comercio, la cual para colmo no tiene topes de imposición de acuerdo a las reales necesidades de gasto de nuestros Municipios.

Estas dificultades, agravadas por el sistema impositivo venezolano, antes que invitar a los capitales para lograr las mejoras sociales a las que todos aspiramos, a través del empleo y otros valores añadidos que conllevan inversiones productivas; desmotivan muy por el contrario cualquier iniciativa de desarrollo económico a largo plazo, provocando la muy peligrosa infravaloración internacional que lleva consigo una situación de este tipo.

Todo ello desemboca en la atracción de inversiones de alto riesgo y a corto plazo, capitales de muy bajo rendimiento e interés, cara al desarrollo, que en su perjuicio logran desajustes tan grandes, que provocan con su fuga el desequilibrio de cualquier país de la región, aumentando así las cifras de pobreza y miseria a la que se puede ver sumido un país con estas características. Nuestro objetivo debe ser, por consiguiente, captar las financiaciones con bajo riesgo y de largo plazo que logran ser atractivas por medio de un coste fiscal moderado, o al menos inferior a un país en desarrollo.

El criterio meramente recaudatorio que podría sustentar al impuesto a los activos empresariales es completamente contraproducente, ya que existen formas de lograr equidad tributaria en mayor proporción a la deseada en un país saturado de iniquidades sociales, a través de fórmulas mucho más rendidoras en términos de proporción de inversión, y mejora de sus variables macroeconómicas, antes que las regresiones al consumo y a la producción, hechos en los que hemos tropezado por obra de la política fiscal reciente, y en lo que se debe incluir esta forma inútil de configurar un impuesto.

2.2 Aumento de la recaudación y de la justicia tributaria

La moderna aparición en los Estados desarrollados de medidas extremadamente desproporcionadas contra los contribuyentes y el predominio de la eficacia de los sistemas recaudatorios sobre cualquier otra consideración secundaria en su recaudación tributaria es un problema que ha obligado a desempolvar las nociones de justicia tributaria que sus ordenamientos ya expresaban.

Esta separación indebida castiga aún más a las poblaciones menos favorecidas de los países que cuentan con un universo de pobreza alto, por lo cual es pertinente revisar la composición técnica de las exacciones, de modo – como ya advertimos al inicio – de corregir la forma en que se va a gravar la riqueza, operación que debe anteceder en todo caso a la asignación de la cuota definitiva a pagar.

Del mismo modo, la observación de facto en la gestión de la recaudación, y la averiguación sobre si causas de evasión, elusión u ocultación tributaria se deban a hechos contenidos en la estructuración normativa, debe ser una tarea del diseñador fiscal, de manera de realizar los ajustes en las reglas jurídicas pertinentes y adelantarse a una situación de elusión consentida o un posible fraude permitido por el ordenamiento, pero contrario a los intereses del Fisco.

En definitiva, concentrarse en los sectores de contribución, y diseñar un sistema que exaccione correctamente lo que se quiere detraer de cada una de las fuentes gravadas, debe ser la empresa que debemos proponernos y, luego eso sí, aplicar el esfuerzo fiscal ideal para hacer realidad lo que se ha estatuido en dispositivos jurídicos. La percepción de un país con un índice de equidad que proporcione un mercado de consumo seguro es un hecho que está demostrado como variable imprescindible para la captación de inversiones y por ende para su correcto desarrollo.

Venezuela, como país receptor de fondos externos, debe acentuar la imagen y la realidad de contar con una población en la que la riqueza se detrae de acuerdo a las reales capacidades contributivas, y que se aleja de cualquier fórmula despótica y arbitraria de diseño de sus ingresos tributarios. La práctica tan común en países subdesarrollados de aumentar sus ingresos a partir de un mero y vulgar aumento de los tipos impositivos debidos a sus ingresos de tipo indirecto es un lugar-común que, antes de lograr resultados efectistas, disminuye la conciencia fiscal y aumenta la miseria y pobreza de las clases menos favorecidas, como tampoco asegura por sí mismo los ingresos porque el aumento del gravamen siempre causa automáticamente los índices de elusión y evasión.

Como contrapartida tampoco es saludable el aumento de la imposición directa a la producción, como se pretende en un impuesto del tipo a los activos empresariales. Es más conveniente, en cambio, la existencia de un impuesto personal al patrimonio de los residentes en el país, que complemente al impuesto sobre las ganancias o rentas personales, y que devuelva al colectivo interno y externo la percepción de que se está gravando la riqueza de acuerdo a las reales capacidades económicas.

En esa misma medida en que se logre una nación con un alto índice de imposición directa, no sólo se mejorará la percepción y la confianza, sino se reafirmarán la conciencia nacional y el desarrollo como sociedad avanzada. Por ello trajimos a colación dentro de las notas en las que se desplegará este estudio una reflexión por demás prudente y pertinente dentro de la fiscalidad, como lo es, el problema del Estado participativo reducido a la lógica matemática, pues, como repetimos al inicio, la elección de un determinado modelo jurídico no dependerá exclusivamente de la visión iuspublicista.

La proporción del avance está en la participación, tal y como ha sido señalado por estudios que tocan este punto en especial, y en especial como se refleja en el siguiente enunciado:

$P(v) = > 1/2$.

Esta reducción trata de comprobar un problema que tendrá que tocar nuestra próxima Constitución: la decisión o elección fiscal, que no es más que el estudio de las formas de designación de las fuentes que a la postre han de definir el tributo y en general la forma de financiación de la comunidad; en otras palabras, la correlación política de un territorio en función del ciudadano, que cuente para la elección de los impuestos exigibles. El cociente está deliberadamente enunciado para mostrar aquellos lugares donde es mayor la intervención popular al momento de la decisión política de su *choice* u opción fiscal. Esta forma permite ver entonces aquellos sistemas donde las prestaciones son logradas con el consenso mayoritario de al menos la mitad de su población.

En Venezuela el concurso del ciudadano se circunscribe a una simple elección de autoridades nacionales, estadales y municipales. Su concurrencia a las decisiones de Estado es prácticamente nula, y más en el campo financiero donde, como citamos, la mayor concentración de poder reside en grupos alejados de la legitimidad. La Democracia y el Estado de Derecho, nombres de una forma de legitimación de Estado y de sujeción de poder, son así carnadas disfrazadas en una Constitución y leyes, que han dispuesto el control de todas las instancias de autoridad.

La rama judicial encabezada por la Corte Suprema de Justicia es designada por el Congreso, el cual representa por su parte al Legislativo, compuesto por partidos manejados finalmente por grupos bastante alejados del carisma e identidad populares, pero a la inversa con mucho poder para decidir la suerte del país. Este poder se decanta fundamentalmente en la aprobación de todas las leyes fiscales, los presupuestos anuales y el crédito público; una vital e inconmensurable atribución en materia de finanzas públicas.

De esta manera, si un gobierno no cuenta con el apoyo de los grupos de influencia es inmediatamente saboteado desde los centros de poder a través de una multitud de intervenciones descritas en el ordenamiento, como son, entre otras, cambiar tipos tributarios, eliminar o poner exenciones en contra de la voluntad del Ejecutivo, reconducir presupuestos y disminuir partidas de préstamos; hechos que no son más que un control a pulso y lejos de la sana realidad económica a la que estamos comprometidos.

No existiera problema si este entramado funcionara a satisfacción del propio país, pero en las últimas dos décadas esta red se ha deshilachado al punto de hacer patologías simples desavenencias detectadas a su inicio. La población miserable ha percibido en sus bolsillos expoliación de riquezas, ausencia de una identidad auténtica y por ende un desmejoramiento acentuado y peligroso para la vida del sistema. El fracaso ha socavado el reconocimiento de los partidos como conductores de política.

Cuando toquemos el problema de la organización competencial, la vinculación política de los órganos ejecutivos de gobierno, y en general todas aquellas expresiones que redundan en participación popular, veremos las soluciones planteadas en torno a esta problemática, en el entendido de que son parte viva de la solución de un diseño fiscal pertinente para una sociedad moderna. Fijémonos entonces que las formas de participación política también son una clave del desarrollo a través del concepto de la justicia, y en el aspecto financiero no podemos dejar de lado los señalamientos de estudios-claves que descifran algunas de las temáticas que están en el tapete de la discusión política actual.[2]

Los medios refrendatarios – y quepa el neologismo para designar aquellas fórmulas consultivas propias de la cooperación política – son figuras a las que hay que arribar en nuestra Constitución, para solucionar y desatascar el embudo en la fluidez del poder; su actualidad es algo que no viene por obra de la casualidad. La inmiscusión directa de la población en el *choice* o decisión financiera no puede, sin embargo, obrar como elemento común de acción, pues ello desfiguraría también, por completo, la acción coherente de cualquier gobierno que trate en cada tanto o a cada paso de legitimar su acción.

Las intervenciones se deben dar en momentos de tensión, en los cuales la misma consulta se torne como una salida necesaria y propia, que justifique acciones donde hayan contradicciones entre Legislativo y Ejecutivo, tensiones que sólo el poder genuino y originario pueda resolver, y que no concedan margen de duda alguna.

2. Sobre este tema resalta, entre todos los autores especializados, James M. Buchanan, "Hacienda Pública y elección social", *HPE* 40/9-29; y, más recientemente, *Economía Constitucional*, Madrid, IEF, 1993.

Para una revisión bibliográfica completa sobre el punto recomendamos, quien expone la evolución del tema de la Elección Fiscal, y el desarrollo de los autores y la bibliografía especializada: Randall G. Holcombe, "Tax policy from a public choice perspective", *National Tax Journal*, v. LI, n. 2, pp. 359-372.

2.3 Descentralización y corresponsabilidad fiscal

Venezuela, pasada la etapa de descentralización administrativa, debe marchar hacia un proceso de descentralización fiscal, y luego comprender el de financiación regional no a nivel nacional sino en un espacio continental y globalizado. La asunción de este tópico como un asunto de Estado, y el compromiso de incluir esta problemática como un pilar sobre el que descanse la reforma tributaria, es también otra cuenta pendiente del *status* político con el país nacional.

En este sentido, salta a la vista la amenaza que pudiera representar para la Nación la anarquía tributaria entre Estados, los cuales no sólo pueden desequilibrar la buena marcha del aparato productivo en el territorio, sino provocar diferencias injustas y desproporcionadas en desmedro de las menos favorecidas. Por ello, es imprescindible la sana ordenación de la imposición descentralizada realizada por las distintas entidades territoriales, incluyendo la intervención de los órganos políticos activos y pasivos, es decir, autoridad y pueblo, en el proceso de elección fiscal.

Es grave la abismal diferencia entre entidades federales que pertenecen al eje montañoso andino, que luego se explana a través del sistema Norte costero, un territorio poblado, servido de carreteras, autopistas, infraestructura y seguridad; en contraposición están el Sur y los llanos, desahuciados, desprovistos de servicios y ayuda estatal. La forma de organización federada es la respuesta más apropiada para una parte de las cuestiones que tocan al problema de la pobreza, la cual pasa necesariamente por la desigual distribución del gasto y la riqueza entre los entes sub-nacionales. Un caso de mala asignación y redistribución horizontal.

La estructuración de un modelo de financiación debe acudir entonces a los mismos principios inspiradores de la Constitución vigente, que no son más que los de la capacidad contributiva, pero que también descansan en el plano financiero, en un federalismo solidario, pendiente de las graves y perjudiciales diferencias de trato para los Estados más pequeños y menos poblados, y para aquellos que no cuentan en su subsuelo con riquezas petroleras. No están muy alejados los preceptos básicos de una óptica ideal, que mire correctamente hacia los sitios donde cunda la injusticia, y la desproporción del reparto generado por nosotros mismos.

Venezuela ha construido su edificio de financiación federal con una visión para un período de tiempo y para un futuro limitado. Hoy las normas sobre situado y las que se dictaron bajo la inspiración de su art. 137 han sido ejecutadas; como así otras similares, entre las que destaca las asignaciones especiales del art. 136, numeral 12. De esta forma, haciendo una perífrasis del desarrollo de una norma, se puso la última piedra de esa construcción, estructura que por su propia naturaleza no resistirá más ladrillos de avance.

Hoy las diferencias inter-territoriales, el reparto proporcional de la riqueza y la necesidad de un crecimiento equilibrado en función de la tierra demandan la diferente formulación del financiamiento federal del modo en que se llevaba por la actual Constitución. A los criterios de territorio y población hay que añadir los de pobreza y eficiencia en el gasto; y el discriminador y repelente criterio de la distribución de la riqueza petrolera entre los Estados ricos debe ir cediendo hasta aceptar un reparto que favorezca a los menos favorecidos.

El cambio en la financiación establecido en nuestra Carta Fundamental debe ser un cambio progresivo y gradual, que atienda a las realidades que se han establecido en nuestro territorio y que pretendan regir al menos, por el tiempo en que la situación se vuelva a un clima más ideal, dentro de los parámetros de solidaridad y desarrollo universalmente aceptados. Luego, hay que apuntalar esa evolución conseguida. Esse, y no otro, debe ser el papel que juega un precepto constitucional dentro de un contexto de cambio en los términos expresados.

En el plano local la realidad es inversa a la estadal, la exagerada sobrecarga impositiva creada por algunas Municipalidades en ocasiones amenaza con la existencia misma de empresas que sortean toda suerte de obstáculos para llevar a cabo su empeño. Esta dificultad económica que acentúa la intervención del Municipio debe ser urgentemente disminuida, para llevar el global de la carga fiscal a niveles racionales; y en ningún caso desacatar aquel postulado económico que jurídicamente se puede resumir en la prohibición de la confiscatoriedad fiscal.

Toda la visión de conjunto debe incluir una correspondencia transparente entre las fuentes tributarias y financieras, y los sujetos receptores de las mismas.

3. *El resultado*

El resultado de este esfuerzo deviene entonces en medidas concretas – repetimos, de carácter estrictamente cualitativo –, *recetas* que tendrán luego una incidencia sobre el ordenamiento constituido por la misma Carta Fundamental, las leyes orgánicas y el resto de las leyes especiales. Por ser materia de un punto separado, el problema de la incidencia constitucional será por ahora silenciado, para atenernos con mayor rigor al campo hacendístico. Expongamos, pues, las medidas económicas más importantes a tomar en el campo estrictamente tributario normativo, hecho que luego tendrá una repercusión específica en el campo jurídico-constitucional, y que por supuesto tendrá un análisis aparte.

3.1 Disminución de la cantidad de tributos

Disminución de la cantidad de tributos esparcidos de forma desordenada e incoherente dentro de nuestras fronteras, para adecuarse a un concepto de sistema tributario, que provea a la nación de instrumentos modernos que permitan exaccionar las riquezas de manera más justa, con mayor facilidad para la Administración y dentro de un esquema de transparencia cara a los contribuyentes.

La imposición especial al consumo como imposición indirecta no tiene razón de ser dentro de un contexto general al consumo como lo es el impuesto al valor agregado, encarnado en nuestro impuesto al consumo suntuario y a las ventas al mayor. De la misma forma, el resto de la detracción indirecta a la riqueza diseminada en una cantidad de tributos de incierta recaudación, control y efectividad, como lo son los impuestos al registro, aranceles y timbre fiscal, puede ser reacomodado en figuras más sencillas y efectivas llevando el global a una imposición más clara, coherente y evolucionada.

3.2 Modificación de algunas contribuciones

Modificación de algunas contribuciones, dando entrada en el sistema a tributos constituidos por figuras modernas, adaptadas convenientemente a las características fiscales del país, basadas en nuestras verdaderas necesidades.

Como hemos dicho en el epígrafe anterior, una de esas innovaciones, solicitada por los Estados, reconocida por fuentes autorizadas, y adelantadora de un sistema sediento de eficacia y efectividad, es aquel impuesto que reúna exacciones de similar naturaleza como el registro, arancel y timbre. Pero el estudio de modificación de otras contribuciones en tipologías más adaptadas a nuestra realidad es otra de las funciones que podemos profundizar.

Uno de los focos que ha incidido de forma negativa en la economía, y que debe ser inmediatamente abordado, es el de toda la imposición directa. Precisamente, las contribuciones locales a la actividad empresarial y profesional, así como la imposición a la renta y al patrimonio, deben reunir un todo compacto y coherente con límites gravatorios precisos, muy lejos del ilimitado poder de imposición que ahora se reúne en todo este sector; que no grava a los sectores importantes y solidariamente comprometidos, sino que hace recaer todo su peso en grupos ya demasiado incididos y ahogados por el peso de las detracciones que sufren día a día; y que en casos amenaza con la buena marcha del aparato económico nacional, amén de la disminución del esfuerzo fiscal provocado por constituirse impuestos como créditos fiscales de otros.

La implementación de topes de imposición a través de la idea de la armonización, y la dirección de la imposición hacia los sectores que más pueden y deben soportar la carga, tanto como la división y autonomización de los gravámenes locales de los nacionales, para así no neutralizarse mutuamente en sus esfuerzos fiscales, es un punto que se debe modificar a la velocidad que una reforma de este tipo permita.

III – El plan tributario

1. República

Las principales modificaciones en este orden tocan dos grandes sectores de contribución, separables por la naturaleza de su incidencia.

• En la *imposición directa* se propugna de una vez el planteamiento moderno que rige en sistemas más funcionales, es decir, *la existencia de un impuesto al patrimonio o, al menos en ausencia de esta opción, fusionar en una sola contribución la imposición empresarial, constituida por el impuesto sobre la renta de las empresas y el impuesto a los activos empresariales*.

Igualmente, se presenta la opción fiscal de llevar la *declaración de los gastos de las personas naturales, a un sistema objetivo de determinación de acuerdo a elementos pre-establecidos* como edad, sexo, ubicación geográfica del contribuyente, estado civil, carga familiar, entre otros; eliminando la declaración estimada antes del ejercicio fiscal en cuestión.

• En la *imposición indirecta*, la necesidad de reducir la sobreimposición que han soportado los contribuyentes, y la facilidad de gestión y claridad administrativa tanto para el sujeto pasivo como para la Administración Tributaria, de conocer y manejar un impuesto al consumo que aglutine consumos específicos, conlleva a *englobar en un solo impuesto las formas impositivas indirectas generales y especiales que no tengan su única causa en el comercio exterior*.

Nos referimos a la posibilidad de reunir el vigente impuesto al consumo suntuario y a las ventas al mayor con los impuestos a las especies alcohólicas, y al tabaco y otras manufacturas del cigarrillo, pero diferenciadas e independientes del impuesto a la importación descrita en el arancel aduanero.

Del mismo modo se completa el sistema de la tributación indirecta con la *unión de los impuestos al registro público, arancel judicial y algunos tributos establecidos en la Ley de Timbre Fiscal en un moderno impuesto al tráfico documental.*

• *Modificación de la Ley de Timbre Fiscal, para convertirla en un texto que grave, ahora sí, las tasas y precios públicos pagados por los usuarios de servicios prestados a nivel nacional, estadal y local.*

1.1 Imposición directa

1.1.1 *Impuesto al patrimonio* – La visión del impuesto a los activos empresariales como impuesto patrimonial sobre las empresas es bien desalentadora, pues si bien la intención de su vigencia es la mayor recaudación, sus desventajas son comparativamente superiores a sus favores, pues su aceptación aumenta el costo fiscal de la inversión empresarial que rinda en tiempo a largo plazo, de manera de retardar o ahuyentar la llegada de capitales o la ida de los ya instalados, produciendo un efecto negativo en un área estratégica bastante sustancial como es la producción.

Parece un contrasentido poco conveniente para nosotros que las grandes naciones desarrolladas no posean un impuesto de este tipo, ¡y que en cambio si sea sugerido para un territorio como el nuestro! Pareciera más bien que cualquier intento de experimentar con impuestos de alto riesgo sea un privilegio exclusivo de países subdesarrollados, con poca capacidad de negociación para oponerse a cambios impuestos desde afuera.

En muy pocos países del mundo existe una contribución de tal naturaleza, lo cual reduce en proporción inversa la competitividad de las empresas instaladas en Venezuela con aquellos países donde no existe.[3] El paisaje se torna aún más desolador, si verificamos los resultados de las recaudaciones percibidas, pobremente dotadas por recursos obtenidos a pesar de los altos beneficios y facilidades fiscales propuestas en la normativa. El impuesto a los activos empresariales un impuesto sugerido por organismos multilaterales, con la casi exclusiva premisa fiscalista, y en desconocimiento de los valores sicológicos y culturales de una exacción de este tipo.

El país, antes de *llenarse* de impuestos ineficientes y ajenos a la cultura y necesidades propias, debe ser provisto de figuras que procuren un universo de justicia y participación, en una sociedad urgida de inversión, y aquejada por la tenencia por parte de menos del 4% de la población de más del 80% de la riqueza nacional. El impuesto al patrimonio personal es la forma de imposición quizás más antigua en la civilización humana y la que permite percibir la mayor proporción de justicia tributaria en una sociedad; es una forma común de imposición en casi cualquier país desarrollado, y vigente en otra cantidad no despreciable dentro del Tercer Mundo.

Tiene como desventaja la dificultad en su implementación, pues resulta muy difícil para la Administración el conocimiento exacto de los patrimonios, cuando sobre todo tienen su domiciliación en un territorio diferente al domicilio del contribuyente. Sin embargo tiene como alivio que su ámbito subjetivo lo conforma sólo las minorías más opulentas, las cuales en el caso venezolano la conforman un universo bastante reducido de personas.

En efecto, de las desventajas comparativas entre las opciones fiscales de gravar patrimonios empresariales o patrimonios personales (disyuntivas una de otra por no poder subsistir las dos, dada la excesiva sobrecarga fiscal sobre el patrimonio que supondría la coexistencia de ambas)[4] destaca la posibilidad de que el impuesto personal provea aún menos recursos que un impuesto empresarial, pero sobre toda la visión compartida, debe prevalecer el correcto conocimiento de la realidad socio-económica del país. Quede al diseñador fiscal el correcto objeto de la aplicación de las figuras tributarias correctas, y en Venezuela pues la realidad, insistimos, se basa en la necesidad de captación de capitales de inversión y de gravamen justo sobre grandes fortunas.

Esta medida encontraría un perfecto asidero si se percibiera la disminución de la carga fiscal por parte del empresario, quien aportaría en mano de obra, inversión y en valor agregado al país una elevación potencial proporcionalmente mucho mayor al monto de la exacción percibida por tal concepto. Contrariamente ya por vía de una ilusión fiscal, ya por asignación concreta de la justicia, el gravamen sobre el patrimonio de las grandes riquezas de pocos venezolanos justificaría la acción del Estado frente a las mayorías empobrecidas, las cuales disminuirían sicológicamente no sólo su resistencia fiscal, sino su resistencia política al Estado mismo.

3. La imposición al capital puede revestir diferentes rasgos, siendo el más usual el de la imposición al patrimonio personal. La justificación en la filosofía tributaria sobre la que descansa esta opción es que los destinatarios finales de toda la imposición somos los seres humanos, en consecuencia nunca una empresa por sí sola constituirá por tanto un fin tributario en sí mismo considerado. Por ello, la imposición empresarial de hecho es un complemento a la imposición personal, ya sea en la estructura reditícia o rentística, ya en la patrimonial (Que Sais Je?, *Imposition du Capital*, París, PUF, 1992).

4. El gravamen del patrimonio empresarial en una estructura de gravamen al patrimonio se realiza por la distribución proporcional del capital entre los asociados.

El impuesto al patrimonio debe ser tomado en cuenta por un Estado que procure la liberal inversión, sin menoscabar la obligación que tienen los más acaudalados de contribuir a los gastos del Estado, en una sociedad solidaria y justa. Una percepción por cierto bastante necesitada hacia dentro y hacia fuera en el propio sistema político del país; y dejar de ser un conejillo de indias, de experimentos fiscales incididos desde organismos multilaterales, que pretenden mejorar sus propios sistemas sobre la base de ensayos de laboratorio, que, lejos de aplicarlos dentro de las fronteras de países desarrollados, utilizan a los mismos para no arriesgarse en el intento y no sufrir en sus propios territorios un descalabro económico.[5]

Venezuela, antes de servir de cobayas, debe erigirse como un país con identidad y dignidad propia, capaz de rechazar planes de reforma riesgosos y comprometedores. Debe convencer a los intereses superiores que es su propio interés no cometer errores en un destino seguro de inversión, y en un lugar que no soporta más otros desatinos en sus finanzas públicas.

1.1.2 *Impuesto a los activos empresariales, impuesto sobre la renta. Fusión* – La creación del impuesto a los activos empresariales como parte de la Reforma Tributaria iniciada por la Administración del Gobierno del Dr. Rafael Caldera no ha dado los frutos esperados, pues dicha contribución no presenta los niveles de recaudación que una exacción de este tipo permite. Sus niveles de evasión y el costo de su administración sugieren bien su eliminación o su transformación, de modo que pueda adecuarse a las necesidades de justicia tributaria que precisa un impuesto que, como éste, grava al patrimonio de las empresas.

Este diagnóstico inicial debe ser unido a otros hechos que nos aproximen a una elección fiscal más apropiada respecto de nuestras necesidades. En efecto, dos impuestos directos concomitantes, pero separados como lo son el impuesto sobre la renta y a los activos empresariales, aumentan la resistencia fiscal de los contribuyentes, pues éstos deben soportar dos pagos diferentes – con dos planillas de liquidación por conceptos diferentes –, en una etapa de tiempo más o menos similar.

La comparación con otros sistemas más desarrollados nos indica la existencia de una sola figura de gravación del patrimonio que repercute la renta empresarial, mientras que el patrimonio es gravado de forma personal. Nuestra propuesta busca entonces hacer a la Administración más fácil la tarea de gestionar estos dos impuestos, y al contribuyente disminuirle su resistencia al pago, por tratarse de una sola contribución que haga más flexible su enteramiento.

Nuestra proposición redunda en la fusión de estos dos, hacia un solo impuesto sobre las empresas como variación paralela a la existencia ideal de un impuesto al patrimonio, acercándonos a un gravamen patrimonial más desarrollado que el hoy en vigencia, más gestionable por la Administración y más manejable por el contribuyente. Hay que advertir, una vez más, que de ser aceptada la opción del impuesto al patrimonio personal, hay que descartar la vía de la imposición empresarial, pues son dos cargas que no tienen razón de ser en caso de coexistir.

1.1.3 *Impuesto a la renta personal. Eliminación de determinaciones voluntarias en gastos* – La experiencia en la gestión de este impuesto por parte de la Administración Tributaria y Contralora demuestra que uno de los principales factores de evasión, elusión y defraudación se encuentra

5. Tenemos que percatarnos que el principal objetivo de la política fiscal (v. n. II, item 2) no deben ser sus ingresos, sino la inversión, de modo que los tributos deben propender a la atracción de la producción, dimensionando los gastos a las reales necesidades del sector público, no al ambiente de desvío del gasto, corrupción y elefantismo que sufre este sector del país. Este comentario se reduce para entender, ya a esta altura de esta investigación, como se presenta la protección a la inversión en su aspecto económico tributario como una deducción del principio de la neutralidad fiscal.

en la facultad que se le da a los contribuyentes personas naturales de presentar y determinar por ellos mismos los valores definitivos de los gastos en que incurren.

El sistema que actualmente impera permite, a través de declaraciones estimadas, la previa determinación de los valores a retener en las rentas provenientes del trabajo dependiente e independiente, lo cual la inexistencia de retención alguna en este campo, por la sencilla oportunidad no despreciada en su favor de no pagar al Fisco, o sencillamente pagar cifras muy bajas a las realmente debidas.

Esta situación de carta blanca al impago hace al estimado una legitimación de la evasión a la retención tributaria, y pone al sistema como un gasto innecesario al sobrecargarlo de estimaciones ¡para no recaudar! Muchos sistemas diferentes al nuestro han optado por atacar esta irregularidad preestableciendo *ratios* o escalas de contribuyentes semejantes a determinaciones indiciarias de carácter presuntivo, en los que por elementos subjetivos como edad, ubicación geográfica, sector social, se establece de una vez los gastos en que los mismos incurren, eliminándose todas las trabas de fiscalización y determinación que supone la existencia del sistema de determinación voluntaria; todo ello, sin soslayar las pertinentes garantías a la propiedad, defensa que esta presunción opera sobre los ciudadanos, pues en las declaraciones definitivas se dará la oportunidad de demostrar la falsedad de estas determinaciones presuntivas, a través de demostraciones posteriores.

El peligro que se corre en estos sistemas alternos es el desconocimiento de la verdadera capacidad económica de las personas, llevándose los valores muy por encima de los que es la real potencialidad de la masa gravada, provocando antes que justicia numerosas objeciones materializadas en solicitudes de reintegro desproporcionadas a una frecuencia aceptable para la Administración, entrabando su trabajo, y concentrándolo en estas tareas, cuando su esencial función de recaudación es descuidada.

La salida debe obrar a favor del común, de forma de puntualizar en las leyes o normas reglamentarias que se dicten a tal efecto la limitación de la cantidad a retener, indicando un tope que se materialice en hechos socio-económicos de gasto e ingreso fijados por instituciones dedicadas a este ramo, como bien puede ser el Banco Central de Venezuela, Cordiplan u organismos más dedicados a la estadística econométrica como la OCEI.

La fiscalización se hará más racional y eficiente, revisando una única vez un sector de la declaración con datos objetivos, evitando las controversias inútiles, que aquí podrán emplear un tiempo de revisión menor a través de una forma más transparente, que comportará a la Administración un menor obstáculo para conocer las situaciones fiscales, para el contribuyente un ahorro de impugnaciones y defensas contra las actuaciones de la Administración, y para el país una disminución significativa de los índices de defraudación, elusión y evasión al Fisco.

Insistimos que es imprescindible que este aparato funcione con las debidas defensas al particular, hay que limitar a la Administración Tributaria por fuerza de la objetividad de data aportada por institutos y órganos de gestión pública de una seriedad comprobada, así como también con la debida oportunidad para destruir las presunciones *iuris tantum* que obren a favor del pago, en el momento de la presentación de la declaración definitiva.

En virtud de todo lo anterior, consideramos pertinente la implantación de un sistema objetivo de determinación de los gastos admitidos en la cuantificación de la renta imponible sobre las personas físicas.

1.2 Imposición indirecta

1.2.1 *Impuesto al valor agregado. Impuesto a los licores y cigarrillos* – Una de las cuentas más pendientes de nuestro sistema fiscal con respecto a la justicia que le asiste al contribuyente común o incidido económico es la eliminación de la doble tributación –sobre todo en el campo de la imposición indirecta –, pues ello ha sido un tema ampliamente esperado por todo el sector económico, dada la inseguridad jurídica que crea el tener un sistema que libremente puede gravar varias veces un mismo hecho jurídico, por lo cual, aproximarse a una situación de imposiciones separadas sobre los hechos – que es lo que en definitiva persigue la eliminación de la doble imposición – redundará en un global de impuestos ordenados lógica y racionalmente.

En este orden de ideas, salta a la vista como los denominados impuestos especiales más importantes a nivel recaudatorio, como lo representan los impuestos al alcohol y al tabaco destinados al consumo humano, contienen, como lo es a título de ejemplo el caso del alcohol, varios impuestos al consumo en fase a la producción o en fase minorista pagada en sustitución por el productor de la especie; mientras que en el tabaco se exige una contraprestación única al consumo.

Pues bien, la dispersión de estos instrumentos que ordenan los diferentes tributos especiales a la hora de su pago y la averiguación del momento exacto del devengo en uno y otro caso, frente al propio impuesto al consumo suntuario y a las ventas al mayor, hacen que el sistema de reunión de los impuestos en un solo instrumento sea más conveniente.

Respeto del párrafo anterior hay que anotar que esta posibilidad es de vieja data. Muchos especialistas y proyectos de reforma han girado en torno a esta idea de disminución de figuras tributarias.[6]

1.2.2 *Impuesto al tráfico documental* – Denominamos aquí impuesto al tráfico documental[7] a aquella contribución que grava la solicitud de inscripción de determinados documentos en los anales o archivos administrativos de las oficinas pertenecientes a las jurisdicciones registrales y notariales. Con esta nueva exacción se hace realidad una de las más graves y agobiantes cargas tributarias que pesaban sobre contribuyente alguno en Venezuela, dados los disímiles y dificultosos impuestos que se tienen que pagar en nuestros registros y notarías públicas, por diferentes transmisiones patrimoniales no-mercantiles y otros actos jurídicos.

Se depura así todo el espectro de las contribuciones indirectas al establecerse dos impuestos básicos; uno, el impuesto al consumo suntuario y a las ventas al mayor, de carácter mercantil y comercial, que grava el consumo de bienes muebles y la recepción producto de los actos de comerciantes y profesionales no-mercantiles; y otro de naturaleza mayormente civil, que grava todas las operaciones de tráfico no incluidas en el impuesto anterior, es decir, operaciones realizadas por sujetos no-mercantiles o profesionales, incluyendo los bienes inmuebles.

Con esta proposición fiscal se ampliaría el universo de imposición del IVA, lográndose una forma de imposición indirecta ya no parcial como existe actualmente con el IVA – o impuesto al consumo suntuario y a las ventas al mayor –, sino una universal que agregue ventas y bienes no comprendidos en aquel. Y esto porque consecuencialmente con la implantación de una prestación de este tipo que grave operaciones no-mercantiles de cambio estarían gravadas todas las ventas y prestaciones de servicios efectuadas en el territorio imponible, o mejor, en el ámbito espacial de imposición, hecho que haría del país un espacio en donde todas estas operaciones sobre bienes muebles e inmuebles estarían estruc-

6. "Ni los impuestos de producto, ni los que recaen sobre el tráfico de capitales, ni el gravamen generalizado sobre consumos específicos, tienen lugar en un sistema tributario que ajuste a su contenido a los principios de imposición expuestos por Neumark" (Enrique Fuentes Quintana, "Introducción", in Fritz Neumark, ob. cit., pp. XXXII y XXXIII).

7. Contribución análoga al *enregistrement* francés, a las transmisiones patrimoniales y actos jurídicos documentados españoles, o tráfico jurídico argentino.

turadas impositivamente bajo una sola filosofía.

Se crearía, en consecuencia, una uniformidad tributaria en los impuestos indirectos en el que estaría el Estado presente fiscalmente en todo el giro de cambio sobre bienes y servicios, completando la imposición a las aduanas y al consumo en general. El aspecto del aprovechamiento de este impuesto sería otro de los puntos cruciales de modificación, pues los niveles de evasión y el costo de fiscalización sobre los registros y notarías representan para el Estado un esfuerzo fiscal desproporcionadamente mal-retribuido en las cantidades efectivamente recaudadas.

Por ello, y aunque no sea asunto de desarrollo este punto en especial sino del que sigue, si hay que adelantar que dado el impacto recaudatorio de este impuesto y las necesidades de financiación de los Estados, es compatible la destinación de los ingresos de este tipo impositivo hacia los Estados siempre y cuando el resto de la financiación de aquellos responda al principio de eficacia y eficiencia del gasto, pues ello haría más productivo el uso del resto de los tributos con que la República debe manejarse para hacer frente a las necesidades públicas.

Se abandonaría en consecuencia el absurdo e inútil esquema que rige en la actualidad, por obra de la Ley Orgánica de Descentralización, Delimitación y Transferencia de Competencias del Poder Público, de permitir la creación y recaudación del papel sellado emitido por los Estados, hecho que, antes de permitir un flujo de ingresos al nivel sub-central, ha entorpecido sensiblemente la administración de registros y notarías, por la intromisión de aquéllos en la exigencia del papel sellado, y ha incluso dado pie a la creación ilegal de timbres móviles por parte de las Gobernaciones, hecho insólito y tremendamente negativo para el buen funcionamiento de las oficinas públicas.

Debemos por consiguiente permitir a los Estados el aprovechamiento de figuras impositivas que rindan un nivel de ingresos suficiente para sus gastos, sin comprometer las proporciones que necesita la Nación para su financiamiento. *En conclusión, se debe crear un impuesto al tráfico jurídico que reúna y disminuya cuantitativamente los modelos que gravan ciertas operaciones, y sistematice más racionalmente todo el sistema de imposición indirecta.*

1.2.3 *Ley sobre contribución a los servicios del Estado* – En el caso de la tributación de los servicios públicos, se modificaría también la actual Ley de Timbre Fiscal, cuerpo normativo que históricamente ha recogido la mayoría de las tasas a nivel central, para adaptarla a los nuevos planteamientos de una Venezuela que ha transferido a su periferia política la gestión de una cantidad de servicios, y que ha hecho frente a una disminución sustancial de sus antes copiosos ingresos, para pasar a una situación de premura e insuficiencia presupuestaria que dé la cara al tema del gasto de sus funciones primordiales.

De esta manera, el pago de servicio de comunicaciones, energía eléctrica, abastecimiento de agua, vialidad, educación, salud, y otros sectores que también pudieran entrar en la discusión del régimen de manutención a uno de autofinanciación público o un sistema privado o semi-privado, tendría en este cuerpo normativo un soporte que haría viable su existencia.

La nueva estructuración de Estado concebido desde un punto más liberal, como aquel encargado de funciones primordiales; ha hecho entender que los ingresos estatales deben reducirse a cubrir estos costes sociales indispensables. Por ello, una ley de financiación de servicios públicos cumpliría el papel de desestatizar ingresos que antes estaban atados a los rígidos principios de la legalidad tributaria, haciendo en cambio una normatividad más flexible y rápida.

Así, se seguiría la vía que el propio legislador ha trazado, en la consecución del fin de la financiación separada de los servicios del Estado, en la Ley Orgánica de Descentralización y Transferencia de Competencias del Poder Publico (en adelante

LODDTCPP), cuando permitió la asunción de las funciones de recaudación y timbre del papel estadal, hecho que por su infuncionalidad, que ya abordamos en el punto anterior, debe ser convenientemente corregido. Se conseguiría una de las demandas más insatisfechas de la población y del sector de inversión: la armonización fiscal en el asunto de la financiación de los servicios públicos esenciales.

La existencia de fórmulas valorativas diferentes a los tributos, como son los precios públicos y semi-públicos, no estaría sin embargo con esta ley desamparada de las debidas garantías que el ciudadano merece. Una protección de distinción de lo que debe regir en el campo tributario y fuera de su campo es otra misión que estaría encomendada a estos preceptos; pero sin desmerecer desde luego en ambos institutos el principio de la equivalencia financiera, por la cual no se hagan desproporcionadamente caros unos servicios, que deben en todo caso respetar la función social que los identifica.

Y aunque la justificación de todo el plan que estamos desarrollando está o al inicio o al final de este trabajo, creemos oportuno esclarecer el motivo más profundo que inspiraría unas reglas de financiación, como las pretendidas en una ley de esta naturaleza. Pues bien, lo que queremos resaltar, aquí, no es más que la necesidad de que se eliminen de una vez por todas rezagos que perjudican nuestra Hacienda Pública. La existencia de redes de servicios financiados sin más por los presupuestos nacionales debilita enormemente el papel del Estado frente a sus propias funciones de redistribución, pues muchas de esas funciones las puede cumplir la esfera privada, liberando grandes masas de dinero, que se pueden destinar a propósitos más rendidores para el país.

Una ley de este tipo aseguraría los mínimos derechos ciudadanos diariamente pisoteados, limitando los precios de los servicios. Incluso podría incluir fórmulas de responsabilidad que hacen hoy en día ilusorio cualquier compromiso del Estado frente a los usuarios. Vemos permanentemente la desidia y la irresponsabilidad públicas cuando alguno de los usuarios se siente molesto y no tiene receptividad ante sus reclamos; mucho menos satisfacción de sus peticiones. El herido mal-atendido en un hospital, o el simple conductor de un vehículo accidentado por desperfectos de una vía pública, son muestras de un universo insondable y generalizado, que no encuentra satisfacción por las deficiencias en las prestaciones que el país le ofrece.

La nueva visión de las necesidades, su satisfacción y el encuentro de mecanismos efectivos y eficaces contra esos males son un propósito que muy bien puede resolver este ansiado instrumento normativo, aparte de afrontar formas de financiamiento útiles para nuestras necesidades.

2. *Estados y Municipios*

Siguiendo con el esquema indicado al inicio, trataremos el punto de la financiación estadal y municipal, sólo como una parte necesaria que se inserte dentro de la intervención que abarcará todos los niveles del Estado, pero poniendo dando la trascendencia justa al estudio a la visión de Estado, toda vez que los sistemas financieros no pueden ser tratados en uno solo de los niveles sin que los otros restantes sean afectados. Para ello, hemos formulado cuatro puntos de acción a nivel sub-nacional, y dos a nivel local, que resumiremos como sigue.

A nivel *estadal* los *cuatro modos principales de financiación que podríamos a su vez sub-agrupar en dos conjuntos son: la financiación por medio de transferencias presupuestarias, constituidas por el cupo general incondicionado por excelencia o situado constitucional, que se reduce en parte de su monto total, para ser aplicado a la atención de la pobreza junto a las llamadas asignaciones económicas especiales, y el fondo intergubernamental para la descentralización, que formarían un bloque de estímulo al desarrollo y al valor agregado que aportaría cada entidad federal.*

Y por el otro lado una *financiación impositiva signada por el rendimiento dado por los tributos ocasionados por las transmisiones lucrativas y onerosas diferentes al IVA, el impuesto a las sucesiones y al patrimonio personal, y los impuestos propios mayormente distinguidos para financiar los servicios estadales*.

Con respecto a los *Municipios, los mismos deben modificar su patente de industria y comercio por un verdadero impuesto a las actividades económicas locales, y armonizar el resto de impuestos* de modo de eliminar la odiosísima discriminación por razones del territorio que actualmente existe, creando en algunos sectores del país una situación de sobreimposición que debe ser inmediatamente corregida.

2.1 Estados

Como anotamos anteriormente, las dos formas principales de ingreso de estos entes deben ser de fuente financiera, a través de transferencias presupuestarias originadas del nivel central; así como de los tributos, por medio de la percepción de determinadas ramas impositivas que deben ser traspasadas por el órgano de recaudación nacional (SENIAT), para economizar el modo de percepción de los montos aprovechados, para, así, no crear más cuerpos de recaudación que aumenten indebidamente el gasto burocrático en esta materia, asegurando la homogeneidad en la gestión de los tributos, sin menoscabar los rendimientos debidos a los Estados.

Esta reordenación de todas las fuentes financieras no busca disminuir o aumentar por si sola la cantidad definitiva a la que acceden los Estados con respecto a la que actualmente perciben, sino que reagrupa las fuentes bajo una filosofía más coherente, con lo cual se eliminaría los desequilibrios horizontales existentes entre aquellos, respetando la armonización fiscal en la que deben concurrir los mismos en su función impositiva.

2.1.1 *Transferencias. Situado constitucional* – Una de las distorsiones que ha sufrido el sistema de financiación del nivel sub-nacional en Venezuela es la desproporción de los ingresos que incondicionalmente han recibido sus Estados. De esta forma, esta situación creada a favor de Estados más grandes y poblados con respecto de los otros ha traído como consecuencia el despoblamiento y desestímulo de algunas zonas que se ven imposibilitadas de hacer frente a los graves problemas de pobreza y desinversión que les aqueja.

La disminución de las transferencias incondicionadas y la sustitución de su régimen a un esquema que condicione la entrega de los ingresos a la presentación previa de un estado de pobreza que facilite la obtención de fondos públicos es una opción que debe ser asumida en la próxima Reforma Constitucional, para así enfrentar en el tema de la descentralización el mayor problema de la Nación, la pobreza.

Ello, por supuesto, debe ser complementado con fuentes de financiación propia de acuerdo a la comprensión y naturaleza del tributo de que se trate, ayudando así a la formación de la responsabilidad política y fiscal del colectivo y la clase política, los cuales, por supuesto, trataremos a medida que avance el presente documento.

En definitiva, el situado constitucional debe disminuir en su proporción y convertir parte de su producto a un fondo que analizaremos en la rúbrica siguiente, pero que, adelantamos, debe corregir los desequilibrios que un situado muy abultado ha edificado en las finanzas federales venezolanas.

2.1.2 *Compensación financiera. División del situado* – En efecto, crear un fondo de compensación financiera, de manera de corregir los desequilibrios horizontales, es una necesidad que permite rectificar los desbalances de financiación estadales. Este fondo debe lograrse en parte de ingresos que actualmente conforman el situado constitucional y en parte por los ingresos que conforman las asignaciones económicas especiales.

La opción elegida haría que todos los ingresos dispuestos por estas dos fuentes se destinaran siempre a los Estados, lo que cambiaría en todo caso sería la proporción en la que se debería repartir entre ellos mismos.

La financiación creada por las asignaciones especiales, más que una forma de ayuda a la pobreza y premio a la eficiencia, ha sido un mecanismo de ayuda a los Estados más ricos en petróleo, hecho que desbalancea en perjuicio de aquellos que no poseen este preciado mineral en su subsuelo y que no ven compensado este desbalance con mecanismo directo a la miseria.

Por estas razones, concluimos, se presenta lógico un esquema de compensación a los ingresos que incondicionalmente reciban las entidades federadas, integrado por parte de lo que actualmente forma el llamado situado constitucional y los ingresos por las asignaciones económicas especiales.

Las transferencias variarían en Venezuela para pasar a dos formas principales, un tramo mayor constituido por el situado constitucional, determinado en base a los índices de superficie y población; y la, otra menor, por una compensación que corrija el desequilibrio que provoque la primera fuente.[8]

2.1.3 *Ingresos al valor agregado. Distribución* – No cabe duda que el sistema federal ideado por el Constituyente de 1961 se ciñó a una estructura negociada, que por un lado no despertara ánimos regionalistas venidos de una experiencia por cierto bastante traumática de mediados y finales del siglo pasado, como tampoco de un centralismo agobiante que desfigurara las potencialidades de nuestra Provincia.

De esta forma, se defendió la tesis de las asignaciones especiales como un modo en que la región participara en la mayor riqueza nacional: el petróleo. Sin embargo la formula empleada por nuestro Constituyente no fue la más feliz para nuestra realidad que se avecinaba, pues mas que repartir nuestras riquezas entre los Estados mayormente dotados se debió prever un mecanismo que autorizara compensar las desigualdades surgidas por la pobreza.

En efecto, si bien se pudiese catalogar a Venezuela como un país donde abundan las riquezas naturales y minerales, es también un país empobrecido en la mayor parte de su población; por ello, más que repartir la riqueza entre los favorecidos por tener en su subsuelo este rico mineral, se debe disminuir la pobreza de los menos afortunados. En este sentido deben entonces apuntar los dos instrumentos que en relativa reciente data han sido creados, uno bajo el amparo de la Constitución en el primero de los casos, y otro bajo la LODDTCPP, para crear un modelo de financiación mas ajustado a las necesidades comunes, de forma de compensar las amplias diferencias de financiamiento que han desproporcionalmente beneficiado a algunas zonas en perjuicio de otras menos desarrolladas.

En lo que respecta al FIDES, el mismo, también debe ser reorientado a una finalidad más propia respecto de su naturaleza, pues actualmente se está atendiendo a distribuir los ingresos del impuesto al consumo suntuario y a las ventas al mayor, de acuerdo a los índices de territorio, población y pobreza, pero no precisamente al motivo por el que nace esta forma impositiva: al valor agregado por cada región.

Ya el impuesto tipo IVA estipulado en el país – el impuesto al consumo suntuario y a las ventas al mayor –, está siendo usado como un mecanismo de transferencia condicionada, a través del FIDES. Sin embargo, toda vez que el impuesto se mide justamente en base al valor agregado, éste debería ser también uno de los índices a ser incorporado en una futura reforma de este sistema de transferencia.

El aumento paulatino y desproporcionado al nivel de provisión de servicios de

8. En la reciente Constitución de la Argentina se regula, aunque nosotros creemos que en demasía, el tema de la participación financiera de la Provincia (art. 75, 2), estableciendo la técnica de la concurrencia.

la burocracia estadal y municipal es un hecho que debe tener coto en los fondos que ellos manejen. Precisamente a ese derrotero han llegado otros sistemas como el colombiano, el cual ha diseñado su impuesto al valor agregado de manera de poderlo repartir de en aras de una redistribución más equitativa entre las entidades federales en función del esfuerzo fiscal.

En el FIDES se alberga una de las mayores esperanzas para la equilibrada y justa distribución de la riqueza. Es, sin lugar a dudas y a pesar de sus fallas, el mecanismo más justo en el cumplimiento de esta variable hacendística. El aumento significativo de los fondos que la República surte, y su modificación, sería una opción financiera frente a la solución del problema del desequilibrio territorial que aqueja en la actualidad al Estado.

La solución debe operar hacia la modificación del mecanismo actual de cálculo en la distribución del IVA, haciendo más eficaces a las Administraciones estatales en el uso de los montos asignados y gastados (eficiencia de gasto), a través de la inclusión del factor del valor agregado aportado por cada entidad federal en el total nacional, y de la eficiencia en la ejecución del gasto imputado a cada entidad, y formar así ese nuevo fondo, que reordene una de las instancias más urgidas de corrección en el sistema de la financiación federal.

2.1.4 *Ingresos impositivos – 2.1.4.1* Impuestos a las transmisiones lucrativas y no-lucrativas. Participación: la autarquía y autarcia de los Estados deben diseñarse a partir de formas de imposición que ingresen presupuestos del tamaño del gasto que cada ente desarrolla. Así, pues, para graficar este aserto, se puede indicar que es absurdo dotar a los Estados del producto de todo lo ingresado por el IVA y el impuesto sobre la renta nacional, pues estas figuras representan el mayor proveedor de ingresos a la Nación, y por ello deben usarse para sustentarla.

De esta forma, es coherente separar fuentes de un impacto fiscal mediano que aseguren a las entidades federadas suficientes fondos propios, y que paralelamente no arriesguen la provisión de ingresos cuantitativamente proporcionales a los que el nivel central exige.[9] El impuesto a las sucesiones y donaciones y el nuevo impuesto al tráfico jurídico son precisamente esas figuras que se ajustan a la medida de las necesidades estadales sin disminuir las necesidades de gasto de la centralidad.

Ya habíamos hablado en su oportunidad sobre el destino al cual debían llegar los rendimientos del nuevo impuesto al trafico jurídico. Pues bien, ahora a ese tipo de impuesto debemos agregar los impuestos debidos a actos onerosos *mortis causa* (sucesiones), o entre vivos (donaciones), las transmisiones patrimoniales lucrativas caracterizadas por el impuesto al trafican jurídico, y eventualmente los rendimientos del patrimonio personal.

Podríamos repetir aquí el diseño impositivo de los países desarrollados, y que há sido demandado por los Estados venezolanos en mas de una oportunidad. Reformas impositivas que aparte del timbre fiscal incluyan figuras más modernas de gravamen, y que redunden en la idea de traspasar a sus territorios los rendimientos de los impuesto debidos a las transmisiones onerosas (sucesiones y donaciones), las transmisiones lucrativas (impuesto al trafico jurídico) y el impuesto al patrimonio.

2.1.4.2 Financiación de servicios públicos: finalmente, y empleando el instrumento citado al principio, los Estados deben financiar sus servicios públicos, a través de una manera de gestión cada vez más frecuente en nuestro modelo financiero, cual es, la elección de modos autofinanciación o sistemas privados o semi-privados, los cuales exigen *per se* la existencia de una ley formal que los regule y garantice a los usuarios el respeto de sus derechos de for-

9. Cf. Eduardo Guevara, "Timbre fiscal, impuesto sobre transmisiones y actos documentados, actualización monetaria", *Revista de Derecho Tributario* 77, Caracas, LEC.

ma de racionalizar el régimen de financiación de los mismos.

Nos aquí pues, a los comentarios generales hechos en su oportunidad sobre la nueva forma de financiar las necesidades de gasto del Estado Venezolano, las cuales deben ser imitadas en los niveles sub-nacional y local.

2.2 Municipios

2.2.1 *Patente de industria y comercio. Modificación* – Definir de una vez por todas un impuesto que grave tanto en su objeto como en su fin a la actividad económica local es una demanda a la fiscalidad venezolana. La patente de industria y comercio se presenta como un tributo que grava el ingreso bruto de las empresas venezolanas, representando el importe del mismo una rebaja del impuesto sobre la renta.

Tal situación deviene en primer lugar en un injusto sacrificio del esfuerzo fiscal desplegado por los órganos de recaudación nacional, de forma que los impuestos sobre la renta o el rédito devengados a nivel nacional son disminuidos por el descuento que sufren al serles restada en forma de rebaja la patente de industria y comercio. Y en segundo término este tipo de impuesto no grava en concreto la verdadera actividad empresarial, pues no toma en cuenta factores esta vez más relacionados con la realidad urbana, como lo es el tipo de empresa; la rama a la que se dedica; la superficie de territorio en la que explote su industria, comercio u oficio; y el personal empleado.

La patente de industria y comercio venezolana debe casar el hecho imponible y su base de cálculo con elementos más genuinos de la realidad económica local, de modo de gravar con más aproximación la actividad económica municipal. Los elementos que, unidos a la idea expuesta en el párrafo anterior, obligan al legislador y Constituyente afrontar un proceso de cambio los podemos resumir así:

Eliminar el aberrante ingreso a cuenta respecto del impuesto sobre la renta es una opción tributaria marcada por su urgencia y lo sustancial de la importancia. Su inmediatez, y su solución, será un hecho significativo en la positiva evolución de las finanzas venezolanas, que dará lugar a mayor confianza en el país y a la ubicación en su correcto rumbo de los ingresos locales.

Desechar por lo tanto la situación implantada en la actualidad, *y sustituirla por otra que deje de gravar un ingreso bruto global*, lo cual, entre otros inconvenientes jurídicos, revela doble imposición sobre bases imponibles sino idénticas entre la imposición a la renta y a la cifra de negocios o ingreso brutos, al menos demasiado similares.[10] *Recurrir a circunstancias más*

10. En efecto, la patente de industria y comercio nacional adolece de la misma inconsistencia tributaria que aquejaba a las *patentes* europeas existentes antes de las reformas globales impuestas por obra de la armonización que trajo la Comunidad (cf. Maurice Lauré, *Science Fiscale*, París, PUF, 1993. pp. 330-331).

Esta inconsistencia se puede describir así: si el impuesto a la patente lo paga el empresario – tributo a todo evento trasladable económica pero no jurídicamente sobre el consumidor, sobre un ingreso bruto global –, esta magnitud estará correlacionada en el impuesto al valor agregado, por tratarse de un tributo que supone el gravamen sobre el mismo ingreso global neto, esta vez trasladable por permisión directa del ordenamiento en el percutido económico (a mayor abundamiento revisar: Pierre Beltrame e Lucien Miehl, *Téchniques, Politiques et Institutiones Fiscales Comparées*, París, PUF, 1984).

Lo que queremos decir y que resumimos de forma técnica en el apartado anterior es muy simple: la existencia de la patente de industria y comercio y el valor agregado en nuestro sistema jurídico comporta económicamente otro caso más de doble imposición.

Las bases históricas de este desfase tienen su explicación en el sistema que expuso con mayor transparencia el valor agregado como impuesto, pues allí también existía una imposición local al ingreso bruto global. Veamos sus orígenes en las siguientes líneas.

En efecto, el anterior impuesto al valor agregado era el gravamen sobre la *cifra de negocios* (*chiffre de affaires*). Esta figura era entonces el tributo indirecto trasladable de carácter monofásico a la producción anterior al actual IVA, contribución a su vez asimilable a nuestro impuesto al consumo suntuario y a las ventas al mayor. De esta forma, cuando gravamos una cifra de negocios ya sea de forma multifásica, monofásica, acumulable o no, lo que estamos *aproximadas al carácter locativo de la riqueza*, como es la superficie destinada a la actividad, la mano-de-obra empleada y el gasto productivo efectuado, será un asunto a definir. Sobre ello están las experiencias de países foráneos, pero también de instituciones patrias que pueden definir con mayor exactitud las necesidades, perspectivas y tradición de un impuesto de esta naturaleza.[11]

Como último elemento meramente tributario, debe preponderar la idea de la armonización fiscal, concepto al que nos referiremos más adelante de forma separada, pero a la cual queremos aludir de manera especial, dada la marcada necesidad en esta área de con tipos impositivos homogéneos. Se aseguraría con la idea de la armonización, la inversión, la seguridad jurídica, la gestión de estos tributos, la neutralidad fiscal, y en general la destrucción de la anarquía que reina en los predios de la localidad territorial venezolana. Así, se desecharía el actual exceso de gravamen que produce normalmente evasión y patologías tributarias que

es detrayendo la riqueza proveniente de un ingreso neto global, es decir el saldo de las ventas menos las compras de una empresa.

En el caso del IVA, al ser no-acumulativo, de carácter multifásico, supone que las compras deducidas por un comerciante son realmente gravadas como contraparte por el comerciante que por el otro lado las está vendiendo. De esta manera si sumamos todas las bases imponibles de todos los contribuyentes en un territorio sujeto, estamos realmente gravando todo el ingreso bruto (incluso no podría aceptarse que las materias que entran al territorio elaboradas o como productos acabados no entran en el círculo de funcionamiento del tributo, pues tales operaciones sí están expresamente bajo el ámbito de aplicación del impuesto).

En el caso de la patente de industria y comercio no se trata de un impuesto indirecto, por lo cual el pago inicial del mismo corre a cargo del comerciante, quien puede luego, a través de un encubrimiento mayor o menor pero a todo evento con mayor esfuerzo, trasladarlo al consumidor. Sin embargo, este impuesto de más difícil traslación que uno indirecto grava ingresos brutos globales inmediatos de las empresas.

Como vemos en las tributaciones a *cifra de negocios* globales, la búsqueda del ingreso bruto se encuentra al ser sumadas todas las bases de los contribuyentes situados en el territorio sujeto, mientras que en la patente el mecanismo está a la vista. Sin embargo, se puede concluir que en los dos casos existirá una traslación del mismo, temprana o tardía, al consumidor y un gravamen generalizado en términos territoriales más que personales al ingreso bruto global. En otras palabras: ¡una doble imposición al valor bruto global de la economía! ¡Menuda carga la que existe en nuestro país!

Reduzcamos estas palabras a una fórmula más gráfica. Para ello describamos primero la forma de tributación de todo impuesto *ad valorem*, o tributo de carácter variable:

Impuesto al Valor Agregado (IVA)/Patente de Industria y Comercio = Tipo Impositivo(TI) x Base Imponible (BI)

Ahora diferenciemos el modo del cálculo de cada una de las figuras:

BI (IVA) =	Ingreso neto global personal (INGP) =	Ventas – Compras
BI (PIC) =	Ingreso bruto global personal (IBGP) =	Ventas

Ahora, demostremos que en los dos casos se trata de gravámenes a los ingresos brutos por medio de las sumatorias de los contribuyentes sujetos.

Σ BI (IVA) =	Σ Ingp* =	Ingreso bruto global territorial (IBGT)
Σ BI (PIC) =	Σ Ibgp =	Ingreso bruto global territorial (IBGT)

Esta parte se despeja cuando resolvemos que la sumatoria de los ingresos brutos personales es igual a todos los ingresos netos territoriales

$$*\Sigma \text{ Ingp} = \Sigma \text{ Ingt} = \Sigma \text{ Ibgp.}$$

11. La labor desplegada por instituciones como FUNDACOMUN, el Colegio de Vecinos, y otras de más reciente data, como la Asociación de Alcaldes, es un trabajo compilado que debe ser tomado en cuenta en el momento de definir el tributo que sustituya la patente de industria y comercio.

La tipología de las ordenanzas tributarias que erigen esta contribución local dispone de forma unánime la estructura del uso, como base esencial para la determinación de la base. Asimismo, la obtención de una constancia de cumplimiento de las variables urbanas fundamentales o el permiso de construcción respectivo, según la época de obtención de la licencia urbanizatoria, define otro elemento tributariamente trascendente, la superficie. Estos hecho facilitan no sólo una futura armonización, sino la misma definición de la forma de obtención de la base imponible y del hecho a gravar.

afectan no sólo al territorio y personas de ese territorio, sino las zonas y colindantes.[12]

Una Constitución nueva que ordene las potestades de Municipios y Estados, dejando a una Ley de Régimen Municipal o una ley más específica el establecimiento de máximos y mínimos en los tipos impositivos, dejar a las leyes anuales de presupuesto – leyes formales al fin y al cabo –, el manejo incluso de planes plurianuales, en donde se puedan incluir tipos tributarios hasta del nivel local para realizar los ajustes macroeconómicos dentro de una racional política fiscal.

2.2.2 *Armonización fiscal* – A simple vista pareciera que presentar un concepto de armonización en un esquema de reducción de tributos es un hecho que sobrara. Pero ciertamente tanto la patente de industria y comercio como el resto de las exacciones exigidas por los Concejos Municipales venezolanos adolecen de una exagerada anarquía que compromete peligrosamente la estabilidad de la carga fiscal que debe el contribuyente en el país.

Por esta razón hemos querido incluir este epígrafe, de modo de vizualizar que, si bien el resto de los tributos locales no deben sufrir al menos grandes modificaciones formales en cuanto a los hechos generadores que los causan, si es indispensable su armonización.

Con esta última idea completamos entonces el cuadro de la financiación venezolana y el ciclo del análisis del sistema tributario en función de una Reforma Fiscal sustantiva de carácter meramente cualitativo.

Figuras Actuales **Figuras Propuestas**

REPÚBLICA

Directos	• Impuesto sobre la renta	• Impuesto sobre la renta a las personas naturales	
		• Impuesto al patrimonio	Nuevo impuesto
	• Impuesto sobre la renta a las empresas	• Impuesto a las empresas	Opción fiscal paralela al impuesto al patrimonio Engloba el impuesto sobre la renta y el patrimonio empresariales
	• Impuesto a los activos empresariales		
Indirectos	• Impuestos al valor agregado • Alcoholes • Tabacos y otras manufacturas del cigarrillo	• Impuesto al consumo	Engloba el impuesto al valor agregado, alcoholes y cigarrillos
	• Impuestos al Registro Público • Arancel Judicial Timbre Fiscal	• Impuesto al tráfico documental	Engloba el impuesto al registro público, al arancel judicial y al timbre fiscal
Financiación de servicios públicos	• Impuesto al Timbre Fiscal	• Ley de Financiación de Servicios Públicos	Modifica la Ley de Timbre Fiscal

12. La experiencia de Municipios con voracidad fiscal desmesurada sobre las empresas demuestra por una parte la necesidad de limitar sus propósitos a límites razonables. Estos límites deben ser propuestos, como advertimos al principio, con la ayuda de estudios que econométricamente calculen las verdaderas necesidades a nivel local. Dicha necesidad debe ser el resultado de la diferenciación de Municipios a partir de variables que asignen modalidades de gasto, como lo es la población del Municipio y su territorio.

De tal modo, el gasto debe estar en proporción igual a la población y el territorio, tópicos que no

Figuras Actuales **Figuras Propuestas**

ESTADOS

Transferencias	• Situado constitucional	• Situado constitucional	
		• Fondo de compensación territorial	Se crea para compensar los desequilibrios horizontales
Participación en tributos	• FIDES	• FIDES	Modifica el actual régimen Se asigna en base al valor agregado aportado por cada Estado
	• Ley de Timbre Fiscal	• Sucesiones y donaciones • Impuesto al tráfico jurídico • Impuesto al patrimonio personal	Nueva figura Participación de los Estados en los rendimientos obtenidos dentro de su territorio
Financiación de servicios *públicos*		• Ley de Financiación de Servicios Públicos	Modifica la Ley de Timbre Fiscal y LODDTCPP

Figuras Actuales **Figuras Propuestas**

MUNICÍPIOS

Patente de industria y comercio		• Impuesto a la actividad económica	
Armonización fiscal		• Impuesto a los bienes inmuebles y las plusvalías	
		• Impuesto a la tenencia de automóviles y otros medios de transporte	
		• Otros	
Ley de Timbre Fiscal		• Ley de Financiación de Servicios Públicos	

IV – Consecuencias constitucionales

Según las indicaciones iniciales, el plan tributario debe tener un espaldarazo normativo de rango constitucional. En seguida analizaremos las previsiones de este rango, que deban ser previstas para que el *status* tributario expuesto tenga validez.

1. Tributarias

1.1 Legislativas

1.1.1 *Poder originario y derivado* – Una de las más aceradas polémicas que ha dedicado el relativo poco tiempo del Derecho Tributario es precisamente el afilar

sólo han servido para medir necesidades en otras latitudes sino en nuestro propio ordenamiento. Casos destacados en este tema lo representan el situado constitucional y la definición de círculos electorales y organizativos en la Ley Orgánica del Sufragio y de Régimen Municipal.

Con esta modalidad, se estaría garantizando que Municipios pequeños exigen impuestos desproporcionadamente altos a sus verdaderos niveles de financiamiento, lindero que permitiría entre otras cosas la racionalización de la burocracia municipal, y el despilfarro en este importantísimo nivel del Estado.

el concepto "poder tributario originario-derivado", como noción que decanta dos ideas contrarias, pero que globalizan respectivamente la posibilidad de crear normas contributivas de un ente territorial dependiente de la soberanía nacional, y la limitación correspectiva que éste crea en función de otras entidades de rango ya autónomo.

A estas alturas de la investigación científica que corresponde a esta disciplina jurídica, podemos afirmar que los planteamientos de la estructura lógica del poder originario-derivado están en declive, y que en el plano fáctico la influencia de este abandono conceptual ha influido decididamente en la Reforma Constitucional acaecida en la década de los 90, sobre todo en los países de Sur América, de tal forma que no se ha regulado el poder originario, para preferir la mención de competencias puras y simples atribuidas a los diferentes componentes territoriales del Estado.

Sin duda esta influencia es la que, a nuestro modo de ver, debe tomarse en cuenta en nuestra latitud, de forma tal de no complicarse con mecanismos mentales, que aunque hayan sido adoptadas excepcionalmente en otras normas constitucionales como es el caso español, no deben duplicarse en nuestra próxima modificación de normas fundamentales. En efecto, recorrer legislaciones que hayan acogido experiencias perjudiciales para sí mismas es algo que debemos evadir, para ir en busca de una técnica legislativa depurada y eficaz.

Nuestro cuerpo constitucional, como veremos luego, adolece de una falta de disposiciones concretas para situaciones demandadas, pero exhibe en otros aspectos una carga liviana en su regulación, que deja correr con fluidez su aplicación, ordenando así aún de forma reticente las situaciones reales. El poder originario-derivado es un tema que no se preceptúa en la actualidad constitucional venezolana, pero que tampoco conviene estipularse en norma alguna, y mucho menos en el rango de normas esenciales. Nosotros debemos abstenernos de hacerlo en una próxima reforma.

1.1.2 *Organización competencial* – En esta parte tocaremos tres grandes sectores trascendentes según el discurso propuesto al comienzo. La primera parte trata de esclarecer el mecanismo competencial más apropiado para el país, para lo cual revisaremos los conceptos imbuidos en nuestra Carta Fundamental y en la legislación, es decir, el de las competencias residuales y las competencias exclusivas-concurrentes.

Luego de definir una posición clara, podremos averiguar como quedarán designadas las fuentes de competencia y el funcionamiento final de la nueva Constitución y la ley respecto de los niveles territoriales. Finalmente, haremos una advertencia imprescindible sobre el uso de la Ley Orgánica para resolver algunos espacios de regulación propios para este tipo de legislación.

Pues bien, arrancando a partir de las afirmaciones a las que pudimos llegar en el punto anterior, podemos legítimamente reclamar una explicación para la ordenación competencial de los distintos entes territoriales en que se compone políticamente el país, pues, si no podemos acudir al método obsoleto del poder originario, debe existir al menos un *telos* ordenador de las competencias tributarias.

En efecto, la reordenación de los tributos estadales, municipales y nacionales propuestos en la primera parte de este estudio puede ser perfectamente entendida con la técnica jurídica de las competencias exclusivas y concurrentes.[13] Estas últimas estarían representadas en nuestro esquema anterior *verbi gratia* en materias como la coparticipación recaudatoria o en la coparticipación tributaria, mientras que las exclusivas están representadas en la existencia paralela y autónoma de poderes para crear contribuciones en los diferentes niveles territoriales.

13. A esta técnica han arribado todas las Constituciones recientes de nuestro Hemisferio. Así la Constitución de Argentina (1994), la Brasileña (1988) en sus arts. 22 y 23. En Europa un claro ejemplo es la ordenación española (1978); y como figura por antonomasia: Alemania (1948).

Dicha jerarquización no es ni ajena a la cronología constitucional tributaria comparada, ni incluso tampoco a nuestra propia estructura legal. La LODDTCPP introduce la mecánica de la exclusión-concurrencia para permitir la descentralización del Estado, yendo acaso más allá del propósito e intención de las normas fundamentales que hasta ahora han regido en nuestros límites geográficos. Hoy en día en esa legislación sencillamente se regulan las competencias, dejando en claro que hay espacios en los que interviene exclusivamente la República, o exclusivamente los niveles sub-estadal y local; y luego, espacios donde podría haber concurrencia.

Sea como fuera la designación de este mecanismo competencial, lo que sí hay que aceptar es que la idea de la residualidad a la que se contre la Constitución tenemos que abandonarla por inútil y obsoleta. La propia realidad y desarrollo de sus propios preceptos como el art. 137 dejan claro que los Estados han ido tomando competencias que naturalmente deben recaer en sus personas, y que de no ser así condenaríamos al fracaso al federalismo y al mismo proyecto del país venezolano.

Los Estados entonces ya no estarían apartados en una cola de discriminación competencial que corría a favor de la República y los Municipios respectivamente. La residualidad fue una proposición que se iba dejando de lado por la fuerza de los hechos, tanto así que la propia Ley de Descentralización tuvo que echar mano de una de las realidades más pacíficamente aceptadas y más funcionales dentro de la técnica competencial como es la exclusividad, obviando la inaplicable técnica de los residuos de atribuciones estadales.

Hoy en día no sólo normas esenciales de otras naciones en procesos de reforma como la que se quiere implantar en el nuestro han prescrito esta utilísima concepción; somos nosotros quienes debemos ahora constitucionalizar reglas de rango legal, y llegados a ese punto depurar lo que esas mismas directrices han dictado por el tiempo en que han estado en vigencia. Lo que queremos decir es que las normas de la LODDTCPP aplican una técnica apropiada a la realidad venezolana, pero no han llegado a un punto de perfeccionamiento correcto en su contenido.

El funcionamiento de la exclusión-conclusión es algo que falta en la reforma de nuestra Carta Magna, pero luego hay que dar los toques necesarios para que esa mecánica ponga a funcionar los contenidos de la que se compone. Nos referimos en este punto a la delegación hacia los Estados de competencias o créditos tributarios sobre los impuestos a las sucesiones, donaciones y actos jurídicos o de tráfico, así como competencias tributarias sobre el impuesto personal al patrimonio. Estas potestades de carácter administrativo y tributario, respectivamente, deben ser expuestas en la Constitución de forma tal que describan con claridad las fuentes que deben destinarse a cada nivel los tipos tributarios o límites que se deben imponer a cada uno para lograr un mínimo de armonización fiscal según sea el caso.

Expuestas las bases sobre la naturaleza de la organización de las competencias en una futura Constitución, creemos necesario entonces describir, como segunda parte de esta entrega, la definitiva constitución de una legislación a partir de una reforma de esta magnitud, la cual no puede ser otra que la utilización de las normas constitucionales y de rango fundamental dictadas para la subsistencia de un plan de Estado tal y como fue expuesto, y luego dejar a la legislación sub-estatal el poder de dictar su propio ordenamiento, para que en último extremo la legislación nacional actúe como un paraguas sobre el que caigan todos aquellos espacios no regulados expresamente por la legislación estadal.

Este triple nivel, llamado por García de Enterría como *círculo de encuadramiento*, no es más que el debido funcionamiento de las normas federales y sub-estatales dentro de un marco regulatorio descentralizado, y al cual debe corresponder la legislación que vaya a normar el ámbito financiero y tributario de la Venezuela de los futuros años.

Sin embargo, esta visión no es suficiente para dar un mínimo de estabilidad a las situaciones que vayan a conformarse; es necesario agregar a este esbozo una estructura de ley bastante segura en su permanencia y duración, para así acompañar en la construcción de las normas sustanciales. Esta es el tercer epígrafe que debemos apuntar en esta parte del estudio, y que lo debemos abordar partiendo del método que desarrollamos al inicio, es decir, revelando una debida estructura constitucional luego de un diseño fiscal apropiado al país, y precisamente la asunción de la estructura tributaria que planteamos en el capítulo anterior tiene unas consecuencias normativas que corresponderán a dos diferentes estamentos y momentos políticos acordes con su naturaleza.

Primero tiene que ver con un diseño de Estado, que no podrá cambiar su nueva estructura sino con otra nueva reforma futura y diferente a la que estamos planteando en la actualidad, y que para mantener su objetivo deberá apertrecharse de leyes de *calibre*, difíciles de modificar precisamente para apuntalar la construcción previamente puesta en obra. Ciertamente, a la hora de buscar los instrumentos jurídicos ideales para llevar a cabo los propósitos formulados, tenemos que respetar las jerarquías seleccionadas en orden de la importancia de las materias a regular.

Pero luego tenemos que añadir otra variable a ser tomada en cuenta a la hora de seleccionar los medios idóneos; se trata de dejar un espacio para la flexibilidad que apareja la regulación de las finanzas públicas modernas, altamente vinculada al proceso económico. Esta necesidad casi *mercantilista* de nuestras finanzas se revela crudamente en el prolongado proceso legislativo para la formación de las leyes, y en la inexistencia de mecanismos que hagan armonioso el desarrollo de la economía con las normas fiscales.

Dejadas en claro las precisiones que acabamos, podemos verter en respuestas concretas las dudas iniciales. En este orden, podemos advertir que la Reforma Constitucional debe necesariamente tocar un espectro amplio de normas, las cuales las podemos organizar desde el nivel orgánico hasta la simple especialidad de la legislación. En lo que respecta al aspecto orgánico, podemos entender que este nivel de legislación es introducida en un ordenamiento como preceptiva que otorga permanencia, seguridad y fijeza a las reglas fundamentales.

Este señalamiento, aunque no ha sucedido en Venezuela de forma similar a la que idealmente fue propuesta, ha sido sistemáticamente desfigurado de su trazo inicial sobre todo en las últimas dos décadas, en las que se ha designado con el mote de orgánicos a una cantidad de cuerpos legislativos que no ejecutan directamente la Constitución, como debería ser la finalidad ideal de una Ley Orgánica. Sea como fuere, este tipo de ley necesita una mayoría cualificada para ser aprobada, lo cual, a pesar de la desviación que se le ha dado en su denominación, al menos asegura la permanencia en el tiempo y la seguridad que leyes de ejecución constitucional requieren.

De una u otra forma, las posibilidades de regular y delimitar el uso de las competencias, designar las autoridades administrativas encargadas de su cumplimiento y de los métodos para la distribución de los rendimientos, entre otras particularidades típicas, de lo que debería constituir la reserva legal orgánica del financiamiento federal y del nuevo esquema tributario, ya está de algún modo avizorado en nuestro ordenamiento actual, por lo cual no habría que realizar grandes cambios que hagan pensar en efectos traumatizantes en nuestro sistema.

En efecto, el Código Orgánico Tributario (en adelante COT), la LODDTCPP y la Ley Orgánica de Régimen Municipal (en adelante LORM) son los instrumentos jurídicos sobre los que puede partir esta pauta de ordenación, pues son cuerpos jurídicos que han estado tradicionalmente relacionados con la financiación nacional, estatal y municipal, respectivamente, y que han rendido frutos valiosísimos para el desarrollo del Estado Venezolano.

Establecer entonces que fuentes son las que deben gravar cada nivel y de que forma o cual límite se debe imponer sobre esta enunciación son tareas propias de estas normas. Será desde luego una decisión política atribuir a cual cuerpo normativo corresponde este importantísimo hecho para nuestra vida nacional. En nuestro criterio, las normas vocacionalmente naturales para definir estas situaciones son la Ley de Descentralización y la LORM, leyes que agrupan con mayor propiedad los asuntos de las finanzas regionales y locales, respectivamente.

En el caso de las normas del Código, a diferencia del *Code Générale d'Impôt* francés, no se regulan situaciones de las Haciendas sub-nacionales, es decir, no es un verdadero código de leyes sustantivas, ni siquiera de la distribución de las competencias federales; es simplemente una ley ordenadora de los principios generales de los tributos, y de todas las leyes de procedimiento para su control especial. Por lo cual queda descartada por completo, a nuestro modo de ver, la aceptación del COT como la ley natural para desarrollar el problema de la distribución de las competencias respecto de las fuentes tributarias en cuestión, por las indicaciones históricas de corte jurídico a las que estamos sometidos, y que ya fueron comentadas atrás.

Finalmente, y en cuanto a la ubicación de la norma en el texto, creemos que es preferente la ubicación de las mismas dentro de las potestades nacionales a las que alude genéricamente el art. 136, es decir, expresar que la competencia de dictar tributos a las transmisiones como el tráfico jurídico, sucesiones y donaciones corresponde al Poder nacional, pero luego en los ingresos de los Estados nombrar que los rendimientos debidos a estos ingresos pueden formar parte de sus Fiscos.

1.2 Ejecutiva. Nuevos poderes

El ejercicio del poder tributario en manos del Ejecutivo ha sido una de las llagas abiertas más difíciles de sanar en lo que a discusiones conceptuales en esta materia se refiere. Es precisamente sobre este aspecto sobre el cual dependerá el éxito de toda futura política fiscal, y por ende económica, que pretenda introducir gobierno alguno en el país.

Debemos entonces afrontar el reto de diagnosticar los males que sufre nuestra Patria en un momento-clave político e histórico, justamente por estar muy en la palestra el problema de un mayor protagonismo del Presidente de la República en la acción del país. Se trata de un punto que toca un elemento de vertebración del propio Estado, lo cual nos forzará a realizar alguna vista rasante sobre su caracterización. Sí, es sencillamente la función que debe desempeñar el Ejecutivo en la creación de la norma tributaria, cuestión que puede incluir varios aspectos, pero al que preferimos desarrollar aquí en una sola de sus vertientes, la de las leyes delegadas, llamadas en nuestro propio argot como *ley habilitante*.

El hecho que en concreto denunciamos, y que necesita un urgente viraje, es el rotundo fracaso de aquellos Ejecutivos que no han contado con las mayorías parlamentarias indispensables para respaldar legislativamente su filosofía y propósitos que lo llevaron a gobernar. Para esto debemos indicar que, al momento de definir al gobierno venezolano, podemos fácilmente acuñar la expresión del *presidencialismo con sujeción parlamentaria*, y a la forma política del Estado como una *democracia de partidos*. Estas dos condicionantes resuelven en pocas palabras el éxito en la propuestas que lo llevaron a la autoridad, y que se traducirá políticamente en el control que tengan los Ejecutivos sobre los partidos que representan las mayorías deliberativas.

El peor síntoma de este mal público es la intrascendencia de la opinión popular en la solución de los conflictos entre las ramas de los Poderes, pues con completa prescindencia de la voluntad política del pueblo que elige a su representante principal para ejecutar su ideario se decide en sede legislativa su futilidad e inepcia para realizar su programa. Esta traba que corre a favor repetimos del Parlamento se ha dado sobre todo en gobiernos repetimos, con minorías en las Cámaras Legislativas o con la oposición del partido que lo apoyó en la obtención del triunfo electoral. Así, en el primer y segundo gobierno del Dr. Rafael Caldera, en el segundo gobierno de Carlos Andrés Pérez y el gobierno de Luís Herrera Campíns hemos visto los manejos del poder de espaldas a la cara legítima del pueblo.

Lo que significamos es entonces la exagerada intervención de nuestro Congreso en la tarea de gobierno, y que, antes que mejorar el estado de la gobernabilidad, ha impedido la fluidez de las decisiones políticas. Esta forma de ajustar la aplicación de la política de Estado ha ido desligitimándose de tal forma, que ha obligado a nuestro juicio a desvincular gobiernos completos de su inicial voluntad, por medio de las intromisiones legislativas que la propia Constitución ampara y que legaliza con acciones que van desde acciones de saboteo financiero, como es la llamada reconducción del presupuesto, hasta la modificación absoluta de proyectos presentados por el Presidente, de tal forma que, luego de su sanción, ¡la Administración se ve en la odiosa función de cumplir con una ley diametralmente opuesta a su ánimo e intenciones! Más absurda es la imposibilidad – al menos formal – de legislar a través de acto ejecutivo.

Sí, la Constitución a través de su rigidez formal destina sólo al Congreso el conocimiento de la ley tributaria, pero deja en un amplísimo abanico de materias la posibilidad de legislar en vía gubernativa por intermedio del decreto-ley, dictado bajo la autorización de una ley delegatoria. Esta posibilidad por ejemplo fue abiertamente utilizada en el caso de la Reforma Tributaria acaecida en el año 1994, año en el que entraron a regir dos impuestos importantísimos dentro de nuestras finanzas, el impuesto al consumo suntuario y a los activos empresariales, se modificó el Código Orgánico Tributario, la Ley de Impuesto sobre la Renta y el Timbre Fiscal.

¡Vaya reforma! Y todo, claro está, al amparo de un decreto-ley. Muchas voces se alzaron, pero ninguna con la suficiente voluntad (o convicción) para impugnarla.

Pero todavía resulta más insólita la existencia – ya al parecer sólo formalmente – de leyes quinquenales de planificación: ¿Para qué? La respuesta es muy sencilla: ¡para nada! Nada justifica su existencia en el estado actual de la discusión sobre la vinculación normativa de un plan general de la Nación. Con ello se perdió nada más que la planificación del Estado. Falta poco para que el Estado pierda su alma.

Pero entonces, cabe preguntarnos: ¿qué papel puede jugar en este instante una ley planificadora? La respuesta puede ir por el camino de la permisión de fijar una política fiscal más flexible. No con los obstáculos legislativos conocidos.

Permitir al Presidente fijar tipos impositivos sólo en los límites autorizados por el Congreso en leyes planificatorias es rescatar la fijación de un plan político-económico sin que el Congreso deje de ser el controlador mayor de la labor gubernativa.

2. *Financiero*

Como bien anunciamos al inicio, este estudio supera en algunas de sus partes el mero análisis jurídico-tributario. En efecto, no sólo se tocan puntos que más bien atienden a la técnica de la fiscalidad, sino acudimos a otras ciencias auxiliares de aquella, para dar valor con más propiedad la final redacción normativa que supone un aserto constitucional; incluso para abarcar un área comprensiva de las finanzas nacionales, llegamos más allá del simple espacio tributario, y encallamos en el área financiera, de modo de modificar aquellas normas que en la redacción actual detendrían el proceso.

Aquí nos detuvimos en dos zonas que tendrán un protagonismo preferente, a la vista del plan que propusimos. Se trata del principio presupuestario de la unidad del ingreso y la regulación de la participación económica de los Estados y los Municipios en los ingresos de la Nación. A tal efecto, pasaremos sin más demora al estudio de estos temas en el orden anunciado.

2.1 La unidad del ingreso y el FIDES

Uno de los problemas jurídicos que trajo consigo la promulgación de la normativa regulatoria del fondo intergubernamental para la descentralización fue que su configuración jurídica atentaba contre el principio jurídico de la unidad del ingreso. En verdad, si echamos un vistazo sobre las notas de devolución que en su momento realizó el Presidente de la República Dr. Rafael Caldera, respecto de la propuesta de promulgación de la Ley del FIDES que en el año 1997 se modificaba, nos encontraremos con serias objeciones a su validez, por cuanto no se podía en su opinión destinar el producto de determinados ingresos a satisfacer determinados gastos.

La unidad del ingreso se tiene como uno de los principios inspiradores de los sistemas presupuestarios modernos. Según esta institución, todo lo recabado y obtenido como ingreso debe tener un solo destino exclusivo: el Fisco. De esta manera, la excepción a esta regla es óbviamente la destinación a un lugar diferente de lo ingresado al Fisco como rendimiento propio del Estado.

En Venezuela este principio no tiene rango constitucional, sólo tocan a esta altura normativa en estricto derecho presupuestario la legalidad y unidad del presupuesto, que se postula "no se hará del Tesoro Nacional gasto alguno que no haya sido previsto en la Ley de Presupuesto". Veamos con más detenimiento esta doble expresión principista de esta norma fundamental.

Claramente se divide en dos enunciados lingüísticos. La primera alude en forma reticente o negativa a la unidad del gasto a través de la prohibición de su ejecución; la segunda, a la institución de la legalidad del presupuesto, la manera de sujetar al control político y al *quid* por el que se ideó la división del poder en tres ramas, el control del Estado por el propio Estado.

Como vemos, muy diferente es esta afirmación a la de la unidad del ingreso que está definida en la Ley Orgánica de Régimen Presupuestario y a la que hicimos alusión en el primer párrafo de este sub-punto. No podemos por ende confundir destinar el producto de ciertos ingresos como lo son los tributos nacionales, a la realización de algunos gasto, como lo es la constitución de un servicio sin personalidad jurídica o de un instituto autónomo para la gestión de ese dinero recabado. ¡Un principio demasiado absurdo, rígido, inútil y dañino para nuestra verdad social!

Si nos atamos a la estricta letra de este enunciado, no cabrían soluciones impositivas para responder de ciertas funciones primordiales del Estado, las cuales urgen atender, y sobre todo falta la percepción popular de que con ciertos ingresos se puede atender algunos de sus reclamos. En esta materia no es pues del todo desconocida la práctica común de muchísimos gobiernos, no sólo en nuestra latitud sino de cualquier parte del mundo, de anunciar y ejecutar medidas que van justo al cumplimiento de la excepción al principio.

Dedicar el impuesto a la gasolina a la solución de problemas de polución; tributos al alcohol y a los tabacos, al tratamiento de los problemas la adicción; impuestos de guerra o catástrofes para aliviar estos problemas excepcionales e infinidad de otras experiencias que pueden ser relatadas y documentadas, son testigos de la inmensa necesidad de destinar en ocasiones el producto de determinados ingresos a la realización de determinados gastos. Nada justifica la clausura a la que están sometidos algunos problemas nacionales. No hay razón valedera que se superponga al interés supremo de dar real autonomía financiera a la atención de problemas capitales en el devenir de los asuntos públicos.

V – Conclusiones

1. Modificar el art. 224 de nuestra Constitución, de forma de permitir la legislación tributaria por parte del Ejecutivo, cuando sea autorizado por una ley habilitante, así como facultarle la fijación de tipos impositivos en las bandas o dentro de los topes mínimos y máximos fijados a través de leyes de planificación plurianuales.

2. Cambiar la filosofía del art. 229, para permitir la división del situado en dos porciones, una quedaría plasmada en los términos del propio art. 229, pero la utilización de una parte de estos fondos haría viable la introducción de una nueva cláusula en donde se corrigieran las imperfecciones del tramo anterior, dirigiendo una cantidad de dinero presupuestado para la atención de las variables de pobreza y desamparo que sufran las entidades federales menos favorecidas en el reparto.

3. Incluir un nuevo apartado luego de la previsión de la legalidad presupuestaria, para constitucionalizar el principio de la unidad del ingreso y los casos de excepción.

4. Crear el impuesto al tráfico jurídico, y dar la posibilidad de que esta fuente vaya como crédito presupuestario a los Estados, vía asignación. Dicha fuente sería un impuesto de creación nacional, por lo tanto, dentro de las previsiones del art. 136, pero destinados sus fondos a través de la excepción al principio de la unidad del ingreso.

5. Llevar a rango constitucional el principio de la armonización fiscal local y estadal, bajo un enunciado económico, preferiblemente incluible dentro de los derechos económicos a que alude el principio del texto.

VI – Epílogo (a modo de conclusión)

1. Filosofía fiscal del Estado del siglo XXI

Hemos dado una visión general de un plan de Reforma Tributaria para Venezuela, y las modificaciones constitucionales que el mismo acarrea. Ahora trataremos de finiquitar todas las hendiduras que una propuesta de este tipo conlleva, pues debe ser también nuestra obligación resolver todas las dudas de política y filosofía pública que un papel de trabajo de esta magnitud conlleva.

En efecto, fuera de los objetivos meramente tributarios, es importante dar trascendencia a las causas de toda la Reforma Fiscal, las cuales deben inscribirse en una vista diferente del país.

Venezuela, desde principios de este siglo, había escalado a una independencia económica originada por la riqueza petrolera descubierta. Nunca nuestros confines habían visto una caudal de ingresos tan grande que llevara tanto desarrollo para nuestro pueblo. A partir sobre todo de la década de los 80 la renta petrolera se hace insuficiente para el tamaño del Estado, y comienza a decaer la bonanza, el desarrollo y el bienestar generales.

A partir de los 90 se comienzan a realizar esfuerzos honestos para diversificar nuestra economía, a través de un proceso de apertura, el cual también tocó el área de los hidrocarburos. No fue sino a finales de esa década cuando se consigue con rotundidad la formación de un cuerpo de recaudación autónomo (SENIAT), la inclusión de un impuesto general al consumo de bienes y servicios mercantiles y profesionales y a los activos empresariales; así como otras intervenciones a leyes sustanciales, como son el Código Orgánico Tributario, impuesto sobre la renta y en menor medid, el timbre fiscal.

Hoy en día, la reforma ha dado parcialmente unos frutos positivos, pero la situación de iniquidad y de injusticia hace peligrar las propias bases de nuestro Estado Democrático. La Reforma Fiscal, animada por organismos internacionales y por gobiernos no tan expertos en disminuir índices de pobreza y redistribución, antes que rebajarlas las aumentaron, llegando a empujar a la sociedad a la miseria en la que se encuentra, como si fueran pocas las otras causas que también colaboran a su *status*.

Actualmente los aires han cambiado, y auguran los nuevos vientos la concientización de entes que antes daban la espalda a estas posturas, para sacrificarlas por recaudaciones y equilibrios macroeconómicos. En la actualidad, podemos convencer a cualquiera que el próximo paso de la reforma del Estado, no sólo venezolano sino de la región latinoamericana, es la justicia tributaria y una real redistribución en el gasto. No creemos que haya muchas posibilidades de sustentar el régimen de libertades, aunque sean pocas, con meras medidas populistas que no vayan en pos de la eliminación del tercermundismo en que estamos sumidos.

Bajo estas ideas, lucen lógicas medidas para una nueva forma de financiación de los servicios, aliviando la carga financiera de los presupuestos públicos; se ve con claridad una imposición a las mayores riquezas dentro de márgenes racionales y proporcionales; destacaría el funcionamiento cristalino de toda la imposición indirecta general y especial, reunida en torno a dos figuras preeminentes: el tráfico jurídico y el valor agregado.

Incluso con este esquema, se despejaría toda duda sobre la factibilidad de un plan en este sentido, pues lo principal no sería en todo caso la búsqueda del elemento de la percepción – aún sin desconocerla por completo como hemos hecho; sino la inversión claro está en su óptica tributaria de neutralidad, como motor real y sincero del bienestar de un pueblo desocupado y reunido en proporciones cercanas a un 50% a la informalidad, y por ende a la marginación social. Estas y no otras fueron las razones que nos movieron a ubicar en este estudio a la neutralidad como objetivo principal de la reforma, y al que tiene que en final de cuentas subyugarse la percepción.

Echar de nuestro espíritu el concepto de un Estado ineficiente es una lucha que debemos afrontar sin tregua. Es la reforma de una Venezuela y – ¿por qué no? – de una Latinoamérica democrática y abierta al mundo en el siglo nuevo de igualdad y participación.

2. *El resto de la reforma*

No puede admitirse, en un sencillo sentido común, que los valores de los gravámenes indirectos representados por la fiscalidad a los impuestos al valor agregado y aduanas representen un monto igual o aún superior a valores exigidos por países desarrollados. Y valga la comparación no por la sutil y repelente comparación entre niveles de evolución económica. No, se trata de comparar a entes con poblaciones donde la clase media supera el 50% de la población, ¡cuando en nuestro país la clase pobre toca baremos alrededor del 80%!

Son por ende doctrinales y aleccionadoras las elementales nociones tributarias de la capacidad económica y justicia, inscritas en la Carta Fundamental, pero más clara es la explicación económica sobre este desbalance social. En este sentido el *minimum vitale* de un pueblo como el venezolano está ya lo suficientemente erosionado por las cargas de un Estado inerme ante sus obligaciones públicas, para verse agravado aún más por las contribuciones sociales, que antes de disminuir la pobreza ¡la aumentan! Contribuciones, repetimos, groseras al común, apaleado en el suelo cuando ya ha caído por una paliza, empobrecido en su tierra por causa – entre otras – de sus propias normas.[14]

14. "La preponderancia de la imposición indirecta es propia de los países en vías de desarrollo; lo que es peor, de países desarrollados en que la solidaridad o la conciencia social no adquirió la difusión o el peso político que demanda toda sociedad justa" (César Albiñana, *Sistema Tributario Español y Comparado*, Madrid, Tecnos, 1986, p. 1.000).

Entendemos entonces que la regresividad que perturba y deslegitima no sólo al ordenamiento tributario sustancial, deslegitima igualmente al Estado, pues es él quien incumple el mandato de igualdad y justicia, que un pacto constitucional ordena. Y aunque hayamos repetido un sinfín de veces que no íbamos a cuestionar los valores definitivos de imposición, sí creemos que pocos párrafos dedicados a este apartado dan sentido a la totalidad de este estudio, que al menos, al tener pretensiones generalistas, respecto del sistema tributario, tiene que cubrir lagunas que él cree.

Así pues, el resto de la reforma concentrada en la definición de las cantidades que finalmente tendríamos que pagar por las exacciones que propusimos es un área que no tocamos por no ser nuestra área de conocimiento el de la econometría fiscal. No obstante, veremos de forma rasante aspectos generales de política fiscal, pues sólo hasta este borde se puede asomar la limitante de nuestro análisis.

De lo anterior tenemos que nuestra vista debe favorecer la ponderación hacia una imposición progresiva, a través del aumento del peso de la proporción de los impuestos directos sobre los indirectos, en la misma medida en que siga el panorama de pobreza que aqueja a las grandes mayorías nacionales, y sólo cuando esa perspectiva cambie podremos hacer lo que muchos países desarrollados hacen: subir la imposición indirecta.[15]

Repetimos otra vez en nociones básicas de justicia y capacidad económica, sencillas pero desoídas, ignoradas, intrascendentes para muchos. Volver a lo básico pero esencial es algo que está por hacerse todavía y que no por sencillo nos avergonzamos de advertirlo aquí. Más bien el desconocimiento de su sencillez, es lo que debe avergonzar a aquellos responsables por muchos años de fijar una errada y anti-social política tributaria en Venezuela.

Los designios fiscales de principios del siglo XXI estarán signados por una imposición indirecta menor a la directa, una equitativa y correcta detracción de las riquezas y una justa delegación de potestades para aumentar la autarcia estadal. Con esta política contributiva, se podrá no sólo aumentar la afluencia de riqueza detentada por los estadios sociales menos favorecidos, sino que se facilitará a aquellos Estados más discriminados, para que obtengan recursos sobre la base de su eficacia en el gasto.

En este sentido, la asignación de fuentes naturalmente avocadas para hacer frente a las Haciendas federativas sería una clave del éxito del nuevo sistema. Finalmente, la cohesión de todas las prestaciones públicas, en aras de armonizarse, influenciará sobre la riqueza de forma racional y coherente, y permitirá cerrar con broche de oro todas las medidas apuntadas.

De esta manera, Venezuela irá por la vía de la Democracia y el cambio pacífico a un plan que la enrumbará al destino de desarrollo y crecimiento económico sostenidos, brindando seguridad a la inversión, justicia y participación que inspiran la implementación de este recetario que quisimos hoy exponer. Menuda utopía de las finanzas para quien lea las líneas que signamos, pero el escepticismo sólo puede ser superado por nuestra convicción y fe en nuestra querida Tierra, sabor a caña dulce, río de agua clara.

París, 30 de marzo de 1999.

15. En este aspecto resalta el estudio de Antonio Estadio y Víctor Gaspar, "Why tax incentives do not promote investment in Brazil", in *Fiscal Incentives for Investment and Innovation*, New York, World Bank, Oxford Press., 1995. pp. 309-340 – que recomienda la bajada de tipos impositivos sobre bienes importados como una de las recetas no sólo para el mejoramiento de la equidad, sino para la fluidez del mercado internacional.

Bibliografia

ALBIÑANA, César. *Sistema Tributario Español y Comparado*. Madrid, Tecnos, 1986.

BELTRAME, Pierre, e MIEHL, Lucien. *Techniques, Politiques et Instituciones Fiscales Comparées*. París, PUF, 1984.

BUCHANAN, James M. *Economía Constitucional*. Madrid, IEF, 1993.

_________. "Hacienda Pública y elección social". *HPE* 40/9-29.

ESTADIO, Antonio, e GASPAR, Víctor. "Why tax incentives do not promote investment in Brazil". *Fiscal Incentives for Investment and Innovation*. New York, World Bank, Oxford Press., 1995.

GUEVARA, Eduardo. "Timbre fiscal, impuesto sobre transmisiones y actos documentados, y la actualización monetaria". *Revista de Derecho Tributario* 77. Caracas, LEC.

HOLCOMBE, Randall G. "Tax policy from a public choice perspective". *National Tax Journal*. v. LI, n. 2 (pp. 359-372). Whasington D.C.

LAURÉ, Maurice. *Science Fiscale*. París, PUF, 1993.

NEUMARK, Fritz. *Principios de la Imposición*. Madrid, IEF, 1994.

QUE SAIS JE?. *Imposition du Capital*. París, PUF, 1992.

Documentos

Constitución de la Nación Argentina. México, Fondo de Cultura Económica, 1994.

Constitución de la República Federativa de Brasil. México, Fondo de Cultura Económica, 1994.

Constitución Política de Colombia. México, Fondo de Cultura Económica, 1994.

Constitución Política de Perú. México, Fondo de Cultura Económica, 1994.

Las Constituciones de Venezuela. Allan R. Brewer-Carías. San Cristóbal (Venezuela), UCAT, 1985.

Textes Constitucionnels et Documents Politiques. Yves Mery. París, Mont Christien, 1989.

The Constitucions of Europe. E. A. Goerner, Chicago, 1967.

ESTUDOS & COMENTÁRIOS

ANOTAÇÕES SOBRE AS IMUNIDADES TRIBUTÁRIAS[1]

CARLOS CÉSAR SOUSA CINTRA

Procurador do Estado do Ceará — Mestrando de Direito Tributário
da Pontifícia Universidade Católica de São Paulo

1. Introdução 2. Pressupostos: 2.1 Direito e linguagem; 2.2 Breves apontamentos acerca da estrutura lógica das normas jurídicas; 2.3 Considerações gerais sobre os princípios jurídicos: 2.3.1 Intróito: conceito e função dos princípios jurídicos; 2.3.2 Natureza dos princípios jurídicos; 2.3.3 Conteúdo dos princípios jurídicos. 3. Imunidades tributárias: 3.1 Conceito; 3.2 As imunidades tributárias enquanto significações de determinados enunciados constitucionais; 3.3 Conteúdo das imunidades tributárias; 3.4 Prescrições imunizantes e normas de estrutura. 4. Conclusões.

1. Introdução

Muito já se escreveu acerca das imunidades tributárias. Pululam na literatura jurídica proveitosos estudos sobre a fenomenologia daquelas mensagens prescritivas. Entretanto, se alguns aspectos já foram sobejamente enfocados, determinadas peculiaridades ainda não mereceram a devida reflexão doutrinal, restando inexploradas.

Instigados pela constatação da lacuna apontada, intentamos versar sobre aquela temática sob um prisma diferente. Em nenhum momento ansiamos desintrincar o assunto em todas as suas tonalidades. Os nossos desideratos são bem mais módicos. É que o campo de nossas especulações ficou bem reduzido por força dos cortes que propositadamente procedemos.

Na verdade, o que pretendemos foi unicamente inspecionar as imunidades tributárias à luz de determinadas categorias de Teoria Geral do Direito. Desse modo, selecionamos algumas questões, e empenhamo-nos em deslindar o que se nos afigurava de maior relevância.

Recorremos, em algumas passagens, às cediças informações da Semiótica (Teoria da Linguagem), pois ao idearmos a feitura deste trabalho verificamos que somente com as informações dali retiradas seria possível chegarmos às conclusões almejadas.

Numa primeira etapa preocupamo-nos em cravar nossas premissas. Assim, trouxemos à discussão as noções de norma jurídica e de princípio jurídico. Aqui tivemos a chance de realçar importantes traços inerentes a tais entidades significativas.

Em um estágio posterior, adentrando propriamente o tema, passamos a aplicar o que antes ficou cimentado. Após formular

1. Monografia apresentada como requisito para obtenção da aprovação na disciplina "Direito Tributário-II".

um conceito de imunidade tributária ingressamos no desdobramento das idéias expostas na referida definição.

Temos convicção de que alguns problemas deixaram de ser arrostados, até porque muitas obras não foram devidamente vistoriadas. Porém, de acordo com o que tencionamos perquirir, cremos ter atingido a nossa *meta optata*.

Como é de praxe, reconhecemos e assumimos antecipadamente, sem nenhum tipo de acanhamento, os desatinos e as heresias aqui plantadas. Por isso, ambicionamos que sejam indicados os eventuais desacertos e as indesejáveis incoerências porventura assertadas.

Afinal, queremos externar os nossos sinceros agradecimentos aos ínclitos professores Eurico Marcos Diniz de Santi e Paulo de Barros Carvalho, uma vez que, não fosse o devotamento manifestado em sala de aula por aqueles notáveis Mestres, esta disquisição jamais se teria concretizado.

2. *Pressupostos*

2.1 *Direito*[2] *e linguagem*

O Direito Positivo é anunciado em linguagem — nitidamente condicionada pela experiência e permanentemente aberta ao incremento de novos enunciados — que se preordena a regular condutas.[3]

É através de enunciados[4] — agrupamento de palavras e locuções dotadas de sentido — que o Direito Posto manifesta-se. Aqui é empregada a linguagem em sua função prescritiva. É bem verdade que pode ocorrer de a forma utilizada não ser a imperativa. Em alguns casos detectamos enunciados disfarçados de estrutura declarativa. Apesar disso, é induvidosa a nota distintiva da prescritividade que caracteriza o Direito Positivo.[5]

Será a partir dessa perspectiva que cuidaremos das imunidades tributárias, com o propósito de determinar como elas atuam na multifacetária fenomenologia jurídico-tributária.

2.2 *Breves apontamentos acerca da estrutura lógica das normas jurídicas*

Neste átimo interessa-nos examinar, naquilo que diz de perto com o desenvolvimento do tema "imunidades tributárias", as unidades lógicas que defluem daquele aludido estrato de linguagem prescritiva. Estamos nos referindo às normas jurídicas.

Autêntico conceito fundamental[6] da Teoria Geral do Direito, a norma jurídica é inconfundível com aquilo impresso nos inúmeros textos que veiculam o Direito Positivo.[7] Também não se configura como o

2. Tomamos a palavra "Direito" enquanto conjunto de normas jurídicas que atuam na regulação das diversas condutas intersubjetivas, implementando determinados valores na sociedade.

3. Ao assumir a posição que considera o Direito Positivo como uma camada de linguagem, quer dizer, como um sistema de signos que se presta a comunicar algo, visamos apenas a alertar que na ordenação ou regulação de condutas numa dada sociedade, através da imposição de valores que nela predominam, função própria do Direito Positivo, tem-se ali um típico processo comunicacional cuja realização se dá, iniludivelmente, por intermédio da adoção da linguagem.

4. Acompanhamos a orientação dos autores anglo-saxões que diferenciam enunciado de proposição. O *enunciado* (sinônimo de sentença ou oração), enquanto suporte físico (produto) da atividade de enunciação (processo), é por nós admitido como sendo todo grupo de palavras que, atendendo às regras da Gramática de um certo idioma, possui conteúdo de significação. Trata-se de uma estrutura sintático-gramatical. Já quanto à *proposição*, temos aqui um juízo significativo colhido do enunciado. É estrutura lógico-sintática de significação. Em outro dizer: proposição é a significação que se depreende dos enunciados.

5. Não duvidamos de que o discurso do Direito Positivo, quanto à finalidade, difere totalmente daquele meramente declarativo — típico das ciências —, já que ele não almeja transmitir informações, através da mera descrição de condutas, e sim regrar comportamentos, lançando mão de prescrições.

6. Registra Lourival Vilanova que "conceito fundamental é aquele sem o qual não é possível ordenamento jurídico" (*Causalidade e Relação no Direito*, p. 161).

7. Paulo de Barros Carvalho, em inspirada comparação, anota: "Por analogia aos símbolos lin-

simples conjunto de palavras utilizadas oralmente por autoridade competente. Na verdade, numa preliminar aproximação podemos afirmar que norma jurídica é a significação deôntica mínima, completa e objetiva, sobre fatos e condutas.

Seguimos, pois, a profícua lição de Lourival Vilanova: "A norma jurídica não é a oralidade ou a escritura da linguagem, nem é o ato-de-querer ou pensar ocorrente no sujeito emitente da norma, ou no sujeito receptor da norma, nem é tampouco a situação subjetiva que ela denota. A norma jurídica é uma estrutura lógico-sintática de significação: a norma conceptua fatos e condutas (...)".[8]

Portanto, os enunciados prescritivos que estão nos textos normativos — isto é, as orações que habitam a vasta linguagem do Direito Positivo —, de rigor, não são normas jurídicas. Contudo, ressaltamos que é partindo daquelas sentenças prescritivas que construímos as normas jurídicas, significações deônticas mínimas e objetivas sobre fatos e condutas. Nesse sentido são equivalentes as expressões "norma jurídica" e "proposição jurídica prescritiva".

Ademais, nem sempre as significações isoladas das sentenças prescritivas correspondem a normas jurídicas. São incontáveis os casos em que se reclama do aplicador do Direito a articulação de alguns enunciados — às vezes localizados em veículos distintos — a fim de se chegar àquela figura mínima dotada de significação completa (regra jurídica *stricto sensu*).

Pois bem, de acordo com o modelo teórico de que nos valemos, norma jurídica ou regra jurídica, em sentido estrito, é a significação colhida pelo intérprete após a conjugação dos sentidos de uma série de enunciados prescritivos — estes, sim, situados no plano da literalidade textual. Dessa forma, toda e qualquer entidade normativa é algo que o exegeta obtém a partir do único dado objetivado de que ele dispõe, que são os textos encontrados nos inúmeros diplomas do Direito positivo.

Relativamente à estrutura da norma jurídica, apesar de algumas dissensões existentes, a maioria dos autores entende que ela possui a forma de juízo implicacional que une deonticamente duas partes: no primeiro membro (hipótese, descritor, suposto, antecedente) descrevem-se situações que possam ocorrer no mundo dos fatos; no segundo membro (tese, prescritor, conseqüente) existe a prescrição de uma relação jurídica que se instaurará caso aconteça o previsto na primeira parte da norma jurídica.

A aduzida proposição hipotética (implicacional) aceita ser enunciada através da seguinte fórmula: "deve ser que se *A* então *B*". Em linguagem formalizada: "D (*A*â*B*)", onde "A" representa a hipótese, "B" a conseqüência e o símbolo "â" o operador lógico "Se ... então".[9]

A hipótese (descritor, antecedente, ou suposto) atua selecionando e qualificando juridicamente eventos do mundo que, ao acontecerem, darão surgimento a uma relação jurídica. Nela há descrição de classes de fato que potencialmente detêm a virtude de gerar efeitos jurídicos.[10]

Quanto à tese (prescritor ou conseqüente), atada normativamente, que é, à

güísticos quaisquer, podemos dizer que o texto escrito está para a norma jurídica tal qual o vocábulo está para a sua significação" (*Curso de Direito Tributário*, p. 7).

8. "Níveis de linguagem em Kelsen (norma jurídica/proposição jurídica)", *Nomos* 4 (1/2)/27.

9. Com relação à linguagem formalizada, ela é do tipo que nenhuma referência faz à realidade. Aqui as palavras integrantes da linguagem natural são substituídas por símbolos convencionalmente estabelecidos. Portadora de uma rígida e bem-construída estrutura sintática, a partir do momento em que a linguagem formalizada alcança a total simbolização, ela traz consigo a vantagem de seus termos possuírem apenas uma significação. Isto lhe confere enorme precisão; daí por que a formalização da linguagem, p. ex.o, é o mecanismo mais eficaz para expressar relações.

10. Nas palavras do preclaro Lourival Vilanova: "A hipótese é o descritor de possível situação fática do mundo (natural ou social, social juridicizada, inclusive), cuja ocorrência na realidade verifica o descrito na hipótese" (*As Estruturas Lógicas e o Sistema do Direito Positivo*, p. 51).

hipótese (imputação deôntica), na condição de genuína proposição relacional, ela vincula sujeitos de direito, sendo o objeto desse liame uma conduta prescrita como obrigatória, permitida ou proibida.[11] Por conseguinte, é no conseqüente normativo onde os comportamentos são regulados.

Finalizando o assunto, devemos destacar um princípio de fundamental importância, que vai inclusive nos permitir transportar tudo aquilo que acabamos de expor para o subdomínio do assunto que objetivamos investigar. Este postulado indica que todas aquelas unidades integrantes do sistema jurídico possuem idêntica estrutura lógico-sintática.[12] Isso significa que todas as normas jurídicas, do ponto de vista organizacional interno, são formadas por uma hipótese — descrição de situação de possível ocorrência fática — que se enlaça deonticamente a uma tese – prescrição de uma relação jurídica.

Dedicamos um espaço para tratar do presente assunto porque a averiguação sobre como se nos apresentam as denominadas "imunidades tributárias" não prescinde daqueles ensinamentos de Teoria Geral do Direito. Por tal motivo, cremos não ser adiáfora a concisa exposição que empreendemos.

2.3 Considerações gerais sobre os princípios jurídicos

2.3.1 *Intróito: conceito e função dos princípios jurídicos* — Recorrendo à etimologia, constatamos que a palavra "princípio" (do Latim *principium*) denota a idéia de origem, base, começo, início, hipótese, limite, fonte, causa, ponto de partida.

De modo mais preciso, relata Genaro Carrió que na linguagem ordinária[13] "o conceito de princípio se vincula, pelo menos, a sete focos de significação".[14] Nos domínios do Direito o prefalado jusfilósofo informa-nos que tal vocábulo é aproveitado em 11 acepções distintas.[15]

Por refugir aos desígnios que almejamos atingir, não nos deteremos no exame dos aspectos aduzidos pelo autor susomencionado. Para os apertados limites de nosso estudo basta-nos visualizar os princípios jurídicos como sendo aqueles referenciais obrigatórios a serem reverenciados por todos os que lidam com fenômenos jurídicos pertinentes a uma dada ordem jurídica.

Ditos mandamentos possuem natureza fundante da ordem jurídica. Em última análise, tais postulados assumem a condição de verdadeiros responsáveis pela sustentação da grande "obra" chamada Direito Positivo. Metaforicamente, atuam tais axiomas como autênticos "alicerces" e "vigas-mestras" da citada "construção jurídica".

A respeito do conceito de princípio jurídico convém transcrevermos a primorosa manifestação de Celso Antônio Bandeira de Mello: "Princípio — já averbamos alhures — é, por definição, mandamento nuclear de um sistema, verdadeiro alicerce dele, disposição fundamental que se irradia sobre diferentes normas compondo-lhes o espírito e servindo para sua exata compreensão e inteligência, exatamente por definir a lógica e a racionalidade do sistema normativo, no que lhe confere a tônica e

11. Na rigorosa expressão de Eurico Marcos Diniz de Santi, o conseqüente normativo "prescreve uma relação modalizada pelo functor relacional deôntico, num de seus três modos relacionais específicos: permitido, proibido ou obrigatório" (*Lançamento Tributário*, p. 32).

12. Cf. Paulo de Barros Carvalho, "O Direito Positivo como sistema homogêneo de enunciados deônticos", *RDT* 12/45.

13. Chamamos de linguagem natural, ordinária ou vulgar àquela que se mostra apta para realização da comunicação cotidiana entre os integrantes de um grupo social.

14. As referidas significações, em resumo, são as seguintes: a) propriedade fundamental, núcleo básico; b) regra guia, orientação geral; c) fonte geradora, causa ou origem; d) finalidade, objetivo, propósito; e) premissa, ponto de partida, axioma, essência; f) regra prática de conteúdo evidente; g) máxima, aforismo (Geraldo Carrió, *Notas Sobre el Derecho e la Lenguaje*, pp. 209 e 210).

15. Genaro Carrió, ob. cit., pp. 210-212.

lhe dá sentido harmônico. É no conhecimento dos princípios que reside a intelecção das diferentes partes componentes do todo unitário que há por nome sistema jurídico positivo".[16]

Ao associarmos "princípio jurídico" a mandamento nuclear facilitamos a exata compreensão do relevo assumido pela sobredita proposição prescritiva. Tomá-lo como genuíno "alicerce", ou seja, como as "vigas-mestras" do edifício que facilita o entendimento da verdadeira amplitude por ele assumida. Dita metáfora auxilia-nos a expressar a natureza axiomática e estrutural dos postulados sob comento.

Contudo, apesar de corroborarmos na essência a abalizada manifestação doutrinária em que nos ancoramos, observamos que é possível aprimorá-la. É que ali não encontramos referência à principal função desempenhada pelos "princípios jurídicos", que é justamente a de auxiliar na concepção das normas jurídicas. Aquele respeitável juspublicista não destaca tal potencialidade inerente aos princípios jurídicos, razão pela qual, especificamente neste aspecto, dele dissentimos.

Cabe-nos evidenciar que a discordância provém do alcance limitado que o autor *in examine* vislumbra na atividade interpretativa. Segundo Celso Antônio Bandeira de Mello o intérprete cinge-se a única e tão-somente reconhecer a orientação e o sentido dos textos do Direito Positivo, sem introduzir quaisquer novidades. Com referência ao produto oriundo da exegese dos textos jurídicos assinala aquele admirado Mestre: "(...) o resultado final alcançado encontra algo que preexiste ao 'querer' do exegeta, pois já está encarnado previamente no objeto *sub examine*, como uma inerência dele, estranha a qualquer criatividade de quem o investigue".[17]

Outros autores de prestígio enaltecem a natureza declaratória da atividade interpretativa. Diz Hugo de Brito Machado: "Segundo a doutrina tradicional, interpretação é a atividade lógica pela qual se determina o significado de uma norma jurídica. O intérprete não cria, não inova, limitando-se a considerar o mandamento legal em toda a sua plenitude declarando-lhe o significado e o alcance".[18]

Amílcar de Araújo Falcão, em idêntico sentido, leciona: "Interpretação é atividade lógica, em decorrência da qual se declara o que está determinado numa lei. O intérprete, portanto, não cria, nem inova; limita-se a considerar o mandamento legal em toda sua plenitude e extensão e a, simplesmente, declarar-lhe a acepção, o significado e o alcance".[19]

Com o devido respeito que merecem os festejados autores referidos, afastamo-nos dos pensamentos alvitrados, que em tudo se assemelham. Atualmente polemizamos com os que propugnam estar o intérprete compelido a unicamente declarar o sentido e o alcance dos textos jurídicos. Sustentamos que, em verdade, é o exegeta o responsável pela construção das estruturas lógicas dotadas de total sentido deôntico (normas jurídicas *stricto sensu*); unidades, essas, que prescrevem os modelos de conduta a serem obedecidos pelos membros de uma dada coletividade. Realçamos ainda que aquela predita atividade é guiada pelos princípios acomodados pela ordem jurídica.

A nossa simpatia é pela atilada proposta da Paulo de Barros Carvalho: "É o ser humano que, em contato com as manifestações expressas do Direito positivo, vai produzindo as respectivas significações. Daí a asserção peremptória segundo a qual é a interpretação que faz surgir o sentido, inserido na profundidade do contexto, mas sempre impulsionada pelas fórmulas literais do direito documentalmente objetivado".[20]

16. *Curso de Direito Administrativo*, pp. 408 e 409.

17. *Elementos de Direito Administrativo*, p. 290.

18. *Curso de Direito Tributário*, p. 70.

19. *Introdução ao Direito Tributário*, pp. 72 e 73.

20. *Curso de Direito Tributário*, p. 87.

Enfatizamos, sem a menor hesitação: o intérprete não liberta a norma jurídica de seu envoltório, que seria o texto do Direito Positivo. Sua atividade consiste na efetiva produção da regra jurídica. Para tanto ele parte dos enunciados postos no ordenamento por autoridade indicada pelo sistema jurídico como competente, no intuito de criar tais significações prescritivas.

Retomando a abordagem relativa aos princípios jurídicos, interessa-nos assentar que, dentre as muitas significações que serão relevadas por ocasião da edificação das normas jurídicas, sobressaem as que dão sustentação ao ordenamento jurídico, e que são denominadas de princípios jurídicos. Logo, a atividade exegética de textos do Direito Positivo terá de sobrelevar aqueles conteúdos semânticos próprios dos enunciados prescritivos principiológicos. Por isso afirma-se que os referidos axiomas atuam como indiscutíveis vetores interpretativos.

Vincando o relevante papel dos princípios jurídicos, registra Agustín Gordillo: "(...) El principio exige que tanto la ley como el acto administrativo respeten sus límites y además tengan su mismo contenido, sigan su misma dirección, realicen su mismo espíritu".[21]

Com efeito, em tempo algum o intérprete poderá menoscabar aquelas disposições principiológicas, sob pena de restarem comprometidas tanto a verdade das proposições descritivas por ele geradas como também a própria validade das normas individuais e concretas resultantes da mencionada ação exegética. O labor interpretativo deverá, inafastavelmente, pautar-se pelo conteúdo específico dos princípios.

Para reforçar o acertado entendimento de que os operadores do Direito precisam habilitar-se a manusear com desenvoltura os princípios trazemos a lume a valorosa contribuição da Carlos Ari Sundfeld: "Conhecer os princípios do Direito é condição essencial para aplicá-lo corretamente. Aquele que só conhece as regras ignora a parcela mais importante do direito — justamente a que faz delas um todo coerente, lógico e ordenado. Logo, aplica o Direito pela metade. Em outras palavras: aplicar as regras desconsiderando os princípios é como não crer em Deus mas preservar a fé em Nossa Senhora!".[22]

Ora, na proporção em que os princípios jurídicos constituem-se como aquelas "estacas" que servem de sustentáculo ao ordenamento jurídico, disso resulta que qualquer agressão, por menor que seja, às referidas "escoras" põe em perigo a firmeza da "edificação" jurídico-normativa. Neste diapasão, Celso Antônio Bandeira de Mello oferece-nos um lapidar esclarecimento: "Violar um princípio é muito mais grave que transgredir uma norma qualquer. A desatenção ao princípio implica ofensa não apenas a um específico mandamento obrigatório, mas a todo o sistema de comandos. É a mais grave forma de ilegalidade ou inconstitucionalidade, conforme o escalão do princípio atingido, porque representa insurgência contra todo o sistema, subversão de seus valores fundamentais, contumélia irremissível a seu arcabouço lógico e corrosão de sua estrutura mestra".[23]

Finalizando nossos comentários sobre o assunto até então versado, pensamos ser acertado preconizar que o conjunto dos princípios jurídicos tem o condão de conferir uma singular feição à ordem jurídica que o consagre. Coisa diversa é pretender que a presença deles garanta a ausência de contradições no ordenamento jurídico.[24]

2.3.2 *Natureza dos princípios jurídicos* — Trataremos agora da natureza dos princípios jurídicos. Devemos neste momento responder à seguinte indagação: os princípios jurídicos são normas jurídicas?

21. *Introdución al Derecho Administrativo*, pp. 176 e 177.

22. *Fundamentos de Direito Público*, p. 140.

23. *Curso de Direito Administrativo*, p. 409.

24. Cf., a propósito das contradições no sistema interno do Direito positivo, Lourival Vilanova, *As Estruturas Lógicas e o Sistema de Direito Positivo*, pp. 134-136.

Esta vetusta questão tem suscitado na doutrina algum interesse, sendo que as respostas oferecidas nem sempre são satisfatórias.

Detectamos como principal causa depreciadora daquelas infortunadas opiniões o fato de seus autores não estipularem, previamente, em que sentido será utilizada a locução "norma jurídica". Essa incúria é que torna objulgável aquelas arrevesadas leituras realizadas por determinados segmentos doutrinários. Assim para que a questão seja devidamente clarificada torna-se imprescindível a fixação da carga semântica a ser atribuída àquele ente lógico.

Pois bem, tendo por base o sentido que adjudicamos à norma jurídica, é de se inferir que os princípios jurídicos não têm a mesma arquitetura daquelas entidades.[25] Neles não identificamos a estrutura lógico-deôntica própria das unidades normativas, esquema que à ocorrência de um certo acontecimento fático vincula uma conseqüência jurídica. A essa conclusão chegamos porque o nome "norma jurídica" é por nós reservado somente aos entes dotados da referida composição.

Por outro lado, advertimos que a posição ora assumida não subtrai dos princípios jurídicos a necessária prescritividade que lhes é inerente.[26] O que sugerimos é considerá-los na condição de fragmentos normativos situados na vasta linguagem do Direito Positivo, e cuja função consiste em orientar as ações daqueles que militam no universo do Direito.

Com relação ao suporte físico de onde promanam os preditos postulados é oportuno não olvidar que eles tanto podem provir de enunciados prescritivos expressos como de enunciados prescritivos implícitos. Ora, tomando-se como critério a explicitude ou implicitude da base material de onde eles procedem, podemos afirmar que existem princípios jurídicos explícitos e implícitos, sendo todos detentores da mesma força vinculadora.

2.3.3 *Conteúdo dos princípios jurídicos* — No tocante ao conteúdo propaga-se que os princípios jurídicos são os responsáveis pela positivação de uma certa pauta de valores. Isso significa que tais axiomas são marcados por um elevado teor axiológico. Neles são confiadas expressas opções valorativas. Quando nos reportamos, *v.g.*, aos princípios da igualdade ou da capacidade contributiva não claudicamos em afirmar que, em tais casos, imediatamente salta aos olhos a coloração axiológica manifestada por tais prescrições.

Todavia, quando nos permitimos averiguar com detença o vasto rol elencado pela doutrina notamos que nem todos aqueles "princípios jurídicos" enumerados comunicam uma direta prescrição de valor. Em algumas situações defrontamo-nos com proposições prescritivas que não encerram um valor em si mesmo. Somente de modo indireto ou imediato é que os vetores axiológicos ali comparecem.

Neste último caso os "princípios jurídicos" funcionam como meros obstáculos (limites objetivos) à adoção de determinados comportamentos (elaboração de veículos introdutores de normas, *e.g.*). Será da submissão extrema a tais empecilhos que se concretizarão os valores tidos como relevantes pelo legislador.

Na seara do Direito Tributário topamos com alguns princípios jurídicos cujo conteúdo nada tem de axiológico, tais como

25. Apesar de não concordarmos, em razão dos pressupostos eleitos neste trabalho, advertimos sobre a existência de uma abalizada corrente doutrinária que, valendo-se de outros parâmetros, distingue as normas jurídicas que são regras (estruturas formadas por uma hipótese e uma conseqüência) daquelas que são princípios (prescrições de valores). Cf., a esse respeito, Willis Santiago Guerra Filho, "Os princípios da isonomia e da proporcionalidade como direitos fundamentais", *Revista da Procuradoria-Geral do Estado do Ceará* 11/3.

26. Eros Grau, a partir dos ensinamentos de Karl Larenz, assevera que "os princípios cumprem uma *função positiva* — que consiste no influxo que exercem em relação às decisões judiciais e, assim, no conteúdo de regulação que tais decisões instalam — e uma função negativa — que consiste na exclusão de valores contrapostos e das normas que repousam sobre esses valores" (*A Ordem Econômica na Constituição de 1988*, p. 101).

os conhecidos princípios da legalidade, irretroatividade, anterioridade. Em tais postulados o legislador tão-somente inseriu limites à atuação estatal, não havendo ali referência direta a valores[27] que a coletividade desejou ver implantados.

Relativamente ao que estamos tratando há uma inquirição merecedora da nossa atenção: em que documento normativo são postos os enunciados cuja significação dá lugar aos princípios jurídicos, e por qual razão esse fenômeno ocorre?

Bem, encontramos princípios em todos os andares e compartimentos do enorme pórtico jurídico. Porém, incontestavelmente o texto constitucional constitui-se como a principal morada das mencionadas disposições. Neste escalão da pirâmide jurídica está contemplada, de forma explícita ou implícita, uma gama de comandos que informam e delimitam a configuração do ordenamento jurídico, sob a perspectiva estática e dinâmica.

Retornando à idéia exposta sobre a dimensão valorativa inerente aos axiomas jurídicos, concluímos que a fartura principiológica encerrada na Constituição dá-se porque exatamente naquele veículo são condensadas as preferências axiológicas de uma dada coletividade;[28] além do quê, pelo fato de o referido documento normativo estar situado no ápice do sistema jurídico, é nele onde devem constar os fundamentais óbices a determinadas condutas.

Em resumo: é em tal *corpus* (Constituição) onde são fincadas as essenciais estimativas axiológicas e os mais grados limites objetivos a que deve submeter-se qualquer atividade jurídica, em sua acepção mais ampla. Os valores plasmados na "Lei das Leis" retratam expectativas éticas maturadas por determinada sociedade política em um dado período histórico; as barreiras objetivas funcionam como mecanismos resultantes de livre opção do constituinte.

3. *Imunidades tributárias*

3.1 Conceito

Após perpassarmos a vista em determinados temas respeitantes à Teoria Geral do Direito estamos habilitados a cuidar do tema "imunidades tributárias", com vista a inspecionar como tais institutos se apresentam e qual a importância assumida por eles nos domínios do Direito Tributário.[29]

São incontáveis as manifestações encontráveis na doutrina acerca de tal categoria.[30] No presente estudo não aludiremos às acepções já traçadas. Optamos por não reproduzir *in verbis* os mais difundidos conceitos até então propalados, uma vez que, segundo nossas crenças, eles não dão importância a algumas nuanças distintivas das imunidades tributárias.

Não é de hoje que Paulo de Barros Carvalho reivindica que essa temática seja sobrepensada.[31] Animados pela admoestação daquele ilustre Mestre, justificamos nossa predileção pela tentativa de esboçar um conceito próprio.

Escorados no sistema do Direito Positivo brasileiro, compreendemos que as imunidade tributárias correspondem àquelas categorias obtidas a partir da significação de enunciados localizados na Constituição que devem ser acatadas quando da elaboração dos veículos introdutores de regras-matrizes de incidência de certos impostos, de modo a obstruir a inserção, em tais diplomas, de sentenças prescritivas que tanto tomem determinadas situações como suporte fático da hipótese das mencionadas normas tributárias como, também, si-

27. Acerca das características dos valores cf. Miguel Reale, *Filosofia do Direito*, pp. 141-145.

28. Diz Seabra Fagundes que "a Constituição é, assim, a expressão primária e fundamental da vontade coletiva (...)" (*O Controle dos Atos Administrativos pelo Poder Judiciário*, p. 1).

29. Neste estudo os enunciados que servem de suporte material para o delineamento das imunidades tributárias não serão objeto de análise.

30. Cf., a esse respeito, Paulo de Barros Carvalho, *Curso de Direito Tributário*, pp. 105-119.

31. Ob. cit., p. 107.

tuem certas pessoas no pólo passivo de dadas relações jurídicas tributárias.

Tendo em conta a relativa extensão da formulação que elaboramos, impende que procedamos a um desdobramento das idéias ali comunicadas, de sorte a dilucidarmos o sobredito conceito.

3.2 As imunidades tributárias enquanto significações de determinados enunciados constitucionais

Em princípio, destacamos nas imunidades tributárias o fato de elas serem conatas à Constituição. Nisso a doutrina não discrepa: o instrumento apto a introduzi-las na ordem jurídica é a Lei Fundamental.[32] Geraldo Ataliba averba que a "imunidade é ontologicamente constitucional".[33] Lucia Valle Figueredo anota que "sediam-se as imunidades inteiramente no texto constitucional".[34] Roque Carrazza verifica que "a imunidade tributária é um fenômeno de natureza constitucional".[35]

Com relação à estrutura lógico-sintática, levando em consideração os pressupostos que adotamos nesta disquisição, somos conduzidos a dizer que as imunidades tributárias não são normas jurídicas, pelo menos na acepção estrita por nós debuxada alhures. Aqui divergimos da quase-totalidade dos autores.[36] Vejamos as razões que abonam nosso ponto de vista.

Aquilo que as imunidades tributárias expressam não reclama uma estrutura deôntica completa, quer dizer, um ente composto por uma hipótese (descritor) e uma conseqüência (prescritor). O fenômeno por elas provocado (proibição de tributar, por meio de impostos, certas situações ou pessoas) dimana da porção significativa manifestada por alguns enunciados insertos pelo legislador constituinte. Insistimos em que sua revelação não demanda o arquétipo lógico próprio das normas jurídicas.

Sobre essa questão alterca Eurico Marcos Diniz de Santi: "Tomando a teoria dos três sistemas de Paulo de Barros Carvalho — o sistema de textos, o sistema de significações textuais e contextuais e o sistema de normas jurídicas —, entendemos que as imunidades tributárias pertencem ao primeiro sistema, também denominado plano da literalidade textual ou plano de expressão do Direito".[37]

Se por um lado nos achegamos ao pensamento acima transcrito com relação à não-inclusão das imunidades tributárias no plano das normas jurídicas, atrevemo-nos a discordar do autor em questão quando ele assinala que as imunidades situam-se no plano de expressão.[38]

Julgamos que as referidas categorias constitucionais são divulgadas, em termos

32. Bernardo Ribeiro de Moraes remata que "todos os tratadistas brasileiros são unânimes, sem divergência alguma, em afirmar que a matéria da imunidade é sob reserva da constituição" ("Imunidades ...", in *Elementos de Direito Tributário*, p. 318).

33. *Natureza Jurídica da Contribuição de Melhoria*, p. 231.

34. *Estudos de Direito Tributário*, p. 16.

35. "Livro eletrônico ...", in *Imunidade Tributária do Livro Eletrônico*, p. 226.

36. Ousamos discordar de Paulo de Barros Carvalho, um dos maiores luminares do Direito brasileiro, que exibe a imunidade tributária como sendo "a classe finita e imediatamente determinável de normas jurídicas, contidas no texto da Constituição Federal, e que estabelecem, de modo expresso, a incompetência das pessoas políticas de Direito Constitucional Interno para expedir regras instituidoras de tributos que alcancem situações específicas e suficientemente caracterizadas". A dissenção está precisamente na declaração que faz o autor acerca da condição de norma jurídica assumida pela imunidade tributária. É bem verdade que de algum tempo para cá aquele autor tem revisto determinadas posições suas, com base nos recursos ofertados pela Semiótica. Entretanto, desconhecemos qualquer modificação inserida na definição a que nos reportarmos, razão pela qual achamos por bem realizar esta anotação.

37. "Imunidade tributária ...", in *Imunidade Tributária do Livro Eletrônico*, p. 59.

38. Quem também de alguma forma sinaliza no mesmo sentido é José Arthur Lima Gonçalves ao apregoar que "a imunidade é a classe finita de enunciados constitucionais que delimitam os confins da competência tributária impositiva" ("A imunidade ...", in *Imunidade Tributária do Livro Eletrônico*, p. 125).

objetivos, no subsistema da literalidade textual. Contudo, os óbices manifestados pelas imunidades tributárias somente afloram quando ingressamos no subsistema das significações proposicionais, isto é, no plano dos conteúdos significativos.

A respeito do assunto vejamos o que escreve Paulo de Barros Carvalho: "Tendo o intérprete isolado a base física do texto que pretende compreender, estabelecendo, por esse modo, o primeiro contato com o sistema objetivado das literalidades, avança agora disposto a atribuir valores unitários aos vários signos que encontrou justapostos, selecionando significações e compondo segmentos portadores de sentido. Claro está que os enunciados haverão de ser compreendidos isoladamente, no primeiro ímpeto, para depois serem confrontados com outros enunciados, de superior e do mesmo *status*, buscando o exegeta sua integração na totalidade do conjunto".[39]

Ora, é indubitável que as imunidades tributárias têm como suporte físico alguns específicos enunciados constitucionais. Porém, aquelas mensagens prescritivas a serem obedecidas pelos legisladores das pessoas políticas de Direito interno não se confundem com as marcas gráficas que lhes servem de base material.

Se prosperasse a conclusão presentemente combatida teríamos que forçosamente acolher, dentre outros absurdos, que "tributo" seria a sentença comunicada no art. 3º do CTN,[40] quando na verdade sabemos que tal estrutura frásica é mero suporte empírico de onde partimos rumo à construção da significação de "tributo".

Destarte, posicionamos as imunidades tributárias no subdomínio das significações erigidas de certos enunciados prescritivos integrantes do texto constitucional.

39. *Direito Tributário — Fundamentos Jurídicos da Incidência*, p. 66.

40. "Art. 3º. Tributo é toda prestação pecuniária compulsória, em moeda ou cujo valor nela se possa exprimir, que não constitua sanção de ato ilícito, instituída em lei e cobrada mediante atividade plenamente vinculada".

3.3 Conteúdo das imunidades tributárias

Conforme o conceito trazido anteriormente, as imunidades tributárias constituem-se como verdadeiros obstáculos à edição dos instrumentos introdutores de regras jurídicas sobre a atividade impositiva.

Noutro dizer: ao serem produzidos os diplomas instituidores de certos impostos,[41] devem ser inevitavelmente relevados os enunciados (suporte físico) de onde são erguidas as determinações prescritivas cognominadas de imunidades tributárias.

Compete-nos evidenciar que aquelas mensagens prescritivas não são valores em si mesmos. Com acerto, devemos admitir que as imunidades tributárias têm por finalidade assegurar a concretização de singulares valores. Essa comprovação não restou impercebida por Eurico Marcos Diniz de Santi. O citado autor deixa consignado que "por detrás da regra de imunidade há valores que ela visa a atingir".[42]

Outro não é o entendimento patenteado pelo insigne José Souto Maior Borges; se não vejamos: "Analisada sob o prisma do fim, objetivo ou escopo, a imunidade visa a assegurar certos princípios fundamentais ao regime, a incolumidade de valores éticos e culturais consagrados pelo ordenamento constitucional positivo e que se pretende manter livres das interferências ou perturbações da tributação".[43]

Destarte, nada impede que as imunidades tributárias sejam encaradas como princípios que encerram limites objetivos,[44] nos termos expostos noutra parte deste trabalho.

41. "Apesar de utilizarmos a consagrada expressão 'imunidades tributárias', reconhecemos que ditas mensagens prescritivas referem-se apenas aos impostos. Essa a dicção do art. 150, VI, da CF/88, que veda à União, aos Estados, ao Distrito Federal e aos Municípios instituir impostos sobre (...)".

42. Ob. cit., p. 59.

43. *Isenções Tributárias*, pp. 184 e 185.

44. Acentua Eurico Marcos Diniz de Santi que, "em contraste com os valores, os limites objetivos são regras objetivas postas para atingir certos fins. Estes, sim, assumem o porte de valores" ("Imunidade tributária ...", cit., p. 59).

balho. Em tais significações prescritivas não há uma imediata (direta) prescrição de valor. Ali temos genuínas linhas demarcativas à adoção de determinados comportamentos (elaboração de veículos introdutores de normas jurídicas tributárias). Os valores positivados pelo constituinte ganharão concretude à medida que o legislador ordinário respeite aqueles limites impostos à sua ação legislativa.

3.4 Prescrições imunizantes e normas de estrutura

Dentre as muitas tipologias da norma jurídica encontramos uma que aparta as regras de conduta das regras de estrutura. Ora, na proporção em que toda norma jurídica volta-se sempre à regulação de condutas, torna-se até mesmo excessivo falar em "normas de conduta". Todavia, Paulo de Barros Carvalho propõe um seguro critério que nos permite discenir as normas de conduta das normas de estrutura, a saber: "(...) numa análise mais fina das estruturas normativas, vamos encontrar unidades que têm como objetivo final ferir de modo decisivo os comportamentos interpessoais, modalizando-os deonticamente como obrigatórios (*O*), proibidos (*V*) e permitidos (*P*), com o quê exaurem seus propósitos regulativos. (...). Outras, paralelamente, dispõem também sobre condutas, tendo em vista, contudo, a produção de novas estruturas deôntico-jurídicas. São normas que aparecem como condição sintática para elaboração de outras regras (...). No primeiro caso, a ordenação final da conduta é objetivo pronto e imediato. No segundo, seu caráter é imediato (...). Denominemos de normas de conduta às primeiras e normas de estrutura às últimas".[45]

Voltemos os nossos olhos às normas de estrutura. Esclarece Norberto Bobbio: "As normas de estrutura podem também ser consideradas como as normas para a produção jurídica: quer dizer, como as normas que regulam os procedimentos de regulamentação jurídica. Elas não regulam o comportamento, mas o modo de regular um comportamento, ou, mais exatamente, o comportamento que elas regulam é o de produzir regras".[46]

Nessa subclasse de sobrenormas encontramos as regras que outorgam competência tributária. Tais normas estatuem como devem ser produzidos os diplomas condutores das regras-matrizes de incidência tributária, segundo os limites expressamente estipulados constitucionalmente. Utilizando a terminologia de Norberto Bobbio, diríamos que ditas regras de competência integram o elenco das chamadas normas de estrutura que "permitem obrigar".[47]

Os autores que conferem às imunidades estrutura de norma jurídica as classificam como regras de estrutura. Paulo de Barros Carvalho escreve que "são tipicamente regras de estrutura aquelas que outorgam competências (...) Entre as normas que estipulam competências, incluamos as regras de imunidade truibutária".[48]

Na mesma esteira segue Pedro Guilherme Accorsi Lunardelli. Acentuando a condição de regras que proíbem ordenar, esse autor firma o seguinte entendimento: "Sustentamos que as normas de imunidade (...) são normas que proíbem àqueles entes citados no *caput* do art. 150 estabelecer normas hierarquicamente inferiores que imponham uma obrigação tributária para qualquer pessoa física e jurídica".[49]

Já demonstramos que, de acordo com as premissas que abraçamos, não é correto pensar as imunidades tributárias como normas jurídicas *stricto sensu*. Essa a razão de nossa censura às duas opiniões acima copiadas.

O que reafirmamos com rijeza é que, na qualidade de significações dotadas de

45. Ob. cit., pp. 36 e 37.

46. *Teoria do Ordenamento Jurídico*, p. 45.
47. Ob. cit., pp. 47 e 48.
48. Ob. cit., p. 36.
49. "Imunidade ...", in *Imunidade Tributária do Livro Eletrônico*, p. 193.

prescritividade, aquelas categorias intervêm exatamente na conformação dos instrumentos que fixam o território de atuação das pessoas políticas de Direito interno relativamente à instituição de impostos. As mensagens imunizantes, por força da vontade constituinte, impossibilitam que sejam colocados certos enunciados nas leis tributárias, sentenças, essas, que apanhem, por intermédio de impostos, algumas especiais situações ou pessoas.

4. Conclusões

4.1 De rigor, os enunciados prescritivos integrantes da linguagem do Direito Positivo não são normas jurídicas. Norma jurídica é a significação deôntica mínima, completa e objetiva, sobre fatos e condutas, que construímos a partir daquelas sentenças prescritivas.

4.2 Stricto sensu, norma jurídica ou regra jurídica é a significação colhida pelo intérprete após a conjugação dos sentidos de uma série de enunciados prescritivos — estes, sim, situados no plano da literalidade textual.

4.3 Quanto à estrutura, norma jurídica apresenta a forma de juízo implicacional que une deonticamente uma hipótese (descritor de situações que possam ocorrer no mundo dos fatos) a uma tese (prescritor de uma relação jurídica que se instaurará caso aconteça o previsto na primeira parte da norma jurídica).

4.4 De acordo com o postulado da homogeneidade sintática das regras jurídicas, temos que todas as unidades são dotadas do mesmo arranjo organizacional (uma hipótese vincula-se deonticamente a uma tese-conseqüência).

4.5 Os princípios jurídicos devem ser admitidos como referenciais obrigatórios a serem acatados por aqueles que labutam com fenômenos jurídicos pertinentes a um certo sistema jurídico.

4.6 Compete ao exegeta edificar as estruturas lógicas dotadas de total sentido deôntico (normas jurídicas *stricto sensu*) a partir dos enunciados postos no ordenamento por autoridade indicada pelo sistema jurídico como competente. Essa atividade é governada pelos conteúdos semânticos próprios dos enunciados prescritivos principiológicos (vetores interpretativos) que a ordem jurídica aloja.

4.7 Os princípios jurídicos não possuem, estrutura lógico-deôntica própria das unidades normativas. Consideramos que tais axiomas são significações prescritivas situadas na vasta linguagem do Direito Positivo.

4.8 Há princípios jurídicos que veiculam uma direta prescrição de valor e há princípios que não encerram um valor em si mesmo, ou seja, que atuam como singelos limites objetivos à adoção de determinadas condutas.

4.9 É na Constituição onde são firmadas as essenciais estimativas axiológicas e os mais grados limites objetivos a que deve submeter-se qualquer atividade jurídica, em sua acepção mais ampla.

4.10 As imunidades tributárias correspondem àquelas categorias obtidas a partir da significação de enunciados localizados na Constituição, que devem ser acatadas quando da elaboração dos veículos introdutores de regras-matrizes de incidência de certos impostos, de modo a obstruir a inserção, em tais diplomas, de sentenças prescritivas que tanto tomem determinadas situações como suporte fático da hipótese das mencionadas normas tributárias como, também, situem certas pessoas no pólo passivo de dadas relações jurídicas tributárias.

4.11 As imunidades tributárias não exigem uma estrutura deôntica completa. A fenomenologia por elas desencadeada (impedimento à instituição de impostos que recolham determinadas situações ou pessoas) provém da porção significativa manifestada por alguns enunciados agasalhados pelo legislador constituinte.

4.12 As categorias constitucionais imunizantes têm como suporte físico alguns específicos enunciados constitucionais. Contudo, ditas mensagens prescritivas são obtidas apenas quando adentramos o subsistema das significações proposicionais (plano dos conteúdos significativos).

4.13 As imunidades tributárias objetivam garantir a efetivação de singulares valores. Portanto, podemos tê-las como princípios que encerram limites objetivos.

4.14 Na condição de significações dotadas de prescritividade, as imunidades tributárias — autênticas linhas demarcadas — intervêm exatamente na feitura dos instrumentos que fixam o território de atuação das pessoas políticas de Direito interno relativamente à instituição de impostos.

4.15 As mensagens imunizantes, por força da vontade constituinte, impossibilitam que sejam colocados certos enunciados nas leis tributárias, sentenças, essas, que apanhem, por intermédio de impostos, algumas especiais situações ou pessoas.

Bibliografia

ATALIBA, Geraldo. *Natureza Jurídica da Contribuição de Melhoria*. São Paulo, Ed. RT, 1964.

BANDEIRA DE MELLO, Celso Antônio. *Curso de Direito Administrativo*. 4ª ed., São Paulo, Malheiros Editores, 1993.

——— *Elementos de Direito Administrativo*. 2ª ed., São Paulo, Ed. RT, 1990.

BOBBIO, Norberto. *Teoria do Ordenamento Jurídico*. Brasília, Polis, 1989.

BORGES, José Souto Maior. *Isenções Tributárias*. 2ª ed., São Paulo, Sugestões Literárias, 1980.

CARRAZZA, Roque Antonio. "Livro eletrônico — Imunidade tributária", in *Imunidade Tributária do Livro Eletrônico*, coord. Hugo de Brito Machado, São Paulo, IOB, 1998.

CARRIÓ, Genaro R. *Notas Sobre el Derecho e la Lenguaje*. 4ª ed., Buenos Aires, Abeledo-Perrot, 1990.

CARVALHO, Paulo de Barros. *Curso de Direito Tributário*. 5ª ed., São Paulo, Saraiva, 1991.

——— *Direito Tributário — Fundamentos Jurídicos da Incidência*. São Paulo, Saraiva, 1998.

——— "O Direito Positivo como sistema homogêneo de enunciados deônticos", *RT* 12/45, São Paulo, Ed. RT, jul.-set. 1988.

DE SANTI, Eurico Marcos Diniz. "Imunidade tributária como limite objetivo e as diferenças entre 'livro' e 'livro eletrônico'", in *Imunidade Tributária do Livro Eletrônico*, coord. Hugo de Brito Machado, São Paulo, IOB, 1998.

——— *Lançamento Tributário*. São Paulo, Max Limonad, 1996.

FAGUNDES, Seabra. *O Controle dos Atos Administrativos pelo Poder Judiciário*. 6ª ed., São Paulo, Saraiva, 1984.

FALCÃO, Amílcar de Araújo. *Introdução ao Direito Tributário*. Rio de Janeiro, Ed. Rio, 1976.

FIGUEIREDO, Lucia Valle. *Estudos de Direito Tributário*. São Paulo, Malheiros Editores, 1996.

GONÇALVES, José Arthur Lima. "A imunidade tributária do livro", in *Imunidade Tributária do Livro Eletrônico*, coord. Hugo de Brito Machado, São Paulo, IOB, 1998.

GORDILLO, Agustín. *Introdución al Derecho Administrativo*. Buenos Aires, Abeledo-Perrot, 1996.

GRAU, Eros Roberto. *A Ordem Econômica na Constituição de 1988 (Interpretação e Crítica)*. 4ª ed., São Paulo, Malheiros Editores, 1998.

GUERRA, Willis Santiago. "Os princípios da isonomia e da proporcionalidade como direitos fundamentais", *Revista da Procuradoria-Geral do Estado do Ceará* 11/3, Fortaleza, 1994-1995.

LUNARDELLI, Pedro Guilherme Accorsi. "Imunidade sobre o livro eletrônico", in *Imunidade Tributária do Livro Eletrônico*, coord. Hugo de Brito Machado. São Paulo, IOB, 1998.

MACHADO, Hugo de Brito. *Curso de Direito Tributário*. 12ª ed., São Paulo, Malheiros Editores, 1997.

MORAES, Bernardo Ribeiro de. "Imunidades e isenções como instrumento de extrafiscalidade", in *Elementos de Direito Tributário*, coord. Geraldo Ataliba, São Paulo, Ed. RT, 1978.

REALE, Miguel. *Filosofia do Direito*. 3ª ed., São Paulo, Saraiva, 1994.

SUNDFELD, Carlos Ari. *Fundamentos de Direito Público*. São Paulo, Malheiros Editores, 1992.

VILANOVA, Lourival. *As Estruturas Lógicas e o Sistema do Direito Positivo*. São Paulo, Ed. RT, 1977.

____________ *Causalidade e Relação no Direito*. 2ª ed., São Paulo, Saraiva, 1989.

____________ "Níveis de linguagem em Kelsen (norma jurídica/proposição jurídica)", *Nomos* (Revista do Curso de Mestrado em Direito da UFC) 4(1/2), Fortaleza, 1982.

A GARANTIA DO JUÍZO E O DIREITO DE ACESSO AO JUDICIÁRIO

Rubens Miranda de Carvalho
Advogado em Santos/SP

1. Introdução. 2. O processo de execução fiscal e o direito de defesa. 3. Excesso de penhora. Utilização do Judiciário como forma indevida de pressão. Exceção de pré-executoriedade. 4. A garantia. Deferimento pelo juiz. Convicção do Judiciário. Impedimento do acesso à Justiça. 5. Confisco. Perigo de lesão grave e de difícil reparação. 6. Inconstitucionalidade em face da atual e da anterior Constituição. 7. Ferimento à isonomia em face da própria Lei de Execuções Fiscais: o que não tem bens fica em melhor situação do que o que os tiver poucos.

1. Introdução

O apego à literalidade dos textos legais é um vezo que tem levado alguns operadores do Direito ao cometimento de pequenos enganos, alguns quase inócuos, em que somente a ciência sofre, mas que, quando praticados pela Administração Pública ou por magistrados, podem causar graves violações aos direitos individuais.

É já comum a ciência de que o Direito é um sistema ordenado de normas,[1] e não um amontoado desordenado e desconectado de leis a serem individualmente consideradas, como se estivessem soltas no espaço, não como os planetas, que obedecem a rigorosa sistemática, mas como os meteoritos, que vagam sem rumo. Discorrer aqui, neste breve trabalho, sobre "sistema jurídico", além de inadequado ao seu objetivo, seria supérfluo, pois há trabalhos que têm dissecado esse conceito e seus efeitos práticos, nos quais o leitor poderá melhor se instruir.[2]

A principal conseqüência prática dessa sistematização é a inter-relação das normas jurídicas, de tal modo que a violação de uma delas implica a de todo o sistema, máxime quando essa violação ofenda normas de segurança jurídica e de outorga de direitos individuais aos cidadãos, conferidas através da Carta Constitucional. Será ela uma inconstitucionalidade de caráter material direta, ou seja, haverá ferimento ao seu conteúdo, ao sentido jurídico da norma constitucional, por ferir o "sentido do ato" nela contido, para utilizar a expressão de Kelsen.[3]

Todavia, malgrado essas comuns ciência e admissão, há os que, desavisadamente,

1. Hans Kelsen, *Teoria Pura do Direito*, 4ª ed., Coimbra, Arménio Amado Editor, 1976, p. 21.

2. Hans Kelsen, idem; Norberto Bobbio, *Teoria do Ordenamento Jurídico*, 9ª ed., Brasília, UnB, 1997.

3. *Teoria Pura do Direito*, p. 22.

ou mesmo admitindo teoricamente a sistematização, deixam de olhar para os aspectos práticos que delas decorrem, vendo nas normas específicas apenas a dicção de um texto legal determinado, sem levar em conta de consideração o sistema jurídico ao qual elas se integram, e, pior ainda do que isso, sem levar em consideração a Constituição, à qual todas as leis que lhe sejam inferiores devem obedecer, sob pena de violação dos direitos outorgados por aquela *Lex Legum* e do cometimento da máxima ilegalidade: a inconstitucionalidade.

Este intróito conduz ao exame de uma situação fática ocorrente em diversos processos de execução fiscal que vem preocupando os mais atentos, pelo revelar de uma inconsciência jurídica evidenciada por algumas decisões judiciais que a vêm considerando como juridicamente aceitável, sendo ela, claramente, uma aberrativa agressão ao direito de acesso ao Judiciário, previsto no inciso XXXV do art. 5º da CF, e ainda ao princípio do contraditório, constante do inciso LV do mesmo artigo. Vejamos como isso ocorre e por que ocorre.

2. *O processo de execução fiscal e o direito de defesa*

A Lei 6.830, de 1980, regulou o processo de execução fiscal, através do qual a Fazenda Pública cobra seus créditos fiscais – inclusive os tributários – daqueles que ela considera como devedores.

Lembremo-nos de que o título extrajudicial que é levado a execução pela Fazenda Pública é de exclusiva autoria da Administração, que pratica o ato do lançamento ou o homologa (do que discordo), muitas vezes sem a menor participação dos contribuintes, ou até mesmo com a desprezada oposição destes. Embora a função da Administração Pública seja a da mera aplicação das leis, muitos lançamentos tributários – como comprovam as inúmeras decisões judiciais em ações anulatórias, mandados de segurança e em embargos do devedor (melhor ditos "do executado", pois nem sempre é devedor) – são freqüentemente procedidos contra a lei, mas mantidos em processos administrativos em que o Direito é desconsiderado e que deságuam na inscrição do crédito tributário ilegal como dívida ativa, seguindo-se-lhe o processo de execução fiscal. Disso decorre a necessidade que têm os contribuintes de se socorrer do Judiciário para livrarem-se das ilegais exigências praticadas pela Administração, o que, então, somente podem fazer pela via dos embargos do executado.

No processo de execução fiscal, feita a citação, segue-se a penhora, que, ou mediante oferta de bens ou por iniciativa do oficial de justiça, recai sobre bens cujo valor poderá ser igual, maior ou inferior ao da dívida em execução. Hipoteticamente garantido o juízo pela penhora, o pretenso devedor (ou terceiro que tenha tido seus bens indevidamente penhorados) oferece seus embargos, devendo ser decretada a suspensão do processo de execução, como é de direito.

Se maior o valor dos bens que o da execução, nenhum problema haverá. Todavia, se o valor dos bens penhorados for inferior ao da dívida exeqüenda ou, pelos acréscimos legais determinados pelo tempo, confrontados com a desvalorização dos bens penhorados, vier a dívida a se tornar maior do que o valor daqueles bens, aí começará o contribuinte-executado a ter problemas, pois mesmo nos casos em que os embargos já tenham sido recebidos para discussão e tenha sido decretada a suspensão da execução a complementação ou o reforço da penhora podem vir a ser determinados por despacho judicial.

Para simplificar a situação fática, imaginemos um contribuinte que, estando com seus únicos bens penhorados, não possua outros de valor hábil a superar o do crédito em execução. A solução adotada por alguns magistrados, como se disse, principalmente na Capital de São Paulo, é a extinção pura e simples dos embargos oferecidos e o prosseguimento da execução.

Considerando-se que nos processos de execução fiscal os recursos interpostos nas decisões que julgam improcedentes ou extinguem os embargos do executado, sem julgamento do mérito, não têm efeito suspensivo, isso pode significar que o executado, por não ter bens de valor capaz de garantir a execução, irá ver leiloados e eventualmente perder aqueles que tem, embora tenha já oferecido embargos, impedindo-se-lhe o direito de discutir a dívida exeqüenda. Ou seja, porque não tem outros bens, que superem o valor em execução, poderá ser expropriado dos que tem, para o pagamento de dívida que pode corresponder a algo absolutamente indevido, quer por ausência do fato gerador, quer por erro quanto ao sujeito passivo do tributo, quer por outra qualquer anomalia havida na constituição do crédito tributário ou na inscrição da dívida e sua respectiva certidão. Esse executado terá sido violentado em seu direito de defesa, constitucionalmente garantido e ilegalmente cerceado, sendo expropriado – na verdade, tendo seus bens confiscados – sem que lhe tenha sido possível discutir a legalidade da dívida em execução. Mais do que isso, não se encontrará na Lei de Execuções Fiscais qualquer norma que justifique esse absurdo procedimento, conforme veremos a seguir.

3. Excesso de penhora. Utilização do Judiciário como forma indevida de pressão. Exceção de pré-executoriedade

A presunção de liquidez e certeza da Certidão de Dívida Ativa (CDA), fundamento para a constrição judicial, é relativa (*iuris tantum*), e, portanto, pode ser ilidida pelo contribuinte, o que é de primária lógica, considerada a sistemática constitucional da defesa dos direitos do cidadão-contribuinte; caso contrário poderiam as Fazendas Públicas, a seu bem entender, lançar qualquer valor, intitulando-o como tributo, dando-lhe a "presunção de liquidez e certeza" através da inscrição da Dívida Ativa, e o contribuinte, por sua vez, estaria condenado a ter que sempre pagar o indébito, sem jamais poder se defender.

Isso é bem mais sério e profundo do que se pode imaginar, uma vez que os princípios da legalidade e da moralidade administrativa são tratados de forma negligente pela Administração Pública, o que no Brasil já se pode incluir entre os fatos públicos e notórios, podendo ser diariamente lidos nos jornais do país, compondo o que se conhece como "verdade sabida".

O poder de tributar é de tal forma violento e sua capacidade de destruir o cidadão, seus bens e sua estrutura familiar ou empresarial é tão grande, que suas limitações são objeto de capítulo constitucional, no qual se estabelecem princípios legais de atribuição e de limitação no exercício da competência tributária – aquela mesma contendo em si a própria limitação do seu exercício –, mas do qual fazem ainda parte, embora não especificadamente, aqueloutros princípios do direito de acesso ao Judiciário e o do contraditório, a fim de que não se impeça a defesa do cidadão-contribuinte e, pior do que isso, se exclua da apreciação do Poder Judiciário uma controvérsia jurídica sobre tema que a própria Constituição considerou como merecedor de capítulo à parte, qual seja, o do "Sistema Tributário" – exclusão, essa, que levaria ao ferimento de outro direito individual previsto no já referido inciso XXXV do art. 5º da Carta Magna.

Também é verdade que as pessoas jurídicas de direito público se movem por interesses específicos e sazonais, de nenhuma forma deixando de tributar, mesmo diante da voz redundante da Justiça a anular seus atos de arrecadação tributária. Para isso, mesmo em face da sabida ilegalidade da exigência fiscal, impugnam o valor dos bens penhorados e, sabendo da predisposição de magistrados em acolher suas ponderações, utilizam tal circunstância como forma de pressão para forçar os executados a pagar o indébito para não verem seus bens confiscados, porque é disso que se trata, de confisco, além da óbvia imoralidade administrativa que isso implica. O Judiciário, sempre atento em afastar as sanções políticas contra os administrados renitentes, acaba, ele mesmo, a servir como instrumento de coação do administrado, forçando-o ao pagamento de valores indevidos, os quais sequer podem ser designados como "tributos indevidos", pois aquilo que é indevido, por ilegal, não é tributo: é confisco.

Casos há em que a exigência é tão flagrantemente ilegal, e assim reconhecida em reiteradas decisões anteriores, que seria de se admitir a exceção de pré-executoriedade, (contra a qual há evidente má-vontade por parte dos tribunais), visto que a presunção de liquidez e certeza sobre a qual se fundamenta o processo de execução fiscal fica abalada pela reiteração da decretação da nulidade de títulos anteriores, fundamentados na mesma repetida exigência de tributos incabíveis, tantas vezes admitida e reconhecida a sua ilegalidade pelos tribunais.

4. A garantia. Deferimento pelo juiz. Convicção do Judiciário. Impedimento do acesso à Justiça

A garantia de que trata a Lei 6.830, de 1980, em seu art. 15, II, *in fine*, permitindo ao juiz deferir o reforço da penhora, traz a possibilidade de o Poder Judiciário avaliar, diante das circunstâncias específicas de cada caso, de cada execução, a convicção de sua eficácia. Transcrevendo: "Art. 15. Em qualquer fase do processo, será deferida pelo juiz: (...) II – à Fazenda Pública, a substituição dos bens penhorados por outros, independentemente da ordem enumerada no art. 11, *bem como o reforço da penhora insuficiente*".

Malgrado o verbo no imperativo futuro, não está restrito o juiz ao cumprimento servil dos processos de execução ajuizados pelas Fazendas Públicas, podendo, sim, avaliar, *prima facie*, diante da natureza da execução e da legalidade dos fatos que levaram à expedição do título executivo, a desnecessidade de maior garantia para que possam ser admitidos os embargos do devedor, ou, melhor, do executado.

Não pode a Fazenda Pública, mesmo diante do privilégio de gozar seu título de presunção de certeza relativa, pois é *iuris tantum* (parágrafo único do art. 3º da Lei 6.830/80), estabelecer os critérios para admissibilidade da garantia, pois estes pertencem ao Judiciário, capaz, que deve ser, de equivaler o direito de arrecadação pela via do processo executivo, com as limitações do poder de tributar e o princípio da ampla defesa e do acesso ao Judiciário, que, como se disse, são constitucionalmente garantidos.

A ampliação da garantia da penhora, em muitos dos casos, caracteriza evidente abuso de poder por parte da Fazenda, merecendo limitação para que possa o executado, independentemente do valor dos seus bens, embargar o crédito exeqüendo. Embora possa o reforço da penhora ser exigido após os embargos, no qual aquele exerça seu direito à defesa ampla e à apuração da prova de que trata o art. 204, parágrafo único, do CTN, não está livre de controle processual, pois a ele se aplica o disposto no art. 685 do CPC (subsidiariamente aplicável, nos termos do art. 1º, *in fine*, da Lei de Execuções Fiscais), que tem redação bem mais democrática, pois exige prévia avaliação dos bens penhorados: "Art. 685. Após a avaliação, poderá mandar o juiz, a requerimento do interessado e ouvida a parte contrária: (...) II – ampliar a penhora, ou transferi-la para outros bens mais valiosos, se o valor dos bens penhorados for inferior ao referido crédito".

Consideremos a hipótese de que o executado não tenha mais outros bens que garantam a execução e não consiga, pela mesma razão, carta de fiança bancária que possa garantir a execução. Fica ele na iminência da decretação da extinção dos embargos já oferecidos, com o quê lhe é fechada a porta da Justiça, impedindo-se-lhe a defesa do seu patrimônio, o qual, ainda que pequeno, lhe pertence e merece ser protegido pelo Judiciário – o que ele, executado, somente poderia fazer pela via dos embargos, sob pena de lhe serem confiscados os poucos bens que tenha. Se isso lhe for impedido sob o falso argumento de que os bens são de valor menor ao da execução, certamente estaremos diante de um claro confisco daqueles poucos bens, em um procedimento surrealista, a fazer inveja a qualquer Franz Kafka reencarnado.

5. *Confisco. Perigo de lesão grave e de difícil reparação*

Até mesmo a expressão "tributo indevido", como disse, é, ela mesma, indevida, pois a exação ou é tributo ou é algo ilegal que não se pode definir como tal. A essa conclusão se é levado pela própria definição de tributo dada pelo art. 3º do CTN, segundo o qual: "Tributo é toda prestação pecuniária compulsória, em moeda ou cujo valor nela se possa exprimir, que não constitua sanção de ato ilícito, *instituída em lei* e cobrada mediante atividade administrativa plenamente vinculada".

A dicção do Código Tributário Nacional é mera especificação do princípio da legalidade tributária imposto pelo art. 150, I, da CF: "Art. 150. Sem prejuízo de outras garantias asseguradas ao contribuinte, é vedado à União, aos Estados, ao Distrito Federal e aos Municípios: I – exigir ou aumentar tributo sem lei que o estabeleça".

Ora, se tributo é aquela prestação compulsória fundamentada em lei, cumprindo os euremas do art. 3º do CTN, *a contrario sensu*, o que não se enquadrar na figura delineada pela lei não é tributo, será uma desapropriação sem fundamento legal, ou seja, será um confisco do dinheiro, ou, no caso da execução fiscal, de parte ou da totalidade do patrimônio do contribuinte, que no caso sequer mereceria esta designação; confisco, esse, expressamente proibido, em termos tributários, pelo inciso IV do art. 150 da CF, em termos gerais pelo *caput* e pelo inciso XXII do art. 5º e pelo *caput* deste último, que garantem o direito de propriedade, como, ainda, pelo inciso LIV, que proíbe que alguém seja privado dos seus bens sem o devido processo legal – o que pressupõe o exercício pleno dos direitos de defesa e contraditório.

O impedimento a que o executado possa exercer seu direito constitucional de defesa através dos embargos do executado poderá significar, para ele, grave lesão em seu patrimônio, pois vê-lo-á subtraído pela força pública, tendo que se quedar inerte.

Por outro lado, cabe indagar: qual seria o prejuízo para a Fazenda Pública em se admitir seus embargos, estando penhorados os bens que possui? Evidentemente nenhum, pois que o exeqüente nunca conseguirá excutir mais do que o executado possua, seja lá quanto este possua, com o quê tanto faz que o pouco que tenha garanta ou não a totalidade do crédito ajuizado. Isso é de uma evidência tal que sua só enunciação já parece uma desnecessidade, embora alguns magistrados não se tenham dado conta disso, agindo a ferro e fogo contra a fraqueza do cidadão em face do poder do Estado, contra ele injusta e inconstitucionalmente assestado.

6. *Inconstitucionalidade em face da atual e da anterior Constituição*

A Lei de Execuções Fiscais, de n. 6.830, de 23.9.1980, foi editada durante o regime de "democracia relativa", para utilizar o eufemismo encontrado pelo próprio regime para definir-se. Na realidade, vivíamos sob uma ditadura mal-disfarçada, que, a pretexto de conhecer o bem e o mal melhor do que os simples mortais a ela submetidos, postou-se acima de tais banalidades, com um autoritarismo que, embora menor durante o governo do último dos seus presidentes, já devidamente esquecido, época em que a referida lei foi promulgada, controlava o Congresso Nacional, que não passava de mero homologador das decisões do Executivo.

Alguns dos dispositivos dessa lei já foram considerados ilegais pelo Judiciário, como é o caso do art. 40, que suspendia o prazo prescricional, que foi julgado incompatível com o Código Tributário Nacional.

O § 1º do art. 16 da Lei de Execuções Fiscais determina que: "Não são admissíveis embargos do executado antes de garantida a execução".

7. Ferimento à isonomia em face da própria Lei de Execuções Fiscais: o que não tem bens fica em melhor situação do que o que os tiver poucos

No art. 40 a Lei de Execuções Fiscais prevê que, se o executado não tiver bens, o juiz suspenderá o curso da execução enquanto não forem localizados bens sobre os quais possa recair a penhora. Isso significa que aquele que não tiver bens não sofrerá qualquer efeito da execução fiscal.

Em pior situação fica aquele que tenha bens de valor inferior ao do crédito, pois que este, posta a situação como aqui enunciada, ficará impedido de embargar, ou terá seus embargos extintos, com o quê poderá perder os poucos bens que tenha.

Essa situação fere o princípio constitucional da isonomia, previsto no *caput* do art. 5º da CF, visto que pessoas postas em situação de igualdade (pólo passivo de execução fiscal) recebem tratamento diferenciado, a um permitindo-se-lhe escapar indene da execução, enquanto que a outro se lhe tomam os bens que possua, *sem direito à defesa*, apenas porque seu valor é inferior ao do crédito exeqüendo.

OS TRATADOS INTERNACIONAIS E SEU REGIME JURÍDICO NO DIREITO TRIBUTÁRIO BRASILEIRO – O PROBLEMA DAS INSENÇÕES HETERÔNOMAS

ÉLCIO FONSECA REIS

Professor de Direito Tributário na Faculdade de Direito Mílton Campos – Mestrando em Direito Tributário pela Faculdade de Direito da UFMG – Advogado

1. Conceito de Direito Internacional. 2. Os fundamentos de validade da norma de Direito Internacional: 2.1 Teoria do voluntarismo – 2.2 Teoria normativista – 2.3 Teoria jusnaturalista. 3. O Direito Internacional e o Direito Interno: 3.1 A tese dualista – 3.2 A tese monista com prevalência do Direito Interno – 3.3 Monismo com prevalência do Direito Internacional. 4. As normas de Direito Comunitário e a primazia sobre as normas internas. 5. Os tratados internacionais e o ordenamento jurídico nacional: 5.1 Conceito – 5.2 Classificação: 5.2.1 Número de partes – 5.2.2 Procedimento – 5.2.3 Natureza das normas – 5.2.4 Execução no tempo – 5.2.5 Execução no espaço – 5.3 Conclusão dos tratados: 5.3.1 Capacidade das partes – 5.3.2 Habilitação dos agentes signatários – 5.3.3 Consentimento – 5.3.4 Objeto lícito. 6. Tratados internacionais e o Direito Tributário: 6.1 A obrigatoriedade do tratado internacional no Direito Tributário – 6.2 Tratados de Direito Tributário: validade frente aos Estados-membros e Municípios. 7. Conclusões.

1. Conceito de Direito Internacional

O conceito de Direito Internacional tem sofrido modificações através dos tempos, a fim de se adequar a uma realidade atual, onde os Estados soberanos têm procurado organizar-se no cenário internacional de forma a possibilitar uma maior organização e integração social, política, jurídica e econômica.

A história desta evolução exige que se faça uma digressão ao Direito Romano, que, desde logo, estabeleceu uma distinção entre o *ius civile* e o *ius gentium*. Ambos disciplinavam o Direito dentro da órbita interna dos Estados, mas com uma diferença fundamental entre eles. Enquanto o primeiro estabelecia mandamentos dirigidos aos sujeitos de cidadania romana, o segundo prescrevia normas de conduta dirigidas aos cidadãos romanos e estrangeiros, ou, tãosomente, entre estes.

O chamado *ius gentium*, não obstante revelar normas de caráter privado, já possuía traços sensíveis ao Direito Público.

Entretanto, o conceito de Direito das Gentes não era uníssono na doutrina romana. Alguns autores, como Gaio, adotavam a definição acima. Outros, todavia, como

Ulpiano,[1] preferiam o método da enumeração das matérias objeto desse Direito, cujo conteúdo se aproximava do conceito de Direito Internacional; para ele o Direito das Gentes tinha como objeto disciplinar a ocupação de territórios, a construção de edifícios, a defesa, a guerra, a captura de escravos, a servidão, as fronteiras, os tratados, a paz e as tréguas, o respeito da religião pelos legados, a proibição do casamento entre estrangeiros. O Direito das Gentes se destinaria, indiscutivelmente, a todos os povos.

O conceito de Direito Internacional transcenderia as relações internas, tendo uma base objetiva traçada por Ulpiano, surgindo como uma ordem jurídica internacional, destinada a regular as relações entre os povos daquela sociedade internacional, indistintamente.

Ocorre, porém, que a doutrina, na tentativa de encontrar uma definição para o Direito Internacional, partiu de três premissas, que podem ser traduzidas nas seguintes teorias: a dos sujeitos desse Direito, do conteúdo da norma e da fonte de produção dessas normas.

A primeira teoria – difundida por Fauchille[2] e por Anzilotti[3] – definia o Direito Internacional como o conjunto de normas jurídicas que regulavam e disciplinavam relações entre Estados soberanos.

A definição do português Silva Cunha também adota esse critério; para ele, o Direito Internacional é o "conjunto de normas jurídicas que regem as relações entre todos os componentes da sociedade internacional".[4]

Fausto Quadros, criticando tal definição, ensina, com inteira precisão, que: "Esta definição, porém, não pode ser aceita. Para começar, em rigor ela não merece sequer o nome de definição, porque não escapa à objecção do círculo vicioso: saber quais são os sujeito do Direito Internacional é determinar quais são as titularidade de direitos e obrigações. O próprio conceito de sujeito de Direito Internacional supõe, assim, que tenha sido previamente fixada a noção de norma de Direito Internacional, pelo quê não pode ser utilizado para a definição desta".[5]

Assim, verifica-se que o critério do sujeito da norma, adotado pelos doutrinadores retrocitados, não consegue elucidar as dúvidas a respeito das definições desses sujeitos, sendo totalmente tautológica tal definição.

Outros pensadores definiram o Direito Internacional através da análise da matéria regulada, ou seja, do objeto da norma jurídica de Direito Internacional. A competência do Direito Internacional seria a respeito daquelas matérias que não fossem de competência do Direito Interno, que possuíssem interesse na comunidade internacional.

Acontece que a definição exaustiva de competência interna e internacional, além de, na prática, se mostrar totalmente impossível, imporia verdadeira restrição à própria evolução do Direito Internacional, bem como limitaria de forma injustificada o conteúdo das normas de Direito Internacional.

Mais uma vez Fausto Quadros discorda desse critério, demonstrando de forma cabal a incoerência e inconsistência do mesmo: "É certo que a utilização do critério material pode ser indispensável para o estabelecimento do domínio irredutível da soberania do Estado, para a determinação das matérias que não podem em caso algum ser reguladas pela norma de Direito Internacional, ou seja, daquilo que se designa correntemente como o domínio reservado dos Estados, de que nos ocuparemos mais adiante. Mas a determinação do domínio reservado, quando seja possível, não

1. A esse respeito v. *Digesto*, I.I, Tít. I, §§ 3 e 4, *apud* Fausto Quadros, *Manual de Direito Internacional Público*, 3ª ed., Coimbra, Almedina, p. 21.

2. *Traité de Droit Internacional Public*, 8ª ed., t, I, Paris, 1922, p. 4.

3. *Corso di Diritto Internazionale*, 4ª ed., Pádua, 1964, p. 37.

4. *Direito Internacional Público*, Lisboa, p. 14.

5. Ob. cit., p. 27.

implica, por exclusão de partes, a das matérias internacionais, pois, além das matérias reservadas, há um largo número de questões que, sem estarem essencialmente ligadas à soberania do Estado, são, normalmente, no estado actual da comunidade internacional, reguladas pelo Direito Interno. O domínio reservado não coincide, assim, com o domínio de aplicação do Direito Interno; e, portanto, do seu estabelecimento não resulta a separação deste em relação ao Direito Internacional. (...). Por isso, tal como o primeiro, também o critério do objecto da norma nos parece ser de rejeitar, pois entendemos que a norma de Direito Internacional pode, em princípio, regular qualquer matéria e ser dirigida a qualquer entidade susceptível de personalidade jurídica".[6]

A terceira teoria utilizada para definir o Direito Internacional baseia-se na forma de produção da norma internacional, é a que – na minha opinião – merece aplausos e se mostra mais coerente com o sistema jurídico positivo atual, que foi inspirado inegavelmente no positivismo puro kelseniano.

Esse critério não leva em consideração nem os sujeitos destinatários da norma, nem o conteúdo dessa, mas somente o local de produção da mesma, ou seja, o aspecto formal de validade dessa.

Assim, não é a questão de fato a ser disciplinada pela norma jurídica que determina o seu caráter interno ou internacional, mas sim o fato de esta advir de órgão internacional competente para a sua elaboração.

O adjetivo qualificativo – *internacional* – serve apenas para estabelecer e elucidar que a norma em análise tem como fonte de produção organismo internacional, como já asseverado, não importando o seu conteúdo; pelo contrário, o conteúdo da norma será de âmbito internacional se este estiver contido em norma elaborada pela ordem jurídica internacional.

Esse critério foi o adotado por Kelsen,[7] posteriormente aperfeiçoado por Guggenheim[8] e compartilhado por Fausto Quadros.[9]

O Direito Internacional poderia, em tese, regular quaisquer matérias, sendo dirigido a todas as pessoas jurídicas ou organizações jurídicas reconhecidas internacionalmente. O conteúdo dessas normas jurídicas variará no tempo, pois em cada momento histórico as comunidades internacionais se apresentam de determinada forma. Assim, quanto maior for a integração dos Estados autônomos e soberanos, maior será o campo de abrangência das norma internacionais, que passarão a dirigir-se indistintamente à sociedade internacional, ou, melhor, à comunidade.[10]

6. Ob. cit., p. 29.

7. *Théorie du Droit Internacional Public*, na coletânea dos cursos da Academia de Direito Internacional de Haia, conhecida como *Recueil des Cours*, 1953-II, p. 116.

8. *Traité de Droit Internacional Public*, 1ª ed., t. I, Genebra, 1953, p. 30.

9. O Autor (ob. cit., p. 31) assevera que: "A característica essencial da norma internacional é, em nosso entender, a de o seu processo de criação e modificação transcender o âmbito do Estado, ou de um outro sujeito do Direito Internacional por si só".

10. A distinção entre os conceitos de *sociedade* e *comunidade* pode ser encontrada nas obras de Max Weber, *La Sociologie Allemande Contemporaine*, 2ª ed., Paris, 1950, e no *Novissimo Digesto Italiano*, v. XX, p. 1.079. Parte da sua doutrina foi reproduzida na obra de Fausto Quadros, já referida. Weber explica que todos os grupos sociais, na sua grande heterogeneidade, reconduzem-se a duas grandes categorias: a comunidade (*Gemeisschaft*) e a sociedade (*Gesellschaft*). O modo para se distinguir uma categoria da outra é através dos fatores de agregação e de desagregação. Isto porque em qualquer desse agrupamentos encontramos entre seus membros interesses comuns, convergentes, e interesses antagônicos, divergentes; ou seja, existem fatores de agregação e de desagregação. Na *comunidade* a força dos interesses comuns, convergentes, ou seja, aquela que une os seus membros, é mais forte que a força dos interesse divergentes, antagônicos. Na *sociedade* passa-se exatamente o contrário. Marcello Caetano (*Manual de Ciência Política e Direito Constitucional*, 6ª ed., Lisboa, 1972) explica que "na comunidade os membros estão unidos apesar de tudo quanto os separa; na associação permanecem separados apesar de tudo quanto fazem para se unir".

2. *Os fundamentos de validade da norma de Direito Internacional*

O problema da validade da norma de Direito Internacional possui grande relevância, na medida em que, adotando-se uma determinada teoria justificadora desta validade, o Estado estará automaticamente, em virtude de coerência legislativa, determinando qual a amplitude de eficácia destas normas quando sobrepostas ao Direito Interno, inclusive à Carta Magna.

Dentro da ordem jurídica interna verifica-se que a doutrina de Hans Kelsen, exposta na *Teoria Pura do Direito*, influenciou a doutrina constitucional dos Estados ocidentais.

Para Kelsen as normas deônticas, por decorrerem necessariamente de outras normas, não podem ter supedâneo em outra ordem que não seja a ordem jurídica. Daí termos que os fatos que constituem o ser somente podem dar origem a outros fatos do ser, nunca a dever-ser, isto é a normas deônticas. Estas somente decorrem de outras da mesma estrutura teorética, isto é, de outras normas de dever-ser. Assim, se uma norma somente pode decorrer de outra, somente nela se fundamentará, existindo entre essas, quando confrontadas, uma estrutura hierárquica. Logo, nesta estrutura escalonada de validade das normas jurídicas temos que uma norma sempre deve ser fundada em outra norma, a qual lhe será superior.[11]

Com efeito, dentro da ordem jurídica interna positiva a Constituição é a norma hierarquicamente superior. Assim, será a Constituição o fundamento último de validade de todas as demais normas do sistema.

O problema do fundamento da norma de Direito Internacional não difere das normas internas; trata-se, na verdade, de uma questão filosófico-jurídica, que, por isso mesmo, não cabe neste trabalho ser aprofundada, exceto nos pontos relevantes para o desenvolvimento do mesmo.

Assim, como houve evolução filosófica e jurídica a respeito do fundamento de validade das normas de Direito Interno, ou estatal, o mesmo ocorreu com as normas no âmbito internacional, ou interestatal.

Dentro dessa ótica surgiram diversas teorias que tinham por finalidade explicar a validade e, por conseguinte, a obrigatoriedade das normas internacionais.

Não analisaremos cada uma dessas teorias, mas tão-somente as que consideramos de vital importância para o desfecho do presente trabalho, uma vez que não se pretende, aqui, desenvolver uma monografia a respeito das normas de Direito Internacional, mas utilizar conceitos já adotados para analisá-las sob a ótica do Direito Tributário Positivo brasileiro.

2.1 Teoria do voluntarismo

O voluntarismo consiste, no âmbito interno, na idéia de que a obrigatoriedade e a existência do Direito resultam da qualidade da vontade que o cria, e é esta que dá valor jurídico à norma.

No plano das norma internacionais não é diferente; é a simples, mas manifesta, vontade comum dos Estados que fundamenta as normas de Direito Internacional. Este pensamento encontra guarida nos autores de influência hegeliana. O pensamento de Hegel leva à conclusão de que o Estado é o

11. Cf. Hans Kelsen, *Teoria Pura do Direito*, p. 267: "Dizer que uma norma que se refere à conduta de um indivíduo *vale* (é vigente) significa que ela é vinculativa, que o indivíduo se deve conduzir do modo prescrito pela norma. Já anteriormente, num outro contexto, explicamos que a questão do por que é que a norma vale – quer dizer: por que é que o indivíduo se deve conduzir por tal forma – não pode ser respondida com a simples verificação de um facto da ordem do ser, que o fundamento de validade de uma norma não pode ser tal facto. Do facto de algo ser não pode seguir-se que algo deve ser; assim como do facto de algo dever-ser se não pode seguir que algo é. O fundamento de validade de uma norma apenas pode ser a validade de uma outra norma. Uma norma que representa o fundamento de validade de uma outra norma é figurativamente designada como norma superior, por confronto com uma norma que é, em relação a ela, a norma inferior".

centro e fundamento da ordem jurídica, inexistindo ordem superior ao mesmo. Logo, o Direito Internacional somente poderia se fundar na vontade estatal que celebre acordos com outros Estados.

Esta teoria nega a existência de um Direito Internacional, uma vez que condiciona seu surgimento, sua validade e eficácia à vontade estatal. Com isso, se da simples vontade surgisse a norma internacional, bastaria que o Estado retirasse aquela para que essa deixasse de existir, de obrigar, não havendo qualquer sanção, quer sob a ótica interna, quer sob a ótica externa, passível de impor ao Estado uma determinada conduta.

Ademais, é cediço que o acordo de vontades que obriga as partes convergentes somente possui validade e imperatividade quando existe uma norma jurídica que lhe confira esse poder vinculatório. Onde, no Direito Internacional, existiria tal norma? Afinal, este somente surgiria após o pacto ser firmado.

Saliente-se, ainda, que o voluntarismo, ao estabelecer como único fundamento de validade das normas internacionais o acordo de vontade, nega qualquer eficácia e validade às normas internacionais consuetudinárias, o que é um verdadeiro absurdo.

2.2 Teoria normativista

A teoria positivista, já referida, tem como grande expoente Hans Kelsen, que explica a obrigatoriedade da norma jurídica independentemente da vontade, mas, sim, em conformidade com a ordem jurídica, e principalmente com a norma que lhe deu supedâneo de validade. Concebe a ordem jurídica como uma pirâmide escalonada, em que cada norma recebe força obrigatória da norma superior. No vértice da pirâmide existiria a norma fundamental, a qual conferiria unidade ao sistema jurídico. Esta, porém, teria caráter meramente hipotético.

A validade das normas internas e internacionais estaria ligada ao processo de criação das mesmas; da fonte de onde emanam, pouco importando o conteúdo dessas normas.[12]

No entanto, diferentemente do pensamento de Kelsen, entendemos, balizados na doutrina do professor Tércio Sampaio,[13] que não basta que a norma jurídica tenha sido produzida obedecendo aos critérios processuais de formação, não basta que a entidade/autoridade de onde emana seja a competente para a sua instituição; necessário, também, que seu conteúdo esteja em conformidade com o conteúdo da norma fundamental ou da superior.

A grande dificuldade encontrada pelo professor de Viena foi a de encontrar a norma fundamental hipotética, ficta, que desse validade a todo o ordenamento jurídico na órbita internacional, o que lhe trouxe inúmeras críticas.[14-15]

12. Kelsen, ob. cit., p. 273: "Uma norma jurídica não vale porque tem um determinado conteúdo, quer dizer, porque o seu conteúdo pode ser deduzido pela via de um raciocínio lógico de uma norma fundamental pressuposta, mas porque é criada por uma forma determinada – em última análise, por uma forma fixada por uma norma fundamental pressuposta. Por isso, e somente por isso, pertence ela à ordem jurídica cujas normas são criadas de conformidade com esta norma fundamental. Por isso, todo e qualquer conteúdo pode ser Direito. Não há qualquer conduta humana que, como tal, por força do seu conteúdo, esteja excluída de ser conteúdo de uma norma jurídica. A validade desta não pode ser negada pelo facto de o seu conteúdo contrariar o de uma outra norma que não pertença à ordem jurídica cuja norma fundamental é o fundamento de validade da norma em questão. A norma fundamental de uma ordem jurídica não é uma norma material que, por o seu conteúdo ser havido como imediatamente evidente, seja pressuposta como a norma mais elevada da qual possam ser deduzidas – como o particular do geral – normas de conduta humana através de uma operação lógica".

13. Cf. *Introdução ao Estudo do Direito – Técnica, Decisão, Dominação*, p. 202: "Validade é uma qualidade da norma que designa sua pertinência ao ordenamento, por terem sido obedecidas as condições formais e materiais de sua produção e conseqüente integração no sistema".

14. Fausto Quadros (ob. cit., p. 69), criticando a teoria normativista, leciona: "Ora, a força obrigatória do Direito, no nosso caso particular, do Direito Internacional, não pode derivar de uma simples hipótese lógica, porque é função de princípios superiores de valor objectivo, como a Justiça, a Eqüidade, a Moral".

15. António Truyol y Serra (*Fundamentos de Derecho Internacional Público*, Madri, p. 83), criti-

2.3 *Teoria jusnaturalista*

Com a crise do positivismo no final do século XIX surgiu a nova doutrina do Direito Natural. Para ela, a juridicidade da norma jurídica – e, portanto, da norma jurídica de Direito Internacional Público – encontra fundamento nos princípios suprapositivos que decorrem de uma ordem normativa superior, cuja existência se admite. Infere-se, por conseguinte, que tanto o positivismo normativista quanto os jusnaturalistas reconhecem a existência de uma norma fundamental; a diferença é que para os primeiros essa norma era deduzida hipoteticamente, enquanto que para os últimos se tratava de opção filosófica.

3. *O Direito Internacional e o Direito Interno*

Posta a definição de norma internacional e seu fundamento de validade, passamos à querela da justaposição das normas internacionais e das normas internas. Qual é a solução apropriada ao aparente conflito existente entre normas internacionais e internas que abordam o mesmo tema, tendo em vista que reconhecemos essa possibilidade, por acolhermos a teoria inspirada no positivismo clássico de Kelsen?[16]

O problema da validade espacial – e, por conseguinte, da eficácia das normas dentro do Estado – mostra-se evidente ao confrontarmos as normas internacionais e as normas internas. Ocorre, entretanto, que esse conflito aparente é solucionado em função da teoria fundamentalista adotada pelo Estado, no âmbito do seu Direito Interno, e mais especificamente pela sua Constituição.

Em um dado sistema jurídico positivo ou se adota a teoria segundo a qual as normas – internas e internacionais – são independentes umas das outras, com fundamentos de validade diversos e eficácias também diversas, ou se adota a concepção consoante a qual estas possuem o mesmo fundamento de validade, que resultam da mesma fonte eficacional. No primeiro caso estaremos diante do dualismo; no segundo, diante do monismo.

A teoria monista, por sua vez, pode adotar, ainda, diversas soluções aos casos concretos. Ora adotando a prevalência da norma de Direito Interno, ora da norma de Direito Internacional.

Essas correntes estão diretamente ligadas à teoria da fundamentação da norma de Direito Internacional. Na medida em que o Estado adote a teoria voluntarista, adotará no plano de validade espacial a teoria dualista. Ao contrário do Estado normativista ou jusnaturalista, que adotará a teoria monista.

3.1 *A tese dualista*

Para os adeptos da tese dualista, geralmente os voluntaristas, como já salientado, a norma interna vale independentemente da regra internacional, podendo, quando muito, levar à responsabilidade do Estado. Mas a norma internacional só vale quando for recebida, ou seja, transformada em lei interna. Saliente-se que simples ratificação não opera esta transformação.

Acresce-se que segundo os dualistas as normas internas têm como destinatários os cidadãos, toda a sociedade, enquanto que as normas internacionais são dirigidas aos Estados. Isto significa que a norma internacional é de observância obrigatória pelos Estados, enquanto pessoas de Direito Público Externo, e não para aqueles que o compõem. Todavia, entendemos que se trata de um verdadeiro absurdo, uma vez que os tratados internacionais em vigor, com

cando Kelsen, assevera: "Esta discussão axiológico-material é totalmente ignorada pelo positivismo jurídico, mas o é em grau superlativo na sua versão kelseniana: a norma fundamental, de fato, manda sempre obedecer à ordem estabelecida, seja qual for, convertendo-se, deste modo, tanto na esfera estatal interna como na esfera internacional, num mero reflexo das relações fáticas do poder, e, portanto, num simples reflexo da força" (trad. não autorizada do autor).

16. A esse respeito, v. nota 7.

eficácia e validade incontestáveis, obrigam não só o respeito a esses no plano externo, pelos Estados que os firmaram, mas, também, e sobretudo, àqueles que se encontrem na situação hipotética descrita pela normas destes tratados.

Hoje, porém, essa teoria já se encontra ultrapassada, estando em franca decadência, em virtude da sua semelhança e sobretudo por ser um reflexo da teoria voluntarista, que, conforme já dissertamos acima, sofre críticas inquestionáveis.[17]

3.2 A tese monista com prevalência do Direito Interno

A teoria monista, como já ressaltado, parte da premissa de que todo o Direito, seja Internacional, seja Interno, constitui uma unidade, um único sistema.

Dentro dessa teoria, os que adotam a primazia do Direito Interno fundamentam tal concepção nos seguintes alicerces:

a) a inexistência de autoridade internacional superior aos Estados e a conseqüente liberdade destes para apreciar as suas obrigações internacionais e escolher os meios de as cumprir;

b) a fundamentação das obrigações internacionais no Direito Constitucional Interno, pois seria este que determinaria o órgão competente para assumir obrigações internacionais, bem como a validade dessas normas.

Fausto Quadros critica veementemente tal posição, afirmando que: "O monismo de Direito Interno, por sua vez, resulta do voluntarismo uniestadual (Zorn, Wensel, Jellinek), não sendo mais do que a negação do Direito Internacional. Foi também sustentado expressamente pela doutrina soviética, num passo célebre de Vychinski, em crítica a Kelsen. Além das já conhecidas objecções de caráter doutrinal outras há, de ordem puramente técnica, que se opõem a esta tese: em caso de mudança interna da Constituição o Estado continua vinculado no plano internacional pelos tratados que ratificou; e, segundo dispõe a Convenção de Viena sobre o Direito dos Tratados, de 1969, nenhum Estado pode invocar as suas normas internas para se eximir ao cumprimento das suas obrigações internacionais (art. 27º). Isto significa claramente que, no estado actual do ordenamento jurídico internacional, a validade do Direito Internacional não depende da validade do Direito Interno".[18]

Saliente-se, ainda, que os argumentos fundamentais dos adeptos dessa teoria, acima enunciados, não resistem a uma análise mais aprofundada, uma vez que, como acontece com os dualistas, não justificam o fundamento dos costumes internacionais, além de, como salientado por Fausto Quadros, acima, não esclarecerem o motivo pelo qual os tratados continuam válidos mesmo após modificações na ordem interna, especialmente na norma constitucional.

3.3 Monismo com prevalência do Direito Internacional

Esta teoria se constitui numa rejeição total e inexorável ao voluntarismo, sendo hoje a teoria mais adotada, notadamente após o aprofundamento dos estudos de Di-

17. Criticando a teoria dualista encontramos Fausto Quadros (ob. cit., pp. 84 e 85), que afirma: "Por um lado, ela tem todos os inconvenientes do voluntarismo, que atrás ficaram desenvolvidamente enunciados, nomeadamente o de só se referir aos tratados e não aos costumes, o que esquece que também o costume internacional é aplicado pelos tribunais internos. Depois, o simples facto de uma norma interna, contrária a um tratado, vigorar não justifica o dualismo, já que o mesmo pode suceder na ordem interna com os regulamentos administrativos ilegais e as leis inconstitucionais. Por fim, a diversidade de sujeitos não é também verdadeira, pois que hoje em dia o indivíduo é sujeito tanto de Direito Interna como de Direito Internacional. É esta a crítica principal que se faz ao dualismo, tese que, além do mais, é desmentida pela própria evolução do Direito Internacional. Com efeito, o Tribunal Permanente de Justiça Internacional, que chegou a adotá-la oficialmente, ele mesmo proferiu muitas decisões que só são na verdade explicáveis pelo monismo. E o Tribunal Internacional de Justiça aprofundou esse caminho".

18. Autor e ob. cits., p. 85.

reito Comunitário e implementação das comunidades internacionais.

Nessa hipótese, a ordem jurídica interna teria sua eficácia suspensa pela norma de Direito internacional, não podendo o legislador criar novas normas internas contrárias àquelas internacionais.

O monismo com primado do Direito Internacional pode, porém, ser radical (Kelsen) ou moderado (Verdross). O primeiro ensina que toda regra interna contrária à internacional é nula, o que pode parecer um choque à soberania e aos Estados Federais. O segundo, por outro lado, reconhece ao legislador nacional um campo maior de liberdade de atuação.

Entendemos que, caso não haja o prevalecimento das normas internacionais sobre as nacionais, haverá um verdadeiro e perigoso esvaziamento do conteúdo do Direito Internacional, c a sua própria negação.

Nesse sentido são os judiciosos ensinamentos do embaixador Hildebrando Accioly: "Em princípio, o Direito é um só, quer se apresente nas relações de um Estado, quer nas relações internacionais. Em todo caso, duas são as esferas de ação: uma interna e a outra externa; a primeira, regulada, em cada Estado, pelo respectivo Direito Interno; a segunda, regida pelo Direito Internacional. As duas esferas não são, contudo, tão separadas que as regras vigentes numa não possam influir sobre a outra. De fato, muita vez normas de uma das duas ordens jurídicas visam explícita ou implicitamente normas de outra. E a prática mostra que, freqüentemente, normas internacionais são recebidas no Direito Interno de um Estado, transformando-se, assim, em normas de Direito nacional. Como quer que seja, é lícito sustentar-se, de acordo, aliás, com a opinião da maioria dos internacionalistas contemporâneos, que o Direito Internacional é superior ao Estado, tem supremacia sobre o Direito Interno, por isto que deriva de um princípio superior à vontade dos Estados. Não se dirá que o poder do Estado seja uma delegação do Direito Internacional; mas parece incontestável que este constitui um limite jurídico ao dito poder. Por isto mesmo, o alcance prático, por exemplo, da recepção ou incorporação de normas internacionais no Direito Interno de um Estado não consiste, apenas, em transformá-las em Direito nacional. Realmente, se é verdade que uma lei interna revoga outra ou outras anteriores, contrárias à primeira, o mesmo não se poderá dizer quando a lei anterior representa Direito convencional transformado em Direito Interno, porque o Estado tem o dever de respeitar suas obrigações contratuais e não as pode revogar unilateralmente. Daí pode dizer-se que, na legislação interna, os tratados ou convenções a ela incorporados formam um Direito especial que a lei interna, comum, não pode revogar".[19]

Por outro lado, não podemos concordar de forma alguma com o posicionamento adotado por Kelsen ao dar prevalência às normas internacionais diante da própria Constituição e impondo nulidade de qualquer norma interna contrária àquela. A nulidade ou não-validade de uma norma jurídica somente pode ser aferida quando esta encontra-se em contradição com norma hierarquicamente superior, da qual extrai o seu fundamento de validade. Ora, as leis internas não retiram das normas internacionais seu critério de validade; ao contrário, encontram nas normas constitucionais o fundamento de validade. Assim, não há nulidade destas últimas quando em contradição àquelas, mas tão-somente ineficácia desses mandamentos, consoante a precisão lição do citado autor em *Teoria Pura do Direito*.

Assim, somente um eventual confronto e incompatibilidade entre a norma interna e a que lhe dá fundamentação é que podem levar à nulidade daquela, nunca um conflito entre normas de sistemas de validade distintos. O que reconhecemos é a prevalência das normas internacionais, as quais produzirão seus regulares efeitos dentro do Direito Interno, suspendendo a eficácia das normas internas contrárias. Isto porque,

19. *Manual de Direito Internacional Público*, 11ª ed., São Paulo, Saraiva, pp. 5 e 6.

uma vez cancelada ou revogada a norma internacional, não haveria lacuna naquela matéria por ela disciplinada, na medida em que cessaria a causa de impedimento de incidência e eficácia da legislação interna, que assim retomaria seu grau máximo de eficácia, voltando a incidir e a produzir seus regulares efeitos. Saliente-se, todavia, que não se fala, aqui, do fenômeno da repristinação.[20-21]

No Brasil a Constituição Federal de 1988 não regula a vigência do Direito Internacional na ordem interna, salvo quanto aos tratados internacionais sobre direitos do Homem, quanto aos quais o art. 5º, § 2º, contém uma determinação sobre a validade e eficácia de tratados internacionais que disponham sobre direitos e garantias dos cidadãos, aos quais é conferido o *status* de norma supraconstitucional, ou seja, prevalecem ainda que legislação interna posterior ou emenda constitucional disponha de maneira diversa.[22]

Quanto aos demais tratados, parte da doutrina e jurisprudência ainda possuem certa receio em lhes atribuir prevalência sobre o Direito Interno posterior, uma vez que consideram que o tratado possui o mesmo grau hierárquico da lei ordinária.[23]

4. As normas de Direito Comunitário e a primazia sobre as normas internas

Silva Cunha define o Direito Comunitário como sendo "o Direito que regula as relações entre os Estados-membros de certo tipo de organizações internacionais – as chamadas organizações internacionais supranacionais ou supra-estaduais – cujos órgãos, por força dos tratados constitutivos, têm competência para praticar actos que dispõem de força vinculativa autónoma relativamente aos Estados que fazem parte de tais organizações. As únicas organizações com estas características actualmente existentes são a Comunidade Européia do Carvão e do Aço, a Comunidade Económica Européia e a Comunidade Européia da Energia Atómica".[24]

Paulo Borba Castella define-o como "o ramo do Direito cujo objetivo é o estudo dos tratados constitutivos da Comunidade Européia, bem como a evolução jurídica resultante da regulamentação de caráter derivado, combinada com a aplicação jurisprudencial progressiva dos dispositivos desses mesmos tratados".[25]

20. O fenômeno da repristinação pode ser conceituado como a capacidade de uma norma voltar a vigorar imediatamente após a revogação da norma que anteriormente a tenha revogado; ou seja, a revogação da norma revogadora devolveria a vigência à norma revogada.

21. Silva Cunha (*Direito Internacional Público – Introdução e Fontes*, Coimbra, Almedina, p. 83) esclarece que na prática internacional há o prevalecimento da teoria do monismo moderado com o primado do Direito Internacional. São suas palavras: "Na prática, as normas jurídicas internacionais só se aplicam, directamente, na esfera de validade das normas jurídicas estaduais quando incorporadas nas respectivas ordens jurídicas. Os principais sistemas usados para esse fim são os seguintes: a) incorporação num diploma legal publicado de acordo com as regras do Direito Constitucional do Estado respectivo (*isto é transformação do Direito Internacional em Direito Interno*); b) incorporação global das normas internacionais, mediante uma cláusula geral de recepção (*cláusula geral de recepção plena*) que converte todo o Direito Internacional vigente, em cada momento, em Direito do Estado; c) incorporação por grupos de normas ou por institutos, mediante cláusula de recepção (*cláusulas gerais de recepção semiplena*); d) declaração de subordinação das normas internas às normas internacionais, mandando observar, no caso de contradição, as segundas".

22. Reza o § 2º do art. 5º da CF/88: "Os direitos e garantias expressos nesta Constituição não excluem outros decorrentes do regime e dos princípios por ela adotados, ou dos tratados internacionais em que a República Federativa do Brasil seja parte".

23. O Ministro da Corte de Haia, ex-Ministro do STF, Francisco Rezek já chamava a atenção para esse problema ao comentar decisão do órgão julgador quando do julgamento do RE 80.004, em que prevaleceu a tese de que, ante a realidade do conflito entre tratado e lei posterior, esta, porque expressão última da vontade do legislador republicano, deve ter sua prevalência garantida pela Justiça – sem embargo das conseqüências do descumprimento do tratado, no plano internacional (*Direito Internacional Público – Curso Elementar*, São Paulo, Saraiva, p. 106).

24. Ob. ult. cit., p.73.

25. *Comunidade Européia e seu Ordenamento Jurídico*, pp. 248 e 249, *apud* Roberto Luiz Silva, *Direito Econômico Internacional e Direito Comunitário*, Belo Horizonte, Del Rey, p. 159.

As normas de Direito Comunitário devem necessariamente prevalecer sobre as normas internas, pois isto é um primado básico da própria existência do Direito Comunitário.

Com efeito, o professor Pierre Pescatore entende que isso se constitui numa "exigência existencial" do Direito Comunitário, ou, ainda, consoante a lição do professor Hans Peter Ipsen, numa emanação do "princípio da garantia da capacidade para o cumprimento da função das comunidades". Assim, se houver um conflito entre uma norma de Direito Comunitário e uma norma de Direito Interno, a primeira deve prevalecer, porque é da sua natureza intrínseca a uniformidade de aplicação das normas dentro da comunidade. Afinal, sem essa uniformidade não há integração, não há comunidade no exato sentido do *termo*,[26] e, portanto, não há Direito Comunitário.

Pela sua própria natureza o Direito Comunitário deve se impor sobre o Direito Interno, ainda que posterior, excetuando-se a Constituição do Estado, na medida em que esta consagra o princípio da soberania do mesmo, sob pena de ruptura da ordem jurídica.[27]

Não concordamos, assim, com aqueles que defendem a primazia do Direito Internacional, e especificamente do Direito Comunitário, sobre a Constituição, por entendermos que para a regular validade do compromisso internacional, a ser firmado pelo Chefe do Estado, ou por órgão competente para tal ato, é necessário que este diploma normativo não tenha conteúdo contrário à Carta Magna, pois, caso isso ocorra, haverá violação da delegação de poderes conferida pelo povo[28] ao seu representante maior, acarretando, com isso, nulidade do compromisso firmado.[29]

As decisões do Tribunal de Justiça das Comunidades não deixam dúvidas a respeito da prevalência das normas de Direito Comunitário sobre as normas internas, com exceção aos direitos e garantias estabelecidos na Constituição.[30-31]

26. A respeito da distinção entre *sociedade* e *comunidade* v. nota 10.

27. O professo lusitano Fausto Quadro (ob. cit., pp. 125 e 126) defende o primado do Direito Comunitário sobre todo o Direito Interno, ainda que Constitucional. Com efeito, assinala: "Ora, a uniformidade do Direito Comunitário impõe o primado de todo o Direito Comunitário (originário, isto é, os tratados comunitários, e derivado, quer dizer, as normas e os actos emanados dos órgão comunitários) sobre todo o Direito estadual (inclusive a Constituição), seja este anterior ou posterior aos tratados comunitários ou à norma comunitária concretamente em causa. Por outras palavras: impõe necessariamente que o Direito Comunitário, na hierarquia das fontes de Direito de cada Estado-membro, ocupe um grau supraconstitucional. O primado do Direito Comunitário tem, pois, de ser absoluto e incondicional – sob pena de não haver primado. Por isso, conceder primado à ordem jurídica comunitária sobre os Direitos estaduais mas recusá-la sobre a Constituição equivale a recusar em absoluto o primado, porque o Direito Comunitário, filtrado por 12 Constituições Estaduais diferentes, vê perdida a sua característica essencial, que é a da sua uniformidade. E, dessa forma, fica inclusivamente afectada uma das conseqüências jurídicas do princípio da uniformidade, que é o da igualdade entre os Estados-membros e entre os seus cidadãos na aplicação do Direito Comunitário".

28. O parágrafo único do art. 1º da CF do Brasil de 1988 dispõe: "Todo poder emana do povo, que o exerce por meio de representantes eleitos ou diretamente, nos termos desta Constituição".

29. Francisco Rezek esclarece: "*Pressupostos constitucionais do consentimento: generalidade*. O tema em que ingressam só é de Direito Interno. O Direito Internacional, como ficou visto, oferece exata disciplina à representação exterior dos Estados, valorizando quanto por eles falem certos dignitários, em razão de suas funções. Não versa, porém, aquilo que escapa ao seu domínio, porque inerente ao sistema de poder consagrado no âmbito das gentes, que os governantes habilitados, segundo suas regras, à assunção de compromissos internacionais – todos eles, observe-se, vinculados ao Poder Executivo – procedem na conformidade da respectiva ordem interna, e só excepcionalmente uma conduta avessa a essa ordem poderia, no plano internacional, comprometer a validade do tratado" (ob. cit., p. 61).

30. Colaciona-se, aqui, decisão referida por Fausto Quadros: "O tribunal de Justiça das Comunidades deixou claro nos casos *Stork*, *Internacionale Handelsgesellschaft*, *Nold* e *Simmenthal*. Nos últimos desses acórdãos o Tribunal foi mais explícito do que nunca, ao decidir que 'todos os juízes nacionais (...) têm a obrigação de aplicar integralmente o Direito Comunitário e de proteger os direitos que ele confere aos particulares, declarando inaplicável qualquer norma nacional eventualmente contrária, seja ela anterior ou posterior à regra comunitária'". Acres-

5. Os tratados internacionais e o ordenamento jurídico nacional

5.1 Conceito

A Convenção de Viena define no art. 2º, n. 1, "a", o tratado como "um acordo internacional concluído por escrito entre Estados e regido pelo Direito Internacional, quer esteja consignado num instrumento único, quer em dois ou mais instrumentos conexos, e qualquer que seja a sua denominação particular".

Charles Rousseau define o tratado ou convenção como o acordo de vontades celebrado entre membros da sociedade internacional que tem por objeto a produção de efeitos de direito.[32] Esta definição abrangeria, em princípio, todos os acordos de vontade celebrados entre membros da sociedade internacional.

Hildebrando Accioly, que compartilha do mesmo entendimento, ensina: "Os tratados, acordos ou ajustes internacionais são atos jurídicos por meio dos quais se manifesta o acordo de vontades entre duas ou mais pessoas internacionais. A convenção em nada difere do tratado quanto à sua estrutura e pode ser empregada como sinônimo deste".[33]

Rezek, com inegável precisão, corrobora o entendimento: "Tratado é todo acordo formal concluído entre sujeitos de Direito Internacional Público, e destinado a produzir efeitos jurídicos. Na afirmação clássica de Geordes Scelle, o tratado internacional é em si mesmo um simples instrumento; identificamo-lo por seu processo de produção e pela forma final, não pelo conteúdo. Este – como o da lei ordinária numa ordem jurídica interna – é variável ao extremo. Pelo efeito de compromisso e cogente que visa a produzir, o tratado dá cobertura legal à sua própria substância. Mas essa substância tanto pode dizer respeito à Ciência Jurídica quanto à produção de cereais ou à pesquisa mineral. Desse modo, a matéria versada num tratado pode ela própria interessar de modo mais ou menos extenso ao Direito das Gentes".[34]

5.2 Classificação

Várias têm sido as classificações adotadas pela doutrina. As mais importantes são aquelas que distinguem os tratados em função do número de autores, isto é, em bilaterais e multilaterais; e as que os dividem em tratados-contratos e tratados-normativos.[35]

centando, porém, que "o Tribunal só aceita afastar-se desta tese quando a norma comunitária em questão restrinja direitos fundamentais reconhecidos aos cidadãos do respectivo Estado-membro pela sua Constituição" (ob. cit., p. 129).

31. O professor Roberto Luiz Silva, abordando o caso *Simmenthal*, processo 106/77, colaciona parte da decisão, nos seguintes termos: "Aplicabilidade direta (...) significa que as normas do Direito Comunitário devem manifestar a plenitude dos seus efeitos de um modo uniforme em todos os Estados-membros, a partir de sua entrada em vigor e durante a sua vigência (...). Tais disposições são fonte imediata de direitos e obrigações para todos aqueles a quem digam respeito, quer se trate de Estados-membros, quer dos particulares que sejam sujeitos de relações jurídicas subordinadas ao Direito Comunitário (...). As disposições do Tratado e os atos das instituições diretamente aplicáveis têm como efeito, nas suas relações com o Direito Interno dos Estados-membros (...) tornar inaplicável, pela sua simples entrada em vigor, qualquer disposição em contrário da legislação nacional (...). Estas disposições fazem parte integrante (...) da ordem jurídica no território do Estado-membro (...). Qualquer tribunal nacional, no âmbito da sua competência, tem a obrigação de aplicar integralmente o Direito Comunitário e de proteger os direitos que este confere aos particulares, não se aplicando qualquer disposição eventualmente contrária da lei nacional, quer esta seja posterior ou anterior à norma comunitária (...); não é necessário que o juiz tenha de solicitar ou aguardar a eliminação efetiva, pelos órgãos nacionais a tal habilitados, de eventuais medidas nacionais que se oponham à aplicação direta e imediata das regras comunitárias".

32. *Apud* Silva Cunha, ob. ult. cit., p. 187.

33. Ob. cit., p. 120.

34. Ob. cit., p. 14.

35. Accioly (ob. cit., p. 121) esclarece: "Várias classificações têm sido propostas para os tratados. A mais simples é a que os divide, conforme o número das partes contratantes, em bilaterais (quando há apenas duas partes contratantes) e multilaterais, ou plurilaterais, ou, ainda, simplesmente, coletivos (quan-

Rezek aborda de forma diversa a classificação acima sugerida, ressaltando, sobretudo, a eficácia das convenções internacionais. Assim, classifica os tratados segundo o número de partes, o procedimento, natureza das normas, execução no tempo e no espaço.

5.2.1 Número de partes

Neste pormenor não adota posição diferente da já mencionada, uma vez que distingue os tratados em bilaterais, isto é, firmados por duas partes, e multilaterais ou coletivos, ou seja, se o número de pactuantes for igual ou superior a três.

5.2.2 Procedimento

Aqui os tratados são sistematizados segundo o procedimento adotado para a sua conclusão, ou seja, se as condições de vigência para o tratado são implementadas desde a assinatura – consentimento definitivo – ou se após a ratificação.[36]

5.2.3 Natureza das normas

Este tópico trata da distinção entre os tratados-contratos e os tratados normativos. Segundo o autor citado, esta distinção vem perdendo prestígio.

Os tratados-contratos, aos quais já nos referimos, são definidos por Rousseau como aqueles instrumentos utilizados pelas partes para realizar uma operação jurídica – tais os acordos de comércio, de aliança, de cessão territorial; e os tratados-leis, os por cujo meio as partes editam uma regra de Direito objetivamente válida.[37]

5.2.4 Execução no tempo

Esse critério visa a distinguir o tratado que cria uma situação jurídica estática, objetiva e definitiva, daquele que estabelece uma relação jurídica obrigacional dinâmica, a vincular as partes por prazo certo ou indefinido.

do as partes são mais numerosas). Mas a classificação indicada não tem nenhum significado jurídico. Por isto, certos autores entendem que a melhor classificação é a que tem em vista a natureza jurídica do ato. Sob este aspecto, admitem sua divisão nestas duas categorias: tratados-contratos e tratados-leis ou tratados normativos. Estes últimos, celebrados geralmente entre muitos Estados, fixam normas de Direito Internacional e podem ser comparados a verdadeiras leis. Os outros procuram regular interesses recíprocos dos Estados que os firmam; resultam de concessões mútuas e têm a aparência de contratos. Nada impede que um só tratado reúna as duas qualidades; é o que sucede, com freqüência, em tratados de paz".

36. Neste tópico o autor faz reservas para as aparentes confusões que norteiam a classificação, explicando que "o mais importante tópico a ser aclarado, neste passo, diz respeito à pretensa identidade entre os acordos de procedimento breve – hábeis, pois, para viger desde a assinatura, sem necessidade de ratificação – e os acordos executivos, assim chamados sob a inspiração da prática convencional norte-americana. Acordo executivo é expressão criada nos Estados Unidos para designar aquele tratado que se conclui sob a autoridade do Chefe do Poder Executivo, independentemente do parecer e consentimento do Senado. Ora, o critério que nos orienta neste tópico de classificação tem a ver com a extensão, mais ou menos longa, do procedimento convencional – ou, caso se prefira, com a necessidade ou desnecessidade de ratificação. Não se volta este critério, absolutamente, para o problema de saber quais o s poderes internos envolvidos na formação da vontade dos Estados pactuantes – a melhor dizer, de cada um dos Estados pactuantes. Um tratado em forma simples, concluído e posto em imediato vigor pela assinatura das partes no instrumento único, ou por troca de notas, não se confundirá com um acordo executivo se os governos pactuantes estiverem agindo com apoio em aprovação parlamentar prévia. Ao reverso, é desenganadamente executivo o tratado solene, de procedimento longo, em que o intervalo entre a assinatura e a ratificação de cada parte se vê preencher não com a consulta ao respectivo Parlamento – acaso desnecessária, segundo seus sistema constitucional –, mas com estudos e reflexões confinados no puro âmbito governamental" (ob. cit., pp. 27 e 28).

37. A crítica de Hans Kelsen a essa distinção classificatória é fulminante. Parece-lhe que tanto no tratado chamado contratual quanto naquele dito normativo a vontade convencional das partes tem sempre um mesmíssimo objeto, constituído integralidade do teor do tratado. Para Kelsen a intenção última de ambos os tratados é criar o mecanismo normativo que permita a satisfação de suas necessidades comerciais, mediante o intercâmbio daqueles bens. Assim, seria pleonasmo a expressão *tratados normativos* (*apud* Francisco Rezek, ob. cit., p. 30).

5.2.5 Execução no espaço

Trata-se, aqui, de distinção vinculada ao âmbito de validade territorial das normas pactuadas.

Os tratados internacionais, via de regra, possuem validade em todo o território da pessoa jurídica, consoante o art. 29 da Convenção de Viena, *verbis*: "*Aplicação territorial dos tratados*. A menos que uma intenção diferente resulte de tratado, ou seja de outro modo estabelecida, um tratado obriga cada uma das partes em relação a todo o seu território".

5.3 Conclusão dos tratados

Para a conclusão e aperfeiçoamento válido do tratado internacional é necessária a congruência positiva dos seguintes pressupostos: capacidade das partes contratantes; habilitação dos agentes signatários; consentimento ou acordo de vontades; objeto lícito.

5.3.1 Capacidade das partes

Para que possa ser celebrado um acordo internacional de vontade as partes celebrantes devem possuir capacidade internacional de representação, externada através de soberania estatal ou reconhecida como organismos internacionais.[38]

5.3.2 Habilitação dos agentes signatários

Os agentes signatários devem possuir competência para representar os Estados ou os entes internacionais no plano internacional. Reconhece-se, hoje em dia, que os Chefes de Estado, de Governo e os Ministros das Relações Exteriores possuem tal competência, independentemente da apresentação de plenos poderes.

5.3.3 Consentimento

O consentimento ou exteriorização da vontade deve ser dado de forma livre, ou seja, não pode haver vício na vontade manifestada. Assim, o tratado firmado mediante erro, dolo, coação, simulação ou fraude torna o instrumento passível de anulação.

5.3.4 Objeto lícito

O conteúdo do tratado deve ser lícito, ou seja, não pode estar proibido pelo Direito, quer nacional – Constituição –, quer no plano internacional (por exemplo: tratado entre países muçulmanos que reconheça o direito de decapitação é nulo no plano internacional).

Estando presentes os pressupostos ou condições de validade, os tratados, após formalidades previstas no ordenamento interno de cada Estado signatário passam a fazer parte da ordem jurídica interna do país.

6. Tratados internacionais e o Direito Tributário

Os tratados internacionais têm grande importância no Direito Tributário Internacional, na medida em que são instrumentos normativos utilizados para disciplinar as relações tributárias decorrentes de negócios jurídicos firmados entre pessoas situadas em diversos países, visando, com isso, a impedir, principalmente, a ocorrência de bitributação.

O problema da bitributação surge quando um mesmo fato jurídico dá origem a mais de um tributo, por haver a descrição hipotética do mesmo em mais de uma norma jurídica; hão, então, para a configuração da bitributação, que se fazer presentes a identidade de fato e a pluralidade de normas.

A identidade de fato pode ser aferida quando duas normas jurídicas estabelece-

38. Accioly ensina: "A doutrina tradicional ensinava que apenas os Estados soberanos tinham plena capacidade para contratar nas relações internacionais, isto é, para adquirir direitos e contratar obrigações por meio de tratados. Hoje em dia, contudo, tal faculdade é estendida também a determinados organismos internacionais" (ob. cit., p. 123).

rem como pressupostos fáticos de incidência os mesmos elementos ou aspectos configuradores do fato gerador, ou seja: aspecto pessoal, aspecto temporal, aspecto material e aspecto espacial.

Geraldo Ataliba explica que:

"Costuma-se designar por incidência o fenômeno especificamente jurídico da subsunção de um fato a uma hipótese legal, (...).

"(...).

"A norma tributária, como qualquer outra norma jurídica, tem sua incidência condicionada ao acontecimento de um fato previsto na hipótese legal, fato este cuja verificação acarreta automaticamente a incidência do mandamento."[39]

Haverá, pois, subsunção quando o conceito de fato (fato jurídico tributário) guardar absoluta identidade com o conceito desenhado normativamente na hipótese (hipótese tributária). A hipótese, como proposição descritiva de situação objetiva, real, é construída pela vontade do legislador, que recolhe os dados de fato da realidade que deseja disciplinar, qualificando-os, normativamente, como fatos jurídicos.

O problema da pluralidade de normas impõe a necessidade de coexistência de normas jurídicas pertencentes a ordenamentos tributários distintos, dando origem a uma colisão de sistemas fiscais.

Para que se verifique a dupla tributação é necessário que ambas as normas sejam aplicáveis simultaneamente ao caso concreto, dando origem ao nascimento de duas pretensões tributárias.

A fim de se evitar a bitributação internacional são celebrados acordos internacionais entre os Estados soberanos, que são os instrumentos de que os mesmos se valem para, através de concessões mútuas, diminuir ou impedir a ocorrência desse fenômeno internacional, notadamente tratando-se de imposto de renda, além de servirem, também, para evitar a evasão fiscal.[40]

6.1 A obrigatoriedade do tratado internacional no Direito Tributário

O CTN, em seu art. 98, estabelece a regra-matriz da validade dos tratados internacionais na seara do Direito Tributário Interno, *verbis*: "Os tratados e convenções internacionais revogam ou modificam a legislação tributária interna, e serão observados pela que lhes sobrevenha".

Analisando o dispositivo *supra*, a doutrina não tem hesitado em revelar suas críticas, tanto em relação à linguagem do legislador quanto em relação ao conteúdo e implicações da norma em apreço.

Isto porque dúvidas não pairam quanto à impossibilidade de um tratado revogar a legislação interna, pois somente com a sua ratificação, mediante decreto legislativo, e devidamente publicado pelo Chefe do Poder Executivo, é que este passará a produzir efeitos no ordenamento jurídico interno.[41]

Com o devido respeito à doutrina pátria que defende a possibilidade de o tratado devidamente ratificado revogar a legislação interna, tal fato não se mostra possível, tendo em vista a diversidade de procedimentos formais utilizados para a elaboração de leis ordinárias, leis complementares, bem como, no que diz respeito à legislação parcial estadual e municipal, a diversidade de agente

39. *Hipótese de Incidência Tributária*, 5ª ed., 8ª tir., São Paulo, Malheiros Editores, 1999, p. 42.

40. Em sentido amplo, concebe-se a evasão fiscal como todo ato cujo intento seja o de evitar, reduzir ou retardar o pagamento de tributo. Porém, considerando-se que o termo "evasão" tem sido comprometido com a idéia de comportamento ilícito ou fraudulento, a doutrina recentemente vem adotando o termo "elisão" para indicar a via lícita ou regular de se evitar a tributação.

41. Paulo de Barros Carvalho adverte que: "Há equívoco incontornável na dicção do art. 98; porquanto não são os tratados e as convenções internacionais que têm idoneidade jurídica para revogar ou modificar a legislação interna, e sim os decretos legislativos que os ratificam, incorporando-os à ordem jurídica brasileira" (*Curso de Direito Tributário*, São Paulo, Saraiva, p. 62).

emissor, ou seja, o órgão de onde emana a legislação que se pretende revogar é diverso do da norma revogadora.

Nesse sentido tem razão o professor Hugo de Brito Machado, para quem o tratado internacional suspende a eficácia das normas internas conflitantes com o mesmo, ou seja, após a sua denúncia tais normas estarão novamente aptas a irradiar seus legítimos efeitos.

Verifica-se, portanto, que o Direito Tributário brasileiro, ao contrário dos demais ramos jurídicos, adotou, de forma explícita, o regime monista com prevalência do Direito Internacional.[42]

O professor Heleno Taveira Torres esgota o assunto e põe fim, definitivamente, à questão, afirmando: "Mesmo nos parecendo desnecessário, é preciso dizer que não existe, neste procedimento supramencionado, uma revogação *stricto sensu* das normas que compõem o ordenamento interno em vigor; tal revogação opera-se apenas de modo funcional, para os fatos com elementos de estraneidade provocados por sujeitos residentes nos países signatários da respectiva convenção. Temos, na verdade, uma limitação da eficácia normativa, uma vez que tais normas internas se tornam relativamente inaplicáveis, como diz Xavier, com relação a certas pessoas, coisas ou situações, fáticas ou jurídicas. Pensar que uma convenção de Direito Internacional Tributário pudesse vir a derrogar ou ab-rogar dispositivos legislativos internos, em matéria fiscal, seria um completo *nonsense*, e o art. 98 do CTN nem precisava ser mais clarividente, pois a prática dos acordos internacionais confirma sua operatividade. Basta cogitar que o Brasil, possuindo 23 convenções sobre a renda e o capital firmadas, supondo que houvesse um artigo específico que em cada uma dessas fosse divergente em relação às demais, na espécie, implicaria no absurdo de que a disciplina válida seria apenas aquela relativa ao que estivesse disposto na última convenção firmada; o que seria uma visível desobediência ao princípio 'pacta sunt servanda' em relação às anteriores. Assim, a norma interna cede em sua aplicação, mas não em sua existência e validade".[43]

42. José Alfredo Borges questiona a constitucionalidade do art. 98 do CTN, aduzindo, para tanto, que:

"Sendo o tratado, após ratificado pelo órgão legislativo, uma lei, as regras que disciplinam sua eficácia no tempo (vigência e revogação) são as regras existentes em nosso regime que disciplinam a eficácia no tempo das leis em geral. Não há como excepcioná-lo.

"Assim, sua vigência é a partir da data nele assinalada ou, se omisso a respeito, nos prazos mencionados na Lei de Introdução. (...).

"Quanto à revogação, a solução jurídica encaminha-se no mesmo sentido. Sendo o tratado uma lei ordinária federal, após ratificado, só pode ser revogado, no todo ou em parte, por outra lei ordinária federal ou pela própria Constituição. E esta revogação deve ser expressa ou tácita.

"Defendem alguns autores, contudo, a tese de que os tratados prevalecem inclusive sobre a legislação federal que lhes sobrevenha, a eles não se aplicando o princípio lei posterior revoga a anterior naquilo que com ela conflite. Em abono dessa tese invocam o art. 98 do CTN e o exemplo de outros países que teria como substrato o Direito das Gentes. (...).

"O equívoco de tais posições é pretender fazer uma análise jurídica da eficácia dos tratados com base em dado inteiramente destituído de valor jurídico, qual seja, a existência de um Direito das Gentes (Internacional), que consagraria a prevalência dos tratados sobre o Direito Interno, o Direito dito comum dos Estados.

"Já ficou demonstrado, quando se discorreu sobre as teorias monista e dualista da ordem jurídica, que o 'Direito' Internacional inexiste, sendo parte do Direito Interno de cada Estado. (...).

"No caso do Brasil não há qualquer menção no texto constitucional a que o tratado prevalece sobre a legislação interna, seja emanada do Legislativo Federal, Estadual ou Municipal. Desta forma, cai-se na regra geral de que 'lex posterior derogat priori' (...).

"Em vista destas considerações, não resta outro caminho que não o reconhecimento da inconstitucionalidade do art. 98 do CTN, que, extravasando o texto que pretendia complementar – a Constituição –, criou uma prevalência que só o Constituinte poderia estabelecer, pois diz respeito à competência do legislador federal, matéria com sede exclusivamente constitucional." ("Tratado internacional em matéria tributária", *RDT* 27-28/161-178).

43. *Pluritributação Internacional sobre as Rendas de Empresas*, São Paulo, Ed. RT, 1997, pp. 401 e 402.

Diante disso, passa-se, a seguir, para a análise da possibilidade de o tratado internacional devidamente ratificado conceder isenção de tributos estaduais ou municipais em face do pacto federativo existente, sobretudo após a Constituição de 1988.

6.2 Tratados de Direito Tributário: validade frente aos Estados-membros e Municípios

A doutrina de escol tem-se debatido a respeito da questão acima exposta, ora afirmando que a isenção de tributos estaduais e municipais concedida por tratados internacionais não viola o princípio federativo, nem o princípio constitucional que veda a concessão de isenção heterônoma, ora alegando que são inconstitucionais as isenções concedidas pelos tratados relativas a tributos estaduais e municipais.

Antes da análise do problema propriamente dito, necessário tornar claros alguns conceitos do Direito Constitucional Tributário.

A isenção é uma hipótese de não-incidência legalmente qualificada, ou seja, a norma isentante impede o nascimento da obrigação tributária, há a exclusão de fatos tributáveis do campo da tributação. Isto significa que o legislador dispõe do poder de tributar os fatos "a", "b", "c", "d", "e" e "f"; todavia, resolve – ato de mera discricionariedade, utilizando-se do poder político constitucionalmente outorgado – tributar os fatos "a", "b", "c" e "d", determinando que os fatos "e" e "f" seriam isentos do imposto, ou seriam não-tributados.

Via de regra, tanto o poder de tributar quanto o poder de isentar são caras reversas de uma mesma moeda, cujo titular é a mesma pessoa política. O titular da competência tributária pode ser definido como aquele que detém o poder de legislar sobre a criação de tributos cuja titularidade lhe foi expressamente outorgada pela Carta Magna.

Assim, a Constituição impôs como regra que somente o titular da competência tributária pode conceder isenção de tributos, ficando, então, vedada a concessão de isenção heterônoma.[44]

A isenção heterônoma não foi totalmente abolida do nosso ordenamento jurídico, uma vez que foi deferida à União a possibilidade de, através de lei complementar, conceder isenção de ICMS – imposto estadual – e de ISS – imposto municipal – em relação a produtos e serviços destinados ao Exterior.

Todavia, outro problema diz respeito à estrutura do federalismo brasileiro, que consagrou a autonomia política, administrativa e sobretudo financeira de todas as pessoas políticas integrantes do Estado Brasileiro, ou seja, União, Estados-membros, Distrito Federal e Municípios.

São características do federalismo: rigidez na Constituição, que pode ser absoluta (imutável) ou relativa (modificável, mas de forma mais trabalhosa do que as leis); repartição, pelo texto constitucional, de competências – federal e estaduais; existência de um poder fiscalizador do cumprimento da Constituição – geralmente, a Suprema Corte do país; impossibilidade de usurpação de competências locais – isto é, o legislador federal não está autorizado a legislar sobre matérias cuja competência seja estadual. Sendo importante ressaltar que a descentralização política presente no Estado Federal é que informa a divisão de competência entre as diversas ordens jurídicas parciais.[45]

44. Ao contrário da isenção autonômica, que é aquela concedida pelo titular da competência tributária, a isenção heterônoma é aquela concedida por pessoa jurídica diversa daquela que detém a competência.

45. Raul Machado Horta, em "Repartição de competências na Constituição Federal de 1988", monografia publicada na *Revista da Faculdade de Direito da UFMG* 33/249 e ss., 1991, assevera: "A repartição constitucional de competências é exigência da estrutura federal de Estado. A forma federal de Estado corresponde ao Estado composto e plural, fundado na associação de vários Estados, cada um possuindo o seu ordenamento jurídico, político e constitucional (...)". Esclarecendo que, "sendo a repartição de competência o instrumento de atribuição a cada ordenamento de sua matéria própria, a

No federalismo brasileiro não existe diferença hierárquica entre as leis ordinárias federais, estaduais e municipais, mas sim diferença de competência legislativa. Na estrutura escalonada das normas jurídicas pode-se dizer que uma norma é hierarquicamente inferior a outra quando aquela retira desta o seu fundamento de validade. Acontece que nos campos legislativos estadual, municipal, distrital ou federal todas as regras jurídicas decretadas encontram seu fundamento de validade na Constituição Federal, não existindo, portanto, subordinação, mas sim diferentes níveis de competência.

Disto resulta que não pode haver ingerência legislativa ou administrativa por parte da ordem central nos governos locais, sendo inconstitucional a lei federal que determinar ao governo local que se comporte desta ou daquela maneira. Não confundir, entretanto, com o mandamento constitucional que determina aos governos um gasto mínimo com Educação. Esta norma vale, mas vale porque contida em dispositivo constitucional.

A Federação Brasileira é indissolúvel, não pode ser abolida, nem por vontade do legislador derivado, por força do disposto no art. 60, § 4º, I, da CF, que estabelece o princípio federativo como cláusula pétrea.

Apesar do Federalismo não impor necessariamente a existência de Municípios, por não ser o Município entidade organizada indispensável à existência do Estado Federal, aquele encontra na Constituição Federal de 1988 posição de destaque, uma vez que lhe foi destinada posição de ente integrante do Federalismo Brasileiro.[46-47-48]

preservação desse processo no tempo e a realização de sua própria finalidade de técnica aplacadora de conflitos impõem a localização da repartição de competências no documento fundamental da organização federal. A Federação. A Constituição Federal dirá onde começa e onde termina a competência do Estado-membro. A relação entre a Constituição Federal e a repartição de competências é uma relação causal, de modo que, havendo Constituição Federal, haverá, necessariamente, a repartição de competências dentro do próprio documento de fundação jurídica da organização federal. Na avaliação dos publicistas que lidam diuturnamente com o tema, ora a repartição é qualificada de 'la grande affaire du fédéralisme', ora de 'key to tye to the interfederal power structure', evidenciando a essencialidade da repartição de competências e a razão de sua localização direta no documento constitucional, como parte ineliminável da Constituição Federal material". Concluindo: "A repartição constitucional de competências, responsável pela definição constitucional do campo próprio de cada ordenamento, poderá acentuar a descentralização, concentrando na Federação ou União a maior soma de poderes, ou conduzir à descentralização, reduzindo os poderes federais e ampliando os poderes estaduais, ou, ainda, afastando-se das soluções extremas, dosar as competências federais e estaduais de modo a instaurar na Constituição Federal o equilíbrio entre o ordenamento central e os ordenamentos parciais. No primeiro caso, a centralização de poderes configura o federalismo centrípeto; no segundo, a descentralização conduz ao federalismo centrífugo; e, no terceiro, o equilíbrio na dosagem das atribuições conferidas aos ordenamentos implantará o federalismo de equilíbrio".

46. Celso Bastos, "O Município: sua evolução histórica e suas atuais competências", *RT-Cadernos de Direito Constitucional e Ciência Política* (ano 1, outubro-dezembro/92, pp. 54-75): "O Município é a mais primitiva forma de organização política do homem em vida sedentária. É compreensível que assim tenha sido. Era na resolução dos problemas postos pela vida em vizinhança que mais cedo se fez sentir a necessidade do poder político. Os conflitos entre os diversos interesses em luta no meio social nascente demandavam uma entidade de cunho superior que soberanamente dispusesse sobre o interesse comum. Havia necessidade imperiosa de responder às demandas da vida em sociedade, e esta não podia ser atendida senão pela instituição de um poder político, é dizer, a ser exercido pela *polis* e sobre a *polis*. Os traços fundamentais do Município primitivo até hoje são mantidos. Trata-se de uma forma de organização política timbrada pela circunstância de incidir sobre uma particular forma de organização social, vale dizer, sobre a mais ampla destas organizações dentro das quais os homens mantêm a virtualidade de se contatarem ou se cruzarem na sua vida cotidiana. Nada obstante a existência destas constantes na vida municipal, é forçoso reconhecer que sob outros aspectos, no entanto, ela tem assumido feições variadas e diversificadas no decorrer da História. Sobretudo tem-se alterado o papel do Município face às demais organizações políticas com que ele se relaciona ou mesmo se insere. Na Antigüidade, constitui-se o Município na forma por excelência de organização política. As cidades-estados gregas foram a mais veemente expressão dessa realidade. Nelas atingiu o Homem a plenitude da sua satisfação de necessidades, não se impondo qualquer outra forma de organização política mais abrangente.

A polêmica doutrinária a esse respeito ganhou foros maiores na égide da Carta Federal de 1967, quando muitos defendiam, já naquela época, que a autonomia municipal, compreendendo a administrativa, a legislativa e a financeira, seria suficiente para elevar o Município à categoria de ente integrante do Estado Federal brasileiro.

Todavia, não se pode desconhecer que naquela época o Município, apesar da propalada autonomia, não possuía poder constituinte decorrente,[49] o que, conforme doutrina abalizada, seria fundamental para se reconhecê-lo como ente integrante do federalismo.

O Município é pessoa jurídica de Direito Público Interno que, segundo a Carta Federal de 1988, integra a Federação Brasileira, encontrando-se em igualdade com as demais pessoas políticas, possuindo capacidade de auto-organização, sendo titular de competências legislativas, com independência financeira e, sobretudo, dotado de um poder constituinte decorrente.

Em que pese à opinião de Roque Carrazza,[50] predomina a doutrina predominante reconhece que a atual Constituição elevou o Município à categoria de ente componente do federalismo brasileiro.

A par do poder constituinte decorrente, a autonomia municipal está balizada em cinco requisitos: a) capacidade de auto-organização; b) capacidade de autogoverno; c) competência legislativa própria; d) capacidade de auto-administração; e) autonomia financeira.

Esses requisitos estão consubstanciados por meio de regras jurídicas contidas nos arts. 18, 29, 30, 145, 156, 158 e 159, § 3º, todos da CF.

Não há dúvida, hoje em dia, a respeito da autonomia política do Município, bem como sobre ser ele ente integrante da Federação Brasileira, tendo em vista que a Carta Magna de 1988 lhe conferiu poder constituinte decorrente, possibilitando ao mesmo a instituição de uma verdadeira Constituição municipal, historicamente batizada de Lei Orgânica. Esse, sim, o verdadeiro critério jurídico utilizado para distinguir os entes integrantes do Estado Federal

A partir da cidade romana, fez-se possível a implantação de um grande império".

47. A respeito da dispensa de organização municipal no Estado Federal, ensina Jair Eduardo Santana (*Competências Legislativas Municipais*, Belo Horizonte, Del Rey, pp. 33 e ss.): "Já se disse que a repartição de poderes entre o Estado Central e os Estados-membros constitui o núcleo do conceito de Estado Federal. Esses *poderes*, aos quais nos referimos, devem ser tidos como aquela *porção de matérias* que o Constituinte distribui entre as entidades integrantes da Federação que, nesse contexto, gozam de autonomia para livre transitar no interior de seu campo de atuação governamental".

48. A questão em torno do fato de o Município ser ou não pessoa política integrante do federalismo já foi exaustivamente debatida. O professor Dr. José Alfredo de Oliveira Baracho ensina, no seu *Teoria Geral do Federalismo*, que o federalismo não pressupõe o Município com tal atribuição. Os únicos entes federativos são o Estado Federal e os Estados-membros. A Federação não é, destarte, de Municípios. Com efeito, os Municípios não têm representação no Congresso Nacional, não podem propor emenda à Constituição Federal e tampouco possuem Poder Judiciário.

49. Celso Ribeiro Bastos confirma: "Os Municípios, embora assemelhados aos Estados-membros e à União, no que toca à fruição de competências próprias, em caráter autônomo, garantidas pela Constituição Federal, apresentam uma nítida particularidade no pertinente à sua organização política: ela não é feita por documento próprio, mas sim por leis editadas pelo Estado-membro em que se encontram" (*Elementos de Direito Constitucional*, São Paulo, Saraiva/EDUC, 1975, p. 92).

50. Roque afirma que, pelo fato de os Municípios não possuírem representação no Senado Federal, ou seja, não influenciarem as decisões do Congresso, não participam da formação da vontade jurídica nacional, o que lhes retiraria qualquer chance de integrar a Federação Brasileira. São suas palavras: "Convém dizermos que, embora o art. 1º da CF estabeleça que a República Brasileira é 'formada pela união indissolúvel dos Estados e Municípios (...)', estes não integram a Federação, isto é, não fazem parte do 'pacto federativo'. (...). Os Municípios não influem, nem muito menos decidem, no Estado Federal. Dito de outro modo, não participam da formação da vontade jurídica nacional. Realmente, não integram o Congresso, já que não possuem representantes nem no Senado (Casa dos Estados), nem na Câmara dos Deputados (Casa do Povo)" (*Curso de Direito Constitucional Tributário*, 8ª ed., São Paulo, Malheiros Editores, 1996, p. 106).

daqueles dotados de mera autonomia administrativa ou legislativa.[51-52]

A autonomia administrativa está firmada no princípio constitucional da autogestão municipal, quando lhe foram atribuídas expressamente competências materiais.[53]

Até a decretação da nova ordem jurídico-constitucional em 1988, os Municípios subordinavam-se ao regramento baixado pelos Estados-membros dentro dos quais se encontrassem. Era o Poder Legislativo estadual o órgão competente para a elaboração da lei orgânica dos Municípios. Atualmente é o Município a pessoa política competente, através do seu órgão legislativo, para a elaboração da lei orgânica.[54]

A independência financeira, conforme já asseverado, é imprescindível para a própria subsistência do princípio da autonomia. Afinal, de que adianta ser deferida ao Município competência executória, capacidade de auto-organização, capacidade política independente, igualdade jurídica perante as demais pessoas políticas de Direito Público Interno, se não lhe são assegurados os meios de realização das mesmas, necessários para a confirmação da autonomia?

Assim, o constituinte outorgou ao Município, tal como feito aos Estados-membros, competência tributária privativa para instituir tributos (impostos, taxas e contribuições de melhoria), arrecadá-los e aplicá-los do modo que lhe convier, desde, é claro, que na aplicação dos recursos arrecadados esteja presente o interesse coletivo, uma vez que se pode dizer que a atividade tributária tem por fim a arrecadação de recursos para a satisfação do bem comum.[55-56]

A par da competência privativa para a arrecadação de tributos, o Constituinte determinou que fossem repassados aos Estados-membros recursos da União e aos Mu-

51. Dispõe o art. 18 da CF: "A organização político-administrativa da República Federativa do Brasil compreende a União, os Estados, o Distrito Federal e os Municípios, todos autônomos, nos termos desta Constituição".

52. Juan Fernando Badia explica de forma objetiva a distinção entre autonomia política e legislativa e o reconhecimento de ente integrante do federalismo: "los entes autónomos se diferencian de los entes autárquicos en que, además de tener una potestad legislativa igual a la del Estado, tienen una potestad reglamentaria en aplicación de us propias leyes. El ente autárquico sólo goza de la potestad administrastiva y de la reglamentaria, en ejecución de las leyes estatales" (ob. cit., p. 64). "Podemos concluir, pues, definiendo el Estado-miembro como una entidad pública territorial dotada de autonomía legislativa y constitucional, o también lo podemos definir como una entidad pública territorial, dotada de personalidad jurídica originaria y suprema. Originaria, porque no deriva su vida del reconocimiento por parte del Estado (entiéndase Estado-ordinamento); suprema, porque etá dotada de la potestad de gobienro o de imperio, própia del Estado, y no sólamente de una potestad normativa y de administración limitada y condicionada por la primera y a ella subordinada" (ob. cit., p. 92).

53. Jair Eduardo Santana (ob. cit., p. 42) assevera: "Ao elevar o Município ao mesmo patamar em que se encontram a União e os Estados, a Constituição Federal lhe conferiu uma porção de competências que formam o campo dentro do qual pode validamente exercita suas atividades".

54. Dispõe o art. 29 da CF: "O Município reger-se-á por lei orgânica, votada em 2 turnos, com interstício mínimo de 10 dias, e aprovada por 2/3 dos membros da Câmara Municipal, que a promulgará, atendidos os princípios estabelecidos nesta Constituição, na Constituição do respectivo Estado e os seguintes preceitos: (...)".

55. Segundo a lição do professor Hugo de Brito Machado (*Curso de Direito Tributário*, 9ª ed., São Paulo, Malheiros Editores, 1994, p. 202), "só a pessoa jurídica que exercita a atividade estatal específica pode instituir o tributo vinculado a essa atividade. A competência tributária, assim, é privativa do ente estatal que exercita a atividade respectiva. Indicar-se como de competência comum os tributos vinculados não nos parece adequado. Preferimos dizer que esses tributos são privativos de quem exerce a atividade estatal a que se ligam, sendo a competência para o exercício dessa atividade matéria estranha ao Direito Tributário".

56. O professor Roque Antônio Carrazza (*Curso de Direito Constitucional Tributário*) ensina que, constitucionalmente, pois, um tributo não pode ter outro escopo que o de instrumentalizar o Estado a alcançar o bem comum. A nosso ver, qualquer exação que não persiga esta finalidade é inconstitucional (fere o princípio de que o Estado existe para promover o bem da sociedade). O princípio republicano revela o princípio da destinação pública do dinheiro obtido mediante a tributação. A lei que cria um tributo deve, em tese, atentar somente para os interesses do povo e para o bem-estar do país.

nicípios recursos dos Estados-membros e da União, como forma de ampliar a garantia de autonomia financeira dos mesmos.

Mas, desde logo, é necessário deixar claro que a participação dos Municípios em receitas alheias não pode ser invocada como garantia da autonomia financeira, eis que essa somente pode ser alcançada quando o próprio ente político possui capacidade de se auto-sustentar, através dos tributos de sua competência privativa, e não por meio de repasses, que, ainda que se constituam direito subjetivo constitucional, não são suficientes para justificar e consagrar a autonomia municipal.

O raciocínio é simples. Se o Município não possui rendas próprias (originárias e derivadas) que o sustentem, dependendo do Fundo de Participação, ou seja, dos repasses obrigatórios dos Governos Federal e Estadual, não possui autonomia financeira. Acresce-se que o repasse é de parte do valor arrecadado pelos demais entes. E se não houve arrecadação? Se a receita que será repartida decorre de imposto não instituído? Como fica a autonomia financeira?

Por isso, é necessário deixar claro que os repasses auxiliam a obtenção de independência financeira, sem dúvida; mas esta deve ser atingida, ainda que potencialmente, por meio da arrecadação de seus próprios tributos, combinada com a receita originária que lhe é inerente.

Afinal, é cediço que sem autonomia financeira não se pode falar em autonomia político-administrativa. Pois de quê adianta deferir competência material e legislativa se não são indicados os meios para atingir aquele fim?[57]

Portanto, não restam dúvidas a respeito da autonomia política, administrativa e financeira dos Municípios e da sua posição de destaque na forma federativa adotada pelo Constituinte originário, que – ressalte-se – criou um modelo de federalismo próprio, uma vez que, conforme a doutrina dos grandes Mestres, não se faz necessária, na forma federativa, a presença de Municípios.

Em face dessas características especiais do nosso federalismo, bem como da vedação constitucional à concessão pela União de isenção de tributos cuja competência impositiva seja de outrem, a doutrina tem-se debatido a respeito desse problema, o que tem trazido, na prática, incontáveis questionamentos judiciais.

Roque Carrazza, analisando o tema, discorre: "Diferentemente das Cartas norte-americana, mexicana e argentina (só para citarmos alguns exemplos), a Carta brasileira não prescreve a supremacia dos tratados internacionais sobre as leis estaduais, municipais ou distritais. E, em face dos princípios federativo, da autonomia municipal e da autonomia distrital, nem esta supremacia pode ser inferida. A nosso juízo, pois, o tratado internacional não pode obrigar os Estados, os Municípios e o Distrito Federal a abrirem mão de parte ou da totalidade de suas competências tributárias. Nem mesmo quando ratificado por meio de decreto legislativo. Entendemos incontroverso que ao Congresso Nacional é vedado usurpar competências que a Lei das Leis outorgou aos Estados e aos Municípios".[58]

Misabel de Abreu Machado Derzi, com sua notável proficiência, leciona: "Em geral, esses juristas eminentes alertam para o fato de que a rigidez do sistema federal brasileiro e a autonomia municipal podem trazer conseqüências multilaterais, característicos das comunidades tendentes à integração. (...). Aqueles que tentam conciliar o federalismo brasileiro e as autonomias de Estados e Municípios, para consentir na competência da União em celebrar tratados e convenções internacionais em questões de imposto sobre serviços de qualquer natureza, buscam soluções compatíveis com as novas tendências de formação de blocos, mercados comuns ou comunidades de

57. A respeito da repartição de receitas tributárias v. o teor dos arts. 158 e 159, § 3º, principalmente, da CF/88.

58. Ob. cit., p. 390.

países distintos. Não obstante, há um argumento incontornável. O princípio federal é supraconstitucional, e o art. 98 do CTN admite uma outra leitura, como se vê, mais adequada à superioridade desse mesmo princípio fundamental. Acresce também que manter o federalismo é preservar a democracia. Não custa repetir com o jurista alemão Stein que, nos países de democracia intermitente como no nosso, o federalismo – como forma de dispersão espacial do poder – é uma segurança adicional da liberdade. Portanto, falece à União competência para firmar tratados e convênios internacionais concessivos de isenção de tributos estaduais ou municipais, exceção feita às hipóteses de exportação de mercadorias ou serviços, que estão expressamente previstas na Constituição".[59]

O procurador da Fazenda do Estado de Minas Gerais e professor da Faculdade de Direito da UFMG José Alfredo Borges, em interessante estudo a respeito do tema, desenvolve seu raciocínio: "Ora, restou demonstrado que o tratado internacional, por ser da competência privativa da União, só poderá ter por objeto matérias cuja regulação esteja cometida constitucionalmente à União. Equipara-se o tratado internacional a uma lei ordinária federal, sujeitando-se ao mesmo regime de vigência e aplicação desta. Restou demonstrado, ainda, que o tratado internacional só prevalece sobre a lei federal ordinária que lhe preexista; e isto inclusive em matéria tributária, não excepcionada neste particular. Não prevalece, pois, sobre a lei federal que sobrevenha e que com ele conflite. E, no que toca à lei estadual, quando esta versar sobre matéria da competência do Estado-membro, não prevalece o tratado internacional nem sobre a anterior e muito menos sobre a posterior, isto pela repartição rígida de competência, típica do Estado Federal. Isto se aplica, sem sombra de dúvida, à questão tributária, dada a inconstitucionalidade manifesta do art. 98 do CTN. Se, portanto, um tratado internacional dispuser de forma a interferir na competência tributária de Estado-membro, o Congresso Nacional está obrigado a negar-lhe aprovação, pela mácula da inconstitucionalidade. (...). Como a faculdade de conceder isenção – não-incidência qualificada que é – é ínsita ao poder de tributar, não pode um tratado internacional dispor no sentido da concessão de isenção de tributo estadual. Se o fizer, a disposição respectiva será tida como inexistente, por colisão frontal com o texto da Constituição, não obrigando, pois, juridicamente, nem a União signatária, nem o Estado-membro, nem pessoas sujeitas às ordens emanadas daquelas primeiras".[60]

Todavia, o entendimento acima revelado, como já salientado, não é uníssono na doutrina, havendo, ainda, aqueles que defendem a obrigatoriedade de se respeitar as normas internacionais em todo o Estado Federal, bem como a validade do art. 98 do CTN.

O professo titular da Faculdade de Direito da UFMG, Dr. Sacha Calmon Navarro Coêlho, após dissertar sobre os Estados Federais existentes no mundo, observa: "Este ligeiro escorço histórico foi deixado para demonstrar que a análise da eficácia e extensão dos tratados internacionais subscritos pelo Brasil, por intermédio da União, enquanto pessoa jurídica de Direito Público com representação externa, não pode ser empreendida à luz dos padrões federais existentes noutras plagas do mundo. Ao revés, deve ser empreendida a partir de nossa ímpar fisionomia federal, como veremos em seguida, quando será enfatizada a importância da lei complementar em nosso sistema jurídico, e a relevância das normas gerais de Direito Tributário sobre a União, os Estados e os Municípios. (...). A União representa na ordem jurídica internacional o Estado Brasileiro, uno e indivisível. Para o Direito das Gentes existe

59. Notas de rodapé in Aliomar Baleeiro, *Limitações ao Poder de Tributar*, Rio de Janeiro, Forense, 1996. p. 412.

60. "Tratado internacional em matéria tributária como fonte de Direito", *RDT* 27-28/161-178.

apenas o Estado Brasileiro como sujeito de direitos e deveres. Para o chamado Direito nacional, a União, simples pessoa jurídica de Direito Público Interno, ao lado de Estados e Municípios, expressa uma ordem jurídica parcial. (...). É imperioso, pois, distinguir a União Federal quando representa o Estado Brasileiro na ordem internacional e a União como pessoa jurídica de Direito Público Interno. Assim, quando o art. 151, III, da CF veda à União a faculdade de 'instituir isenções de tributos da competência dos Estados, do Distrito Federal e dos Municípios', não está limitando a competência do Estado Brasileiro de concluir acordos tributários que envolvam tributos estaduais e municipais, mas apenas proibindo, na ordem jurídica interna, a isenção heterônoma e ditatorial que existia na Carta autoritária de 1967, aspecto dentre outros da hipertrofia brutal da União no quadro federativo, em paralelo com a hipertrofia do Executivo Federal nas relações entre os Poderes".[61]

No que tange à possibilidade de tratados internacionais concederem isenção de tributos estaduais e municipais, o magistério do referido titular não deixa dúvidas: "A proibição de isenção heterônoma na ordem interna não deve ser utilizada como argumento para impedir que a República Federativa do Brasil disponha sobre o regime tributário de bens e serviços tributados pelo ICMS em termos de tratado internacional. De tudo quanto vimos sobraram as seguintes conclusões: a) A Constituição reconhece o tratado como fonte de direitos. b) O tratado, assinado pelo presidente ou ministro plenipotenciário e referendado pelo Congresso, empenha a vontade de todos os brasileiros, independentemente do Estado em que residam. c) O Código Tributário Nacional assegura a prevalência do tratado sobre as legislações da União, dos Estados e Municípios. d) A proibição de isenção heterônoma é restrição à competência tributária exonerativa da União como ordem jurídica parcial e não como pessoa jurídica de Direito Público Externo. e) O interesse nacional sobreleva os interesses estaduais e municipais internos e orienta a exegese dos tratados. f) A competência da União para celebrar tratados em nome e no interesse da República Federativa do Brasil não fere a teoria do federalismo, se é que existe, ante as diversidades históricas das Federações, nem arranha o federalismo arrumado na Constituição do Brasil de 1988. g) O Federalismo brasileiro é concentracionário".[62]

No mesmo caminho da doutrina acima temos a lição de Natanael Martins: "Pelo esquema constitucional traçado na Carta Magna conclui-se que o Estado Federal, ao celebrar tratados internacionais, pode versar sobre qualquer matéria, inclusive a tributária, sem com isto ferir a disciplina da competência tributária outorgada às pessoas políticas de Direito Interno. Nem se diga que o Estado Federal estaria invadindo as regras de competência tributária traçadas na Constituição, visto que estas somente são oponíveis, reciprocamente, às pessoas políticas de Direito Interno. Na realidade, perante o Direito das Gentes, a União, em última análise, representa todos os entes componentes do sistema federativo, em perfeita sintonia com as diretrizes traçadas na Carta Magna. Vale dizer, em matéria tributária, o Estado Federal, ao ratificar tratados que versem sobre isenções de tributos estaduais ou municipais, o faz em nome dessas pessoas políticas, que, por não serem dotadas de soberania e personalidade jurídica internacional, não podem se apresentar perante o Direito Internacional. Noutras palavras, em matéria de Direito Tributário Internacional, a vontade das pessoas políticas de Direito Interno manifesta-se, tão-somente, através do Estado Federal".[63]

Entendemos que a razão, *data maxima venia*, encontra-se com o titular da cátedra

61. "Tratados internacionais em matéria tributária", *RDT* 59/180-194.

62. Idem, ibidem.

63. "Tratados internacionais em matéria tributária", *RT-Cadernos de Direito Tributário e Finanças Públicas* 12/193-201, ano 3, julho-setembro/95.

de Direito Tributário da Faculdade de Direito da UFMG, Dr. Sacha Calmon, pois parece totalmente ilógico que, diante do futuro globalizado e da integração econômica, que se mostram necessários, possam Estados-membros e Municípios se recusar a cumprir tratados firmados e desejados por todo o Estado Federal, representado pelo Chefe do Executivo, ratificado pelo Congresso Nacional, representante legítimo do povo (Câmara dos Deputados) e dos Estados (Senado Federal), ante o argumento – robusto, mas incipiente – de que tal fato – resistência ao tratado – está legitimado na própria Carta Magna, norma diretriz dos governantes, dos governados, das instituições etc.

Se tal fato fosse admissível, estaríamos diante de um impossível jurídico, ou seja, teríamos uma vontade manifestada por toda a sociedade e uma norma jurídica que, ao contrário de exteriorizar, normatizar e atribuir-lhe seus efeitos, lhe negaria a possibilidade de produzi-los.

Diante disso, e sobretudo em virtude da diversidade das personalidades jurídicas da União (ente parcial) e do Estado Federal (ente total), cuja ordem jurídica tem validade e obrigatoriedade em todos os níveis da Federação, por tratar-se de normas gerais, entendemos que não há na Carta Magna vedação à concessão de isenção de tributos estaduais e municipais por parte dos tratados internacionais, devidamente ratificados e publicados na ordem interna.

Nesse sentido têm-se norteado os julgamentos proferidos tanto pelo STJ quanto pelo STF, conforme se infere das decisões colacionadas. Infelizmente não se pode afirmar que a discussão na esfera judiciária já se encontra pacificada nesse sentido, pois o Judiciário estadual, sobretudo o mineiro, encontra-se reticente em acolher a teoria monista com prevalecimento do Direito Internacional, em Direito Tributário, em face do prejuízo financeiro que tal julgamento imporia aos cofres estaduais, como se o Direito se norteasse pela Ciência das Finanças, ou, melhor, pelas receitas e despesas do Estado-membro.

7. Conclusões

O Direito Internacional tem por objeto a regulamentação de quaisquer matérias jurídicas, sendo dirigido a todas as pessoas jurídicas ou organizações jurídicas reconhecidas internacionalmente. O conteúdo dessas normas jurídicas é que poderá variar no tempo, pois em cada momento histórico as comunidades internacionais se apresentam de determinada forma.

A respeito da validade e eficácia das normas internacionais existem aqueles que somente a admitem após a incorporação dessas no Direito Interno, através de lei, adeptos da teoria dualista; e aqueles que admitem a validade e eficácia das normas internacionais, uma vez que o sistema jurídico seria uno, quer no cenário internacional, quer no cenário interno, chamados de monistas.

O Direito brasileiro adotou, ainda que com algumas reservas, a teoria monista. Todavia, dúvidas existem a respeito da norma que deve prevalecer, quando da aplicação. A interna ou a internacional?

O Direito Tributário consagrou, sem sombra de dúvidas, a teoria monista com prevalecimento das normas internacionais sobre a interna, ainda que esta seja superveniente.

Apesar de haverem dúvidas a respeito da possibilidade de tratado internacional conceder isenção de impostos estaduais e municipais, entendemos que tal divergência não pode prevalecer à luz dos princípios constitucionais e internacionais, uma vez que tal ato (tratado internacional), além de não poder ser confundido com simples lei da União, pessoa jurídica de Direito Público Interno, viola o princípio da busca à integração econômica, que se encontra expressamente consagrado na Constituição Federal de 1988.

O Direito Comunitário deve prevalecer sobre o Direito Positivo Interno, ainda que esse seja superveniente, em face da sua própria natureza de integração. Todavia, esse não pode suplantar, nem contrariar, os princípios e normas positivados na Constituição, sob pena de se violar a soberania dos Estados e se romper o processo de legitimação dos mesmos, por se estar violando a delegação de poderes conferida pelo povo ao governante.

Bibliografia

ACCIOLY, Hildebrando. *Manual de Direito Internacional Público*. São Paulo, Saraiva, 1994.

ATALIBA, Geraldo. *Hipótese de Incidência Tributária*. 5ª ed., 8ª tir. São Paulo, Malheiros Editores, 1999.

BALEEIRO, Aliomar. *Limitações Constitucionais ao Poder de Tributar*. Atualização de Misabel de Abreu Machado Derzi, Rio de Janeiro, Forense, 1997.

BARACHO, José Alfredo de Oliveira. *Teoria Geral do Federalismo*. Rio de Janeiro, Forense, 1986.

BASTOS, Celso Ribeiro. "O Município: sua evolução histórica e suas atuais competências". *RT-Cadernos de Direito Constitucional e Ciência Política*. Ano 1, outubro-dezembro/92. São Paulo, Ed. RT (pp. 54-75).

BECKER, Alfredo Algusto. *Teoria Geral do Direito Tributário*. São Paulo, Saraiva, 1972.

BORGES, José Alfredo. "Tratado internacional em matéria tributária". *RDT* 27-28/161-178.

BOSON, Gérson de Britto Mello. *Filosofia do Direito/Interpretação Antropológica*. Belo Horizonte, Del Rey, 1993.

CARRAZZA, Roque Antônio. *Curso de Direito Constitucional Tributário*. 8ª ed. São Paulo, Malheiros Editores, 1996.

CARVALHO, Kildare Gonçalves. *Direito Constitucional Didático*. Belo Horizonte, Del Rey, 1994.

CARVALHO, Paulo de Barros. *Curso de Direito Tributário*. São Paulo, Saraiva, 1996.

__________. *Teoria da Norma Tributária*. "Prefácio" de Geraldo Lima. São Paulo, LAEL, 1974.

COÊLHO, Sacha Calmon Navarro. *Comentários à Constituição de 1988 – Sistema Tributário*. 3ª ed. Rio de Janeiro, Forense, 1991.

__________. *O Controle de Constitucionalidade das Leis e do Poder de Tributar na Constituição de 1988*. Belo Horizonte, Del Rey, 1992.

__________. "Tratados internacionais em matéria tributária". *RDT* 59/180-194.

CRETELLA JR., José. *Curso de Filosofia do Direito*. Rio de Janeiro, Forense, 1983.

DE PLÁCIDO E SILVA. *Vocabulário Jurídico*. v. I. Rio de Janeiro, Forense, 1993.

DI RUFFIA, Paolo Biscaretti. *Direito Constitucional: Instituições de Direito Público*. São Paulo, Ed. RT, 1984.

FERREIRA, Pinto. *Curso de Direito Constitucional*. São Paulo, Saraiva, 1993.

FERRAZ JR., Tércio Sampaio. *Introdução ao Estudo do Direito – Técnica, Decisão, Dominação*. São Paulo, Atlas, 1994.

HORTA, Raul Machado. *A Autonomia do Estado-Membro no Direito Constitucional Brasileiro*. Belo Horizonte, 1964 (pp. 53 e 54).

__________. *Estudos de Direito Constitucional*. Belo Horizonte, Del Rey, 1995.

__________. "Repartição de competências na Constituição Federal de 1988". *Revista da Faculdade de Direito da UFMG* 33. Belo Horizonte, 1991.

KELSEN, Hans. *Teoria Pura do Direito*. Coimbra, Arménio Amado Editor, 1974.

MACHADO, Celso Cordeiro. *Limites e Conflitos de Competência Tributária no Sistema Brasileiro*. Tese de Doutorado. Belo Horizonte, Faculdade de Direito da UFMG, 1968.

MACHADO, Hugo de Brito. *Curso de Direito Tributário*. São Paulo, Malheiros Editores, 1994.

MARTINS, Natanael. "Tratados internacionais em matéria tributária". *RT-Cadernos de Direito Tributário e Finanças Públicas* 12/193-201, ano 3, julho-setembro/95. São Paulo, Ed. RT.

MEIRELLES, Hely Lopes. *Direito Municipal Brasileiro*. São Paulo, Malheiros Editores, 1994.

MELLO, Celso Antônio Bandeira de. *Curso de Direito Administrativo*. 5ª ed. São Paulo, Malheiros Editores, 1997.

__________. *O Conteúdo Jurídico do Princípio da Igualdade*. São Paulo, Malheiros Editores, 1995.

QUADROS, Fausto. *Manual de Direito Internacional Público*. 3ª ed. Coimbra, Almedina, 1996.

REZEK, Francisco. *Direito Internacional Público – Curso Elementar*. São Paulo, Saraiva, 1997.

SANTANA, Jair Eduardo. *Competências Legislativas Municipais*. Belo Horizonte, Del Rey, 1993.

SILVA, José Afonso da. *Curso de Direito Constitucional Positivo*. São Paulo, Malheiros Editores, 1992.

________. *O Município na Constituição de 1988*. São Paulo, Ed. RT, 1989.

SILVA, Roberto Luiz. *Direito Econômico e Direito Comunitário*. Belo Horizonte, Del Rey, 1997.

SILVA CUNHA, Joaquim da. *Direito Internacional Público – Introdução e Fontes*. Coimbra, Almedina, 1996.

SUNDFELD, Carlos Ari. "Regime constitucional do Município". *Revista da Procuradoria-Geral do Estado de São Paulo* 34/45-70.

TEMER, Michel. *Elementos de Direito Constitucional*. São Paulo, Malheiros Editores, 1993.

TORRES, Heleno Taveira. *Pluritributação Internacionaol sobre as Rendas de Empresas*. São Paulo, Ed. RT, 1997.

TRUYOL Y SERRA, António. *Fundamentos de Derecho Internacional Público*. Madri.

CONSIDERAÇÕES SOBRE O PRINCÍPIO DA INTERPRETAÇÃO CONFORME À CONSTITUIÇÃO E SOBRE SUA APLICAÇÃO NA JURISPRUDÊNCIA DO STF EM MATÉRIA TRIBUTÁRIA

FERNANDO OSÓRIO DE ALMEIDA JÚNIOR
Mestrando em Direito pela Universidade Cândido Mendes — Advogado no Rio de Janeiro

Este trabalho é dedicado à memória de Carlos da Rocha Guimarães.

1. Objetivo. 2. A interpretação conforme à Constituição: conceito. 3. Interpretação conforme à Constituição e declaração de constitucionalidade e inconstitucionalidade: relevância jurídica da distinção. 4. Interpretação conforme à Constituição: declaração de inconstitucionalidade das demais interpretações. Crítica. 5. A interpretação conforme à Constituição: análise das hipóteses de sua aplicação. 6. Os limites da interpretação conforme à Constituição. 7. O princípio da interpretação conforme à Constituição na jurisprudência tributária: 7.1 O caso do empréstimo compulsório sobre a aquisição de automóveis; 7.2 O caso da instituição do FINSOCIAL das prestadoras de serviços; 7.3 O caso da contribuição social sobre folha de salários e o termo de início da sua cobrança; 7.4 O caso do imposto de renda devido pelos sócios no momento da apuração do lucro líquido da sociedade (IRLL); 7.5 O caso da isenção de IOF nas operações de câmbio e a retroatividade do benefício; 7.6 O caso da tributação do imposto de renda sobre as aplicações em fundos de investimento das pessoas imunes. 8. Algumas conclusões da análise jurisprudencial: 8.1 A retificação jurídica das espécies tributárias; 8.2 A extensão do alcance das normas que outorgam benefícios fiscais, em nome do princípio da isonomia tributária. 9. Conclusão.

1. Objetivo

O presente trabalho apresenta-se como uma tentativa de sistematização teórica das possibilidades de aplicação do chamado princípio da interpretação conforme à Constituição — trabalho este que busca arrimo na própria jurisprudência, local de origem e evolução do princípio, tomadas aqui como parâmetro as decisões coletadas da jurisprudência do STF. Pelas leituras que pudemos fazer de autores nacionais e estrangeiros sentimos a falta de um maior aprofundamento de certas questões (mormente em relação aos limites da aplicação do princípio e à análise mais detida da jurisprudência), talvez pelo fato de não lhes ter ocorrido oportunidade de desenvolver um trabalho *específico* sobre o tema. Ademais, partindo da orientação genérica, iremos analisar a aplicação da interpretação conforme à Constituição no campo peculiar do Direito Tributário e também segundo a análise de importantes julgados do STF em matéria tributária.

Esperamos sinceramente trazer alguma contribuição, em nível de sistematização — e também de crítica — a esse tema, que reputamos de grande relevância jurídica, porquanto envolve princípios fundamentais da Constituição.

2. *A interpretação conforme à Constituição: conceito*

A interpretação conforme à Constituição é aquela que, dentre outras possíveis interpretações da norma, compatibiliza e torna viável a validade de uma lei em face da Constituição.

Não se trata de mero instrumento de concretização do princípio de "presunção de constitucionalidade das leis", o qual impõe um voto de confiança ao legislador no exercício de suas atribuições; vai mais além, e encontra seu fundamento no princípio da unidade do ordenamento jurídico.[1]

Ao juiz cabe exercer a função de aplicar a lei, mas, para isso, haverá de querer, em princípio, preservá-la; mesmo que nela reconhecidas certas imperfeições, antes que possa o juiz pensar em destruir a obra do legislador — e sua própria *ferramenta de trabalho* —, não medirá esforços para *conformá-la* à Constituição, porém dentro de certos *limites*, os quais receberão, mais adiante, comentários mais relevantes.

Tal exercício interpretativo ocorre sempre em circunstâncias adversas, onde existam outras interpretações possíveis da norma, e não apenas aquela dada em definitivo pelo tribunal com jurisdição constitucional quando de uma mera declaração de constitucionalidade. A aplicação da interpretação conforme à Constituição revela tal pluralidade de interpretações cabíveis, entre elas as que não comportem adequação aos valores constitucionais. Em regra, a interpretação conforme à Constituição não é aquela que se destaca de forma mais evidente e imediata.

Enterría adverte aos juízes que, "antes de que una ley sea declarada inconstitucional, el juez que efectúa el examen tiene el deber de buscar en vía intrepretativa una concordancia de dicha ley con la Constitución".[2]

Larenz, com maior veemência, suscita a obrigatoriedade de prevalecer, sempre que "possível", a interpretação conforme à Constituição, em detrimento de outras interpretações: "Si una interpretación, que no contradice los principios de la Constitución, es posible según los demás criterios de interpretación, há de preferirse a cualquier outra en la que la disposición hubiera de ser anticonstitucional. De ello se sigue, sin embargo, que entre varias interpretaciones

1. Eduardo García de Enterría, *La Constitución como Norma y el Tribunal Constitucional*, Madrid, Civitas, 1994, p. 97; Konrad Hesse, *Escritos de Derecho Constitucional*, 2ª ed., Madrid, Centro de Estudios Constitucionales, 1992, p. 51. Vale mencionar as palavras do renomado autor alemão: "El principio hunde sus raíces bien en el principio de la unidad del ordenamiento jurídico: en función de esta unidad las leyes emanadas bajo la vigencia de la Ley Fundamental deben ser interpretadas en consonancia con la Constitución, así como el Derecho aún vigente procedente de tiempo anterior debe ser adaptado a la nueva situación constitucional. Al pronunciarse el juez sobre esto controla él la concretización de la Constitución llevada a cabo por el legislador a través de una propia concretización de al Constitución y de la ley". Ressalte-se que alguns constitucionalistas, como os portugueses Jorge Miranda (*Manual de Direito Constitucional*, 2ª ed., t. II, Ed. Coimbra, 1991, n. 57, p. 264) e J .J. Gomes Canotilho (*Direito Constitucional*, 4ª ed., p. 164), situam como fundamento mais imediato da interpretação conforme à Constituição princípios de "economia do ordenamento" ou de "máximo aproveitamento dos atos jurídicos". Luís Roberto Barroso (*Interpretação e Aplicação da Constituição*, São Paulo, Saraiva, 1996, p. 178), sem desprezo às demais orientações, define-se pelo "princípio da harmonia e independência de poderes", como princípio mais remoto. Este último também refere-se — além do fundamento — aos limites da aplicação da interpretação conforme à Constituição, como procuraremos demonstrar mais adiante.

2. Enterría, ob. cit., pp. 95 e 96.

posibles según los demás criterios, siempre obtiene preferencia aquella que mejor concuerda con los principios de la Constitución. La 'conformidad con la Constitución' es, por tanto, un criterio de interpretación".[3]

Esse "critério de interpretação", como denomina Larenz — e que é refutado por alguns autores, que o elevam a verdadeiro "princípio", ante sua aplicação genérica[4] —, desenvolvido e aprimorado pela própria prática jurisprudencial, revela no espírito do intérprete preocupação constante na manutenção dos textos normativos em face de presumida *insegurança jurídica* que uma invalidação poderia causar às relações que se formaram sob a égide daquela lei, além dos naturais transtornos causados à Administração. Ressalte-se ainda o inevitável halo jurídico que ocorrerá do momento da invalidação da lei até a elaboração e promulgação de novo texto normativo pelo Poder Legislativo,[5] situação que pode criar, como se refere o Tribunal Constitucional italiano, pelo vazio jurídico, uma "situação de maior inconstitucionalidade".[6]

A eleição da interpretação dada como razoável[7] da lei, conformando-a à Constituição, implica necessariamente a exclusão de todas as outras interpretações possíveis. Com efeito, dita interpretação passa a vincular-se definitivamente à norma, como a explicitá-la, esclarecer seu conteúdo de forma inequívoca. A partir daí não mais se admite aplicação da norma sob outra orientação senão aquela dada, pena de ilegalidade do ato sob o qual busca esta arrimar-se. O texto legal permanece íntegro... Todavia, restrito a uma única interpretação.

3. Interpretação conforme à Constituição e declaração de constitucionalidade e inconstitucionalidade: relevância jurídica da distinção

Antes de nos debruçarmos mais sobre o tema, mormente sobre sua importância no campo do Direito Tributário, devemos indagar: haveria alguma relevância na distinção entre a interpretação conforme à Constituição e o mero reconhecimento de constitucionalidade, uma vez que — supõe-se — o resultado seria o mesmo: o reconhecimento da constitucionalidade, e, portanto, da validade da lei?

Quanto a este mister, abriremos um parênteses para responder a tal indagação, e assim o fazemos da seguinte forma: somos tentados a pensar que a validade de uma lei, *se e na medida em que se tenha predeterminada sua interpretação* ("conforme à Constituição"), difere de um mero reconhecimento de constitucionalidade: quanto àquela, é possível inferir, de certa forma, dos termos da própria decisão judicial, o *reconhecimento*, por parte do julgador, de que o conteúdo da norma legal questionada "resvala" em certos preceitos constitucionais, porquanto estaria, neste sentido, contendo *imperfeições*, como já dito anteriormente, as quais violariam a Constituição.

Em outras palavras, a aplicação da interpretação conforme à Constituição pressupõe, inicialmente, o reconhecimento *expresso* pelo tribunal de que a aplicação da norma pela qual foi posta implica necessa-

3. Karl Larenz, *Metodología de la Ciencia del Derecho*, 2ª ed., Barcelona, Ariel, 1994, p. 338.

4. Hesse, ob. cit., p. 50. Enterría (ob. cit., p. 97) assinala: "Queda claro entonces que, sin perjuicio de que la regla haya nacido 'en los intersticios del procedimineto' de justicia constitucional (...), en realidad há venido a revelar un verdadero principio general del ordenamiento que, por tanto, resulta de necesaria aplicación universal, también afectante, en consecuencia, además de a los tribunales, a los operadores jurídicos públicos y privados de cualquier carácter, en cualquier aplicación del ordenamiento o de cualquiera de sus elementos".

5. Neste sentido, Enterría (ob. cit., p. 96): "El legislador no tiene agilidad suficiente para cubrir inmediatamente el hueco que deja la norma anulada y se hueco dá lugar a una enorme confusión jurídica para los ciudadanos y para todos los Poderes Públicos".

6. Enterría, ob. cit., p. 96.

7. Miranda (ob. cit., t. II, p. 265) refere-se à "razoabilidade"; Enterría (ob. cit., p. 96) fala en *duda razonable e razonablemente posible*; critério que passamos a adotar — por bastante pertinente —, no sentido jurídico de razoabilidade *stricto sensu* (proporcionalidade): adequação da interpretação da norma jurídica aos fins constitucionais.

riamente vício de inconstitucionalidade; após este momento, se já não resolvidos pela flagrante inconstitucionalidade, adentrarão os julgadores o exercício de *conformar* (*reduzindo, ampliando ou requalificando*)[8] o conteúdo da norma. Este *iter* peculiar, portanto, pelo qual atravessa o julgador, significa que, inobstante preservar-se *in totum* todas as letras da lei, alterou-se *semanticamente* a norma, para adequá-la ao desígnio *supremo* da Constituição.

Poder-se-ia argumentar que essa diferença quanto ao "procedimento" pouco importa, porquanto terá o "fim" sido o mesmo: havendo ou não interpretação conforme à Constituição, a lei será constitucional em ambas as hipóteses. Todavia, o que faz ser verdadeiramente relevante pontuar a distinção é que o uso da interpretação conforme à Constituição gera conseqüência que não se verifica no simples reconhecimento de constitucionalidade de uma lei: o tribunal *expressamente exclui, inclui ou dá nova qualificação jurídica a determinados atos, fatos ou situações no campo de incidência da norma jurídica objeto de sua apreciação.*

Por outro lado, se na declaração de inconstitucionalidade há redução do texto legal, na interpretação "conforme" haverá redução ou ampliação do conteúdo.

4. Interpretação conforme à Constituição: declaração de inconstitucionalidade das demais interpretações. Crítica

Sustentam alguns autores, quanto ao tema da interpretação conforme à Constituição, a ocorrência de um certo *desvio* em face do objeto do controle da constitucionalidade: em última análise, não se está declarando a constitucionalidade ou não da norma jurídica, mas suas outras diferentes interpretações.[9] Não nos parece que esteja correta tal assertiva. É realmente estranho falar-se em "inconstitucionalidade da interpretação" quando sabemos que o objeto do controle da inconstitucionalidade é sempre a "norma jurídica", e não a forma utilizada para a sua interpretação. A aplicação da interpretação conforme à Constituição significará, conforme veremos, a *derrogação*, sem redução de texto, de *certos efeitos jurídicos da norma.*

5. A interpretação conforme à Constituição: análise das hipóteses de sua aplicação

Vislumbramos três hipóteses sobre as quais podemos examinar o cabimento da interpretação conforme à Constituição:

a) *redução* do alcance da norma, nos casos em que o texto legal alcança situações ou pessoas as quais não poderiam ser alcançadas pela hipótese legal, em face de comando constitucional que impede tal vinculação. É o caso mais comum, no qual o tribunal procede a um "corte cirúrgico",

8. Miranda, ob. cit., t. II, p. 223: "E são diversas as vias que, para tanto, se segue e diversos os resultados a que se chega: desde a interpretação extensiva ou restritiva à redução (eliminando os elementos inconstitucionais do preceito ou do ato) e, porventura, à conversão (configurando o ato sob a veste de outro tipo constitucional)".

9. Gilmar Ferreira Mendes (*Controle de Constitucionalidade*, São Paulo, Saraiva, 1990, p. 285): "A afirmação da constitucionalidade da lei, com uma determinada interpretação, ou a declaração de que certas aplicações se mostram compatíveis com a ordem constitucional, equivaleria, em outros termos, à declaração de inconstitucionalidade de outras possibilidades de interpretação (*Auslegungsmöglichkeiten*) ou de outras possíveis aplicações (*Anwendungsfälle*)". No mesmo sentido, Barroso (ob. cit., p. 177). Moreira Alves (*Cadernos de Direito Constitucional e Ciências Políticas*, v. 1, p. 330): "O mesmo ocorre quando Corte dessa natureza, aplicando a interpretação conforme à Constituição, declara constitucional uma lei com a interpretação que a compatibiliza com a Carta Magna, pois, nessa hipótese, uma modalidade de inconstitucionalidade parcial (a inconstitucionalidade parcial sem redução do texto — *Teilnichtigerklärung ohne Normtextreduzierung*), o que implica dizer que o tribunal constitucional elimina — e atua, portanto, como legislador negativo — as interpretações por ela admitidas, mas inconciliáveis com a Constituição".

declarando que tais pessoas ou situações não se submeterão às conseqüências jurídicas daquela norma. É onde o tribunal declara a inconstitucionalidade, *parcial*,[10] *sem redução de texto*, da lei, ou seja, a inconstitucionalidade se refere a certos efeitos jurídicos da norma. Fica mantido seu suporte físico (texto), em função da necessidade de havê-lo para que as demais situações ou pessoas não alcançadas pela inconstitucionalidade continuem a ser reguladas validamente pela norma;

b) *ampliação* do alcance da norma, nos casos em que o texto resvala em inconstitucionalidade por não prever em sua hipótese legal certas pessoas ou situações. É um caso mais difícil de se aplicar a interpretação conforme à Constituição do que o anterior, porquanto a ampliação do alcance de uma norma legal para adequá-la a desígnio constitucional levaria o julgador de forma mais flagrante a exercer função de legislador positivo,[11] em afronta ao princípio da separação de Poderes. O STF costuma refutar tal possibilidade, haja vista ser vedado ao Poder Judiciário "complementar" a obra do legislador. Seria o caso de se declarar a ausência de interesse do autor da ação, em vista de a declaração de inconstitucionalidade da lei não lhe trazer qualquer utilidade;

c) *requalificação* ou *retipificação* jurídica da norma, nos casos em que a lei é inconstitucional pela forma como foi regulada, de acordo com a qualificação jurídica dada pelo legislador; todavia, passa a ser constitucional *se* tal forma como foi regulada se adapta a uma nova "roupagem" constitucional. Ao contrário do trabalho de ampliação ou redução do alcance da norma jurídica, aqui temos um trabalho de "reimplante" da norma em uma nova tipificação constitucional que com ela se adapte. Esta retipificação da norma esbarra, todavia, no problema da violação do objetivo perseguido pelo legislador, que não era originalmente de regular sob a nova qualificação dadas certas situações, pelo quê também tal implicaria o concurso de outras normas ligadas àquele tipo constitucional e não previstas pelo legislador.

A *redução* do alcance não enfrenta de forma tão severa os riscos que a ampliação ou a adaptação das normas à Constituição trazem ao princípio da separação de Poderes, na medida em que se tem o julgador legislando positivamente ou desviando-se do objetivo perseguido pelo legislador. Tem a ver, a nosso sentir, mais com a "técnica legislativa" que se depreende da lei.

Da forma como foi redigido, muitas vezes, o texto legal não discrimina certos tipos de pessoas ou situações, colocando-as todas dentro do alcance semântico de certa "expressão-gênero". Se cada um desses tipos estivesse explicitado separadamente, tal como "expressões-espécie", poder-se-ia, com tranqüilidade, invalidar aqueles inconstitucionais. Todavia, se opta o legislador por usar uma única expressão, genérica o suficiente para conter todas aquelas pessoas ou situações, estaremos

10. ADIn 581-DF, j. 12.8.1992, *RTJ* 144/154. Confira-se a proposta feita pelo Ministro Moreira Alves — e aceita pelo Tribunal: "(...) proponho ao Tribunal que se altere a orientação que se tem seguido até o presente, e, em casos como este, se julgue procedente, em parte, a ação. Essa nova orientação, além de ser mais exata, pois, quando só admitimos como constitucional uma das interpretações possíveis da lei impugnada, estamos, na realidade, declarando a inconstitucionalidade das demais, tem a vantagem de chamar a atenção para a circunstância de que apenas se admite constitucional a interpretação que impede a procedência total da ação direta de inconstitucionalidade".

11. Hesse (ob. cit., p. 52) refere-se a "limite jurídico-funcional": "Si lo que con la interpretación conforme se pretende es mantener en lo que sea posible la validez de la ley, el principio aparecerá entonces, en su aspecto jurídico-funcional, como el de la primacía del legislador en la concretización de la Constitución. (...). Con todo, la primacía del legislador democrático se produce a costa de un cambio de significado del contenido de la ley por parte del tribunal constitucional; primacía que puede resultar anulada cuando el precio es excessivamente alto, cuando el contenido que, a través de la interpretación conforme, el tribunal dá a la ley contiene no ya un *minus* sino un *aliud* frente al contenido original de la ley. En este caso, el tribunal interfiere las competencias del legislador con más intensidad incluso que en el supuesto de una declaración de nulidad (...)".

diante de um caso em que a invalidação da norma tornaria carecedoras de regulação aquelas outras pessoas ou situações sobre a quais permite ou determina a Constituição sejam alcançadas. Essa questão, portanto, de redução do alcance da norma para conformá-la à Constituição mais nos parece ligada a um problema de "técnica legislativa" mal-formulada — ou "mal-intencionada" — em certos aspectos, apenas, a merecer o devido reparo. Seria como, sem redução física do texto legal, pela necessidade de subsistência da "expressão-espécie" constitucional, se impusesse a exclusão do sentido da "expressão-espécie" inconstitucional "implícita" na expressão genérica usada pela lei.[12]

Veremos adiante, nos casos enfrentados pela jurisprudência do STF, como a interpretação conforme à Constituição trabalha como uma espécie de "aparador de arestas" das normas que resvalam nos preceitos constitucionais. Da análise da jurisprudência do STF, todas as aplicações ***admissíveis*** *da interpretação conforme à Constituição que pudemos encontrar foram casos de redução do alcance das normas questionadas.*[13] *A jurisprudência da Corte Maior tende somente a admitir o uso da interpretação conforme à Constituição nos casos "que restringem a aplicação de uma norma a alguns casos, mantendo-a com relação a outros".*[14]

Quanto às demais hipóteses (ampliação e retipificação), já se disse haver razões para que não as aceite o Poder Judiciário para adequação das leis aos preceitos constitucionais, porquanto esbarrariam em certos *limites* impostos ao uso da interpretação conforme à Constituição. É o que analisaremos mais detidamente, a seguir.

12. Como bem ressaltou o Ministro Carlos Velloso (ADIn 581-DF, *RTJ* 144/153), citando Canotilho: "O princípio da interpretação conforme à Constituição, que enseja a declaração de inconstitucionalidade, sem redução de texto, pressupõe, como requisito essencial de sua aplicação, a existência de 'normas polissêmicas ou plurisignificativas' (J. J. Gomes Canotilho, *Direito Constitucional*, 5ª ed., Coimbra, Almedina, 1991, p. 235)".

13. Cf. a grande quantidade de medidas cautelares deferidas "em parte" em ação direta de inconstitucionalidade (ADIn/MC) onde se fez uso da interpretação conforme à Constituição, sem redução de texto, para inibir o alcance da norma jurídica sobre determinadas pessoas ou situações: ns. 1.556-PE (Rel. Ministro Moreira Alves, *DJU* 27.2.1997 — afastou-se a incidência da taxa instituída pelo Estado de Pernambuco sobre os emolumentos cobrados pelos serviços notarial e de registro devidos aos delegados do Poder Público que os realizam, mantendo-se a incidência sobre os demais casos); 1.719-DF (Rel. Ministro Moreira Alves, *DJU* 27.2.1998 — afastou-se a aplicação do art. 90 da Lei 9.099/95 em relação às normas de conteúdo penal mais favoráveis contidas na referida lei, mantida em relação às demais); 1.236-DF (Rel. Ministro Ilmar Galvão, *DJU* 26.4.1996 — leia-se um trecho da emenda: "considerando que a lei, em face do princípio da irretroatividade, só pode ser considerada inconstitucional quando prevê expressamente a sua aplicação a fatos passados, hipótese não verificada no art. 1º, sob exame, dá-se interpretação conforme ao mencionado dispositivo, em sua parte final, para o fim de declarar ser ela constitucional se não alcançar o ato jurídico perfeito". Esta questão versava a respeito de medida provisória que dispunha sobre mensalidades escolares); 927-RS (Rel. Ministro Carlos Velloso, *DJU* 11.11.1994 — Lei 8.666/93, que versa sobre licitações. Vedação de doação de bens imóveis e permuta de bens imóveis somente tem aplicação no âmbito da União Federal, excluídos do alcance da norma os Estados, Municípios e o Distrito Federal); 1.586-PA (Rel. Ministro Sydney Sanches, *DJU* 29.8.1997 — servidores públicos do Pará: interpretação conforme à Constituição "como a significar que 'os adicionais por tempo de serviço serão calculados sobre remuneração do cargo', e não sobre os adicionais anteriores por tempo de serviço"); 1.620-DF (Rel. Ministro Sepúlveda Pertence, *DJU* 15.8.1997 — Lei Darcy Ribeiro: a disposição do art. 54 não alcança os integrantes do Magistério Público, em observância às disposições especiais do art. 206, V, da CF); 1.170-AM (Rel. Ministro Néri da Silveira, *DJU* 28.11.1997 — "interpretação conforme à Constituição Federal 'no sentido de que a convocação dos Presidentes dos Tribunais de Contas dos Estados e dos Municípios não poderá Ter como objeto esclarecimento sobre atos de julgamento, competência do Tribunal'"); 1.552-DF (Rel. Ministro Carlos Velloso, *DJU* 17.4.1998 — "suspensão parcial da eficácia das expressões 'às empresas públicas e às sociedades de economia mista' sem redução de texto, mediante interpretação conforme à Constituição, não-aplicabilidade às empresas públicas e às sociedades de economia mista que explorem atividade econômica, em sentido estrito, sem monopólio").

14. RE 184.093-SP, Rel. Ministro Moreira Alves, *DJU* 5.9.1997.

6. Os limites da interpretação conforme à Constituição

Quando se diz interpretação *razoável* ou *possível* da lei em conformidade com a Constituição, está-se referindo implicitamente a *limites* para dada interpretação.

Essa razoabilidade delineia-se no princípio da separação de Poderes. Isto significa que a interpretação não pode se dar de forma tal a incorrer o juiz em exercício *positivo* da função legislativa. Ao ensejo de dar interpretação que possa resguardar a lei não se pode querer dar sentido fora do alcance da norma jurídica em questão.[15]

O STF já tornou clara essa limitação mediante orientação dada pelo eminente Ministro Moreira Alves em importante precedente: tratando de matéria de Direito Administrativo, cita a jurisprudência alemã em longo arrazoado na ReprInconst 1.417-7/87, julgada em 9.12.1987,[16] que buscou precisar os limites da utilização da interpretação conforme à Constituição em *duas regras básicas*, conforme relatam autores alemães de renome — como Zippelius: "A Corte Constitucional Federal tem reiteradamente declarado que uma interpretação conforme à Constituição tem dois limites: o sentido literal da lei e o objetivo que o legislador perseguiu inequivocamente com sua regulamentação"; e Schlaich: "A interpretação conforme à Constituição deve conter-se nos limites do *sentido literal do preceito*. As determinações fundamentais do legislador, as apreciações e os objetivos das regulamentações legislativas não podem ser violados. Não pode a uma lei clara ser dado um sentido oposto, nem pode o objetivo do legislador ser falseado ou elidido num ponto essencial".[17]

Naquela ocasião, portanto, assim se pronunciou o STF, nos termos do voto do Ministro Relator: "Este Tribunal se tem manifestado pela inconstitucionalidade do preceito legal se conclui que o sentido compatível com a Carta Magna, ou que o texto resultante da retirada das expressões inconstitucionais, não corresponde ao propósito do legislador. É a aplicação do princípio tradicional, observado no Direito Constitucional americano — e que se funda, em última análise, na circunstância de que os tribunais, a pretexto do controle de constitucionalidade, não devem transformar-se em legisladores".[18]

Conclui o STF, enfim: "Portanto, a interpretação conforme à Constituição sustentada pela Procuradoria-Geral da República não pode ser acolhida, pois, em verdade, não se coaduna com a finalidade inequivocamente visada pelo legislador, expressa literalmente na própria lei, e que dela ressalta pelos elementos da interpretação lógica. Em suma, caracteriza-se, aqui, caso típico em que não se deve temer a conseqüência de se declarar a norma inconstitucional, pois esse procedimento é mais exato e satisfatório do que o de violentar o sentido da lei apenas para evitar a sua nulidade".[19]

Procuraram, portanto, o Tribunal Constitucional alemão[20] e a nossa Corte Suprema — esta através da orientação tomada por aquela, segundo o Ministro Moreira Alves — definir dois limites, os quais impedem a utilização da interpretação conforme à Constituição:

a) um limite *finalístico*: a obra do legislador não pode ser modificada — a pretexto de conformá-la à Constituição — de forma a violar, em pontos essenciais, o objetivo por ele almejado;

15. Mendes (ob. cit., p. 295): "Porém, interpretação fixada, como única admissível, pelo tribunal constitucional não pode contrariar o sentido da norma, inclusive decorrente de sua gênese legislativa inequívoca, porque não pode a Corte dessa natureza atuar como legislador positivo".

16. *Cadernos de Direito Constitucional e Ciências Políticas*, v. 1, p. 315.

17. *Cadernos* ..., v. 1, p. 329.

18. *Cadernos* ..., v. 1, p. 329.

19. *Cadernos* ..., v. 1, p. 331.

20. Hesse (ob. cit., p. 51) também se refere à jurisprudência do Tribunal Constitucional Federal alemão, este no sentido de que "no es posible la interpretación conforme en contra del 'texto y sentido' o en contra de la 'finalidad legislativa'".

b) um limite *conceitual*: deve ainda o julgador observar sempre o que é possível se entender dos conceitos e expressões usados pela lei, não sendo lícito tentar ampliá-los ou requalificá-los artificiosamente, de forma a despojá-los de qualquer semelhança com o uso empregado pelo legislador.

É certo que o conceito ou expressão usados irá refletir, em regra, o objetivo do legislador, sendo, portanto, esses elementos indissociáveis, conforme o STF se posicionou no sentido de que a interpretação conforme à Constituição não "se coaduna com a finalidade inequivocamente visada pelo legislador, expressa literalmente na própria lei". Todavia, ainda é possível vislumbrar hipótese em que, inobstante correto o objetivo traçado pelo legislador, esse lança mão de expressões equívocas e que não possuem pertinência lógica com os motivos que lhes deram vida. Por outro lado, é inválida uma norma jurídica se correta dentro de uma certa qualificação jurídica, todavia fora de sintonia com a qualificação jurídica objetivada pelo legislador.

Trata-se, sem dúvida, de critérios de razoabilidade infirmados da rica prática jurisprudencial: relevante para autorizar a aplicação da interpretação conforme à Constituição é a harmonia entre o objetivo buscado pelo constituinte e o objetivo buscado pelo legislador na sua consecução; ou, de outra maneira, a pertinência lógica entre tais objetivos e os meios empregados na sua consecução.

7. O princípio da interpretação conforme à Constituição na jurisprudência tributária

O princípio, de formação nitidamente jurisprudencial, é encontrado em praticamente todos os Estados que reconhecem a supremacia da Constituição. Nos Estados Unidos diz-se que todas as leis e os atos da Administração hão de ser interpretados *in harmony with the Constitution*; na Alemanha impõe-se *die verfassungskonforme Auslegung von Gesetzen*, assim como na Itália e Espanha.[21]

Temos, pois, no uso dessa interpretação, uma constante *tensão* entre a orientação interpretativa tendente a condicionar a lei aos desígnios constitucionais e a vedação ao exercício legiferante por parte do Poder Judiciário, segundo o princípio da separação de Poderes — o que faz com que passe a ser matéria de grande questionamento o uso da interpretação conforme à Constituição, porquanto, muitas vezes, tornar-se-á difícil ao intérprete saber se ainda se encontra dentro do limite da norma jurídica interpretada ou se já o atravessou, para criar nova norma de conduta. Daí por que tal tema se afigurar tão importante para o nosso Direito Tributário: uma vez regida por rígido princípio de reserva legal, difundindo de forma veemente em nossa doutrina e jurisprudência predominantes, torna-se muitas vezes delicada a aplicação pelos tribunais de jurisdição constitucional da interpretação conforme à Constituição.

A análise da jurisprudência ajuda-nos a compreender melhor a distinção entre a interpretação conforme à Constituição ou, tão-somente, *mera* declaração de constitucionalidade ou inconstitucionalidade de uma lei, além, é claro, dos limites à sua aplicação.

Para tanto, restringiremos a análise a julgados da Suprema Corte que decidiram acerca da matéria tributária. Segue-se uma ordem cronológica de importantes julgados, dos quais muitos são bem conhecidos daqueles que militam nessa área do Direito, porém mais notados pela grande repercussão econômica que representam para as empresas-contribuintes do que quanto ao mister jurídico da interessante aplicação da interpretação conforme à Constituição no Direito Tributário em contraposição ao chamado princípio da estrita legalidade tributária. Trata-se, portanto, de grande embate que está a merecer a devida atenção.

21. Enterría, ob. cit., p. 95.

7.1 O caso do empréstimo compulsório sobre a aquisição de automóveis

Em outubro de 1990 o STF defrontou-se com a questão da constitucionalidade da instituição, pelo Decreto-lei 2.288/86, de empréstimo compulsório incidente sobre a aquisição de automóveis.[22]

Dentre outros argumentos — que aqui não é pertinente mencionar —, questionava-se a validade da sua instituição em razão de a referida norma prever a devolução do empréstimo em cotas do Fundo Nacional de Desenvolvimento, então criado, e não restituição em espécie.

Com efeito, acordaram os Ministros, à unanimidade, que o empréstimo compulsório instituído na forma acima referida era incabível com base em preceito do Código Civil que aduz somente haver empréstimo de coisa fungível quando "o mutuário (*União*) obriga-se a restituir ao mutuante (*contribuinte*) o que recebeu em coisas do mesmo gênero, qualidade e quantidade" (art. 1.256).[23]

Importa ressaltar, aqui, que naquela ocasião, o Ministro Relator, Sepúlveda Pertence, chegou a ventilar a seguinte hipótese: ante a impossibilidade de que o tributo fosse acolhido como empréstimo compulsório (conforme sua lei instituidora pretendia havê-lo, originalmente), em função da existência de irregularidade quanto à sua forma de restituição, o mesmo poderia ser aceito, mediante aplicação da "interpretação conforme à Constituição", como uma espécie de "imposto", de acordo com a competência tributária residual da União de instituir novos impostos que não aqueles já previstos na Constituição.

Essa hipótese (que não chegou a ser a conclusão final do raciocínio do Relator, mas apenas o entendimento a que aderiu para chegar, por outras razões, também à inconstitucionalidade) foi de imediato afastada pelo Ministro Moreira Alves. Fiel à orientação deduzida no precedente sobre os limites da aplicação da interpretação conforme à Constituição, o Ministro foi incisivo: "Sucede, no entanto, que, no caso, não é possível pretender-se dar aos textos que tratam desse empréstimo compulsório no Decreto-lei n. 2.288/86 interpretação conforme à Constituição, porque esta só se admite quando não altera a *mens legis*, certo como é que o Poder Judiciário, no exercício do controle da constitucionalidade da lei, só atua como legislador negativo, e não como legislador positivo, o que ocorreria se sua interpretação alterasse o sentido da

22. RE 121.336-CE, *RTJ* 139/624, cuja ementa é a seguinte:

"Empréstimo compulsório (Decreto-lei n. 2.288/86, art. 10): incidência na aquisição de automóveis de passeio, com resgate em quotas do Fundo Nacional de Desenvolvimento: inconstitucionalidade.

"1. 'Empréstimo compulsório, ainda que compulsório, continua empréstimo' (Víctor Nunes Leal): utilizando-se, para definir o instituto de Direito Público, do termo 'empréstimo', posto que compulsório — obrigação *ex lege* e não contratual —, a Constituição vinculou o legislador à essencialidade da restituição na mesma espécie, seja por força do princípio explícito no art. 110 do Código Tributário Nacional, seja porque a identidade do objeto das prestações recíprocas é indissociável da significação jurídica e vulgar do vocábulo empregado. Portanto, não é empréstimo compulsório, mas tributo, a imposição de prestação pecuniária para receber, no futuro, quotas do Fundo Nacional do Desenvolvimento: conclusão unânime a respeito.

"2. Entendimento da minoria, incluído o Relator, segundo o qual, admitindo-se em tese que a exação questionada, não sendo empréstimo, poderia legitimar-se quando se caracterizasse imposto restituível, ao que alei de competência da União, no caso, a reputou inválida, porque ora configura tributo reservado ao Estado (ICM), ora imposto inconstitucional, porque discriminatório.

"3. Entendimento majoritário segundo o qual, no caso, não se pode, sequer em tese, cogitar de dar validade, como imposto federal restituível, ao que a lei pretendeu instituir como empréstimo compulsório, porque 'não se pode, a título de se interpretar uma lei conforme à Constituição, dar-lhe sentido que falseie ou vicie o objetivo legislativo em ponto essencial'; dúvidas, ademais, quanto à subsistência, no sistema constitucional vigente, da possibilidade do imposto restituível."

23. Recorde-se que a aplicação do Código Civil obedece ao preceituado no art. 110 do CTN, no sentido de que às lei tributárias é vedado alterar o alcance, sentido e conteúdo dos conceitos de Direito Privado para definição das competências constitucionais tributárias.

lei. Como observa Schlaich (*Das Bundesveriassungsgericht*, München, 1985, p. 188), com base nas decisões da Corte Constitucional alemã, não se pode, a título de se interpretar uma lei conforme à Constituição, dar-lhe sentido que falseie ou viole o objetivo legislativo em ponto essencial".

Além, da impossibilidade de se fazer vista grossa ao objetivo do legislador para salvar a lei do vício da inconstitucionalidade, Moreira Alves relembra-nos, mais adiante, em seu voto, a observância do outro *limite* à aplicação da interpretação conforme à Constituição: a *literalidade* dos dispositivos legais: "sendo, portanto, inequívoco que o Decreto-lei n. 2.288/86 pretendeu foi instituir um empréstimo compulsório, que, por sua natureza mesma de empréstimo, implica a devolução em dinheiro ou em título que o represente, não é possível pretender-se, para conformar este diploma legal com a Constituição, dar-lhe sentido que inequivocamente o altera em ponto essencial: o de que se lê 'empréstimo compulsório' se entenda 'imposto restituível em espécie diversa da entregue pelo contribuinte', que seria, na verdade, um 'investimento compulsório'".

Veja-se que, nesse caso, o STF vedou a retipificação do tributo, de forma a torná-lo válido sob roupagem jurídica estranha ao desígnio do legislador.

7.2 O caso da instituição do FINSOCIAL das prestadoras de serviços

Em novembro de 1992 o STF reuniu-se em Plenário para decidir sobre a constitucionalidade da instituição da contribuição para o FINSOCIAL devida pelas empresas prestadoras de serviços, instituída pelo art. 28 da Lei 7.738/89.[24]

Naquele julgamento foi colocada a seguinte questão: tendo em vista que a Constituição de 1988 previra a instituição de uma contribuição para a Seguridade Social incidente sobre o "faturamento", nos termos do art. 195, I, seria válida a previsão da incidência do tributo sobre a "receita bruta",[25] conforme a letra do próprio art. 28 da Lei 7.738/89?

Elegeu-a o Ministro Sepúlveda Pertence como "argumento de maior peso". Era, exatamente, aquele que demonstrava ser o conceito de "receita bruta" diferente do conceito de "faturamento", o que obstaria à validade da instituição do FINSOCIAL para as empresas prestadoras de serviço, segundo entendimento defendido por tributaristas de renome, como Geraldo Ataliba, Cléber Giardino, Misabel Derzi e Gustavo Miguez de Mello, citados no voto do Ministro.

Todavia, decidiu o Ministro Pertence aceitar tal equiparação, no sentido de adequar, "pelo postulado da aplicação da interpretação conforme à Constituição", o preceito legal em questão, entendimento corroborado pelo Ministro Ilmar Galvão e refutado pelo Ministro Marco Aurélio — seguindo entendimento sucintamente esposado pelo Ministro Relator, Carlos Velloso.[26] Assim se pronunciou o Ministro Marco Aurélio: "Sr. Presidente, se assim o é, peço vênia àqueles que dissentiram do nobre Ministro Relator para entender que o art. 28 da Lei n. 7.738/89 não se coaduna, de modo algum, com o contido no inciso I do art. 195. Por que concluo dessa manei-

24. RE 150.755-PE, *DJU* 20.8.1993, cuja ementa, em parte, é a seguinte: "A contribuição social questionada se insere entre as previstas no art. 195, I, da Constituição e sua instituição, portanto, dispensa lei complementar: no art. 28 da Lei n. 7.738/89, a alusão a 'receita bruta', como base de cálculo do tributo, para conformar-se ao art. 195, I, da Constituição, há de ser entendida segundo a definição do Decreto-lei n. 2.139/87, que é equiparável à noção corrente de 'faturamento' das empresas de serviço".

25. "Art. 28. Observado o disposto no art. 195, § 6º, da Constituição, as empresas públicas ou privadas, que realizam exclusivamente venda de serviços, calcularão a contribuição para o FINSOCIAL à alíquota de meio por cento sobre a receita bruta."

26. Assim disse o Ministro Carlos Velloso: "A questão teria outra implicação, tendo em vista que a autorização é para que a incidência seja sobre faturamento e não sobre receita bruta — é o inciso I do art. 195. Mas S. Exa. parece que equiparou receita bruta a faturamento, o que também não me parece adequado fazer".

ra? Porque não posso atribuir ao legislador a inserção de expressões, a inserção de vocábulos em preceitos de lei sem o sentido vernacular, e, aqui, mais do que o sentido vernacular, temos o sentido técnico. Refiro-me à alusão à base de incidência da parcela. (...). Sr. Presidente, não posso dizer que receita bruta consubstancia sinônimo de faturamento".

Tal argumento foi reforçado pelo Ministro Relator Velloso ao lembrar o art. 110 do CTN, que dispõe acerca da impossibilidade de a lei tributária modificar conceitos de Direito Privado para definir competências tributárias. Ademais, asseverou, de forma exaltada, o Ministro Relator, ante a insistência do Ministro Pertence no cabimento de uma interpretação conforme à Constituição: "(...). Não posso raciocinar com desapego ao que se contém explicitamente no dispositivo atacado. Não posso, onde está escrito 'receita bruta', entender que houve referência ao que contemplado na Carta, a faturamento, a receita líquida. Não posso! Se o fizer, Sr. Presidente, estarei partindo para um campo de absoluto subjetivismo. Tenho que enfrentar a lei tal como ela se contém. Tenho que proceder ao cotejo sem substituir-me como que ao legislador, sem alterar o próprio texto legal. Reafirmo: o que nós temos no art. 28 em comento, e creio que todos ou quase todos concordam com essa assertiva, é a disciplina da contribuição, pelo menos assim se pretendeu, prevista no inciso I do art. 195. Só que se abandonou, por completo, o vocábulo 'faturamento'. Abandonou-se a base de incidência constitucional para cogitar-se, em substituição indevida, da receita bruta. A menos que se demonstre que receita bruta tem um significado idêntico ao significado de faturamento, teremos que caminhar para a conclusão sobre a inconstitucionalidade do art. 28 da Lei n. 7.738".

Inobstante chegando mesmo a admitir, por "consenso", que "faturamento é menos que receita bruta", buscou o Ministro Pertence a adequação do conceito em texto legislativo anterior à Carta de 1988: o Decreto-lei 2.397/87, que, segundo o Ministro, "já restringia, para esse efeito, o conceito de receita bruta a parâmetros mais limitados". De fato, a definição insculpida naquele texto legal, que determinava a incidência do antigo FINSOCIAL sobre "a receita bruta das vendas de mercadorias e de mercadorias e serviços de qualquer natureza", poderia adequar a interpretação do art. 28 da Lei 7.738/89 ao ditame constitucional *se*, portanto, entendida daquela forma.

Veja-se que, aqui, não estamos diante de uma violação absoluta da *literalidade* da lei, a qual impossibilitaria a aplicação de uma interpretação que livrasse o texto legal da pecha de inconstitucionalidade, como defenderam enfaticamente os Ministros Marco Aurélio e Carlos Velloso e, em outras ocasiões, o Ministro Moreira Alves.

Havia aqui uma possibilidade de se interpretar a norma jurídica inquinada através de definição encontrada em outro texto legislativo que *restringia o seu alcance*, e, assim, afastada estaria a alegação de se estar *legislando positivamente*, em afronta ao princípio da separação de Poderes, representado mais concretamente pelos limites da *mens legis* e da literalidade do texto legal, conforme introduziu o próprio Ministro Moreira Alves na jurisprudência da Suprema Corte. O conceito, portanto, era um *conceito legal*, e, apesar de encontrado em outra lei, não significaria ser sua aplicação uma construção interpretativa *contra* ou *extra legem*. É o que se infere como razão para que a constitucionalidade do FINSOCIAL das prestadoras de serviços levasse o crivo decisivo de Moreira Alves (outrossim, dos não menos ilustres Ministros Néri da Silveira, Ilmar Galvão, Sydney Sanches, Octávio Gallotti, Francisco Rezek e Celso de Mello): "Assim, Sr. Presidente, desde o momento em que existe legislação no País que, com relação à receita bruta, a conceitua de forma que possa ela equiparar-se a faturamento, parece-me que, por via de interpretação, se possa tomar receita bruta, aqui, como a decorrente do faturamento. (...). Adotando essa interpretação restritiva da receita bruta — e afasto a objeção decorrente do art. 110 do Código Tributário Nacional, pois essa exegese equipara, no caso, a receita bruta à resultante do faturamento, e assim se amolda à Constituição que se refere a este —, acompanho, com a devida vênia, o eminente Ministro Sepúlveda Pertence".

7.3 O caso da contribuição social sobre a folha de salários e o termo de início da sua cobrança

Em setembro de 1995 chegou ao STF a discussão em torno do momento correto para o Fisco cobrar a majoração da contribuição da Seguridade Social devida pelo empregador e incidente sobre a folha de salários (art. 195, I, da CF/88).[27]

Isso porque a referida exação veio inicialmente prevista na Medida Provisória 63 (art. 5º, I), publicada em 2.6.1989, e que também continha um dispositivo (art. 17) que determinava o termo de início da cobrança em relação aos fatos geradores ocorridos a partir de 1º de setembro do mesmo ano, ou seja, após 90 dias, em atenção à anterioridade nonagesimal (art. 195, § 6º, da CF/88).

Ocorre que, posteriormente, a Medida Provisória 63/89 foi modificada, em alguns pontos, por um projeto de lei de conversão, o qual redundou na Lei 7.787, publicada em 3.7.1989. Esta última, por seu turno, manteve o início da cobrança das majorações de alíquotas constantes daquela lei para 1º de setembro, inobstante haver ocorrido alteração no dispositivo que tratava da contribuição social devida pelo empregador.

Em função dessa alteração questionava-se a constitucionalidade do início da cobrança para 1º de setembro, vez que tal modificação criara "texto de lei novo", pelo quê a cobrança deveria, então, se dar somente no mês posterior (outubro), constando-se o prazo de 90 dias a partir da publicação da Lei 7.787/89, e não da Medida Provisória 63/89.

Na ocasião entendeu o ilustre Ministro Relator, Moreira Alves, alicerçado na doutrina italiana, que foi acompanhado pelos demais Ministros, no sentido de que, havendo projeto de lei de conversão impingindo modificação no texto original da medida provisória, essas modificações, quando relativas aos dispositivos atinentes à majoração de tributos, somente teriam vigência a partir da data da publicação da lei, e não da publicação da medida provisória, que não as continha.

Assim entendeu o STF, nos termos do voto do Ministro Moreira Alves:

"No caso, o mandado de segurança sob julgamento tem por objeto a majoração da alíquota da contribuição previdenciária das empresas impetrantes sobre a folha de salários a que se referem a Medida Provisória n. 63/89, no seu art. 5º, I, e a Lei n. 7.787/89, em seu art. 3º, I. Conforme se vê, este não é reprodução daquele, tendo o seu conteúdo modificado por emendas aditiva e supressiva, como se vê das expressões sublinhadas num e noutro:

"Art. 5º, I, da Medida Provisória n. 63/89: 'A contribuição das empresas em geral e das entidades ou órgãos a ela equiparados, destinada à Previdência Social, incidente sobre a folha de salários, será:

27. É a seguinte a ementa do RE 169.740-7-PR, publicada no *DJU* 17.11.1995:

"Contribuição social prevista na Medida Provisória n. 63/89, convertida na Lei n. 7.787/89. Vigência do art. 3º, I. Interpretação conforme à Constituição do art. 21.

"O inciso I do art. 3º da Lei n. 7.787/89 não provém da conversão do disposto no art. 5º, I, da Medida Provisória n. 63/89. E, assim sendo, o período de 90 dias a que se refere o disposto no § 6º do art. 195 da Constituição Federal se conta, quanto a ele, a partir da data da publicação da Lei n. 7.787/89, e não de 1º de setembro de 1989.

"Isso implica dizer que o art. 21 dessa Lei n. 7.787/89 ('Art. 21. Esta Lei entra em vigor na data da sua publicação, produzindo efeitos, quanto à majoração de alíquota, a partir de 1º de setembro de 1989') só é inconstitucional se entendido — interpretação conforme à Constituição — como aplicável apenas àquelas majorações de alíquota fruto de conversão da Medida Provisória n. 63/89."

"'I — de 20% (vinte por cento) sobre o total das remunerações pagas ou creditadas no decorrer do mês aos segurados empregados, avulsos, autônomos e administradores *que percebam 'pro labore'*;

"'(...).

"Art. 3º, I, da Lei n. 7.787/89: 'A contribuição das empresas em geral e das entidades ou órgãos a ela equiparados, destinada à Previdência Social, incidente sobre a folha de salários, será:

"'I — 20% (vinte por cento) sobre o total das remunerações pagas ou creditadas, *a qualquer título*, no decorrer do mês aos segurados empregados, avulsos, autônomos e administradores;

"' (...).'

"O art. 3º, I, da Lei n. 7.787/89, em face do art. 5º, I, da Medida Provisória n. 63/89, foi, como se vê, alterado em seu conteúdo por uma emenda aditiva (acrescentou-se a expressão 'a qualquer título', que amplia a abrangência das *remunerações pagas ou creditadas*), e por uma emenda supressiva (suprimiu-se na redação da medida provisória 'que percebam *pro labore*', ampliando-se também, com a supressão dessa restrição, o âmbito de incidência da contribuição).

"'(...). Isso implica dizer que o art. 21 dessa Lei n. 7.787/89 ('Art. 21 Esta Lei entra em vigor na data da sua publicação, produzindo efeitos, quanto à majoração de alíquota, a partir de 1º de setembro de 1989') só é inconstitucional se entendido — interpretação conforme à Constituição — como aplicável apenas àquelas majorações de alíquota fruto de conversão da Medida Provisória n. 63/89."

Em que pese, a nosso ver, a essa discutível "alteração", vez que não nos parece ter havido qualquer mudança *substancial* entre os citados textos — antes, meras "redundâncias", que estão longe de importar uma alteração concreta, mínima que seja, da imposição tributária sobre a folha de salários —, vê-se que o STF aplicou, aqui, a interpretação conforme à Constituição, afastando do alcance do indigitado art. 21 do texto legal não originário da medida provisória. Trata-se, na espécie, de adequação da norma à Constituição, interpretação restritiva, que serve para afastar do âmbito da inconstitucionalidade normas que acabam por resvalar em situações já reguladas pela Constituição de forma diversa.

7.4 O caso do imposto de renda devido pelos sócios no momento da apuração do lucro líquido da sociedade (IRLL)

Em maio de 1996 o STF decidiu sobre o chamado imposto de renda sobre o lucro líquido (IRLL) devido pelos sócios e incidente na apuração do lucro líquido, independentemente de haver distribuição do lucro entre os sócios.[28]

Dissertando longamente sobre as hipóteses previstas no art. 35 da Lei 7.713/88 traziam situações que de fato representassem a ocorrência da hipótese de incidência do imposto sobre a renda, nos termos do art. 43 do CTN — ou seja, a aquisição da *disponibilidade* econômica ou jurídica de acréscimo patrimonial —, o Ministro Marco Aurélio entendeu, com base em maciça doutrina, que a mera apuração do lucro nas sociedades por cotas não significava haver para os sócios disponibilidade, econômica ou jurídica, sobre aqueles valores, que pertenciam à sociedade, de forma que tal somente ocorreria no momento em que a sociedade deliberasse sua distribuição entre os sócios. Portanto, somente ha-

28. RE 196.646-7-RS, *DJU* 3.5.1996, cuja parte da ementa é a seguinte: "Imposto de renda. Retenção na fonte. Sócio-cotista. A norma insculpida no art. 35 da Lei 7.713/88 mostra-se harmônica com a Constituição Federal quando o contrato social prevê a disponibilidade econômica ou jurídica imediata, pelos sócios, do lucro líquido apurado, na data do encerramento do período-base. Nesse caso, o citado artigo exsurge como explicitação do fato gerador estabelecido no art. 43 do Código Tributário Nacional, não cabendo dizer da disciplina, de tal elemento do tributo, via legislação ordinária. Interpretação da norma conforme o Texto Maior".

veria aplicação do disposto no art. 35 da Lei 7.713/88 *se* prevista no contrato social a imediata disponibilidade, pelos sócios, do lucro líquido apurado na data do encerramento do período-base, caso em que não haveria confronto com o fato gerador previsto na norma geral tributária (Código Tributário Nacional), conforme a competência deste último texto legal para fazê-lo, assegurada pela Constituição (art. 146, III, *c*). Mais um caso, portanto, de aplicação restritiva do alcance da norma, para livrá-lo do vício da inconstitucionalidade.

7.5 O caso da isenção do IOF nas operações de câmbio e a retroatividade do benefício

Em dezembro de 1996 a 1ª Turma do STF assentou, em um caso de isenção tributária, a impossibilidade de se estender os efeitos jurídicos do benefício fiscal a situações supostamente equivalentes àquelas previstas na norma isentiva, sob pena de estar exercendo o juiz o papel que cabe ao legislador.[29]

A norma questionada (Decreto-lei 2.434/88) determinava, dentro de um conjunto de medidas visando a incentivar as importações, a isenção de IOF sobre operações de câmbio relativamente às guias de importação expedidas a partir de 1.7.1988 (art. 6º), o que levou contribuintes-importadores que possuíam guias anteriores a esta data a demandar judicialmente a extensão do benefício, com base no princípio constitucional da isonomia tributária. Alguns, como no caso, conseguiram tal ampliação do âmbito da isenção no tribunal *a quo*.

Mesmo considerando plausível a tese esposada pelo contribuinte no sentido da afronta ao princípio constitucional da isonomia tributária, assim se expressou o Ministro Relator, Sepúlveda Pertence, acompanhado pelos demais Ministros do STF: "Esse vício, contudo, não autoriza a extensão do benefício a quem não foi contemplado pela lei. Desse modo, ao acolher a pretensão do contribuinte, o Tribunal *a quo* avançou sobre os limites da função jurisdicional, chocando-se, como alegado no recurso extraordinário, contra o princípio da separação e independência dos Poderes".

Em face do fundamento esposado (violação do princípio de separação dos Poderes), ficou impedido o Tribunal sequer de suscitar a possibilidade de aplicação de interpretação conforme à Constituição para estender os efeitos do benefício fiscal àqueles que não se viram na situação prevista expressamente na norma.

Essa impossibilidade, todavia, não nos parece de caráter absoluto, mas pode relativizar-se de acordo com a "técnica legislativa" empregada pelo legislador na concessão do benefício fiscal, tema que será melhor explorado mais adiante.

7.6 O caso da tributação do imposto de renda sobre as aplicações em fundos de investimento das pessoas imunes

Em abril deste ano o STF, apreciando medida cautelar em ação direta de inconstitucionalidade contra a incidência do imposto de renda sobre aplicações financeiras de pessoa jurídica de direito público, "emprestando interpretação conforme à Constituição à expressão 'inclusive pessoa jurídica imune', decidiu que ela não alcança as pessoas públicas que gozam da imunidade recíproca (CF, art. 150, IV, *a*)".[30]

29. RE 191.526-9-SP, *DJU* 30.5.1997, cuja ementa é a seguinte: "Isonomia. Alegada ofensa por lei que concede isenção a certa categoria de operações de câmbio, mas não a outra, substancialmente assimilável àquelas contempladas (Decreto-lei n. 2.434/88, art. 6º): hipótese em que, do acolhimento da inconstitucionalidade argüida, poderia decorrer a nulidade da norma concessiva da isenção, mas não a extensão jurisprudencial dela aos fatos arbitrariamente excluídos do benefício, dado que o controle da constitucionalidade das leis não confere ao Judiciário funções de legislação positiva".

30. ADIn 1.758-4, *DJU* 22.5.1998, cuja parte da ementa é a seguinte: "Imunidade. Imposto de renda. União, Estados, Distrito Federal e Municípios. Concorrem o sinal do bom direito e o risco de manter-se com plena eficácia preceito em que prevista a incidência do imposto de renda sobre rendimentos

Destarte, novamente dá-se uma interpretação restritiva a um dispositivo para que, só assim, o mesmo não possa ser declarado inconstitucional.

8. Algumas conclusões da análise jurisprudencial

Dos exemplos tomados podemos resumir da seguinte forma a orientação do STF em matéria tributária:

a) É possível a aplicação da interpretação conforme à Constituição para reduzir os efeitos jurídicos das expressões usadas pelo legislador quando essas alcançam — dentre outras — pessoas ou situações além dos limites do poder de tributar.

b) Não é possível "convolar" uma espécie tributária em outra prevista na Constituição, mesmo que possua requisitos para tanto, quando *inequívoco* o propósito do legislador de criar determinada espécie de tributo.

c) Não é possível estender as normas tributárias para que sejam alcançadas com benefícios fiscais determinadas pessoas ou situações não previstas no texto legal ao argumento de adequação da norma ao princípio de isonomia tributária.

Entendemos necessário quanto aos itens "b" e "c" o aprofundamento dessas questões, o que faremos, caso a caso, a seguir.

8.1 A retipificação jurídica das espécies tributárias

Tome-se como exemplo para análise a hipótese em que o legislador da União objetiva a criação de um tributo "taxa" e assim *expressamente* o faz por lei ordinária. Ao observarmos atentamente a lei, verificamos que a mesma prevê que o valor da taxa corresponderá a um percentual calculado sobre o valor de um "rendimento" ou sobre o valor de uma "operação de câmbio" ou, ainda, sobre o preço de um "produto industrializado". Isso significa que a taxa é *inconstitucional*, por violar a proibição contida no disposto no art. 145, § 2º, da CF — qual seja: "as taxas não poderão ter base de cálculo própria de impostos"; no caso, há coincidência com a base de cálculo do IR, do IOF e do IPI, respectivamente.

Tendo em vista a inconstitucionalidade da denominada taxa por fazer uso da base de cálculo própria de impostos, poder-se-ia aduzir a possibilidade de retipificar (legitimar) a mesma como uma espécie de "adicional" dos impostos citados, uma vez que são também de competência do mesmo Poder tributante (União). Destarte, a obrigação de pagar a "taxa" seria requalificada juridicamente para uma obrigação de pagar "imposto", pelo uso da interpretação conforme à Constituição, salvando-se a norma da nulidade *se* entendida "desta forma" e respeitadas as demais conseqüências das regulações referentes aos impostos.

Entretanto, a conformação daquele tributo à Constituição *se* entendido que o mesmo será admitido como "imposto" da competência da União não poderá prevalecer se restar demonstrado o *desiderato inequívoco do legislador* de criar uma "taxa", o qual se pode inferir, por exemplo, do fato de que o tributo foi instituído *relativamente a uma atividade estatal específica e divisível*[31] do Poder tributante, o que vincula à natureza de "taxa" Essa retipificação ou requalificação jurídica do tributo, via interpretação conforme à Constituição, esbar-

auferidos, por pessoa jurídica imune, nas aplicações de fundo de investimento. Empréstimo ao art. 28 da Lei n. 9.532/97 de alcance compatível com a norma da alínea *a* do inciso VI do art. 150 da Constituição Federal, no que assegurada a imunidade recíproca à União, aos Estados, ao Distrito Federal e aos Municípios".

31. "Art. 145. A União, os Estados, o Distrito Federal e os Municípios poderão instituir os seguintes tributos: (...); II — taxas, em razão do exercício do poder de polícia ou pela utilização, efetiva ou potencial, de serviços públicos específicos e divisíveis, prestados ao contribuinte ou postos à sua disposição; (...)".

ra, portanto, na razoabilidade-limite da aplicação do princípio, por ausência de adequação entre o *meio* empregado pelo legislador (previsão de base de cálculo própria de "imposto") e o *objetivo* por ele perseguido — objetivo, esse, sobre o qual nos deteremos mais adiante.

Ressalte-se que a retipificação que estamos apreciando não diz respeito àquelas hipóteses em que uma determinada tipificação tributária instituída sob a égide de uma Constituição vem a ser, posteriormente, recepcionada e retipificada por força de um novo regime jurídico inaugurado pela nova Constituição. Nesse caso trata-se da própria "força conformadora" da Constituição (princípio da *supremacia* da Constituição) que impõe *ativamente* aquela transmudação da qualificação jurídica da norma.

Veja-se, em atenção ao princípio da separação de Poderes, quão relevante deve ser para o juiz respeitar, sempre que se mostrarem de forma clara, as razões e os objetivos visados pelo legislador, para que assim se possa medi-los com os meios empregados ou com os valores, princípios e normas da Constituição, não sendo lícito a esse mesmo juiz, portanto, buscar promover destino daquele preconizado pelo legislador.

Nesse sentido trazemos à colação um outro exemplo retirado da rica jurisprudência do STF, que, se não diz respeito diretamente ao tema, acreditamos nos ajudará a tornar mais clara a razão da impossibilidade da retipificação jurídica da norma em detrimento da existência de uma finalidade inequívoca do legislador de lhe dar outro destino. Essa "saída" para salvá-la do vício da inconstitucionalidade esbarra de forma decisiva na finalidade buscada pelo legislador, conforme passamos a relatar.

Determinado Estado da Federação cobrava um acréscimo moratório de 20% cujo produto de sua arrecadação seria *destinado* à Santa Casa de Misericórdia. Alegou o juízo *a quo* não haver interesse do contribuinte em impugnar a *inconstitucionalidade da afetação da receita da arrecadação do tributo*, nos termos do art. 167, IV, da CF, o qual veda "a vinculação de receita de impostos a órgão, fundo ou despesa", posto que a invalidação de tal afetação não representaria qualquer "utilidade" (interesse) para o contribuinte. Em outras palavras: não teria o condão de contaminar a obrigação de pagar o acréscimo. Todavia, divergindo do voto do Presidente Relator Soares Munõz, assim aduziu o Ministro Moreira Alves, acompanhado pelos demais Ministros do Plenário: "Sr. Presidente, embora reconheça a relevância dos argumentos do eminente Relator, *data venia*, entendo que no caso há interesse. A meu ver, desde que o acréscimo seja criado em lei com destinação específica, que é inconstitucional, a destinação específica contamina o próprio acréscimo. Não há que se dizer que esse acréscimo, tendo natureza moratória, se destina a atender ao ressarcimento do prejuízo causado pela mora ao Estado. Em realidade, o Estado criou esse acréscimo para atender a uma finalidade que é vedada pela Constituição. Assim, no meu entender, se a finalidade é inconstitucional, o acréscimo criado para atender a essa finalidade também o será".[32]

Mais recentemente, no julgamento do RE 189.415-6-SP (j. 1.12.1997, *DJU* 20.2.1998, p. 45), entendeu o STF, com base no mesmo argumento, vencido o Ministro Carlos Velloso, no sentido de ser inadmissível a cobrança da majoração em um ponto percentual da alíquota do ICMS, de 17 para 18%, porquanto vinculada 3/4 e, portanto, inconstitucional 3/4 a um fundo da Caixa Econômica do Estado destinado à construção de casas populares. Na ocasião, assinalou o Ministro Marco Aurélio em seu voto:

"Exsurge, a mais não poder, a relação de causalidade. A referência à destinação total do que decorrente da majoração não permite que pairem dúvidas sobre a razão de ser da elevação da alíquota do imposto

32. Pleno, RE 97.718-SP, j. 24.3.1983, *RTJ* 106/1.132.

sobre circulação de mercadorias e serviços de 17 para 18%.

"(...). Dificuldades de caixa não podem ser potencializadas a ponto de olvidarem-se os parâmetros constitucionais. Na organicidade do Direito está a segurança do cidadão, pelo quê não se pode perder de vista que o meio justifica o fim, mas não este àquele."

Depreende-se desses exemplos tomados de empréstimo da melhor jurisprudência uma sutil "divergência" quanto aos fundamentos da inconstitucionalidade exarados pelo Ministro Moreira Alves e pelo Ministro Marco Aurélio: apesar de este citar o voto daquele como precedente do Tribunal, não foram iguais as razões de direito da inconstitucionalidade dos casos análogos. Para o Ministro Moreira Alves: "se a finalidade é 'inconstitucional', o acréscimo criado para atender a essa finalidade também o será". Não se trata, *data venia*, de ser a finalidade "inconstitucional" e, por isso, o tributo que atende a essa finalidade também o ser. A finalidade é "inconstitucional", porquanto não se pode negar que o custeio do serviço prestado pela Santa Casa de Misericórdia seja de alto *interesse público*, e, se o Poder Público procura viabilizar financeiramente tal serviço, age de acordo com a Constituição, que se estabelece como um dos objetivos fundamentais do Estado brasileiro, no seu art. 3º, III, "erradicar a pobreza e a marginalização e reduzir as desigualdades sociais", assim como também não é finalidade "inconstitucional", no outro caso mencionado, o custeio da construção de casas populares. Em verdade, o *meio*, este, sim, é inadequado à consecução de tais objetivos, qual seja: *a afetação direta da receita de impostos*, compreendidos aí também todos os seus acréscimos moratórios. Nesse sentido, entendemos mais acertada a abordagem do Ministro Marco Aurélio no sentido de que "o meio justifica o fim, mas não este àquele".

A finalidade, em última análise, do legislador, inferida das leis em questão, não era "criar acréscimo moratório" ou "criar imposto", que, respeitados os demais limites formais e materiais, seriam válidos perante o contribuinte, mas sim, "custear determinadas atividades de interesse público", que se dariam através da "afetação direta da receita de impostos criados ou majorados para esses fins".

Aquela é a finalidade, em última análise, do legislador, em face da qual esta é somente o meio (inadequado) pelo qual busca o legislador alcançar seu desiderato. Ora, se o meio é inadequado, inconstitucional é o tributo, pois que se trata ele mesmo do próprio "meio"; daí não ser lícito exigir de qualquer cidadão que "assim" o pague, sob pena de se justificar os meios pelos fins. É certo que a atividade estatal deva ser financiada pelos tributos; todavia, não menos certo é que suas prestações deverão ser cobradas 3/4 sempre 3/4 de acordo com o "due process of law".

Veja-se, agora, como fica o exemplo que demos anteriormente sobre a convolação de "taxa" em "imposto": no caso, depreende-se que a finalidade do legislador quando da criação do tributo era "custear a prestação de serviço de interesse público específico e divisível". Uma vez ciente o juiz dessa realidade, não lhe caberia, entretanto, "adequar" o meio "inadequado" utilizado para declará-lo como um "imposto", o qual sabemos não pode se vincular a qualquer atividade estatal específica.[33] Tal atitude desnaturaria por inteiro o objetivo da imposição tributária traçado pelo legislador, colocando-se, portanto, o juiz no papel criativo de legislador.

Podemos aplicar o mesmo ao caso já mencionado da jurisprudência do STF referente ao "empréstimo compulsório sobre a aquisição de veículos",[34] cuja finalidade era custear a despesa de determinada "emer-

33. O art. 16 do CTN conceitua o imposto da seguinte forma: "Imposto é o tributo cuja obrigação tem por fato gerador uma situação independente de qualquer atividade estatal específica, relativa ao contribuinte".

34. CF. item 7.1.

gência pública".[35] Entendendo-se que tal foi realmente a finalidade traçada pelo legislador, o meio inadequado por ele eleito para alcançar esse objetivo não autoriza o magistrado a aproveitar o tributo de outra maneira, dando-lhe nova tipificação, estranha ao objetivo original, como chegou a ser suscitado naquela decisão (admissão do empréstimo compulsório como "imposto").

8.2 A extensão do alcance das normas que outorgam benefícios fiscais, em nome do princípio da isonomia tributária

Em Direito Tributário existem as mais variadas formas de se conceder "benefícios fiscais" aos contribuintes, seja através das mais conhecidas, como a imunidade e a isenção de tributos; redução de alíquota ou alíquota zero; ou, ainda de várias formas ou "fórmulas" que autorizam o contribuinte a obter uma redução da carga tributária.

O legislador ordinário ou o administrador público que pretender conceder qualquer benefício fiscal, venha na forma que vier, deve, antes de fazê-lo, observar o art. 150, I, da CF, que *veda* à União (exceto para "promover o equilíbrio do desenvolvimento sócio-econômico entre as diferentes regiões do País" — art. 151, I), aos Estados, ao Distrito Federal e aos Municípios "instituir tratamento desigual entre contribuintes que se encontrem em situação equivalente, proibida qualquer distinção em razão da ocupação profissional ou função por eles exercida, independentemente da denominação jurídica dos rendimentos, títulos ou direitos".

Suponha-se que o legislador ordinário concedeu um benefício fiscal a determinadas pessoas "A", "B", "C" e "D", deixando de fora a pessoa "E", que se encontra em situação material equivalente. Ora, se isso ocorreu não haverá dúvida de que o legislador desrespeitou o preceito constitucional, por impingir tratamento desigual a pessoas iguais. Portanto, para que se pudesse adequar a norma legal à Constituição dever-se-ia estender o alcance da norma para que essa viesse a beneficiar "E", e, assim, desapareceria o vício da inconstitucionalidade.

Ocorre que se o juiz estende tal benefício a "E" estará ele legislando positivamente, no sentido de criar regra que antes não existia, o que viola o princípio da separação de Poderes. Seria o caso — como entendeu o STF quanto ao IOF[36] — de se declarar ausência de interesse do autor da ação em vista de a declaração de inconstitucionalidade da lei não lhe trazer qualquer utilidade.

Veja-se, porém, outro exemplo: se o legislador resolve fazer uso de uma outra técnica e formula a lei de maneira a conceder um benefício fiscal, *ressalvada*, porém, a possibilidade de "E" usufruí-lo, uma vez demonstrando que "E" se encontra em situação equivalente à de todos os outros que se beneficiaram, é possível, nesse caso, declarar a inconstitucionalidade da expressão "ressalvado 'E'", contida na lei, sem que disso resulte invasão da função legislativa positiva por parte do tribunal.

Portanto, no primeiro caso "E" fica impedido de gozar do benefício, enquanto no segundo caso "E" pode fazê-lo.

Vimos pelo acórdão do STF sobre o IOF o primeiro caso. Quanto ao segundo, podemos exemplificá-lo na Lei 9.317, de 5.12.1996, que instituiu o "Sistema Integrado de Pagamento de Impostos e Contribuições — SIMPLES", tributação que reduz significativamente a carga tributária das empresas e que tem gerado polêmica pelo

35. A atual Constituição (art. 148) prevê a possibilidade de instituição pela União, mediante lei complementar, de empréstimos compulsórios nas seguintes hipóteses: a) para atender a despesas extraordinárias, decorrentes de calamidade pública, de guerra externa ou sua iminência; b) no caso de investimento público de caráter urgente ou de relevante interesse nacional. Ademais, determina que a aplicação dos recursos provenientes de empréstimo compulsório será vinculada à despesa que fundamentou sua instituição.

36. Cf. item 7.5.

fato de excluir expressamente[37] do alcance daquela tributação minorada determinadas atividades empresariais, onde em face de muitas delas alega-se que a discriminação se afigura injustificada. Nesse caso, supondo que "E" seja uma empresa cuja atividade é a construção de imóveis, basta uma mera declaração de inconstitucionalidade da expressão "construção de imóveis", no inc. V do art. 9º da referida lei, para que "E" possa gozar do benefício. Se, por outro lado, houvesse optado o legislador pelo caminho inverso, enumerando as atividades econômicas alcançadas pelo benefício, sem cogitar da atividade exercida por "E", este ficaria impossibilitado de conseguir perante o Poder Judiciário que o benefício o alcançasse. Por não ser da atribuição do Poder Judiciário criar norma jurídica, restaria a "E", então, recorrer ao Poder Legislativo, que possui tal atribuição, para requerer, através de um dos seus representantes, a criação da norma que lhe concedesse o benefício.

Em face do princípio da separação de Poderes não há como se possa exigir do Poder Judiciário fazer aquilo que o Poder Legislativo não o fez — no caso, conceder o benefício. Ao Poder Judiciário cabe a função de invalidar o que fez de errado o Poder Executivo, violando a Constituição. O Poder Judiciário, *em regra*, existe para julgar as "ações" do Poder Legislativo, traduzidas nas "leis", invalidando-as sempre que violarem a Constituição. Não há como invalidar as "omissões", ou seja, o que não existe. Descobre-se, portanto, com certa perplexidade, que a eficácia de um princípio constitucional como o da isonomia tributária, via controle jurisprudencial de constitucionalidade, fica a depender da forma (técnica) como o legislador expressará sua vontade.

9. Conclusão

Pelo exposto, conclui-se:

Deve o magistrado ou o tribunal preocupar-se com a preservação da obra do legislador (princípio de presunção de constitucionalidade da lei) e sua conformação à Constituição (princípio de unidade do ordenamento jurídico conformado à supremacia da Constituição): isso significa que, nos casos em que se observar a existência de norma com traços de inconstitucionalidade, é princípio a ser observado a possibilidade de se lhe impingir uma interpretação que se ajuste às normas, princípios e valores da Constituição, sob risco de "maior inconstitucionalidade" que a insegurança jurídica levará a efeito, *vis à vis* a ausência de regulação e concretização da Constituição através das leis.

Esse trabalho de conformação dos textos legais possui limites, entretanto, no *conteúdo possível* da norma e no *propósito inequívoco* que lhe deu o legislador: preocupa ao Poder Judiciário não se ver, sob o pretenso exercício da interpretação conforme à Constituição, traidor do próprio princípio da separação de Poderes, excendo-se à função que cabe ao legislador.

Tais limites significam a impossibilidade de o juiz impor à norma jurídica destinação diferente da que lhe deu o legislador toda vez que isto se revelar de forma clara, como pela sua própria literalidade,

37. O art. 9º da Lei 9.317/96 é taxativo: "Não poderá optar pelo SIMPLES a pessoa jurídica: (...); V — que se dedique à compra e à venda, ao loteamento, à incorporação ou à construção de imóveis; (...); XII — que realize operações relativas a: a) importação de produtos estrangeiros; b) locação ou administração de imóveis; c) armazenamento e depósito de produtos de terceiros; d) propaganda e publicidade, excluídos os veículos de comunicação; e) *factoring*; f) prestação de serviços de vigilância, limpeza, conservação e locação de mão-de-obra; XIII — que preste serviços profissionais de corretor, representante comercial, despachante, ator, empresário, diretor ou produtor de espetáculos, cantor, músico, dançarino, médico, dentista, enfermeiro, veterinário, engenheiro, arquiteto, físico, químico, economista, contador, auditor, consultor, estatístico, administrador, programador, analista de sistema, advogado, psicólogo, professor, jornalista, publicitário, fisicultor, ou assemelhados, e de qualquer outra profissão cujo exercício dependa de habilitação profissional legalmente exigida (...)" (dentre os vários incisos, destacamos alguns).

ou, por outro lado, essa mesma literalidade impedir que se possa dar alcance maior do que possibilita a mesma norma. A impossibilidade da aplicação da interpretação conforme à Constituição, nesses caos, não é possível, entendemos, em razão de um critério de razoabilidade: ausência de pertinência lógica (adequação) entre os fins desejados e os meios escolhidos.

Com efeito, a aplicação da interpretação conforme à Constituição tende somente a uma única possibilidade, qual seja, a declaração *parcial* de inconstitucionalidade: *derrogação* de certos *efeitos jurídicos* da norma reputados inconstitucionais, por alcançarem pessoas ou situações protegidas ou reguladas pela Constituição de forma diversa, porém *sem redução do texto legal*. Essa orientação se dá, entendemos, em decorrência de questões de "técnica legislativa", que levaram a efeito uma "junção" de dois preceitos *normativos*, um constitucional e outro inconstitucional, contidos no mesmo dispositivo legal. Preserva-se o texto para que não fiquem sem regulação as situações alcançadas pelo preceito normativo *constitucional*.

Vemos essa orientação genérica seguida nos casos que envolvem *matéria tributária*: a interpretação conforme à Constituição tem sido aplicada para *excluir* do campo de incidência tributária pessoas ou situações pelos limites constitucionais do poder de tributar (hipótese de *redução* dos efeitos jurídicos da norma). Fica vedada sua aplicação nos casos de *retipificação* de normas tributárias quando inequívoca a intenção do legislador de lhe dar fim diverso do pretendido pelo magistrado para salvar a lei; e, no caso de ampliação de benefícios fiscais, a aplicação da interpretação conforme à Constituição para estendê-los fica obstada ante o princípio da separação de Poderes, que impede o magistrado de *inovar* juridicamente (criar norma positiva).

No caso específico dos benefícios fiscais, todavia, entendemos que a impossibilidade de extensão dos mesmos é *relativa*: fica a depender da "técnica legislativa" adotada pelo legislador. Se a lei expressamente *determina* quais as pessoas ou as situações beneficiadas, não poderá o tribunal, por força do princípio da separação de Poderes, fazer uso da interpretação conforme à Constituição para estender o benefício a pessoas que alegam estar em situação equivalente (princípio constitucional de isonomia tributária). Por outro lado, se a lei usa técnica legislativa inversa, ou seja, concede genericamente o benefício fiscal, porém *ressalva* expressamente *determinadas* pessoas ou situações, poderá haver sobre tal ressalva declaração de inconstitucionalidade, com redução do texto — no caso, a referida ressalva, que viola o princípio da isonomia tributária. Nessa hipótese não estará o julgador exercendo função de legislador positivo, mas sim de "legislador negativo".

ESTUDOS & COMENTÁRIOS

A TRIBUTAÇÃO DO "SOFTWARE"

MARCELLO MARTINS MOTTA FILHO
Advogado

1. Há um grande dissenso jurisprudencial envolvendo a tributação do *software*. Tanto os Estados como os Municípios entendem que detêm a prerrogativa constitucional de instituir e arrecadar o imposto incidente sobre essa atividade.

Esse e outros conflitos de competência tributária vieram à tona com o advento da Reforma Tributária de 1965, "consubstanciada na Emenda n. 18 à Constituição Federal de 1946, com a criação de um imposto sobre a industrialização de produtos pela União, de um imposto sobre a realização de operações de circulação de mercadorias pelos Estados e de um imposto sobre a prestação de serviços pelos Municípios. Dada a interligação dos três fatos econômicos que lhes dão suporte, implantaram-se conflitos de competência em função de determinadas atividades chamadas mistas".[1]

Contudo, o conflito de competência relativo ao *software* revela-se principalmente em decorrência da sua natureza. Com efeito, enquanto alguns entendem que o *software* é mercadoria (bem corpóreo), sujeito ao ICMS, outros sustentam que se trata de serviço, de uma obra intelectual (bem incorpóreo), sujeito ao ISS.

1. Edgard Neves da Silva, "*Software*, tributação municipal ou estadual?", *Boletim de Direito Municipal* 1/36, Ed. NDJ, 1993.

2. Para melhor desenvolver o raciocínio deve-se segmentar a controvérsia em duas partes. Em primeiro lugar cumpre analisar o que enuncia a Constituição Federal. Em segundo lugar é mister verificar como a norma de regência do *software* o conceitua, para posteriormente trazer à colação o entendimento adotado pela doutrina e pela jurisprudência.

3. Para evitar conflitos de competência uma das fórmulas utilizadas pela Carta Magna foi a de discriminar a competência tributária da União, dos Estados, do Distrito Federal e dos Municípios. O IPI é tributo de competência da União (art. 153, IV, da CF/88); o ICMS cabe aos Estados e ao Distrito Federal sempre que ocorrer operação relativa à circulação de mercadorias e de serviços de transporte interestadual e intermunicipal e de comunicação (art. 155, II, da CF/88); e o ISS cabe aos Municípios quando se der a prestação de serviços constante de lista previamente elaborada pelo legislador (art. 156, III, da CF/88).

4. Na atual legislação de regência do *software* — Lei 9.609/98 — no art. 1º verificamos que o *software* consiste na elaboração intelectual de programa que possibilita a utilização de um equipamento (no caso, o *hardware*) consistente em um sistema de rotinas e funções que permite disseminar idéias através de um suporte físico (disquete ou CD-ROM).[2]

Quando em vigor a antiga Lei do *Software* (Lei 7.646/87) algumas decisões judiciais, pela sua importância na evolução do Direito, acompanhando os fenômenos sociais, como a Informática, ofereceram valiosas contribuições ao tema, deixando transparente o que é *software*.[3]

Pois bem, como o *software* é um trabalho intelectual, sua proteção jurídica ocorrerá na forma da Lei 9.610/98, que trata dos direitos autorais (art. 7º, XII), conforme remissão do art. 2º da Lei 9.609/98, pois o *software* nada mais é que um bem imaterial.

Assim como qualquer obra intelectual, é necessário que o *software* seja exteriorizado num meio físico, também chamado de mídia eletrônica — por exemplo, um disquete ou um CD-ROM —, sendo que a gravação da obra intelectual envolve uma gama de direitos que são cedidos a terceiros para comercialização, ou vendidos diretamente ao consumidor final. Não é demais destacarmos que a Internet está sendo utilizada constantemente pela sociedade, de modo que alguns *softwares* podem ser adquiridos através da rede, sem necessidade de mídia eletrônica.

5. Não obstante, determinadas decisões vêm fazendo distinção entre o *software*-de-prateleira e o *software*-de-encomenda. Esta diferenciação é que tem suscitado controvérsias. Todavia, não compartilhamos dessa segmentação, pois o *software*, seja de que espécie for, é uma obra intelectual, conforme acima exposto.

Porém, mesmo não aceitando a dualidade de *software*, é mister esclarecermos essas duas espécies.

O *software* rotulado "de-prateleira" é licenciado a terceiros para venda. O *software*-de-encomenda, como o próprio nome indica, é específico para o encomendante, com características e objetivos próprios. Em outras palavras: o primeiro é genérico, gravado em larga escala e vendido nas lojas; o segundo é específico para determinada pessoa.

Com relação à segunda espécie (*software*-de-encomenda) seria tranqüila a tributação pelo ISS, pois é formalizado um contrato de prestação de serviço para desenvolver o programa exclusivo.

Por outro lado, determinada corrente sustenta que o *software*-de-prateleira deve ser onerado pelo ICMS, na medida em que constitui mercadoria colocada à venda nas lojas.

O desdobramento — *software*-de-prateleira e *software*-de-encomenda — derivou de consulta efetivada em 1986 à Consultoria Tributária da Secretaria da Fazenda do Estado de São Paulo.[4]

Consta da resposta à consulta:

"As questões levantadas, basicamente, dizem respeito a dois tipos de *softwares* aplicativos: aquele descrito na questão I, elaborado sob encomenda do usuário final, pessoa física ou jurídica, para seu próprio uso, que podemos chamar de '*software*-sob-

2. Lei 9.609/98: "Art. 1º. Programa de computador é a expressão de um conjunto organizado de instruções em linguagem natural ou codificada, contida em suporte físico de qualquer natureza, de emprego necessário em máquinas automáticas de tratamento da informação, dispositivos, instrumentos ou equipamentos periféricos, baseados em técnicas digital ou análoga, para fazê-los funcionar de modo e para fins determinados".

3. O Des. Telles Corrêa, do TJSP, define de forma irrepreensível o que é *software*: "Como definição, teríamos então que *software* é o conjunto de operações e procedimentos que permitem o processamento de dados no computador e comandam o seu funcionamento, segundo os objetivos do usuário, conforme previsto pelo programador. São instruções detalhadas, apropriadas para o computador realizar suas tarefas" (TJSP, 9ª C.Civil, ap. 177.101-2-6, j. 3.8.95, aptes.: Brasoft — Produtos de Informática Ltda. e Prefeitura Municipal de São Paulo, apda.: Fazenda do Estado). Não discrepa o entendimento do Des. Roberto Stucchi, ao assinalar que "programa de computador (*software*) é um conjunto de instruções definidas em um arquivo, com o propósito de executar tarefas. 'Disquete' é unidade de armazenamento de informações (*floppy disk*)" (*JTJ* 153/82).

4. Consulta 691/86, datada de 1.6.1987.

medida' ou '*software*-específico', e aquele da questão II, elaborado para comercialização genérica e encontrável em estoque, ou seja, já pré-elaborado pela venda normal ao mercado, a qualquer usuário, que podemos denominar de '*software*-produto' ou, ainda, '*software*-de-prateleira'.

"4. Ao primeiro tipo entendemos que, de fato, se trata de prestação de serviço de programação, tipificado no item 13 da Lista anexa ao Decreto-lei n. 406/68, com a redação que lhe foi dada pelo Decreto-lei n. 834/69, sujeito, portanto, ao imposto sobre serviços de qualquer natureza (ISS), de competência municipal.

"(...).

"6. Ao segundo tipo de *software*, por suas características de mercadoria a ser colocada no mercado para comercialização, refoge ao conceito de prestação de serviços e, portanto, do campo de incidência do ISS. Assim, a saída desse *software* do estabelecimento da consulente, evidentemente gravado em suporte físico adequado (disco, fita, disquete etc.), é alcançada pela tributação do ICM."[5]

A propósito, o STJ igualmente aceitou essa distinção, tanto que dois recentes julgados fazem remissão a essas duas espécies:

"*Mandado de segurança. Recurso. Tributário. "Software". Programas de computador. Tributação pelo ISS ou pelo ICMS. Atividade intelectual ou mercadoria. Distinção. Inviabilidade na via estreita do mandado de segurança preventivo.*

"Os programas de computação, feitos por empresas em larga escala e de maneira uniforme, são mercadorias, de livre comercialização no mercado, passíveis de incidência do ICMS. Já os programas elaborados especialmente para certo usuário exprimem verdadeira prestação de serviços, sujeita ao ISS.

"Cumpre distinguir as situações, para efeito de tributação, aferindo-se a atividade da empresa. Não, porém, através de mandado de segurança, ainda mais de caráter preventivo, obstando a qualquer autuação futura."[6]

"*Tributário. ICMS. ISS. Programas de computador ("software"). Circulação.*

"1. Se as operações envolvendo a exploração econômica de programa de computador são realizadas mediante a outorga de contratos de cessão ou licença de uso de determinado *software* fornecido pelo autor ou detentor dos direitos sobre o mesmo, com fim específico e para atender a determinada necessidade do usuário, tem-se caracterizado o fenômeno tributário denominado prestação de serviços, portanto sujeito ao pagamento do ISS (item 24 da Lista de Serviços anexa ao Decreto-lei n. 406/68).

"2. Se, porém, tais programas de computação são feitos em larga escala e de maneira uniforme, isto é, não se destinando ao atendimento de determinadas necessidades do usuário a que para tanto foram criados, sendo colocados no mercado para aquisição por qualquer um do povo, passam a ser considerados mercadorias que circulam, gerando vários tipos de negócio jurídico (compra e venda, troca, cessão, empréstimo, locação etc.), sujeitando-se, portanto, ao ICMS.

"3. Definido no acórdão de segundo grau que os programas de computação explorados pelas empresas recorrentes são uniformes, a exemplo do *Word 6*, *Windows* etc., e colocados à disposição do mercado, pelo quê podem ser adquiridos por qualquer pessoa, não é possível, em sede de mandado de segurança, a rediscussão dessa temática, por ter sido ela assentada com base no exame das provas discutidas nos autos.

"4. Recurso especial improvido. Confirmação do acórdão hostilizado para re-

5. Essa consulta foi posteriormente invocada no TIT de São Paulo na decisão do processo DRT-14.217/91, 4ª C., rel. Alberto João Gramani, j. 15.9.1992.

6. STJ, 2ª T., RMS 5.934-RJ, rel. Min. Hélio Mosimann, *DJU* 1.4.1996.

conhecer, no caso, a legitimidade da cobrança do ICMS."[7]

Mas, como dissemos anteriormente, o *software*, seja de que espécie for, é um bem intangível, pois trata-se de uma obra intelectual, e, como qualquer obra de espírito, é imprescindível que seja exteriorizado num disquete ou num CD-ROM.[8] Portanto, enganam-se aqueles que querem tributar o denominado *software*-de-prateleira com o ICMS, enquadrando-o como mercadoria.

6. E mais: e os filmes e as fitas de videocassete? Tal qual os livros, os filmes e videoteipes são obras de criação intelectual, do espírito, da alma, e necessitam estar contidos numa mídia.

O STJ reiteradamente vem reconhecendo que tanto os filmes como os videoteipes estão sujeitos ao ISS, e não ao ICMS. Em face da reiteração dos casos apreciados[9] foi editada a Súmula 135, que diz ser indevido o tributo estadual.[10]

Do mesmo modo, o STF, no julgamento do RE 198.385-SP, relator o Min. Moreira Alves, e no RE 196.123-SP, relator o Min. Ilmar Galvão (j. 2.6.98), proferiu decisões assim ementadas, segundo consta do seu *Boletim Informativo* 113, de 10.6.1998, *verbis*: "Distribuição de filmes para videocassete. A questão relativa à incidência de ISS ou ICMS sobre a produção e distribuição de filmes para videocassete possui caráter infraconstitucional, porquanto seria necessária a análise do Decreto-lei n. 406/68, implicando, assim, a violação indireta ou reflexa à Constituição Federal. Com esse entendimento, a Turma, acompanhando o voto do Min. Moreira Alves, não conheceu de dois recursos extraordinários interpostos pelo Estado de São Paulo nos quais se sustentava a distinção entre as operações de distribuição e as de comercialização das fitas de videoteipe, com vistas a lograr a incidência do ICMS nestas últimas. Por sua vez, o Min. Ilmar Galvão acompanhou a conclusão da Turma, mas por fundamento diverso, qual seja, de que a gravação e a venda de fitas de videoteipe são operações inseparáveis para efeitos fiscais, incidindo, portanto, o § 1º do art. 8º do Decreto-lei n. 406/68 ('Os serviços incluídos nesta Lista ficam sujeitos apenas ao imposto previsto neste artigo — ISS —, ainda que sua prestação envolva fornecimento de mercadorias')".[11]

7. Por outro lado, ao adquirir *software* numa loja, ou diretamente do produtor, é de menor importância o disquete ou CD-

7. STJ, 1ª T., REsp 123.022-RS, rel. Min. José Delgado, j. 14.8.97.

8. Nesse sentido a decisão do TJSP proferida na ap. 126.690-1, rel. Des. Penteado Navarro, j. 27.9.1990. Destacamos o seguinte trecho: "Não se confunde, pois, *software* com o correspondente suporte (disquete, fita cassete ou *chip*), que se constitui em seu corpo mecânico (assim como o disco é o suporte da música, esta, a obra intelectual protegida) (...)".

9. *RSTJ* 55/236, 62/421, 79/136 e 80/77, 82, 87, 89 e 94.

10. "Súmula 135: O ICMS não incide na gravação e distribuição de filmes e videoteipes".

11. Essa celeuma envolvendo operações mistas já tivemos oportunidade de analisar, inclusive tratando do *software*-de-prateleira, destacando que: "Desse modo, coube ao legislador o ônus de estabelecer os casos de incidência do ICMS e do ISS, conforme fique caracterizada a preponderância do elemento corpóreo, identificado como mercadoria (caso do ICMS), ou, diversamente, a preponderância do elemento incorpóreo, representado pelo serviço (caso do ISS). Todavia, em algumas situações onde a prestação de serviço inclui o fornecimento de mercadoria incidirá apenas a exação municipal, desde que o fato imponível figure na lista instituída pela norma de regência (cf. art. 8º, § 1º, do Decreto-lei 406/68). Além disso, a CF/88, no art. 155, IX, *b*, delimitou a competência do Estado, nos seguintes termos: 'Art. 155. Compete aos Estados e ao Distrito Federal instituir impostos sobre: (...); IX — incidirá também: (...); b) sobre o valor total da operação, quando mercadorias forem fornecidas com serviços não compreendidas na competência tributária dos Municípios'. Podemos extrair do dispositivo constitucional, *a contrario sensu*, que, se a operação estiver compreendida na competência dos Municípios, o tributo devido será o ISS, não o ICMS. Portanto, verifica-se que a solução encontrada pelo legislador constituinte e infraconstitucional, em hipóteses dessa espécie, envolvendo operações mistas, compreendendo prestação de serviços e fornecimento de mercadoria, limitou-se a definir a subsunção do ato de mercancia conforme a supremacia do fator imaterial ou material nele incrustado" (*Revista Dialética de Direito Tributário* 35/66).

ROM, sobressaindo o direito de utilizá-lo em seu computador, com toda a complexidade de direitos envolvidos, sejam eles de autor, imagem etc. Ademais, levando-se em conta a teoria da preponderância,[12] nota-se que o que predomina nos *softwares* é o trabalho intelectual (bem incorpóreo), e não o suporte físico (bem material).

Como teve oportunidade de destacar o Des. Telles Corrêa, "não é o suporte material que é objeto dessas transações, porém a outorga dos direitos de utilizar a propriedade intelectual — sob forma de instruções de procedimento — incorporada no transportador do programa".[13] Esse pensamento também foi retratado no voto do Des. Roberto Stucchi quando do julgamento da ap. 206.155-2.[14]

Assim, poder-se-ia admitir a tributação do ICMS sobre o disquete ou CD-ROM virgens quando há a venda autônoma, uma vez que aí não há dúvida de que se trata de mercadoria, constituindo a operação fato gerador diverso da venda de *software*. Contudo, o mesmo não ocorre com o suporte onde se acha a obra intelectual, à vista da preponderância do conteúdo intelectual. Esta opinião foi partilhada no julgamento da ap. 126.690-1.[15]

8. Corrobora o que até agora sustentamos decisão do Conselho de Contribuintes no tocante à não-incidência do IPI no *software*, que, sem dúvida, se reflete na tributação pelo ICMS, sendo o tema assim focalizado: *"IPI. Cessão de uso. Licenciamento. Programas de computador. "Software"*. Constitui bem intelectual o *software* fornecido mediante contrato de licenciamento ou cessão, não podendo ser considerado produto industrializado para efeito de incidência do IPI. Recurso provido".[16]

Sobressai do acórdão: "A r. decisão recorrida pretende sustentar que a gravação do *software* implicaria o surgimento de um *novo produto industrial*, como se resultasse uma coisa nova e diferente ('beneficiada'). No caso concreto, a pretensão fiscal confirmada na decisão singular é a de atingir a própria produção intelectual, pois a coisa em si (disquete) não sofre alterações físicas, permanecendo com as características que lhe são próprias, quais sejam, a de ser utilizada num equipamento de processamento de dados. (...). O mais, é o próprio *software*, e pretender exigir o IPI, no caso, é querer tributar o produto intelectual" (grifos nossos).

Destarte, se não há tributação pelo IPI, impossível cogitar da incidência do ICMS.

9. Finalmente, com exceção das duas decisões acima transcritas, proferidas pelo

12. "Consoante a teoria da preponderância, o conceito de serviços é mais racionalmente assimilável nessa área que o da circulação de mercadorias, restrito este último conceito ao do simples suporte físico (ou disquete), desvinculado do conteúdo, que envolve a criação intelectual" (TJSP, ap. 192.456-2-5, voto vencedor do Des. Marcello Motta, *RJTJSP* 138/164).

13. TJSP, 9ª C.Civil, ap. 177.101-2-6, j. 3.8.1995, aptes.: Brasoft — Produtos de Informática Ltda. e Prefeitura Municipal de São Paulo; apda.: Fazenda do Estado.

14. *JTJ* 153/82.

15. "Assim, o *software* — que é gravado em disquete, fita cassete ou *chip* (pastilha) — representa um conjunto de instruções estruturado em códigos e edificado em linguagem própria que possibilita à máquina (computador) realizar suas finalidades (arquivo de textos, edição, operação de cálculos, gráficos etc.) (...). Não se confunde, pois, *software* com o correspondente suporte (disquete, fita cassete ou *chip*), que se constitui em seu corpo mecânico (assim como o disco é o suporte da música, esta, a obra intelectual protegida) (...)" (TJSP, rel. Des. Penteado Navarro, j. 27.9.1990).

Perfilha igual entendimento o TIT do Estado de São Paulo: "Não tendo dúvida no sentido de que, não obstante o bem incorpóreo — *programa* — seja vendido por meio de sua gravação em um bem corpóreo — *disco* ou *fita* —, sua transferência da recorrente para o cliente constitui prestação de serviço de programação. Existe, evidentemente, uma relação de subjacência entre um elemento e outro. *No caso, o **principal** é o bem incorpóreo e o **acessório** é o bem corpóreo*" (processo DRT-1-0001477/81, rel. Luiz Fernando Mussolini Júnior — grifos nossos).

16. Processo 10880.016634/91-81, sessão de 2.7.1996, acórdão 203-02.706, rec. 97.825, recte.: Compucenter Informática Ltda.; recda.: DRF em São Paulo/Oeste-SP, rel. Tiberany Ferraz dos Santos.

STJ, a jurisprudência vem se posicionando no sentido de que o *software*, seja de que espécie for, deve ser onerado pelo ISS.[17]

Referida tendência pretoriana acha-se afinada com o que foi destacado anteriormente, pois o trabalho dos autores de *software* encontra amparo numa legislação específica (Lei 9.010/98 — Lei dos Direitos Autorais) e sua exploração enseja vários negócios jurídicos, todos consubstanciados em contratos.

10. O saudoso professor Carlos Alberto Bittar, ao tratar dos contratos de *software*, destacou os contratos de licença, de cessão e de encomenda.[18] No contrato de licença há um controle do titular sobre a obra concedida para licenciamento, permanecendo em sigilo o método do programa. Nessa espécie de contrato é que se insere o denominado *software*-de-prateleira. Já na segunda espécie de contrato (de cessão) o autor do *software* cede a terceiros a utilização da obra intelectual, inclusive o segredo, permitindo todos os usos possíveis. Finalmente, o contrato de encomenda, como o próprio nome diz, é aquele em que uma pessoa solicita a um programador um *software* específico, com características e objetivos próprios. Na prática, tem recebido o nome de contrato de prestação de serviços. Todos os direitos pertencem ao encomendante, cabendo ao elaborador apenas a assistência técnica do programa.

No mesmo diapasão os ensinamentos de Rui Saavedra sobre os contratos de *software*: "(...) a licença é uma permissão para fazer algo que de outro modo seria ilícito — há na verdade dois contratos: por um lado, um contrato para que sejam fornecidas as manifestações físicas do *software*; e por outro, um contrato para atribuição de uma licença de uso do *software*. O contrato pelo qual o cliente é investido na posse do *software* será um contrato de compra e venda ou de doação se a propriedade sobre os meios físicos for transmitida ao licenciado; se não houver essa transmissão, tratar-se-á de um contrato de locação ou, porventura, de comodato. Mas o contrato de licença subsiste paralelamente, e é importante porque — como veremos — os produtores de *software*, após a entrega do exemplar do *software*, continuam preocupados em proteger os direitos de propriedade intelectual sobre o *software* por eles criado e em impor restrições ao uso do *software* entregue".[19]

Com efeito, nas duas primeiras espécies de contrato o que é ajustado são os direitos do autor, firmados pelo titular desses direitos e o usuário do *software*. Assim, o objeto da operação não é a venda de um suporte físico; o que se está negociando é o direito do consumidor de usar, usufruir e dispor do programa de computador, mediante certas cláusulas contratuais.

Desta forma, esses negócios jurídicos evidenciam, conseqüentemente, prestação de serviços a terceiros, e não circulação de mercadorias, pois o que orienta o direito do autor é a indisponibilidade. Quando se vende um *software* não se transfere a propriedade. Quando adquire uma licença para uso o usuário do *software* passa a ser proprietário de uso e do meio físico, jamais do *software*.

11. Pelo exposto, temos que:

11.1 O *software* é um bem incorpóreo, pois trata-se de uma obra intelectual.

11.2 O *software*, por enquanto, necessita ser exteriorizado num suporte físico.

11.3 Não se pode isolar o meio eletrônico onde está contido o *software* como sendo mercadoria, pois tanto o disquete

17. Ap. cível 199.169-2-6, rel. Des. Mello Junqueira, j. 10.11.1992; ap. cível 192.456-2-5, rel. Des. Bueno Magano, j. 16.7.1992, *JTJ* 138/163; ap. cível 177.101-2-6, j. 3.8.1992, *Boletim AASP* 1.762/363-366; processo DRT-1-15.841/91, 3ª C.Esp., rel. Odair Faura Guerreiro, j. 8.2.1993, *Ementário TIT* 1996, p. 187; ap. cível 206.155-2-6, rel. Des. Roberto Stucchi, *JTJ* 153/82.

18. Carlos Alberto Bittar, *Novos Contratos Empresariais*, São Paulo, Ed. RT, 1990, pp. 43-46.

19. Rui Saavedra, *A Proteção Jurídica do "Software" e a Internet*, Lisboa, Don Quixote, 1998, pp. 79 e ss.

quanto o CD-ROM são indispensáveis ao *software*.

11.4 A analogia com os livros, filmes e videoteipes demonstra essa condição, pois o disquete e o CD-ROM estão para o *software* assim como o papel está para o livro e a fita magnética está para os filmes e videoteipes.

11.5 Se não há incidência do IPI no *software*, não há que se falar na tributação pelo ICMS.

11.6 As operações envolvendo o *software* são mais facilmente assimiláveis como serviços, assemelhando-se ao arquétipo da legislação de competência originária dos Municípios, portanto sujeita ao ISS, justificando-se o entendimento da jurisprudência majoritária.

11.7 Por derradeiro, as operações com *software* referem-se a licenciamento ou cessão de uso de programa de computador, que é bem incorpóreo, não se tratando de mercadoria — e, portanto, fora do âmbito de competência dos Estados. Vale dizer: o *software* não é e não pode ser vendido, sua exploração econômica se dá através de contratos de licença ou cessão.

Assim sendo, podemos concluir que as operações com *software* não devem ser oneradas pelo ICMS. Da mesma forma, igualmente partilhamos dessa opinião não obstante entendamos que para certas espécies de *software* — fundamentalmente para aqueles chamados de *software*-de-prateleira —, quando seu conteúdo é idêntico ao de um livro, um jornal e um periódico produzido em papel, não seriam devidos nem o ICMS nem o ISS, pois aí o *software* acha-se ao abrigo da imunidade constitucional contida no art. 150, IV, *d*, da CF/88, equiparado aos livros, jornais e periódicos.[20]

São Paulo, janeiro de 1999

20. Nesse sentido nosso trabalho publicado in *Cadernos de Direito Tributário e Finanças Públicas* 18/31 e ss., Ed. RT. Adotamos idêntica posição no XXIII Simpósio de Direito Tributário, versando sobre "Imunidades Tributárias", coordenado pelo prof. Ives Gandra da Silva Martins, em out. 1998.

LAUDO ARBITRAL
1º TRIBUNAL ARBITRAL "AD HOC" DO MERCOSUL

En la ciudad de Montevideo, República Oriental del Uruguay, a los 28 días del mes de abril de 1999.

VISTO

Para laudo las presentes actuaciones ante este Tribunal Arbitral relativas a la controversia entre la República Argentina (Parte Reclamante) y la República Federativa de Brasil (Parte Reclamada) designada como "Controversia sobre Comunicados n. 37 del 17 de diciembre de 1997 y n. 7 del 20 de febrero de 1998 del Departamento de Operaciones de Comercio Exterior (DECEX) de la Secretaría de Comercio Exterior (SECEX): Aplicación de Medidas Restrictivas al Comercio Recíproco".

RESULTANDO

El Tribunal Arbitral

1. El presente Tribunal Arbitral constituído de conformidad con el Protocolo de Brasilia para la Solución de Controversias en el Mercosur, de 17.12.1991, se halla integrado por los árbitros Dr. Juan Carlos Blanco (presidente), Dr. Guillermo Michelson Irusta y Dr. Joao Grandino Rodas, nacionales respectivamente de Uruguay, Argentina y Brasil.

2. El Presidente fue notificado de su designación el 29.1.1999 y el Tribunal quedó constituído, instalado y en funciones el 1.2.1999. Fijó su sede en la Secretaría Administrativa del Mercosur en la ciudad de Montevideo, Uruguay. Adoptó sus Reglas de Procedimiento. Invitó a las Partes a designar respectivamente a sus representantes y a constituir sus domicilios en la ciudad de Montevideo. Invitó asimismo a las Partes a someter al Tribunal por su orden los escritos de presentación (reclamante) y de contestación (reclamada). Las representaciones quedaron acreditadas y los domicilios constituídos. Los escritos fueron presentados por las Partes y recibidos por el Tribunal, haciéndolos éste conocer, cada uno, a la otra Parte. Las pruebas documentales presentadas por cada Parte fueron admitidas, comunicadas a la otra Parte y agregadas al expediente. Las Partes fueron escuchadas en audiencia del Tribunal.

3. Las notificaciones y comunicaciones a las Partes, así como el recibo de los escritos y comunicaciones de las Partes, fueron realizados por intermedio de la Secretaría Administrativa del Mercosur.

4. El 15.3.1999 el Tribunal resolvió hacer uso de la prórroga por 30 días del plazo para expedirse, notificando a las Partes esa decisión, de conformidad con el art. 20 del Protocolo de Brasilia y el art. 21 del Reglamento de éste.

5. Las actuaciones del Tribunal que preceden a este laudo, consignadas en actas y anexos a las actas de acuerdo con las

Reglas de Procedimiento (art. 6), corren agregadas a estos autos.

Representantes de las Partes

6. La República Argentina ha designado como su representante a la señora Ministro María Cristina Boldorini y como alterno al Dr. Daniel Andrés Lipovetzky, y la República Federativa de Brasil ha designado como su representante al señor Ivan Ramalho.

Alegaciones de las Partes

A) La *República Argentina* como *Parte Reclamante* manifiesta:

Circunstancias y hechos

7. El Comunicado n. 37/97 que establece y consolida en el sistema de comercio exterior de Brasil la lista de capítulos y productos de la Nomenclatura Común del Mercosur (NCM) sujetos a licencia no-automática o a licencia automática con condiciones o procedimientos especiales y el Comunicado n. 7/98 que cumple análoga función con respecto al sector lácteo son considerados como una restricción al comercio intra-zona que produce un efecto inhibidor y que genera incertidumbre e inseguridad, afectando el desarrollo de las corrientes de intercambio.

8. El Comunicado n. 37/97 distingue entre operaciones de importación y productos objeto de una importación. El art. 1 establece el trámite administrativo correspondiente a operaciones de importación y el Anexo I enumera las operaciones sujetas al mismo. Todas ellas están sujetas a licencia no-automática (LNA). El art. 2 establece el trámite administrativo correspondiente a productos objeto de importación. En el Anexo II se especifican los productos que están sujetos a licencia automática en tanto cumplan condiciones o procedimientos especiales (LAC) y los productos que están sujetos a licencia no-automática (LNA). Entre éstos, un reducido número de posiciones también requiere el cumplimiento de condición o procedimiento especial.

9. En los productos sujetos a LAC se indica la condición o procedimiento a cumplir: a) exigencias zoosanitarias o sanitarias establecidas por el Ministerio de Agricultura y Abastecimiento; b) número de registro de la empresa en el Ministerio de Trabajo; y c) número de registro del producto o período de validez otorgado según los casos por el Ministerio de Salud Pública o por el Ministerio de Agricultura y Abastecimiento.

En los productos bajo el régimen de LNA se indica el órgano administrativo para la presentación y análisis de la solicitud de importación. Si éstos además requieren el cumplimiento de una condición o un procedimiento serán algunos de los indicados en las letras "a", "b" y "c" de este numeral.

En el Anexo II algunos capítulos de la NCM categorizados en forma global como LA tienen sin embargo dentro de ellos algunas posiciones con tratamiento administrativo LNA, diferente al general. Estas posiciones representan en muchos casos los productos donde se concentran las exportaciones argentinas.

10. Lo establecido en el Comunicado n. 37/97 da como resultado el tratamiento global de cada capítulo de la NCM en la forma que señala en el cuadro, lo que ilustra el empeoramiento de las condiciones de acceso al mercado brasileño para productos argentinos, con respecto a las condiciones vigentes en 1995 y 1996. Señala en este sentido los cambios ocurridos de:

– LA a LAC Capítulo 07-"Hortalizas, plantas, raíces y tubérculos"; Capítulo 08-"Frutas y frutos comestibles, cortezas de cítricos, melones o sandías"; Capítulo 33-"Aceites esenciales y resinoides, preparaciones de perfumería, de tocador o de cosmética"; y Capítulo 34-"Jabón, preparaciones para lavar, ceras artificiales, productos de limpieza, preparaciones para odontología a base de yeso fraguable";

– LAC a LNA Capítulo 64-"Calzados, polainas y artículos análogos, y sus partes"; Capítulo 84-"Máquinas, aparatos y artefactos mecánicos, y sus partes"; y Capítulo 85-"Máquinas, aparatos y material eléctrico, y sus partes";

– LNA a LNA con condición o procedimiento especial Capítulo 01-"Animales vivos"; y Capítulo 53-"Las demás fibras textiles vegetales".

11. Para demostrar el agravamiento de las condiciones de acceso destaca algunos casos paradigmáticos:

– Harina de Trigo: la autorización previa para la importación aplicada a la posición 1101.00.10 había sido clasificada entre las restricciones no-arancelarias a eliminar listada en los anexos a la Decisión CMC n. 3/94 y lo fue por Circular n. 393/94. Sin embargo, el Comunicado n. 37 sujeta a todos los productos incluídos en la subposición 1101.00 a LNA, reimponiendo la restricción;

– Parafina: la autorización previa para importar había sido eliminada el 29.7.1996 por la Portaría del Departamento Nacional de Combustibles y el requisito es reinstalado por el Comunicado n. 37.

12. El Comunicado n. 7/98 se refiere al sector lácteo. Amplía el número de autoridades que analizan 10 posiciones del sector, se requiere LNA para "otros quesos de pasta semidura" y se establece LNA para "leche entera excluyendo la de cabra".

13. El Comunicado n. 23/98, de 24.8.1998, eliminó el Anexo II del Comunicado n. 37 que contenía el listado de los productos con el correspondiente tratamiento administrativo LAC o LNA y lo reemplazó por una remisión al Tratamiento Administrativo del Sistema Integrado de Comercio Exterior (SISCOMEX). De esta forma los productos sujetos a LAC o LNA no constan en una norma consolidada sino que el importador debe recurrir a la información registrada en el sistema informático SISCOMEX. Basta un simple registro en el sistema informático para modificar el tratamiento que se otorga a un producto, sin publicidad en norma alguna.

14. Esta situación incrementa la incertidumbre para los operadores económicos por la discrecionalidad que da para aplicar y modificar el sistema de licencias. Se agrega a la inseguridad resultante de que los comunicados impugnados no establecen los criterios para otorgar o denegar las licencias ni fijan plazo para hacerlo. Tampoco se explicita qué sucede cuando las condiciones o procedimientos especiales no se satisfacen. La inseguridad desalienta al exportador y crea una protección adicional no-arancelaria a las compras internas en Brasil. A ello se suma el costo de la licencia (60 dólares de EUA) que debe abonarse por cada posición incluída en la factura.

15. La entrada en vigor del Comunicado n. 37 determina una incidencia grave ya que el 61% de los principales rubros de exportación argentinos a Brasil (20 capítulos de la NCM) pasaron a estar sujetos a LNA (52%) o a LAC (9%), según muestran el Cuadro A y la Prueba Documental I. Además, con relación a otros cinco capítulos cuyo destino principal es Brasil, el Comunicado n. 37 establece la LNA para el 55% de los productos contenidos en los mismos (Cuadro B). En síntesis, el Comunicado n. 37 empeoró las condiciones de acceso al mercado brasileño.

Fundamentos jurídicos

16. Los Comunicados n. 37, n. 7 y n. 23 establecen medidas administrativas equivalentes a restricciones lo que implica un incumplimiento de los compromisos establecidos en el Tratado de Asunción (TA), su Anexo I y el Acuerdo de Complementación Económica n. 18 (ACE n. 18); la Decisión del Consejo del Mercado Común n. 3/94 (CMC n. 3/94) y la decisión del Consejo del Mercado Común n. 17/97 (CMC-n. 17/97).

17. El TA expresa que el mercado común implica, entre otras cosas, eliminar los derechos aduaneros y las restricciones no-arancelarias y cualquier otra medida equivalente (art. 1) y que durante el período de transición el Programa de Liberación Comercial consistirá en rebajas arancelarias acompañadas de la eliminación de las restricciones no-arancelarias o medidas de efecto equivalente, para llegar al 31.12.1994 con arancel cero y sin restricciones no-arancelarias sobre todo el universo arancelario (art. 5a).

El Anexo I al TA refuerza los compromisos al acordar las Partes eliminar a la fecha indicada los gravámenes y demás restricciones al comercio recíproco (art. 1), indicando que se entenderá por restricciones "cualquier medida de carácter administrativo, financiero, cambiario o de cualquier naturaleza mediante la cual un Estado-Parte impida o dificulte, por decisión unilateral, el comercio recíproco" (art. 2). En el mismo Anexo I se dispone que las Partes podrán aplicar sólo hasta esa fecha las restricciones que declaren en las Notas Complementarias al Acuerdo de Complementación que las Partes celebrarán en el marco del Tratado de Montevideo 1980 (art. 10).

Brasil incluyó en las Notas Complementarias al ACE n. 18 los pedidos de guía de importación (PGI) que eran autorizados por la Cartera de Comercio Exterior (CACEX). El PGI se mantuvo en aplicación hasta el 31.12.1996 en que fue sustituído por el Sistema Integrado de Comercio Exterior (SISCOMEX).

La República Argentina no cuestiona la implantación del SISCOMEX pero objeta que se incluyan en él, o se pretendan incluir, requisitos de LAC o de LNA, por entender que constituyen restricciones equivalentes a las ya eliminadas guías de importación. Queja que se profundiza ante la ampliación de productos sometidos a esas condiciones, consolidados en las Circulares n. 37/97, n. 7/98 y n. 23/98.

La aplicación del régimen fijado en las circulares es violatorio de la obligación de eliminar las restricciones al comercio o medidas de efecto equivalente e implica el incumplimiento de los compromisos asumidos en el TA (arts. 1 y 5a), en el Anexo I al TA (arts. 1 y 10) y en el ACE n. 18 (arts. 1 y 11).

18. La Decisión CMC n. 3/94 estableció un compromiso de *stand still* en materia de restricciones no-arancelarias. Las Partes, hasta tanto no se alcance la total armonización de esas restricciones, se comprometen a no aplicar en su comercio recíproco condiciones más restrictivas que las vigentes para el comercio interno y externo (art. 4). La Decisión CMC n. 17/97 reitera este compromiso en el art. 6. Las circulares cuestionadas son incompatibles con el compromiso de *stand still* ya que: a) el sistema de licenciamiento que establecen agravó la situación existente con las guías de importación; b) el sistema de LAC y LNA no estaba en vigencia cuando se aprobó la Decisión CMC n. 3/94; y c) el nuevo sistema reinstala restricciones anteriores en condiciones más gravosas que las previamente vigentes. Estas nuevas limitaciones han incidido negativamente en las exportaciones argentinas. Sin embargo, la sola existencia de las medidas contenidas en las circulares produce un resultado general inhibidor del comercio al privar de seguridad y certidumbre jurídica. El Protocolo de Brasilia en este sentido habilita al particular a presentar su reclamo ante el solo dictado de la medida sin necesidad de demostrar efectos negativos de la misma (art. 25). Similar solución se adopta en otros ámbitos internacionales.

19. En relación con algunas manifestaciones efectuadas en el Comité Técnico reunido de conformidad con el art. 3 del Anexo al Protocolo de Ouro Preto, sostiene que el sistema de guías de importación fue oportunamente objetado como resulta de la Prueba Documental II; que el problema de las licencias no se limita a algunos productos especiales o a ciertas operaciones sino que las licencias se aplican en forma generalizada; y que los exportadores argentinos deben cumplir trámites adicionales de mayor complejidad. Reitera asimismo que una interpretación funcional del TA debe tomar en cuenta el objeto y el fin del mismo para interpretar el alcance de los compromisos que contiene, así como debe evaluarse la obligación de eliminar restricciones según las Notas Complementarias del propio Tratado y del ACE n. 18.

Conclusiones generales

20. Los Comunicados ns. 37/97, 7/98 y 23/98 han incrementado el número de capítulos y de productos de la NCM sujetos a LNA o a LAC. Se ha reintroducido la exigencia de autorización para productos que habían sido eximidos de ella y se exige LAC a otros que no se encontraban en esa situación. Los exportadores deben cumplir trámites adicionales y más complejos que los vigentes antes de los comunicados.

La incidencia de las medidas alcanza al 61% de las exportaciones argentinas y a productos de los cuales Brasil es el mercado principal. El SISCOMEX aumenta la incertidumbre pues un registro informático puede cambiar el tratamiento. Los operadores desconocen los criterios para aprobar o denegar las licencias.

21. La interpretación de los compromisos en el Mercosur debe encuadrarse en la finalidad del TA y sus instrumentos complementarios. Los comunicados atentan contra los propósitos y principios del TA y afectan la reciprocidad. La exigencia de LNA o LAC viola el compromiso de eliminar las restricciones no-arancelarias (arts. 1 y 5 del TA, arts. 1 y 10 de su Anexo I y arts. 1 y 11 del ACE). La eliminación de las guías de importación fue seguida de la aplicación del SISCOMEX acompañado de un sistema de LAC y LNA que se generalizó a muchos capítulos y productos de la NCM. La reintroducción de restricciones y la adición de nuevas exigencias resultan violatorias del compromiso de *stand still* (Decisiones CMC ns. 3/94 y 17/97). La sola existencia de las exigencias establecidas a través de los comunicados implica incumplimiento. La sucesión de incumplimientos perjudica el proceso de integración del Mercosur.

Ofrece y produce prueba

Objeto de la controversia y petitorio

22. El objeto de la controversia es la vigencia y aplicación de los Comunicados ns. 37/97, 7/98 y 23/98 de la República Federativa de Brasil los cuales rechaza la República Argentina por ser manifiestamente incompatibles con los compromisos establecidos en el TA y en la normativa Mercosur aprobada en consecuencia.

23. Pide se disponga que el Gobierno de la República Federativa de Brasil, en el plazo a que hace referencia el art. 21 del Protocolo de Brasilia, implemente las medidas necesarias para eximir a las exportaciones originarias y provenientes del Mercosur de los requisitos de LNA o LAC establecidos en los comunicados objeto de la controversia.

B) La *República Federativa de Brasil* como *Parte Reclamada* manifiesta:

Objeto de la reclamación

24. El objeto de la reclamación son solamente las Circulares ns. 37/97 y 7/98, no debiéndose considerar ningún hecho o argumento relacionado con el Comunicado n. 23/98, instrumento que no constaba en los términos originales de la reclamación. Su inclusión sería una ampliación del objeto de la reclamación, a la luz del art. 28 del Reglamento del Protocolo de Brasilia que considera escritos de presentación y de contestación tramitados en las etapas iniciales del procedimiento, antes de la instalación del Tribunal Arbitral, con el fin de evitar una ampliación extemporánea del objeto que crearía una situación desigual para las Partes.

Hechos

25. El nuevo modelo de licenciamiento fue implantado por el Gobierno Brasileño a partir de la vigencia en enero de 1997 del SISCOMEX, un sistema de concepción moderna que utilizando los medios informáticos proporciona agilidad y transparencia a las importaciones. Sustituye al sistema de las guías de importación emitidas necesariamente antes del embarque y tramitadas manualmente ante un agente único, CACEX. La adopción del nuevo sistema representa un reconocimiento de las reglas y prácticas internacionales de comercio. El Comunicado n. 37 condensa los perfeccionamientos de la normativa realizados para adecuarla al nuevo contexto internacional.

26. El Comunicado n. 37 fue concebido como un manual de informaciones para los importadores siguiendo los criterios de transparencia aceptados por la comunidad internacional y no establece reglas nuevas. Su estructura se ajusta a los criterios de la OMC previstos en el Acuerdo sobre Procedimientos para el Licenciamiento de las Importaciones. Prevé sólo dos procedimientos para el licenciamiento de las importaciones: automático (LA) y no-automático (LNA). En el Anexo II da la lista de los productos sujetos a LNA y también informa sobre productos que con LA están sujetos a procedimientos en la fase de despacho aduanero. En estos últimos el licenciamiento es de hecho instantáneo y equivale a un registro estadístico. Sólo da información necesaria al importador sobre controles – inspecciones sanitarias, por ejemplo – que ya existían antes de la vigencia del nuevo sistema. Además, las referencias en el Anexo II a capítulos no siempre significan que la totalidad de los bienes comprendidos en el mismo están sujetos a LNA. En resumen, la mayor parte de los ítems tarifarios están sujetos a LA, que es aprobada instantáneamente, con una finalidad de registro estadístico.

27. En comparación con el régimen anterior de guías de importación, éste se basaba en el criterio de que la totalidad de los bienes estaban sujetos a guía, salvo algunas excepciones, mientras que el sistema actual adopta el criterio opuesto: prefiere dar la lista de la minoría de los productos, aquéllos sujetos a LNA. En la mayoría el licenciamiento es automático e instantáneo.

28. El Comunicado n. 7 solamente incluye en el Anexo II del Comunicado n. 37 determinados productos lácteos como sujetos a LNA. Los productos encuadrados en el Capítulo 04 están sujetos a controles zoosanitarios establecidos con anterioridad a los Comunicados ns. 37 y 7.

29. El Comunicado n. 23, aunque fuera del alcance del Tribunal, es una norma de carácter puramente operacional: no amplió ni redujo la lista de productos sujetos a licenciamiento, se limita a indicar dónde se puede encontrar esa lista. La información que es pública está disponible inmediatamente para el importador, dentro de SISCOMEX.

30. Responde a la afirmación argentina de que el nuevo sistema cambia el tratamiento de productos importados sometiéndolos a peores condiciones de acceso al mercado brasileño:

– Productos que pasaron de LA a LAC. La figura de LAC no existe: el licenciamiento automático es siempre automático. Las alegadas “condiciones” en los Capítulos 7, 8, 33 y 34 son procedimientos sanitarios vigentes desde antes de la Circular n. 37;

– Productos que pasaron de LAC a LNA. El Comunicado n. 37 no introdujo un nuevo sistema de licenciamiento para el Capítulo 64. Redujo el universo de 14 mercaderías sujetas a LNA a 10 en un total de 33 subitems tarifarios. Los productos sujetos a LNA en los Capítulos 84 y 85 ya constaban en normas anteriores. El 80% de las exportaciones argentinas del Capítulo 84 son efectuadas por LA. El 20% restante tiene el tratamiento previsto en las Notas Complementarias al ACE n. 18. Los productos sujetos a LNA tuvieron un desempeño bastante superior al de los productos importados con LA. En el Capítulo 85 solamente los productos sujetos a LNA de SECEX fueron incluídos por el Comunicado n. 37. Los demás ya constaban en disposiciones anteriores. Los ítems incluídos por esta circular corresponden al 26,30% de las importaciones de ese capítulo y no al 100% como alega Argentina;

– Productos que pasaron de LNA a LNA con condiciones especiales. En el Capítulo 01 se trata nada más que de la inclusión de normas anteriores relativas a exigencias fitosanitarias. En el Capítulo 53 se aplica el tratamiento propio de las fibras textiles naturales. No hay daño pues no hubo importaciones de fibras textiles argentinas en los últimos cuatro años.

31. Comenta los casos presentados por Argentina como paradigmáticos del efecto negativo del Comunicado n. 37:

– Harina de trigo: el Gobierno de Brasil eliminó el régimen de anuencia previa a cargo del DAP del Ministerio de Hacienda y Planeamiento previsto en las Disposiciones Especiales de las Notas Complementarias de ACE n. 18;

– Parafina: consultando el Tratamiento Administrativo de SISCOMEX el importador verificará que la parafina se importa con LA. La participación argentina en los suministros a Brasil de este producto pasó del 2,85% al 61,15% , de 1997 a 1998, creciendo un 1,131%.

32. Contesta las informaciones presentadas por Argentina sobre la incidencia de los comunicados en los principales capítulos NCM, utilizando estadísticas de 1998 las que demuestran que no hay daño para las exportaciones argentinas a consecuencia de dichos comunicados y presenta los resultados de los cuadros elaborados (Anexo I, Prueba Documental). Responde a las conclusiones a las que llega Argentina de que los regímenes de LNA y de LAC abarcan el 61% del total comercializado en 1997 de los 20 principales capítulos NCM en orden de valor. Utilizando datos referidos al mismo universo de productos, pero correspondientes al ejercicio 1998, las importaciones de productos sujetos a hipotéticas restricciones crecieron más que los no sujetos a ellas, representando el 89,3% de las ventas totales, siendo esa participación del 88% en 1997.

De ahí que el porcentaje de incidencia de los comunicados DECEX pasa del 61% al 63%. Trabajando sobre ese porcentaje resulta que: el 8,7% corresponde a productos LAC pero este tratamiento no supone traba alguna, es licenciamiento automático puro y simple y sólo representa procedimientos en fase de despacho aduanero de carácter fitosanitario o previstos en las Notas Complementarias a ACE n. 18; el 13,01% corresponde a productos referidos genéricamente en la presentación argentina e interpretados erróneamente como LNA cuando en verdad tienen licenciamiento automático; el 14,82% corresponde a requisitos fitosanitarios o tratamientos especiales contenidos en las Notas Complementarias a ACE n. 18; y 9,45% comprende cuatro productos (trigo, algodón, maíz y arroz) provistos tradicionalmente por Argentina y cuyo volumen de ventas en general ha crecido anualmente. Por tanto, los controles rechazados en la presentación argentina pasan a influir apenas 7,3% de las exportaciones de los 20 productos principales. Este porcentaje se reduce más todavía si se considera que todos los tratamientos administrativos considerados fueron adoptados antes de la Circular n. 37, objeto original de la reclamación. Del total de US$ 7.172.930 mil exportados por Argentina bajo los 20 capítulos principales, apenas US$ 219.671 mil (3,1% de este total y 2,7% del total de las exportaciones argentinas) corresponden a ítems incluídos por la Circular n. 37 en el LNA a cargo de SECEX todos ellos justificados y relativos a productos donde no hay indicios de perjuicios comerciales para Argentina.

33. Concluye que la evolución de las importaciones evidencian que Brasil no pone obstáculos al comercio en general y mucho menos al Mercosur o a Argentina específicamente, cuyo crecimiento es mayor que en el resto de los intercambios. Los datos revelan que el Mercosur es socio preferencial de Brasil. El intercambio crece, especialmente entre Argentina y Brasil.

Fundamentos jurídicos

Examen de las normas invocadas por la reclamante

Tratado de Asunción (TA) y ACE n. 18

34. El TA puede ser considerado un acuerdo-marco, instrumento internacional en el cual se trazan los objetivos y los mecanismos para alcanzarlos, cuyas disposiciones en general programáticas no son en su mayoría jurídicamente auto-aplicables. El objetivo de conformar al 31.12.1994 un Mercado Común debía ser alcanzado gradualmente mediante acuerdo de las Partes sobre las normas y políticas al efecto.

35. Bajo este prisma deben ser comprendidos el art. 5 que establece un programa de liberación comercial para llegar a esa fecha "con un arancel cero, sin restricciones no-arancelarias sobre la totalidad del universo arancelario" y el Anexo I al TA que, en esa línea, establece los compromisos específicos del programa de liberación. Posteriormente las Partes procedieron a una revaluación conjunta y consensuada del plazo previsto para conformar el Mercado Común y establecieron el compromiso de conformar al 1.1.1995 una Unión Aduanera y no un Mercado Común (Consolidación de la Unión Aduanera y Transición al Mercado Común, Anexo I al Acta de la V Reunión del CMC, Colonia de Sacramento, 17.1.1994). Como corolario, resultaron redefinidos los otros objetivos y cronogramas que estaban condicionados a la meta original, entre ellos la eliminación de las restricciones arancelarias y no-arancelarias dentro del Mercosur. En el caso de las restricciones arancelarias el CMC aprobó el Régimen de Adecuación con listas de productos que estarán sujetos a aranceles hasta 1999, pese a que el cronograma de desgravación del comercio intra-zona estaba definido en detalle en el Anexo I al TA (CMC-Decisiones ns. 5/94 y 24/94). Esta reordenación del Mercosur implicó alteraciones en su propio tratado constitutivo, al punto que el Protocolo de Ouro Preto formalizó en su art. 53 los cambios ocurridos al disponer la derogación de las disposiciones del Tratado de Asunción que estén en conflicto con dicho Protocolo y con el contenido de las decisiones aprobadas por el CMC durante el período de transición.

36. El tratamiento de las restricciones no-arancelarias en el TA (Anexo I, art. 10) y en ACE n. 18 (art. 11) se basa en la práctica de ALADI de establecer Notas Complementarias para listar las restricciones no-tarifarias que los países mantienen a pesar de la liberación comercial, incluyendo allí medidas de naturaleza diferente, restrictivas del comercio o no. El compromiso de eliminarlas, de acuerdo con los artículos citados, debería implementarse en el ámbito de un Mercado Común. Permaneciendo la conformación de éste todavía como un objetivo de largo plazo, no hay obligación de eliminar ninguna de las medidas en las Notas Complementarias de Brasil, entre las cuales se incluían la necesidad de guías de importación y de diversas autorizaciones previas. Aun cuando el compromiso de eliminar las restricciones estuviera desvinculado del "ámbito del Mercado Común" no implicaría la eliminación de todas las medidas listadas en las Notas Complementarias sino sólo de las medidas que constituyeran restricciones al comercio, listadas o no. Por eso, las Partes del Mercosur, al avanzar en el tema de las medidas no-arancelarias en el contexto de la Zona de Libre Comercio y de la Unión Aduanera, abandonan la noción de eliminación de todas las restricciones no-arancelarias y pasan a trabajar con la noción de eliminación o armonización de restricciones no-arancelarias (CMC-Decisión n. 3/94). En virtud del art. 53 del Protocolo de Ouro Preto, esta decisión derogó el art. 10 del Anexo I al TA. Los expertos uruguayos en el Comité Técnico que examinó la reclamación argentina sostuvieron conclusiones en la misma dirección.

Decisiones CMC ns. 3/94 y 17/97

37. La Decisión n. 3/94 reconoce que no todas las medidas no-arancelarias pueden o deben ser eliminadas, en tanto algunas son necesarias para cumplir objetivos justificados de políticas públicas. En consecuencia establece, al lado del proceso de eliminación, el objetivo paralelo de la armonización. La noción de que se lida con medidas tanto restrictivas como no-restrictivas se va consolidando: la denominación de "Restricciones No-Arancelarias" pasa a ser "Medidas y Restricciones No-Arancelarias". A la vez, la Decisión n. 3/94 establece un tratamiento puntual para el tema de las medidas y restricciones no-arancelarias.

No constituye primordialmente un conjunto de reglas sino un listado de medidas y restricciones a las que se asocia caso por caso el propósito de armonización o de eliminación. En algunas medidas se acepta simplemente su mantenimiento, clasificándolas como "justificadas". El Mercosur no dispone de un conjunto de normas sobre licencias de importación como lo tiene la OMC. El único registro de compromiso asumido referente al mecanismo de guías de importación y su sucesor el mecanismo de SISCOMEX fue su registro por el CT-8 como Medida n. 53 en su inventario de medidas y restricciones no-arancelarias y nunca fue identificada como una restricción. Se encuentra por tanto fuera del ámbito de la Decisión n. 17/97.

38. No proceden las alegaciones de la reclamante de que los Comunicados ns. 37/97 y 7/98 violan el compromiso de no adoptar restricciones no-arancelarias al comercio en el Mercosur que estaría establecido en los arts. 4 y 6 de las Decisiones ns. 3/94 y 17/97, respectivamente. El compromiso es de no establecer restricciones, no haciendo referencia a medidas no-arancelarias, conceptos claramente distinguidos a lo largo del texto de toda la Decisión n. 17/97. Además, el compromiso allí asumido no se sustenta por sí solo y sólo tiene sentido en el cumplimiento del art. 10 del Anexo I al TA y de la Decisión CMC n. 3/94. Por otro lado, para que una medida específica sea considerada restricción no-arancelaria, sujeta a un compromiso de eliminación, es necesario que sea identificada por la Comisión de Comercio. El tratamiento de las medidas no-arancelarias es específico para cada una, dependiendo el compromiso de eliminar alguna de ellas de negociaciones intergubernamentales en un foro como la Comisión de Comercio.

39. En cuanto al art. 4 de la Decisión CMC n. 3/94, el mismo no se refiere a un compromiso de *stand still* sino a un compromiso de tratamiento nacional y de nación más favorecida para las importaciones dentro del Mercosur. Suponiendo, *ad argumentandum*, que fuera válida la alegación de que hubiera un compromiso de *stand still*, éste no podría implicar una inmovilización de las prácticas administrativas de comercio exterior o detener su evolución, ni considerar una restricción la introducción de un sistema de control informático e integrado como el SISCOMEX. La propia reclamante estableció después de las decisiones invocadas importantes medidas de administración comercial como la inspección pre-embarque y las licencias automáticas del formulario informativo de importación. Por otra parte, sería necesario que la reclamante demostrara la condición de más restrictiva para el comercio recíproco de las nuevas medidas. Para ello, de acuerdo con el art. 2, letra "b", del Anexo I al TA y el art. 3, letra "b", del ACE n. 18, se requiere que la medida impida o dificulte el comercio recíproco, en comparación con las reglas vigentes anteriormente. La reclamante no presenta hechos concretos que prueben que es así. Invoca el art. 25 del Protocolo de Brasilia que habilita las reclamaciones por la sanción o aplicación de medidas de carácter restrictivo, discriminatorio o de competencia desleal. Pero mientras el carácter discriminatorio o de competencia desleal de una medida puede apreciarse antes de su aplicación, el carácter restrictivo sólo puede apreciarse por su efecto en la realidad. No habiendo en el Mercosur reglas sobre licencias o procedimientos administrativos de importación, toca a la reclamante probar el carácter restrictivo.

Ningún caso específico pudo ser presentado en un flujo de US$ 9 billones anuales, siendo las variaciones un fruto de la dinámica del mercado y de la menor actividad de la economía brasileña. Aunque se admitiera el compromiso de *stand still*, no se prueba que la introducción del procedimiento de licencias implique condiciones más restrictivas que las anteriores.

Conclusiones

40. Los comunicados en cuestión incluyen alteraciones en el tratamiento de las licencias de un número infinitamente menor que el pretendido por Argentina: apenas parte de los Capítulos 84, 4; 85, 11 y 39, correspondientes al 2,7% de las exportaciones argentinas a Brasil, no tenían el tratamiento previsto en dichos comunicados. Estos consolidan diversos controles (sanitarios, fitosanitarios, seguridad) preexistentes y en muchos casos agilitan su aplicación evitando, por ejemplo, que se realicen en la frontera.

41. La reclamante no presenta elementos que permitan inferir que los comunicados provocan un efecto restrictivo del comercio.

42. No cabe considerar por el Tribunal el Comunicado n. 23/98, pero de todos modos éste en nada altera la estructura del sistema de licencias de importación y, al contrario, asegura la transparencia del mismo.

43. El TA depende para su ejecución de la adopción gradual de normas con compromisos específicos. El TA y el ACE n. 18 fueron modificados por normas posteriores tanto en el sistema como en el cronograma para la consideración de las medidas y restricciones no-arancelarias.

44. La Decisión n. 3/94 y normas posteriores distinguen entre medidas y restricciones no-arancelarias y las tratan de la manera siguiente: no todas deben ser eliminadas; deben ser tratadas caso por caso pues no hay tratamiento genérico ni reglas generales; la identificación y el tratamiento de cada una es resultado de un ejercicio conjunto y negociado dentro de los órganos del Mercosur. Ni el SISCOMEX, ni los comunicados en cuestión fueron identificados como restricción no-arancelaria ni fueron clasificados como medida a eliminar. El art. 6 de la Decisión n. 17/97 se refiere a no-aplicación de restricciones no-arancelarias pero no a medidas no-arancelarias. El art. 4 de la Decisión n. 3/94 no prohibe la introducción de nuevas restricciones no-arancelarias (*stand still*). Aunque se admitiese el compromiso *stand still*, éste no puede impedir los cambios adecuados a la realidad comercial y a la tecnología y sería preciso comprobar el carácter más restrictivo de las medidas adoptadas.

Petitorio

45. Que el Tribunal declare improcedente la reclamación interpuesta por la República Argentina por ser los comunicados cuestionados compatibles con los compromisos establecidos por el TA y por las normas Mercosur aprobadas en consecuencia.

CONSIDERANDO

Los siguientes fundamentos de hecho y de derecho

La presente instancia arbitral

46. Este Tribunal, según resulta de lo expuesto en los §§ 1 a 5 y de los demás antecedentes y actuaciones que obran en autos a su respecto, ha sido constituido regularmente de conformidad con el Protocolo de Brasilia y su Reglamento y con el Protocolo de Ouro Preto, habiéndose dado cumplimiento a los requisitos y condiciones previstos en dichos instrumentos para conformar la presente instancia arbitral. En particular han sido substanciadas las etapas previas al arbitraje requeridas por el Protocolo de Ouro Preto, ante la Comisión de Comercio del Mercosur (Reunión XXVIII, abril de 1998), un Comité Técnico de la CCM (Reuniones en mayo y junio de 1998) y el Grupo Mercado Común (Reunión XXXI).

47. La actuación del Tribunal, registrada en el expediente y en sus actas, se ha cumplido de acuerdo con lo preceptuado por los mencionados instrumentos internacionales y por las Reglas de Procedimiento adoptadas por el Tribunal. Las Partes han completado totalmente la actividad que a cada una correspondía ante el Tribunal, de conformidad con las normas establecidas en los Protocolos de Brasilia y de Ouro Preto, el Reglamento del Protocolo de Brasilia y las Reglas de Procedimiento del Tribunal. En consecuencia, y estando dentro del plazo previsto en el art. 20 del Protocolo de Brasilia, el Tribunal se halla en plena capacidad para adoptar esta decisión sobre la controversia de autos, con la forma y efectos establecidos en los arts. 20 y 21 del Protocolo de Brasilia y en el art. 22 del Reglamento de ese Protocolo.

Criterio general

48. Desea el Tribunal señalar su particular aprecio por la manera como las Partes han conducido la defensa de sus respectivas posiciones. La incuestionable convicción que han demostrado en apoyo de sus puntos de vista no ha sido óbice para una actuación en un todo ceñida a la más estricta lealtad procesal. Esto, unido a la brillante argumentación y al exhaustivo suministro de elementos de prueba, ha facilitado y enriquecido grandemente la labor de los árbitros. Acorde con tales antecedentes y con la forma como se resolverá esta controversia, el Tribunal decidirá que los gastos de esta instancia arbitral sean sufragados en la forma y proporción previstas en el art. 24 del Protocolo de Brasilia.

49. En cuanto al fondo del asunto, la solidez de ambas argumentaciones ha persuadido al Tribunal de la necesidad de desarrollar la fundamentación de su decisión en una línea argumental no coincidente con ninguna de las Partes, aun cuando recogiendo aportes de las dos.

La profundidad y amplitud de las fundamentaciones jurídicas alegadas, además, indica claramente que la tarea del Tribunal no consiste en decidir acerca de la aplicación de alguna o algunas disposiciones específicas y aisladas, sino en situar y resolver la controversia planteada bajo la perspectiva del conjunto normativo del Mercosur (Protocolo de Ouro Preto, art. 41), interpretándolo a la luz de las relaciones recíprocas que emanan del conjunto de esas normas y de los fines y objetivos que los Estados-Partes asumieron explícita e implícitamente al adoptar dichas normas, confirmados por sus actos posteriores en el contexto de un proyecto integrador común.

50. Por lo demás, la cuestión planteada ante este Tribunal, referida a la compatibilidad o no con el sistema del TA – si hay incumplimiento o no de la normativa Mercosur – de un determinado régimen de importaciones, no puede ser abordada como una mera aplicación mecánica de disposiciones reunidas en un código o texto unificado. Implica necesariamente el realizar una amplia labor interpretativa para identificar los derechos y obligaciones emergentes de un conjunto normativo de formación sucesiva, por acumulación de disposiciones tomadas en el curso de un complejo proceso de decisiones políticas y jurídicas, insertas en una realidad económica cambiante.

Se trata, en efecto, de lo que Panayotis Soldatos llama un *continuum integratif* en el cual los diversos elementos cobran significado en una visión de conjunto, de una realidad ordenada en función de un proceso de integración (*Le Système Institutionelle et Politique des Communautées Européennes dans un Monde en Mutation*, Bruylant, Bruxelles, 1989, pp. 115 a 117). En el mismo sentido, cabe señalar que los tratados y en especial los relativos a sistemas de integración establecen, como lo dice Antonio Remiro Brotons, "un régimen que resulta del conjunto de sus disposiciones, forma un todo del que no podrían disociarse las distintas cláusulas para ser consideradas por separado" (*Derecho Internacional Público*, Tecnos, Madrid, t. 2, pp. 310 a 315).

51. En ese contexto el Tribunal habrá de buscar e identificar las reglas jurídicas aplicables, guiado por los fines y objetivos del orden normativo creado por las Partes y siendo el propio Tribunal un elemento del ordenamiento que las Partes conformaron para regular sus relaciones recíprocas con vistas a lograr el objetivo compartido de su integración, en el ámbito de los fines y principios del sistema del TA. En tal sentido, el sistema de solución de controversias previsto en el Protocolo de Brasilia anticipa que las controversias requieran una labor interpretativa en los diversos niveles de solución establecidos (art. 1).

Objeto

52. A la luz del criterio establecido se observa que la cuestión materia de la controversia es, en su sustancia, una discusión acerca de la congruencia jurídica – la compatibilidad – entre un determinado régimen de licencias para las importaciones y el sistema normativo del Tratado de Asunción.

Las referencias a los diversos instrumentos administrativos en los cuales dicho régimen se halla plasmado, aunque útiles a los efectos de identificarlo y de conocer sus características, no hacen a la esencia de la controversia que gira en torno a la interpretación de si ese régimen, donde quiera que estuviere corporizado, es compatible con la normativa aplicable. Corrobora este criterio el contenido de las discusiones mantenidas en las etapas previas a esta instancia, ante la CCM y el GMC, haciéndose mención en cada una de ellas a las normas sobre licenciamiento existentes en el momento. De ahí que el Tribunal considerará en su decisión todos los instrumentos administrativos relacionados con el régimen de importaciones. Abonan este criterio otros elementos.

53. Todos esos instrumentos – los Comunicados ns. 37/97, 7/98 y 23/98 – han sido invocados en el escrito de presentación el que junto con el de contestación determinan el objeto de la controversia (Reglamento del Protocolo de Brasilia, art. 28, y Reglas de Procedimiento del Tribunal, art. 11). Es claro que tanto el Protocolo de Brasilia como el de Ouro Preto, al prever etapas previas al arbitraje, imponen que no puedan añadirse en esta última instancia cuestiones no procesadas en los escalones anteriores y los escritos de presentación y de contestación ante el Tribunal han de ajustarse a esa regla. Pero, en el caso, no hay ingreso de ninguna cuestión nueva. La inclusión del Comunicado n. 23/98 no altera los términos del planteo efectuado ante la CCM y el GMC y la discusión es substancialmente la misma.

54. A su vez, en términos puramente formales, el Comunicado n. 37/97 vigente ahora – y parte no objetada de la controversia – contiene el tratamiento a las importaciones indicado por el Comunicado n. 23/98. Es así que si bien no podrá ampliarse la controversia a aspectos o temas no planteados en las instancias previas a la arbitral, tampoco podrá dejarse de considerar en ésta la materia discutida en las etapas previas en razón de cambios en los actos jurídicos que contienen aquella materia, si la cuestión controvertida se mantiene en los nuevos actos jurídicos como es en este caso. Una solución contraria llevaría a la posibilidad de que por cambios formales sucesivos en los actos administrativos nunca se pudiera llegar a un pronunciamiento arbitral sobre el fondo.

55. Retomando pues el núcleo de la controversia, será tarea del Tribunal decidir sobre la compatibilidad del régimen de licenciamiento con el conjunto normativo del Mercosur, examinando el punto bajo el criterio general de interpretación fijado.

Marco conceptual internacional

56. En primer lugar ha de considerarse el principio de cumplimiento de los tratados – *pacta sunt servanda* –, "norma fundamental" originaria del Derecho Romano, aceptada por clásicos como Anzilotti, Kelsen y Verdross y recogida por primera vez en un texto positivo de Derecho Internacional en el art. 26 de la Convención de Viena. En segundo lugar ha de tenerse en cuenta que dicho cumplimiento deberá realizarse de buena-fe, principio este unido al de *pacta sunt servanda* en el artículo citado y ratificado por abundante y pacífica jurisprudencia de los Tribunales Internacionales (cf. Ernesto De la Guardia y Marcelo Delpech, *El Derecho de los Tratados y de la Convención de Viena*, La Ley, Buenos Aires, 1970, pp. 275 a 279; Ian Sinclair, *The Vienna Convention on the Law of Treaties*, Manchester, University Press, 2ª ed., pp. 119 a 120). Incluyendo en el concepto de buena-fe no sólo la honestidad de los actos de ejecución y su apego formal a la letra de los textos, cosas que no están evidentemente en juego en la especie, sino la idoneidad de la actividad de las Partes para dar cumplimiento a los fines y objetivos de las normas convencionalmente acordadas. De igual modo, las obligaciones han de ser analizadas e interpretadas desde esta perspectiva como medios apropiados para alcanzar los fines comunes convenidos. De no tener en cuenta esta perspectiva finalista "de un tratado-marco se haría así un tratado bloqueado", en la expresión de Robert Lecourt (*L´Europe des Juges*, Bruylant, Bruxelles, 1976, p. 235)

57. El enfoque teleológico resulta más patente aún en los tratados e instrumentos que conforman organismos internacionales o configuran procesos o mecanismos de integración. A diferencia de otros instrumentos en cierto modo estáticos, donde los derechos y obligaciones se agotan en algunos pocos actos de ejecución, en aquellos casos constituye un marco, una estructura, para desarrollar actividades variadas y múltiples, donde la valoración teleológica de las obligaciones y de las actividades ocupa un lugar central so pena de perder todo sentido. Es que no se trata de "un derecho acabado", al decir de Lecourt (ob. cit., p. 237), sino de un proceso dinámico, dentro de una realidad en cambio. El método teleológico, como enseña Fausto Quadros, procura garantizar que las normas "sean eficaces en relación con su fin último, que es el de dar satisfacción a las exigencias de la integración" (*Direito das Comunidades Europeias e Direito Internacional Público*, Almedina, Lisboa, 1984, pp. 426 a 427). En el mismo sentido Lecourt (ob. cit., p. 237) anota que en estos instrumentos internacionales existe "la vocación común de extraer la plenitud de los efectos buscados" y derivar de los textos "todas las consecuencias razonables".

58. Apreciación que vale no sólo para las formas institucionales más avanzadas y profundas con elementos de supranacionalidad sino también para las demás, incluso cuando los parámetros son todavía tenues. Los fines y objetivos no son un adorno de los instrumentos de integración sino una guía concreta para la interpretación y para la acción. Aun sin llegar a una aplicación absoluta de la regla que Quadros define como *in dubio pro communitate*, y en tanto no haya contradicción con textos expresos, la interpretación de las disposiciones en un conjunto normativo cuyo fin es la integración debe guiarse por este propósito y hacerlo posible. Especialmente pertinente resulta este criterio cuando se presentan situaciones dudosas o existen lagunas o vacíos en parte de la estructura jurídica y se hace necesario colmar las insuficiencias (cf. Quadros, ob. cit., pp. 429 a 430, y Lecourt, ob. cit., pp. 241 a 247).

59. Naturalmente la labor interpretativa en todo caso parte del texto de los instrumentos internacionales en su sentido ordinario, del contexto de esos instrumentos y del conjunto normativo que forman (Protocolo de Ouro Preto, art. 41), pero teniendo en cuenta su objeto y fin con el sentido y alcance ya expresados (cf. Antonio Remiro Brotons, ob. cit., p. 310, y De la Guardia y Delpech, ob. cit., pp. 318 a 325). En esta perspectiva la interpretación teleológica, como indica Brotons, se halla controlada por su combinación operativa con los otros métodos y, en sí misma, al asociar las nociones de objeto y de fin que equilibran sus contenidos reales e ideales (ob. cit., p. 313).

60. La consideración del objeto y fin de los tratados e instrumentos de integración, dentro de los parámetros fijados, es además un factor de seguridad jurídica, como anota Lecourt (ob. cit., p. 243) y en especial con respecto a la libre circulación de bienes elemento fundamental en la construcción del proyecto integracionista. Siendo los objetivos permanentes y no mediando una modificación expresa por una norma de jerarquía igual, se constituyen en una referencia estable de cuya continuidad depende la consolidación de las corrientes de comercio y de los procesos económicos y sociales que se producen a su alrededor (TA, "Preámbulo" y arts. 1 y 5, entre otras normas).

61. Como corolario de la interpretación teleológica y en relación con la misma, la jurisprudencia comunitaria, señala Quadros (ob. cit., p. 427), aplica el concepto de efecto útil o de eficacia mínima de las normas. Brotons (ob. cit., p. 313), a su vez, glosando los trabajos de la Comisión de Derecho Internacional, concluye que el efecto útil significa "escoger entre las varias soluciones posibles según los términos del tratado en su contexto, aquélla que mejor sirve a la satisfacción de su objeto y fin".

62. Por último, este Tribunal considera que en el contexto de los procesos de integración y de las respectivas normativas que los rigen, son incompatibles las medidas unilaterales de los Estados-Partes en las materias en las que la normativa requiere procedimientos multilaterales.

63. Es con este marco conceptual interpretativo que el Tribunal aborda su tarea.

El Tratado de Asunción y su sistema normativo

64. Los conceptos expuestos se aplican sin violencia al TA y demás normas que configuran el sistema de integración del Mercosur. La arquitectura del TA y de sus anexos muestra claramente una combinación de normas propias de un tratado-marco con otras de carácter operativo. Como señala Sergio Abreu (*El Mercosur y la Integración*, FCU, Montevideo, 1991 p. 47), el TA va más allá de un tratado-marco, constituyendo un esquema normativo que fluctúa entre un "derecho directivo" con bases jurídicas generales y "un derecho operativo" constituido por compromisos concretos. Hay por tanto normas que fijan objetivos y principios que con vocación de permanencia encuadran y guían la actividad de las Partes hacia y en el Mercosur. Hay otras disposiciones que crean órganos mediante cuya actividad las Partes podrán ir modelando el proceso de integración. Finalmente hay otras disposiciones que son por sí mismas ejecutables, imponiendo obligaciones concretas a las Partes, sin necesidad de nuevos actos jurídicos por los Estados. Estas, principalmente contenidas en los anexos, juegan el papel de instrumentos dinamizadores del proyecto integracionista, el impulso operativo que sin necesidad de ningún acto adicional de las Partes da de entrada un gran salto adelante.

A su vez, el sistema del TA ha sido ratificado, desarrollado y perfeccionado en el Protocolo de Ouro Preto.

65. En el diseño de esta solución jurídica y política que reconoce con sabiduría dónde se hallan algunos de los principales escollos para la integración, el programa de liberación tiene un papel central y es una pieza estratégica en la configuración del Mercosur. Dotando al desmantelamiento de las RA y NA de un carácter irreversible y de una fecha final común para completarlo totalmente, fuera de la voluntad de los propios Estados, los autores del TA aseguraban un rápido avance de la liberación comercial. De esta manera la liberación comercial, escollo tradicional de los intentos anteriores de integración latinoamericana, se constituiría en la masa crítica necesaria para impulsar las demás acciones hacia el Mercado Común, quebrando la tradicional línea de resistencia a los esfuerzos anteriores de integración.

66. Congruentes con esta interpretación los cinco anexos al TA contienen obligaciones concretas y autoejecutables.

Tres de ellos se refieren a aspectos medulares del comercio (I – Liberación Comercial; II – Origen; y IV – Salvaguardias) y definen concretamente el régimen de cada uno de ellos y las obligaciones específicas de las Partes al respecto. Los otros dos anexos (III – Solución de Controversias; y V – Grupos de Trabajo) apuntan también a facilitar el comercio. Se demuestra así la voluntad de despejar desde el comienzo posibles obstáculos, dictando al efecto reglas precisas y obligatorias. El flujo comercial libre es el pilar elegido en el sistema del TA para adelantar y desarrollar el Mercosur.

67. Corrobora esta inteligencia del régimen el contraste de esta definición precisa, que contiene obligaciones concretas y exigibles en el campo comercial, con los otros instrumentos señalados en el art. 5 del TA para constituir el MC: coordinación de políticas macroeconómicas, arancel externo común y acuerdos sectoriales. En estos casos, no se fija un régimen o una meta concretos como ocurre en los Anexos I, II y IV, o sea, respectivamente, en el programa de liberación comercial, los requisitos de origen y las cláusulas de salvaguardia. Se indican sólo la gradualidad y la convergencia de la coordinación macroeconómica con la desgravación arancelaria y la eliminación de las RNA. Es decir, se subraya el papel rector en el proceso de integración del efectivo desmantelamiento de las restricciones A y NA, a cuyo ritmo se ha de acompasar el avance en las demás áreas de ese proceso de integración. La importancia capital del programa de liberación es subrayado hasta al punto que en caso de denuncia del TA cesarán para el Estado que la ejerza los derechos y obligaciones emergentes de su condición de Parte, "manteniéndose los referentes al programa de liberación" por un lapso de dos años (TA, arts. 21 y 22).

68. El programa de liberación, por su parte, se forma indisolublemente con la vertiente arancelaria y la no-arancelaria. El TA y su Anexo I lo reconocen así al darle el mismo tratamiento a ambas, con una fecha común de finalización. Advirtiendo sus características diferentes, no se impone un mismo mecanismo para llegar al desmantelamiento de unas y otras restricciones.

En el caso de las RA se establece un calendario de desgravaciones lineales que opera automáticamente y en forma progresiva hasta llegar al arancel cero. En el caso de las RNA, reconociendo implícitamente las dificultades de su desarme no se fija un procedimiento específico para hacerlo efectivo. Pero se dispone que ha de estar totalmente cumplido en la misma fecha que el desarme arancelario.

No se indica pues, como en el caso de las RA, un procedimiento determinado para alcanzar el resultado deseado. Se deja a las Partes la libertad de determinar qué procedimiento seguirán para hacerlo, si unilateral por cada Estado o colectivamente mediante negociaciones y, aún, el ritmo de la eliminación. Pero la libertad de las Partes se limita a eso. No queda al arbitrio de las Partes decidir si la eliminación de las RNA se hará efectiva o no.

Como tampoco queda a su arbitrio la fecha en la que dicha eliminación ha de estar finalizada. La fecha no es otra que la misma señalada para las RA, el 31.12.1994. Las Partes están en consecuencia obligadas a eliminar las RNA y a hacerlo en la fecha indicada, simultáneamente con la caída de todos los aranceles a cero. Hay por consiguiente una obligación concreta para las Partes al respecto y no una mera indicación programática o declarativa (más adelante se verá la incidencia de la postergación del MC en esta obligación así caracterizada).

69. Conclusión lógica pues, como dice Gustavo Magariños (*Comercio e Integración*, FCU, Montevideo, 1994, t. III, p. 169), "las restricciones no-arancelarias están comprendidas en los programas de liberación de los sistemas de integración y su eliminación es forzosamente obligatoria". Señalando el autor que la variedad de esas medidas y la dificultad para identificarlas las "han convertido en una de las principales armas comerciales de la actualidad". Al punto que Soldatos (ob. cit., pp. 125 a 126) compara dichas medidas con la mitológica Hidra de Lerna, por su capacidad de regenerarse y de multiplicarse. Es por ese motivo que necesariamente han de integrar los programas de liberación y han de correr la misma suerte que las restricciones arancelarias. Sería imposible un régimen con desmantelamiento arancelario total en el cual las RNA permanezcan y, aún, pudieran ser colocadas u ampliadas *ad libitum*, por decisión unilateral de cualquiera de las Partes.

70. El tratamiento del tema en el TA es congruente con este criterio. El programa de liberación "consistirá en rebajas arancelarias (...) acompañadas de la eliminación de restricciones no-arancelarias o medidas de efectos equivalentes, así como de otras restricciones al comercio (...) para llegar al 31.12.1994 con arancel cero, sin restricciones no-arancelarias sobre la totalidad del universo arancelario" – dice el art. 5a del TA. La eliminación de los aranceles y de las restricciones no-arancelarias son aspectos indisolublemente unidos entre sí como partes de un mismo instrumento para llegar a la libertad de los flujos comerciales: ambos son considerados en los mismos artículos del TA (art. 1, § 2º, y 5a) y en esos artículos y en el art. 10 del Anexo I al TA reciben igual disciplina normativa en cuanto a la obligatoriedad del desmantelamiento y de una fecha común para materializarlo, ambas cosas al margen de la voluntad de los Estados-Partes, es decir, con el carácter de una obligación precisa y concreta. Cabe anotar en el mismo sentido que tanto el art. 10 del Anexo I al TA como el art. 11 del ACE n. 18, cuyos textos son similares, al regular el tema de las RNA lo hacen relacionándolas siempre con el programa de desgravación, poniendo de manifiesto otra vez el vínculo inseparable entre desgravación arancelaria y eliminación de RNA.

71. Hay una sincronía inseparable entre la eliminación de aranceles y la eliminación de las restricciones no-arancelarias, que el TA recogió en las disposiciones citadas, fijando para ambas idéntica fecha de finalización e igual profundidad en su alcance al abarcar en los dos casos la totalidad del universo arancelario. Se determina así un paralelismo entre el proceso de eliminación de unas barreras y otras, de tal modo que aunque se admita una cierta diferencia en la velocidad del desmantelamiento de las restricciones arancelarias y no-arancelarias, así como procedimientos diferentes para hacerlas efectivas, al final del proceso ambas, obligatoriamente, han de estar eliminadas. Eso es precisamente lo que preceptúan el art. 5a del TA, el art. 10 del Anexo I al TA y el art. 11 del ACE n. 18.

La postergación del Mercado Común. Una nueva fecha

72. La postergación del MC no determina la extinción de esta obligación pero determina que ella ya no sea más exigible en la fecha señalada del 31.12.1994, postergada de común acuerdo por las Partes. Su vinculación y la del programa de liberación comercial, en el TA y su Anexo I, con la fecha en que el MC debía estar conformado, era coherente con el plan original de llegar en una sola y breve etapa – el período de transición, entre 1991 y 1994 – al Mercado Común que era por entonces la etapa final y única del proceso del Mercosur. Por eso todo el sistema creado por el TA, no solamente el programa de liberación, fue relacionado con el objetivo de establecer el Mercado Común y con la fecha en la que éste debía estar conformado. A vía de ejemplo, el art. 3 del TA limita al período de transición el régimen de origen y de salvaguardias; el art. 5 hace lo propio con los instrumentos principales para constituir el MC; y el art. 8 lo hace en la letra "a" con respecto a la obligación de evitar afectar los intereses de las Partes en las negociaciones que realicen entre sí. Aún después del 31.12.1994 subsiste la vigencia de esas disposiciones que son habitualmente aplicadas y sobre las cuales las Partes han basado su acción y el desarrollo de los respectivos regímenes. Tampoco hay nada en la naturaleza de las cosas que haga incompatible de hecho o de derecho la liberación comercial intra-zona con la Unión Aduanera. Al contrario, en una secuencia racional de un proceso de integración, en el *continuum integratif* se complementan y en general aquélla precede a ésta. Como dice Soldatos, la "Unión Aduanera es la segunda etapa de liberalización que se suma a aquélla de la Zona de Libre Comercio" (ob. cit., p. 129). Por lo demás, ninguna norma expresa ha derogado la obligación de proceder al desmantelamiento no-arancelario.

73. El cambio ocurrido en el objetivo inmediato del Mercosur y en el calendario sostienen esta conclusión. Los Estados-Partes advirtieron que no podrían llegar a tiempo para cumplir el objetivo de tener conformado el MC el 1.1.1995.

Como es notorio, a comienzos de 1994 se estaba muy lejos de alcanzar la libre circulación de todos los factores (art. 1, § 2º, del TA) y de la coordinación de las políticas macroeconómicas (art. 5b), en tanto que el arancel externo común (art. 5c), aunque accesible, no había sido determinado. Solamente la desgravación arancelaria había avanzado rápidamente por virtud del sistema de rebajas automáticas, aunque subsistían excepciones y dificultades sobre algunos productos más sensibles.

74. En consecuencia, las Partes debieron revaluar en ese momento el sistema del TA. El resultado de este ejercicio planteado en el documento titulado "Consolidación de la Unión Aduanera y Tránsito del Mercado Común" (Acta CMC n. 02/93, Colonia del Sacramento, enero 1994) fue recogido principalmente en el Protocolo de Ouro Preto y en varias decisiones del CMC (ns. 13/93, 3/94, 5/94 y 24/94).

75. Varias conclusiones fluyen de ese conjunto normativo, aplicables al caso en examen:

El sistema del TA subsiste aunque haya tenido modificaciones. El mismo TA prevé el cambio de sus instituciones (art. 18), tiene una duración indefinida (art. 19) y establece procedimientos de denuncia (art. 21 y 22), todo ello evidencia de continuidad.

El régimen que surge es una continuación del anterior y se integra al mismo, fusionándose para conformar en definitiva un único conjunto normativo e institucional. El Protocolo de Ouro Preto, OP, según explica su "Preámbulo", se adopta "en cumplimiento de lo dispuesto en el art. 18" del TA y reafirma "los principios y objetivos" de éste. Define, asimismo, como fuentes jurídicas del Mercosur al TA, sus protocolos, instrumentos adicionales o complementarios, así como los acuerdos celebrados en el marco de esas normas (OP, art. 41). Las instituciones de Ouro Preto son en lo principal las mismas del TA fortalecidas y desarrolladas, adaptadas a las transformaciones ocurridas (OP, "Preámbulo"). Se determina que OP es parte integrante del TA y que la adhesión y la denuncia al Protocolo se harán de acuerdo con las normas del TA (art. 48 y 50).

El objetivo de la conformación de un MC permanece, aunque más distante y sin una fecha concreta de cumplimiento. Se reafirma el objetivo de la Unión Aduanera, tomando ésta el lugar del Mercado Común como referencia en el proceso de integración del Mercosur y como punto de partida para el cómputo de plazos (Acta CMC n. 02/93 y su Anexo I; CMC-Decisiones ns. 5/94 y 24/94).

La intención de las Partes queda claramente ilustrada en el comunicado de los Presidentes al término de la Reunión de Colonia del Sacramento, el que como declaración consensuada de las Partes es un elemento válido de interpretación (cf. Antonio Remiro Brotons, ob. cit., p. 311): "Los Presidentes reafirmaron decididamente los principios, objetivos y plazos previstos en el Tratado de Asunción, para avanzar en forma coordinada, equilibrada y sostenida hacia el establecimiento de la Unión Aduanera y sentar las bases de la conformación del Mercado Común" (numeral 4).

76. Corresponde analizar a la luz de estos elementos la situación jurídica del programa de liberación instituido en los arts. 1 y 5a del TA, 10 del Anexo I al TA y

4 al 11 del ACE n. 18. Habiendo una continuidad del sistema del TA con los instrumentos y decisiones posteriores al punto de configurar un único y mismo sistema, la expiración del plazo pactado originariamente, 31.12.1994, sin que se hubiera completado el desmantelamiento arancelario y no-arancelario y sin que se hubiera conformado el Mercado Común no implica que hayan expirado las obligaciones nacidas bajo el TA.

Más aún, las Partes han reafirmado expresamente la vigencia del art. 10 del Anexo I al TA y de las obligaciones que emergen del mismo, como surge de CMC-Decisión n. 17/97, de 17.12.1997, especialmente el art. 6. Indudablemente tales obligaciones no serán ya exigibles en esa fecha, vinculada a una etapa del proceso de integración que se ha postergado por común acuerdo de los Estados-Partes. Pero éstos han reafirmado su compromiso de llevar adelante el programa de liberación, manteniendo en la nueva configuración del proceso dentro del Mercosur el papel central de la liberación comercial como piedra angular de la estrategia de integración. Posición enteramente congruente con las decisiones adoptadas por el CMC al definir el "Régimen de Adecuación Final a la Unión Aduanera" (CMC-Decisiones ns. 5/94 y 24/94).

77. Dicho régimen en efecto, al tiempo de resolver algunas de las dificultades que se habían presentado en la eliminación de los gravámenes arancelarios y en el régimen de excepciones y salvaguardias, establece un plazo final para completar, mediante desgravaciones lineales y automáticas, la total eliminación de los aranceles en el comercio intra-Mercosur. El plazo, que comienza a correr el 1.1.1995, es de cuatro años para Argentina y Brasil y de cinco para Paraguay y Uruguay, expirando por consiguiente para la totalidad del Mercosur el 31.12.1999. A esa fecha la totalidad de los productos del universo arancelario circularán en el área libre de gravámenes arancelarios. La misma regla rige en los gravámenes parancelarios que de conformidad con el art. 2 de CMC-Decisión n. 24/94 no podrán aplicarse a los productos comprendidos en el Régimen de Adecuación.

78. Habría una contradicción con el fin del programa de liberación y con su papel central en la arquitectura del Mercosur si, abandonando el paralelismo entre la eliminación de RA y RNA, se llegara al desmantelamiento arancelario total mientras el manejo de las RNA quedara al arbitrio unilateral de las Partes que podrían así mantener indefinidamente las restricciones no-arancelarias e incluso aumentarlas. En tal hipótesis perdería todo sentido el programa de liberación y el fundamento mismo del Mercosur estaría en crisis. Habría en ese caso un vaciamiento del contenido del proceso de integración, privándolo de la efectividad del programa de liberación. Se perdería lo que Lecourt (ob. cit., pp. 240 a 241) llama "la plenitud del efecto útil" de las disposiciones y del régimen que determinan.

79. Una interpretación armónica del sistema, congruente y no contradictoria con los fines y objetivos declarados y acordados por las Partes, lleva a que el desmantelamiento NA ha de ocurrir necesariamente en paralelo con el arancelario y ha de concluir junto con éste, conforme fue definido en el TA, su Anexo 1 y el ACE n. 18 y como está impuesto por la naturaleza de ambos, indisolublemente unidos en la liberación del comercio: faltando uno, será inútil el otro. Ello deberá ocurrir a más tardar el 31.12.1999, fecha en la que se completa el programa de liberación comercial luego de la revaluación del Mercosur realizada por los Estados-Partes.

Eliminación de restricciones no-arancelarias

80. La demora en adelantar la eliminación de las RNA revela la existencia al respecto de varias dificultades unidas a su propia dificultad intrínseca. El programa de liberación comercial, aun ordenando tal eliminación y disponiendo que ello fuera simultáneo con el fin de las restricciones arancelarias, no especificó el procedimiento para hacerlo. En las NC al ACE n. 18 los Estados-Partes registraron todas las medidas aplicables al comercio, vigentes a la fecha del TA, las que debían ser eliminadas al 31.12.1994. Pero entre esas medidas se hallaban tanto las que implican restricciones al comercio de naturaleza no-arancelaria como las que son ejercicio normal de competencias de los Estados sin finalidad comercial. Ello ha determinado una compleja discusión acerca de cuáles son las medidas restrictivas y cuáles no. Entre tanto el objetivo de la eliminación de las RNA, lejos de haber desaparecido, es reiterado consistentemente en el sistema normativo del Mercosur proponiéndose procedimientos diversos al efecto. Las normas vigentes contienen una solución para esta situación, coherente con los fines y objetivos del sistema del TA, y que el Tribunal acogerá.

81. El TA y su sistema normativo se hallan inscriptos en el TM-80, en cuyo ámbito, y bajo la forma de un acuerdo de complementación económica de alcance parcial (ACE n. 18), son legitimadas las disposiciones preferenciales del Mercosur. En lo específico de las RNA, el ACE n. 18 en su art. 11 admite la subsistencia hasta el 31.12.1994 de aquéllas contenidas en las NC. Se ha analizado ya el punto de la fecha concluyendo en que ésta ha de ser la del fin del Régimen de Adecuación. En cuanto al alcance de la eliminación de las RNA y medidas relacionadas con el comercio, ha de tenerse en cuenta el art. 50 del TM-80 que señala las medidas que los Estados pueden adoptar y aplicar para proteger determinados valores de naturaleza no-comercial como la moralidad pública, la seguridad, el patrimonio artístico o lo relativo a materiales nucleares. Fluye claramente que sólo las medidas de esta naturaleza podrán mantenerse más allá de la fecha en que se completa la liberación comercial, con dos precisiones: (a) Aun así, sólo serán compatibles con el sistema normativo del Mercosur, como en general con un proceso de integración, aquellas medidas efectivamente "destinadas" a proteger esos bienes – como lo dice el art. 11 –, no debiendo por tanto incidir en el comercio. Conclusión que la jurisprudencia de la Corte de Justicia de la Comunidad, según recoge Soldatos (ob. cit., p. 126), viene a confirmar al rechazar el establecimiento de condiciones o formalidades para la importación, cualquiera que fuere su forma, que distorsionen el comercio o "cuando esas medidas golpean más, formalmente o en la práctica, a los productos extranjeros o no están proporcionadas con el fin perseguido"; y (b) Habrá de continuarse el proceso de armonización de esas medidas, como lo indican entre otras las Decisiones CMC ns. 3/94 y 17/97. Todas las demás medidas no-arancelarias aplicadas al comercio intra-Mercosur deberán ser eliminadas a más tardar al fin del plazo del período de adecuación.

Las medidas bajo el art. 50 del TM, en su excepcionalidad, mantienen el paralelismo con las excepciones al desmantelamiento arancelario admitidas por los Estados, entre otros, en los sectores automotriz y del azúcar.

82. La mera incorporación a las operaciones de comercio exterior de nuevas tecnologías y la implementación de nuevos sistemas informáticos que se ajusten a las pautas establecidas en los párrafos precedentes no se consideran RNA.

Medidas NA anteriores y posteriores

83. La línea argumental seguida por el Tribunal anticipa que la conclusión precedente abarca igualmente a las medidas contenidas en las NC al ACE n. 18 como a cualesquiera otras que se hubieran establecido o restablecido desde entonces. Reconociendo el papel central de la liberación comercial en el cumplimiento de los fines y objetivos del Mercosur, la naturaleza inseparable de sus vertientes arancelaria y no-arancelaria y la obligación de eliminar totalmente las restricciones en ambas, concluyendo el proceso en la misma fecha, es un corolario natural de ello que no quepa restablecer restricciones no-arancelarias eliminadas o imponer nuevas. Como no podrían restablecerse los aranceles.

84. Las Decisiones CMC ns. 3/94 (art. 4) y 17/97 (art. 6) son conformes a este criterio y reafirman la voluntad de las Partes de preservar la integridad del programa de liberación y su resultado de comercio libre sin restricciones dentro del Mercosur.

Conclusiones

85. La decisión del Tribunal se encuadra en las consideraciones precedentes y en el conjunto de las actuaciones de este procedimiento arbitral, todo lo cual debe considerarse parte de la decisión, y se sintetiza en los siguientes puntos:

(i) La controversia planteada ha de situarse en el conjunto normativo del Mercosur, interpretándolo a la luz de las relaciones recíprocas que emanan de esas normas y de los fines y objetivos que los Estados asumieron en el contexto de un proyecto integrador común.

(ii) La cuestión objeto de la controversia es la compatibilidad del régimen de licencias con el conjunto normativo del Mercosur.

(iii) Los instrumentos internacionales que configuran procesos de integración y las obligaciones que resultan de ellos han de ser interpretados en forma teleológica, teniendo en cuenta los fines, objetivos y principios del sistema de integración, aun en ausencia de normas de carácter supranacional.

(iv) El TA y su sistema normativo contienen disposiciones que fijan objetivos y principios; que crean órganos para desarrollar la integración; y que establecen obligaciones concretas para los Estados. Entre éstas últimas se halla el programa de liberación comercial que debe ser completado tanto en lo arancelario como en lo no-arancelario.

(v) El programa de liberación comercial tiene un papel central en el TA y su sistema normativo al atacar el principal escollo tradicional para los esfuerzos de integración y al ser así sustento de las demás acciones en el Mercosur.

(vi) El programa de liberación comercial está formado tanto por el abatimiento de aranceles hasta llegar a cero en todo el universo arancelario como por la eliminación de todas las RNA y equivalentes. Las Partes están obligadas a completar ambos aspectos de la liberación comercial que están indisolublemente unidos y deberán hacerlo a la misma fecha.

(vii) La postergación de la fecha de conformación del MC no deroga la obligación acordada en común por las Partes de eliminar totalmente las RA y NA, aunque obviamente deja de ser exigible el 31.12.1994. Luego de la revaluación del Mercosur realizada por las Partes, la eliminación total de todas las RA y NA o medidas de efectos equivalentes u otras restricciones al comercio entre los Estados-Partes deberá ocurrir a más tardar el 31.12.1999, fecha en la cual se completa el Régimen de Adecuación y con él el fin de las RA.

(viii) La obligación de eliminar las medidas NA no alcanza a aquéllas comprendidas en el art. 50 del TM-80, siempre que estén efectivamente destinadas a los fines allí indicados y no configuren obstáculos comerciales, según lo señalado en el párrafo 81. Las medidas bajo el art. 50 deberán ser armonizadas.

(ix) La obligación de eliminar las RNA alcanza tanto a las existentes al tiempo del TA como a las posteriores, ya sean éstas nuevas o anteriores restablecidas.

(x) La aplicación de las conclusiones precedentes al régimen de licencias determina a su vez lo siguiente:

– Las licencias automáticas son compatibles con el sistema normativo del Mercosur en tanto no contengan condiciones o procedimientos y se limiten a un registro operado sin demora durante el trámite aduanero.

– Las licencias no-automáticas solamente son compatibles con el sistema normativo del Mercosur en tanto correspondan a medidas adoptadas bajo las condiciones y con los fines establecidos en el art. 50 del TM-80 y con las precisiones establecidas en el numeral viii de estas conclusiones.

DECISIÓN

Por todo lo expuesto y de acuerdo con el Protocolo de Brasilia, su Reglamento, el Protocolo de Ouro Preto y las normas y principios jurídicos aplicables, así como las Reglas de Procedimiento del Tribunal, este Tribunal Arbitral *Ad Hoc*, en la "Controversia sobre Comunicados n. 37 del 17 de diciembre de 1997 y n. 7 del 20 de febrero de 1998 del Departamento de Operaciones de Comercio Exterior (DECEX) de la Secretaría de Comercio Exterior (SECEX): Aplicación de Medidas Restrictivas al Comercio Recíproco", acogiendo parcialmente la reclamación,

Decide por unanimidad lo siguiente:

I – El régimen de licenciamiento objeto de la controversia deberá ajustarse a los criterios establecidos en el numeral 85 precedente (Conclusiones), y en particular a sus párrafos vi, vii, viii, ix y x. El plazo al efecto será hasta el 31.12.1999.

II – Los costos del procedimiento arbitral serán sufragados por las Partes en la controversia de acuerdo con el art. 24 del Protocolo de Brasilia y de la siguiente forma:

Cada Estado se hará cargo de los gastos ocasionados por la actuación del árbitro por él nombrado. La compensación pecuniaria del Presidente y los demás gastos del Tribunal serán abonados en montos iguales por las Partes. Los pagos correspondientes deberán ser realizados por las Partes a través de la Secretaría Administrativa del Mercosur, en la ciudad de Montevideo, dentro de los 30 días de la notificación del laudo.

III – Las actuaciones de la presente instancia arbitral serán archivadas en la Secretaría Administrativa del Mercosur y quedarán bajo su custodia.

IV – Notifíquese esta decisión a las Partes por intermedio de la Secretaría Administrativa del Mercosur y publíquese.

Dr. Juan Carlos Blanco, árbitro presidente – *Dr. Guillermo Michelson Irusta*, árbitro – *Dr. João Grandino Rodas*, árbitro.

ESTUDOS & COMENTÁRIOS

LAUDO DEL TRIBUNAL ARBITRAL "AD HOC" DEL MERCOSUR CONSTITUIDO PARA ENTENDER EN LA RECLAMACIÓN DE LA REPÚBLICA ARGENTINA AL BRASIL, SOBRE SUBSIDIOS A LA PRODUCCIÓN Y EXPORTACIÓN DE CARNE DE CERDO

En la ciudad de Asunción del Paraguay a los 27 días de setiembre de 1999, el Tribunal Arbitral *Ad Hoc* del Mercosur constituido para dccidir la controversia entre la República Argentina y el Brasil sobre la existencia de subsidios a las exportaciones de carne de cerdo se reune con la finalidad de deliberar y dictar su decisión.

El Tribunal está compuesto por su Presidente Dr. Jorge Peirano Basso, de la República Oriental del Uruguay, y por los Drs. Atílio Aníbal Alterini y Luiz Olavo Baptista, árbitros indicados respectivamente por la República Argentina y el Brasil, países de los cuales son ciudadanos y residentes.

El Tribunal fue constituido de acuerdo con el Protocolo de Brasilia del 17.12.1991, modificado por el Protocolo de Ouro Preto, y la Decisión n. 17/98 del Consejo Mercado Común.

RESULTANDO

Inicio del procedimiento ante la Comisión de Comercio del Mercosur

1. La controversia se inició con la notificación de la reclamación presentada al Brasil por la Sección Nacional de la República Argentina, en la XXII Reunión de la Comisión de Comercio del Mercosur en agosto de 1997, por "Subsidios a la producción y exportación de carne de cerdo". Comenzó entonces la primera etapa de negociaciones entre las Partes, prevista en el Protocolo de Brasilia para la Solución de Controversias en el Mercosur.

2. Una vez agotado el plazo establecido en el Protocolo de Brasilia, sin que se obtuviese el resultado esperado, la República Argentina elevó su reclamación a la Comisión de Comercio del Mercosur (CCM) en la XXV Reunión. En la segunda etapa del procedimiento, no habiéndose llegado a una solución satisfactoria, solicitó el arbitraje, instalándose el Tribunal Arbitral.

Constitución del Tribunal Arbitral

3. El art. 7-numeral 1 del Protocolo de Brasilia dispone: "Cuando la controversia no hubiera podido solucionarse mediante la aplicación de los procedimientos referidos en los Capítulos II y III, cualquiera de los Estados-Partes en la controversia podrá comunicar a la Secretaría Administrativa su intención de recurrir al procedimiento arbitral que se establece en el presente Protocolo".

4. El Tribunal Arbitral es la segunda etapa de un *iter* que en este caso ya ha tenido sus dos primeras fases desarrolladas regularmente. Establece también el art. 9 del Protocolo de Brasilia que el procedimiento arbitral tendrá lugar ante un Tribunal Arbitral *ad hoc*, compuesto por tres árbitros pertenecientes a la lista referida en el art. 10.

5. Fueron designados árbitros el profesor Dr. Atílio Aníbal Alterini por la Argentina, el profesor Dr. Luiz Olavo Baptista por Brasil y el profesor Dr. Jorge Peirano Basso, de Uruguay, Presidente del Tribunal Arbitral. No hubo objeciones o impugnaciones de las Partes en cuanto a la elección de los árbitros.

6. Los árbitros aceptaron el cargo y firmaron la declaración a que se refiere la Decisión n. 17/98 del Consejo Mercado Común (CMC), la cual se halla archivada en la Secretaría Administrativa del Mercosur.

7. Constituido el Tribunal, el día 7.4.1999, dictó las Reglas de Procedimiento conforme lo establece el art. 15 del Protocolo de Brasilia, lo cual se comunicó a las Partes.

8. Las Reglas aseguran el derecho de manifestarse y el principio del contradictorio, y en audiencia presentar y debatir argumentos, pruebas y contrapruebas. Las Reglas se orientan a que el proceso se realice de forma expeditiva y económica.

9. Las Partes solicitaron conjuntamente dos veces la suspensión del curso del proceso, a lo cual el Tribunal accedió.

10. El primer pedido de prórroga, por 60 días corridos, fue solicitado el 16.4.1999, venciendo el plazo el 15 de junio del mismo año. El Tribunal determinó como fecha-límite para la presentación de las pretensiones de las Partes el 27.6.1999.

11. El 16 de junio, nuevamente las Partes solicitaron una prórroga por 30 días adicionales, que fue concedido por el Tribunal Arbitral. La culminación del proceso arbitral se fijó para el 27.9.1999.

12. Los Estados-Partes presentaron sus respectivos escritos, informando al Tribunal sobre las instancias cumplidas anteriormente y expusieron los fundamentos de hecho y de derecho de sus respectivas posiciones.

13. Los representantes y asesores por ellos designados ante el Tribunal Arbitral comparecieron a la audiencia que fue realizada en la Secretaría Administrativa del Mercosur el día 7.9.1999, presentando sus respectivos argumentos y pruebas. Asimismo, respondieron las preguntas formuladas por los árbitros, cerrándose la fase probatoria.

14. Después de la audiencia la República Argentina presentó un escrito ampliatorio, confiriéndose traslado del mismo al Brasil. Los árbitros decidieron no examinar los nuevos elementos presentados, tomando en consideración solamente aquellos argumentos ya expuestos en instancias anteriores.

15. Dicho esto, se pasa a examinar las posiciones de las Partes y sus argumentos de hecho y de derecho.

Reclamo de la República Argentina

16. La reclamación hecha por la República Argentina trató inicialmente sobre los procedimientos y normas brasileñas que entiende caracterizan subsidios a la exportación de carne de cerdo, solicitando la corrección por parte del Brasil de esa normativa, por considerar que causa distorsiones que afectan la competitividad de los productos argentinos.

17. Dicha práctica, según entiende, sería violatoria de los compromisos asumidos por los Estados-Partes en el Tratado de Asunción, principalmente el de la obligación de garantizar las condiciones equitativas de competitividad para los agentes económicos de la región.

18. La reclamación señala las medidas que constituirían subsidios. Posteriormente, ante la CCM, fueron presentados nuevos hechos y argumentos.

19. El reclamo presentado inicialmente se refería a la existencia de *stocks* públicos de maíz (CONAB), al PROEX y a los Anticipos de Contrato de Cambio (ACC) y Anticipos de Contratos de Exportación (ACE). Después, la República Argentina agregó nuevos argumentos referidos a este último ítem e introdujo un nuevo reclamo referido al Crédito Presunto de IPI (Crédito Presunto del Impuesto a los Productos Industrializados).

20. En esencia, la argumentación argentina con relación a la CONAB es la siguiente.

La República Argentina cuestionó el sistema brasileño de *stocks* públicos de maíz para la compra, almacenamiento y venta del producto, así como la forma de administración del mismo por la CONAB, que incluye fijación de precios de liberación de *stocks* (PLE), lo cual permitiría la transferencia de recursos a los productores brasileños de cerdos. Esta transferencia se produciría por medio de la estabilización de precios de maíz en los períodos de entre zafra, evitando el alza de los mismos. En los ciclos de precios altos en el mercado internacional, el mecanismo neutraliza los efectos del aumento en el mercado interno brasileño, en beneficio de los productores locales de cerdos, permitiéndoles adquirir el cereal a precios inferiores a los vigentes en el mercado internacional. La República Argentina entiende que este es un incentivo sectorial, cuyo beneficio se transfiere a las exportaciones de carne de cerdo destinadas al mercado regional, permitiendo la venta de estas mercaderías a precio inferior al que tendrían si no hubiese intervenido la CONAB. Por eso, concluye que la carne de cerdo exportada de Brasil para el Mercosur incorpora un subsidio perjudicando la producción argentina, por las importaciones de productos subvencionados. Esa práctica constituiría una violación por parte de Brasil de la Decisión CMC n. 10/94, que prohibe ciertos tipos de incentivos a la producción y a la exportación.

21. Programa de financiamiento de las exportaciones (PROEX) – La segunda reclamación de la Argentina refiere al PROEX, programa brasileño de asistencia financiera de las exportaciones de bienes y servicios, que opera a través de dos modalidades:

a) Equivalencia de tasas de interés: este sistema consiste en el pago de la diferencia entre la tasa de captación de recursos admitida por el Banco Central de Brasil y una tasa mínima internacional de captación (la referencia es el LIBOR). El financiamiento otorgado por el BNDES (Banco Nacional de Desarrollo Económico y Social) establece un *spread* que es llamado ecualización, que es financiado por el Tesoro Nacional con recursos establecidos anualmente por el Poder Ejecutivo.

b) Financiamiento de exportaciones de bienes y servicios: este sistema se realiza a través del PROEX, mediante el descuento de los títulos representativos en las exportaciones a plazo. El monto financiado alcanza el 85% del principal y la tasa de interés cobrada por los préstamos corresponde a la tasa LIBOR, conforme es divulgada por el Banco Central de Brasil. El uso del PROEX en cualquiera de sus dos modalidades de operaciones de exportación al Mercosur constituye según el reclamante un incentivo brasileño a la exportación, prohibido por la Decisión CMC n. 10/94. Ello, porque representa un subsidio a los bancos financiadores, destinado a beneficiar a los exportadores. Por lo tanto, constituye una intervención directa del Gobierno Brasileño que subsidia el diferencial de tasas a los bancos que operan con el Programa, utilizando fondos que provienen del Tesoro Nacional. El diferencial de tasas de interés da al exportador brasileño una ventaja financiera, que le permite exportar a un precio inferior al que resultaría si las operaciones financieras fueran hechas a las tasas de interés internas vigentes para las ventas destinadas al mercado interno.

22. Uso de otros instrumentos financieros (ACC y ACE) – Reclama Argentina que las exportaciones brasileñas se benefician también de otros mecanismos promocionales de financiamiento a las exportaciones contraviniendo lo preceptuado por la Decisión CMC n. 10/94. Los instrumentos financieros usados son el Adelanto de Contrato de Cambio (ACC) y un Anticipo de Contrato de Exportación (ACE), los cuales son pactados entre empresas exportadoras y bancos comerciales del Brasil. Alega la reclamante que la intervención estatal, mediante la utilización de los mecanismos de ACE y ACC, permite a los exportadores brasileños contratar con los bancos comerciales tasas de interés del 12% al 15% al año, en dólares. La tasa de interés interna estaría próxima al 30%. Los ACC y ACE ofrecen tasas de interés reducidas porque el Gobierno Brasileño interviene en el mercado financiero sancionando normas que eximen a las entidades financieras de las obligaciones de orden fiscal y monetario. Estos privilegios abaratan el costo de los préstamos que son hechos con tasas de interés reducidas artificialmente, a un nivel inferior al que debería regir en condiciones de mercado.

La República Argentina afirma que la Decisión CMC n. 10/94 no habilita a los Estados-Partes a implementar mecanismos de promoción de exportaciones de naturaleza financiera para bienes de consumo.

En el caso de los ACC y ACE esos incentivos serían:

a) Arbitraje de tasas de interés: la diferencia entre las tasas de interés de mercado y las obtenidas a través de ACC y ACE daría causa a la práctica del arbitraje de tasas de interés. La ganancia derivada del arbitraje financiero permitiría la posibilidad al exportador brasileño de reinvertir los recursos obtenidos a través de ACC y ACE a tasas de interés internas en reales. De esta forma, habría una ganancia obtenida en función de la diferencia entre las tasas de interés interna y externa, producida por el mecanismo del subsidio.

b) Exoneración del IOF: el Decreto n. 2.219, de mayo de 1997, que reduce la alícuota del impuesto sobre las operaciones financieras (IOF) de 25% al 0% para las operaciones de cambio vinculadas a las exportaciones de bienes y servicios, sería un incentivo a los bancos para que concedieran los ACC y ACE. La Portaria del Ministerio de Hacienda n. 05/99 excluye las operaciones de cambio del aumento generalizado de las alícuotas de IOF, manteniendo la ventaja.

c) Exoneración de encaje: la Circular del Banco Central n. 2.534, de 11.1.9195, que elimina el requisito de encaje en las operaciones ACC y ACE, sería otra forma de incentivar a los bancos para que den ventajas a los exportadores.

23. Crédito presunto de IPI (restitución de PIS/COFINS) – A través de esta concesión el Gobierno Brasileño devuelve al productor exportador el valor de las contribuciones de PIS y COFINS de las compras de materias-primas y productos intermedios de los bienes destinados a la exportación. Esta restitución es realizada a través de un *crédito presumido de IPI* equivalente al 5,37% sobre el costo de los insumos de la cadena productiva.

El subsidio según el reclamante es el siguiente:

a) La devolución (5,37%) es superior al pago de PIS y COFINS en los casos de productos e insumos que no requieren varias etapas de elaboración como la carne de cerdo. Esto representa para la empresa productora o exportadora el otorgamiento de un crédito fiscal que excede el débito efectivamente incurrido en las contribuciones sociales y que permite ofrecer un precio menor, transformándose en una ventaja competitiva para los productores brasileños de carne de cerdo.

b) De acuerdo con las normas vigentes del Acuerdo sobre Subvenciones y Medidas Compensatorias de OMC, el PIS y COFINS por ser contribuciones sociales no pueden ser restituidos.

Además, la restitución de estas contribuciones no se incluye entre las excepciones previstas en el art. 12 de la Decisión CMC n. 10/94.

Respuesta del Brasil

24. Desde el inicio del procedimiento, el Brasil niega la admisibilidad de las reclamaciones argentinas.

25. El Gobierno Brasileño alegó como cuestión preliminar que el argumento referente al *crédito presumido de IPI* y los argumentos adicionales sobre ACC y ACE no constaban en el objeto del Reclamo Argentino. Entiende que de acuerdo con lo establecido en el art. 28 de la Decisión CMC n. 17/98, que reglamenta el procedimiento arbitral instituido por el Protocolo de Brasilia, sólo deben ser considerados los hechos y los argumentos presentados al inicio de la reclamación.

La respuesta brasileña contesta la argumentación argentina en cuatro aspectos:

26. Sistemas de *stocks* públicos de maíz – Examinando esta cuestión, el Brasil rechaza la afirmación de Argentina de que ha existido violación de la Decisión CMC n. 10/94, puesto que ésta se refiere a incentivos a las exportaciones y no a incentivos a la producción. Si hubiese incentivo, alega, no sería a la exportación sino a la producción de maíz. El Gobierno Brasileño afirma que las compras gubernamentales sostienen los precios del maíz y no tienen como objeto beneficiar a los productores de cerdos en la adquisición de este insumo. Asimismo, Brasil afirma que hasta el presente no hay norma del Mercosur que prohiba el sistema de *stocks* públicos de maíz o el mantenimiento de precios de productos agrícolas. Sostiene, además, que no hay relación entre la formación y la venta de los *stocks* y los supuestos incentivos a las exportaciones. Como la venta se hace en licitaciones públicas, el precio de venta es el precio de mercado establecido en las mismas. Argumenta el Gobierno Brasileño que las ventas son hechas por valor no inferior a las condiciones vigentes de mercado, y, por ende, no hay beneficio a los productores de carne de cerdo en el sentido del art. I del ASMC. Afirma que los precios de maíz en el mercado brasileño acompañan la tendencia de los precios existentes en los mercados externos de referencia y presenta una serie histórica de precios de maíz, para demostrar que estos estaban habitualmente por encima de los precios externos de referencia. Y si hubiese algún beneficio, éste favorecería tanto a las ventas externas de carne de cerdo, como a las ventas del mercado doméstico, no configurándose el subsidio. Concluye el Gobierno Brasileño que la práctica de sostén de precios al productor agrícola fue comunicada a la OMC y es lícita de acuerdo con las reglas de esta Organización. Manifiesta finalmente que la Decisión CMC n. 10/94 es un compromiso meramente programático sin plazo de cumplimiento predeterminado.

27. Programa de financiamiento a las exportaciones (PROEX) – Para el Gobierno Brasileño no procede la reclamación argentina del PROEX, porque el Ministerio de Desarrollo, Industria y Comercio aprobó la Portaria n. 93, de 23.3.1999, estableciendo la imposibilidad de utilizar el PROEX, en sus dos modalidades, para las exportaciones de bienes de consumo destinados al Mercosur. Reafirma su posición sosteniendo que no utilizó el PROEX en las exportaciones de bienes de consumo para los países del Mercosur.

28. Uso de otros instrumentos financieros (ACC y ACE) – De acuerdo con la respuesta brasileña, las operaciones de ACC y ACE se realizan internamente en la esfera privada, sin intervención del sector público y no suponen contribuciones financieras por parte del Gobierno, no existiendo concesión de ningún beneficio. Además el ACC y ACE no son operaciones de crédito, sino una anticipación de precio de compra de moneda extranjera por los bancos. Entiende también que no procede la afirmación de la reclamante, sobre la eximición a los ACC/ACE del mecanismo de encaje obligatorio regulado por el Banco Central.

a) Arbitraje de tasas de interés: con relación a la alegación argentina de que fue creado un sistema de arbitraje para favorecer a los exportadores de carne de cerdo, Brasil contesta afirmando que no hay ningún mecanismo formal de ese tipo creado o administrado por el Gobierno. Existe apenas una realidad de mercado, que es el costo de oportunidad para el caso que el exportador pueda efectuar transitoriamente inversiones en el mercado financiero nacional, pudiendo obtener ganancias por el diferencial de tasas, hasta el momento de destinar los recursos a la producción de la mercadería exportada La desnaturalización de la operación de ACC está prohibida por la reglamentación del Banco Central, aplicándose una pesada multa en caso de incumplimiento del compromiso del exportador de embarcar la mercadería.

b) Exención de IOF: con relación a la exención de IOF, sostiene Brasil que la alícuota de este impuesto es cero, debido a que para la legislación brasileña no constituye financiamiento. Afirma el Gobierno Brasileño que los ACC y ACE son compras, a término de divisas, realizadas por los bancos y las operaciones de venta de moneda extranjera, a esos efectos, no están sujetas al IOF. Explica que si no hubiera embarque de mercadería y el contrato de cambio fuera cancelado, en ese caso, la operación sería pasible del IOF.

c) Exoneración del encaje obligatorio para los bancos: expresa el Brasil que no procede tampoco la argumentación de la reclamante sobre el privilegio de la exención del encaje obligatorio, conferido a los ACC/ACE por el Banco Central. En el caso de ACC/ACE no existe el encaje obligatorio del Banco Central de acuerdo con la regla general aplicable a todas las operaciones financieras pasivas.

29. Crédito presunto de IPI (impuesto a los productos industrializados) – Para el Gobierno Brasileño no hay subsidio ni violación de la Decisión CMC n. 10/94 porque las contribuciones PIS y COFINS configuran tributación indirecta y por tanto su restitución es permitida tanto por la Decisión CMC n. 10/94 como por las reglas de OMC. El PIS/COFINS es un tributo indirecto para el sistema jurídico brasileño en razón de la caracterización de su hecho generador. A su vez, la operación de crédito presunto es solamente un registro de débito/crédito, no pudiendo haber un reintegro superior al pago efectuado. Por ende, no hay subsidio a la exportación.

30. Conclusiones de CCM – De acuerdo con lo establecido en el art. 21 del Protocolo de Ouro Preto y su Anexo, la Comisión de Comercio de Mercosur en la Reunión del 3.2.1998 (Acta n. 1/98), examinó la reclamación, y ante la imposibilidad de llegar a una solución consensuada convocó a un Comité Técnico para analizar la controversia. Finalmente, en la Reunión realizada el 3.3.1998 (Acta n. 2/98) los miembros del Comité Técnico no habiendo llegado a una solución común, presentaron sus conclusiones por separado, dando lugar a que las Partes iniciaran la etapa arbitral.

CONSIDERANDO

Aspectos de procedimiento

31. El presente Tribunal ha sido constituido de conformidad con el Protocolo de Brasilia y su Reglamento, y con el Protocolo de Ouro Preto. En particular han sido sustanciadas las etapas previas al arbitraje requeridas por el Protocolo de Ouro Preto, ante la Comisión de Comercio del Mercosur (Reuniones agosto de 1997, diciembre de 1997 y marzo de 1998), Reunión bilateral de Estados (octubre de 1997), Comité Técnico (marzo de 1998) y Grupo Mercado Común (XXIX Reunión).

32. El procedimiento arbitral ha sido iniciado por la República Argentina ante la reclamación efectuada por la Asociación Argentina de Productores Porcinos, la Sociedad Rural Argentina, la Cámara de Exportadores de la República Argentina y Confederaciones Rurales Argentinas ante la Sección Nacional del Grupo Mercado Común de la República Argentina, al amparo de lo dispuesto por el Capítulo IV del Protocolo de Brasilia.

33. El Protocolo de Brasilia trata dos tipos de controversias: a) las que surgen entre los Estados-Partes (Capítulos I, II, III y IV); y b) las planteadas como consecuencia de reclamos de particulares (Capítulos V y IV).

34. En ambos casos, el texto prevé un procedimiento compuesto de tres etapas necesarias y sucesivas. La culminación de cualquiera de las dos primeras etapas no produce efectos jurídicos salvo el de habilitar la instancia siguiente. Y en ambos casos la tercera etapa constituye un arbitraje, el que está regulado por las mismas disposiciones.

35. Lo precedentemente expuesto merece ser destacado por cuanto evidencia que el ejercicio de la función jurisdiccional es propio y específico tan sólo de la etapa arbitral. En cambio, no se encuentra presente en las etapas previas.

36. En lo que refiere específicamente a los procedimientos para la solución de controversias promovidos a impulso de particulares – como ocurre en la especie – estos deberán aportar a la Sección Nacional correspondiente elementos de juicio que le permitan comprobar la verosimilitud de la violación del orden jurídico aplicable, así como la existencia o amenaza de perjuicio.

37. Al respecto, dispone el numeral 1 del art. 26 del Protocolo de Brasilia que: "Los particulares afectados formalizarán los reclamos ante la Sección Nacional del Grupo Mercado Común del Estado-Parte donde tengan su residencia habitual o la sede de sus negocios". Agrega el numeral 2 de la misma norma que: "Los particulares deberán aportar elementos que permitan a la referida Sección Nacional determinar la verosimilitud de la violación y la existencia o amenaza de un perjuicio".

38. Del claro tenor de la disposición precedentemente transcripta se desprende que la Sección Nacional analiza lo que en el Derecho Procesal se llama el *fumus bonis juris*, es decir, en qué elementos se apoya la verosimilitud del derecho que pueda asistir al particular concretamente en el caso planteado y su perjuicio. Claramente, se está en una etapa en la cual todavía no ha entrado a funcionar el procedimiento arbitral; su único efecto es – en caso de que la valoración de la Sección Nacional sea positiva – habilitar el paso a la etapa siguiente. Superadas favorablemente las etapas previas, recién se ingresa al procedimiento arbitral, de naturaleza jurisdiccional.

39. De acuerdo con el art. 25 del Protocolo de Brasilia, el procedimiento previsto a impulso de los particulares tiene lugar únicamente con motivo de la "sanción o aplicación, por cualquiera de los Estados-Partes, de medidas legales o administrativas de efecto restrictivo, discriminatorio o de competencia desleal, en violación del Tratado de Asunción, de los acuerdos celebrados en el marco del mismo, de las decisiones del Consejo del Mercado Común o de las resoluciones del Grupo Mercado Común". El Protocolo de Ouro Preto agrega a este artículo las directivas de la Comisión de Comercio del Mercosur (art. 43, párrafo único).

40. En el marco del proceso arbitral propiamente dicho rigen las reglas y principios generales en materia jurisdiccional, razón por la cual deberán probarse las afirmaciones que las Partes realizan. Tal como ocurre en los Derechos Procesales Internos, la acreditación previa que pueda haberse realizado en procesos previos o cautelares no exonera de la prueba debida a ser rendida en el proceso principal.

41. A juicio del Tribunal, en consecuencia, no basta que se alegue la sanción o aplicación, por cualquiera de los Estados-Partes, de medidas legales o administrativas de efecto restrictivo, discriminatorio o de competencia desleal contra el sistema normativo del Mercosur, sino que es necesario además que los Estados-Partes prueben la existencia o amenaza de un perjuicio derivado de dicha violación.

42. A los efectos de la resolución de la controversia, el Tribunal habrá de considerar y valorar la prueba ofrecida por las Partes en el presente procedimiento de acuerdo con las reglas de la sana crítica y con las Reglas de Procedimiento adoptadas por el mismo.

Objeto de la "litis"

43. El procedimiento de solución de controversias en el Mercosur se desenvuelve en diferentes fases. Si no hubiera acuerdo en la etapa de negociación diplomática, se deja paso a la segunda etapa que es arbitral. Estos procedimientos forman parte de un mismo ítem, destinado a encontrar una solución al conflicto.

44. El objeto de las controversias entre Estados, tanto cuando se producen directamente entre ellos, o a instancia de los reclamos de los particulares, se determina cuando el Estado reclamante presenta su reclamación y el Estado reclamado contesta aceptándola total o parcialmente o rechazándola. Si el objeto de la controversia ha quedado fijado en la etapa de negociaciones diplomáticas, a partir de entonces ya no puede haber modificación del objeto de la *litis* por las Partes involucradas. Si admitiéramos en la fase arbitral reclamaciones no alegadas en la fase anterior, estaríamos aceptando que se puede obviar la fase diplomática para ir directamente a la fase arbitral, lo cual violenta la letra y el espíritu del procedimiento de solución de controversias del Mercosur.

45. Sin embargo, es preciso tener en cuenta que esto no significa que las Partes no puedan complementar y profundizar la argumentación en que se base su reclamación u oposición, en su caso, dado que esto no es más que ejercer su derecho de defensa.

46. Es importante recordar aquí el laudo del Tribunal Arbitral *Ad Hoc* del Mercosur (del 28.4.1999, n. 53): "(...) Es claro que tanto el Protocolo de Brasilia, como el de Ouro Preto, al prever etapas previas al arbitraje, impone que no pueda añadirse en esta última instancia cuestiones no procesadas en los escalones anteriores y los escritos de presentación y contestación ante el Tribunal han de ajustarse a esa regla".

47. El objeto de la controversia se divide sustancialmente en tres materias básicas, las cuales surgen de la reclamación inicial de la República Argentina ante la Comisión de Comercio del Mercosur, vinculadas a la existencia o no de subsidios a la producción y exportación de carne de cerdo por Brasil.

48. El primer punto de controversia es el relativo a si la aplicación del Sistema de *Stocks* Públicos de Maíz establecidos por la Ley n. 8.171, de 17.1.1991, y por la Portaría Interministerial n. 182, de 22.8.1994, del Gobierno del Brasil. implica la concesión de subsidios incompatibles con las normas del Mercosur.

49. El segundo punto de la controversia es el reclamo vinculado al Programa de Financiamiento de Exportaciones (PROEX), sancionado por el Gobierno del Brasil mediante la Ley n. 9.198, del 1.6.1991, tanto en sus modalidades de financiamiento de exportaciones de bienes y servicios como de ecualización de tasas.

50. El tercer punto de controversia es el relativo a la utilización de los mecanismos de ACC (Anticipo de Contrato de Cambio) y ACE (Anticipo de Contrato de Entrega) por parte de los exportadores brasileños.

En esta materia, la reclamación original de la República Argentina no especificaba en qué consistían los subsidios a la financiación de exportaciones por parte del Gobierno del Brasil, limitándose a señalar el efecto económico que dichos mecanismos generaban en las tasas de interés y en la posibilidad de arbitraje financiero. No obstante, en la presentación realizada ante este Tribunal, la República Argentina especificó cuáles eran los mencionados subsidios, sosteniendo que los mismos consistían en exoneraciones y reducciones tributarias y exoneración de encajes.

Si bien el Estado-Parte tiene la obligación de detallar con precisión el objeto de la reclamación al momento de la promoción del reclamo inicial, presentándose dudas respecto al cumplimiento de dicho requisito por parte de la República Argentina, este Tribunal se inclina por admitir en el presente caso las aclaraciones y nuevas fundamentaciones realizadas por dicha Parte.

Por tanto, el tercer punto de controversia lo constituye la discusión respecto de si las exoneraciones y reducciones tributarias y la exoneración del encaje obligatorio a los mecanismos de ACC y ACE constituyen subsidios a la exportación prohibidos por la normativa del Mercosur.

51. Este Tribunal entiende que el reclamo vinculado al crédito presunto del impuesto a los productos industrializados (IPI) mediante el cual se reintegran en las exportaciones las contribuciones del Programa de Integración Social (PIS), del Programa de Formación del Patrimonio del Servicio Público (PASEP) y de la Contribución a la Financiación de la Seguridad Social (COFINS) está fuera del objeto del proceso. Dicho reclamo no fue presentado formalmente en la reclamación inicial de la República Argentina ante la Comisión de Comercio del Mercosur.

52. Antes de pasar a considerar los puntos objeto del litigio, conviene precisar las fuentes normativas que el Tribunal deberá considerar para la resolución del presente conflicto.

Marco jurídico aplicable

53. El Protocolo de Brasilia enuncia las fuentes normativas del Mercosur, disponiendo en su art. 19: "El Tribunal Arbitral decidirá la controversia sobre la base de las disposiciones del Tratado de Asunción, de los acuerdos celebrados en el marco del mismo, de las decisiones del Consejo del Mercado Común, de las resoluciones del Grupo Mercado Común, así como también de los principios y disposiciones del Derecho Internacional aplicables en la materia". Dicha enumeración consagra un Derecho originario constituido por las normas de los tratados y sus anexos y los acuerdos entre los Estados y un Derecho derivado formado por las decisiones del Consejo del Mercado Común y las resoluciones del Grupo Mercado Común.

54. El Protocolo de Ouro Preto agregó como fuente normativa del Mercosur las directivas de la Comisión de Comercio del Mercosur (art. 41). Dicho Tratado esclarece que las normas emanadas de los órganos del Mercosur (Consejo del Mercado Común, Grupo Mercado Común y Comisión de Comercio del Mercosur) "tendrán carácter obligatorio y, cuando sea necesario, deberán ser incorporadas a los ordenamientos jurídicos nacionales mediante los procedimientos previstos por la legislación de cada país" (art. 42).

55. La circunstancia de que determinadas normas requieran de implementación posterior no significa que las mismas carezcan de todo valor, sino que los Estados tienen la obligación de no frustrar su aplicación así como el cumplimiento de los fines del Tratado de Asunción y sus Protocolos complementarios. Cabe a este respecto recoger la perspectiva finalista del proceso de integración del Mercosur reafirmada en el laudo del Tribunal Arbitral *Ad Hoc* (de fecha 28.4.1999, numeral 57), el cual destaca que: "El enfoque teleológico resulta más patente aún en los tratados e instrumentos que conforman organismos internacionales o configuran procesos o mecanismos de integración. A diferencia de otros instrumentos en cierto modo estáticos, donde los derechos y obligaciones se agotan en algunos pocos actos de ejecución, en aquellos casos constituye un marco, una estructura, para desarrollar actividades variadas y múltiples, donde la valoración teleológica de las obligaciones y de las actividades ocupa un lugar central so pena de perder todo sentido"; y numeral 65, que dice: "(...). De esta manera, la liberación comercial, escollo tradicional de los intentos anteriores de integración latinoamericana, se constituiría en la masa crítica necesaria para impulsar las demás acciones hacia el Mercado Común, quebrando la tradicional línea de resistencia a los esfuerzos anteriores de integración". Esta es la convicción común de todos los Estados-miembros del Mercosur, como lo han manifestado las Partes durante el proceso.

56. La aplicabilidad de las normas y fines del Tratado de Asunción debe realizarse, además, desde una óptica integradora con las normas y principios que regulan el Derecho Internacional. Conviene recordar que el Protocolo de Brasilia expresamente consagra como fuente normativa del Mercosur "los principios y disposiciones del Derecho Internacional aplicable en la materia" (art. 19). Dicha referencia cobra especial relevancia en un proceso de integración en formación y en pleno proceso de profundización, el cual requiere una constante elaboración normativa interna y coordinación de las políticas del bloque con las normas que rigen el comercio internacional.

57. En un nivel más amplio que el regional, las relaciones comerciales internacionales se rigen por las reglas de la Organización Mundial del Comercio (OMC). En éste ámbito, las restricciones al otorgamiento de subsidios a la exportación están reguladas por el Acuerdo sobre Subsidios y Medidas Compensatorias (ASMC). En el seno de la OMC se insertan las reglas de ALADI y, en un círculo más interno, las normas del Mercosur. Todas estas normas pretenden asegurar condiciones de libre comercio que caracterizan y dan sustento a un proceso de integración.

58. En el ámbito regional, dentro del elenco de fuentes normativas aplicables al caso, adquiere especial relevancia el análisis de la Decisión del Consejo Mercado Común n. 10/94, sobre Armonización para la Aplicación y Utilización de Incentivos a las Exportaciones por Parte de los Países Integrantes del Mercosur, en la medida que se trata de una decisión emanada de un órgano con supremacía institucional y jerárquica dentro de la organización del Mercosur, que contiene disposiciones sobre restricciones a los incentivos a las exportaciones.

59. A la luz de dicho sistema normativo es que deberá abordarse la dilucidación de la controversia planteada, a cuyos efectos resulta indispensable desentrañar el concepto de subsidio, tanto en el ámbito internacional de la OMC, como en el regional del Mercosur.

Concepto de subsidio

60. Fue durante la Ronda de Tokio, aún durante la vigencia del GATT, que se elaboró el antiguo Código sobre Subsidios y Medidas Compensatorias. Su defectuosa regulación dio origen a muchas controversias, en especial entre Estados Unidos y la Comunidad Europea, lo cual determinó que la Ronda Uruguay del GATT abordara la definición de un nuevo concepto de subsidio.

61. En el ámbito de la OMC, se ha señalado que la existencia de subsidios requiere de la configuración de tres elementos: la existencia de una contribución financiera del gobierno, la existencia de un beneficio y que el subsidio sea específico.

62. Conforme al art. 1 del ASMC, la existencia de una contribución financiera puede ser hecha por un gobierno o por un organismo público y debe implicar alguna de las siguientes hipótesis: a) (1) (i) una contribución de fondos (como donaciones, préstamos y aportaciones de capital); o una transferencia directa o potencial de fondos; o la asunción de una obligación (como garantía de préstamos); (ii) una condonación o no-recaudación de ingresos públicos que en otro caso se percibirían (como en el caso de incentivos fiscales o créditos fiscales); (iii) el suministro de bienes o servicios (que no sean de infraestructura general) o la compra de bienes; (iv) la realización de pagos por el gobierno para un mecanismo de financiación o la encomienda por el gobierno a una entidad privada de una o varias de las funciones antes descriptas que normalmente incumbirían al gobierno; a) (2) la existencia de alguna forma de sostenimiento de los ingresos o de los precios.

63. La segunda condición para que exista un subsidio es la existencia de un beneficio. El beneficio ha sido entendido como una ventaja, dada a una empresa o rama de producción, a través de una acción del gobierno, en términos más ventajosos que la práctica usual de mercado.

64. La tercera condición es que el subsidio sea específico (art. 2). Para determinar si un subsidio es específico a una empresa o rama de producción, o un grupo de empresas o ramas de producción, dentro de la jurisdicción de la autoridad otorgante, deben ser aplicados los siguientes principios: 2.1 (a) el subsidio es específico si la autoridad o la legislación pertinente explícitamente limita el acceso a un subsidio para ciertas empresas o ramas de producción; (b) el subsidio no es específico si la autoridad o la legislación establecieren criterios objetivos o condiciones de elegibilidad para el subsidio o para su cuantía, en la medida que la elegibilidad sea automática y claramente determinada por la ley, reglamento o documento oficial; (c) en la determinación de la especificidad otros factores pueden ser considerados como: el uso de un programa de subsidios para un número limitado de empresas, o el uso predominante del subsidio por ciertas empresas, la concesión de cantidades desproporcionadamente elevadas de subsidios a determinadas empresas y la forma como la autoridad otorgante haya ejercido facultades discrecionales en la decisión de conceder el subsidio; 2.2 se considerará específico en la medida que el subsidio sea limitado a ciertas empresas localizadas dentro de una región geográfica determinada, de la jurisdicción de la autoridad otorgante.

65. En el ámbito de la OMC, tres categorías de subsidios han sido establecidas: prohibidos (rojos), recurribles (amarillos) y no-recurribles (verdes). Para cada categoría, diferentes tipos de recursos han sido previstos.

(i) Subsidios rojos o prohibidos: dos tipos de subsidios son considerados rojos o prohibidos: a) los subsidios supeditados *de jure* o *de facto* a los resultados de exportación, como condición única o entre otras varias condiciones; b) los subsidios vinculados al empleo de productos nacionales con preferencia a los importados como condición única o entre otras varias condiciones. El Anexo I del ASMC contiene una Lista Ilustrativa de Subsidios a la Exportación. En el caso de subsidio prohibido, dos tipos de recursos fueron previstos. Si un miembro tuviera razones para creer que otro miembro concede o mantiene un subsidio prohibido, el primero podrá pedir al segundo la celebración de consultas. También podrá pedir el establecimiento de un panel para analizar el conflicto, dentro del Mecanismo de Solución de Controversias de la OMC y, si fuera el caso, aplicar contramedidas apropiadas en caso que el otro miembro no termine con la práctica del subsidio.

(ii) Subsidios amarillos o recurribles: son considerados subsidios recurribles aquellos que causan daño a la rama de producción nacional de otro miembro o perjuicio grave a los intereses de otro miembro o anulación o menoscabo de las ventajas concedidas directamente o indirectamente a otros miembros, en particular de las ventajas de las concesiones tarifarias. En el caso de los subsidios recurribles, dos tipos de recursos fueron previstos: la celebración del mecanismo de consultas o el pedido de establecimiento de un panel dentro del Mecanismo de Solución de Controversias de la OMC, con el objetivo de conseguir el fin de la práctica de subsidios. En el caso que el subsidio estuviera causando daño a la industria doméstica, el miembro puede iniciar una investigación interna para la aplicación de medidas compensatorias, dentro de las reglas establecidas por el acuerdo.

(iii) Subsidios verdes o no-recurribles: el acuerdo establece que se considerarán no-recurribles los siguientes subsidios: a) los subsidios que no sean específicos; b) los subsidios que sean específicos pero que cumplan las condiciones establecidas en el acuerdo. El acuerdo agrega que no serán recurribles los siguientes subsidios, aunque sean específicos: la asistencia a actividades de investigación en determinadas condiciones; la asistencia para regiones desfavorecidas situadas en el territorio de un miembro, prestada con arreglo a un marco general de desarrollo regional, con determinadas condiciones de renta *per capita* y desempleo; la asistencia para promover la adaptación de instalaciones existentes a nuevas exigencias ambientales impuestas mediante leyes y/o reglamentos, con determinadas condiciones. En el caso de subsidios no-recurribles, dos tipos de recursos fueron previstos en el acuerdo. El mecanismo de consulta, cuando el miembro tenga razones para creer que tal programa ha tenido efectos desfavorables graves para su rama de producción nacional, capaces de causar un perjuicio difícilmente reparable o, si fuera el caso, someter el asunto al Comité sobre Subsidios, que puede recomendar alteraciones al programa de forma de eliminar sus efectos adversos.

66. En el ámbito regional, la Decisión n. 10/94 en su art. 1 estipula que: "Los Estados-Partes se comprometen a aplicar incentivos a las exportaciones que respeten las disposiciones resultantes de los compromisos asumidos en el ámbito del Acuerdo General de Aranceles y Comercio (GATT) y en forma compatible con lo dispuesto en la presente Decisión". Si bien la redacción de la Decisión n. 10/94 es anterior a la actual definición de subsidios del ASMC dada por la Ronda Uruguay, no contraría ninguna disposición del nuevo sistema de la OMC, sino que es más estricta, siendo su propósito el de la liberalización progresiva del comercio y eliminación de los obstáculos que pesan sobre el libre comercio entre las Naciones del Mercosur.

67. La Decisión n. 10/94 contiene previsiones expresas sobre determinados incentivos a la exportación, tales como: beneficios cambiarios (art. 3), créditos de fomento y financiamiento a las exportaciones por parte de los Estados-miembros (art. 4), reintegro de impuestos indirectos (art. 5), exención del pago de tributos internos indirectos (art. 6), régimen de admisión temporaria (art. 7), depósito aduanero (art. 8), depósito industrial (art. 9) y excepciones (art. 12). La decisión expresamente dispone en su art. 10 que: "Serán considerados subsidios derivados de la aplicación de los regímenes mencionados en los arts. 6, 7, 8 y 9 la devolución, suspensión o exención de gravámenes a la importación de mercaderías a ser utilizadas en procesos productivos de bienes de exportación cuya cuantía exceda los montos efectivamente pagados, suspendidos o eximidos".

68. A la luz de dicho marco conceptual se deberán considerar los puntos objeto de controversia.

Sistema de regulación de "stock" de maíz (CONAB)

69. La República Argentina alega la existencia de subsidios a la producción de carne de cerdo por parte del Brasil mediante el sistema de la CONAB de constitución y mantenimiento de *stocks* reguladores y estratégicos creados por la Ley n. 8.171/91 y las Portarias Interministeriales ns. 657/91 y 182/94, cuyos beneficios se trasladarían a las exportaciones de carne de cerdo.

70. La República Argentina cuestiona dicho sistema, entre otras razones, por la circunstancia de que el precio al que la CONAB vende la mercadería no guardaría relación con el que compra, lo cual determinaría la posibilidad de venta a un precio inferior al de compra, absorbiendo el Tesoro Nacional el importe de la diferencia.

71. Sin perjuicio de que no ha sido probado en el presente procedimiento arbitral que se haya producido alguna transferencia de recursos del Tesoro Nacional a la CONAB en algún período concreto, sino que por el contrario de las pruebas aportadas por los Estados-Partes surge que en el período enero 90/noviembre 98 el precio interno del maíz estuvo por encima de los precios internacionales – con la excepción de unos meses (marzo/setiembre 1996) –, y que tampoco fue probado de qué forma incidiría una eventual transferencia de recursos del Tesoro Nacional en los precios de exportación de carne de cerdo, cabe igualmente realizar algunas consideraciones generales respecto del sistema, que cuestionan la existencia de subsidios no permitidos por la normativa del ASMC o del Mercosur.

72. En primer lugar, el sistema de la CONAB ha sido instituido con carácter general para constituir y mantener *stocks* reguladores y estratégicos de diversos productos agrícolas, entre los cuales se encuentra el maíz, con el objetivo de garantizar la compra al productor, asegurar el abastecimiento y regular la estabilización del precio en el mercado interno. Dicho sistema implica un cierto grado de intervencionismo del Estado Brasileño en la agricultura que – más allá de su bondad o conveniencia, o incluso de su necesidad de armonización con las políticas agropecuarias de los restantes países-miembros del Mercosur – reviste un grado de generalidad tal que trasciende totalmente la producción y la exportación de carne de cerdo.

73. Desde un punto de vista técnico, este Tribunal debe considerar si dicho sistema constituye una política específica para los productores de carne de cerdo de Brasil, tal como lo requiere el art. 2 del ASMC, considerando si el acceso a los beneficios del sistema está limitado a ciertas empresas o ramas de producción; o si la utilización del beneficio en la práctica está circunscripto a un número limitado de empresas o si crea una situación de hecho equiparable a la de derecho.

74. Pues bien, resulta claro que el beneficio no reviste tal carácter de especificidad. La circunstancia de que la venta se realice mediante licitaciones públicas, a las cuales tienen acceso todos los operadores del mercado, incluso otros sectores de la producción nacional brasileña, como asimismo operadores de otros países de la región, descarta toda posibilidad de especificidad.

75. Este Tribunal considera que el sistema de la CONAB tampoco configura un incumplimiento del art. 11 de la Decisión n. 10/94, el cual dispone que los Estados-Partes "instrumentarán las medidas que resulten necesarias para evitar que otros incentivos sectoriales, regionales o tributarios, que el marco normativo interno reconoce a favor de la actividad productiva/exportadora, se apliquen al comercio intrarregional". Dicha norma, además de no resultar directamente aplicable al sistema de la CONAB, requiere de implementación, no siendo directamente invocable como generadora de derechos u obligaciones concretas.

76. Por los fundamentos expuestos, no se hará lugar a la reclamación del Gobierno de la República Argentina en materia de sistema de *stocks* públicos de maíz de la CONAB.

PROEX

77. El sistema de Programa de Financiamiento de Exportaciones (PROEX) sancionado por el Gobierno del Brasil mediante la Ley n. 9.198, del 1.6.1991, y posteriormente derogado por la Medida Provisoria n. 1.771-25, del 8.4.1999, se halla fuera de discusión entre las Partes, luego que Brasil manifestó que la Portaría MDIC n. 93, del 23.3.1999, "torna insubsistente el objeto de la reclamación en lo que a ella se refiere" (memorial presentado ante este Tribunal Arbitral).

78. El Representante de ese país, en la audiencia celebrada el día 7.9.1999, manifestó que "el petitorio de Argentina está cumplido", porque Brasil ha decidido no permitir la utilización del PROEX para el Mercosur en cualquiera de sus modalidades, esto es, sustancialmente, la de financiación a las exportaciones y la de ecualización de tasas de interés, para las exportaciones de bienes de consumo en el Mercosur.

79. En consecuencia, corresponde resolver este aspecto de la controversia declarando que Brasil entiende cumplida la pretensión de la República Argentina al haber prohibido la utilización del Programa de Financiamiento para Exportaciones (PROEX), en cualquiera de sus modalidades, para bienes de consumo en el Mercosur (incluyendo las exportaciones de carnes porcinas).

Anticipo de Contrato de Cambio (ACC) y Anticipo de Contrato de Exportación (ACE)

80. La República Argentina afirma que los mecanismos de financiación a las exportaciones de Anticipo de Contrato de Cambio (ACC) y Anticipo de Contrato de Exportación (ACE), creados por el Brasil, se benefician de reducciones o exenciones tributarias y de otro orden que resultan contrarias a la Decisión del CMC n. 10/94.

81. El Brasil sostiene en cambio que los mecanismos de ACC y ACE son instrumentos de mercado de los bancos privados y no mecanismos de financiamiento ofrecidos por el Gobierno y no constituyen subsidios en los términos del art. 1.1 del ASMC, no estando tampoco cubiertos por la Decisión n. 10/94. Argumenta que el equívoco básico de la reclamación argentina consiste en presuponer la naturaleza crediticia de las operaciones, cuando las ACC y ACE constituyen anticipos de entrega de valor, en moneda nacional, prevista en el contrato de compra o venta de cambio. Se trataría de la contrapartida anticipada de la obligación recíproca del exportador de entregar al banco moneda extranjera futura.

82. Este Tribunal no comparte la argumentación del carácter no-crediticio de los mecanismos de ACC y ACE, en la medida que se trata de instrumentos financieros que tienen por efecto proveer financiamiento por parte de los bancos privados a los exportadores, que éstos deberán devolver al momento de cumplimiento o pago de la exportación.

83. Corresponde analizar, entonces, si las exoneraciones o reducciones tributarias establecidas por el Brasil constituyen incentivos a la exportación cubiertos por la Decisión n. 10/94. Dichos beneficios consisten en la reducción de la alícuota del impuesto a las operaciones financieras (IOF), del 25% a 0%, para operaciones de cambio vinculadas a exportaciones de bienes y servicios; la reducción a 0% de la alícuota de la contribución provisoria sobre movimiento o transmisión de valores y de créditos y derechos de naturaleza financiera (CPMF) a los ACC; y la reducción a 0% de la alícuota del impuesto a la renta sobre las ganancias en los casos de intereses y comisiones por créditos obtenidos en el Exterior con destino al financiamiento de exportaciones y de intereses sobre el descuento en el Exterior de títulos cambiarios de exportación y las comisiones relativas a dichos títulos. Asimismo, otro beneficio consiste en la exoneración del requisito de encaje obligatorio a las operaciones activas de ACC y ACE dispuesta por el Gobierno de Brasil, si bien el mismo ha sido suspendido.

84. El ámbito de aplicación de la Decisión n. 10/94 sobre incentivos a las exportaciones está dado por su art. 1, el cual dispone: "Los Estados-Partes se comprometen a aplicar incentivos a las exportaciones que respeten las disposiciones resultantes de los compromisos asumidos en el ámbito del Acuerdo General de Aranceles y Comercio (GATT) y en forma compatible con lo dispuesto en la presente Decisión".

85. La remisión genérica a las normas del GATT determina que resulte necesario analizar si las exoneraciones y reducciones en cuestión configuran subsidios en el ámbito del Acuerdo sobre Subsidios y Medidas Compensatorias (ASMC). A este respecto, el Anexo I del ASMC establece que serán considerados subsidios prohibidos la concesión por los Gobiernos de créditos a los exportadores a tipos inferiores a aquellos que tienen que pagar realmente para obtener los fondos empleados con este fin (o a aquellos que tendrían que pagar si acudiesen a los mercados internacionales de capital para obtener fondos al mismo plazo, con las condiciones de créditos y en la misma moneda que los créditos a la exportación), o el pago de la totalidad o parte de los costes en que incurran los exportadores o instituciones financieras para la obtención de créditos, en la medida que se utilicen para lograr una ventaja importante en las condiciones de los créditos a la exportación.

86. Similar disposición contiene la Decisión n. 10/94, cuyo art. 4 dispone: "Los Estados-Partes podrán conceder créditos de fomento y financiamiento a sus exportaciones cuando los mismos sean otorgados en condiciones, de plazos y tasas de interés, compatibles con las aceptadas internacionalmente en operaciones equivalentes".

87. Si bien ambas normas se refieren a financiamientos otorgados por los Estados, lo cual no se da en el caso de los instrumentos de ACC y ACE, marcan igualmente un principio en cuanto al concepto de subsidio vinculado al financiamiento de exportaciones, el cual se configuraría en la medida que las condiciones de financiamiento se apartaran de las tasas de interés compatibles aceptadas internacionalmente en operaciones equivalentes. Parece claro, además, que no se podría realizar una violación indirecta de dichas normas internacionales. En tal caso habría subsidio, entre otros aspectos, porque el propio concepto de contribución financiera de los Estados contenido en el ASMC supone la condonación o no recaudación de ingresos públicos que en otro caso se percibirán (como en el caso de incentivos fiscales o créditos fiscales).

88. La configuración de subsidio depende en consecuencia de elementos de hecho, vinculados en el caso al nivel de las tasas de interés efectivamente aplicadas mediante los instrumentos de ACC y ACE a las exportaciones de carne de cerdo.

89. La Decisión n. 10/94 sobre incentivos a la exportación no contiene previsiones expresas sobre los incentivos tributarios al financiamiento de las exportaciones en cuestión. Dichos aspectos se encuentran regulados, no obstante, dentro de la norma genérica contenida en el inciso 2 del art. 11, la cual dispone que los Estados-miembros instrumentarán las medidas que resulten necesarias para evitar que "otros incentivos sectoriales, regionales o tributarios, que el marco normativo interno reconoce a favor de la actividad productiva/exportadora, se apliquen al comercio intra-regional". Se trata de un compromiso asumido por los Estados-miembros destinado a evitar que los incentivos no previstos en dicha norma distorsionen el desarrollo del comercio intra-regional y la consolidación del mercado común, fin último del proceso de integración.

90. Dicho compromiso ha sido materializado además mediante la institucionalización del mecanismo de consultas, al cual deberán recurrir los Estados-miembros para la creación o concesión de cualquier nuevo incentivo a las exportaciones por parte de alguno de los Estados-Partes, a partir del 1.1.1995, así como el mantenimiento de las existentes" (Decisión n. 10/94, art. 2). Asimismo, se ha previsto un mecanismo de reclamo ante los órganos del Mercosur, mediante el cual el Estado que se viera afectado por la aplicación de incentivos "presentará a la Comisión de Comercio del Mercosur los elementos probatorios a fin que dicho organismo, luego de evaluar la documentación presentada y en un plazo no superior a los 90 días, eleve sus conclusiones al Grupo Mercado Común" (Decisión n. 10/94, art. 14).

91. En consecuencia, la eventualidad de que se creen nuevos incentivos a la exportación fuera de los ya expresamente previstos y regulados, o que existan diferencias entre los Estados respecto a los existentes, cuenta con un mecanismo de consulta (Decisión n. 10/94, art. 2) y un procedimiento de reclamo (Decisión n. 10/94, art. 14) que tiene como finalidad evitar y procurar solucionar distorsiones al desarrollo del comercio intra-regional.

92. Sin dudas, dicha actividad de coordinación de las políticas de incentivos a la exportación, así como de otras medidas de coordinación macroeconómica, resulta un imperativo que los Estados-miembros deberán cumplir en ejecución de los fines del Tratado de Asunción y de compromisos concretos, a fin de poder avanzar a un estadio superior de integración como lo es un Mercado Común.

93. Desde el punto de vista del presente arbitraje, sin embargo, es necesario determinar si los incentivos a la financiación a las exportaciones brasileñas de carne de cerdo, mediante los instrumentos de ACC y ACE beneficiados con la utilización de exoneraciones o reducciones tributarias y de política monetaria, han tenido efecto restrictivo, discriminatorio o de competencia desleal en violación a la normativa que regula el Mercosur y si además generan perjuicio o la amenaza de un perjuicio a los particulares o sectores de actividad de los particulares que iniciaron la reclamación (arts. 25 y 26 del Protocolo de Brasilia).

94. Como vimos, dichos aspectos vinculados a la reclamación de los particulares han de ser objeto de prueba por el Estado-Parte que presentó la reclamación, no existiendo en el caso elementos de convicción suficientes que prueben que los referidos instrumentos de financiación a las exportaciones, con los beneficios tributarios mencionados, generen perjuicio o amenaza de perjuicio a los sectores de producción de carne de cerdos de la República Argentina.

95. Tampoco se ha probado que los exportadores brasileños de cerdos utilicen el referido mecanismo con la finalidad principal de realizar un arbitraje financiero, a efectos de usufructuar del diferencial de tasas existentes entre las tasas que se obtienen a través del ACC y ACE y las tasas del mercado financiero interno. No obstante, si se probara dicha circunstancia, demostrándose la afectación que dicho mecanismo tiene o podría llegar a tener en el precio de exportación, se comprobaría la existencia de perjuicio.

96. En función de lo anterior, este Tribunal habrá de desestimar el reclamo presentado por la República Argentina con relación a los incentivos de financiación mediante los mecanismos de ACC y ACE, por entender no suficientemente probados los perjuicios a los particulares que dieron inicio a la reclamación.

DECISIÓN

Por lo expuesto, en virtud de los fundamentos expresados en los anteriores *considerandos*, el Tribunal por unanimidad decide:

I – Por mayoría, no hacer lugar al reclamo presentado por la República Argentina relativo a la aplicación del Sistema de la CONAB por el Brasil.

II – Por unanimidad, declarar procedente la reclamación de la República Argentina con relación a la utilización del Programa de Financiamiento para Exportaciones (PROEX), aceptada por la República Federativa del Brasil expresamente, y en su mérito declarar que a partir del 29.3.1999 solamente podrán ser objeto de financiamiento PROEX las exportaciones con destino al Mercosur que involucren bienes de capital a largo plazo que observen las condiciones de plazo y de tasas de interés compatibles con las aceptadas internacionalmente en operaciones equivalentes.

III – Por unanimidad, no hacer lugar al reclamo presentado por la República Argentina con relación a los mecanismos de ACC y ACE aplicados por la República Federativa del Brasil.

IV – Por unanimidad, disponer que los costos y costas del proceso sean abonados de la siguiente manera: cada Estado se hará cargo de los gastos ocasionados por la actuación del árbitro por él nombrado. La compensación pecuniaria del Presidente y los demás gastos del Tribunal serán abonados en montos iguales por las Partes. Los pagos correspondientes deberán ser realizados por las Partes a través de la Secretaría Administrativa del Mercosur, dentro de los 30 días de la notificación del laudo.

V – Por unanimidad, disponer que las actuaciones de la presente instancia sean archivadas en la Secretaría Administrativa del Mercosur.

VI – Notifíquese esta decisión a las Partes por intermedio de la Secretaría Administrativa del Mercosur y publíquese.

Dr. Jorge Peirano Basso, árbitro presidente – *Dr. Atilio Aníbal Alterini*, árbitro – *Dr. Luiz Olavo Baptista*, árbitro.

* * *

RDT 77

CADERNOS DE DIREITO TRIBUTÁRIO: CRÉDITO TRIBUTÁRIO E LANÇAMENTO – Paulo de Barros Carvalho • RELACIONES ENTRE LOS PRINCIPIOS DE SEGURIDAD JURÍDICA Y LEGALIDAD – Eusebio González • ÚNICA CONTRIBUIÇÃO SOCIAL DO EMPREGADOR – Geraldo Ataliba e Aires F. Barreto • EL FRAUDE A LA LEY – Manuel González Sanchez • VARIAÇÕES SOBRE UM TEMA RECORRENTE: AS FONTES DO DIREITO – Tarcísio Burity • LE CONTRÔLE FISCAL EN FRANCE – Francis Querol • A HIPÓTESE DE INCIDÊNCIA DO IMPOSTO SOBRE A RENDA CONSTRUÍDA A PARTIR DA CONSTITUIÇÃO – Humberto Ávila • LEGITIMIDADE ATIVA PARA CONTROLE CONCENTRADO DE CONSTITUCIONALIDADE – IMUNIDADE TRIBUTÁRIA DAS ENTIDADES SINDICAIS – Ives Gandra da Silva Martins • *ESTUDOS E COMENTÁRIOS:* PRESCRIÇÃO E DECADÊNCIA EM MATÉRIA TRIBUTÁRIA – BREVE REFLEXÃO – Márcio Severo Marques • DECADÊNCIA E PRESCRIÇÃO NOS CASOS DO CHAMADO "LANÇAMENTO POR HOMOLOGAÇÃO" – Roberta Fonseca Brasil • O PRINCÍPIO DO NÃO-CONFISCO COMO VALOR E COMO LIMITE OBJETIVO – Fábio Brun Goldschmidt • UNA NUEVA CONSTITUCIÓN – ¿UNA VERDADERA REFORMA TRIBUTARIA? – Eduardo Guevara C. e Nathaly Albornoz • ANOTAÇÕES SOBRE AS IMUNIDADES TRIBUTÁRIAS – Carlos César Souza Cintra • A GARANTIA DO JUÍZO E O DIREITO DE ACESSO AO JUDICIÁRIO – Rubens Miranda de Carvalho • OS TRATADOS INTERNACIONAIS E SEU REGIME JURÍDICO NO DIREITO TRIBUTÁRIO BRASILEIRO – O PROBLEMA DAS ISENÇÕES HETERÔNOMAS – Élcio Fonseca Reis • CONSIDERAÇÕES SOBRE O PRINCÍPIO DA INTERPRETAÇÃO CONFORME À CONSTITUIÇÃO E SOBRE SUA APLICAÇÃO NA JURISPRUDÊNCIA DO STF EM MATÉRIA TRIBUTÁRIA – Fernando Osório de Almeida Júnior • A TRIBUTAÇÃO DO "SOFTWARE" – Marcello Martins Motta Filho • LAUDO ARBITRAL – 1º TRIBUNAL ARBITRAL "AD HOC" DO MERCOSUL • LAUDO DEL TRIBUNAL ARBITRAL "AD HOC" DEL MERCOSUR CONSTITUIDO PARA ENTENDER EN LA RECLAMACIÓN DE LA REPÚBLICA ARGENTINA AL BRASIL, SOBRE SUBSIDIOS A LA PRODUCCIÓN Y EXPORTACIÓN DE CARNE DE CERDO.

MALHEIROS
EDITORES